NomosPraxis

Dr. Reinhard Marx
Rechtsanwalt, Frankfurt am Main

Das neue Fachkräfteeinwanderungsgesetz

Fachkräfteeinwanderung | Studium und Ausbildung
Ausbildungs- und Beschäftigungsduldung

Nomos

Zitiervorschlag: *Marx* Fachkräfteeinwanderung

Die Deutsche Nationalbibliothek verzeichnet diese Publikation in der Deutschen Nationalbibliografie; detaillierte bibliografische Daten sind im Internet über http://dnb.d-nb.de abrufbar.

ISBN 978-3-8487-5689-6

1. Auflage 2020

Vorwort

Der Gesetzgeber hat entsprechend dem Koalitionsvertrag ein Fachkräfteeinwanderungsgesetz und ein Gesetz über Duldung bei Ausbildung und Beschäftigung (*Spurwechsel*) verabschiedet. Er reagiert damit in erster Linie auf Bedürfnisse der Wirtschaft und setzt die seit einigen Jahren eingeleitete Öffnung des Arbeitsmarktes für Drittstaatsangehörige fort. Bislang war diese jedoch nahezu ausschließlich auf qualifizierte, akademische und hoch qualifizierte Fachkräfte konzentriert. Nunmehr gibt der Gesetzgeber auch der Einwanderung beruflich qualifizierter Fachkräfte ein besonderes Gewicht und lockert damit die seit dem Anwerbestopp von 1973 starre Abwehrpolitik auf. In diesem Zusammenhang werden auch die Vorschriften zur Ausbildung und zum Studium neu strukturiert und dabei anders als bislang der Ausbildung ein mit dem Studium gleichwertiges Gewicht eingeräumt. Darüber hinaus setzt der Gesetzgeber die bereits eingeleitete Entwicklung des Spurwechsels vom gestatteten oder geduldeten zum rechtmäßigen Aufenthalt fort und erweitert diesen um die Beschäftigungsduldung. Freilich ist dieser letzte Regelungskomplex weiterhin politisch hoch umstritten, was sich allein schon an der Vermeidung des Begriffs „Spurwechsel" im Gesetzestext wie auch im politischen Diskurs offenbart.

In der Gesellschaft ist ein grundlegender Wandel in der Auffassung über Arbeitsmigration festzustellen. Verhinderte bis 2005 die Integration langjährig hier lebender Drittstaatsangehöriger das bis dahin politisch vorgegebene Ziel, Deutschland sei kein Einwanderungsland, ist seitdem eine Richtungsänderung in der Migrationspolitik eingetreten. Denn inzwischen ist bewusst geworden, dass die Integration der Einwanderer seit Beginn der Arbeitsmigration in den 1950er Jahren in gravierender Weise vernachlässigt worden war. Selbst jenen, die seit Jahrzehnten in Deutschland lebten, wurde bei Schwierigkeiten mit der Eingliederung nicht geholfen, sondern ihrem verständlichen Wunsch wurde wie ein Mantra das politische Ziel, Deutschland sei kein Einwanderungsland, entgegengehalten. Aufgrund dieser Faktoren ist bislang die erwünschte Integration der „neu" einreisenden wie auch der lang hier lebenden nichtdeutschen Personen misslungen.

Es fragt sich aber, ob der Gesetzgeber mit beiden Gesetzen nicht zu kurz gesprungen ist. Jedenfalls ist es nur ein halbherziger politischer Schritt. Andererseits kann dieser aber auch als politisches Signal gewertet werden, die bisherige, seit 1973 verfolgte Abwehrpolitik aufzugeben.

Dieses Handbuch hat sich zum Ziel gesetzt, alle wichtigen Auswirkungen der Neuregelungen auf die juristische Praxis darzustellen. Die Unterschiede zum bisherigen Recht werden herausgearbeitet, die Schwachstellen benannt und die zukünftigen juristischen Problemfelder aufgezeigt.

Das Gesetz über Duldung bei Ausbildung und Beschäftigung tritt am 1.1.2020 in Kraft (Art. 3, BGBl. 2019 I S. 1021), das Fachkräfteeinwanderungsgesetz am 1.3.2020 (Art. 54 Abs. 1, BGBl. 2019 I S. 1307).

Frankfurt am Main, im August 2019 *Reinhard Marx*

Inhaltsverzeichnis

Kapitel 1:
Bedeutung der Fachkräfteeinwanderung

Nach der gesetzlichen Begründung des Fachkräfteeinwanderungsgesetzes (FKEG) hängt die Zukunft des Wirtschaftsstandortes Deutschland in entscheidendem Maße davon ab, wie gut es gelingt, die Fachkräftebasis der Unternehmen und Betriebe zu sichern und zu erweitern. Der Wohlstand, die Stabilität der sozialen Sicherungssysteme und daran anknüpfend der soziale Zusammenhalt sind als wesentliche Elemente der **sozialen Marktwirtschaft** eng an die Stärke der Wirtschaft gekoppelt. Diese gilt es, durch gute Rahmenbedingungen und eine vorausschauende Fachkräftesicherung auch in Zukunft zu erhalten und auszubauen.[1] Ziel des Gesetzes ist es daher, die Bedarfe des Wirtschaftsstandortes Deutschland und die Fachkräftesicherung durch eine gezielte und gesteuerte Zuwanderung von Fachkräften aus Drittstaaten zu flankieren und so einen Beitrag zu einem **nachhaltigen gesellschaftlichen Wohlstand** zu leisten. Im Rahmen der migrationspolitischen Gesamtstrategie wird die Fachkräfteeinwanderung eingebunden in eine ausgewogene Balance zwischen der herausgeforderten **Integrationsfähigkeit der Gesellschaft** und dem **wirtschaftlichen Interesse an Zuwanderung von Fachkräften.** Zur Migrationssteuerung gilt es klar und transparent zu regeln, wer zu Arbeits- und Ausbildungszwecken nach Deutschland kommen darf und wer nicht. Der Grundsatz der Trennung zwischen Asyl und der Förderung der Fachkräfteeinwanderung ist das Ziel des Gesetzgebers. Allerdings hat er mit dem Gesetz über Duldung bei Ausbildung und Beschäftigung zugleich den **Spurwechsel** vom erfolglosen Asylverfahren zur Beschäftigung geregelt. Nach dem FKEG orientiert sich entsprechend der Zielsetzung des Gesetzes die Zulassung ausländischer Beschäftigter an den Erfordernissen des **Wirtschaftsstandortes Deutschland** unter Berücksichtigung der Verhältnisse auf dem Arbeitsmarkt. Die **besonderen Möglichkeiten für ausländische Fachkräfte** sollen der **Sicherung der Fachkräftebasis** und der **Stärkung der sozialen Sicherungssysteme** dienen. Momentan prosperiert die deutsche Wirtschaft. Die Arbeitslosigkeit ist so niedrig wie seit der Vereinigung im Jahre 1989 nicht mehr und die Zahl der sozialversicherungspflichtigen Beschäftigten ist anhaltend hoch. Diese erfreuliche Entwicklung trägt zugleich dazu bei, dass Betriebe und Unternehmen bereits heute Schwierigkeiten haben, für bestimmte Qualifikationen, Regionen und Branchen qualifizierte Fachkräfte zu finden. Die Zahl der offenen Stellen ist aktuell auf rund 1,2 Millionen angestiegen. Der Fachkräftemangel ist bereits bei vielen Unternehmen, vor allem in der Gesundheits- und Pflegebranche, in den sogenannten MINT-Berufen (*Mathematik, Informatik, Naturwissenschaft und Technik*), aber auch im Handwerk spürbar und hat sich zu einem Risiko für die deutsche Wirtschaft entwickelt. Dabei fehlen nicht nur Hochschulabsolventen, sondern zunehmend auch Fachkräfte mit qualifizierten Berufsausbildungen. Die demografische Entwicklung wird dies noch verstärken.[2] 1

Dieser gesetzgeberischen Einschätzung schließt sich die Arbeitgeberseite an: Danach hängt die Zukunft des Wirtschaftsstandortes Deutschland in besonderer Weise von gut qualifizierten Fachkräften ab. Die Zahl der offenen Stellen in Deutschland und die sozialversicherungspflichtige Beschäftigung sind derzeit auf Rekordniveau. Die Arbeitslosigkeit liegt mit 4,8 % auf dem niedrigsten Stand seit der Vereinigung Deutschlands im Jahre 1989. Gleichzeitig wird die Zahl der Personen im erwerbsfähigen Alter von 20 bis 65 Jahren voraussichtlich um rund sechs Millionen auf unter 44 Millionen Personen abnehmen. Engpässe sind bereits jetzt überall spürbar. Denn der Fachkräftemangel ist *kein konjunkturelles*, sondern ein *strukturelles Problem* geworden. Die demografische Entwicklung hat auch für 2

1 BT-Drs. 19/8285, S. 1.
2 BT-Drs. 19/8285, S. 1.

die sozialen Sicherungssysteme gravierende Folgen. Dies gilt in Besonderheit für die gesetzliche Renten- und die Pflegeversicherung. Die Sicherung eines hinreichenden Fachkräfteangebots ist daher eine der **Schlüsselaufgaben** zur Sicherung des Wohlergehens der Bürger in Deutschland. Deshalb ist nach Auffassung des BDA auch zur mittel- bis langfristen Fachkräftesicherung eine schlüssige und ausgewogene Gesamtstrategie erforderlich, die die Erschließung aller inländischen Potenziale und als ein wesentlicher Baustein auch die Gewinnung qualifizierter ausländischer Fachkräfte umfassen muss. Für international agierende Unternehmen ist es nach seiner Auffassung zudem von zentraler Bedeutung, dass sie ihr Potenzial flexibel und unbürokratisch über Ländergrenzen hinweg einsetzen können. Es ist deshalb für die deutsche Wirtschaft zentral, dass der Gesetzgeber die Rahmenbedingungen für die Zuwanderung von Fachkräften verbessert. Für die Akzeptanz von Zuwanderung ausländischer Fachkräfte in der Bevölkerung ist es wichtig, dass die Regelungen so gestaltet sind, dass eine Zuwanderung in soziale Sicherungssysteme vermieden wird. Deshalb sind Informationspflichten der Grundsicherungsstellen und Sozialhilfeträger gegenüber den Ausländerbehörden notwendig.[3] Zwischen der Auffassung der Bundesregierung, wie sie in der Begründung des Gesetzes und seinen Regelungen zum Ausdruck kommt, und dem BDA besteht damit kein Dissens. Insbesondere hat der Gesetzgeber die Förderung der Beschäftigung von Fachkräften nur in **Engpassberufen** aufgegeben.

3 Auch der Deutsche Industrie- und Handelskammertag schließt sich dieser Einschätzung grundsätzlich an, wenn auch entsprechend seiner Aufgabe, kleine und mittlere Unternehmen zu fördern, der Schwerpunkt stärker auf deren Interessen gelegt wird. Nach seiner Auffassung bestehen vielfach Engpässe in den Unternehmen. Neben der besseren Beschäftigung inländischer Potenziale komme danach der Zuwanderung, auch aus Drittstaaten, mehr Bedeutung zu. Die an den Bedarfen der Unternehmen ausgerichtete Steuerung und Stärkung der Fachkräfteeinwanderung sei zwar nach seiner Ansicht ein richtiger Schritt. Mit dem Wegfall von **Positivliste** und **Vorrangprüfung** und der Erleichterung der Beschäftigung von beruflich Qualifizierten setze das Gesetz grundsätzlich wichtige Impulse. Dennoch wäre nach Auffassung DIHK eine stärkere Ausrichtung – im Sinne eines kohärenten Gesamtansatzes – auf **Transparenz, Vereinfachung und Entbürokratisierung** wünschenswert gewesen, um für kleine und mittlere Unternehmen die Möglichkeit zu verbessern und die ausländischen Potenziale stärker ins Blickfeld zu rücken.[4]

4 Der DGB ist in diesen Fragen eher zurückhaltend. Er setzt sich für eine **ganzheitliche Strategie** zur Sicherung von Fachkräften ein, zu der neben einer **nachhaltig gestalteten Fachkräfteeinwanderung** auch eine Stärkung arbeits-, sozial- und tarifrechtlicher Standards, mehr Aus- und Weiterbildung, eine bessere Durchlässigkeit von Bildungswegen sowie eine bessere Vereinbarkeit von Arbeit und Leben gehören. Ein allgemeiner und flächendeckender Fachkräftemangel lässt sich nach Ansicht des DGB in Deutschland nicht beobachten, denn wichtige inländische Potenziale – wie die von Älteren und Frauen, Teilzeitbeschäftigung von Migranten – bleiben seiner Einschätzung nach häufig ungenutzt. Der DGB wendet sich daher anders als der BDA gegen die vorrangige Förderung der Zuwanderung ausländischer Fachkräfte. Die Zuwanderung darf nach seiner Ansicht nicht anhand aktueller Bedarfe von Unternehmen und Betrieb ausgerichtet werden. Er rügt deshalb, dass statt die Zahl der unterschiedlichen aufenthaltsspezifischen Regelungen zu reduzieren, neue Tatbestände geschaffen und neue Anforderungen gestellt werden.[5] Arbeitgeberseite und Gewerkschaften erkennen damit beide die Herausforderungen des Fachkräftemangels an, setzen sich aber für unterschiedliche Strategien zur Behebung des Problems ein. Allerdings ist die Kritik der Gewerkschaften an den Arbeitgebern, sie seien nur an der Lösung aktueller

3 *BDA*, Stellungnahme zum Entwurf eines FKEG v. 29. Mai 2019, S. 1.
4 *DIHK*, Stellungnahme zum Entwurf eines FKEG v. 29. Mai 2019, S. 1.
5 *DGB*, Stellungnahme zum Entwurf für ein FKEG v. 24. Mai 2019, S. 3.

Bedarfe interessiert, nicht berechtigt. Denn diese sehen ja im Fachkräftemangel nicht lediglich ein konjunkturabhängiges, sondern ein strukturelles Problem.

5 Nicht der Arbeitgeber- oder Arbeitnehmerseite zuzurechnende Stellungnahmen betonen ebenfalls, dass die Bundesrepublik insbesondere wegen des demografischen Wandels und **steigenden Fachkräftebedarfs** Zuwanderung braucht. Bisher hat der Staat nach Auffassung des Sachverständigenrates deutscher Stiftungen für Integration und Migration von der Binnenmobilität in der EU profitiert. Diese wird absehbar aber eher abnehmen, da sich die wirtschaftliche Situation in anderen Mitgliedstaaten verbessert und diese Länder vor ähnlichen demografischen Herausforderungen stehen. Neben der erforderlichen Aktivierung des inländischen Arbeitskräftepotenzials wird daher die gezielte Anwerbung ausländischer Fachkräfte aus Drittstaaten verstärkt werden müssen.[6] Grundsätzlich ist danach die Rechtsdogmatik von nachrangiger Bedeutung. Vordringlich ist vielmehr die Sachfrage, ob die einzelnen Zuzugswege und aufenthaltsrechtlichen Bestimmungen transparent und einfach geregelt sind. Hier sind gegenüber der früher geltenden Rechtslage keine großen Änderungen zu erkennen. Die Komplexität der Regelungen hat nicht wesentlich abgenommen, sich in Teilen sogar verschärft. Mit der Nichterwähnung der das Zuwanderungsgesetz von 2004 bestimmenden Ziele der Protektion und Abschottung des deutschen Arbeitsmarktes wird nach der Ansicht des Instituts für Arbeitsmarkt- und Berufsforschung das Ziel des Schutzes des Arbeitsmarktes gegen Einwanderung zugunsten einer nachhaltigen Entwicklung des Potenzials von Erwerbspersonen aufgegeben. Die Herausforderung, vor denen die Bundesrepublik heute steht, ist der demografische Wandel der Gesellschaftsverhältnisse. Bis etwa 2060 wird aus dem Blickwinkel eines hypothetischen Szenarios ohne Arbeitsmigration das Erwerbspersonenpotenzial um ca. 40 % sinken, die Mobilisierung inländischer Erwerbspotenziale etwa durch die weitere Steigerung der Erwerbstätigkeit von Frauen und die Einführung der Rente mit 67 Jahren wird diesen Rückgang nur geringfügig ändern. Andererseits wird eine Steigerung des Erwerbspotenzials bei einem Stillstand der Erweiterung der EU um weitere Mitgliedstaaten und dem dadurch bedingten Wegfall der Freizügigkeit für einen größeren Personenkreis, der andernfalls zu erwarten wäre, die Lage auf dem Arbeitsmarkt verschärfen.[7]

6 Mehr oder weniger gleich wurden die noch offenen Fragen der Fachkräfteeinwanderung im Zeitpunkt der Verabschiedung des Gesetzes in den vorgelegten Stellungnahmen der Verbände und Institutionen wie folgt formuliert:

1. in Zukunft die Beschäftigung von Fachkräften erlauben
2. Erleichterung des Arbeitgeber- und Zweckwechsels
3. Migrationsabkommen unbürokratisch umsetzen
4. Schaffung zentraler Ausländerbehörden.

Die erste Forderung ist durch das FKEG wohl mehr oder weniger zufriedenstellend geregelt worden. Die zweite Forderung ist nur halbherzig umgesetzt worden, weil der Zweckwechsel nicht generell, sondern häufig nur zu bestimmten Aufenthaltstiteln zugelassen wird. Der dritten Forderung wurde nicht nur nicht nachgekommen, sondern der aufgezeigte Missstand teilweise noch durch Neueinfügung weiterer verfahrensrechtlicher und institutioneller Hürden verschärft. Mit § 81 a AufenthG wurde der vierten Forderung nachgekommen. Die Reaktion der Verbände hierauf ist gemischt.

7 Nicht zu bestreiten ist ein grundlegender Wandel in der Auffassung über Arbeitsmigration. Verhinderte bis 2015 die Integration langjährig hier lebender Drittstaatsangehöriger das bis dahin politisch vorgegebene Ziel, Deutschland sei **kein Einwanderungsland**, ist seitdem eine Richtungsänderung in der Migrationspolitik eingetreten. Denn inzwischen ist bewusst

6 *Sachverständigenrat deutscher Stiftungen für Integration und Migration*, Stellungnahme zum Regierungsentwurf eines FKEG v. 18. Dezember 2018, S. 1.

7 *Institut für Arbeitsmarkt- und Berufsforschung*, Zum Gesetzentwurf eines FKEG v. 29. Mai 2019, S. 2 f.

geworden, dass die Integration der Einwanderer seit Beginn der Arbeitsmigration in den 1950er Jahren in gravierender Weise vernachlässigt worden war. Selbst jenen, die seit Jahrzehnten in Deutschland lebten, wurde bei Schwierigkeiten mit der Eingliederung nicht geholfen, sondern ihrem verständlichen Wunsch wurde wie ein Mantra das politische Ziel, Deutschland sei kein Einwanderungsland, entgegengehalten. Aufgrund dieser Faktoren ist bislang die erwünschte Integration der „neu" einreisenden wie auch der lang hier lebenden nichtdeutschen Personen misslungen. Und es fragt sich, ob der für die Integration der Migranten erforderliche gesetzgeberische Schritt den notwendigen Schwung aufbringen und insbesondere auch aufrechterhalten wird. Die Einschätzung, Deutschland positioniere sich seit einigen Jahren konsequent als Einwanderungsland, trifft daher so nicht zu.[8] Allenfalls hat sie ihre Berechtigung hinsichtlich der Einwanderung akademischer und hochspezialisierter Fachkräfte. Der Gesetzgeber hat dieses Mantra zuletzt 1999 im Rahmen einer grundlegenden Reform des Staatsangehörigkeitsrechts mit der Einführung des **„jus soli-Prinzips"** für Optionskinder aus langjährig hier lebenden Migrantenfamilien etwas aufgelockert. Diese Änderung betraf aber – wie erwähnt – nur bereits langjährig hier lebende Migranten in gesicherten wirtschaftlichen und rechtlichen Verhältnissen. Für die Migration selbst wurde aber auch 2005 noch nicht der erforderliche Schritt vollzogen. Dies wird schon an dem Namen „Zuwanderungsgesetz", mit dem die Neuerungen eingeführt wurden, deutlich: Dies war noch keine klare politische Entscheidung für Einwanderung. Denn wer zuwandert und nach Ankunft weiterhin als Zuwanderer bezeichnet wird, ist kein Einwanderer. Begrifflich bleibt er auf der Wanderung, wandert nicht *ein*, sondern *zu*. Auf diese Entwicklung hat der Gesetzgeber mit dem FKEG für die Fachkräfteeinwanderung nicht aus eigener Einsicht, sondern wegen der Wünsche aus der Wirtschaft reagiert.

8 Allerdings wird die gesellschaftliche und gesetzgeberische Aufgabe der Integration langjährig hier lebender Migranten noch dadurch zusätzlich verkompliziert, dass viele von diesen zwar ausreisepflichtig sind, aber aus einer Vielzahl von Gründen diese Pflicht nicht durchgesetzt werden kann. Bei diesem Personenkreis handelt es sich zumeist um erfolglos gebliebene Asylbewerber, deren Identität und Staatsangehörigkeit aus unterschiedlichen Gründen nicht geklärt werden konnte und kann und um sonstige, aus anderen Gründen geduldete Migranten. Zugunsten dieser Personen hatten die Innenminister von Bund und Ländern seit den 1980er Jahren Altfallregelungen vereinbart und hat der Gesetzgeber zuerst mit dem Ausländergesetz von 1990 und später mit dem Aufenthaltsgesetz von 2004, dem zentralen Regelungsregime des Zuwanderungsgesetzes von 2004, Altfallregelungen eingeführt. Die anspruchsbegründenden Voraussetzungen dieser administrativen oder gesetzlichen Altfallregelungen waren und sind jedoch sehr hoch und können aufgrund dessen die Situation nicht befrieden. Dies gilt auch für die dynamischen Altfallregelungen, die anders als die zuvor erwähnten Altfallregelungen kein bestimmtes, lang zurückliegendes Einreisedatum voraussetzen, aber auch hohe Voraussetzungen an den Sollanspruch stellten und immer noch stellen. Zunächst wurde 2011 eine dynamische Bleiberechtsregelungen für Jugendliche und junge Heranwachsende und anschließend seit 2015 für Migranten unabhängig von ihrem Alter geschaffen. Aber auch hier waren es die hohen Voraussetzungen, insbesondere die Mindestaufenthaltsdauer im Bundesgebiet von grundsätzlich acht Jahren, die einem Spurwechsel von einem geduldeten oder gestatteten in einen rechtmäßigen Aufenthalt im Wege stehen.

9 Schließlich wird auch hier wieder das Problem der ungeklärten Identität oder Staatsangehörigkeit relevant. So verständlich die Entscheidung des Gesetzgebers ist, dass er die Angabe falscher Personalien und die Weigerung der Betroffenen, bei der Passbeschaffung mitzuwirken, nicht belohnen will, kann er die Augen nicht davor verschließen, dass eine große Gruppe von ausreisepflichtigen Personen aus rechtlichen oder tatsächlichen Gründen

8 *Offers/Mastmann*, Arbeitsmigration, S. 467, in: Dörig (Hrsg.), Migrations- und Integrationsrecht, 2019.

nicht abgeschoben werden kann und diese deshalb seit Jahren in einem Zustand weitgehender Rechtlosigkeit im Bundesgebiet leben. Ausländerbehörden und Asylbewerber bzw. Geduldete kreisen über Jahre in einer Endlosschleife, ohne dass sich für beide Seiten eine akzeptable Lösung entwickeln könnte. Allerdings hat der Gesetzgeber die starre Haltung hinsichtlich der Frage der Zumutbarkeit von Passbeschaffungsmaßnahmen für die davon Betroffenen inzwischen etwas gelockert. Zunächst hatte das federführende Bundesinnenministerium sowohl die Frage der Aufhebung des Fachkräftemangels wie auch die Frage des Übergangs von einem gestatteten oder geduldeten in einen rechtmäßigen Aufenthalt in einem einheitlichen Referentenentwurf abgehandelt. Nach der Ressortabstimmung wurden jedoch zwei unterschiedliche Gesetzentwürfe beschlossen und in den Bundestag eingebracht. Es handelt sich einerseits um den Entwurf der Bundesregierung eines Fachkräfteeinwanderungsgesetzes vom 13.3.2019 – BT-Drs. 19/8285 – und andererseits um den Entwurf der Bundesregierung eines Gesetzes über Duldung bei Ausbildung und Beschäftigung vom 13.3.2019[9] (→ Rn. 14).

Dementsprechend werden in diesem Handbuch im Kapitel 3, Abschnitt I der **Grundsatz der Fachkräfteeinwanderung** (§ 18 AufenthG) und abweichend von der Gliederung des FKEG auch die **Arbeitsplatzsuche für Fachkräfte** (§ 20 AufenthG) behandelt. Anschließend werden in Abschnitt II des Kapitels 3 alle mit der Einwanderung von **Fachkräften mit qualifizierter Berufsausbildung** in Zusammenhang stehenden Vorschriften erörtert. Auch hier weicht die Darstellung der einzelnen Sachbereiche von der Gliederung des FKEG ab. Zunächst werden die Regelungen, welche Fachkräfte mit qualifizierter Berufsausbildung betreffen (§§ 18, 18 c, 19 c, 19 d AufenthG; § 19 Abs. 1 AufenthG iVm §§ 9, 26 BeschV), anschließend die die Beschäftigung akademischer Fachkräfte regelnden Vorschriften (§§ 18 b, 18 c, 18 d bis 19 b AufenthG) behandelt. Wie bei den Fachkräften mit qualifizierter Berufsausbildung mit § 18 a AufenthG wird auch für Fachkräfte mit akademischer Ausbildung zunächst mit § 18 b AufenthG eine Grundnorm geschaffen. Liegen die Voraussetzungen des § 18 AufenthG vor, kann die Beschäftigung nicht nur in Berufen ausgeübt werden, die einen Hochschulabschluss voraussetzen, sondern auch in Berufen, in denen im bestehenden fachlichen Kontext entsprechende Kenntnisse und Erfahrungen üblicherweise erworben werden. Damit wird akademischen Fachkräften der Berufseinstieg auch unterhalb ihrer Qualifikation ermöglicht. Grundsätzlich sollte es jedoch das Ziel sein, dass auch diese akademischen Fachkräfte langfristig einen der Qualifikation angemessenen Arbeitsplatz haben. Dies ist angesichts des **Fachkräftemangels** in Deutschland von besonderer Bedeutung.[10] Zunächst wird in Kapitel 3 § 18 b Abs. 1 AufenthG erläutert. Anschließend werden die Blaue Karte EU (§ 18 b Abs. 2 AufenthG) sowie die weiteren Regelungen für akademische Fachkräfte (§§ 18 d ff. AufenthG) behandelt. Neben den §§ 18 d ff. AufenthG, die für akademische Fachkräfte eine Aufenthaltserlaubnis regeln, ist die BeschV in Betracht zu ziehen. Nach §§ 2 bis 5 der Verordnung kann Hochqualifizierten, Führungskräften der Wirtschaft, leitenden Angestellten und Spezialisten, Wissenschaftlern und Forschern ohne Zustimmung der Bundesagentur für Arbeit eine Aufenthaltserlaubnis erteilt werden. 10

Während die normativen Strukturen des früheren Rechts für die Einwanderung von Fachkräften mit akademischer Ausbildung (§ 18 b AufenthG) im Wesentlichen beibehalten wurden, ist die Einwanderung von Fachkräften mit qualifizierter Berufsausbildung (§ 18 a AufenthG) in wesentlichen Aspekten neu geregelt worden. Dies betrifft einerseits die Frage, ob ein Aufenthaltstitel nur Fachkräften mit qualifizierter Berufsausbildung (§ 2 Abs. 12 a und 12 b, § 18 Abs. 3 Nr. 1 AufenthG) oder auch Drittstaatsangehörigen ohne eine derartige Qualifikation erteilt werden kann. Andererseits betrifft dies die Frage, ob an 11

9 BT-Drs. 19/8286.

10 BT-Drs. 19/8285, S. 98.

Fachkräfte ein Aufenthaltstitel nur nach Maßgabe der BeschV erteilt werden kann. Bei der Darstellung der Einwanderung von Fachkräften mit qualifizierter Berufsausbildung werden auch die in § 16 d AufenthG enthaltenen **Maßnahmen zur Anerkennung ausländischer Berufsqualifikationen** wiederum abweichend von der Gliederung des Gesetzes erörtert. Das geltende (§ 16 d AufenthG) wie das frühere Recht (§ 17 a AufenthG aF) regelte bzw. regelt diese Frage systemwidrig im Zusammenhang mit der Ausbildung. Da die Frage der Anerkennung ausländischer Berufsqualifikationen aber von entscheidender Bedeutung für die Definition der Fachkräfte mit qualifizierter Berufsausbildung ist, wird sie in Kapitel 3 im Abschnitt II im Zusammenhang mit der Einwanderung von Fachkräften mit qualifizierter Berufsausbildung behandelt. Auch hier gibt es bei der Gliederung dieses Handbuchs Abweichungen von der Gliederung des FKEG.

12 Nach bisherigem Recht konnte Antragstellern, die keine qualifizierte Berufsausbildung nachweisen konnten (§ 18 Abs. 3 AufenthG aF), ein Aufenthaltstitel nicht unabhängig von der BeschV erteilt werden. In dieser Verordnung, nämlich nach §§ 9 und 26 BeschV, wurde und wird hingegen nicht zwingend der Nachweis einer qualifizierten Berufsausbildung gefordert. Unabhängig von der BeschV konnte Antragstellern ohne qualifizierte Berufsausbildung hingegen kein Aufenthaltstitel erteilt werden. Beschäftigungen nur vorübergehender Art (§§ 10 bis 21 BeschV) sowie für besondere Berufe und Personengruppen (§§ 22 bis 25, 27 f. BeschV) bleiben hier, da sie nicht unmittelbar mit der Einwanderung von Fachkräften zusammenhängen, ausgeklammert. Das AufenthG selbst regelte unabhängig von der BeschV nur für Geduldete und aus humanitären Gründen Verbleibsberechtigte unter den Voraussetzungen des § 18 a AufenthG aF iVm § 32 BeschV die Möglichkeit der Beschäftigungsausübung. § 18 a AufenthG aF wird mit diesem Inhalt als § 19 d AufenthG fortgeführt. Nunmehr lockert das AufenthG selbst aber die starre Fokussierung auf die qualifizierte Berufsausbildung auf. Die Grundnorm des § 18 a AufenthG für die Beschäftigung von Fachkräften ohne akademische Ausbildung erfordert zwar den Nachweis einer qualifizierten Berufsausbildung iSv § 2 Abs. 12 a AufenthG, § 19 c AufenthG lässt aber die Einwanderung Drittstaatsangehöriger zu, die nicht eine derartige Berufsausbildung nachweisen können: Nach § 19 c Abs. 2 AufenthG kann Drittstaatsangehörigen mit „ausgeprägten berufspraktischen Kenntnissen" eine Aufenthaltserlaubnis erteilt werden. Allerdings kann dies nur nach Maßgabe des neu geregelten § 6 BeschV erfolgen. § 19 c Abs. 3 AufenthG erlaubt in begründeten Fällen darüber hinaus unter besonderen Voraussetzungen die Erteilung einer Aufenthaltserlaubnis zur Beschäftigung. Nach dem neuen Recht kann eine vorsichtige Auflockerung der starren Fixierung auf die Voraussetzung der qualifizierten Berufsausübung und eine tastende Loslösung von der BeschV festgestellt werden. Die Vorläufer der BeschV seit 1973 in ihren verschiedenen Formen **einschließlich der AusnahmestoppVO** hatten und haben die Funktion, die Anwendung des Anwerbestopps vom 23.11.1973 zu gewährleisten, und waren bestimmend für die Praxis des bis 2005 unabhängig von der Ausländerbehörde prüfenden und entscheidenden Bundesamtes für Arbeit und seitdem für die interne Zustimmungspraxis der Bundesagentur für Arbeit.

13 Die in der BeschV und deren Vorläufern seit 1973 geregelten besonderen Berufs- und Personengruppen betrafen und betreffen weitgehend akademische Fachkräfte, Spezialisten und Führungskräfte, nicht jedoch Fachkräfte mit qualifizierter Berufsausbildung. Seit einigen Jahren wurden für die Fachkräfte mit akademischer Ausbildung im AufenthG selbst Beschäftigungszwecke normiert. Diese Entwicklung ist nicht abgeschlossen. Fachkräften mit qualifizierter Berufsausübung wie Fachkräften mit akademischer Ausbildung wird nach **vierjährigem Besitz** einer Aufenthaltserlaubnis ohne Zustimmung nach § 18 c AufenthG eine Niederlassungserlaubnis erteilt, dh nach vier Jahren löst sich die akzessorische Bindung der Aufenthaltserlaubnis (§ 8 Abs. 1 AufenthG) vom ursprünglichen Beschäftigungszweck. Bei Hochqualifizierten wird wie früher (§ 19 AufenthG aF) nach § 18 c Abs. 3 AufenthG von vornherein eine nicht akzessorisch gebundene Niederlassungserlaub-

nis gewährt. Allerdings hält sich die Inanspruchnahme dieser Option seit ihrer Einführung 2004 in bescheidenen Grenzen. Anders als bei anderen Drittstaatsangehörigen, bei denen regelmäßig ein fünfjähriger Besitz einer Aufenthaltserlaubnis vorausgesetzt wird, kann also bereits nach vier Jahren die Niederlassungserlaubnis erteilt werden.

Für die Ausbildung von Fachkräften mit qualifizierter Berufsausbildung ist insbesondere 14
auch die **Ausbildungsduldung** (§ 60 c AufenthG) und die **Beschäftigungsduldung** (§ 60 d AufenthG) von Bedeutung. Zugleich mit dem FKEG wurde die Beschäftigungsduldung, die keine qualifizierte Berufsausbildung voraussetzt, durch das Gesetz über Duldung bei Ausbildung und Beschäftigung geregelt (→ Rn. 9). Beide Duldungsinstitute werden entsprechend der Vorgabe des Gesetzgebers in einem besonderen Kapitel, nämlich Kapitel 4 des Handbuchs erörtert. Die in § 60 c AufenthG geregelte Ausbildungsduldung wurde von § 60 a Abs. 2 S. 4 ff. AufenthG aF übernommen. Die Beschäftigungsduldung wurde mit § 60 d AufenthG erstmals in das Gesetz eingeführt, ist aber an sehr hohe Voraussetzungen gebunden, so dass der Spurwechsel wohl nur in wenigen Ausnahmefällen gelingen wird. Nach dem ursprünglichen Referentenentwurf sollten diese als **Spurwechsel** bekannten Duldungsformen in einem einheitlichen Gesetz geregelt werden. Der Gesetzgeber hat jedoch entschieden, dass die Fachkräfteeinwanderung in einem eigenen Gesetz sowie der Spurwechsel in einem davon unabhängigen Gesetz behandelt werden soll (→ Rn. 9). Mit Spurwechsel wird im politischen Diskurs der Wechsel von einem geduldeten oder gestatteten Aufenthalt zu einem Aufenthalt zum Zweck der Beschäftigung bezeichnet. Hier bestehen wegen der Ausreisepflicht derjenigen, denen der Spurwechsel eröffnet werden könnte, erhebliche politische Meinungsverschiedenheiten.

Die neuen Regelungen zur Ausbildungsduldung verbessern die bisherige Rechtslage nicht. 15
Der von vielen Beobachtern und auch Politikern schon vor der aktuellen Gesetzesänderung kritisierte erschwerte Zugang zur dauerhaften Bleiberechtsperspektive nach §§ 25 a, 25 b AufenthG wird dadurch nicht nur nicht erleichtert, sondern sogar noch weiter erschwert. Noch schärfer fällt die Analyse der Beschäftigungsduldung aus, die durch vorgeschaltete Duldungszeiten sowie den Nachweis, dass bereits seit einem Jahr keine Sozialleistungen in Anspruch genommen wurden, höhere Erteilungsvoraussetzungen als die in § 25 b AufenthG geregelten enthält. Dies folgt auch aus den extrem kurzen Fristen für den Identitätsnachweis, obwohl die Identität bereits im Asylverfahren geprüft wurde, das Spracherfordernis B 1 sowie den erfolgreich absolvierten Integrationskursus. Durch diese hohen Hürden wird der Spurwechsel im Ergebnis versperrt. Die Beschäftigungsduldung kann damit als gesetzgeberischer Täuschungsversuch gewertet werden, der der Öffentlichkeit vorgibt, ein Integrationskonzept schaffen zu wollen, das er aber politisch gar nicht will und das er deshalb so regelt, dass der Zugang hierzu wirksam versperrt wird. Die Ausdehnung der Ausbildungsduldung auf die Assistenz- oder Helferausbildung wird allgemein positiv gewertet, weil sie einen Einstieg in eine **modularisierte Berufsausbildung** ermöglicht. Dadurch wird etwa eine Erstausbildung von Geduldeten oder Asylbewerbern als Pflegeheilkräfte zugelassen, sofern an diese eine Ausbildung zur examinierten Pflegefachkraft anschlussfähig ist und eine Ausbildungsplatzzusage vorliegt.[11] § 60 c Abs. 1 AufenthG differenziert zwischen einem Antragsteller, der bereits **während des Asylverfahrens** erlaubt eine Berufsausbildung aufgenommen hat und diese nach Ablehnung des Asylantrags fortsetzen möchte (Nr. 1) und demjenigen, der erst **im Status der Duldung** eine Berufsausbildung aufnimmt (Nr. 2). Die Asylablehnung muss in Bestandskraft erwachsen sein.[12] § 60 c Abs. 1 S. 1 AufenthG knüpft an § 60 a Abs. 2 S. 3 AufenthG an. Danach ist

11 *Deutscher Anwaltverein, Ausschuss Migrationsrecht*, Stellungnahme zum Referentenentwurf eines FKEG, Dezember 2018, S. 10; *Pro Asyl*, Entwurf zum FKEG v. 30.11.2018, S. 3, kritisch wegen des Erfordernisses der Ausbildungsplatzzusage.

12 *Fleuß*, Stellungnahme zum Entwurf eines FKEG v. 26.5.2019, S. 9.

eine Duldung zu erteilen, wenn dringende humanitäre oder persönliche Gründe oder erhebliche öffentliche Interessen eine vorübergehende Anwesenheit im Bundesgebiet erfordern. Das Ziel des FKEG, dem wirtschaftlichen Interesse an Zuwanderung von Fachkräften nachzukommen, ist Anknüpfungspunkt dieser Kriterien, aus denen das öffentliche Interesse an Zuwanderung folgt. Anders als die nur für ein vorübergehendes Verbleiben im Bundesgebiet konzipierte Duldung nach § 60 a Abs. 2 S. 3 AufenthG ist die Ausbildungsduldung aber auf Dauer angelegt (§ 60 c Abs. 6 S. 2 AufenthG) und ermöglicht nach erfolgreichem Abschluss wie früher durch § 18 a AufenthG aF den Übergang in einen dauerhaften rechtmäßigen Aufenthalt (§ 19 d Abs. 1 a AufenthG).

16 Bei der Beschäftigungsduldung handelt es sich nicht um einen „klassischen Spurwechsel" (→ Rn. 14 f.), der – wie bei der Ausbildungsduldung – noch während des Asylverfahrens oder direkt nach der Bekanntgabe des ablehnenden asylrechtlichen Statusbescheids ermöglicht wird. Dies folgt aus den Wartezeiten. Denn der Antragsteller muss vor Erteilung der Beschäftigungsduldung bereits seit zwölf Monaten im Besitz einer Duldung aus anderen Gründen sein. Darüber hinaus muss er seit mindestens 18 Monaten eine sozialversicherungspflichtige Beschäftigung ausgeübt haben (§ 60 d Abs. 1 Nr. 2 und Nr. 3 AufenthG). Hingegen ermöglicht § 60 c Abs. 1 Nr. 1 AufenthG den Spurwechsel vom Asylverfahren in die Ausbildungsduldung bereits während des Asylverfahrens oder nach dreimonatiger Wartezeit im Anschluss an dieses. Nach der gesetzlichen Begründung soll durch diese Anforderungen ausgeschlossen werden, dass uU die Beschäftigungsduldung direkt anschließend an einen ablehnenden Asylbescheid erteilt wird. Der Zeitraum gebe den Ausländerbehörden die Möglichkeit, aufenthaltsbeendende Maßnahmen durchzuführen. Diese Regelungen werden die Erlangung einer Beschäftigungsduldung nahezu unmöglich machen. Denn es reicht nicht aus, dass gute Chancen für eine Integration bestehen, sondern diese wird bereits vorausgesetzt. Dazu passt, dass der Gesetzgeber durch die nachfolgende Regelung selbst diese sehr enge Regelung weiter verengt. Da der Lebensunterhalt bei beiden Ehepartnern oder Lebenspartnern gesichert sein muss, reicht eine Tätigkeit von 35 Stunden pro Woche nicht aus.

17 Die mit der Ausbildungsduldung und Beschäftigungsduldung eingeschlagene Spur verläuft über die Zwischenstationen der §§ 19 d und 25 b AufenthG in die Niederlassungserlaubnis nach § 9 AufenthG hinein und damit in eine vom bisherigen Erteilungsgrund losgelöste dauerhafte Bleiberechtsperspektive, die letztlich nur noch durch einen längeren Auslandsaufenthalt (§ 51 Abs. 1 Nr. 6 und 7 AufenthG) oder durch Ausweisung (§ 51 Abs. 1 Nr. 5 iVm §§ 53 ff. AufenthG) oder aufgrund des Eintritts der anderen Erlöschensgründe des § 51 Abs. 1 AufenthG erlöschen kann.

18 Darüber hinaus hat der Gesetzgeber mit dem FKEG die früheren Vorschriften der §§ 16 ff. AufenthG aF zum Zweck der Ausbildung nach §§ 16 ff. AufenthG nF grundlegend umgestaltet, um auch dadurch die Einwanderung von Fachkräften zu fördern. Ausgangspunkt der Aufenthaltserlaubnis ist § 16 AufenthG, der die Grundsätze des Aufenthaltes zum Zweck der Ausbildung regelt. Anschließend wird die Aufenthaltserlaubnis zur Berufsausbildung und beruflichen Weiterbildung (§ 16 a AufenthG) und zum Studium (§ 16 b AufenthG) geregelt. Daran schließt sich § 16 c AufenthG an, der die Aufenthaltserlaubnis zur Sicherstellung der Mobilität im Rahmen des Studiums regelt, § 16 d AufenthG, der die Aufenthaltserlaubnis zur Anerkennung ausländischer Berufsqualifikationen, § 16 e AufenthG, der die Aufenthaltserlaubnis zur Absolvierung eines studienbezogenen Praktikums EU, § 16 f AufenthG, der die Aufenthaltserlaubnis zur Teilnahme am Sprachkurs und Schulbesuch sowie § 17 AufenthG, der die Aufenthaltserlaubnis zum Zweck der Suche eines Ausbildungs- oder Studienplatzes behandelt. Im Grunde werden keine neuen Regelungen eingeführt, die nach altem Recht geregelten Bestimmungen indes strukturell anders gegliedert. Durch die der Aufenthaltserlaubnis zum Zweck des Studiums nach § 16 b AufenthG vorangestellte Vorschrift des § 16 a AufenthG zur Berufsausbildung und berufli-

chen Weiterbildung werden die Gewichte zwischen Studium und Berufsausbildung gegenüber früher aber deutlich verschoben. Während beim Studium im Wesentlichen die bisherigen Vorschriften übernommen und teilweise neu strukturiert wurden, wurden die Regelungen zur Berufsausbildung vollkommen neu gestaltet. Nach der gesetzlichen Begründung verdeutlicht § 16 AufenthG, warum Aufenthalte zum Zweck der Ausbildung in der Bundesrepublik zugelassen werden. Die Vorschrift enthält deshalb **ermessenslenkende Aspekte** für die zuständigen Behörden. Für die Aufenthaltserlaubnis zum Zweck des Studiums können aus § 16 b AufenthG mehrere Auslegungsgrundsätze abgeleitet werden: Einerseits dient der Zugang zur Ausbildung den persönlichen Interessen der Auszubildenden, andererseits der allgemeinen Bildung im Bundesgebiet, der **Völkerverständigung** und schließlich dem Interesse der Wirtschaft (**Arbeitsmarkt**). Daraus folgt, dass die aufenthaltsrechtliche Ermöglichung von Studium und Ausbildung im öffentlichen Interesse liegt.

Auch wenn der Zugang von Drittstaatsangehörigen zu Bildung und Ausbildung zentral 19
auf den Erwerb von Wissen und Kompetenzen angelegt ist, geht es also daneben auch um die Beförderung des gegenseitigen Verständnisses über Länder- und Kulturgrenzen hinweg und um die Stärkung des **Wirtschaftsstandortes Deutschland**. Gleichzeitig bereitet die Qualifizierung von Drittstaatsangehörigen in Deutschland nach erfolgreichem Abschluss den Weg in die Erwerbstätigkeit in der Bundesrepublik vor und dient so der Fachkräftesicherung durch Personen, die über einen deutschen Abschluss, gute Deutschkenntnisse und gesellschaftliche Integration verfügen.[13]

13 BT-Drs. 19/8285, S. 89.

Kapitel 2: Studium und Ausbildung

Abschnitt I: Grundsatz des Aufenthalts zum Zweck der Ausbildung

A. Bedeutung der Ausbildung

1 Durch das FKEG werden die Vorschriften des 3. Abschnitts des 2. Kapitels des AufenthG neu strukturiert. Dabei werden die Gewichte zwischen Studium und Berufsausbildung deutlich verschoben. Während beim Studium im Wesentlichen die bisherigen Vorschriften übernommen und teilweise neu strukturiert wurden, wurden die Regelungen zur Berufsausbildung vollkommen neu strukturiert. Nach der gesetzlichen Begründung verdeutlicht § 16 AufenthG, warum Aufenthalte zum Zweck der Ausbildung in der Bundesrepublik zugelassen werden. Die Vorschrift enthält deshalb **ermessenslenkende Aspekte** für die zuständigen Behörden. Auch wenn der Zugang von Drittstaatsangehörigen zu Bildung und Ausbildung zentral auf den Erwerb von Wissen und Kompetenzen angelegt ist, geht es daneben auch um die Beförderung des gegenseitigen Verständnisses über Länder- und Kulturgrenzen hinweg und die Stärkung des Wirtschaftsstandortes Deutschland. Gleichzeitig bereitet die Qualifizierung von Drittstaatsangehörigen in Deutschland nach erfolgreichem Abschluss den **Weg in die Erwerbstätigkeit** in der Bundesrepublik und dient so der Fachkräftesicherung durch Personen, die über einen deutschen Abschluss, gute Deutschkenntnisse und gesellschaftliche Integration verfügen.[14] Deutlich werden diese gesetzgeberischen Zielvorstellungen auch daran, dass § 16 a AufenthG die Berufsausbildung vor dem Studium nach § 16 b AufenthG und ebenso § 18 a die Fachkräfteeinwanderung mit qualifizierter Berufsausbildung vor der in § 18 b AufenthG geregelten Fachkräfteeinwanderung mit akademischer Ausbildung (Kap. 3) stellt. Diese gesetzgeberische Entscheidung lenkt maßgeblich das Ermessen bei der Ermessensausübung. Die Grundnorm beim Studium bildet § 16 b AufenthG, bei der Berufsausbildung § 16 a AufenthG. Die letztere Norm tritt an die Stelle von § 17 AufenthG aF. Traditionell hatte das Studium gegenüber der Ausbildung Vorrang. Eine Aufenthaltserlaubnis zum Zwecke der Ausübung einer Berufsausbildung wurde früher eher als Ausnahmefall bewertet und aufenthaltsrechtlich entsprechend gehandhabt. Diese Vorrangstellung des Studiums gegenüber der Ausbildung hat sich in den letzten Jahren zunehmend gewandelt. Die Regelung von Maßnahmen zur Anerkennung gleichwertiger Berufsqualifikationen steht im engen Zusammenhang mit dem Begriff der Fachkraft mit qualifizierter Berufsausbildung nach § 18 Abs. 3 Nr. 1 AufenthG und wird deshalb nicht – wie in der Gliederung des FKEG – im Abschnitt über die Ausbildung, sondern im Kapitel 3 dieses Handbuchs behandelt.

2 Der Gesetzgeber des FKEG hat den 3. Abschnitt von Kapitel 2 des AufenthG grundlegend umgestaltet. Wie § 18 AufenthG für die Arbeitsmigration stellt § 16 AufenthG Grundsätze des Aufenthalts zum Zweck der Ausbildung voran. Es verwundert nicht, dass der Gesetzgeber, der mit dem FKEG besonderes Gewicht auf die Einwanderung von Fachkräften mit akademischer Ausbildung legt, ebenso besonderes Gewicht auf die Neustrukturierung der Vorschriften zur Ausbildung legt. Nach früherem Recht regelten § 16 AufenthG aF die Aufenthaltserlaubnis zum Zweck des Studiums, § 16 a AufenthG aF die Aufenthaltserlaubnis zur Sicherstellung der Mobilität im Rahmen des Studiums, § 16 b AufenthG aF die Aufenthaltserlaubnis zur Teilnahme am Sprachkurs und Schulbesuch, § 17 AufenthG aF die Aufenthaltserlaubnis für sonstige Ausbildungszwecke, § 17 a AufenthG aF die Aufenthaltserlaubnis zur Anerkennung ausländischer Berufsqualifikationen und § 17 b AufenthG aF die Aufenthaltserlaubnis zur Absolvierung eines studienbezogenen Praktikums EU.

14 BT-Drs. 19/8285, S. 89.

Nunmehr regelt § 16 AufenthG den Grundsatz des Aufenthalts zum Zweck der Ausbildung, § 16a AufenthG die Aufenthaltserlaubnis zum Zweck der Berufsausbildung, § 16b AufenthG die Aufenthaltserlaubnis zum Zweck des Studiums, § 16c AufenthG die Aufenthaltserlaubnis zur Sicherstellung der Mobilität im Rahmen des Studiums, § 16d AufenthG die Aufenthaltserlaubnis zur Anerkennung ausländischer Berufsqualifikationen, § 16e AufenthG die Aufenthaltserlaubnis zur Absolvierung eines studienbezogenen Praktikums EU, § 16f AufenthG die Aufenthaltserlaubnis zur Teilnahme am Sprachkurs und Schulbesuch sowie § 17 AufenthG die Aufenthaltserlaubnis zum Zweck der Suche eines Ausbildungs- oder Studienplatzes. Im Grunde werden keine neuen Regelungen eingeführt, die nach altem Recht geregelten Bestimmungen indes strukturell anders gegliedert. In der gesetzlichen Begründung werden keine Gründe für die Neugliederung genannt. Zwar regelte auch der frühere 3. Abschnitt des AufenthG nach seinem Titel den Aufenthalt zum Zweck der Ausbildung. Es wurden jedoch zunächst die das Studium regelnden Vorschriften und anschließend die die Ausbildung betreffenden Vorschriften abgehandelt. Nunmehr werden die das Studium betreffenden Vorschriften nach denen, welche für die Absolvierung einer Ausbildung maßgebend sind, geregelt.

Nach § 16a AufenthG dient der Zugang von Drittstaatsangehörigen zur Ausbildung der allgemeinen Bildung und der internationalen Verständigung ebenso wie der Sicherung des Bedarfs des deutschen Arbeitsmarktes an Fachkräften. Dieser Gedanke kommt auch in den Vorschriften zur Suche nach einem Ausbildungs- oder Studienplatz zum Ausdruck (§ 17 AufenthG). Zugleich wird mit § 16a AufenthG ein flexibles Instrument geschaffen, mit dem auf die jeweilige Entwicklung des Arbeitsmarktes pragmatisch bei der Rechtsanwendung reagiert werden kann. Der Zugang zur Ausbildung ist aber nicht nur im Interesse von **Drittstaatsangehörigen**, sondern auch im **allgemeinen** Interesse. Mehrere Auslegungsgrundsätze können damit aus § 16a AufenthG abgeleitet werden: Einerseits dient der Zugang zur Ausbildung den persönlichen Interessen der Auszubildenden, andererseits der allgemeinen Bildung im Bundesgebiet, der **Völkerverständigung** und schließlich dem Interesse der Wirtschaft (**Arbeitsmarkt**). Daraus folgt, dass die aufenthaltsrechtliche Ermöglichung von Studium und Ausbildung im öffentlichen Interesse liegt. Es handelt sich bei diesen Auslegungsgrundsätzen für die Vorschriften des 3. Abschnitts um „ermessenslenkende Aspekte für die zuständigen Behörden“.[15] 3

Auch wenn der Zugang von Drittstaatsangehörigen zu Bildung und Ausbildung zentral auf den Erwerb von Wissen und Kompetenzen angelegt ist, geht es zugleich damit auch um die Beförderung des **gegenseitigen Verständnisses über Länder- und Kulturgrenzen (Völkerverständigung) hinweg** und die Stärkung des **Wirtschaftsstandortes Deutschland (Arbeitsmarkt)**.[16] Dies folgt aus § 16 S. 2 AufenthG, wonach der Zugang von Drittstaatsangehörigen zur Ausbildung neben der Stärkung der wissenschaftlichen Beziehungen Deutschlands in der Welt auch zu internationaler Entwicklung beiträgt. Anders als § 18 AufenthG, der mit den Grundsätzen zur Arbeitsmigration auch damit zusammenhängende begriffliche Konkretisierungen enthält (→ Kap. 3 Rn. 1 ff.), beschränkt sich § 16 AufenthG auf wenige Grundsätze und nimmt die begrifflichen Vorgaben in den einzelnen nachfolgenden Vorschriften vor. 4

15 BT-Drs. 19/8285, S. 89.
16 BT-Drs. 19/8285, S. 89.

B. Aufenthaltserlaubnis zur Suche eines Ausbildungs- oder Studienplatzes (§ 17 AufenthG)

I. Funktion von § 17 AufenthG

5 Wie § 19 AufenthG eine Aufenthaltserlaubnis für Fachkräfte zur Arbeitsplatzsuche (→ Kap. 3 Rn. 20 ff.) regelt, eröffnet § 17 AufenthG die Möglichkeit, eine Aufenthaltserlaubnis zum Zweck der Suche nach einem Ausbildungsplatz (Abs. 1) oder der Studienbewerbung (Abs. 2) zu erteilen. Diese Regelung kannte das frühere Recht nicht. Neben den Regelungen zu **studienvorbereitenden Maßnahmen** (§ 16 b Abs. 1 S. 2 AufenthG) tritt damit die Möglichkeit, zur Suche nach einem Studienplatz eine Aufenthaltserlaubnis zu gewähren. Auch nach früherem Recht konnte eine Aufenthaltserlaubnis zum Zweck der Studienbewerbung erteilt werden (§ 16 Abs. 7 AufenthG aF). Eine vergleichbare Möglichkeit zur Aus- und Weiterbildung enthielt das alte Recht, anders als das geltende Recht, jedoch nicht. Die Vorschriften in § 17 AufenthG aF, die auf Bestimmungen des § 16 AufenthG aF verwiesen, enthielten keine Bezugnahme auf § 16 Abs. 7 AufenthG aF. Das FKEG eröffnet zwar mit § 17 Abs. 1 AufenthG auch die Möglichkeit, eine Aufenthaltserlaubnis zum Zweck der Suche nach einem Ausbildungsplatz zu erteilen, erschwert mit § 17 Abs. 1 S. 1 Nr. 4 AufenthG aber zugleich diese Möglichkeit. Denn mit dieser Voraussetzung werden an die Suche nach einem Ausbildungsplatz nahezu identische Voraussetzungen wie bei der Suche nach einem Studienplatz (→ Rn. 8) gestellt.

II. Aufenthaltserlaubnis zur Suche eines Ausbildungsplatzes (§ 17 Abs. 1 AufenthG)

1. Funktion von § 17 Abs. 1 AufenthG

6 Nach § 16 a AufenthG kann eine Aufenthaltserlaubnis zum Zweck der betrieblichen Aus- und Weiterbildung erteilt werden. Anknüpfend hieran kann nach § 17 Abs. 1 AufenthG eine Aufenthaltserlaubnis zum Zweck der Suche nach einem Ausbildungsplatz zur Durchführung einer qualifizierten Berufsausbildung (§ 2 Abs. 12 a AufenthG) erteilt werden. Die Vorschrift eröffnet erstmals den Aufenthalt in der Bundesrepublik zum Zweck der Suche nach einem Ausbildungsplatz zur Durchführung einer qualifizierten Ausbildung (§ 2 Abs. 12 a AufenthG).[17] Zur Suche eines Arbeitsplatzes zur Weiterbildung wird eine Aufenthaltserlaubnis nicht erteilt (vgl. § 17 Abs. 1 AufenthG). Diese Gesetzessystematik ähnelt der Systematik von § 17 Abs. 1 S. 1 und Abs. 3 S. 1 AufenthG aF, unterscheidet sich aber von den früheren Bestimmungen dadurch, dass nicht wie nach geltendem Recht der Aufenthalt zur Suche nach einem Ausbildungsplatz vor der Ausbildung, sondern erst nach dem erfolgreichen Abschluss der Ausbildung zugelassen wurde. Danach konnte nach erfolgreichem Abschluss einer Ausbildung eine Aufenthaltserlaubnis zur Suche nach einem diesem Abschluss angemessenen Arbeitsplatz (§ 17 Abs. 3 S. 1 AufenthG aF) erteilt werden. Anders als § 17 Abs. 1 AufenthG aF, der sowohl die Aus- als auch Weiterbildung erfasste, sah § 17 Abs. 3 S. 1 AufenthG aF diese Möglichkeit nur für die Ausbildung vor (→ Kap. 3 Rn. 20). Dieser Regelungstechnik dürfte die Absicht des Gesetzgebers zugrunde liegen, im Hinblick auf die weniger lange Dauer der Weiterbildung im Verhältnis zur Ausbildung keine dauerhaften Bleiberechtsperspektiven zu eröffnen. Diese Funktion der differenzierenden Regelungstechnik hat der Gesetzgeber des FKEG mit § 20 Abs. 1 AufenthG jedoch aufgegeben (→ Kap. 3 Rn. 22 ff.). Denn eine Fachkraft mit Weiterbildung ist eine Fachkraft mit qualifizierter Berufsausbildung.

7 § 17 Abs. 1 AufenthG eröffnet die Möglichkeit, zum Zweck der Durchführung einer qualifizierten Berufsausbildung eine Aufenthaltserlaubnis zu erteilen. Eine qualifizierte Berufsausbildung liegt nach § 2 Abs. 12 a, § 18 Abs. 3 Nr. 1 AufenthG (→ Kap. 3 Rn. 14 ff.;

---

17 BT-Drs. 19/8285, S. 95.

→ Kap. 4 Rn. 5 ff.) vor, wenn es sich um eine Berufsausbildung in einem staatlich anerkannten oder vergleichbar geregelten Ausbildungsberuf handelt, für den nach bundes- oder landesrechtlichen Vorschriften eine Ausbildungsdauer von mindestens zwei Jahren festgelegt ist. Diese Regelung eröffnet den Arbeitsplatzsuchenden die Möglichkeit, in kleinen und mittleren Unternehmen einen Ausbildungsplatz zu finden, die oftmals keine Möglichkeit haben, Ausbildungsinteressenten unmittelbar aus dem Ausland für eine Berufsausbildung in Deutschland zu gewinnen.[18] Damit dient diese Vorschrift insbesondere auch Unternehmen in ländlichen Gebieten, die dort keine oder nur geringe Möglichkeiten haben, Ausbildungswillige zu finden, weil diese in städtischen Siedlungsgebieten Ausbildungs- und Beschäftigungsmöglichkeiten suchen. Begrenzt ist der Anwendungsbereich der Vorschrift jedoch nicht auf Unternehmen in ländlichen Regionen. Ebenso wenig ist er auf kleinere oder mittlere Unternehmen beschränkt. Vielmehr eröffnet § 17 Abs. 1 AufenthG die Möglichkeit, unabhängig von der Größe des Unternehmens und dessen Standortes einem Ausbildungsplatzsuchenden eine Aufenthaltserlaubnis zum Zweck dieser Suche zu erteilen.

2. Voraussetzungen von § 17 Abs. 1 Satz 1 AufenthG

a) Altersgrenze (§ 17 Abs. 1 Satz 1 Nr. 1 AufenthG)

Nach § 17 Abs. 1 S. 1 Nr. 1 AufenthG darf der Antragsteller das 25. Lebensjahr noch 8
nicht vollendet haben. Mit der Festlegung der Altersgrenze soll der potenzielle Bewerberkreis auf junge Drittstaatsangehörige beschränkt werden, bei denen der Abschluss der Schulausbildung noch nicht allzu lange zurückliegt.[19] Wird davon ausgegangen, dass der Schulabschluss in den Herkunftsländern für potenzielle Bewerber im Alter von 14 bis 16 Jahren erreicht wird, bleibt diesen damit ausreichend Zeit, ihre dortigen Ausbildungsperspektiven zu prüfen und zu realisieren. Dies ist jedoch keine Voraussetzung für die Erteilung der Aufenthaltserlaubnis. Andererseits wird die zuständige Botschaft und Ausländerbehörde bei der Prüfung der Ernsthaftigkeit der Absicht, einen Ausbildungsplatz zu suchen, aufklären, welche berufliche Entwicklung der Antragsteller nach dem Schulabschluss bis zur Antragstellung auf Erteilung eines Visums durchlaufen hat. Es steht der Erteilung einer Aufenthaltserlaubnis auch nicht entgegen, dass der Antragsteller im Herkunftsland keine Ausbildung, sondern unmittelbar nach Schulabschluss eine nicht oder gering qualifizierte Beschäftigung ausgeübt hat. Andererseits hindert der Umstand, dass er bereits eine qualifizierte Berufsausbildung im Herkunftsland begonnen hat, diese aber im Bundesgebiet fortsetzen möchte, nicht die Erteilung des Visums. Drittstaatsangehörige, die aufgrund ihrer Schulausbildung im Herkunftsland die **Hochschulreife** erworben haben, dürften wohl eher dazu neigen, eine Aufenthaltserlaubnis zur Suche nach einem Studienplatz nach § 17 Abs. 2 AufenthG zu beantragen. Wollen sie nach Erlangung der Hochschulreife jedoch im Bundesgebiet eine qualifizierte Berufsausbildung absolvieren, ist ihnen dies zu ermöglichen. Der Wortlaut und auch der Zweck von § 17 Abs. 1 AufenthG stehen dem nicht entgegen. Allerdings wird ihnen in der Regel nach Einreise in das Bundesagebiet zum Zweck der Suche nach einem Ausbildungsplatz nicht die Möglichkeit eröffnet, eine Aufenthaltserlaubnis zum Zweck der Suche nach einem Studienplatz erhalten (vgl. § 17 Abs. 3 S. 2 AufenthG).

b) Sicherung des Lebensunterhalts (§ 17 Abs. 1 Satz 1 Nr. 2 AufenthG)

Nach § 17 Abs. 1 S. 1 Nr. 2 AufenthG muss während des Aufenthaltes zum Zweck der 9
Ausbildungsplatzsuche der Lebensunterhalt (§ 2 Abs. 3 AufenthG) gesichert sein. Nach

18 BT-Drs. 19/8285, S. 95.
19 BT-Drs. 19/8285, S. 95.

der gesetzlichen Begründung gilt dies **ausnahmslos.**[20] Sofern die Suche erfolgreich ist, wird zum Nachweis der Sicherung des Lebensunterhalts in der Regel die **Ausbildungsvergütung** ausreichen. Für die Erteilung der Aufenthaltserlaubnis nach § 17 Abs. 1 AufenthG ist jedoch Voraussetzung, dass der Antragsteller über insoweit ausreichendes Vermögen verfügt. Da die Aufenthaltserlaubnis maximal für bis zu sechs Monate erteilt werden kann, kann der Nachweis durch ein **Sperrkonto** geführt werden.[21] Ob der Nachweis auch durch eine **Verpflichtungserklärung** nach § 68 Abs. 1 AufenthG geführt werden kann, ist offen. Angesichts der Probleme, welche die Durchsetzung von Regressansprüchen gegen Personen im Ausland bereitet, dürften derartige Erklärungen kaum akzeptiert werden. Es ist aber kein Grund ersichtlich, der dagegen steht, Erklärungen nach § 68 Abs. 1 AufenthG durch Personen, die ihren gewöhnlichen Aufenthalt im Bundesgebiet haben, zu akzeptieren. Der Lebensunterhalt gilt als gesichert, wenn der Antragsteller über monatliche Mittel in Höhe des monatlichen Bedarfs verfügt, der nach § 13, § 13 a Abs. 1 BAföG bestimmt wird (§ 2 Abs. 3 S. 6 iVm S. 5 AufenthG). Das Bundesinnenministerium gibt die Mindestbeträge nach § 2 Abs. 3 S. 5 AufenthG für jedes Kalenderjahr jeweils bis zum 31.8. des Vorjahres im Bundesanzeiger bekannt (§ 2 Abs. 3 S. 7 AufenthG).

c) Abschluss einer deutschen Auslandsschule oder Hochschulreife (§ 17 Abs. 1 Satz 1 Nr. 3 AufenthG)

10 Nach § 17 Abs. 1 S. 1 Nr. 3 AufenthG muss der Antragsteller über einen Abschluss einer **deutschen Auslandsschule** oder über einen Schulabschluss verfügen, der zum Hochschulzugang im Bundesgebiet oder in dem Staat berechtigt, in dem der Schulabschluss erworben wurde. Die zweite Alternative war im Gesetzentwurf nicht vorgesehen.[22] Hiermit soll eine Erweiterung des Kreises derjenigen Schulabschlüsse bewirkt werden, die für die Erteilung der Aufenthaltserlaubnis zum Zweck der Suche eines Ausbildungsplatzes akzeptiert werden.[23] Es gibt zwar etwa 140 von der Bundesrepublik anerkannte deutsche Auslandsschulen. Gleichwohl wird damit der Kreis der in Betracht kommenden Herkunftsländer wie auch des potenziellen Bewerberkreises erheblich eingeschränkt. Mit der alternativen Voraussetzung wird hingegen der Anwendungsbereich von § 17 Abs. 1 dem von § 17 Abs. 2 AufenthG angeglichen. Die gesetzliche Begründung hierzu führt aus, dass vom **Hochschulzugang** der Zugang zu Universitäten und Fachhochschulen umfasst ist. Die Zentrale für ausländisches Bildungswesen im Sekretariat der Kultusministerkonferenz der Länder halte in der ANABIN-Datenbank Informationen zur Bewertung ausländischer Schulabschlüsse im Hinblick auf den Hochschulzugang in Deutschland vor. Mithilfe der enthaltenen Informationen könne festgestellt werden, unter welchen Bedingungen mit einem ausländischen Sekundarabschluss ein **grundständiges Studium** in Deutschland aufgenommen werden könne.[24] Diese Begründung offenbart, dass der Gesetzgeber die Aufenthaltserlaubnis zum Zweck der Ausbildungsplatzsuche ersichtlich nicht will. Denn es geht nicht um ein grundständiges Studium, sondern um einen Ausbildungsplatz zur Absolvierung einer betrieblichen Aus- und Weiterbildung (§ 16 a Abs. 1 S. 1 AufenthG). Des Weiteren führt die gesetzliche Begründung aus, dass alle ausländischen Sekundarschulzeugnisse, die im Herkunftsland den Hochschulzugang ermöglichten, bewertet würden. Welche Abschlüsse dies seien, werde von der Zentralstelle für ausländisches Bildungswesen in regelmäßigen Abständen geprüft.[25] Der Begriff Sekundarabschluss ist ein deutscher, der in der überwiegenden Zahl der Herkunftsländer nicht bekannt ist. Mit dieser Voraus-

---

20 BT-Drs. 19/8285, S. 95.
21 *Dienelt*, in: Bergmann/Dienelt, AuslR, 12. Aufl. 2018, § 2 AufenthG Rn. 36, bezogen auf die studienbezogene Aufenthaltserlaubnis.
22 BT-Drs. 19/8285, S. 18.
23 BT-Drs. 19/10714, S. 21.
24 BT-Drs. 19/8285, S. 95.
25 BT-Drs. 19/8285, S. 95.

setzung läuft die Aufenthaltserlaubnis nach § 17 Abs. 1 AufenthG ins Leere. Denn es kann nicht erkannt werden, worin der Unterschied zwischen § 17 Abs. 1 und § 17 Abs. 2 AufenthG besteht. Potenzielle Bewerber, die im Herkunftsland eine Hochschulzugangsberechtigung erworben haben, werden in aller Regel eine Aufenthaltserlaubnis nach § 17 Abs. 2 AufenthG zum Zweck einer Studienplatzsuche beantragen. Darüber hinaus ist es weder plausibel noch nachvollziehbar, aus welchen Gründen für eine zweijährige Berufsausbildung eine Hochschulzugangsberechtigung erforderlich sein soll. § 20 Abs. 1 AufenthG hilft nicht weiter. Denn die Aufenthaltserlaubnis zum Zweck der Suche nach einem Arbeitsplatz setzt eine qualifizierte Berufsausbildung voraus (→ Kap. 3 Rn. 23), die mit § 17 Abs. 1 S. 1 AufenthG ja erst noch angestrebt wird.

d) Gute Sprachkenntnisse (§ 17 Abs. 1 Satz 1 Nr. 4 AufenthG)

Nach § 17 Abs. 1 S. 1 Nr. 4 AufenthG muss der Antragsteller gute deutsche Sprachkenntnisse nachweisen. Diese entsprechen dem Niveau B 2 GER (§ 2 Abs. 11 a AufenthG). Sie werden nach der gesetzlichen Begründung im Rahmen der Ausbildungsplatzsuche nicht nur in Bezug auf die praktische betriebliche Ausbildung und den begleitenden Berufsschulunterricht erforderlich, sondern insbesondere in Bezug auf die schulische Berufsausbildung, da der Antragsteller im Fall des § 17 Abs. 1 AufenthG noch nicht über einen Ausbildungsplatz verfügt und dementsprechend die Sprachkenntnisse auch nicht bereits durch eine Bildungseinrichtung geprüft wurden.[26] Bei Bewerbern, die den Abschluss einer deutschen Auslandsschule nachweisen können (→ Rn. 10), können ohne Weiteres gute Sprachkenntnisse angenommen werden. 11

3. Ablehnungsgründe (§ 19 f Abs. 4 AufenthG)

§ 19f Abs. 4 AufenthG (→ Kap. 3 Rn. 127) verweist auf § 17 Abs. 1 und bestimmt, dass der Antrag auf Erteilung einer Aufenthaltserlaubnis abgelehnt werden kann, wenn die aufnehmende Einrichtung hauptsächlich zu dem Zweck gegründet wurde, die Einreise und den Aufenthalt von Drittstaatsangehörigen zu dem in § 17 Abs. 1 AufenthG bezeichneten Zweck zu erleichtern (§ 19f Abs. 4 Nr. 1 AufenthG), über das Vermögen des Ausbildungsbetriebs das Insolvenzverfahren eröffnet wurde, das auf Auflösung des Ausbildungsbetriebs und Abwicklung des Geschäftsbetriebs gerichtet ist (§ 19f Abs. 4 Nr. 2 AufenthG), der Ausbildungsbetrieb im Rahmen der Durchführung eines Insolvenzverfahrens aufgelöst und der Geschäftsbetrieb abgewickelt wurde (§ 19f Abs. 4 Nr. 3 AufenthG), die Eröffnung eines Insolvenzverfahrens über das Vermögen des Ausbildungsbetriebs mangels Masse abgelehnt und der Geschäftsbetrieb eingestellt wurde (§ 19f Abs. 4 Nr. 4 AufenthG), der Ausbildungsbetrieb keine Geschäftstätigkeit ausübt (§ 19f Abs. 4 Nr. 5 AufenthG) oder Beweise oder konkrete Anhaltspunkte dafür bestehen, dass der Drittstaatsangehörige den Aufenthalt zu anderen Zwecken nutzen wird als zu Ausbildungszwecken (§ 19f Abs. 4 Nr. 6 AufenthG). Derartige Fälle sind aber bislang nicht bekannt geworden. 12

4. Regelerteilungsgründe (§ 5 AufenthG)

Schließlich sind die allgemeinen Erteilungsgründe zu berücksichtigen. § 17 Abs. 1 Nr. 2 AufenthG ist aber gegenüber § 5 Abs. 1 Nr. 1 AufenthG lex spezialis und steht der Annahme eines **atypischen Ausnahmegeschehens** entgegen. Es darf kein **Ausweisungsinteresse** (§ 5 Abs. 1 Nr. 2 AufenthG) und kein Versagungsgrund nach § 5 Abs. 4 AufenthG bestehen. Die Identität muss geklärt sein (§ 5 Abs. 1 Nr. 1 a AufenthG), und der Bewerber muss im Besitz eines **nationalen Passes** sein (§ 3 Abs. 1, § 5 Abs. 1 Nr. 4 AufenthG). Der Antrag muss im Visumverfahren gestellt werden. Wird er im Bundesgebiet gestellt und ist der An- 13

26 BT-Drs. 19/8285, S. 95.

tragsteller geduldet, kommt die Erteilung einer Ausbildungsduldung nach § 60c AufenthG in Betracht (→ Kap. 4 Rn. 3 ff.).

III. Aufenthaltserlaubnis zur Suche eines Studienplatzes (§ 17 Abs. 2 AufenthG)

1. Funktion von § 17 Abs. 2 AufenthG

14 Nach § 16b AufenthG kann eine Aufenthaltserlaubnis zum Zweck des Studiums erteilt werden. Hieran anknüpfend kann nach § 17 Abs. 2 S. 1 AufenthG eine Aufenthaltserlaubnis zum Zweck der Studienbewerbung erteilt werden. Neben den Regelungen zu studienvorbereitenden Maßnahmen (§ 16b Abs. 1 S. 2 AufenthG) tritt damit die Möglichkeit, zur Suche nach einem Studienplatz eine Aufenthaltserlaubnis zu gewähren (→ Rn. 5). Auch nach früherem Recht konnte eine Aufenthaltserlaubnis zum Zweck der Studienbewerbung erteilt werden (§ 16 Abs. 7 AufenthG). Nach geltendem Recht kommen jedoch Voraussetzungen hinzu, die für einen späteren Wechsel zu einem Aufenthalt zum Zweck des Studiums zu erfüllen sind.[27] Die gesetzliche Überschrift zu § 17 AufenthG spricht von der Suche nach einem „Studienplatz", § 17 Abs. 3 S. 1 AufenthG von „Studienbewerbung". Gemeint ist mit beiden Begriffen dasselbe. Der Studienbewerber muss für die Erteilung der Aufenthaltserlaubnis nicht bereits einen konkreten Studienplatz durch Vorlage einer **„bedingten Zulassung"** nachweisen. Vielmehr kann er einreisen, wenn er die Voraussetzungen von § 17 Abs. 2 S. 1 AufenthG erfüllt und ihm deshalb ein Aufenthaltstitel in Form eines Visums erteilt wurde, und nach der Einreise für die Dauer von maximal sechs Monaten (§ 17 Abs. 2 S. 2 AufenthG) einen Studienplatz an einer Hochschule oder einer Fachhochschule suchen. War die Suche erfolgreich, muss er nicht wieder ausreisen, sondern kann den Wechsel zu einer Aufenthaltserlaubnis zum Zweck des Studiums (vgl. § 17 Abs. 3 S. 3 AufenthG) anstreben.

2. Voraussetzungen von § 17 Abs. 2 AufenthG

15 Der Antragsteller muss über die schulischen und sprachlichen Voraussetzungen zur Aufnahme eines Studiums verfügen oder nachweisen, dass er diese innerhalb der maximalen Dauer von neun Monaten (§ 17 Abs. 2 S. 1 Nr. 1 AufenthG) erwerben kann. Er muss also die Hochschulreife nachweisen. Es ist kaum vorstellbar, dass ein Bewerber, der im Herkunftsland die schulische Ausbildung zum Erwerb der Hochschulreife nicht vollständig abgeschlossen hat, diese innerhalb von neun Monaten im Bundesgebiet erwerben kann. Die Dauer des Visumverfahrens und die Suche nach einer Schule, an der er im Crash-Kurs die Hochschulreife erwerben kann, sind derart zweitaufwändig, dass er eher diese Zeit nutzen kann, um im Herkunftsland die schulische Ausbildung abzuschließen. Es kann nach den Erfahrungen der Vergangenheit auch davon ausgegangen werden, dass die für den Bewerber zuständige deutsche Konsularabteilung die Entgegennahme des Antrags ablehnen wird, wenn nicht die Hochschulreife nachgewiesen wird. Aber selbst dann, wenn der Antrag entgegengenommen werden sollte, wird die Prüfung, ob der Bewerber aufgrund der vorgelegten schulischen Unterlagen nach der Einreise in das Bundesgebiet in der Lage sein wird, innerhalb von neun Monaten die Hochschulreife zu erlangen, unter Einbeziehung der Dauer des internen Zustimmungsverfahrens (§ 31 Abs. 1 AufenthV) häufig sehr lange dauern. Der Bewerber ist daher gut beraten, innerhalb dieser Zeitdauer die Hochschulreife im Herkunftsstaat zu erwerben. Für die Aufnahme eines Studiums sind Deutschkenntnisse nach Maßgabe der „Deutschen Sprachprüfung für den Hochschulzugang" ausländischer Studienbewerber (DSH) erforderlich oder es ist der bestandene Test „Deutsch als Fremdsprache" nachzuweisen. Die Alternative, dass die erforderlichen Deutschkenntnisse bereits bei der Zulassungsentscheidung geprüft wurden, entfällt, weil ja

27 BT-Drs. 19/8285, S. 95.

ein derartiges Verfahren noch nicht durchgeführt wurde (→ Rn. 55 ff.). Bei der Prognoseprüfung sind die bisherigen Deutschkenntnisse in Betracht zu ziehen, und es muss mit überwiegender Wahrscheinlichkeit zu erwarten sein, dass der Bewerber innerhalb von sechs Monaten die erforderliche Sprachprüfung erfolgreich bestehen wird. Dies dürfte wohl voraussetzen, dass zumindest Sprachkenntnisse auf dem Niveau B 2 GER nachgewiesen werden. Andererseits ist zu bedenken, dass in den Fällen, in denen die Prognoseerwartung innerhalb von neun Monaten nicht erfüllt wird, der Bewerber wieder ausreisen muss. Hat er anschließend im Herkunftsland die erforderlichen Sprachkenntnisse erworben, kann er erneut einen Antrag auf Erteilung einer Aufenthaltserlaubnis zum Zweck der Studienbewerbung nach § 17 Abs. 2 S. 1 AufenthG beantragen.

Nach § 17 Abs. 2 S. 1 Nr. 2 AufenthG muss während des Aufenthaltes zum Zweck der Studienbewerbung der Lebensunterhalt (§ 2 Abs. 3 AufenthG) gesichert sein (→ Rn. 9). Nach der gesetzlichen Begründung gilt dies **ausnahmslos.**[28] Sofern die Suche erfolgreich ist, werden zum Nachweis der Sicherung des Lebensunterhalts in der Regel die Leistungen nach dem BAföG ausreichen. Für die Erteilung der Aufenthaltserlaubnis nach § 17 Abs. 2 AufenthG ist jedoch Voraussetzung, dass der Antragsteller über insoweit ausreichendes Vermögen verfügt. Da die Aufenthaltserlaubnis maximal für bis zu neun Monate erteilt werden kann, kann der Nachweis durch ein **Sperrkonto** geführt werden.[29] Ob der Nachweis auch durch eine **Verpflichtungserklärung** nach § 68 Abs. 1 AufenthG geführt werden kann, ist offen. Angesichts der Probleme, welche die Durchsetzung von Regressansprüchen gegen Personen im Ausland bereitet, dürften derartige Erklärungen kaum akzeptiert werden. Es ist aber kein Grund ersichtlich, der dagegen steht, Erklärungen nach § 68 Abs. 1 AufenthG durch Personen, die ihren gewöhnlichen Aufenthalt im Bundesgebiet haben, zu akzeptieren. Der Lebensunterhalt gilt als gesichert, wenn der Antragsteller über monatliche Mittel in Höhe des monatlichen Bedarfs, der nach § 13, § 13 a Abs. 1 BAföG bestimmt wird, verfügt (§ 2 Abs. 3 S. 6 iVm S. 5 AufenthG). Das Bundesinnenministerium gibt die Mindestbeträge nach § 2 Abs. 3 S. 5 AufenthG für jedes Kalenderjahr jeweils bis zum 31.8. des Vorjahres im Bundesanzeiger bekannt (§ 2 Abs. 3 S. 7 AufenthG). 16

3. Ablehnungsgründe (§ 19 f Abs. 1, 2 und 4 AufenthG)

Nach § 19 f Abs. 1 AufenthG (→ Kap. 3 Rn. 97 ff.) sind von der Erteilung der Aufenthaltserlaubnis nach § 17 Abs. 2 AufenthG Personen ausgeschlossen, die in einem anderen Mitgliedstaat einen Antrag auf **internationalen Schutz** (§ 1 Abs. 1 Nr. 2 AsylG) gestellt haben oder internationalen Schutz genießen oder sich im Rahmen einer Regelung zum **vorübergehenden Schutz** nach der Richtlinie 2001/55/EG in einem anderen Mitgliedstaat aufhalten. Darüber hinaus sind Antragsteller ausgeschlossen, deren Abschiebung in einem Mitgliedstaat aus tatsächlichen oder rechtlichen Gründen ausgesetzt wurde (§ 19 f Abs. 1 Nr. 1 bis Nr. 3 AufenthG). Die in § 19 f Abs. 1 Nr. 2 AufenthG bezeichnete Richtlinie zum vorübergehenden Schutz RL 2001/55/EG ist seit ihrer Verabschiedung 2001 noch in keinem Fall angewandt werden. Dieser Ausschlussgrund ist damit ohne Bedeutung. Ausgeschlossen sind ferner Personen, denen in einem anderen Mitgliedstaat eine **Daueraufenthaltserlaubnis** nach der Richtlinie 2003/109/EG erteilt wurde (§ 19 f Abs. 1 Nr. 4 AufenthG). Über diese Ablehnungsgründe hinaus wird eine Aufenthaltserlaubnis nicht an Personen erteilt, die eine Blaue Karte EU nach § 18 b Abs. 2 AufenthG oder einen Aufenthaltstitel zur Ausübung einer hoch qualifizierten Beschäftigung (§ 18 c Abs. 3 AufenthG) besitzen (§ 19 f Abs. 3 S. 1 AufenthG). § 19 f Abs. 4 AufenthG (→ Rn. 12, → Kap. 3 Rn. 103) verweist u.a. auch auf § 17 Abs. 2 AufenthG und bestimmt, dass der Antrag auf 17

28 BT-Drs. 19/8285, S. 95.

29 *Dienelt*, in: Bergmann/Dienelt, AuslR, 12. Aufl. 2018, § 2 AufenthG Rn. 36, bezogen auf die studienbezogene Aufenthaltserlaubnis.

Erteilung einer Aufenthaltserlaubnis abgelehnt werden kann, wenn die aufnehmende Einrichtung hauptsächlich zu dem Zweck gegründet wurde, die Einreise und den Aufenthalt von Drittstaatsangehörigen zu dem in § 17 Abs. 2 AufenthG bezeichneten Zweck zu erleichtern (§ 19f Abs. 4 Nr. 1 AufenthG), über das Vermögen der Bildungseinrichtung das Insolvenzverfahren eröffnet wurde, das auf Auflösung der Einrichtung und Abwicklung des Geschäftsbetriebs gerichtet ist (§ 19f Abs. 4 Nr. 2 AufenthG), die Universität im Rahmen der Durchführung eines Insolvenzverfahrens aufgelöst und der Geschäftsbetrieb abgewickelt wurde (§ 19f Abs. 4 Nr. 3 AufenthG), die Eröffnung eines Insolvenzverfahrens über das Vermögen der Universität mangels Masse abgelehnt und der Geschäftsbetrieb eingestellt wurde (§ 19f Abs. 4 Nr. 4 AufenthG), die Universität keine Geschäftstätigkeit ausübt (§ 19f Abs. 4 Nr. 5 AufenthG) oder Beweise oder konkrete Anhaltspunkte dafür bestehen, dass der Drittstaatsangehörige den Aufenthalt zu anderen Zwecken nutzen wird als zu Studienzwecken (§ 19f Abs. 4 Nr. 6 AufenthG). Diese Voraussetzungen werden bei der Aufnahme eines Studiums an einer deutschen Hochschule oder Fachhochschule jedoch kaum vorliegen, es sei denn, das Studium soll an einer privaten Universität aufgenommen werden. Derartige Fälle sind aber bislang nicht bekannt geworden.

4. Regelerteilungsgründe (§ 5 AufenthG)

18 Schließlich sind die allgemeinen Erteilungsgründe zu berücksichtigen. § 17 Abs. 2 S. 1 Nr. 2 AufenthG ist aber gegenüber § 5 Abs. 1 Nr. 1 AufenthG lex spezialis und steht der Annahme eines atypischen Ausnahmefalles entgegen. Es darf kein Ausweisungsinteresse (§ 5 Abs. 1 Nr. 2 AufenthG) und kein Versagungsgrund nach § 5 Abs. 4 AufenthG bestehen. Die Identität muss geklärt (§ 5 Abs. 1 Nr. 1 a AufenthG) und der Bewerber muss im Besitz eines nationalen Passes sein (§ 3 Abs. 12, § 5 Abs. 1 Nr. 4 AufenthG). Der Antrag muss im Visumverfahren gestellt werden.

IV. Inhalt und Umfang der Aufenthaltserlaubnis nach § 17 Abs. 1 und Abs. 2 AufenthG (§ 17 Abs. 3 AufenthG)

19 Die Aufenthaltserlaubnis nach § 17 Abs. 1 AufenthG kann maximal für bis zu sechs Monate (§ 17 Abs. 1 S. 2 AufenthG), nach § 17 Abs. 2 AufenthG maximal für bis zu neun Monate erteilt werden (§ 17 Abs. 2 S. 2 AufenthG). Eine Verlängerung der Aufenthaltserlaubnis nach Abs. 1 über die Maximalfrist hinaus ist unzulässig. Vielmehr kann eine Aufenthaltserlaubnis nur dann erneut erteilt werden, wenn der Antragsteller sich nach seiner Ausreise mindestens so lange im Ausland aufgehalten hat, wie er sich zuvor im Bundesgebiet auf der Grundlage einer Aufenthaltserlaubnis nach Abs. 1 aufgehalten hat. Diese im Gesetzentwurf zunächst nicht vorgesehene Einschränkung orientiert sich an § 20 Abs. 4 S. 3 AufenthG, der dies für Fachkräfte vorsieht, die eine Aufenthaltserlaubnis zur Suche nach einem Arbeitsplatz erhalten haben. Es wird also ein Gleichlauf für beide Aufenthaltszwecke hinsichtlich des Vorbehalts der Ausreise festgelegt. Das Ermessen nach § 17 Abs. 2 S. 2 AufenthG ist großzügig auszuüben. Dies ist insbesondere im Hinblick auf die Prognoseprüfung nach § 17 Abs. 2 S. 1 Nr. 1 Alt. 2 AufenthG gerechtfertigt. Bei dieser selbst handelt es sich zwar um keine Ermessensentscheidung, sondern um eine der vollen gerichtlichen Kontrolle in rechtlicher und tatsächlicher Hinsicht unterliegende Entscheidung. In die Prüfung einzubeziehen ist jedoch die Ermessenserwägung, dass der Zugang zum Studium im öffentlichen Interesse liegt (→ Rn. 1 f.). Auch ist in die Ermessensabwägung einzustellen, dass für den Fall, dass im Bundesgebiet die Hochschulreife erworben werden soll, weniger als neun Monate Aufenthalt nicht genügen. Darüber hinaus ist im Rahmen der Ermessensausübung zu berücksichtigen, ob der Bewerber auf sich allein gestellt ist oder durch bereits länger im Bundesgebiet lebende Verwandte, Bekannte oder Freunde unterstützt wird, so dass die Möglichkeit besteht, dass er schneller einen Studienplatz finden

kann als jemand, der völlig auf sich allein gestellt ist und sich erst mit den Studienverhältnissen im Bundesgebiet vertraut machen muss. Sowohl die Aufenthaltserlaubnis nach § 17 Abs. 1 wie auch § 17 Abs. 2 AufenthG berechtigt nicht zur Ausübung einer Erwerbstätigkeit oder studentischer Nebentätigkeiten (§ 17 Abs. 3 S. 1 Hs. 2; § 4 a Abs. 1 S. 1 Hs. 2 AufenthG). Dies hat wohl seinen Grund darin, dass während dieser Phase keine einen Vertrauensschutz auf dauerhaften Aufenthalt im Bundesgebiet begründende Tatsachen geschaffen werden und sich die Bewerber auf die Suche nach einem Ausbildungs- oder Studienplatz konzentrieren sollen.

§ 17 Abs. 3 S. 2 und S. 3 AufenthG differenzieren für die Frage des **Wechsels des Aufenthaltszwecks**. Inhabern einer Aufenthaltserlaubnis nach § 17 Abs. 1 AufenthG soll in der Regel eine Aufenthaltserlaubnis nach § 18 a AufenthG zur Ausübung einer Tätigkeit einer Fachkraft mit qualifizierter Berufsausbildung oder nach § 18 c AufenthG zur Ausübung einer Tätigkeit als Fachkraft mit akademischer Ausbildung erlaubt werden. Ein Aufenthaltstitel zu einem anderen Zweck darf nur in den Fällen erteilt werden, in denen hierauf ein gesetzlicher Anspruch besteht (§ 17 Abs. 3 S. 3 AufenthG; zB § 28 Abs. 1 S. 1; § 30 Abs. 1 AufenthG). Es ist aber kaum vorstellbar, dass ein Bewerber, der auf der Suche nach einem Ausbildungsplatz zur Absolvierung einer qualifizierten Berufsausbildung ist, bereits eine Tätigkeit ausüben kann, die eine derartige Ausbildung voraussetzt. Auch diese Regelung offenbart, dass es der Gesetzgeber mit der Einführung von § 17 Abs. 1 AufenthG in das AufenthG nicht ernst gemeint hat. Einem Studienbewerber soll während der auf neun Monate begrenzten Suche in der Regel eine Aufenthaltserlaubnis nach § 16 a AufenthG (Aufnahme einer Berufsausbildung oder Weiterbildung), § 16 b (Aufnahme eines Studiums), § 18 a AufenthG (Ausübung einer qualifizierten Beschäftigung) oder nach § 18 b AufenthG (Ausübung einer Beschäftigung als Fachkraft mit akademischer Ausbildung) erteilt werden. Ein Aufenthaltstitel zu einem anderen Zweck darf nur in den Fällen erteilt werden, in denen hierauf ein gesetzlicher Anspruch besteht (§ 17 Abs. 3 S. 3 AufenthG). Zwar sind Wechsel zu einer nicht in § 17 Abs. 3 S. 2 oder S. 3 AufenthG genannten Aufenthaltserlaubnis nicht erlaubt. Andererseits ist dem Bewerber, der einen Arbeitsplatz gefunden hat, der ihm die Ausübung eines in § 17 Abs. 3 S. 2 und S. 3 AufenthG genannten Erteilungszwecks erlaubt, in der Regel („soll") die Aufenthaltserlaubnis zu erteilen. Es handelt sich hierbei nicht um eine Ermessensentscheidung, sondern um eine der vollen rechtlichen und tatsächlichen gerichtlichen Kontrolle unterliegende Entscheidung, die nur bei Vorliegen atypischer Ausnahmegründe zuungunsten des Studienbewerbers getroffen werden darf. 20

Abschnitt II: Berufsausbildung

A. Bedeutung der Berufsausbildung

Die Aufenthaltserlaubnis zum Zweck der Berufsausbildung wird in § 16 a AufenthG geregelt. 21 Dies ist die Grundnorm für diesen Sachbereich. Im Zusammenhang mit der Berufsausbildung sind auch studienbezogene Praktika EU nach § 16 e AufenthG und Praktika iSv § 15 und § 17 BeschV zu sehen. Demgegenüber stehen studienbezogene Pflichtpraktika in § 16 b Abs. 1 S. 2 AufenthG im Zusammenhang mit den das Studium betreffenden aufenthaltsrechtlichen Vorschriften. Die Bedeutung der qualifizierten Berufsausbildung kommt auch darin zum Ausdruck, dass der Gesetzgeber die Definition dieser Ausbildung aus § 6 BeschV aF herausgenommen und in zweifacher Weise im Gesetz geregelt hat, nämlich in § 2 Abs. 12 a AufenthG, in dem der Begriff „qualifizierte Berufsausbildung" definiert wird, und in § 18 Abs. 3 Nr. 1 AufenthG, der den Begriff der „Fachkraft mit qualifizierter Berufsausbildung" definiert (→ Kap. 3 Rn. 14 f.). Darüber hinaus hat der Gesetzgeber des FKEG in § 2 Abs. 12 b AufenthG den **Begriff der „qualifizierten Beschäftigung"** erstmals definiert. Hierunter versteht er eine Beschäftigung, zu deren Ausübung Fertigkeiten, Kenntnisse und Fähigkeiten erforderlich sind, die in einem Studium oder einer qualifizierten Berufsausbildung erworben werden. Durch diese wird die Handhabung insbesondere der Normen, die den Aufenthalt zur Erwerbstätigkeit regeln, deutlich erleichtert werden. Erfasst werden reglementierte wie nicht reglementierte Berufe.[30] Schließlich findet diese Bedeutung auch in den Regelungen zum *Spurwechsel* zugunsten von Drittstaatsangehörigen (Kap. 4) ihren Ausdruck. Insoweit wird auf die Erläuterungen im Kapitel 4 hingewiesen. Darüber hinaus sind in diesem Zusammenhang die Vorschriften der BeschV zu Praktika zu Weiterbildungszwecken (§ 15 und § 17 BeschV) zu sehen.

B. Aufenthaltserlaubnis zum Zweck der Berufsausbildung und beruflichen Weiterbildung (§ 16 a AufenthG)

I. Funktion der Aufenthaltserlaubnis zum Zweck der Berufsausbildung (§ 16 a AufenthG)

22 Mit § 16 a Abs. 1 AufenthG wird der Regelungsgehalt der früheren Vorschrift § 17 AufenthG aF übernommen. Wie früher verwendet das Gesetz den Begriff der betrieblichen Aus- und Weiterbildung (§ 16 a Abs. 1 S. 1 AufenthG). War früher die Vorschrift zur Aus- und Weiterbildung mit „sonstige Ausbildungszwecke" (§ 17 AufenthG aF) übertitelt, trägt nunmehr § 16 a den Titel „Berufsausbildung; berufliche Weiterbildung". Der Begriff der qualifizierten Berufsausbildung wird nur in § 16 a Abs. 3 AufenthG genannt. Eine Aus- und Weiterbildung muss also nicht notwendigerweise in Form einer qualifizierten Berufsausbildung iSv § 2 Abs. 12 a AufenthG erfolgen (→ Rn. 23). Dies wird auch daraus deutlich, dass der Gesetzgeber während der Aus- und Weiterbildung einen Zweckwechsel nur zur qualifizierten Berufsausbildung zulässt (§ 16 a Abs. 1 S. 2 AufenthG), also zwischen Aus- und Weiterbildung einerseits und qualifizierter Berufsausbildung andererseits unterscheidet. Vor dem Hintergrund, dass bei Studierenden studienvorbereitende Sprachkurse zum Aufenthaltszweck Studium zählen, wird mit § 16 a Abs. 1 S. 3 AufenthG geregelt, dass der berufsbezogene Deutschsprachkurs nach der Deutschsprachförderverordnung der sprachlichen Vorbereitung zur Aufnahme einer betrieblichen qualifizierten Berufsausbildung dient. Mit § 16 a Abs. 2 AufenthG wird die Regelung zur schulischen Berufsausbildung, die vorwiegend in fachtheoretischer Form durchgeführt und früher als Unterkategorie des Schulbesuchs in § 16 b AufenthG aF durch die Allgemeine Verwaltungsvorschrift zum Aufenthaltsgesetz näher konkretisiert wurde, als eigenständiger gesetzlicher Regelungssachverhalt ausgestaltet. § 16 b AufenthG aF regelte aber nur die Teilnahme an Sprachkursen und am Schulbesuch. Eine Regelung zur schulischen Berufsausbildung kannte das frühere Recht nicht. Nach der Neuregelung werden die wesentlichen Voraussetzungen des Bildungsgangs aus dem früheren Recht in § 16 a Abs. 2 AufenthG übernommen. § 16 a Abs. 3 AufenthG entspricht mit der Regelung zur Ausübung einer Nebenbeschäftigung von bis zu zehn Stunden je Woche neben der Berufsausbildung der Regelung von § 16 b Abs. 2 und § 17 Abs. 2 AufenthG aF. § 16 a Abs. 4 AufenthG übernimmt für die Fälle der Berufsausbildung die bislang nur für Studierende geltende Regelung von § 16 Abs. 8 AufenthG aF. Diese Regelung ermöglicht es dem Auszubildenden, einen neuen Ausbildungsplatz in den Fällen zu suchen, in denen die Ausbildung aus Gründen, die der Ausbildungsbetrieb oder der Bildungsträger, nicht aber der Auszubildende zu vertreten hat, nicht abgeschlossen werden konnte. Die Regelerteilungsgründe müssen erfüllt werden. Die Sicherung des Lebensunterhaltes dürfte durch die Ausbildungsvergütung nachgewiesen werden können. Ablehnungsgründe nach § 19 f AufenthG, wie sie zB für die studienbezo-

30 BT-Drs. 19/8285, S. 86.

gene Aufenthaltserlaubnis gelten, spielen bei der Aufenthaltserlaubnis zum Zweck der Aus- und Weiterbildung keine Rolle.

II. Voraussetzung von § 16 a Abs. 1 Satz 1 und Satz 2 AufenthG

1. Betriebliche Aus- und Weiterbildung

Nach § 16 a Abs. 1 S. 1 AufenthG kann eine Aufenthaltserlaubnis zum Zweck der betrieblichen Aus- und Weiterbildung erteilt werden, wenn die Bundesagentur für Arbeit ihre Zustimmung erteilt hat oder dies nach den Vorschriften der BeschV ohne Zustimmung (§ 15 und § 17 BeschV) zulässig ist. **Betriebliche Ausbildung** ist nach Nr. 17.1.1.1 AufenthG-VwV die betriebliche Erst- und Weiterbildung (**Praktika**). Berücksichtigt werden kann jede Art von betrieblicher Ausbildung nach dem BBiG und der HandwO, aber auch Ausbildungsgänge an berufsbildenden Schulen.[31] In diesem Sinn definieren auch die Verwaltungsvorschriften zu § 17 AufenthG aF den Begriff betriebliche Ausbildung. **Weiterbildungsmaßnahmen** sind insbesondere Praktika. § 16 a Abs. 1 S. 1 AufenthG wie auch die Vorgängernorm des § 17 Abs. 1 AufenthG aF verwenden nicht den Begriff der „qualifizierten Berufsausbildung" nach § 2 Abs. 12 a, § 18 Abs. 3 Nr. 1 AufenthG. Dieser wird aber in § 17 Abs. 1 S. 3 und Abs. 3 AufenthG im Zusammenhang mit einem Zweckwechsel und der Berechtigung zur Erwerbstätigkeit wie auch im Zusammenhang mit der Einleitung von aufenthaltsbeendenden Maßnahmen (§ 16 a Abs. 4 AufenthG) angesprochen (→ Rn. 27 ff., 36 ff.). Insbesondere § 16 a Abs. 3 S. 1 AufenthG macht deutlich, dass es zwischen der betrieblichen und der qualifizierten Berufsausbildung Unterschiede geben kann. Denn nach § 16 a Abs. 1 S. 1 AufenthG muss eine betriebliche Ausbildung anders als eine qualifizierte Berufsausbildung nach § 2 Abs. 12 a AufenthG nicht in einem staatlich anerkannten oder vergleichbar geregelten Ausbildungsberuf durchgeführt werden. Eine in § 16 a Abs. 1 S. 2 und Abs. 3 AufenthG angesprochene qualifizierte Berufsausbildung liegt vor, wenn es sich um eine Berufsausbildung in einem staatlich anerkannten oder vergleichbaren geregelten Ausbildungsberuf handelt, für den nach bundes- oder landesrechtlichen Vorschriften eine Ausbildungsdauer von mindestens zwei Jahren festgelegt ist (§ 2 Abs. 12 a AufenthG). Die geforderte Ausbildungsdauer bezieht sich auf die nach den rechtlichen Bestimmungen abstrakt festgelegte Dauer der Ausbildung und nicht auf die im konkreten Einzelfall individuell absolvierte Ausbildungsdauer. Daher ist auch dann von einer qualifizierten Berufsausbildung auszugehen, wenn zwar regulär eine zweijährige Ausbildungszeit vorgesehen ist, im Einzelfall der Berufsabschluss jedoch nach einer kürzeren Ausbildungszeit zugelassen wurde.[32] Denn es würde dem Zweck des Gesetzes zuwiderlaufen, jene Fachkräfte, die durch eine zugelassene verkürzte Berufsausbildung ihre besondere Begabung unter Beweis gestellt haben, auszuschließen (→ Kap. 3 Rn. 14 ff.). Ein inhaltlicher Unterschied zwischen dem Begriff der betrieblichen und dem der beruflichen Ausbildung kann damit nicht festgestellt werden. Anhaltspunkte für eine betriebliche Ausbildung sind eine entgeltliche Tätigkeit nach Weisung und die Eingliederung in die Arbeitsorganisation des Weisungsgebers. In diesem Sinne gilt auch der Erwerb beruflicher Kenntnisse, Fertigkeiten oder Erfahrungen im Rahmen betrieblicher Ausbildung als Beschäftigung (§ 7 Abs. 1 S. 2 und Abs. 2 SGB IV; § 2 Abs. 12 b AufenthG).[33] 23

Von der betrieblichen Ausbildung zu trennen ist die **universitäre oder schulische Bildung**, die in § 16 b AufenthG geregelt wird. Zu Praktika im Sinne von § 16 a Abs. 1 AufenthG zählen nicht studienbezogene Pflichtpraktika nach § 16 b Abs. 1 S. 2 AufenthG, die deshalb zustimmungsfrei sind, weil sie nicht als Erwerbstätigkeit gelten, sondern integraler 24

31 *Samel*, in: Bergmann/Dienelt, AuslR, 12. Aufl. 2018, § 17 AufenthG aF.
32 *Dienelt*, in: Bergmann/Dienelt, AuslR, 12. Aufl. 2018, § 18 a AufenthG Rn. 5; *Stiegeler*, in: NK-AuslR, 2. Aufl. 2016, § 18 a AufenthG Rn. 9.
33 *Christ*, in: Kluth/Heusch, AuslR, 2016, § 17 AufenthG Rn. 1.

Bestandteil des Studiums sind. Praktika sind Maßnahmen der Weiterbildung, die aber nicht als betriebliche Ausbildung angesehen werden können, weil sie nicht notwendigerweise mindestens zwei Jahre dauern. Die Weiterbildung ist von der Erwerbstätigkeit abzugrenzen. Weiterbildungen im Sinne von § 16 a Abs. 1 AufenthG sind darüber hinaus von Weiterbildungen nach § 17 BeschV abzugrenzen. Letztere sind sowohl **Trainingsprogramme** wie auch die Einarbeitung zur Vorbereitung einer Einstellung im ausländischen Mutterkonzern und Einweisungen zur Optimierung von Geschäftsbeziehungen. Diese erfordern, dass ein zeitlich und sachlich gegliederter **Weiterbildungsplan** besteht. In diesem muss für jeden Weiterbildungsabschnitt erkennbar sein, wer für die Betreuung des Weiterzubildenden verantwortlich ist. Ist der Drittstaatsangehörige als **Fortbilder** tätig, müssen die Weiterzubildenden genannt werden.[34] § 17 BeschV zielt auf im Ausland beschäftigte Fachkräfte eines international tätigen Konzerns oder Unternehmens, die im Bundesgebiet zur Weiterbildung im inländischen Konzern- oder Unternehmensteil für bis zu 90 Tagen innerhalb eines Zeitraums von zwölf Monaten weitergebildet werden. Dies ist für § 16 a Abs. 1 AufenthG nicht erforderlich. Auch ist der zulässige Zeitraum für die Weiterbildung nach § 16 a Abs. 1 AufenthG nicht derart abstrakt zeitlich beschränkt wie in § 17 BeschV. Vielmehr ist die Dauer der Weiterbildungsmaßname hierfür maßgebend. Andererseits bedarf es für die Weiterbildung nach § 17 BeschV anders als nach § 16 a Abs. 1 S. 1 AufenthG nicht der Zustimmung.

2. Berufsausbildungsvorbereitender Deutschsprachkurs (§ 16 a Abs. 1 Satz 3 AufenthG)

25 Nach § 16 a Abs. 1 S. 3 AufenthG umfasst die Aufenthaltserlaubnis nach § 16 a Abs. 1 S. 1 AufenthG auch den Besuch eines **Deutschsprachkurses** zur Vorbereitung auf die Berufsausbildung, insbesondere den Besuch eines berufsbezogenen Deutschsprachkurses nach der **Deutschsprachenverordnung** (DeuFöV). Diese Regelung kannte das frühere Recht nicht. Dort wurde lediglich der studienvorbereitende Sprachkurs (§ 16 Abs. 1 S. 3 Nr. 1 AufenthG aF) sowie der weder der Berufsausbildung noch dem Studium vorgelagerte Sprachkurs (§ 16 b AufenthG aF) geregelt. Vom vorgelagerten berufsausbildungsvorbereitenden Sprachkurs abzugrenzen ist der studienvorbereitende Sprachkurs nach § 16 b Abs. 1 S. 3 Nr. 1 AufenthG (→ Rn. 53 ff.) sowie der Sprachkurs nach § 16 f Abs. 1 AufenthG, der weder der Berufsausbildung noch dem Studium vorangeht. Nach der gesetzlichen Begründung regelt § 16 a Abs. 1 S. 3 AufenthG vor dem Hintergrund, dass bei Studierenden studienvorbereitende Sprachkurse zum Aufenthaltszweck Studium zählen (§ 16 b Abs. 1 S. 3 Nr. 1 AufenthG), dass ein der Berufsausbildung vorgelagerter Deutschsprachkurs zum Aufenthaltszweck der Berufsausbildung zählt und damit von der Aufenthaltserlaubnis nach § 16 a Abs. 1 S. 1 AufenthG umfasst ist.[35] Insbesondere zählt dazu auch der berufsbezogene Deutschsprachkurs nach der Deutschsprachförderverordnung (DeuFöV), der der sprachlichen Vorbereitung zur Aufnahme einer Berufsausbildung dient. So soll die Teilnahme an einem solchen Kurs bereits vor Beginn der Berufsausbildung ermöglicht werden. Deshalb wurden in § 4 Abs. 1 DeuFöV die Sätze 5 und 6 angefügt. Denn ohne Teilnahmeberechtigung könnte der Aufenthaltstitel nach § 16 a Abs. 1 S. 3 AufenthG nicht erteilt werden.[36] Da die Aufenthaltserlaubnis nur nach Zustimmung erteilt werden darf (→ Rn. 26), muss bereits vor dem Deutschsprachkurs ein Berufsausbildungsvertrag abgeschlossen und dieser in das Verzeichnis der Berufsausbildungsverhältnisse bei der zuständigen Stelle eingetragen worden sein und die Zustimmung einer staatlichen oder staat-

34 *Offer*, in: Offer/Mävers, BeschV, Kommentar, 2016, § 17 Rn. 4.
35 BT-Drs. 19/8285, S. 90.
36 BT-Drs. 19/8285, S. 125.

lich anerkannten Bildungseinrichtung zu dem Ausbildungsvertrag vorliegen.[37] Die berufsausbildungsbezogenen Deutschsprachkurse sollen vornehmlich in Vollzeit mit mindestens 18 Unterrichtstunden pro Woche durchgeführt werden und grundsätzlich eine Dauer von einem halben Jahr nicht überschreiten.[38]

3. Zustimmung der Bundesagentur für Arbeit

Wie § 18 Abs. 2 Nr. 2 AufenthG fordert § 16 a Abs. 1 S. 1 AufenthG für die Erteilung der Aufenthaltserlaubnis zur betrieblichen Aus- und Weiterbildung die Zustimmung der Bundesagentur für Arbeit. Sie ist bei der Ausbildung für die nach der Ausbildungsordnung festgelegte Ausbildungsdauer und bei der Weiterbildung für die Dauer, die ausweislich eines von der Bundesagentur für Arbeit geprüften Weiterbildungsplans zur Erreichung des Weiterbildungsziels erforderlich ist, zu erteilen (§ 34 Abs. 3 BeschV). Der Zustimmungspflicht unterliegen nur Ausbildungen, die zugleich als Beschäftigung zu qualifizieren sind. Schulische Ausbildungen nach dem **Kinder- und Jugendhilfegesetz** sind als solche keine zustimmungsbedürftigen Beschäftigungen (DA 1.17.115 zu § 17 AufenthG aF). Zu den zustimmungsbedürftigen Ausbildungen nach § 16 a Abs. 1 S. 2 AufenthG zählen Ausbildungen nach dem BBiG und der HandwO und Ausbildungsgänge zu **berufsbildenden Schulen** für Auszubildende, die in einem Beschäftigungsverhältnis stehen,[39] also im Rahmen der Ausbildung entgeltlich nach Weisungen tätig sind. Die Bundesagentur fordert nicht in jedem Fall einen **Vermittlungsauftrag.** Dieser ist zB nicht erforderlich, wenn bei erfahrungsgemäß geringer Nachfrage nach Ausbildungsplätzen oder einem deutlichen Überangebot eine Erfolglosigkeit derartiger Bemühungen von vornherein anzunehmen ist, oder bei zusätzlichen Ausbildungsplätzen.[40] Für die Prüfung der Bundesagentur für Arbeit ist ein Weiterbildungsplan vorzulegen. Bereits vor dem Beginn des Deutschsprachkurses muss ein Berufsausbildungsvertrag abgeschlossen und dieser in das Verzeichnis der Berufsausbildungsverhältnisse bei der zuständigen Stelle eingetragen worden sein oder die Zustimmung einer staatlichen oder staatlich anerkannten Bildungseinrichtung zu dem Ausbildungsvertrag vorliegen. Für den Besuch eines berufsbezogenen Deutschsprachkurses nach der DeuFöV ist die Ausstellung einer Teilnahmeberechtigung für die berufsbezogene Deutschsprachförderung erforderlich. Die Zustimmung kann nur als Vorabzustimmung (§ 36 Abs. 3 BeschV) erteilt werden.[41] Sie ist der zuständigen Ausländerbehörde zu übermitteln, die sie im Rahmen der Vorabzustimmung nach § 31 Abs. 3 AufenthV der deutschen Auslandsvertretung vorlegt. Mit der Einbeziehung dieser Deutschsprachkurse in den Aufenthaltstitel zur Berufsausbildung entfällt der ansonsten notwendige Aufenthaltszweckwechsel (§ 16 a Abs. 1 S. 3 AufenthG) und die damit verbundene erneute Befassung der Ausländerbehörde. 26

4. Zweckwechsel (§ 16 a Abs. 1 Satz 2 AufenthG)

Während des Aufenthaltes nach § 16 a Abs. 1 S. 1 AufenthG darf eine Aufenthaltserlaubnis zu einem anderen Aufenthaltszweck nur zum Zweck einer **qualifizierten Berufsausbildung** (§ 2 Abs. 12 a AufenthG), der Ausübung einer Beschäftigung als Fachkraft (§ 18 a und § 18 b AufenthG; → Kap. 3 Rn. 18 ff.), der Ausübung einer Beschäftigung mit **ausgeprägten berufspraktischen Kenntnissen** (§ 19 c Abs. 2 AufenthG; → Kap. 3 Rn. 77) oder in Fällen eines gesetzlichen Anspruchs (zB §§ 28, 30 AufenthG) erteilt werden. § 16 a Abs. 1 S. 2 AufenthG nennt nur den Begriff Fachkraft, so dass sowohl eine Aufenthaltserlaubnis 27

37 BT-Drs. 19/8285, S. 90, 125.
38 BT-Drs. 19/8285, S. 90.
39 *Hailbronner*, AuslR A 1§ 17 AufenthG Rn. 5.
40 *Hailbronner*, AuslR A 1 § 17 AufenthG Rn. 7.
41 BT-Drs. 19/8285, S. 90.

zum Zweck der Beschäftigung als Fachkraft mit Berufsausbildung (§ 18 a AufenthG) wie auch als Fachkraft mit akademischer Ausbildung (§ 18 b AufenthG) in Betracht kommt (→ Kap. 3 Rn. 59). Nach früherem Recht wurde der Zweckwechsel durch einen Verweis (§ 17 Abs. 1 S. 3 iVm § 16 Abs. 4 AufenthG aF) geregelt. Durch die Benennung einzelner Aufenthaltstitel, zu denen ein Wechsel zulässig ist, soll die Vorschrift anwendungsfreundlicher gestaltet werden.[42] § 16 a Abs. 1 S. 2 AufenthG ist ungenau formuliert. Gemeint ist, dass der Zweckwechsel von einer Aufenthaltserlaubnis nach § 16 a Abs. 1 S. 1 AufenthG zu einer in der Vorschrift bezeichneten anderen Aufenthaltserlaubnis zulässig ist. Wird vor Ablauf der Geltungsdauer der Aufenthaltserlaubnis nach § 16 a Abs. 1 S. 1 AufenthG die Erteilung einer Aufenthaltserlaubnis zu einem der genannten Zwecke beantragt, bleibt der Wechsel zulässig, weil die rechtlichen Wirkungen der bisherigen Aufenthaltserlaubnis nach § 16 a Abs. 1 S. 1 AufenthG fortgelten (§ 81 Abs. 4 S. 1 AufenthG). § 16 a Abs. 1 S. 2 AufenthG bezieht sich auf § 16 a Abs. 1 S. 1 AufenthG, so dass auch beim Besitz einer Aufenthaltserlaubnis zum Zweck der **Weiterbildung** der Wechsel zulässig ist. Ein Zweckwechsel ist vor Ausbildungsabschluss, also bei einem Abbruch der Ausbildung, nur in den genannten Fällen zulässig. Zum früheren Recht wurde vertreten, dass der Abbruch der begonnenen Aus- oder Weiterbildung aus dem Grund, um eine andere Ausbildungsrichtung einzuschlagen, unzulässig war.[43] Hingegen ist nach geltendem Recht der Wechsel zu einer anderen als der im Visumantrag angegebenen qualifizierten Berufsausbildung und damit auch zu einem anderen Ausbildungsgang zulässig.

III. Schulische Berufsausbildung (§ 16 a Abs. 2 AufenthG)

28 Nach § 16 a Abs. 2 AufenthG kann eine Aufenthaltserlaubnis zum Zweck der schulischen Berufsausbildung erteilt werden, wenn sie nach bundes- oder landesrechtlichen Regelungen zu einem staatlich anerkannten Berufsabschluss führt und sich der Bildungsgang nicht überwiegend an Staatsangehörige eines Staates richtet (§ 16 a Abs. 2 S. 1 AufenthG). Mit § 16 a Abs. 2 S. 1 AufenthG wird die Regelung zur Berufsausbildung, die vorwiegend in fachtheoretischer Form durchgeführt und nach früherem Recht als Unterkategorie des Schulbesuchs in § 16 b AufenthG aF durch die Allgemeine Verwaltungsvorschrift zum Aufenthaltsgesetz (VwV) näher konkretisiert wurde, als eigenständiger gesetzlicher Regelungssachverhalt ausgestaltet.[44] Dabei werden die wesentlichen Anforderungen der AVwV zu § 16 AufenthG aF an den Bildungsgang in § 16 a Absatz 2 AufenthG nF übernommen. Zu den schulischen Berufsbildungsmaßnahmen sind Ausbildungen in vorwiegend fachtheoretischer Form zu zählen (Nr. 16.5.2.6 AufenthG-VwV). Nur wenn sich der Bildungsgang nicht an bestimmte Staatsangehörige richtet, sondern für alle offensteht, kann die Aufenthaltserlaubnis erteilt werden. Staatenlose können deshalb von vornherein nicht ausgeschlossen werden. In der Verwaltungspraxis sollen ausschließlich **Intensivkurse** mit regelmäßig täglichem Unterricht und mindestens 18 Wochenstunden (Nr. 16.5.1 AufenthG-VwV) berücksichtigt werden.[45] **Abend- und Wochenendkurse** werden als nicht ausreichend angesehen (Nr. 16.5.1 AufenthG-VwV).[46] Finden derartige Kurse jedoch täglich abends und für die Dauer von mindestens insgesamt 18 Wochenstunden statt, wird also an jedem Werktag ca. drei bis vier Stunden unterrichtet, ist der Ausschluss nicht gerechtfertigt.

29 Bi- oder multilaterale Vereinbarungen der Bundesländer mit öffentlichen Stellen in einem anderen Staat über den Besuch inländischer Schulen durch ausländische Schüler bleiben

42 BT-Drs. 19/8285, S. 89.
43 *Christ*, in: Kluth/Heusch, AuslR, 2016, § 17 AufenthG Rn. 10.
44 BT-Drs. 19/8285, S. 90.
45 S. auch BT-Drs. 19/8285, S. 90, zu § 16 a Abs. 1 S. 3 AufenthG.
46 *Samel*, in: Bergmann/Dienelt, AuslR, 12. Aufl. 2018, § 2 AufenthG Rn. 4.

unberührt (§ 16 a Abs. 2 S. 2 AufenthG). Eine Aufenthaltserlaubnis zwecks Teilnahme am Schulbesuch kann aufgrund solcher Vereinbarungen nur erteilt werden, wenn die oberste Landesbehörde der Vereinbarung zugestimmt hat (§ 16 a Abs. 2 S. 3 AufenthG). Der Wortlaut dieser Bestimmungen ist identisch mit dem Wortlaut von § 16 f Abs. 4 AufenthG. Im Gesetzentwurf waren beide Regelungen nicht vorgesehen. Vielmehr wurde in Abs. 2 S. 2 lediglich geregelt, dass Ausnahmen der Zustimmung der obersten Landesbehörde bedürfen.[47] Die Änderung im Gesetzgebungsverfahren übernimmt den Vorschlag des Bundesrates, die dieser in seiner Stellungnahme vom 15.2.2019[48] unterbreitet hatte.[49] Nach der bisherigen Verwaltungspraxis wurden Ausnahmen für Schüler zugelassen, die die Staatsangehörigkeit von **Andorra, Australien, Israel, Japan, Kanada, Monaco, Neuseeland, San Marino, der Schweiz, Südkorea oder der Vereinigten Staaten** haben (Nr. 16.5.2.2.1 AufenthG-VwV). Hierbei handelt es sich um die in § 41 AufenthV bezeichneten Staaten, deren Staatsangehörige nach der visumfreien Einreise den Antrag auf Erteilung der Aufenthaltserlaubnis stellen können.

Während des Aufenthalts zum Zweck des Schulbesuchs darf daher nur zum Zweck einer 30 **qualifizierten Berufsausbildung** (§ 2 Abs. 12 a AufenthG), der Ausübung einer Beschäftigung als Fachkraft (§ 18 a und § 18 b AufenthG; → Kap. 3 Rn. 20 ff.), der Ausübung einer Beschäftigung mit **ausgeprägten berufspraktischen Kenntnissen** (§ 19 c Abs. 2 AufenthG, → Kap. 3 Rn. 77) oder in Fällen eines gesetzlichen Anspruchs (§ 16 a Abs. 1 S. 2 AufenthG; → Rn. 27) der Zweckwechsel zugelassen werden. Der Aufenthaltszweck der schulischen Berufsausbildung umfasst auch den Besuch eines Deutschsprachkurses zur Vorbereitung auf die Berufsausbildung, insbesondere den Besuch eines berufsbezogenen Deutschsprachkurses nach der Deutschsprachförderverordnung.

IV. Erteilung und Verlängerung der Aufenthaltserlaubnis

§ 16 a AufenthG enthält keine Regelungen zur Befristung der Aufenthaltserlaubnis nach 31 § 16 a Abs. 1 oder Abs. 2 AufenthG. Nach den Verwaltungsvorschriften zur Vorläufernorm des § 17 AufenthG aF wurde bestimmt, dass die Aufenthaltsdauer für die Dauer **von zwei Jahren** erteilt wird. Beträgt die Aus- oder Weiterbildung weniger als zwei Jahre, wird die Aufenthaltserlaubnis auf die Dauer der Aus- oder Weiterbildung befristet (Nr. 17.1.1.2 AufenthG-VwV). Diese Regelungen sind auch für das geltende Recht und insbesondere auch für die Aufenthaltserlaubnis nach § 16 a Abs. 2 AufenthG zu übernehmen. Besteht das Ausbildungsverhältnis fort oder ist der Schulbesuch noch nicht abgeschlossen, kann die Aufenthaltserlaubnis bis zum voraussichtlichen Ende der Ausbildung verlängert werden (Nr. 17.1.1.2 AufenthG-VwV). Steht im Zeitpunkt des Ablaufs der Aufenthaltserlaubnis der Abschluss der Aus- oder Weiterbildung unmittelbar bevor, bewirkt der rechtzeitig vor Ablauf der Geltungsdauer gestellte Verlängerungsantrag die Fortgeltung der Rechtmäßigkeit der Aufenthaltserlaubnis nach § 16 a Abs. 1 oder Abs. 2 AufenthG (§ 81 Abs. 4 S. 1 AufenthG). In diesen Fällen wird die Behörde das Ergebnis der Abschlussprüfung abwarten und nicht über den Verlängerungsantrag entscheiden. Wird die Abschlussprüfung nicht bestanden, so kann die Aufenthaltserlaubnis verlängert werden, wenn der Antragsteller glaubhaft machen kann, dass er ernsthaft seine Aus- oder Weiterbildung betrieben oder die Schule besucht hat. Für die Dauer der Verlängerung kommt es auf die Bescheinigung des Ausbildungsbetriebs über die voraussichtliche weitere Dauer an. Nach der erfolgreichen Prüfung kann eine Aufenthaltserlaubnis zu einem der in

47 BT-Drs. 19/8285, S. 13.
48 BR-Drs. 7/19 (Beschluss) Nr. 17.
49 BT-Drs. 19/10714 (Beschlussempfehlung und Bericht des Ausschusses für Inneres und Heimat vom 5.6.2019), S. 21.

§ 16 a Abs. 1 S. 2 AufenthG bezeichneten Zwecke erteilt werden. Stellt der Antragsteller bereits vor der Prüfung den Antrag für den Zweckwechsel, ist dies zulässig (→ Rn. 27).

32 Während § 16 b Abs. 4 S. 2 AufenthG hinsichtlich der Niederlassungserlaubnis eine Sperrwirkung begründet, fehlt es in § 16 a AufenthG an einer vergleichbaren Regelung. Der Gesetzgeber geht angesichts der Kürze der Ausbildungsdauer wohl davon aus, dass sich diese Frage bei einer Aufenthaltserlaubnis zum Zweck der betrieblichen Aus- oder Weiterbildung oder des Schulbesuchs nicht stellt. Ist jedoch nach § 16 a Abs. 1 S. 2 AufenthG ein Wechsel erfolgt, kann dem Betroffenen nach einem vierjährigen Besitz der Aufenthaltserlaubnis nach § 18 c AufenthG oder nach einem fünfjährigen Besitz in den anderen Fällen (§ 9 AufenthG) bzw. dreijährigen Besitz im Fall des § 28 Abs. 2 S. 1 AufenthG die Niederlassungserlaubnis erteilt werden.

V. Beschäftigung während der Ausbildungsdauer (§ 16 a Abs. 3 Satz 1 AufenthG)

33 Nach § 16 a Abs. 3 S. 1 AufenthG berechtigt die Aufenthaltserlaubnis zur Ausübung einer von der Berufsausbildung unabhängigen Beschäftigung bis zu zehn Stunden je Woche, wenn es sich um eine qualifizierte Berufsausbildung (§ 2 Abs. 12 a AufenthG) handelt. Diese Vorschrift übernimmt § 17 Abs. 2 AufenthG aF. Die gesetzliche Begründung bezieht sich auf § 16 b Abs. 3 AufenthG. Allerdings sind nach § 16 a Abs. 3 S. 1 anders als nach § 16 b Abs. 3 S. 1 Hs. 2 AufenthG keine **Nebentätigkeiten** erlaubt. Zur Erreichung des Ausbildungsziels erforderliche **Praktika**, die vorgeschriebener Bestandteil der Aus- oder Weiterbildung sind, werden nicht auf die Höchststundenzahl angerechnet.[50] Beschäftigungen nach § 16 a Abs. 1 S. 2 AufenthG sind als zustimmungsfreie Beschäftigung nach § 15 Nr. 12 BeschV keine Beschäftigung im Sinne von § 16 a Abs. 3 S. 1 AufenthG. Sie werden dementsprechend nicht auf die in § 16 a Abs. 3 S. 1 AufenthG zugelassenen Zeiten der Beschäftigung angerechnet (Nr. 16.3.5 AufenthG-VwV). Die Möglichkeit zur Nebenbeschäftigung soll es den Auszubildenden erleichtern, ihren Lebensunterhalt während der Aus- oder Weiterbildung sicherzustellen. Daraus folgt, dass zeitliche Überschreitungen zu diesem Zweck erlaubt sind, wenn die Ausbildungsvergütung und die zeitlich beschränkte Beschäftigung nicht ausreichen, den Lebensunterhalt zu bestreiten. Dies ist bei der studienbezogenen Aufenthaltserlaubnis anerkannt (→ Rn. 63 ff.), und es ist kein Grund ersichtlich, der eine hiervon abweichende Praxis bei Auszubildenden rechtfertigen könnte. Im Gegenteil, im Hinblick auf die gegenüber dem Studium gestiegene Bedeutung der beruflichen Ausbildung (→ Rn. 1) und auch im Hinblick darauf, dass eine Nebenbeschäftigung Kenntnisse und Fertigkeiten vermitteln kann, die für die qualifizierte Berufsausbildung von Bedeutung sind, sollte die Vorschrift großzügig gehandhabt werden.

34 Die Nebenbeschäftigung ist nur zulässig, wenn es sich bei der betrieblichen Ausbildung um eine qualifizierte Berufsausbildung handelt. Eine qualifizierte Berufsausbildung liegt vor, wenn es sich um eine Berufsausbildung in einem staatlich anerkannten oder vergleichbaren geregelten Ausbildungsberuf handelt, für den nach bundes- oder landesrechtlichen Vorschriften eine Ausbildungsdauer von mindestens zwei Jahren festgelegt ist (§ 2 Abs. 12 a AufenthG). Die geforderte Ausbildungsdauer bezieht sich auf die nach den rechtlichen Bestimmungen abstrakt festgelegte Dauer der Ausbildung (s. hierzu → Rn. 23). Auch § 17 Abs. 2 AufenthG aF beschränkte die Berechtigung zur Beschäftigung auf die qualifizierte Berufsausbildung. Erfüllen die Aus- oder Weiterbildung diese Kriterien nicht, ist eine Nebenbeschäftigung nicht erlaubt. Der Unterschied zwischen einer betrieblichen Ausbildung und einer qualifizierten Berufsausbildung ist gering. Nach § 16 a Abs. 1 S. 1 AufenthG muss eine betriebliche Ausbildung aber anders als nach § 2 Abs. 12 a AufenthG

50 *Christ*, in: Kluth/Heusch, AuslR, 2016, § 17 AufenthG Rn. 16.

nicht in einem staatlich anerkannten oder vergleichbar geregelten Ausbildungsberuf durchgeführt werden (→ Rn. 23).

§ 16 a Abs. 3 S. 2 AufenthG regelt die für die Berechtigung zur Nebenbeschäftigung erforderlichen Kenntnisse der deutschen Sprache. Mit dem Erfordernis ausreichender Sprachkenntnisse wird ein Nachweis B 1 GER verlangt (§ 2 Abs. 11 AufenthG). Ein derartiger Nachweis ist erforderlich, wenn die für die konkrete qualifizierte Berufsausbildung (§ 12 a AufenthG) erforderlichen Sprachkenntnisse weder durch die Ausbildungseinrichtung geprüft worden sind noch durch einen vorbereitenden Deutschsprachkurs (§ 16 a Abs. 1 S. 3 AufenthG) erworben werden sollen. Deutsche Sprachkenntnisse unterhalb des Niveaus B 1 GER können beispielsweise genügen, wenn der Ausbildungsbetrieb bestätigt, dass die Sprachkenntnisse des Auszubildenden für die Absolvierung der qualifizierten Berufsausbildung ausreichend sind.[51] Im Fall der Weiterbildung ist eine Nebenbeschäftigung nicht erlaubt. Dies geht aus der klaren Begrifflichkeit von § 16 a Abs. 3 S. 1 AufenthG hervor, der nicht die Weiterbildung umfasst. Es kann auch davon ausgegangen werden, dass bei Personen, die weitergebildet werden, bereits eine berufliche Qualifikation vorliegt und die Vergütung für eine Weiterbildung unvergleichlich höher als eine Ausbildungsvergütung ist, so dass sich das Erfordernis einer Nebenbeschäftigung nicht stellt. 35

VI. Einleitung aufenthaltsbeendender Maßnahmen (§ 16 a Abs. 4 AufenthG)

Nach § 16 a Abs. 4 AufenthG ist dem Betroffenen vor der **Rücknahme** (§ 51 Abs. 1 Nr. 3 AufenthG iVm § 48 VwVfG), dem **Widerruf** (§ 52 AufenthG) oder der **nachträglichen Befristung** (§ 7 Abs. 2 S. 2 AufenthG) aus Gründen, die der Studierende nicht zu vertreten hat, Gelegenheit zu geben, im Laufe von maximal sechs Monaten die Zulassung bei einer anderen Ausbildungsstelle zu beantragen. Eine vergleichbare Vorschrift kannte das frühere Recht nicht. Der Gesetzgeber des FKEG hat aber insoweit die Vorschriften zur Aus- und Weiterbildung an die der Bestimmungen zum Studium angeglichen. Dort war eine derartige Regelung bereits in § 16 Abs. 8 AufenthG aF enthalten und wurde in § 16 b Abs. 6 AufenthG (s. hierzu → Rn. 86 ff.) übernommen. § 16 a Abs. 4 AufenthG ist nach seinem klaren Wortlaut nur auf Inhaber einer Aufenthaltserlaubnis zum Zweck der qualifizierten Berufsausbildung (§ 2 Abs. 12 a AufenthG) anwendbar. Wurde die Aufenthaltserlaubnis nur zur Ausübung einer betrieblichen Aus- oder Weiterbildung erteilt, greifen die Schutzwirkungen der Norm nicht ein, dh dem Betroffenen wird nicht die Möglichkeit eingeräumt, einen anderen Ausbildungsplatz zu suchen. § 16 a Abs. 4 AufenthG differenziert bei der Anordnung aufenthaltsbeendender Maßnahmen danach, ob der Auszubildende die hierfür maßgebenden Gründe zu vertreten hat oder nicht. Hat er sie zu vertreten, wird ihm nicht die Möglichkeit eröffnet, einen neuen Ausbildungsplatz zu suchen. Hat er sie hingegen nicht zu vertreten, ist ihm die Suche nach einem Ausbildungsplatz bei einem anderen Ausbildungsbetrieb aufenthaltsrechtlich zu ermöglichen. Zu vertreten hat der Auszubildende den Grund für die Aufenthaltsbeendigung nicht, wenn der Ausbildungsbetrieb das Ausbildungsverhältnis beendet, ohne dass dies dem Betroffenen zum Vorwurf gemacht werden kann. Zu vertreten hat der Betroffene die Einleitung aufenthaltsbeendender Maßnahmen im Sinne von § 16 a Abs. 4 AufenthG andererseits, wenn er zB die Ausbildungsdauer unangemessen verzögert, die Ausländerbehörde ihn hierauf hingewiesen hat und er keine Bemühungen unternimmt, die Ausländerbehörde davon zu überzeugen, dass ungeachtet der Überschreitung der Frist in absehbarer Zeit ein Abschluss der Ausbildung zu erwarten ist. 36

Nach § 16 a Abs. 4 AufenthG wird die Frist maximal bis zu sechs Monate gewährt. Angesichts der Schwierigkeiten, einen neuen Ausbildungsplatz zu finden, sollte dem Auszubil- 37

51 BT-Drs. 19/8285, S. 90.

denden regelmäßig die Maximalfrist eingeräumt werden. Wird zunächst eine kürzere Frist eingeräumt und bleibt die Suche innerhalb dieser Frist erfolglos, weist der Betroffene jedoch vielfältige Bemühungen zur Suche nach einem Ausbildungsplatz nach, ist die Frist auf maximal sechs Monate zu verlängern. Die Behörde darf nicht ohne sachlich gerechtfertigten Grund eine kürzere als die vom Gesetz zugrunde gelegte Maximalfrist anordnen. § 16 a Abs. 4 AufenthG ist im Zusammenhang mit § 16 a Abs. 1 S. 2 AufenthG zu sehen. Treten Gründe ein, die für die Einleitung aufenthaltsbeendender Maßnahmen sprechen und macht der Betroffene im Anhörungsverfahren geltend, dass er einen Arbeitsplatz zur Ausübung einer Beschäftigung als Fachkraft mit Berufsausbildung oder akademischer Ausbildung gefunden hat oder diese ernsthaft in Aussicht steht, ist ihm auf Antrag eine Aufenthaltserlaubnis nach § 18 a, § 18 b oder § 18 c AufenthG zu erteilen. Das Ermessen für die Erteilung einer Aufenthaltserlaubnis zu einem derartigen Zweck ist angesichts der zunehmenden Bedeutung der Einwanderung von Fachkräften zugunsten des Antragstellers auszuüben. Das Gesetz stellt nicht auf den Beginn des neuen Ausbildungsverhältnisses ab, sondern auf die erfolgreiche Suche. Es genügt daher, wenn der Betroffene eine Zusicherung des neuen Ausbildungsbetriebs vorlegt, wonach geprüft wird, ob ein Ausbildungsverhältnis mit diesem eingegangen wird. Auch wenn das Unternehmen über die Beschäftigung des Antragstellers noch keine verbindliche Entscheidung getroffen hat, hat die Behörde eine gewisse Dauer zuzuwarten, sofern Gründe dafür sprechen, dass die Beschäftigung ernsthaft beabsichtigt ist. Da regelmäßig für die Beschäftigung die Zustimmung der Bundesagentur für Arbeit eingeholt werden muss, hat die Behörde die Mitteilung der Bundesagentur abzuwarten.

C. Studienbezogenes Praktikum EU (§ 16 e AufenthG)

I. Funktion der Aufenthaltserlaubnis nach § 16 e Abs. 1 Satz 1 Hs. 1 AufenthG

38 Die Vorschrift des § 16 e AufenthG übernimmt § 17 b AufenthG aF und setzt Art. 13 der **Studentenrichtlinie** RL 2016/801/EU um. Vom studienbezogenen Praktikum EU zu unterscheiden ist das studienvorbereitende Pflichtpraktikum nach § 16 b Abs. 1 S. 2 AufenthG sowie Praktika, die in Form der Weiterbildung nach § 17 Abs. 1 AufenthG und § 15 BeschV durchgeführt werden (→ Rn. 23). Die Voraussetzungen für die Erteilung einer Aufenthaltserlaubnis zum Zweck eines Praktikums in § 16 e Abs. 1 AufenthG setzen die in Art. 13 Abs. 1 RL (EU) 2016/801 enthaltenen Vorgaben um. Ein Praktikant ist ein Drittstaatsangehöriger, der über einen Hochschulabschluss verfügt oder der in einem Drittstaat ein Studium absolvieren will, das zu einem Hochschulabschluss führt, und dessen Studium im Hoheitsgebiet des Mitgliedstaats zugelassen wurde, um sich im Rahmen eines Praktikums Wissen, praktische Kenntnisse und Erfahrungen in einem beruflichen Umfeld anzueignen (Art. 3 Nr. 5 RL (EU) 2016/801). Gegenstand des Praktikums EU sind also Aneignung **beruflicher Kenntnisse und Erfahrungen**. Deshalb wird das Praktikum nicht im Abschnitt über das Studium, sondern im Abschnitt über Aus- und Weiterbildung behandelt. Der Praktikant muss bereits ein Hochschulstudium in einem Drittstaat oder Mitgliedstaat abgeschlossen haben oder in einem Drittstaat ein Hochschuldstudium betreiben und im Rahmen dieses Studiums in der Union ein Praktikum absolvieren wollen, um sich berufliche Fertigkeiten anzueignen. Allerdings enthält die das Praktikum regelnde Vorschrift des Art. 13 RL (EU) 2016/801 diese einschränkende Voraussetzung nicht. Das Praktikum EU unterscheidet sich also vom studienvorbereitenden Praktikum, das dem Studium in der Union vorgelagert ist, und vom betrieblichen Praktikum, das zur Weiterbildung im beruflichen Umfeld ausgeübt wird und nicht voraussetzt, dass dieses Praktikum ein Bestandteil eines Hochschulstudiums ist. Während der unionsrechtliche Begriff des Praktikanten in der ersten Alternative lediglich ein abgeschlossenes Studium voraussetzt und dabei nicht verlangt, dass es in einem Drittstaat absolviert sein muss, setzt es in der zweiten Alternati-

ve voraus, dass das Studium in einem Drittstaat absolviert werden muss. Das unterscheidet das Praktikum EU von der Mobilität im Rahmen des Studiums (§ 16 c AufenthG), das Drittstaatsangehörigen, die in der Union ein Studium durchführen, innerhalb der Union Mobilität gewährt.

II. Voraussetzungen der Aufenthaltserlaubnis (§ 16 e Abs. 1 AufenthG)

Nach § 16e Abs. 1 AufenthG wird einem Drittstaatsangehörigen eine Aufenthaltserlaubnis zum Zweck eines Praktikums erteilt, wenn die Bundesagentur für Arbeit zugestimmt hat oder durch die BeschV oder durch zwischenstaatliche Vereinbarung bestimmt ist, dass das Praktikum ohne Zustimmung zulässig ist. § 15 Nr. 2 BeschV bezieht sich zwar auf das Praktikum im Rahmen eines Studiums, lässt aber die Frage, ob das Studium in einem Mitgliedstaat oder einem Drittstaat betrieben wird, offen. Nach den Durchführungsanweisungen der Bundesagentur zu § 15 Nr. 1 BeschV[52] ist die Vorschrift jedoch Rechtsgrundlage für ein studienbegleitendes Praktikum (§ 16 b Abs. 1 S. 2 AufenthG). Darüber hinaus regelt die Vorschrift die Absolvierung eines Praktikums im Rahmen eines Studiums im Bundesgebiet und erfüllt damit die Voraussetzungen nach Art. 3 Nr. 5 RL (EU) 2016/801. § 17 BeschV regelt die betriebliche Weiterbildung für Fachkräfte international tätiger Unternehmen, hat also keinen Bezug zu einem Studium. Hieraus folgt, dass es derzeit keine Vorschriften der BeschV gibt, die für die Absolvierung eines Praktikums EU von Bedeutung sind. Ob es zwischenstaatliche Vereinbarungen hierzu gibt, ist nicht bekannt. Es bedarf daher für die Absolvierung eines Praktikums EU im Bundesgebiet der Zustimmung der Bundesagentur für Arbeit. Weder Art. 13 RL (EU) 2016/801 noch Art. 7 der Richtlinie, der für das Praktikum EU von Bedeutung ist, lassen es jedoch zu, dass dessen Absolvierung von der Zustimmung der Bundesagentur für Arbeit abhängig gemacht wird. § 16 e Abs. 1 Hs. 1 AufenthG ist daher richtlinienkonform zu handhaben mit der Folge, dass bei Absolvierung eines Praktikum EU stets die Zustimmung entfällt. 39

Nach § 16e Abs. 1 Hs. 2 AufenthG müssen folgende Voraussetzungen für die Erteilung einer Aufenthaltserlaubnis zum Zweck eines Praktikums EU erfüllt sein: 40

1. Das Praktikum muss dazu dienen, dass der Antragsteller sich Wissen, praktische Kenntnisse und Erfahrungen in einem beruflichen Umfeld aneignet (Nr. 1). Dies entspricht der in Art. 3 Nr. 5 RL (EU) 2016/801 vorgegebenen Definition des Praktikanten (→ Rn. 38).
2. Der Antragsteller muss eine Vereinbarung mit einer aufnehmenden Einrichtung über die Teilnahme an einem Praktikum vorlegen (Nr. 2). Diese wie auch die weiteren Voraussetzungen entsprechen Art. 13 Abs. 1 Buchst. a RL (EU) 2016/801. Nach § 16 e Abs. 1 Hs. 2 Nr. 2 AufenthG muss die Vereinbarung theoretische und praktische Schulungsmaßnahmen vorsehen und folgende Voraussetzungen erfüllen:
   a) Beschreibung des Programms für das Praktikum einschließlich des Bildungsziels oder der Lernkompetenzen,
   b) Angaben zur Dauer des Praktikums,
   c) Angaben zu den Bedingungen der Tätigkeit und der Betreuung des Antragstellers,
   d) Angaben zu den Arbeitszeiten des Antragstellers und
   e) Angaben zum Rechtsverhältnis zwischen dem Antragsteller und der aufnehmenden Einrichtung.
3. Der Antragsteller muss nachweisen, dass er in den letzten zwei Jahren vor der Antragstellung einen Hochschulabschluss erlangt hat oder ein Studium absolviert, das zu einem Hochschulabschluss führt (Nr. 3). Bemerkenswerterweise enthalten weder Nr. 3 noch Art. 13 Abs. 1 Buchst. b die Einschränkung, dass das Studium in einem Drittstaat

52 *Matsmann*, in: Offer/Mävers, BeschV, Kommentar, 2016, § 15.

durchgeführt worden sein muss bzw. durchgeführt wird, wie in der Definition des Praktikanten nach Art. 3 Nr. 5 RL (EU) 2016/801 geregelt. Dies kann dahin verstanden werden, dass Art. 3 Nr. 5 der Richtlinie den Begriff des Praktikanten allgemein definiert, die Vorschrift Art. 13 RL (EU) 2016/801, die das Praktikum regelt, indes eigenständige, vom Begriff des Praktikanten abweichende Bedingungen definiert.

4. Das Praktikum muss fachlich und im Niveau dem in Nr. 3 genannten Hochschulabschluss oder Studium entsprechen (Nr. 4).
5. Die aufnehmende Einrichtung muss sich schriftlich zur Übernahme der Kosten verpflichten, die öffentlichen Stellen bis zu sechs Monate nach Beendigung der Praktikumsvereinbarung für den Lebensunterhalt des Antragstellers während eines unerlaubten Aufenthalts im Bundesgebiet und eine Abschiebung des Antragstellers (Nr. 5) entstehen. Nach Art. 13 Abs. 1 Buchst. e RL (EU) 2016/801 muss nachgewiesen werden, dass die aufnehmende Einrichtung **während des Aufenthalts** im Hoheitsgebiet des betreffenden Mitgliedstaates die Kosten insbesondere für Unterhalt und Unterkunft übernimmt. Nach Art. 13 Abs. 4 RL 216/801/EU können die Mitgliedstaaten verlangen, dass die aufnehmende Einrichtung die finanziellen Kosten für die Dauer von sechs Monaten übernimmt, wenn der Drittstaatsangehörige illegal im Hoheitsgebiet des betreffenden Mitgliedstaates verbleibt. Daneben bleibt der Antragsteller selbst in der Verpflichtung, den Lebensunterhalt zu sichern (§ 5 Abs. 1 Nr. 1 AufenthG, Art. 13 Abs. 1 iVm Art. 7 Abs. 1 Buchst. e RL (EU) 2016/801).

III. Geltungsdauer der Aufenthaltserlaubnis (§ 16 e Abs. 2 AufenthG)

41 Nach § 16 e Abs. 2 AufenthG wird die Aufenthaltserlaubnis für die in der Vereinbarung (nach § 16 e Abs. 1 Nr. 2 AufenthG) geregelte Dauer des Praktikums erteilt, höchstens jedoch für ein Jahr. Dauert das Praktikum länger als ursprünglich eingeschätzt und wird die Vereinbarung wirksam verlängert, kann die Aufenthaltserlaubnis verlängert werden, jedoch nicht über die Einjahresdauer hinaus, berechnet vom Beginn der Ausbildung an.

IV. Ablehnungsgründe (§ 19 f Abs. 1, Abs. 3 und Abs. 4 AufenthG)

42 Nach § 19 f Abs. 1 AufenthG (→ Kap. 3 Rn. 97 ff.) sind von der Erteilung der Aufenthaltserlaubnis nach § 16 e Abs. 1 AufenthG Personen ausgeschlossen, die in einem anderen Mitgliedstaat einen Antrag auf **internationalen Schutz** (§ 1 Abs. 1 Nr. 2 AsylG) gestellt haben oder internationalen Schutz genießen oder sich im Rahmen einer Regelung zum **vorübergehenden Schutz** nach der Richtlinie 2001/55/EG in einem anderen Mitgliedstaat aufhalten oder die in einem Mitgliedstaat einen Antrag auf Zuerkennung internationalen Schutzes gestellt haben (§ 19 f Abs. 1 Nr. 1 und Nr. 2 AufenthG). Darüber hinaus sind Personen ausgeschlossen, deren Abschiebung in einem Mitgliedstaat aus tatsächlichen oder rechtlichen Gründen ausgesetzt wurde (§ 19 f Abs. 1 Nr. 3 AufenthG). Die in § 19 f Abs. 1 Nr. 2 AufenthG stillschweigend in Bezug genommene Richtlinie zum vorübergehenden Schutz RL 2001/55/EG ist seit ihrer Verabschiedung 2001 noch in keinem Fall angewandt werden. Dieser Ausschlussgrund ist damit ohne Bedeutung. Ausgeschlossen sind ferner Personen, denen in einem anderen Mitgliedstaat eine **Daueraufenthaltserlaubnis** nach der Richtlinie 2003/109/EG erteilt wurde (§ 19 f Abs. 1 Nr. 4 AufenthG). Über diese Ablehnungsgründe hinaus wird eine Aufenthaltserlaubnis nach § 16 e Abs. 1 AufenthG nicht an Personen erteilt, die im Besitz einer Blauen Karte EU oder eines Aufenthaltstitels für Hochqualifizierte eines anderen Mitgliedstaates sind (§ 19 f Abs. 3 AufenthG). Nach § 19 f Abs. 4 AufenthG (→ Rn. 12, → Kap. 3 Rn. 127) kann der Antrag auf Erteilung einer Aufenthaltserlaubnis nach § 16 e Abs. 1 AufenthG ferner abgelehnt werden, wenn die aufnehmende Einrichtung hauptsächlich zu dem Zweck gegründet wurde, die Einreise und den

Aufenthalt von Drittstaatsangehörigen zu dem in § 16 e Abs. 1 AufenthG bezeichneten Zweck zu erleichtern (§ 19 f Abs. 4 Nr. 1 AufenthG), über das Vermögen des Ausbildungsbetriebs das Insolvenzverfahren eröffnet wurde, das auf Auflösung des Betriebs und Abwicklung des Geschäftsbetriebs gerichtet ist, die Eröffnung eines Insolvenzverfahrens über das Vermögen des Ausbildungsbetriebsmangels Masse abgelehnt und der Geschäftsbetrieb eingestellt wurde (§ 19 f Abs. 4 Nr. 2 bis 4 AufenthG), die Ausbildungseinrichtung keine Geschäftstätigkeit ausübt (§ 19 f Abs. 4 Nr. 5 AufenthG) oder Beweise oder konkrete Anhaltspunkte dafür bestehen, dass der Drittstaatsangehörige den Aufenthalt zu anderen Zwecken nutzen wird als zu Ausbildungszwecken (§ 19 f Abs. 4 Nr. 6 AufenthG). Derartige Fälle werden bei der Aufnahme eines Praktikums EU kaum vorkommen.

D. Sprachkurs und Schulbesuch (§ 16 f AufenthG)

I. Funktion der Aufenthaltserlaubnis nach § 16 f AufenthG

Die Vorschrift des § 16 f AufenthG regelt die Erteilung einer Aufenthaltserlaubnis zur Teil- 43
nahme an Sprachkursen (Abs. 1) und zum Zweck des Schulbesuchs (Abs. 1). Nach der früheren Regelung des § 16 b Abs. 1 S. 3 AufenthG aF hatte der Antragsteller, der das 18. Lebensjahr noch nicht vollendet hatte, eine Erlaubnis der zur Personensorge berechtigten Personen für den geplanten Aufenthalt nachzuweisen. Begründet wurde dies damit, dass Art. 6 Abs. 1 Buchst. b RL 2004/114/EG anordne, dass ein Schüler eine Erlaubnis der Eltern vorzulegen habe, wenn er nach dem Recht des Aufnahmemitgliedstaates minderjährig sei.[53] Die Richtlinie 2004/114/EG enthält jedoch nur drei Artikel, und Art. 7 und 12 RL (EU) 2016/801, die den Aufenthalt von drittstaatsangehörigen Schülern regeln, enthalten eine derartiges Erfordernis nicht. Die gesetzliche Begründung verhält sich nicht zu der Nichtübernahme von § 16 Abs. 10 AufenthG aF.[54] Allerdings wird dieses in § 80 Abs. 1 AufenthG geregelt. Von § 16 f Abs. 1 AufenthG abzugrenzen ist die Aufenthaltserlaubnis zum Zweck der Teilnahme an einem berufsausbildungsvorbereitenden sowie studienvorbereitenden Sprachkurs (§ 16 a Abs. 1 S. 3 und § 16 b Abs. 1 S. 3 Nr. 1 AufenthG). § 16 f AufenthG regelt nur noch Sachverhalte des Besuchs von Sprachkursen und von allgemeinbildenden Schulen.

II. Teilnahme am Sprachkurs und Schüleraustausch (§ 16 f Abs. 1 AufenthG)

Nach § 16 f Abs. 1 AufenthG kann einem Drittstaatsangehörigen eine Aufenthaltserlaub- 44
nis zur Teilnahme an Sprachkursen, die nicht der Studienvorbereitung (§ 16 b Abs. 1 S. 3 Nr. 1 AufenthG) dienen, oder zur Teilnahme an einem Schüleraustausch erteilt werden. § 16 f Abs. 1 AufenthG übernimmt die in § 16 b Abs. 1 AufenthG aF geregelten Fallgestaltungen. Beim Schulbesuch geht es um das Erlernen der deutschen Sprache außerhalb der qualifizierten Berufsausbildung oder des Studiums. Gesetzesüberschrift wie auch Gesetzeswortlaut verwenden lediglich den Begriff Sprachkurs, nicht aber den Sprachkurs zum Erlernen der deutschen Sprache. Gleichwohl ist dieser der Inhalt der Vorschrift. Dies wird auch durch die gesetzliche Begründung bestätigt. In der Verwaltungspraxis sollen ausschließlich **Intensivkurse** mit regelmäßig täglichem Unterricht und mindestens 18 Wochenstunden (Nr. 16.5.1 AufenthG-VwV) berücksichtigt werden. **Abend- und Wochenendkurse** werden als nicht ausreichend angesehen (Nr. 16.5.1 AufenthG-VwV).[55] Finden derartige Kurse jedoch täglich abends und für die Dauer von mindestens insgesamt 18 Wochenstun-

53 So auch *Christ*, in: Kluth/Heusch, AuslR, 2016, § 16 AufenthG Rn. 56, für die identische Regelung nach § 16 Abs. 10 AufenthG aF.

54 BT-Drs. 19/8285, S. 94.

55 *Samel*, in: Bergmann/Dienelt, AuslR, 12. Aufl. 2018, § 2 AufenthG Rn. 4.

den statt, wird also an jedem Werktag ca. drei bis vier Stunden unterrichtet, ist der Ausschluss nicht gerechtfertigt.

45 Vom Begriff des **Schüleraustausches** werden auch **Gastschüler** erfasst, die im Bundesgebiet ein **Gastschuljahr** absolvieren, ohne dass dabei ein unmittelbarer Austausch erfolgt. Erfasst ist davon sowohl ein privat wie auch kommerziell organisiertes Austauschjahr[56] (s. auch § 16 f Abs. 1 S. 2 AufenthG). Eine Rechtsänderung mit Blick auf die für die Erteilung der Aufenthaltserlaubnis bzw. des Visums maßgebenden Erteilungsvoraussetzungen – insbesondere hinsichtlich der Motivation zur Absolvierung des Sprachkurses und zur Rückkehrbereitschaft – ergibt sich hierdurch nicht.[57] § 16 f Abs. 1 S. 1 Alt. 2 ist richtlinienkonform auszulegen. Nach Art. 12 Abs. 1 RL (EU) 2016/801 muss der Schüler neben den allgemeinen in Art. 7 der Richtlinie und nach nationalem Recht in § 5 Abs. 1 und 2 AufenthG (**Regelerteilungsvoraussetzungen**) festgelegten Bedingungen nachweisen, dass er weder das festgelegte Mindestalter unter- und das festgelegte Höchstalter überschreitet noch die festgelegte Klassenstufe unter- und überschreitet (Buchst. a), an einer **Bildungseinrichtung** angenommen worden ist (Buchst. b), an einem staatlichen oder regionalen **Bildungsprogramm** im Rahmen eines **Schüleraustauschprogramms** oder eines Bildungsvorhabens teilnimmt, das von einer Bildungseinrichtung im Einklang mit dem nationalen Recht oder der Verwaltungspraxis geführt wird (Buchst. c), die Bildungseinrichtung oder – falls im nationalen Recht vorgesehen – ein Dritter während des gesamten Aufenthalts die Verantwortung für den Schüler übernimmt, insbesondere was die Unterhaltskosten anbelangt (Buchst. d, § 5 Abs. 1 Nr. 1 iVm § 68 Abs. 1 AufenthG), während des gesamten Aufenthalts in einer Familie oder einer speziellen der Bildungseinrichtung angeschlossenen Unterkunft oder – soweit im nationalen Recht vorgesehen – einer anderen Einrichtung untergebracht ist, die die Bedingungen im Mitgliedstaat erfüllt und nach den Vorschriften für das Schüleraustauschprogramm oder das Bildungsvorhaben, an dem der Schüler teilnimmt, ausgewählt wurde (Buchst. e).

III. Erteilung der Aufenthaltserlaubnis zum Zweck des Schulbesuchs (§ 16 f Abs. 2 AufenthG)

46 Entsprechend den Vorgaben von Art. 12 RL (EU) 2016/801 regelt § 16 f Abs. 2 Hs. 1 AufenthG in Übereinstimmung mit den früher maßgebenden allgemeinen Verwaltungsvorschriften (Nr. 16.5.2.3 AufenthG-VwV), dass eine Aufenthaltserlaubnis in der Regel ab der 9. Klassenstufe erteilt werden kann. Art. 12 Abs. 1 Buchst. a RL (EU) 2016/801 überlässt den Mitgliedstaaten die Regelung dieser Frage. Ferner ist für die Erteilung der Aufenthaltserlaubnis erforderlich, dass der Schüler eine öffentliche oder staatlich anerkannte Schule mit internationaler Ausrichtung (Nr. 1) oder eine Schule besuchen muss, die nicht oder nicht überwiegend aus öffentlichen Mitteln finanziert wird, die Schüler auf internationale Abschlüsse, Abschlüsse anderer Staaten oder staatlich anerkannte Abschlüsse vorbereitet (Nr. 2). Die früher maßgeblichen allgemeinen Verwaltungsvorschriften regelten darüber hinaus, dass bei **Internationsschülern** die Schule eine Zusammensetzung aus Schülern verschiedener Staatsangehörigkeiten gewährleistet (Nr. 16.5.2.2.4 AufenthG-VwV). Art. 12 Abs. 1 Buchst. c RL (EU) 2016/801 enthält nicht die Einschränkung, dass die Bildungseinrichtung nicht oder nicht überwiegend aus öffentlichen Mitteln finanziert ist, steht ihr aber auch nicht entgegen. Nicht übernommen wurden die früher nach den allgemeinen Verwaltungsvorschriften weiteren Voraussetzungen, dass an Schüler aus Staaten, bei denen die Rückführung auf Schwierigkeiten stößt, die Aufenthaltserlaubnis nach § 16 f Abs. 1 darüber hinaus nur erteilt werden darf, wenn die Schule die Schüler zur Hochschul-

56 BT-Drs. 19/8285, S. 94.
57 BT-Drs. 19/8285, S. 94.

reife oder zu einem vergleichbaren Abschluss führt, die Schüler grundsätzlich in einem Internat untergebracht werden, der Anteil der ausländischen Schüler je Staatsangehörigkeit der Staaten, mit denen Rückführungsschwierigkeiten bestehen, 20 Prozent je Schulklasse nicht übersteigt (Nr. 16.5.3.1 bis 16.5.2.3.3 AufenthG-VwV).

Im Einklang mit Art. 7 Abs. 1 Buchst. e RL (EU) 2016/801 war nach Nr. 16.5.2.3.4 AufenthG-VwV in der Regel von der Schule oder einer anderen im Bundesgebiet lebenden Person eine Verpflichtungserklärung nach § 68 Abs. 1 iVm § 5 Abs. 1 Nr. 1 AufenthG abzugeben. § 16 f Abs. 2 AufenthG enthält dieses Erfordernis nicht. Der Verzicht auf die Verpflichtungserklärung ist nach geltendem Recht insbesondere deshalb zu ermöglichen, weil Schüler kein eigenes Erwerbs- oder sonstiges Einkommen haben und die Eltern nicht im Bundesgebiet leben. Zu den Schulen im Sinne von § 16 f Abs. 1 AufenthG zählen die in verschiedenen Formen ausgestalteten **Ergänzungsschulen,** die auf die staatliche **Nichtschülerprüfung** vorbereiten oder zB zum Erwerb des **International General Certificate of Secondary Education** (**ICSE**), von **High-School-Diplomen** (**AP-Prüfung**) oder des **International Baccalaureate** führen. Auch diese Schulen müssen grundsätzlich eine Zusammensetzung von Schülern verschiedener Staatsangehörigkeiten gewährleisten. Ausnahmen kommen bei Botschaftsschulen in Betracht (Nr. 16.5.2.5 AufenthG-VwV). Von der Ermächtigung, das **Prinzip der Gegenseitigkeit** (Art. 12 Abs. 2 RL (EU) 2016/801) zur Bedingung für eine Aufenthaltserlaubnis zu machen, macht der Gesetzgeber nicht Gebrauch. Da der Schüleraustausch wie auch das Erlernen der deutschen Sprache im Interesse der Völkerverständigung ist, ist das Ermessen regelmäßig zugunsten des Antragstellers auszuüben. 47

IV. Zweckwechsel (§ 16 f Abs. 3 Satz 1 und Satz 2 AufenthG)

Während des Aufenthaltes zur Teilnahme an einem Sprachkurs nach § 16 f Abs. 1 oder zum Schulbesuch nach § 16 f AufenthG soll in der Regel eine Aufenthaltserlaubnis zu einem anderen Aufenthaltszweck nur in Fällen eines gesetzlichen Anspruchs erteilt werden. Hinsichtlich des Schüleraustauschs nach § 16 f Abs. 2 AufenthG wird diese Frage in § 16 f Abs. 3 S. 2 AufenthG geregelt. Der Zweckwechsel ist damit nicht als zwingender Versagungsgrund ausgestaltet, so dass er auch zu anderen Aufenthaltszwecken zulässig ist, aber beim Wechsel zu einer Aufenthaltserlaubnis aufgrund eines gesetzlichen Anspruchs (zB § 28 Abs. 1 S. 1; § 30 Abs. 1, § 32 AufenthG) ein Sollanspruch auf die Erteilung einer Aufenthaltserlaubnis besteht, also die Erteilung nur in atypischen Ausnahmefällen versagt werden darf. Ob diese Vorschrift gesetzessystematisch verfehlt ist und einen gesetzlichen Wertungswiderspruch begründet, weil das Gesetz nicht einerseits einen Rechtsanspruch gewähren kann, den es in atypischen Fällen wieder aufhebt, ist fraglich. Denn die Sollnorm des § 16 f Abs. 3 S. 1 AufenthG bedeutet, dass der Zweckwechsel zu anderen Erteilungszwecken in Ausnahmefällen zugelassen werden darf, hingegen nicht den Rechtscharakter der Anspruchsnorm in Frage stellt. Rechtsansprüche entstehen andererseits nicht, wenn eine Umgehung der Einreisevorschriften vorliegt oder der Lebensunterhalt nicht gesichert ist und deshalb etwa bei rein ausländischen Ehen (§ 5 Abs. 1 Nr. 1 AufenthG oder in Ausnahmefällen bei § 28 Abs. 1 S. 3 AufenthG) der Rechtsanspruch entfällt, wird kein gesetzlicher Wertungswiderspruch begründet. Davon, dass es zu von § 16 f Abs. 3 S. 1 AufenthG vorausgesetzten atypischen Ausnahmefällen kommen könnte, dürfte bei einem Aufenthalt zum Besuch einer Schule aber wohl kaum ausgegangen werden können. § 16 f Abs. 3 S. 3 AufenthG ist ungenau formuliert. Gemeint ist, dass während des Besitzes einer Aufenthaltserlaubnis nach § 16 f Abs. 1 oder Abs. 2 AufenthG die **Erteilung der Niederlassungserlaubnis gesperrt** ist, nicht hingegen, dass nach einem Zweckwechsel von einer Aufenthaltserlaubnis nach § 16 f Abs. 1 AufenthG zu einer anderen Aufenthaltserlaubnis keine Niederlassungserlaubnis erteilt werden dürfte. 48

Nach § 16 f Abs. 3 S. 2 AufenthG darf eine Aufenthaltserlaubnis zu einem **Schüleraustausch** nach § 16 f Abs. 2 AufenthG für einen anderen Zweck nur in Fällen eines **gesetzlichen Anspruchs** erteilt werden. Hier wird für den Zweckwechsel also ein zwingender Versagungsgrund geregelt, so dass anders als nach § 16 f Abs. 1 AufenthG eine Aufenthaltserlaubnis zu anderen Zwecken nicht erteilt werden darf.

V. Beschäftigungsverbot (§ 16 f Abs. 3 Satz 3 AufenthG)

49 Nach § 16 f Abs. 3 S. 3 AufenthG ist während des Besitzes einer Aufenthaltserlaubnis nach § 16 f Abs. 1 und Abs. 2 AufenthG die Ausübung einer Beschäftigung anders als bei einer qualifizierten Berufsausbildung (§ 16 a Abs. 3 AufenthG) und einem Studium (§ 16 b Abs. 3 AufenthG) unzulässig. Diese Einschränkung entfällt aber bei einem Zweckwechsel nach § 16 f Abs. 3 S. 1 AufenthG.

VI. Bi- oder multilaterale Vereinbarungen der Bundesländer (§ 16 f Abs. 4 AufenthG)

50 Bi- oder multilaterale Vereinbarungen der Bundesländer mit öffentlichen Stellen in einem anderen Staat über den Besuch inländischer Schulen durch ausländische Schüler bleiben unberührt. Eine Aufenthaltserlaubnis zwecks Teilnahme am Schulbesuch kann aufgrund solcher Vereinbarungen nur erteilt werden, wenn die oberste Landesbehörde der Vereinbarung zugestimmt hat (§ 16 f Abs. 4 AufenthG). Der Wortlaut dieser Bestimmungen ist identisch mit dem Wortlaut von § 16 a Abs. 2 S. 2 und S. 3 AufenthG). Im Gesetzentwurf war diese Regelung nicht vorgesehen.[58] Der Gesetzgeber reagiert hiermit auf einen Vorschlag des Bundesrates in seiner Stellungnahme vom 15.2.2019. Diese hatte sich an der bisherigen Verwaltungsvorschrift zu § 16 AufenthG ausgerichtet. Der Gesetzgeber will mit Abs. 4 Klarheit über die Voraussetzungen zur Erteilung einer Aufenthaltserlaubnis zum Zweck des Schulbesuchs und hierfür eine gesetzliche Grundlage schaffen. Damit Abweichungen zugunsten des Schulbesuchs ausländischer Schüler aufgrund solcher Vereinbarungen zulässig sind, muss der Vorbehalt zugunsten abweichender bi- und multilateraler Vereinbarungen der Bundesländer mit öffentlichen Stellen in anderen Staaten in das Gesetz übernommen werden.[59] Die oberste Landesbehörde muss der Erteilung einer Aufenthaltserlaubnis zum Schulbesuch aufgrund derartiger Vereinbarungen zugestimmt haben (§ 16 f Abs. 4 Hs. 2 AufenthG). Durch diesen Vorbehalt wird die Handhabung der Norm schwerfällig und zeitaufwändig.

VII. Ablehnungsgründe (§ 19 f Abs. 1 und Abs. 4 AufenthG)

51 Nach § 19 f Abs. 1 AufenthG (→ Kap. 3 Rn. 97 ff.) sind von der Erteilung der Aufenthaltserlaubnis nach § 16 f Abs. 1 und Abs. 2 AufenthG Personen ausgeschlossen, die in einem anderen Mitgliedstaat einen Antrag auf **internationalen Schutz** (§ 1 Abs. 1 Nr. 2 AsylG) gestellt haben oder internationalen Schutz genießen oder sich im Rahmen einer Regelung zum **vorübergehenden Schutz** nach der Richtlinie 2001/55/EG in einem anderen Mitgliedstaat aufhalten (§ 16 f Abs. 1 Nr. 1 und Nr. 2 AufenthG). Ferner findet der Versagungsgrund Anwendung, wenn die Abschiebung des Antragstellers in einem anderen Mitgliedstaat aus tatsächlichen oder rechtlichen Gründen ausgesetzt wurde (§ 16 f Abs. 1 Nr. 3 AufenthG). Die in § 19 f Abs. 1 Nr. 2 AufenthG bezeichnete Richtlinie zum vorübergehenden Schutz RL 2001/55/EG ist seit ihrer Verabschiedung 2001 noch in keinem Fall angewandt werden. Dieser Ausschlussgrund ist damit ohne Bedeutung. Ausgeschlossen sind

58 BT-Drs. 19/8285, S. 18.
59 BT-Drs. 19/10714 (Beschlussempfehlung und Bericht des Ausschusses für Inneres und Heimat) vom 5.6.2019, S. 21.

ferner Personen, denen in einem anderen Mitgliedstaat eine **Daueraufenthaltserlaubnis** nach der Richtlinie 2003/109/EG erteilt wurde (§ 19f Abs. 1 Nr. 4 AufenthG). Nach § 19f Abs. 4 AufenthG (→ Rn. 17, → Kap. 3 Rn. 127) kann der Antrag auf Erteilung einer Aufenthaltserlaubnis gem. § 16f AufenthG ferner abgelehnt werden, wenn die aufnehmende Einrichtung hauptsächlich zu dem Zweck gegründet wurde, die Einreise und den Aufenthalt von Drittstaatsangehörigen zu dem in § 16f AufenthG bezeichneten Zweck zu erleichtern (§ 19f Abs. 4 Nr. 1 AufenthG), wenn über das Vermögen der Bildungseinrichtung das Insolvenzverfahren eröffnet wurde, das auf Auflösung der Einrichtung und Abwicklung des Geschäftsbetriebs gerichtet ist (§ 19f Abs. 4 Nr. 2 AufenthG), wenn die Bildungseinrichtung im Rahmen der Durchführung eines Insolvenzverfahrens aufgelöst und der Geschäftsbetrieb abgewickelt wurde (§ 19f Abs. 4 Nr. 3 AufenthG), wenn die Eröffnung eines Insolvenzverfahrens über das Vermögen der Bildungseinrichtung mangels Masse abgelehnt und der Geschäftsbetrieb eingestellt wurde (§ 19f Abs. 4 Nr. 4 AufenthG), wenn die Bildungseinrichtung keine Geschäftstätigkeit ausübt (§ 19f Abs. 4 Nr. 5 AufenthG) oder Beweise oder konkrete Anhaltspunkte dafür bestehen, dass der Drittstaatsangehörige den Aufenthalt zu anderen Zwecken nutzen wird als zu Zwecken der Teilnahme an Sprachkursen oder des Schulbesuchs nach § 16f Abs. 1 und 2 AufenthG (§ 19f Abs. 4 Nr. 6 AufenthG). Derartige Fälle werden bei der Aufenthaltserlaubnis zum Besuch eines Sprachkurses oder zum Schüleraustausch indes kaum vorkommen.

Abschnitt III: Studium

A. Aufenthaltserlaubnis zum Zweck des Studiums

Der Gesetzgeber des FKEG hat die früheren Vorschriften, welche die Erteilung der Aufenthaltserlaubnis zum Zweck des Studiums regeln, übernommen. Die Grundnorm bildet § 16b AufenthG, der im Wesentlichen die Grundsätze der früheren Vorschrift des § 16 AufenthG aF übernimmt. § 16c AufenthG ist § 16a AufenthG aF nachgebildet. Neu eingeführt wurde die Möglichkeit, eine Aufenthaltserlaubnis zum Zweck der Suche nach einem Studienplatz (§ 17 Abs. 2 AufenthG) zu erteilen (→ Rn. 14ff.). Dafür wurde die frühere Regelung des § 16 Abs. 5 AufenthG aF nicht übernommen. Der frühere Abs. 1 von § 16 AufenthG aF wurde in Abs. 8 von § 16b AufenthG verschoben. Durch § 16c AufenthG soll der Bedeutung des **Studien- und Wissenschaftsstandortes Deutschland** im internationalen Vergleich Rechnung getragen und es soll anders als früher ermöglicht werden, Studenten und Studienbewerbern aus Drittstaaten unter erleichterten Bedingungen und besseren Perspektiven für einen Aufenthalt im Bundesgebiet zu gewinnen. § 16b Abs. 1 AufenthG setzt nicht voraus, dass ein Drittstaatsangehöriger erstmalig eine studienbezogene Aufenthaltserlaubnis beantragt. Auch derjenige, der sich aus einem anderen Grund rechtmäßig im Bundesgebiet aufhält, kann diese beantragen.[60] Nicht ausreichend ist der Besuch universitärer Veranstaltungen, ohne immatrikuliert zu sein.[61] Aufenthaltserlaubnisse für die Teilnahme an studienbezogenen Praktika werden nach § 16e AufenthG erteilt. Für den kurzfristigen Aufenthalt zur Durchführung von Prüfungen wird ein Schengen-Visum erteilt (Nr. 16.0.4 AufenthG-VwV). Nach der früheren Regelung des § 16 Abs. 10 AufenthG aF hatte der Antragsteller, der das 18. Lebensjahr noch nicht vollendet hatte, eine Erlaubnis der zur Personensorge berechtigten Personen für den geplanten Aufenthalt nachzuweisen. Diese ausschließlich auf den Anwendungsbereich von § 16 AufenthG aF bezogene Sonderregelung beruht auf Art. 6 Abs. 1 Buchst. b RL 2004/114/EG. Danach hat der den Studienaufenthalt anstrebende Drittstaatsangehörige eine Erlaubnis der Eltern vorzulegen, wenn er nach dem Recht des Aufnahmemitglied- 52

60 *Hailbronner*, AuslR A 1 § 16 AufenthG Rn. 8.
61 *Walther*, ZAR 2006, 354 (356).

staates minderjährig ist. § 80 Abs. 5 AufenthG bleibt hiervon unberührt. Während § 16 Abs. 10 AufenthG aF eine materielle zusätzliche Voraussetzung für minderjährige Antragsteller festlegte, bestimmte früher § 80 Abs. 1 AufenthG aF in verfahrensrechtlicher Hinsicht, dass der Drittstaatsangehörige, der das 16. Lebensjahr vollendet hatte, handlungsfähig war, also den Antrag bei der Konsularvertretung oder Ausländerbehörde selbst wirksam stellen konnte. Nach geltendem Recht sind nur Volljährige handlungsfähig. Ist der Antragsteller noch nicht volljährig, muss er bis zur behördlichen Entscheidung die Zustimmung seiner Eltern zum Studium im Bundesgebiet nachweisen. Eine § 16 Abs. 10 AufenthG aF vergleichbare Regelung enthält § 16 b AufenthG nicht.

B. Aufenthaltserlaubnis zum Zweck des Studiums nach § 16 b Abs. 1 AufenthG

I. Voraussetzungen für die Erteilung der Aufenthaltserlaubnis nach § 16 b Abs. 1 AufenthG

53 Nach § 16 b Abs. 1 S. 1 AufenthG wird einem Drittstaatsangehörigen eine Aufenthaltserlaubnis zum Zweck eines **Vollzeitstudiums** an einer staatlichen Hochschule, an einer staatlich anerkannten Hochschule oder einer vergleichbaren Bildungseinrichtung erteilt, wenn er von der Bildungseinrichtung zugelassen worden ist. Es besteht also unter diesen Voraussetzungen ein **Rechtsanspruch**. Dies folgt daraus, dass nach der Richtlinie 2004/114/EG die zuständige Behörde verpflichtet ist, einen Aufenthaltstitel zu Studienzwecken zu erteilen, wenn die Zulassungsbedingungen erfüllt sind.[62] Demgegenüber steht die Erteilung der Aufenthaltserlaubnis nach § 16 b Abs. 5 AufenthG im Ermessen. Das Studium muss den Hauptzweck des Aufenthalts darstellen, so dass ein Abend-, Wochenend- oder Fernstudium nicht zugelassen ist. Vielmehr steht der Anspruch nach § 16 b Abs. 1 S. 1 AufenthG auf Erteilung der Aufenthaltserlaubnis nur Studierenden in Vollzeit zu. Staatlichen Hochschulen werden auch Fachhochschulen (**University of Applied Sciences**) zugerechnet. Einbezogen sind Universitäten, pädagogische Hochschulen, **Kunst- und Musikhochschulen**, Fachhochschulen, vergleichbare Ausbildungseinrichtungen und **Berufsakademien** sowie staatliche oder staatlich anerkannte **Studienkollegs** (Nr. 16.0.3 AufenthG-VwV). Zu den „vergleichbaren weiteren Ausbildungseinrichtungen“ sind Einrichtungen zu rechnen, die auf einen Abschluss an einer staatlichen oder staatlich anerkannten Hochschule oder auf die Verleihung eines Grades durch eine staatliche oder staatlich anerkannte Hochschule vorbereiten (Nr. 16.0.3 AufenthG-VwV). Vergleichbare weitere Ausbildungseinrichtungen sind auch Einrichtungen, die eine staatliche Anerkennung beantragt haben, und Einrichtungen, die einzelne akkreditierte Studiengänge anbieten. Vor Erteilung der Aufenthaltserlaubnis für ein Studium an einer vergleichbaren weiteren Ausbildungseinrichtung soll eine Stellungnahme der für Hochschulfragen zuständigen obersten Landesbehörde eingeholt werden (Nr. 16.0.3 AufenthG-VwV). Der Aufenthaltszweck des Studiums umfasst auch **studienvorbereitende Maßnahmen** und das Absolvieren eines Pflichtpraktikums (§ 16 b Abs. 1 S. 2 AufenthG). Es werden also sämtliche mit dem Studium verbundenen **Ausbildungsphasen** einbezogen (Nr. 16.0.5 AufenthG-VwV). Je nach den konkreten Umständen gehören dazu:

- **Sprachkurse** zur Studienvorbereitung, wenn der Antragsteller zu einem Vollzeitstudium zugelassen worden ist und die Zulassung an den Besuch eines studienvorbereitenden Sprachkurses gebunden ist (§ 16 b Abs. 1 S. 3 Nr. 1 AufenthG). Eine Aufenthaltserlaubnis zum Zweck des Besuchs eines Sprachkurses, der nicht der Studienvorbereitung dient, kann nach § 16 f AufenthG erteilt werden (s. → Rn. 43 ff.);

62 EuGH, InfAuslR 2014, 412 (413) Rn. 31 = NVwZ 2014, 1446 – *Alaya*.

- **Studienkollegs** oder eine vergleichbare Einrichtung, wenn die Annahme zu einem Studienkolleg oder einer vergleichbaren Einrichtung nachgewiesen ist (§ 16 b Abs. 1 S. 3 Nr. 2 AufenthG);
- für das Studium erforderliche oder von der Hochschule empfohlene Praktika (§ 16 b Abs. 1 S. 2 AufenthG). Die Aufenthaltserlaubnis zum Zweck eines EU-bezogenen Praktikums (→ Rn. 38 ff.) wird nach § 16 e AufenthG erteilt;
- Studium bis zu einem ersten berufsqualifizierenden Abschluss bzw. bei konsekutiven und nicht konsekutiven Bachelor-/Master-Studiengängen auch bis zu einem zweiten berufsqualifizierenden Abschluss an einer deutschen Hochschule (Grund- und Hauptstudium einschließlich studienbegleitender Praktika, Zwischen- und Abschlussprüfungen), auch nach einem vorherigen Studium im Ausland;
- nach einem Studium ein Aufbau-, Zusatz- oder Ergänzungsstudium (Postgraduiertenstudium) oder eine Promotion;
- anschließende praktische Tätigkeiten, sofern sie zum vorgeschriebenen Ausbildungsgang gehören oder zur umfassenden Erreichung des Ausbildungsziels nachweislich erforderlich sind (§ 15 Nr. 3 BeschV);
- Studien, die ein im Ausland begonnenes Studium ergänzen und Studien, die in Deutschland begonnen und im Ausland beendet werden.

Der Besuch eines Studienkollegs setzt eine erfolgreiche **Aufnahmeprüfung** voraus. Den Bewerbungsunterlagen ist der Nachweis der Hochschulreife sowie der deutschen Sprachkenntnisse (ZD, Zeugnis über den Abschluss der Mittelstufe eines anderen Sprachinstitutes oder Nachweis über mindestens 400 Stunden Deutschunterricht) beizufügen. Bei fehlenden deutschen Sprachkenntnissen kann die Aufenthaltserlaubnis zunächst nach § 16 b Abs. 1 S. 3 Nr. 1 AufenthG beantragt werden. Die Bildungseinrichtung führt aus den vorliegenden Bewerbungen das **Auswahlverfahren** durch und lässt die ausgewählten Bewerber zur **Aufnahmeprüfung** zu. Die Aufenthaltserlaubnis zum Zwecke des Studiums darf nur erteilt werden, wenn der Antragsteller von der Ausbildungseinrichtung zugelassen worden ist (§ 16 b Abs. 1 S. 1 AufenthG). Der Begriff des Studenten in Art. 2 Buchst. b RL 2004/114/EG umfasst auch „**Vorbereitungskurse**" und damit auch studienvorbereitende Maßnahmen. Die Beantragung eines Aufenthaltstitels nach Abs. 1 S. 1 zum Zwecke des Studiums ist damit so zu verstehen, dass der Nachweis einer **Zulassung** erforderlich ist. Die Erteilung einer Aufenthaltserlaubnis zum Zweck des Vollzeitstudiums, wenn die Zulassung mit einer auf die Absolvierung studienvorbereitender Maßnahmen gerichteten **Bedingung** versehen ist, richtet sich nach § 16 b Abs. 1 AufenthG, hingegen steht die mit einer anderen Bedingung verbundene Aufenthaltserlaubnis im Ermessen und wird in § 16 b Abs. 5 S. 1 Nr. 1 a AufenthG geregelt (→ Rn. 83). Der Begriff der Zulassung mit einer Bedingung umfasst auch die **Studienvormerkung** oder den Nachweis, dass eine ordnungsgemäße Bewerbung zur Zulassung zum Studium vorliegt.[63] Der Antragsteller, der keine Zulassung oder bedingte Zulassung nachweisen kann, kann aber auch zur Suche nach einem Studienplatz den Antrag nach § 17 Abs. 2 AufenthG stellen und später die Aufenthaltserlaubnis nach § 16 b Abs. 1 S. AufenthG beantragen (§ 17 Abs. 3 S. 3 AufenthG). Er muss seinen Antrag entweder als Studienbewerber (§ 17 Abs. 2 AufenthG) geltend machen oder auf den Zweck des Besuchs eines Studienkollegs oder der Absolvierung eines studienvorbereitenden Sprachkurses ausrichten (§ 16 b Abs. 1 S. 2 AufenthG). 54

Nach § 16 b Abs. 1 S. 4 AufenthG wird ein Nachweis über die für den konkreten Studiengang erforderlichen Kenntnisse der **Ausbildungssprache** nur gefordert, wenn diese Sprachkenntnisse weder bei der Zulassungsentscheidung geprüft worden sind noch durch die studienvorbereitende Maßnahme erworben werden sollen. Gefordert wird damit nicht notwendigerweise der Nachweis deutscher Sprachkenntnisse, wenn der Antragsteller etwa an 55

63 BT-Drs. 16/5065, S. 289.

einer Hochschule studieren will, in der in Englisch oder einer anderen Sprache unterrichtet wird. Dies ist angesichts der zunehmenden Bedeutung fremdsprachiger Hochschulgänge von Bedeutung. Will der Antragsteller etwa einen Ausbildungsgang absolvieren, in dem die Unterrichtssprache Englisch oder Französisch ist, muss er im Zulassungsbescheid einen entsprechenden Sprachnachweis erbringen. Daneben wird kein Nachweis über Kenntnisse der deutschen Sprache gefordert. § 16 b Abs. 1 S. 4 stellt eine klarstellende Regelung dar, wann Sprachnachweise zu erbringen sind. Die Feststellung und Prüfung der Studienvoraussetzungen einschließlich der für den konkreten Studiengang erforderlichen Kenntnisse der Ausbildungssprache obliegt den Hochschulen und vergleichbaren Einrichtungen. Auch kann die Aufenthaltserlaubnis ohne Prüfung der Sprachkenntnisse erteilt werden, wenn die erforderlichen Sprachkenntnisse in studienvorbereitenden Maßnahmen erworben werden sollen. Besteht nicht die Absicht, die für das Studium erforderlichen Sprachkenntnisse in einer studienvorbereitenden Maßnahme zu erwerben und liegt noch kein förmlicher Zulassungsbescheid vor, hat der Visumantragsteller den Nachweis zu erbringen, dass er über die erforderlichen deutschen Sprachkenntnisse verfügt. Soweit die Sprachkenntnisse **ausnahmsweise** nicht im Rahmen der Zulassungsentscheidung geprüft worden sind und auch nicht im Rahmen einer studienvorbereitenden Maßnahme erworben werden sollen, ist der Nachweis der erforderlichen Sprachkenntnisse gegenüber der deutschen Auslandsvertretung zu erbringen.[64] Auch das Zeugnis der bestandenen ZMP befreit bei den Studienkollegs und an einigen deutschen Fachhochschulen und Universitäten von der sprachlichen Aufnahmeprüfung. Eine **bedingte Zulassung** wie früher (§ 16 Abs. 1 S. 3 Hs. 2 AufenthG aF) entfällt damit. Für den Fall, dass die Prüfung der deutschen Sprachkenntnisse den deutschen Auslandsvertretungen obliegt, sind Kenntnisse der deutschen Sprache auf dem Niveau der **Zentralen Mittelstufenprüfung** (**ZMP**) des Goethe-Instituts oder durch das Zeugnis der **Deutschen Sprachprüfung für den Hochschulzugang ausländischer Studienbewerber** (**DSH**) oder durch sonstige einschlägige Sprachtests wie zB **TestDaF, TOEFL, IELTS** nachzuweisen.[65] Der Nachweis der bestandenen Prüfung **Zertifikat Deutsch** (**ZD**) wird nicht für ausreichend angesehen. Für die ZMP wird die Teilnahme an 800 bis 1.000 Unterrichtseinheiten Intensivunterricht für die Dauer von jeweils 45 Minuten für erforderlich angesehen. Die ZMP besteht aus einer schriftlichen und einer mündlichen Prüfung. Bei Antragstellern im Inland sind die erforderlichen deutschen Sprachkenntnisse in der Regel nicht durch die Ausländerbehörde zu prüfen, da diese regelmäßig durch die Hochschulen bei der Zulassungsentscheidung berücksichtigt werden. Nach der gesetzlichen Begründung dürften in der Regel mindestens Sprachkenntnisse auf dem Niveau **B 2** GER erforderlich sein.[66] Damit trägt das Gesetz Art. 7 Abs. 1 Buchst. c RL 2004/114/EG Rechnung. Die häufig vertretene Auffassung, es seien Kenntnisse auf dem Niveau C 1 nachzuweisen, ist damit unzutreffend.

56 Der Nachweis der Zulassung zum Studium ist durch Vorlage des Originals des **Zulassungsbescheids** zu führen. Ein Visum kann auch erteilt werden, wenn der Zulassungsbescheid von einer anderen Bildungseinrichtung als derjenigen vorgelegt wird, mit deren Bewerberbestätigung das Visumverfahren in Gang gesetzt wurde (**Mehrfachbewerbung**). Die einmal erteilte Zustimmung der Ausländerbehörde umfasst auch dieses Studium an einer entsprechenden Bildungseinrichtung (Nr. 16.1.1.3 AufenthG-VwV). Der Zulassungsbescheid kann ersetzt werden durch:

- eine **Studienplatzvormerkung** einer Hochschule oder einer staatlichen, staatlich geförderten oder staatlich anerkannten Einrichtung zum Erlernen der deutschen Sprache,

64 BT-Drs. 19/8285, S. 91.
65 BT-Drs. 19/8285, S. 91.
66 BT-Drs. 19/8285, S. 91.

- eine Bescheinigung einer Hochschule oder eines Studienkollegs, aus der sich ergibt, dass für die Entscheidung über den Zulassungsantrag die persönliche Anwesenheit des Antragstellers am Hochschulort erforderlich ist, oder
- eine Bestätigung über das Vorliegen einer ordnungsgemäßen Bewerbung zur Zulassung zum Studium (**Bewerber-Bestätigung,** Nr. 16.1.1.1 AufenthG-VwV).

Zugunsten von **Flüchtlingen** (§ 3 Abs. 4 Hs. 1 AsylG) hat die Kultusministerkonferenz im Dezember 2015 ein zweistufiges Verfahren für den Hochschulzugang beschlossen. Danach soll eine Plausibilisierung der Bildungsbiografie bezogen auf den Erwerb einer Hochschulzugangsberechtigung im Herkunftsland durchgeführt werden. Soweit diese Prüfung erfolglos ist oder ein zulassungsbeschränkter Studiengang angestrebt wird, soll die Hochschulzugangsberechtigung durch ein **qualitätsgeleitetes Prüfungs- und Feststellungsverfahren** vorgenommen werden.[67] Die Zulassung zum Studium von in anderen Mitgliedstaaten anerkannten international Schutzberechtigten (Flüchtlinge und subsidiär Schutzberechtigte) wird in § 16 b Abs. 7 AufenthG geregelt (→ Rn. 89 ff.). Ob **Asylbewerber** während des Asylverfahrens ein Studium betreiben dürfen, ist nicht eindeutig geregelt. Steht die Hochschulzugangsberechtigung fest, können aufenthaltsrechtliche Bedenken im Blick auf die Aufenthaltsgestattung (§ 55 Abs. 1 S. 1; § 63 AsylG) nicht geltend gemacht werden. 57

1. Finanzierungsnachweis (§ 2 Abs. 3 S. 5 AufenthG)

Die Erteilung des studienbezogenen Aufenthaltstitels setzt den Nachweis der Sicherung des Lebensunterhaltes (§ 5 Abs. 1 Nr. 1 AufenthG) voraus. Der monatliche Bedarf wird gem. § 2 Abs. 3 S. 5 AufenthG nach § 13 BAföG bestimmt und umfasst die monatlichen Kosten der Lebenshaltung ohne Berücksichtigung der Kosten für die Rückreise. Der Lebensunterhalt gilt als gesichert, wenn der Antragsteller über die in § 2 Abs. 3 S. 5 AufenthG bestimmten Mittel verfügt. Dies gilt auch dann, wenn er einer **Bedarfsgemeinschaft** angehört und deren gesamter Bedarf nicht aus eigenen Kräften und Mitteln gedeckt ist.[68] Diese Regelung beruht auf Art. 7 Abs. 1 Buchst. b RL 2004/114/EG, wonach die Mitgliedstaaten bekannt zu geben haben, welchen **monatlichen Mindestbetrag** sie unbeschadet einer Prüfung im Einzelfall für erforderlich erachten. Ausreichende Mittel stehen dann zur Verfügung, wenn sie dem BAföG-Förderungshöchstsatz (§§ 13, 13 a BAföG) entsprechen. Die Mindestbeträge werden für jedes Kalenderjahr vom Bundesinnenministerium bekanntgegeben und betrugen für 2018 720 EUR pro Monat.[69] Den Anforderungen genügt nach Nr. 16.0.8.1 AufenthG-VwV insbesondere die Darlegung der Einkommens- und Vermögensverhältnisse der Eltern, eine **Verpflichtungserklärung** gemäß § 68 Abs. 1 bzw. § 68 a AufenthG, die Einzahlung einer **Sicherheitsleistung auf ein Sperrkonto in Deutschland** bei einem Geldinstitut, dem die Vornahme von Bankgeschäften im Bundesgebiet gestattet ist, von dem monatlich nur ein Zwölftel des eingezahlten Betrages ausgezahlt werden darf; das Sperrkonto ist auf den Namen des Studenten, der Sperrvermerk zugunsten der öffentlich-rechtlichen Gebietskörperschaft, der die zuständige Ausländerbehörde zuzurechnen ist, einzutragen oder es ist, sofern ein Sperrkonto nicht nachgewiesen wird, eine **jährlich zu erneuernde Bankbürgschaft** bei einem Geldinstitut im Bundesgebiet oder einem Geldinstitut, dem die Vornahme von Bankgeschäften im Bundesgebiet gestattet ist, zu hinterlegen, soweit die Bürgschaft nicht über eine längere Laufzeit verfügt. 58

Der Umfang der einzuzahlenden Sicherheitsleistung oder der Bankbürgschaft ist nach dem Fördersatz nach § 13 BAföG, gerechnet auf ein Jahr, zu bestimmen (Nr. 16.0.8.2 AufenthG-VwV). Die Verpflichtungserklärung hat sich an diesen Vorgaben auszurichten. Aus den Einkommens- und Vermögensverhältnissen der Eltern wie auch des Erklärenden 59

67 *Bode*, ZAR 2018, 46 (519).
68 Nieders.OVG, AuAS 2018, 143.
69 Nieders.OVG, InfAuslR 2018, 281 (282).

nach § 68 Abs. 1 bzw. § 68 a AufenthG muss sich ergeben, dass eine monatliche Finanzierung in Höhe des monatlichen Fördersatzes gewährleistet ist. **Servicepakete der Studentenwerke** mindern den einzuzahlenden Betrag um den Preis des Servicepakets, wenn dieses die Unterkunft umfasst. Der Nachweis ausreichender Mittel gilt auch als geführt, wenn für die Sicherung des Lebensunterhalts für den Aufenthalt die Bewilligung von Leistungen nach dem **BAföG**, **Stipendien** aus öffentlichen Mitteln, Stipendien einer in Deutschland anerkannten Förderorganisation oder **Stipendien aus öffentlichen Mitteln des Herkunftslandes** nachgewiesen werden und das Auswärtige Amt, der DAAD oder eine sonstige deutsche stipendiengebende Organisation die Vermittlung an die deutsche Hochschule übernommen hat (Nr. 16.0.8.2 AufenthG-VwV).

60 Kann die Lebensunterhaltssicherung nur für die Dauer von weniger als einem Jahr nachgewiesen werden, hat dies keine Auswirkungen auf den Verlängerungszeitraum der Aufenthaltserlaubnis. Vielmehr ist diese mit der **Auflage** zu versehen, vor Ablauf des Zeitraumes, für den die Lebensunterhaltssicherung nachgewiesen wurde, die weitergehende Lebensunterhaltssicherung nachzuweisen. Die Möglichkeit eines zustimmungsfreien Zuverdienstes kann bei der Verlängerungsentscheidung mitberücksichtigt werden (Nr. 16.0.9 AufenthG-VwV). Darüberhinausgehende Sicherheitsleistungen sind nicht zu erbringen (Nr. 16.0.9 AufenthG-VwV). Es genügt, wenn der Betroffene für seinen Lebensunterhalt ausreichende Mittel nachweisen kann. Eine Berechnung des Umfangs des Lebensunterhalts nach Maßgabe der Bedarfsgemeinschaft findet nicht statt.[70]

2. Wohnraumnachweis

61 Den Regelungen in § 16 b AufenthG kann kein Erfordernis des Wohnraumnachweises entnommen werden. Dieses gehört auch nicht zu den allgemeinen Erteilungsvoraussetzungen nach § 5 AufenthG. Dementsprechend ist für die Aufenthaltserlaubnis nach § 16 b AufenthG vor der Einreise kein entsprechender Nachweis zu führen (Nr. 16.0.9 AufenthG-VwV). Allerdings bestimmt Nr. 16.0.9 AufenthG-VwV, dass die entsprechenden Nachweise im Falle der Verlängerung der Aufenthaltserlaubnis vorzulegen sind. Da die Umwandlung des Visums in die Aufenthaltserlaubnis nach der Einreise als Verlängerungsantrag gilt, muss danach mit dem Verlängerungsantrag, also unmittelbar nach der Einreise, ausreichender Wohnraum nachgewiesen werden. Bei Visumanträgen bedarf es der Zustimmung der zuständigen Ausländerbehörde. Diese gilt als erteilt, wenn innerhalb der **Verschweigensfrist** von drei Wochen und zwei Arbeitstagen der deutschen Auslandsvertretung keine gegenteilige Mitteilung vorliegt, und zwar stets mit der Bedingung, dass die Erfordernisse der Zugangsberechtigung, der gesicherten Finanzierung und des Passbesitzes erfüllt sind (§ 31 Abs. 1 S. 3 AufenthV).

3. Sicherheitsinteressen (§ 5 Abs. 1 Nr. 3 AufenthG)

62 Das Visum zu Studienzwecken kann versagt werden, wenn der Studienbewerber aus sonstigem Grund Interessen der Bundesrepublik Deutschland beeinträchtigt oder gefährdet (§ 5 Abs. 1 Nr. 3 AufenthG). Dies steht in Übereinstimmung mit Art. 6 Abs. 1 Buchst. d RL 2004/114/EG. Danach haben die Behörden einen weiten Beurteilungsspielraum, wenn sie anhand aller die Situation des Betroffenen kennzeichnenden relevanten Umstände prüfen, ob er eine – auch nur potenzielle – Bedrohung für die öffentliche Sicherheit darstellt. Dies gilt auch, wenn er einen Hochschulabschluss einer Universität in seinem Herkunftsstaat erworben hat, die wegen ihres umfangreichen Engagements gegenüber der Regierung dieses Staates in militärischen oder militärisch relevanten Bereichen restriktiven Maßnahmen der EU unterliegt und er in einem für die öffentliche Sicherheit sensiblen Bereich for-

70 Nieders.OVG, InfAuslR 2018, 281 (282).

schen möchte.[71] Da es nicht um eine Ermessensentscheidung geht, unterliegt die Visumversagung der vollen inhaltlichen und gerichtlichen Kontrolle. Es muss darüber hinaus eine Kausalität zwischen dem angestrebten Studium in Deutschland und den öffentlichen Sicherheitsinteressen bestehen. Daran fehlt es, wenn ein Studienbewerber, der an einer Universität seines Herkunftslandes, die in militärisch relevanten Fragen mit der Regierung zusammenarbeitet, in Deutschland etwa ein Philosophie- oder Literaturstudium aufnehmen möchte. Darüber hinaus steht das Vorliegen eines Ausweisungsinteresses (§ 5 Abs. 1 Nr. 2 AufenthG) oder eines Versagungsgrundes nach § 5 Abs. 4 AufenthG der Erteilung des Aufenthaltstitels entgegen.

II. Befristung der Aufenthaltserlaubnis (§ 16 b Abs. 2 AufenthG)

Nach § 16 b Abs. 2 S. 1 AufenthG beträgt die Geltungsdauer der Aufenthaltserlaubnis 63
nach § 16 b Abs. 1 AufenthG bei der Ersterteilung und bei der Verlängerung mindestens ein Jahr und soll zwei Jahre nicht überschreiten. § 16 b Abs. 2 AufenthG übernimmt die frühere Regelung von § 16 Abs. 2 AufenthG aF. Nach der gesetzlichen Begründung soll im Vollzug für die Geltungsdauer eine Orientierung an zwei Jahren oder bei kürzerer Studiendauer an dieser erfolgen (§ 16 b Abs. 2 S. 2 AufenthG), um dem Ziel nach größerer Klarheit und Transparenz auch ohne gesetzliche Änderung zu entsprechen sowie eine stärkere Vereinheitlichung der Erteilungsdauern zu erreichen. Damit soll weiterhin eine flexiblere Handhabung durch die zuständigen Behörden vor Ort ermöglicht und zugleich die Rechtssicherheit für die Studenten erhöht werden.[72] Es handelt sich bei dieser wie auch der vorgängigen Visumentscheidung um eine **gebundene Entscheidung**, so dass der Antragsteller einen Rechtsanspruch auf Erteilung des Visums und der sich daran anschließenden Erteilung der Aufenthaltserlaubnis hat. Dies entspricht den Vorgaben von Art. 6 und 7 RL 2004/114/EG.[73] Eine Befristung auf weniger als ein Jahr ist unzulässig (vgl. § 16 b Abs. 2 AufenthG: „mindestens ein Jahr"). Grundsätzlich soll die Geltungsdauer bei Erteilung und Verlängerung **zwei Jahre** nicht überschreiten, soweit ein ordnungsgemäßes Studium betrieben wird (Nr. 16.1.1.5 AufenthG-VwV), ausreichende Mittel zur Sicherung des Lebensunterhalts nachgewiesen werden und nach der von der Ausländerbehörde zu treffenden Prognoseentscheidung der Abschluss des Studiums in einem angemessenen Zeitraum erreicht werden kann (§ 16 b Abs. 2 S. 4 AufenthG; Nr. 16.1.1.6 AufenthG-VwV). In atypischen Fällen (vgl. § 16 b Abs. 2 S. 1 AufenthG: „soll") kann die Geltungsdauer auch die Sollfrist überschreiten. Dies dürfte insbesondere bei der ersten Verlängerungsentscheidung dann in Betracht kommen, wenn das Studium nach den bekannten **Regelstudienzeiten** länger als vier Jahre dauert. Dabei ist zunächst zu bedenken, dass inzwischen der „**Bologna-Prozess**" abgeschlossen ist und sich an den **Bachelor-Studiengang** wegen der besseren beruflichen Aussichten zumeist der **Master-Studiengang** anschließt, so dass es nicht gerechtfertigt erscheint, für die maximale Frist bei der ersten Verlängerungsentscheidung für den Regelfall von zwei Jahren auszugehen. Ferner ist zu berücksichtigen, dass ausländischen Studierenden im Vergleich zu inländischen Studierenden ein zeitlicher Zuschlag zu gewähren ist. Wird die Sicherung des Lebensunterhalts in Form einer Bankbürgschaft oder einer Sicherheitsleistung nachgewiesen, ist die Aufenthaltserlaubnis für die entsprechende Dauer der Bürgschaft oder Sicherheitsleistung, jedoch grundsätzlich höchstens um zwei Jahre, zu verlängern (§ 16 b Abs. 2 S. 1 AufenthG; Nr. 16.1.1.6.1 AufenthG-VwV). Aufenthaltszweck im Sinne von § 16 b Abs. 2 S. 5 AufenthG ist nicht die Durchführung ir-

71 EuGH, NVwZ 2017, 1193 (1194) Rn. 40 = InfAuslR 2017, 232 – *Fahiamian*, betrifft iranischen Studienbewerber.
72 BT-Drs. 19/8285, S. 91.
73 EuGH, EZAR NF 32 Nr. 3 = NVwZ 2014, 1446 = InfAuslR 2014, 412 – *Mohamed Ali Ben Alaya*.

gendeines Studiums, sondern das Studium in einem oder mehreren Studiengängen oder -fächern, für die die Aufenthaltserlaubnis nach Abs. 1 S. 1 beantragt wurde.[74]

64 Nach § 16 b Abs. 2 S. 2 AufenthG beträgt die Mindestdauer bei der Erstentscheidung stets mindestens zwei Jahre, wenn der Studierende an einem Unions- oder multilateralem Programm mit Mobilitätsmaßnahmen teilnimmt oder wenn für ihn eine Vereinbarung zwischen zwei oder mehr Hochschuleinrichtungen gilt. Die hier angesprochenen Mobilitätsmaßnamen sind von den § 16 c AufenthG zugrundeliegenden Mobilitätsmaßnahmen zu unterscheiden, die einen kurzfristigen Aufenthalt ohne Aufenthaltstitel rechtfertigen. Die für den Normalfall geltende Mindestfrist von einem Jahr beträgt unter diesen Voraussetzungen mindestens zwei Jahre. Eine Vorgabe für eine maximale Sollfrist enthält § 16 b Abs. 2 S. 2 AufenthG nicht. Im Rahmen der **Prognoseprüfung** nach § 16 b Abs. 2 S. 4 AufenthG wird bei der Verlängerungsentscheidung berücksichtigt, ob das Studium ordnungsgemäß betrieben wird. Dies ist der Fall, wenn der Antragsteller die durchschnittliche Studiendauer an der betreffenden Hochschule in dem jeweiligen Studiengang nicht um mehr als drei Semester überschreitet. In der Rechtsprechung wurde die Vorgängerregelung von § 16 b Abs. 2 S. 4 AufenthG dahin interpretiert, dass der Verlängerungsantrag abgelehnt werden kann, wenn der Antragsteller bis zum voraussichtlichen Studienabschluss die durchschnittliche Studiendauer in dem von ihm gewählten Studiengang um mehr als drei Semester überschreiten wird.[75] Dies bedeutet jedoch nicht, dass von Anfang an bei jeder Verlängerungsentscheidung eine Prüfung nach Maßgabe dieser Kriterien vorgenommen werden darf, solange nicht offensichtlich ist, dass aufgrund konkreter Anhaltspunkte die Annahme gerechtfertigt ist, dass das Studium nicht oder nicht ernsthaft betrieben wird. Denn bei der anfänglichen Verlängerungsentscheidung kann der voraussichtliche Studienabschluss noch gar nicht in die Beurteilung eingestellt werden. Diese Kriterien können erst dann herangezogen werden, wenn **Zweifel** bestehen, ob das Studium noch in der zulässigen Höchstdauer abgeschlossen werden kann. Die Hochschule kann gebeten werden, die durchschnittliche Fachstudiendauer in den einzelnen Studiengängen der Ausländerbehörde auf Anfrage mitzuteilen (§ 16 b Abs. 2 S. 5 AufenthG). Die Behörde kann dem Antragsteller auch aufgeben (§ 82 AufenthG), eine entsprechende Bestätigung der Hochschule vorzulegen. Bei der Berechnung der Fachsemesterzahl bleiben Zeiten der **Studienvorbereitung (zB Sprachkurse, Studienkollegs, Praktika)** außer Betracht (Nr. 16.1.1.5 AufenthG-VwV). Die Aufenthaltszeit vor Aufnahme einer **studienvorbereitenden Maßnahme** wird ebenfalls nicht angerechnet. Bei der Bemessung des zeitlichen Rahmens sind Nachweise über erbrachte Leistungen als Anhaltspunkte für einen ausreichenden Studienfortschritt sowie Abwesenheitszeiten, insbes. Auslandsaufenthalte, zu berücksichtigen (Nr. 16.1.1.5 AufenthG-VwV).

65 Bei den ersten Verlängerungsentscheidungen ist aufgrund der typischerweise bestehenden Schwierigkeiten ausländischer Studierender bei einem Studium im Bundesgebiet eine strenge Prüfung nicht angezeigt. Ist der Zweck der studienvorbereitenden Maßnahme erreicht, wird die Aufenthaltserlaubnis nicht verlängert, wenn nicht alsbald mit dem Studium begonnen wird.[76] Die Ausländerbehörde ermittelt die durchschnittliche Fachstudiendauer. Es ist Aufgabe der Ausländerbehörde, sich bei der Bildungseinrichtung hinsichtlich der Frage der tatsächlichen durchschnittlichen Studiendauer zu vergewissern, da der Studierende insoweit regelmäßig nicht über zuverlässige Kenntnisse verfügt (§ 16 b Abs. 2 S. 5 AufenthG; → Rn. 64).[77] Bis zum Ablauf der Regelstudienzeit einschließlich drei zusätzlicher Semester werden die Studienleistungen des Antragstellers ohne konkreten Anlass nicht überprüft.

74 Nieders.OVG, InfAuslR 2017, 276 (277).
75 Nieders.OVG, InfAuslR 2017, 439 (440).
76 Nieders.OVG, AuAS 2008, 86 (87).
77 Nieders.OVG, AuAS 2004, 184.

Bei begründeten Zweifeln an der Durchführung eines ordnungsgemäßen Studiums können ausnahmsweise Ermittlungen angezeigt sein. Im Regelfall werden jedoch bis zur so errechneten Gesamtstudiendauer keine konkreten Ermittlungen durchgeführt. Im Rahmen der Prognoseprüfung nach § 16 b Abs. 2 S. 4 AufenthG hat die Ausländerbehörde individuelle Studiengeschwindigkeiten oder außerhalb des Studiums liegende private Umstände,[78] wie zB nachgewiesene länger dauernde Erkrankungen, vorübergehende Betreuung nahestehender Angehörige im In- oder Ausland, Tod nahestehender Angehöriger und damit zusammenhängende Regelungen von familiären, Erbschafts- und Nachlassangelegenheiten, zu berücksichtigen. Zum Nachweis des ordnungsgemäßen Studiums genügt für den Regelfall die Bestätigung der Hochschule in Form der Semesterbescheinigung. Wird jedoch die auf das konkrete Studium des Antragstellers bezogene zulässige Gesamtstudiendauer überschritten, hat die Ausländerbehörde diesen schriftlich darauf hinzuweisen, dass eine Verlängerung der Aufenthaltserlaubnis nur erfolgt, wenn die Hochschule unter Berücksichtigung der individuellen Situation des Antragstellers einen ordnungsgemäßen Studienverlauf bescheinigt, die voraussichtliche weitere Dauer des Studiums angibt und zu den Erfolgsaussichten Stellung nimmt. Die Ausländerbehörde ist grundsätzlich nicht berechtigt, von der prognostischen Einschätzung der Hochschule abzuweichen.[79]

Ergibt sich aus der Hochschulbescheinigung, dass das Studium nicht innerhalb von **zehn** 66
Jahren erfolgreich abgeschlossen werden kann, ist nach den Verwaltungsvorschriften die beantragte Verlängerung abzulehnen (Nr. 16.1.1.7 AufenthG-VwV). Mangels gesetzlicher Rechtsgrundlage handelt es sich hierbei aber nur um einen Richtwert. Erforderlich ist stets eine Gesamtbewertung und der Grundsatz der Verhältnismäßigkeit ist zu beachten.[80] Es wird auf die **Gesamtaufenthaltsdauer** abgestellt. Insoweit sind bei der Berechnung studienvorbereitende Maßnahmen zu berücksichtigen. Erweist sich die Prognose nachträglich als unzutreffend, kommt es auf die konkreten Umstände des Einzelfalls an, ob eine Verlängerung nach Ablauf von zehn Jahren Gesamtaufenthaltsdauer in Betracht kommt. Die Prüfung, ob der Aufenthaltszweck noch in einem angemessenen Zeitraum erreicht werden kann (§ 16 b Abs. 2 S. 5 AufenthG) ist eine prognostische Entscheidung und damit eine Rechtsentscheidung.[81] So dürfte ein Medizinstudent, der vor neun Jahren sein Studium aufgenommen hat und den regulär nach vier Semestern vorgesehenen Ersten Abschnitt der Ärztlichen Prüfung erst in absehbarer Zeit ablegen kann, auch bei Berücksichtigung fünf krankheitsbedingter Urlaubssemester nicht in einem angemessenen Zeitraum sein Studium betrieben haben.[82]

Auch wenn die Studiendauer von zwölf Jahren die Regelstudiendauer um das Doppelte 67
übersteigt und damit nicht mehr angemessen ist, wird nicht zwingend eine Verfehlung des mit der Erteilung der Aufenthaltserlaubnis verfolgten Ziels indiziert. Wenn auch in der Vergangenheit unzureichende Studienbemühungen festgestellt worden sind, kann wegen einer im Entscheidungszeitpunkt eingetretenen deutlichen Leistungssteigerung dennoch mit einem Abschluss des Studiums in einem überschaubaren Zeitraum zu rechnen sein.[83] Wurde etwa ein **Fachrichtungswechsel** zugelassen oder machen die Antragsteller besondere persönliche oder familiäre Gründe (zB eigene oder Krankheit in der Familie, Todesfall in der Familie; Schwangerschaft; Kinderbetreuung) geltend oder berufen sie sich auf beide Umstände, kann die Gesamtaufenthaltsdauer von **zehn Jahren** überschritten werden. Es kommt auch hier darauf an, ob der Abschluss des Studiums innerhalb absehbarer Zeit erreichbar ist (§ 16 b Abs. 2 S. 4 AufenthG; s. hierzu zur Berufsausbildung und beruflichen

78 *Samel*, in: Bergmann/Dienelt, AuslR, 12. Aufl. 2018, § 16 AufenthG Rn. 18.
79 Hess.VGH, AuAS 2012, 230 (231).
80 *Samel*, in: Dörig, Handbuch Migrations- und Integrationsrecht, 2018, S. 152.
81 OVG NW, EZAR 014 Nr. 10; Hess.VGH, AuAS 2012, 230 (231).
82 OVG Saarland, NVwZ-RR 2011, 338.
83 OVG NW, EZAR 014 Nr. 10; OVG Bremen, InfAuslR 2011, 18.

Weiterbildung → Rn. 31 f.), ob der Studierende zB bereits zur Prüfung angemeldet ist oder seine Diplomarbeit begonnen hat.[84] Im Übrigen ist es nicht im öffentlichen Interesse, kurz vor dem Abschluss des Studiums, das nach Auskunft der Hochschule innerhalb weniger Semester erfolgreich abgeschlossen werden kann, allein wegen Fristüberschreitung aufenthaltsbeendende Maßnahmen einzuleiten. In diesem Fall hat die Bildungseinrichtung jedoch eine besondere Begründung für die ursprünglich unzutreffende Prognose und für die begründete Erwartung eines erfolgreichen Abschlusses binnen weniger Semester abzugeben.

68 Zur Begleitung des Aufenthalts soll aus **sicherheitspolitischen Erwägungen** die Geltungsdauer der Aufenthaltserlaubnis zu Studienzwecken bei Ersterteilung an Antragsteller aus konsultationspflichtigen Staaten (§ 73 Abs. 4 AufenthG) auf ein Jahr beschränkt werden. Nach § 16 b Abs. 2 S. 1 AufenthG darf die Befristung aber nicht unterschritten werden. Auch bei der Verlängerung kann die Befristung um jeweils ein Jahr geboten sein. Neben einer kürzeren Geltungsdauer können im Einzelfall auch andere **Nebenbestimmungen** zur Wahrung von Sicherheitsbelangen gerechtfertigt sein. So kann der Aufenthalt insbes. auf einen bestimmten **Studienort** oder auf einen bestimmten **Studiengang** beschränkt werden. Bevor eine nach § 16 b Abs. 1 oder Abs. 5 AufenthG erteilte Aufenthaltserlaubnis aus Gründen, die in der Verantwortung der Ausbildungseinrichtung liegen und die der Studierende nicht zu vertreten hat, zurückgenommen, widerrufen oder nachträglich befristet wird, ist es diesem zu ermöglichen, bei einer anderen Ausbildungseinrichtung die Zulassung zu beantragen (§ 16 b Abs. 6 AufenthG).

III. Beschäftigungserlaubnis (§ 16 b Abs. 3 AufenthG)

1. Umfang der Beschäftigungserlaubnis

69 Die Aufenthaltserlaubnis nach § 16 b Abs. 1 und 5 AufenthG berechtigt zur Ausübung einer Beschäftigung, die insgesamt 120 Tage oder 240 halbe Tage im Jahr nicht überschreiten darf, sowie zur Ausübung studentischer Nebentätigkeiten (§ 16 b Abs. 3 AufenthG). Dies gilt nicht während des Aufenthalts zu studienvorbereitenden Maßnahmen im ersten Jahr des Aufenthalts, ausgenommen in der **Ferienzeit** zur Ausübung studentischer Nebentätigkeiten (§ 16 b Abs. 3 S. 2 AufenthG). Es werden nur die tatsächlichen Arbeitstage gezählt. Als Beschäftigungszeiten werden für den Fall, dass die Beschäftigung nicht über einen längeren Zeitraum verteilt erfolgt, sondern zusammenhängend, zB während der Semesterferien, nur die Arbeitszeiten oder halben Arbeitstage angerechnet, an denen tatsächlich gearbeitet wird. Aufenthaltszeiten der Studienbewerbung (§ 17 Abs. 2 AufenthG) werden nicht auf die Jahresfrist angerechnet. Studenten, die ohne studienvorbereitende Maßnahmen unmittelbar nach der Einreise das Studium aufnehmen, unterliegen diesen Beschränkungen nicht (Nr. 16.3.10 AufenthG-VwV). § 16 b Abs. 3 AufenthG ist textgleich mit der Vorgängernorm des § 16 Abs. 3 AufenthG aF. Die kraft Gesetzes (§ 4 a Abs. 1 S. 1 Hs. 1 AufenthG) zu dokumentierende Berechtigung lautet:

„Beschäftigung bis zu 120 Tage oder 240 halbe Tage im Jahr sowie Ausübung studentischer Nebentätigkeiten erlaubt."

Dadurch soll es ausländischen Studierenden ohne Beeinträchtigung ihres Studienerfolges ermöglicht werden, ganzjährig stundenweise oder im Block während der Semesterferien eine Beschäftigung auszuüben. Die Regelung zwingt nicht dazu, jeweils hintereinander in den bezeichneten Zeiträumen zu arbeiten und anschließend – bevor im nächsten Jahr die Beschäftigung wieder aufgenommen wird – das Arbeitsverhältnis aufzulösen.[85]

---

84 *Samel*, in: Bergmann/Dienelt, AuslR, 12. Aufl. 2018, § 16 AufenthG Rn. 37.

85 Hess.VGH, InfAuslR 2009, 325 (326) = AuAS 2009, 235 = NVwZ-RR 2009, 862 (Ls.), in Abweichung von Hess.VGH, InfAuslR 2006, 355; aA VG Düsseldorf, AuAS 2011, 127 (128).

Praktika, die vorgeschriebener Bestandteil des Studiums oder zur Erreichung des Ausbildungsziels erforderlich sind (§ 16 b Abs. 1 S. 2 AufenthG), sind als zustimmungsfreie Beschäftigung nach § 15 Nr. 2 BeschV keine Beschäftigung im Sinne von § 16 b Abs. 3 S. 1 AufenthG. Sie werden dementsprechend nicht auf die in § 16 b Abs. 3 S. 1 AufenthG zugelassenen Zeiten der Beschäftigung angerechnet (Nr. 16.3.5 AufenthG-VwV). Sonstige empfohlene oder freiwillige Beschäftigungen, die als Praktika bezeichnet werden, kommen als zustimmungspflichtige Beschäftigungen nur unter den Voraussetzungen in Betracht, unter denen über die in § 16 b Abs. 3 AufenthG vorgesehenen zeitlichen Fristen hinaus Beschäftigungen zugelassen werden können (Nr. 16.3.5 AufenthG-VwV). **Hospitationen**, also die Sammlung von Kenntnissen und Erfahrungen in einem Tätigkeitsbereich ohne zeitliche und inhaltliche Festlegung und ohne rechtliche und tatsächliche Eingliederung in den Betrieb, bedürfen nicht der Zustimmung der Arbeitsverwaltung (Nr. 16.3.6 AufenthG-VwV). 70

§ 16 b Abs. 3 AufenthG regelt lediglich die Studenten kraft Gesetzes erlaubte Beschäftigung. Dadurch wird nicht etwa die behördliche Zulassung einer **Nebentätigkeit auf Honorarbasis**, also im Rahmen einer **selbstständigen Erwerbstätigkeit**, ausgeschlossen.[86] Diese ist zwar nicht kraft Gesetzes erlaubt, kann aber durch die Ausländerbehörde zugelassen werden. Zweck des§ 16 b Abs. 3 AufenthG ist es, ausländischen Studierenden Möglichkeiten zur Finanzierung ihres Studiums zu eröffnen, soweit dadurch das Studium nicht gefährdet wird (Nr. 16.3.1 AufenthG-VwV). Daher ist kein Grund ersichtlich, der der Zulassung einer selbstständigen Erwerbstätigkeit unter Wahrung des Zwecks der Vorschrift entgegensteht. § 21 Abs. 6 AufenthG erfordert lediglich eine **negative Prognoseprüfung**. Es dürfen der Zulassung also keine wirtschaftlichen Interessen unter Berücksichtigung regionaler Bedürfnisse entgegenstehen. Für die Zulassung der selbstständigen Erwerbstätigkeit spricht insbes. auch, dass dem Antragsteller zu ermöglichen ist, die Voraussetzungen des § 21 Abs. 2 a AufenthG bereits während des Studiums zu erlangen, sofern hierdurch der Zweck des Studiums nicht gefährdet wird. Bei der Zulassung der Erwerbstätigkeit wird sich die Ausländerbehörde an den zeitlichen Beschränkungen des § 16 b Abs. 3 AufenthG orientieren dürfen. 71

Über die Zeiten der Beschäftigung ist in geeigneter Weise ein Nachweis zu führen (Nr. 16.3.2 AufenthG-VwV). Berechnungsgrundlage für die Beschäftigung an halben Arbeitstagen ist die regelmäßige Arbeitszeit der anderen Beschäftigten des Betriebes. Arbeiten **bis zu vier Stunden pro Tag** gelten als **halbe Tage** bei einer täglichen Arbeitszeit der übrigen Beschäftigten von acht Stunden. Die Höchstdauer ist fünf Stunden bei einer täglichen Arbeitszeit von zehn Stunden (Nr. 16.3.2 AufenthG-VwV). Nachtschichten von maximal acht Stunden gelten als ein Beschäftigungstag. Eine stundenweise Beschäftigung oder die Beschäftigung in mehreren Arbeitsverhältnissen sind in Anlehnung an § 2 Abs. 1 ArbZG zusammenzurechnen. 72

Einem **geduldeten** Antragsteller kann durch Auflage (§ 61 Abs. 1 S. 2 AufenthG) nach pflichtgemäßem Ermessen die Aufnahme oder Fortsetzung eines Studiums erlaubt oder untersagt werden, sofern keine Hilfe zum Lebensunterhalt in Anspruch genommen wird. Das Ermessen der Ausländerbehörde wird durch das öffentliche Interesse an qualifizierter Zuwanderung gelenkt. Dies folgt auch aus dem Zweck des § 19 d Abs. 1 Nr. 1 a Alt. 2 AufenthG. Auch wenn der Antragsteller über einen Studienplatz verfügt, ist andererseits aber nach der obergerichtlichen Rechtsprechung jedenfalls bei geduldeten Ausländern, die allein wegen der Durchführung eines Strafverfahrens geduldet und anschließend abgeschoben werden sollen, gegen die Ermessenserwägung, eine Verfestigung und Verlängerung des Aufenthaltes auszuschließen, rechtlich nichts einzuwenden.[87] Es ist allerdings fraglich, ob diese Rechtsprechung nicht durch die neuere Rechtsentwicklung überholt worden ist. Je- 73

86 *Samel*, in: Bergmann/Dienelt, AuslR, 12. Aufl. 2018, § 16 AufenthG Rn. 31.
87 OVG Hamburg, InfAuslR 2005, 306 (308 f.).

denfalls wird es insbes. auch auf die Umstände und das Gewicht der strafrechtlichen Verfehlungen ankommen. Der Zugang zum Arbeitsmarkt wird durch § 32 Abs. 1 S. 1 BeschV ermöglicht, unterliegt also nicht den zeitlichen Beschränkungen von § 16 b Abs. 3 AufenthG.

2. Über § 16 b Abs. 3 AufenthG zeitlich hinausgehende Beschäftigung

74 Die Zulassung über die in § 16 b Abs. 3 AufenthG vorgesehenen Beschäftigungsmöglichkeiten hinaus kommt dann in Betracht, wenn die Sicherung des Lebensunterhaltes des ausländischen Studierenden durch Umstände gefährdet ist, die er und seine Angehörigen nicht zu vertreten haben (Nr. 28.5.3.5 AuslG-VwV), das Studium unter Berücksichtigung der besonderen Schwierigkeiten, die Ausländern bei der Aufnahme und Durchführung eines Studiums entstehen können, bisher zielstrebig durchgeführt worden ist und nach Bestätigung der Hochschule daher von einem erfolgreichen Abschluss ausgegangen werden kann. Die Beschäftigung kann als **langfristige Erwerbstätigkeit** (zB ganzjährig) oder als Teilzeit nur zugelassen werden, wenn dadurch der auf das Studium beschränkte Aufenthaltszweck nicht verändert und die Erreichung dieses Zwecks nicht erschwert oder verzögert wird. Dies ist anzunehmen, wenn die Erwerbseinkünfte nach Abzug der Werbungskosten die in § 23 Abs. 1 BAföG bezeichneten Beträge (290 EUR für den Auszubildenden, 570 EUR für den Ehegatten, 520 EUR für jedes Kind) nicht überschreiten.

75 Durch die Zulassung einer Erwerbstätigkeit darf also ein Wechsel des Aufenthaltszwecks nicht vor Abschluss des Studiums ermöglicht werden. Die Zulassung dieser Beschäftigung wird durch Nebenbestimmung im Ermessenswege gesteuert und bedarf der Zustimmung der Arbeitsverwaltung, soweit sie nicht zustimmungsfrei ist (Nr. 16.3.7 AufenthG-VwV). Ferner ist zu prüfen, ob einer Verlängerung der Aufenthaltserlaubnis das Fehlen der Regelvoraussetzung des § 5 Abs. 1 Nr. 1 AufenthG entgegensteht oder eine nachträgliche Befristung der Aufenthaltserlaubnis nach § 7 Abs. 2 S. 2 AufenthG in Betracht kommt (Nr. 16.3.8 AufenthG-VwV). Im Hinblick auf die Zweckbindung des Aufenthalts ist der Antragsteller mit Änderung der Auflage zur Ausübung einer Beschäftigung **aktenkundig** darauf hinzuweisen, dass die Beschäftigung nur zur Sicherung des Lebensunterhalts bis zur Beendigung des Studiums ermöglicht worden ist (Nr. 16.3.9 AufenthG-VwV). Nach erfolgreichem Hochschulabschluss wird jedoch über § 18 c und § 21 Abs. 2 a AufenthG der Zugang zum Arbeitsmarkt eröffnet.

3. Studentische Nebentätigkeiten

76 Ohne zeitliche Beschränkungen ist ausländischen Studierenden kraft Gesetzes die Ausübung studentischer Nebentätigkeiten an der Hochschule oder an einer anderen wissenschaftlichen Einrichtung erlaubt. Dies folgt daraus, dass § 16 b Abs. 3 S. 1 Alt. 2 AufenthG anders als § 16 b Abs. 3 S. 1 Alt. 1 AufenthG keine zeitliche Beschränkung anordnet. Die Nebentätigkeit muss auch auf Tätigkeiten bezogen werden, die nicht an Hochschulen oder wissenschaftlichen Einrichtungen erfolgen, aber im fachlichen Umfeld des Studiums dem Ausbildungszweck dienen, zB ergänzende, von der Hochschule empfohlene Praktika (Beispiel: Student der Fachrichtung Architektur, der neben dem Studium auf Empfehlung des Lehrstuhls/Dekanats in einem Architekturbüro tätig wird, um fachliche Erfahrungen zu sammeln), sowie auf hochschulbezogene Tätigkeiten im fachlichen Zusammenhang mit dem Studium in hochschulnahen Organisationen – wie zB Tutoren in Wohnheimen der DSW, der Allgemeinen Asten und des World University Service. Bei Abgrenzungsschwierigkeiten soll die Hochschule beteiligt werden (DA 16.3.04 zu § 16 AufenthG). Die Erlaubnis zu diesen Tätigkeiten ist kraft Gesetzes von der Aufenthaltserlaubnis mit erfasst. Das Zustimmungsverfahren wird nicht durchgeführt. Die studentischen Nebentätigkeiten dürfen jedoch den eigentlichen Aufenthaltszweck des Studiums nicht gefährden. Für da-

rüber hinausgehende Beschäftigungen kann eine Zustimmung bzw. Arbeitserlaubnis-EU erteilt werden.

IV. Wechsel des Aufenthaltszwecks (§ 16 b Abs. 4 AufenthG)

Nach § 16b Abs. 4 S. 1 AufenthG darf eine Aufenthaltserlaubnis nach § 16b Abs. 1 AufenthG für einen anderen Aufenthaltszweck nur zum Zweck einer qualifizierten Berufsausbildung (§ 2 Abs. 12a AufenthG), der Ausübung einer Beschäftigung als Fachkraft (§ 16a, § 18 Abs. 3 Nr. 1 AufenthG), der Ausübung einer Beschäftigung als Fachkraft (§ 18a, § 18b AufenthG), der Ausübung einer Beschäftigung mit ausgeprägten berufspraktischen Kenntnissen (§ 19c Abs. 2 AufenthG) oder im Fall eines gesetzlichen Anspruchs (zB § 28 Abs. 1 S. 1 Nr. 1 und 3, § 30 Abs. 1, § 32 AufenthG) erteilt werden. Damit verbessert das FKEG die Voraussetzungen für den Wechsel zu einem anderen Aufenthaltszweck gegenüber der früheren Regelung in § 16 Abs. 4 AufenthG aF. Diese ließ den Wechsel nur nach einem abgeschlossenen Studium oder nur einen Wechsel zu einer Aufenthaltserlaubnis zum Zweck eines einer qualifizierten Berufsausbildung vorangehenden Schulbesuchs oder zum Zweck der betrieblichen Aus- und Weiterbildung (§ 16 Abs. 4 iVm § 16b Abs. 2, § 17 AufenthG aF) zu. Wie § 16b Abs. 4 S. 1 AufenthG stellte das alte Recht nicht das Ermessen („kann"), sondern den Wegfall eines Versagungsgrundes („**darf**") in den Vordergrund. Daraus ist insbesondere auch unter Berücksichtigung der zunehmenden Bedeutung des öffentlichen Interesses an Studium und Ausbildung eine weitgehende **Ermöglichung des Übergangs vom Studium zu einer qualifizierten Berufsausbildung und -ausübung** ersichtlich, welche auch das Ermessen steuert. § 16b Abs. 4 S. 1 AufenthG ermöglicht den Wechsel unter diesen Voraussetzungen auch nach dem Abbruch eines Studiums. Ein Wechsel zur Erteilung einer Niederlassungserlaubnis nach § 9 AufenthG ist ausgeschlossen (§ 18 AufenthG). Die Erteilung einer Niederlassungserlaubnis ist nach dem Wortlaut des § 16b Abs. 4 AufenthG hingegen nicht gesperrt. In derartigen Fällen stellt sich diese Frage aber nicht, weil der Betroffene in diesen Fällen bereits eine Aufenthaltserlaubnis nach anderen Vorschriften als § 16b AufenthG hat (zB § 21 Abs. 4 S. 2; § 28 Abs. 2 S. 1 AufenthG). 77

Ein Zweckwechsel des **Studienganges** oder **Studienfachs**, nicht dagegen ein **Schwerpunktwechsel**, kann auf einen Zweckwechsel hinweisen, muss es aber nicht notwendigerweise. Eine Verlängerung kommt aber gleichwohl in Betracht, wenn der Abschluss des Studiums in absehbarer Zeit zu erreichen ist (§ 16b Abs. 2 S. 4 AufenthG; s. hierzu zur Berufsausbildung und beruflichen Weiterbildung → Rn. 31).[88] Dem entspricht Nr. 16.2.5 AufenthG-VwV, wonach ein Wechsel des Studiengangs – zB Germanistik statt Romanistik – oder ein Wechsel des Studienfachs innerhalb desselben Studienganges – zB Haupt- oder Nebenfach Italienisch statt Französisch im Studiengang Romanistik – in den ersten 18 Monaten nach Studienbeginn zulässig ist. Wird ein Studium innerhalb kurzer Frist erfolgreich abgeschlossen, kann für ein weiteres Studium die Aufenthaltserlaubnis verlängert werden, wenn dadurch die Gesamtgeltungsdauer von zehn Jahren nicht überschritten wird (Nr. 16.2.5 AufenthG-VwV). Von einem Schwerpunktwechsel ist auszugehen, wenn die im zunächst begonnenen Studiengang absolvierten Semester auf den anderen Studiengang ganz oder überwiegend angerechnet werden.[89] Bei **Bachelor**-Studiengängen, an die sich ein konsekutiver oder weiterbildender **Master**-Studiengang anschließt, ist das Studium bis zu einem zweiten berufsqualifizierenden Abschluss umfasst,[90] so dass Letzterer nicht als Zweitstudium angesehen werden kann. 78

---

88 *Samel*, in: Bergmann/Dienelt, AuslR, 12. Aufl. 2018, § 16 AufenthG Rn. 36.
89 *Christ*, in: Kluth/Heusch, AuslR, 2016, § 16 AufenthG Rn. 35.
90 *Samel*, in: Dörig, Handbuch Migrations- und Integrationsrecht, 2018, S. 152.

79 Für die Frage des Fortbestehens des Aufenthaltszwecks bei Aufnahme eines **weiteren Studiums** kommt es entscheidend darauf an, ob dieses Studium, für das der Antragsteller die Erteilung oder Verlängerung beantragt, als **Bestandteil einer ordnungsgemäßen Ausbildung oder eines Ausbildungsabschlusses** anzusehen ist und daher vom ursprünglichen Aufenthaltszweck erfasst wird. Bei einer entsprechend offen gestalteten Bezeichnung des Studienzwecks kann die Aufenthaltserlaubnis sowohl die Aufnahme und den Abschluss eines **grundständigen** als auch eines sich anschließenden weiteren, insbes. **postgradualen Aufbau- oder Zusatzstudiengangs**, umfassen. Bei einer Beschränkung des Studienzwecks auf einen konkret bezeichneten Studiengang ist dies jedoch regelmäßig nicht der Fall.[91] Beim Wechsel des Ausbildungszwecks bei einer Aus- oder Fortbildung dürfen ausländische Studierende nicht in einen zu engen Rahmen vorgegebener Musterstudienpläne eingezwängt werden. Die Bestimmung des Aufenthaltszwecks muss deshalb auch den üblichen akademischen Fortbildungsmöglichkeiten Rechnung tragen.[92] In der Verwaltungspraxis wird in folgenden Studiengängen eine Verlängerung der studienbezogenen Aufenthaltserlaubnis zugelassen:

- bei einem an das grundständige Studium anschließenden, auf **längstens zwei Jahre** angelegten **Aufbau-, Zusatz- oder Ergänzungsstudium** (**Postgraduiertenstudium**), wenn die Hochschule bescheinigt, dass es das vorhergehende Studium in derselben Richtung fachlich weiterführt oder in einem für den angestrebten Beruf besonders förderlichen Maß ergänzt (zB Wirtschaftswissenschaften für Ingenieure), oder
- bei einer **Promotion**, wenn die Hochschule bescheinigt, dass die Promotion mangels eines anderen formellen Studienabschlusses den üblichen Abschluss des Studiums darstellt, die Annahme als Doktorand zugesichert worden ist und an der Promotion ein wissenschaftliches Interesse besteht, die Promotion in bestimmten Fächern zusätzlich zum ersten Abschluss üblich ist oder die Promotion die Möglichkeiten eines fachgerechten Einsatzes im Herkunftsland wesentlich verbessert, wobei die **Gesamtaufenthaltsdauer 15 Jahre**[93] grundsätzlich nicht überschritten werden darf, oder
- bei einem weiteren grundständigen Studium (**Zweitstudium**), wenn die deutsche Auslandsvertretung bestätigt, dass es für die Aufnahme des angestrebten Berufs nach den im Herkunftsland geltenden Regeln erforderlich ist.

80 Neben dem Fachrichtungswechsel gilt die Einschränkung nach § 16 b Abs. 4 S. 1 AufenthG ferner für einen Wechsel zwischen verschiedenen Hochschulen innerhalb derselben Fachrichtung (Universität, Fachhochschule).[94] Die allgemeinen Erteilungsvoraussetzungen müssen nachgewiesen werden. Die Verwaltungsvorschriften regeln eher allgemein, dass zwar die Aufnahme einer weiteren Ausbildung eine Zweckänderung darstellt. Für diese zweite Ausbildung kann aber eine Aufenthaltserlaubnis erteilt werden, wenn das Ausbildungsziel innerhalb einer – das vorangegangene Studium einbeziehenden – Gesamtgeltungsdauer von zehn Jahren erreicht werden kann (Nr. 16.2.7 AufenthG-VwV). Insoweit ist zu bedenken, dass es stets auf die konkreten Umstände des jeweiligen Einzelfalls ankommt und daher die **Zehnjahresfrist** nicht starr gehandhabt werden darf. Dabei ist auch der Bedarf der Bundesrepublik an jungen Akademikern in die Abwägung einzustellen und zu bedenken, dass dem Antragsteller ohnehin nach § 16 b Abs. 4 AufenthG die Möglichkeit eingeräumt wird, sich nach Abschluss des ersten Studiums eine dauerhafte Ver-

91 VGH BW, InfAuslR 2008, 244 (246).

92 OVG Sachsen, EZAR 014 Nr. 8, verneint für das Studium der Wirtschaftswissenschaften nach Abschluss des Studiums der Elektrotechnik.

93 Siehe aber OVG NW, EZAR 014 Nr. 4, Verlängerung des Aufenthaltstitels ausgeschlossen, wenn die Facharztausbildung nach 13 Jahren noch nicht abgeschlossen ist; dagegen VGH BW, InfAuslR 2008, 244 (248), bei Überschreitung der Zehnjahresfrist kommt es auf den Einzelfall an, insbes. auf das erfolgreich abgeschlossene erste Studium und ob das weitere Studium eine sinnvolle berufliche Weiterbildung bedeutet.

94 *Christ*, in: Kluth/Heusch, AuslR, 2016, § 16 AufenthG Rn. 36.

bleibsperspektive zu verschaffen und ihm über § 18 c Abs. 2 AufenthG beim Nachweis der erforderlichen Entgeltsätze zustimmungsfrei eine Aufenthaltserlaubnis zu erteilen ist bzw. ohne diesen Nachweis ebenfalls zustimmungsfrei nach Ermessen eine Aufenthaltserlaubnis erteilt werden kann. Durch die neuere Rechtsentwicklung wird die Funktion der **Zehnjahresfrist,** nämlich die Vermeidung von Berufungsmöglichkeiten auf den langen Aufenthalt, damit erheblich erschüttert. Gegebenenfalls ist Anwärtern auf ein weiteres Studium anzuraten, bis zur Entscheidung ihres Antrages die Möglichkeit nach § 17 Abs. 2 AufenthG auszuschöpfen. Wird die weitere Ausbildung zum **Facharzt** erlaubt, handelt es sich um eine Aufenthaltserlaubnis zum Zwecke der Ausbildung (§ 16 b AufenthG), nicht um eine zum Zwecke der Erwerbstätigkeit.[95]

Ohne die bezeichneten Beschränkungen kann die **erstmals erteilte Aufenthaltserlaubnis** zur Durchführung einer **Promotion** erteilt werden, wenn der Antragsteller bereits im Herkunftsland ein Studium absolviert hat und nunmehr in Deutschland durch Abschluss einer Promotion die Möglichkeiten eines fachgerechten Einsatzes im Herkunftsland oder in einem anderen Staat wesentlich verbessern kann. Auch für die an ein Studium im Bundesgebiet anschließende Promotion ist nicht ausschließlich auf die fachgerechten Einsatzmöglichkeiten im Herkunftsland abzustellen. Vielmehr kann der Antragsteller auch begründete Aussichten auf einen beruflichen Einsatz in einem dritten Staat haben und durch den Nachweis einer Promotion dort seine beruflichen Perspektiven erweitern. Diese Voraussetzungen hat er konkret darzulegen. 81

Für eine **Habilitation, Juniorprofessur** und die sonstige Aufnahme einer zweiten Ausbildung oder beruflichen Weiterbildung wird grundsätzlich nur bei einem **besonderen öffentlichen Interesse** (zB gewichtige entwicklungspolitische Gesichtspunkte, Gesichtspunkte der Förderung des wissenschaftlichen Nachwuchses) die Verlängerung der studienbezogenen Aufenthaltserlaubnis zugelassen. Die Aufenthaltserlaubnis darf in diesem Fall über die Gesamtaufenthaltsdauer von zehn Jahren hinaus bei Vorliegen der allgemeinen Erteilungsvoraussetzungen erneut erteilt oder verlängert werden. Im Zweifel soll eine Stellungnahme des BMZ, des zuständigen Landeswissenschaftsministeriums oder eine Stellungnahme der zuständigen deutschen Auslandsvertretung eingeholt werden. 82

V. Aufenthaltserlaubnis nach § 16 b Abs. 5 AufenthG

Nach § 16 b Abs. 5 AufenthG kann eine Aufenthaltserlaubnis erteilt werden, wenn der Antragsteller 83

- von einer staatlichen Hochschule, einer staatlich anerkannten Hochschule oder einer vergleichbaren Bildungseinrichtung (→ Rn. 53) zu einem **Vollzeitstudium** (→ Rn. 53) gelassen worden ist und die Zulassung mit einer Bedingung verbunden ist, die nicht auf den Besuch einer **studienvorbereitenden Maßnahme** (→ Rn. 53) gerichtet ist (Nr. 1 a), oder an einer dieser Einrichtungen zum Zweck des Vollzeitstudiums zugelassen worden ist und die Zulassung mit der Bedingung des Besuchs eines **Studienkollegs** (→ Rn. 53 f.) oder einer vergleichbaren Einrichtung verbunden ist, der Antragsteller aber den Nachweis über die Aufnahme zu einem Studienkolleg oder einer vergleichbaren Einrichtung nach Abs. 1 S. 3 Nr. 2 nicht erbringen kann (Nr. 1 b) oder zum Zweck des **Teilzeitstudiums** zugelassen worden ist (Nr. 1 c);
- zur Teilnahme an einem **studienvorbereitenden Sprachkurs** (→ Rn. 43, 53) angenommen worden ist, ohne dass eine Zulassung zum Zweck eines Studiums an einer staatlichen Hochschule, einer staatlich anerkannten Hochschule oder einer vergleichbaren Bindungseinrichtung (→ Rn. 53) vorliegt (Nr. 2);

95 VG Hannover, NVwZ-RR 2010, 940 (941).

- die Zusage eines Betriebs für das Absolvieren eines studienvorbereitenden Praktikums (Abs. 1 S. 2) vorliegt (Nr. 3).

Es handelt sich um **alternative** Voraussetzungen. Nr. 1 a betrifft nicht den Fall einer **bedingten Zulassung**, die auf den Besuch einer studienvorbereitenden Maßnahme gerichtet ist (→ Rn. 56). Diese richtet sich nach Abs. 1 S. 3 Nr. 2 und hat zur Folge, dass ein Rechtsanspruch auf die Erteilung der Aufenthaltserlaubnis besteht. Hingegen regelt Nr. 1 a den Fall einer anderen Zulassung. Kann der Antragsteller den Nachweis über die bedingte, auf den Besuch eines Studienkollegs gerichtete Zulassung nicht erbringen, ist nach Nr. 1 b das Ermessen eröffnet. Kann er den Nachweis erbringen, hat er einen Rechtsanspruch auf Erteilung der Aufenthaltserlaubnis nach § 16 b Abs. 1 S. 1 und S. 3 Nr. 2 AufenthG. In beiden Fällen ist das öffentliche Interesse an der Aufnahme eines Studiums in das Ermessen einzustellen. Dies betrifft insbesondere § 16 b Nr. 1 b AufenthG. Ein **Teilzeitstudium** ist ein berufsbegleitendes Studium zur Vertiefung bereits absolvierter Studiengänge oder zum Studium in Abend-, Fernkursen oder im Blockstudium. Die Hochschulen bieten hierauf bezogene Studienmodelle für Bachelor- und Master-Studiengänge an, damit die Studierenden ihre beruflichen Verpflichtungen, Privatleben und Studienwünsche besser miteinander in Ausgleich bringen können. Angesicht der im FKEG zum Ausdruck kommenden verstärkten Interessen an der Beschäftigung von Fachkräften mit qualifizierter oder akademischer Ausbildung sind derartige auf die Verbesserung der beruflichen Perspektiven und insbesondere auf den Übergang von der qualifizierten zur akademischen Ausbildung gerichtete individuelle Bemühungen im Rahmen der Ermessensausübung im besonderen Maße zu berücksichtigen.

84 § 16 b Abs. 5 AufenthG übernimmt die frühere Regelung des § 16 Abs. 6 AufenthG aF. In den Fällen von Nr. 1 a bis Nr. 1 c sind § 16 b Abs. 1 S. 2 bis S. 4 und Abs. 2 bis Abs. 4 AufenthG entsprechend anzuwenden (§ 16 d Abs. 5 S. 2 Hs. 1 AufenthG). Es sind damit auch studienvorbereitende Sprachkurse, der Besuch eines Studienkollegs eingeschlossen und richtet sich der Sprachnachweis nach § 16 b Abs. 1 S. 4 AufenthG. Ebenso wie bei einer Aufenthaltserlaubnis zum Zweck der Absolvierung eines Vollzeitstudiums richtet sich die Befristung und Verlängerung der Aufenthaltserlaubnis in diesen Fällen nach § 16 b Abs. 2 AufenthG (→ Rn. 63 ff.). Die entsprechende Anwendung der Befristungsregelungen nach § 16 b Abs. 2 AufenthG wandelt den dort geregelten Rechtsanspruch in eine Ermessensregelung um. Wird aber das Studium ernsthaft betrieben, ist die Versagung einer Verlängerung kaum sachlich zu rechtfertigen. In den Fällen von § 16 b Abs. 1 Nr. 1 AufenthG ist der Erteilung der Aufenthaltserlaubnis auch kraft Gesetzes (§ 4 a Abs. 1 S. 1 Hs. 1 AufenthG) die Berechtigung zur Beschäftigung (s. auch → Rn. 69 ff.) immanent. Dies dürfte bei einem **berufsbegleitenden Studium** ohnehin nicht von Bedeutung sein, da für die Ausübung einer qualifizierten Beschäftigung bereits eine Aufenthaltserlaubnis vorliegt. Überhaupt stellt sich im Fall von § 16 b Abs. 1 Nr. 1 c AufenthG die Frage, ob die weitere Aufenthaltserlaubnis überhaupt erforderlich ist. Denn wenn der Betroffene bereits im Besitz einer zwar an die Ausübung einer Beschäftigung gebundenen Aufenthaltserlaubnis ist und daneben über ausreichende Zeit- und individuelle Kraftreserven für ein berufsbegleitendes Studium verfügt, handelt es sich um eine **Freizeitbeschäftigung**, die nicht der Regelungskompetenz des Gesetzgebers unterliegt. § 16 b Abs. 1 Nr. 1 c AufenthG wird daher nur in den Fällen relevant, in denen das Studium nicht berufsbegleitend, sondern etwa im Fernstudium oder im Blockstudium betrieben wird und der Betroffenen nicht bereits im Besitz einer Aufenthaltserlaubnis zu anderen Zwecken ist. Beim Wechsel des Erteilungszwecks ist § 16 b Abs. 4 AufenthG zu beachten (→ Rn. 77 ff.).

85 In den Fällen von § 16 b Abs. 5 Nr. 2 und Nr. 3 – Teilnahme an einem studienvorbereitenden Sprachkurs oder studienvorbereitendes Praktikum – ist § 16 b Abs. 1 AufenthG (→ Rn. 53 ff.) entsprechend anzuwenden (§ 16 b Abs. 5 S. 2 AufenthG), dh einerseits kann

für die Absolvierung eines studienvorbereitenden Sprachkurses und den Besuch eines Studienkollegs keine Aufenthaltserlaubnis erteilt werden, andererseits bedarf es keines Nachweises von Sprachkenntnissen. Denn mit der Absolvierung eines studienvorbereitenden Sprachkurses sollen diese ja erst erworben werden. Für die Absolvierung eines studienvorbereitenden Praktikums gilt dasselbe. Allerdings ist die anschließende Erteilung einer Aufenthaltserlaubnis zur Absolvierung eines Vollzeitstudiums vom Nachweis der erforderlichen Sprachkenntnisse (→ Rn. 55) abhängig. Bei der Anwendung von § 16 b Abs. 5 S. 1 Nr. 2 und Nr. 3 AufenthG sind hingegen die Regelungen in § 16 b Abs. 2 bis 4 AufenthG entsprechend anzuwenden (§ 16 b Abs. 5 S. 2 Hs. 1 AufenthG), dh bei der Befristung, der Berechtigung zur Beschäftigung sowie beim Wechsel der Aufenthaltserlaubnis sind diese Vorschriften maßgebend. In allen Fällen des § 16 b Abs. 5 S. 1 AufenthG berechtigt die Aufenthaltserlaubnis nur zur Beschäftigung in der *Ferienzeit* sowie zur Ausübung eines Praktikums (§ 16 b Abs. 5 S. 2 Hs. 2 AufenthG). Auch hier ist zu bedenken, dass diese Einschränkung im Fall des Besitzes einer Aufenthaltserlaubnis zur Ausübung einer Beschäftigung nicht gilt.

VI. Einleitung aufenthaltsbeendender Maßnahmen (§ 16 b Abs. 6 AufenthG)

Nach § 16 b Abs. 6 AufenthG ist dem Betroffenen vor einer **Rücknahme** (§ 51 Abs. 1 Nr. 3 AufenthG iVm § 48 VwVfG), einem **Widerruf** (§ 52 AufenthG) oder einer **nachträglichen Befristung** (§ 7 Abs. 2 S. 2 AufenthG) der Aufenthaltserlaubnis aus Gründen, die der Studierende nicht zu vertreten hat, bis zu neun Monate die Möglichkeit zu geben, die Zulassung bei einer anderen Bildungseinrichtung zu beantragen. § 16 b Abs. 6 AufenthG übernimmt die frühere Vorschrift des § 16 Abs. 8 AufenthG aF. Klarstellend wurde allerdings in Angleichung an § 17 Abs. 2 S. 2 AufenthG (→ Rn. 15) eingeschränkt, dass diese Suche maximal neun Monate betragen darf. § 16 b Abs. 6 AufenthG differenziert danach bei der Anordnung aufenthaltsbeendender Maßnahmen danach, ob der Studierende die hierfür maßgebenden Gründe zu vertreten hat (§ 121 Abs. 1 BGB) oder nicht. Hat er sie zu vertreten, wird ihm nicht die Möglichkeit, einen neuen Studienplatz zu suchen, eröffnet. Hat er sie hingegen nicht zu vertreten, ist ihm die Suche nach einem Studienplatz an einer anderen Bildungseinrichtung aufenthaltsrechtlich zu ermöglichen. Zu vertreten hat der Studierende den Grund für die Aufenthaltsbeendigung, wenn er zB die Studiendauer unangemessen verzögert, die Ausländerbehörde ihn hierauf hingewiesen hat und er keine Bemühungen unternimmt, die Ausländerbehörde davon zu überzeugen, dass ungeachtet der Überschreitung der Frist in absehbarer Zeit ein Abschluss des Studiums zu erwarten ist. In diesem Fall darf die Behörde nicht unmittelbar das Anhörungsverfahren einleiten, sondern hat den Studierenden zunächst auf seine Mitwirkungspflicht bezogen auf § 16 b Abs. 2 S. 3 AufenthG hinzuweisen. Bleibt er daraufhin untätig, kann das Anhörungsverfahren zwecks Durchführung aufenthaltsbeendender Maßnahmen eingeleitet werden. Den Grund zu vertreten hat der Studierende zB auch dann, wenn er ohne vorherige Genehmigung durch die Ausländerbehörde eigenmächtig die Studienfachrichtung oder die Hochschuleinrichtung ändert und ihn insoweit ein Verschulden trifft. Auch in diesem Fall hat die Behörde jedoch vor der Einleitung des auf die geplante Aufenthaltsbeendigung gerichteten Anhörungsverfahren aufzuklären, ob den Studierenden hieran ein Verschulden trifft. Ist dies der Fall, darf sie ein Anhörungsverfahren einleiten. 86

Nach § 16 b Abs. 6 AufenthG wird die Frist maximal bis zu **neun Monate** gewährt. Angesichts der Schwierigkeiten, einen neuen Studienplatz zu finden, sollte dem Studierenden regelmäßig die Maximalfrist eingeräumt werden. Wird zunächst eine kürzere Frist eingeräumt und bleibt die Suche ungeachtet glaubhaft gemachter Bemühungen des Betroffenen innerhalb dieser Frist erfolglos, weist er jedoch vielfältige Bemühungen um eine Studienplatzsuche nach, ist die Frist auf bis zu neun Monate zu verlängern. Die Behörde darf 87 nicht ohne sachlich gerechtfertigten Grund eine kürzere als die vom Gesetz zugrunde gelegte Maximalfrist anordnen. Mit „anderer Bildungseinrichtung" gemeint ist eine Bildungseinrichtung, die nicht identisch mit derjenigen ist, an der der Betroffene bislang studiert hat. Als Bildungseinrichtung kommen insoweit alle in § 16 b Abs. 1 S. 1 AufenthG bezeichneten Einrichtungen in Betracht. Wird dem Antragsteller durch eine andere Bildungseinrichtung eine Zulassung innerhalb der Neunmonatsfrist ernsthaft in Aussicht gestellt, war die Suche erfolgreich. Die Tatsache, dass die verbindliche Zusage erst nach Ablauf der Frist erfolgt, ist unerheblich. Eine andere Betrachtungsweise könnte allenfalls dann angezeigt sein, wenn sich das Zulassungsverfahren der anderen Bildungseinrichtung unangemessen lang hinzieht oder von vornherein als nicht ernsthaft erweist. Da die Ausländerbehörde für eine derartige Prüfung jedoch eine gewisse Zeitdauer benötigt, war die Suche erfolgreich, wenn die andere Bildungseinrichtung innerhalb dieses Zeitraums, also vor dem Abschluss der behördlichen Prüfung, verbindlich entscheidet, dem Betroffenen eine Fortsetzung des Studiums zu erlauben.

88 § 16 b Abs. 6 AufenthG ist im Zusammenhang mit § 16 b Abs. 4 AufenthG zu sehen. Treten Gründe ein, die für die Einleitung aufenthaltsbeendender Maßnahmen sprechen und macht der Betroffene im Anhörungsverfahren geltend, dass er einen Ausbildungsplatz zur Ausübung einer qualifizierten Berufsausbildung oder einen Arbeitsplatz zur Ausübung einer Beschäftigung als Fachkraft mit Berufsausbildung oder akademischer Ausbildung gefunden hat oder diese ernsthaft in Aussicht steht (§ 16 b Abs. 4 AufenthG), ist ihm auf Antrag eine Aufenthaltserlaubnis nach § 16 a, § 18 b oder § 18 c AufenthG zu erteilen. Das Ermessen für die Erteilung einer Aufenthaltserlaubnis zu einem derartigen Zweck ist angesichts der zunehmenden Bedeutung der Einwanderung von Fachkräften zugunsten des Antragstellers auszuüben. Auch wenn das Unternehmen über die Beschäftigung des Antragstellers noch keine verbindliche Entscheidung getroffen hat, hat die Behörde eine gewisse Dauer zuzuwarten, sofern Gründe dafür sprechen, dass die Beschäftigung ernsthaft beabsichtigt ist. Da oft für die Beschäftigung die Zustimmung der Bundesagentur für Arbeit eingeholt werden muss, hat die Behörde die Mitteilung der Bundesagentur abzuwarten.

VII. International Schutzberechtigte aus anderen Mitgliedstaaten (§ 16 b Abs. 7 AufenthG)

89 Nach § 16 b Abs. 7 AufenthG kann einem international Schutzberechtigten aus einem anderen Mitgliedstaat eine Aufenthaltserlaubnis zum Zweck des Studiums erteilt werden, wenn er dort seit mindestens zwei Jahren ein Studium betrieben hat und die Voraussetzungen des § 16 c Abs. 1 S. 1 Nr. 2 und Nr. 3 AufenthG vorliegen. § 16 b Abs. 7 AufentG übernimmt die frühere Regelung des § 16 Abs. 9 AufenthG aF, ist aber wesentlich straffer gefasst. Diese straffe Fassung hat ihren Grund in der Verweisung auf § 16 c Abs. 1 S. 1 Nr. 2 und Nr. 3 AufenthG. Eine § 16 c AufenthG vergleichbare Regelung enthielt § 16 a AufenthG aF. Gleichwohl verwies § 16 Abs. 9 AufenthG aF nicht auf § 16 a AufenthG aF. Beide Vorschriften setzen die Mobilitätsvorschriften des Unionsrechts (Art. 31 RL (EU) 2016/801) um. In diesen Fällen darf die Erteilung der Aufenthaltserlaubnis nach § 16 b Abs. 7 S. 1 AufenthG oder die Zulassung eines rechtmäßigen Aufenthalts ohne Aufenthaltstitel nach § 16 c AufenthG nicht vom Vorliegen der allgemeinen Erteilungsvoraussetzungen (§ 5 AufenthG) noch von deutschen Sprachkenntnissen (Abs. 1 S. 4) abhängig gemacht werden. Daher muss § 16 b Abs. 7 AufenthG entsprechend unionsrechtskonform ausgelegt und angewandt werden.[96]

96 *Christ*, in: Kluth/Heusch, AuslR, 2016, § 16 AufenthG Rn. 55.

VIII. Umsetzung der Richtlinie (EU) 2016/801 – Studentenrichtlinie (§ 16 b Abs. 8 AufenthG)

Nach § 16 b Abs. 8 AufenthG dienen die Abs. 1 bis 4 und 6 in § 16 b AufenthG der Umsetzung der **Studentenrichtlinie** (EU) 2016/801. Damit sind nahezu alle Regelungen von § 16 b AufenthG unionsrechtskonform auszulegen. Die in § 16 b Abs. 5 und 7 AufenthG geregelten Sachverhalte werden von der Richtlinie nicht erfasst (§ 16 b Abs. 7 AufenthG) bzw. weichen von dieser ab (§ 16 b Abs. 5 AufenthG). Auf international Schutzberechtigte unabhängig davon, ob ihnen in einem anderen Mitgliedstaat oder im Bundesgebiet die Rechtsstellung zuerkannt wurde, findet die Richtlinie nach Art. 2 Abs. 2 Buchst. a RL (EU) 2016/801 keine Anwendung. Daher verweist § 16 b Abs. 8 AufenthG nicht auf § 16 b Abs. 7 AufenthG. Eine bedingte Zulassung reicht nach Art. 11 Abs. 1 Buchst. a RL (EU) 2016/801 für die Erteilung einer Aufenthaltserlaubnis an Studenten nicht aus. Auch die weiteren in Abs. 5 geregelten Voraussetzungen erfüllen nicht die Voraussetzungen der Richtlinie. Da § 16 b Abs. 8 AufenthG klarstellt, dass auf die Personen, auf welche die Voraussetzungen von § 16 b Abs. 5 AufenthG zutreffen, die Richtlinie (EU) 2016/801 keine Anwendung findet, stellt sich im Blick auf diese Personen das Problem der Unionsrechtskonformität nicht. Darüber, ob die Mitgliedstaaten unabhängig von der Richtlinie (EU) 2016/801 für Studierwillige, die nicht vom Anwendungsbereich der Richtlinie eingeschlossen werden, die Aufenthaltserlaubnis erteilen können, macht die Richtlinie keine Aussage. Zwar gestattet Art. 4 RL (EU) 2016/801 die Einführung günstigerer Bestimmungen. Diese Norm gilt jedoch für die Sachverhalte, die durch die Richtlinie geregelt werden. 90

IX. Ablehnungsgründe (§ 19 f Abs. 1, Abs. 2, Abs. 3 und Abs. 4 AufenthG)

Nach § 19 f Abs. 1 AufenthG (→ Kap. 3 Rn. 97 ff.) sind von der Erteilung der Aufenthaltserlaubnis nach § 16 b Abs. 1 und Abs. 5 AufenthG Personen ausgeschlossen, die in einem anderen Mitgliedstaat einen Antrag auf **internationalen Schutz** (§ 1 Abs. 1 Nr. 2 AsylG) gestellt haben oder internationalen Schutz genießen oder sich im Rahmen einer Regelung zum **vorübergehenden Schutz** nach der Richtlinie 2001/55/EG in einem anderen Mitgliedstaat aufhalten (§ 19 f Abs. 1 Nr. 1 und Nr. 2 AufenthG). Ferner sind ausgeschlossen Personen deren Abschiebung im zuständigen Mitgliedstaat aus tatsächlichen oder rechtlichen Gründen ausgesetzt wurde (§ 16 b Abs. 6 Nr. 3 AufenthG). Die in § 19 f Abs. 1 Nr. 3 AufenthG bezeichnete Richtlinie zum vorübergehenden Schutz RL 2001/55/EG ist seit ihrer Verabschiedung 2001 noch in keinem Fall angewandt werden. Dieser Ausschlussgrund ist damit ohne Bedeutung. Ausgeschlossen sind ferner Personen, denen in einem anderen Mitgliedstaat eine **Daueraufenthaltserlaubnis** nach der Richtlinie 2003/109/EG erteilt wurde (§ 19 f Abs. 1 Nr. 4 AufenthG). § 19 f Abs. 1 AufenthG verweist nur auf § 16 b Abs. 1 und 5 AufenthG, gilt also nicht für in anderen Mitgliedstaaten anerkannte internationale Schutzberechtigte. Denn deren Aufenthaltserlaubnis zum Zweck des Studiums wird in § 16 b Abs. 7 AufenthG geregelt. Über diese Ablehnungsgründe hinaus wird eine Aufenthaltserlaubnis nach § 16 b Abs. 1, Abs. 5 und Abs. 7 AufenthG nicht an Personen erteilt, die im Besitz einer Blauen Karte EU oder eines Aufenthaltstitels für Hochqualifizierte eines anderen Mitgliedstaates sind (§ 19 f Abs. 3 AufenthG). § 19 f Abs. 3 AufenthG bezieht anders als § 19 f Abs. 1 AufenthG die gesamte Vorschrift des § 16 b AufenthG und damit sämtliche dort geregelten Ansprüche ein. Dies gilt auch für die Ablehnungsgründe nach § 19 f Abs. 4 AufenthG (→ Kap. 3 Rn. 127). Danach kann der Antrag auf Erteilung einer Aufenthaltserlaubnis gem. § 16 b Abs. 1, Abs. 5 und Abs. 7 AufenthG abgelehnt werden, wenn die Bildungseinrichtung hauptsächlich zu dem Zweck gegründet wurde, die Einreise und den Aufenthalt von Drittstaatsangehörigen zu dem in § 16 b S. 1 AufenthG bezeichneten Zweck zu erleichtern (§ 19 f Abs. 4 Nr. 1 AufenthG), wenn über deren Vermögen das Insolvenzverfahren eröffnet wurde, das auf Auflösung der Bildungseinrichtung 91 und Abwicklung des Geschäftsbetriebs gerichtet ist (§ 19f Abs. 4 Nr. 2 AufenthG), wenn die Bildungseinrichtung im Rahmen der Durchführung eines Insolvenzverfahrens aufgelöst und der Geschäftsbetrieb abgewickelt wurde (§ 19f Abs. 4 Nr. 3 AufenthG), wenn die Eröffnung eines Insolvenzverfahrens über das Vermögen der Bildungseinrichtung mangels Masse abgelehnt und der Geschäftsbetrieb eingestellt wurde (§ 19f Abs. 4 Nr. 4 AufenthG), wenn die aufnehmende Einrichtung keine Geschäftstätigkeit ausübt (§ 19f Abs. 4 Nr. 5 AufenthG) oder Beweise oder konkrete Anhaltspunkte dafür bestehen, dass der Drittstaatsangehörige den Aufenthalt zu anderen Zwecken nutzen wird als zu Forschungszwecken (§ 19f Abs. 4 Nr. 6 AufenthG). Diese Voraussetzungen werden bei der Aufnahme eines Studiums an einer deutschen Hochschule oder Fachhochschule jedoch kaum vorliegen, es sei denn, das Studium soll an einer privaten Universität aufgenommen werden. Derartige Fälle sind aber bislang nicht bekannt geworden.

C. Mobilität im Rahmen des Studiums (§ 16 c AufenthG)

I. Funktion der Aufenthaltserlaubnis zum Zweck des Studiums (§ 16 c AufenthG)

92 Nach § 16c AufenthG bedarf ein Drittstaatsangehöriger für einen Aufenthalt, der 360 Tage nicht überschreitet, abweichend von § 4 Abs. 1 AufenthG **keines Aufenthaltstitels,** wenn die aufnehmende Bildungseinrichtung im Bundesgebiet dem Bundesamt für Migration und Flüchtlinge und der zuständigen Behörde des anderen Mitgliedstaates mitgeteilt hat, dass der Drittstaatsangehörige beabsichtigt, einen Teil seines Studiums im Bundesgebiet durchzuführen, und dem Bundesamt mit der Mitteilung die in § 16c Abs. 1 S. 1 Nr. 1 bis 4 genannten Nachweise vorlegt. Die Vorschrift ersetzt § 16a AufenthG aF und regelt weiterhin die **Mobilität von Studenten,** die einen von einem anderen Mitgliedstaat ausgestellten Aufenthaltstitel zum Zweck des Studiums nach der Richtlinie (EU) 2016/801 besitzen. Insbesondere enthält sie wesentliche Vorgaben hinsichtlich der Mitteilung, die an die Behörden zu richten ist, wenn Mobilität geplant ist.[97] Das Bundesamt für Migration und Flüchtlinge ist die zuständige Behörde für das Mitteilungsverfahren (§ 16b Abs. 1 S. 1 AufenthG), die Ablehnung (§ 19f Abs. 5 AufenthG) und Ausstellung der Bescheinigung nach § 16b Abs. 4 AufenthG. Nach der gesetzlichen Begründung soll damit das Mitteilungsverfahren vollständig durch das Bundesamt durchgeführt werden. Dadurch soll dessen Handhabung innerhalb der kurzen Ablehnungsfrist von 30 Tagen (Abs. 4) gewährleistet werden.[98] Deshalb wurde Abs. 3 von § 16a AufenthG aF durch § 16c AufenthG nicht übernommen. Die Vorschrift steht im Zusammenhang mit § 18e AufenthG, der wie für Studenten die Mobilität für Forscher (→ Kap. 3 Rn. 119 ff.) regelt. Darüber hinaus wird kurzfristige Mobilität auch für unternehmensintern transferierte Arbeitnehmer nach § 19a AufenthG gewährt (→ Kap. 3 Rn. 143 ff.). Diese Regelung beruht allerdings nicht auf der Richtlinie (EU) 2016/801. Die Richtlinie soll persönliche Kontakte und die Mobilität fördern, da es sich hierbei um wichtige Aspekte der Außenpolitik der Union handelt (Erwägungsgrund Nr. 6). Grundlage für die Gewährleistung von Mobilität für Studenten innerhalb der Union ist der **Bologna-Prozess,** durch den die Hochschulsysteme der daran beteiligten Mitgliedstaaten besser vergleichbar, kompatibler und kohärenter geworden sind. Dies ist darauf zurückzuführen, dass die Mitgliedstaaten die Mobilität von Studenten fördern und die Hochschuleinrichtungen Mobilität in ihre Lehrpläne integriert haben. Deshalb sollen nach dem ausdrücklichen Ziel der Richtlinie auch die Bestimmungen über die Mobilität von Studenten innerhalb der Union verbessert werden (Erwägungsgrund Nr. 15). Dementsprechend enthält Art. 31 RL (EU) 2016/801 die Vorgaben für den An-

97 BT-Drs. 19/8285, S. 92.
98 BT-Drs. 19/8285, S. 92.

spruch von Studenten auf Gewährleistung von Mobilität innerhalb der Union. § 16 c AufenthG orientiert sich an diesen Vorgaben.

§ 16 c AufenthG ist darüber hinaus im Zusammenhang mit § 16 b Abs. 7 AufenthG zu sehen. Während nach § 16 c AufenthG die Durchführung eines Studienteils im Bundesgebiet unter den in § 16 c Abs. 1 AufenthG bezeichneten Voraussetzungen keines Aufenthaltstitels bedarf, wird Studierenden nach § 16 b Abs. 7 S. 2 AufenthG für die Dauer des Studienteils, der in Deutschland durchgeführt wird, eine Aufenthaltserlaubnis erteilt (→ Rn. 89). Andererseits ist der Aufenthalt nach Abs. 1 nur für einen 360 Tage nicht überschreitenden Zeitraum rechtmäßig, während nach § 16 b Abs. 7 S. 2 AufenthG die Aufenthaltserlaubnis bis zum Abschluss des Studienteils, der nach der Gesamtkonzeption des Studiums in Deutschland durchgeführt wird, über diese Frist hinausgehen kann und dementsprechend die Geltungsdauer der Aufenthaltserlaubnis hierauf abgestimmt wird. Schließlich wird Studierenden nach § 16 b Abs. 7 S. 3 iVm Abs. 3 AufenthG die Möglichkeit der Beschäftigung kraft Gesetzes (§ 4 a Abs. 1 S. 1 Hs. 1 AufenthG; → Rn. 69 ff.) eröffnet. Dies wird dem von vornerein nur kurzfristig im Bundesgebiet Studierenden nach § 16 c AufenthG nicht erlaubt. Die Vorschrift setzt ein **zwingendes** Mitteilungsverfahren voraus, während Art. 31 Abs. 2 RL (EU) 2016/801 die Einführung eines Mitteilungsverfahrens in das **Ermessen** der Mitgliedstaaten stellt. Die Bundesrepublik hat sich damit für ein bürokratisches und zeitaufwändiges Verfahren entschieden, das die angestrebte Mobilität von Studierenden innerhalb der Union unnötig erschwert und zur Folge hat, dass in anderen Mitgliedstaaten studierende Drittstaatsangehöriger eher einen anderen Mitgliedstaat aussuchen werden, um dort einen Teil ihres Studiums im Rahmen eines multilateralen Programms durchzuführen. Die vom FKEG angestrebte Stärkung des Wirtschaftsstandortes Deutschland und das postulierte öffentliche Interesse am Studium Drittstaatsangehöriger im Bundesgebiet wird dadurch unnötigerweise erschwert. 93

II. Voraussetzungen der Mobilität (§ 16 c Abs. 1 AufenthG)

§ 16 c Abs. 1 S. 1 AufenthG regelt die Voraussetzungen für die Gewährung von Mobilität. 94
Diese sind weitgehend mit den Voraussetzungen, die nach § 19 a Abs. 1 AufenthG die Mobilität für Forscher regelt (→ Kap. 3 Rn. 144), identisch. Danach bedarf ein Drittstaatsangehöriger für einen Aufenthalt, der 360 Tage nicht überschreitet, keines Aufenthaltstitels, wenn die aufnehmende Bildungseinrichtung im Bundesgebiet dem Bundesamt für Migration und Flüchtlinge und der zuständigen Behörde des anderen Mitgliedstaates mitgeteilt hat, dass dieser beabsichtigt, einen Teil seines Studiums im Bundesgebiet durchzuführen. Die Mitteilungspflicht gegenüber dem anderen Mitgliedstaat hatte § 16 a Abs. 1 S. 1 AufenthG aF nicht vorgesehen. Aufgrund dessen hatte der jeweils erste Mitgliedstaat keine Möglichkeit, von der Mobilität des Studierenden Kenntnis zu erlangen.[99] Mit der Mitteilung hat die aufnehmende Bildungseinrichtung dem Bundesamt den Nachweis vorzulegen, dass der im anderen Mitgliedstaat Studierende einen gültigen, nach der Richtlinie (EU) 2016/801 erteilten Aufenthaltstitel zum Zweck des Studiums besitzt (§ 16 c Abs. 1 Nr. 1 AufenthG). Nach § 16 c Abs. 5 AufenthG geht nach Ablehnung der Mobilität oder Ausstellung der Bescheinigung durch das Bundesamt die Zuständigkeit auf die örtlich zuständige Ausländerbehörde über. Hierbei handelt es um eine **deklaratorische** Vorschrift, da die Zuständigkeit § 71 Abs. 1 S. 1 AufenthG folgt. Eine neue Aufgabenzuweisung an die Ausländerbehörde ist damit nicht verbunden. Wegen des Zuständigkeitsübergangs sind der Studierende und die aufnehmende Bildungseinrichtung verpflichtet, diese Änderung hinsichtlich der Voraussetzungen der Mobilität der Ausländerbehörde mitzuteilen (§ 16 b Abs. 5 S. 2 AufenthG). Darüber hinaus ist die aufnehmende Bildungseinrichtung verpflich-

99 BT-Drs. 19/8285, S. 92.

tet, den Nachweis darüber vorzulegen, dass der Studierende einen Teil seines Studiums an einer Bildungseinrichtung durchführen möchte, weil er an einem Unions- oder multilateralen Programm mit Mobilitätsmaßnahmen teilnimmt oder es für ihn eine Vereinbarung zwischen zwei oder mehr Hochschulen gilt (§ 16 c Abs. 1 Nr. 2 AufenthG). Ein Student, der nicht an einem derartigen Programm teilnimmt, muss einen Antrag auf Erteilung eines Aufenthaltstitels nach § 16 b Abs. 1 AufenthG im Einklang mit den Vorgaben von Art. 7 und 11 RL (EU) 2016/801 stellen (Art. 31 Abs. 1 UAbs. 2 RL (EU) 2016/801). Darüber hinaus muss mit der Mitteilung durch die aufnehmende Bildungseinrichtung der Nachweis vorgelegt werden, dass der Studierende von der aufnehmenden Bildungseinrichtung zugelassen wurde (§ 16 c Abs. 1 Nr. 3 AufenthG). Schließlich ist eine Kopie des anerkannten und gültigen Passes oder Passersatzes des Studierenden vorzulegen (§ 16 c Abs. 1 Nr. 4 AufenthG) und nachzuweisen, dass der Lebensunterhalt des Ausländers gesichert ist (§ 16 c Abs. 1 Nr. 5 AufenthG).

95 Die aufnehmende Bildungseinrichtung hat die Mitteilung in dem Zeitpunkt zu machen, in dem der Studierende im anderen Mitgliedstaat den Antrag auf Erteilung eines Aufenthaltstitels im Anwendungsbereich der Richtlinie (EU) 2016/801 stellt (§ 16 c Abs. 1 S. 2 AufenthG). Damit wählt das Gesetz zunächst die erste Option von Art. 31 Abs. 2 UAbs. 1 RL (EU) 2016/801. Nach dieser Vorschrift kann die Mitteilung zu unterschiedlichen Zeitpunkten erfolgen: Entweder im Zeitpunkt der Antragstellung im ersten Mitgliedstaat, wenn die Mobilität hinsichtlich des anderen Mitgliedstaates bereits geplant ist (Buchst. a), oder sobald – nach Zulassung des Studierenden im ersten Mitgliedstaat – die beabsichtigte Mobilität im Blick auf den zweiten Mitgliedstaat bekannt wird (Buchst. b). Die zweite Option wird in § 16 c Abs. 1 S. 3 AufenthG geregelt. Danach ist die Mitteilung in dem Zeitpunkt zu machen, in dem der aufnehmenden Bildungseinrichtung die entsprechende Absicht des Studierenden bekannt wird. Der Studierende muss also weder nach der Richtlinie noch nach Abs. 1 bereits im Zeitpunkt seiner Einreise im anderen Mitgliedstaat die Absicht haben, im Rahmen eines Unions- oder multilateralen Programm mit Mobilitätsmaßnahmen in einem anderen Mitgliedstaat einen Teil seines Studiums durchzuführen. Bei der Erteilung des Aufenthaltstitels im anderen Mitgliedstaat (Nr. 1), der nicht Schengen-Staat ist, und bei der Einreise über einen Mitgliedstaat, der nicht Mitgliedstaat ist, hat der Studierende eine Kopie der Mitteilung mitzuführen und den zuständigen Behörden auf deren Verlangen vorzulegen (§ 16 Abs. 1 S. 4 AufenthG).

III. Umfang der Berechtigung des Studierenden (§ 16 c Abs. 2 AufenthG)

96 Erfolgt die Mitteilung zum Zweck der Durchführung eines Teils des Studiums im Bundesgebiet in dem maßgeblichen Zeitpunkt und werden Einreise und Aufenthalt nicht nach § 19 f Abs. 5 AufenthG (→ Rn. 99) abgelehnt, darf der Studierende jederzeit während der zulässigen Dauer des Aufenthaltes (§ 16 c Abs. 1 S. 1 AufenthG) einreisen und sich hier zum Zweck des Studiums aufhalten (§ 16 c Abs. 2 S. 1 AufenthG). Der Aufenthalt darf **360 Tage** nicht überschreiten (§ 16 c Abs. 1 S. 1 AufenthG). Der Studierende muss sich nicht die gesamte Zeit ununterbrochen im Bundesgebiet aufhalten. Vielmehr kann er auch während der Geltungsdauer in den anderen Mitgliedstaat oder auch in irgendeinen anderen Staat reisen und in das Bundesgebiet zurückkehren. § 16 c Abs. 1 S. 1 AufenthG ist jedoch so zu verstehen, dass anders als bei einem Visum durch Ausreisen die Geltungsdauer nicht gehemmt wird, sondern ungeachtet der kurzfristigen Auslandsaufenthalte nach Ablauf von 360 Tagen die Geltungsdauer erlischt und der Studierende sich bei einem weiteren Aufenthalt unrechtmäßig im Bundesgebiet aufhält (vgl. § 81 Abs. 3 S. 1 AufenthG). Diese Regelung steht zwar in Übereinstimmung mit Art. 31 Abs. 1 UAbs. 1 RL (EU) 2016/801, ist jedoch aus sachlichen Gründen verfehlt. Denn es kann durchaus sein, dass der Studierende seine Studien im Bundesgebiet unterbrechen muss, weil deren Fortsetzung

einen kurzfristigen Aufenthalt im anderen Mitgliedstaat erfordert, um dort die für die Fortsetzung seines Studienteils im Bundesgebiet notwendigen Untersuchungen und Forschungen durchzuführen. § 16 c Abs. 2 S. 1 AufenthG ist so zu verstehen, dass der Studierende jederzeit nach dem Zeitpunkt der Mitteilung in das Bundesgebiet einreisen darf. Nach dem Wortlaut der Vorschrift ist die Rechtmäßigkeit der Einreise nicht von der Ausstellung der Bescheinigung nach § 16 c Abs. 5 S. 1 AufenthG) abhängig. Andererseits wird vorausgesetzt, dass keine Ablehnungsgründe nach § 19 f Abs. 5 AufenthG vorliegen dürfen, also eine hierauf bezogene Prüfung des Bundesamtes vorangegangen sein muss. Da der Wortlaut insoweit nicht eindeutig ist, kann die Rechtmäßigkeit der Einreise aber nicht von der vorherigen Ausstellung der Bescheinigung abhängig gemacht werden. Die Ausstellung einer Bescheinigung steht im Übrigen im Ermessen der Mitgliedstaaten (Richtlinie (EU) 2016/801), wird also nach Unionsrecht nicht zwingend als Voraussetzung der Rechtmäßigkeit der Einreise und des Aufenthalts gefordert. Nach alledem dürfen gegen einen Studierenden, der ohne Bescheinigung nach § 16 c Abs. 4 AufenthG einreist und sich im Bundesgebiet aufhält, keine aufenthaltsbeendenden Maßnahmen ergriffen werden, wenn zuvor das Mitteilungsverfahren eingeleitet wurde. Aber auch dessen Einführung steht im Ermessen der Mitgliedstaaten (Art. 31 Abs. 6 UAbs. 1 RL (EU) 2016/801).

Maßgebend für die Rechtmäßigkeit der Einreise ist der **Zeitpunkt der Mitteilung** nach 97
§ 16 c Abs. 1 S. 2 AufenthG (§ 16 c Abs. 2 S. 1 AufenthG). In diesem Fall muss der Studierende also bereits im Zeitpunkt der Einreise in den anderen Mitgliedstaat die Absicht haben, einen Teil seines Studiums im Bundesgebiet zu verfolgen. Um die in diesem Erfordernis liegende Erschwernis auszuräumen, kann die Mitteilung auch in dem Zeitpunkt erfolgen, in dem der aufnehmenden Bildungseinrichtung die Absicht des Studierenden, einen Studienteil im Bundesgebiet zu absolvieren, bekannt wird (§ 16 c Abs. 1 S. 2 AufenthG), und darf der Studierende nach diesem Zeitpunkt in das Bundesgebiet einreisen, sofern keine Ablehnungsgründe vorliegen (§ 16 c Abs. 2 S. 2 AufenthG). Der Besitz der Bescheinigung nach § 16 c Abs. 4 AufenthG ist hierfür nicht erforderlich. Eine Verlängerung des Aufenthalts über 360 Tage hinaus ist unzulässig. Beabsichtigt der Studierende jedoch, seine Studien im Bundesgebiet fortzusetzen, wird ihm unter den Voraussetzungen von § 16 a Abs. 1 oder Abs. 5 AufenthG eine Aufenthaltserlaubnis zum Zweck des Studiums erteilt. Die Durchführung eines Visumverfahrens ist wegen des Rechtsanspruchs auf Erteilung der Aufenthaltserlaubnis im Fall des § 16 a Abs. 1 AufenthG nicht erforderlich.[100] Im Fall des § 16 b Abs. 5 AufenthG, wonach die Erteilung einer Aufenthaltserlaubnis zum Zweck des Studiums im behördlichen Ermessen steht, sowie in den Fällen, in denen der Mitgliedstaat kein Schengen-Staat ist, ist wegen des öffentlichen Interesses am Studium von Drittstaatsangehörigen im Bundesgebiet aber regelmäßig das Ermessen zugunsten des Studierwilligen auszuüben. Ob besondere Umstände vorliegen, ist ein unbestimmter Rechtsbegriff. Deshalb unterliegen die behördlichen Feststellungen der vollen tatsächlichen und rechtlichen Kontrolle des Verwaltungsgerichts. Im Regelfall dürften aber die Voraussetzungen nach § 16 b Abs. 1 AufenthG vorliegen, da der Studierwillige während seines rechtmäßigen Aufenthalts von 360 Tagen die erforderlichen Nachweise hat beschaffen können.

Während des rechtmäßigen Aufenthalts von 360 Tagen ist der Drittstaatsangehörige zur 98
Ausübung einer Beschäftigung (s. auch → Rn. 69 ff.) berechtigt, die insgesamt ein Drittel der rechtmäßigen Aufenthaltsdauer, also 120 Tage, nicht überschreitet. **Studentische Nebentätigkeiten** (→ Rn. 69) werden von der Berechtigung umfasst (§ 16 b Abs. 2 S. 3 AufenthG). Die Festlegung der zeitlichen Dauer der kraft Gesetzes erlaubten Beschäftigung orientiert sich an § 16 a AufenthG. Da der Aufenthalt auch weniger als 360 Tage dauern kann, wurde von einer dieser Vorschrift vergleichbaren zeitlichen Begrenzung ab-

100 *Samel*, in: Bergmann/Dienelt, 12. Aufl. 2018, § 16 a AufenthG Rn. 5.

gesehen.[101] Selbstständige, insbesondere freiberufliche Erwerbstätigkeiten können erlaubt werden (→ Rn. 69 ff.). Dies kommt insbesondere dann in Betracht, wenn diese Tätigkeiten im sachlichen Zusammenhang mit dem Studium stehen oder der Betroffene auf diese Tätigkeit zur Finanzierung seines Aufenthalts angewiesen ist.

IV. Ablehnungsgründe (§ 19 f Abs. 5 AufenthG)

99 Die Ausstellung der Bescheinigung nach § 16 c Abs. 5 AufenthG wird abgelehnt, wenn Ablehnungsgründe nach § 19 f Abs. 5 AufenthG vorliegen (§ 16 c Abs. 3 AufenthG; → Kap. 3 Rn. 123 f.). Dies ist der Fall, wenn die Voraussetzungen nach § 16 c Abs. 1 AufenthG nicht erfüllt sind (§ 19 f Abs. 5 S. 1 Nr. 1 AufenthG) oder die für die Antragstellung erforderlichen Unterlagen in betrügerischer Weise erworben, gefälscht oder manipuliert wurden (§ 19 f Abs. 5 S. 1 Nr. 2 AufenthG). Ferner ist die Aufenthaltserlaubnis abzulehnen, wenn einer der Ablehnungsgründe des § 19 f Abs. 4 AufenthG vorliegt (§ 19 f Abs. 5 S. 1 Nr. 3 AufenthG). Dies ist der Fall, wenn die Bildungseinrichtung hauptsächlich zu dem Zweck gegründet wurde, die Einreise und den Aufenthalt von Drittstaatsangehörigen zu dem in § 16 c AufenthG bezeichneten Zweck zu erleichtern (§ 19 f Abs. 4 Nr. 1 AufenthG), wenn über das Vermögen der Bildungseinrichtung ein Insolvenzverfahren eröffnet wurde, das auf Auflösung der Einrichtung und Abwicklung des Geschäftsbetriebs gerichtet ist (§ 19 f Abs. 4 Nr. 2 AufenthG), wenn die Bildungseinrichtung im Rahmen der Durchführung eines Insolvenzverfahrens aufgelöst und der Geschäftsbetrieb abgewickelt wurde (§ 19 f Abs. 4 Nr. 3 AufenthG), wenn die Eröffnung eines Insolvenzverfahrens über das Vermögen der Einrichtung mangels Masse abgelehnt und der Geschäftsbetrieb eingestellt wurde (§ 19 f Abs. Nr. 4 AufenthG), die aufnehmende Einrichtung keine Geschäftstätigkeit ausübt (§ 19 f Abs. 4 Nr. 5 AufenthG) oder Beweise oder konkrete Anhaltspunkte dafür bestehen, dass der Drittstaatsangehörige den Aufenthalt zu anderen Zwecken nutzen wird als zu dem, für den er die Erteilung der Bescheinigung nach § 16 c Abs 5 AufenthG beantragt (§ 19 f Abs. 4 Nr. 6 AufenthG). § 19 f Abs. 4 AufenthG stellt die Ablehnung zwar in das behördliche Ermessen. § 19 f Abs. 5 AufenthG enthält jedoch **zwingende** Ablehnungsgründe. Deshalb steht auch die Anwendung der in Bezug genommenen Vorschrift des § 19 f Abs. 4 AufenthG im Rahmen des § 16 c AufenthG nicht im Ermessen. Ferner ist die Ausstellung der Bescheinigung abzulehnen, wenn ein Ausweisungsinteresse (§ 5 Abs. 1 Nr. 2 AufenthG) besteht (§ 19 f Abs. 5 S. 1 Nr. 4 AufenthG).

100 Nach der Ablehnung gemäß § 19 f Abs. 5 AufenthG ist das Studium unverzüglich (§ 121 Abs. 1 BGB), also ohne schuldhaftes Verzögern, einzustellen (§ 16 c Abs. 3 S. 1 AufenthG). Die bis dahin bestehende Befreiung vom Erfordernis des Besitzes eines Aufenthaltstitels entfällt (§ 16 c Abs. 3 S. 2 AufenthG). Die Ausländerbehörde wird für das weitere aufenthaltsrechtliche Verfahren zuständig (§ 16 c Abs. 5 S. 1 AufenthG). Die Ablehnung mangels Vorliegens der tatbestandlichen Voraussetzungen für die Erteilung der Bescheinigung sowie wegen der in § 19 f Abs. 5 S. 1 Nr. 2 AufenthG bezeichneten Gründe hat innerhalb von 30 Tagen nach Zustellung der vollständigen Mitteilung nach § 16 c Abs. 1 S. 1 AufenthG beim Bundesamt für Migration und Flüchtling zu erfolgen (§ 19 f Abs. 5 S. 2 Hs. 1 AufenthG). Besteht ein Ausweisungsinteresse, ist eine Ablehnung durch die örtlich zuständige Ausländerbehörde jederzeit während des Aufenthaltes des Betroffenen zulässig (§ 19 f Abs. 5 S. 3 Hs. 2 AufenthG). Während in den anderen Fällen für die Ablehnung der Bescheinigung das Bundesamt zuständig ist, ist danach bei einem bestehenden **Ausweisungsinteresse** stets die Ausländerbehörde zuständig. Das Bundesamt hat gem. § 19 f Abs. 5 S. 2 Hs. 2 AufenthG zur Feststellung von Ausweisungsinteressen iSd § 54 Abs. 1 Nr. 2 und 4 AufenthG und zur Prüfung von sonstigen **Sicherheitsbedenken** die bei ihm gespeicherten

101 Dies übersieht *Samel*, in: Bergmann/Dienelt, 12. Aufl. 2018, § 16 a AufenthG Rn. 7.

Daten zu den betroffenen Personen über das Bundesverwaltungsamt an die in § 72 Abs. 2 AufenthG bezeichneten Sicherheitsbehörden zu übermitteln (§ 19 f Abs. 5 S. 3 Hs. 2 iVm § 73 Abs. 3 c AufenthG). Besteht ein Ausweisungsinteresse, ist neben dem Betroffenen auch der zuständigen Behörde des anderen Mitgliedstaates und der mitteilenden Bildungseinrichtung die Ablehnung schriftlich bekannt zu geben (§ 19 f Abs. 5 S. 4 AufenthG). Soweit § 19 f Abs. 5 AufenthG die Ermessensausübung zulässt, nämlich beim Vorliegen eines Ausweisungsinteresses sowie bei der Übermittlung personenbezogener Daten, sollten nur die in § 73 Abs. 3 c S. 1 AufenthG genannten Ausweisungsgründe nach § 54 Abs. 1 Nr. 2 und 4 AufenthG zum Anlass aufenthaltsbeendender Maßnahmen genommen werden, also bei einem konkreten, tatsachengestützten Verdacht der Unterstützung terroristischer Organisationen oder der öffentlichen Anwendung, Androhung von oder dem öffentlichen Aufruf zu Gewalt zur Verfolgung politischer oder religiöser Zwecke.

V. Ausstellung der Bescheinigung (§ 16 c Abs. 4 AufenthG)

Nach § 16 c Abs. 4 AufenthG ist dem Drittstaatsangehörigen durch das Bundesamt für 101 Migration und Flüchtlinge eine Bescheinigung über die Berechtigung zur Einreise und zum Aufenthalt im Bundesgebiet zum Zweck des Studiums im Rahmen der kurzfristigen Mobilität auszustellen, wenn innerhalb von 30 Tagen nach Zugang der Mitteilung nach § 16 c Abs. 1 S. 1 AufenthG keine Ablehnung der Einreise und des Aufenthalts des Drittstaatsangehörigen erfolgt ist. Innerhalb dieses Zeitraums müssen demnach die tatbestandlichen Voraussetzungen nach § 16 c Abs. 1 AufenthG sowie das etwaige Bestehen von Ablehnungsgründen (→ Rn. 91 f., 99) geprüft worden sein. Sofern dies dem Bundesamt innerhalb dieser Frist nicht möglich ist, besteht ein ggf. gerichtlich durchsetzbarer Einreise- und Aufenthaltsanspruch. Dies wird durch Art. 31 Abs. 2 und Abs. 10 RL (EU) 2016/801 bekräftigt, weil danach sowohl die Einführung eines Mitteilungsverfahrens wie auch die Ausstellung einer Bescheinigung in das Ermessen der Mitgliedstaaten gestellt wird, also nicht zwingend geregelt werden muss.

VI. Zuständigkeit der Ausländerbehörde (§ 16 b Abs. 5 AufenthG)

Nach der Ablehnung gemäß § 16 c Abs. 3 iVm § 19 f Abs. 5 AufenthG oder der Ausstel- 102 lung der Bescheinigung nach § 16 c Abs. 4 AufenthG ist die örtlich zuständige Ausländerbehörde gemäß § 71 Abs. 1 S. 1 AufenthG für das weitere aufenthaltsrechtliche Verfahren zuständig (§ 16 c Abs. 5 S. 1 AufenthG). Es handelt sich um eine **deklaratorische** Bestimmung, wie bereits aus dem Hinweis auf die aus dem Gesetz folgende ausländerbehördliche Zuständigkeit folgt. Das Bundesamt prüft danach im Rahmen des Mitteilungsverfahrens die Voraussetzungen nach § 16 c Abs. 1 und 3 AufenthG. Nach der Einreise des Drittstaatsangehörigen wird die Zuständigkeit der Ausländerbehörde für alle danach auftretenden aufenthaltsrechtlichen Umstände begründet. Auch die Mitteilungspflicht des Drittstaatsangehörigen und der aufnehmenden Bildungseinrichtung nach § 16 c Abs. 5 S. 2 AufenthG besteht gegenüber der örtlich zuständigen Ausländerbehörde. Eine Verletzung der Mitteilungspflicht führt nicht ohne Weiteres zu aufenthaltsbeendenden Maßnahmen, sondern nur dann, wenn die anzeigepflichtigen Änderungen den Wegfall der Voraussetzungen nach § 16 c Abs. 1 AufenthG bewirken. Dies kann zB der Fall sein, wenn der vom anderen Mitgliedstaat erteilte Aufenthaltstitel innerhalb des Zeitraums von § 16 c Abs. 1 S. AufenthG, also von 360 Tagen erlischt, das multilaterale Programm beendet wird oder die Zulassung nach § 16 c Abs. 1 S. 1 Nr. 3 AufenthG ihre Gültigkeit verliert. Ist die Geltungsdauer des Passes abgelaufen, ist dem Betroffenen Gelegenheit zu geben, dessen Verlängerung bei der für ihn zuständigen heimatlichen Auslandsvertretung zu beantragen. Dies dürfte regelmäßig die Auslandsvertretung im anderen Mitgliedstaat sein. Unangemessene, vom Betroffenen nicht zu vertretende Verzögerungen des Passausstellungsverfahren und damit eine nicht kurzfristige Unterbrechung des Aufenthalts im Bundesgebiet führen zu einer Verlängerung des Zeitraums von 360 Tagen um die Zeitdauer dieses Auslandsaufenthalts. Ist die Finanzierung nicht mehr gesichert, ist diesem Umstand durch entsprechende Gestaltung einer über die zeitlichen und inhaltlichen Grenzen von § 16 c Abs. 2 S. 3 AufenthG hinausgehenden Beschäftigungserlaubnis Rechnung zu tragen. Generell ist davon auszugehen, dass nur Gründe, die zur nachträglichen Befristung der Aufenthaltserlaubnis nach § 7 Abs. 2 S. 2 AufenthG führen, bei der Prüfung des Fortbestands der tatbestandlichen Voraussetzungen nach Abs. 1 in Betracht kommen. Liegen diese vor, steht die Einleitung aufenthaltsbeendender Maßnahmen im behördlichen Ermessen.

Kapitel 3: Fachkräfteeinwanderung

Abschnitt I: Fachkräfteeinwanderung

A. Bedeutung der Fachkräfteeinwanderung

1 Die Förderung der Fachkräfteeinwanderung ist das Ziel des FKEG schlechthin. Danach orientiert sich die Zulassung ausländischer Beschäftigter an den Erfordernissen des **Wirtschaftsstandortes Deutschland** unter Berücksichtigung der Verhältnisse auf dem Arbeitsmarkt. Die **besonderen Möglichkeiten für ausländische Fachkräfte** sollen der **Sicherung der Fachkräftebasis** und der **Stärkung der sozialen Sicherungssysteme** dienen. Dementsprechend werden im Kapitel 3, Abschnitt I des vorliegenden Handbuchs zunächst der Grundsatz der Fachkräfteeinwanderung und abweichend von der Gliederung des FKEG auch die Arbeitsplatzsuche für Fachkräfte (§ 20 AufenthG) behandelt. Anschließend werden in Abschnitt II alle mit der Einwanderung von **Fachkräften mit qualifizierter Berufsausbildung** in Zusammenhang stehenden Vorschriften erörtert. Auch hier weicht die Darstellung der einzelnen Sachbereiche von der Gliederung des FKEG ab. Für die Ausbildung von Fachkräften mit qualifizierter Berufsausbildung ist insbesondere auch die **Ausbildungsduldung** (§ 60 a AufenthG) von Bedeutung. Einen besonderen Sachverhalt stellt die **Beschäftigungsduldung** dar, die keine qualifizierte Berufsausbildung voraussetzt. Dies gilt im Übrigen auch für die in § 16 a AufenthG geregelte betriebliche Aus- und Weiterbildung (Kapitel 2 des Handbuchs). Beide Duldungen werden aber entsprechend der Vorgabe des Gesetzgebers, der diesen Sachbereich im Gesetz über Duldung bei Ausbildung und Beschäftigung[102] geregelt hat, in einem besonderen Kapitel, nämlich Kapitel 4 des Handbuchs, erörtert. Nach dem ursprünglichen Referentenentwurf sollte diese als **Spurwechsel** bekannte Problematik in einem einheitlichen Gesetz geregelt werden. Der Gesetzgeber hat jedoch entschieden, dass die Fachkräfteeinwanderung in einem eigenen Gesetz sowie der Spurwechsel in einem davon unabhängigen Gesetz behandelt werden soll. Mit Spurwechsel wird im politischen Diskurs der Wechsel von einem geduldeten oder gestatteten Aufenthalt zu einem Aufenthalt zum Zwecke der Beschäftigung gemeint. Hier bestehen wegen der Ausreisepflicht derjenigen, denen der Spurwechsel eröffnet werden könnte, erhebliche politische Meinungsverschiedenheiten. Diese dürften wohl der Anlass dafür gewesen sein, dass zunächst das nicht ganz so umstrittene FKEG beraten und verabschiedet wurde. Bei der Darstellung der Einwanderung von Fachkräften mit qualifizierter Berufsausbildung werden auch die in § 16 d AufenthG enthaltenen Maßnahmen zur Anerkennung ausländischer Berufsqualifikationen wiederum abweichend von der Gliederung des Gesetzes erörtert. Das geltende (§ 16 d AufenthG) wie das frühere Recht (§ 17 a AufenthG aF) regelte bzw. regelt diese Frage systemwidrig im Zusammenhang mit der Ausbildung. Da die Frage der Anerkennung ausländischer Berufsqualifikationen aber von entscheidender Bedeutung für die Definition der Fachkräfte mit qualifizierter Berufsausbildung ist, wird sie im Abschnitt II im Zusammenhang mit der Einwanderung von Fachkräften mit qualifizierter Berufsausbildung abgehandelt. Das frühere Recht kannte den Begriff „Fachkräfte mit qualifizierter Berufsausbildung“ nicht, sondern nur den Begriff der „qualifizierten Berufsausbildung“ (§ 6 Abs. 1 S. 2 BeschV aF), so dass die Einfügung von § 17 a AufenthG aF in den dritten Abschnitt von Kapitel 2 des AufenthG keinen Bedenken begegnete. Für das geltende Recht gilt dies aber nicht. Nach Abschnitt II werden im Abschnitt III alle mit der Einwanderung von Fachkräften mit akademischer Ausbildung zusammenhängenden Vorschriften behan-

102 BT-Drs. 19/8286.

delt. Auch hier gibt es bei der Gliederung dieses Handbuchs Abweichungen von der Gliederung des FKEG.

B. Grundsatz der Fachkräfteeinwanderung (§ 18 AufenthG)

I. Funktion der Zulassung von Fachkräften (§ 18 Abs. 1 AufenthG)

2 Wie nach altem Recht stellt § 18 AufenthG die Zentralnorm des 4. Abschnitts des AufenthG im Bereich der Aufenthaltserlaubnis zur Beschäftigung dar. Früher unterschied die Norm in Beschäftigungen, die eine qualifizierte Berufsausbildung voraussetzten (§ 18 Abs. 4 AufenthG aF) und in Beschäftigungen, bei denen dies nicht der Fall war (§ 18 Abs. 3 AufenthG aF). Diese Unterscheidung wird aufgegeben. Nunmehr wird in § 18 Abs. 3 AufenthG der Aufenthaltstitel für Fachkräfte geregelt, im Übrigen aber offengelassen, ob auch für nicht qualifizierte Beschäftigungen ein Aufenthaltstitel erteilt werden kann. Dies ist etwa bei der Beschäftigungsduldung nach § 60 d AufenthG der Fall, durch die die Aufenthaltserlaubnis nach § 25 b AufenthG vorbereitet wird. § 18 Abs. 1 S. 1 AufenthG in der heutigen Fassung umreißt mit identischem Wortlaut wie früher § 18 Abs. 1 AufenthG aF die Funktion der Fachkräfteeinwanderung. S. 2 erweitert die Funktionsbestimmung aber um weitere Interessen: Danach orientiert sich die Zulassung ausländischer Beschäftigter an den Erfordernissen des **Wirtschaftsstandortes Deutschland** unter Berücksichtigung der Verhältnisse auf dem Arbeitsmarkt. Diese Berücksichtigungsregel wird durch das Zustimmungsverfahren nach § 39 Abs. 2 AufenthG flexibel umgesetzt. So kann zB die Vorrangprüfung bei Veränderungen des Arbeitsmarktes kurzfristig wieder eingeführt werden. Des Weiteren umschreibt Abs. 1 S. 2 die Funktion der Vorschrift dahin, dass die **besonderen Möglichkeiten für ausländische Fachkräfte** der **Sicherung der Fachkräftebasis** und der **Stärkung der sozialen Sicherungssysteme** dienen. Diese, nämlich die „besonderen Möglichkeiten für ausländische Fachkräfte", sind nach Abs. 1 S. 3 auf die nachhaltige Integration von Fachkräften in den Arbeitsmarkt und die Gesellschaft unter Beachtung der Interessen der öffentlichen Sicherheit ausgerichtet. Nach der gesetzlichen Begründung verdeutlicht Abs. 1 damit **ermessenslenkende Aspekte** für die jeweils zuständigen Behörden. Gleichzeitig würden die Interessen der öffentlichen Sicherheit beachtet, was insbesondere durch die Prüfung entgegenstehender Sicherheitsaspekte vor der Einreise im Rahmen des § 5 AufenthG abgebildet werde. Dabei handele es sich ebenfalls um ermessenslenkende Aspekte für die jeweils zuständigen Behörden.[103] Die Begründung ist ungenau. § 5 AufenthG dient nicht insgesamt den Interessen der öffentlichen Sicherheit, sondern lediglich § 5 Abs. 4 AufenthG. Die anderen Erteilungsvoraussetzungen verfolgen ordnungspolitische Interessen. Ermessen steht der jeweils zuständigen Auslandsvertretung und den jeweils zuständigen Ausländerbehörden zu; hingegen nimmt die Arbeitsverwaltung keine Ermessens-, sondern eine Bedürfnisprüfung vor (§ 39 Abs. 2 AufenthG).

3 Wie ein Bündel umreist § 18 Abs. 1 AufenthG damit die Zweckbestimmung der Fachkräfteeinwanderung: Sicherung des Wirtschaftsstandortes Deutschland, der Fachkräftebasis und Stärkung der sozialen Sicherungssysteme sowie nachhaltige Integration von Fachkräften in den Arbeitsmarkt und in die Gesellschaft innerhalb der von den Interessen der öffentlichen Sicherheit gezogenen Grenzen. Nicht die individuellen Interessen der Fachkräfte an Eingliederung in den Arbeitsmarkt und in die Gesellschaft, sondern die „**besonderen Möglichkeiten**", die die Bundesrepublik für ausländische Fachkräfte geschaffen hat, dienen den umschriebenen Zielen. Es wird zwar von ihnen erwartet, dass sie die sozialen Sicherungssysteme stärken, aber dass umgekehrt die sozialen Sicherungssysteme auch ihren Interessen dienen, wird nicht erwähnt. Allerdings ist dies selbstverständlich, jedoch nur in den Grenzen, die § 2 Abs. 3 AufenthG und die hieran anknüpfenden Rechtsgrundlagen für

103 BT-Drs. 19/8285, S. 96 f.

Aufenthaltstitel ziehen. In der starren abstrakten Beschreibung der Interessen des Wirtschaftsstandortes Deutschland haben jedoch solche auf individuelle Bedürfnislagen ausgerichtete öffentlichen Interessen keinen Platz. Es sind auch nicht die individuellen Fachkenntnisse, durch welche besondere Möglichkeiten für ausländische Fachkräfte aufgebaut, erhalten oder fortentwickelt werden, sondern die besonderen Möglichkeiten selbst, die über die Einordnung der Fachkräfte bestimmen. Sind diese auf sie nicht zugeschnitten, können sie von vornherein an der Sicherung der Fachkräftebasis nicht teilnehmen.

II. Berechtigung zur Beschäftigung als Erlaubnis mit Verbotsvorbehalt (§ 4 a Abs. 1 AufenthG)

§ 4 a Abs. 1 AufenthG bestimmt, dass Ausländer, die einen Aufenthaltstitel besitzen, eine 4
Erwerbstätigkeit ausüben dürfen, es sei denn, ein Gesetz bestimmt ein Verbot. Der Gesetzgeber reagiert mit dieser Neuregelung auf die Veränderungen, die seit der früheren Regelung des § 4 Abs. 2 S. 1 Alt. 1 AufenthG aF eingetreten sind. § 4 a AufenthG regelt nunmehr die Gegenstandsbereiche der früheren Bestimmungen von § 4 Abs. 2 und 3 AufenthG aF. Diese wurden durch das FKEG aufgehoben. In zahlreichen Vorschriften des Aufenthaltsgesetzes wurde früher für den Fall, dass die Erwerbstätigkeit kraft Gesetzes erlaubt war, die Formulierung gewählt „Erwerbstätigkeit gestattet", etwa § 25 Abs. 1 S. 4 und Abs. 2 S. 2 AufenthG aF (**Asylberechtigte** und **Flüchtlinge**), § 27 Abs. 3 AufenthG aF (**Familienzusammenführung**). Damit wurde klargestellt, dass der Aufenthaltstitel die kraft Gesetzes begründete Berechtigung, eine selbstständige und nichtselbstständige Erwerbstätigkeit auszuüben, nur deklaratorisch wiedergab. Auch diese Regelungen wurden durch das FKEG aufgehoben, weil insoweit kraft § 4 a Abs. 1 S. 1 Hs. 1 AufenthG die Beschäftigung erlaubt ist. Das Gesetz verwendet wie früher in den bezeichneten privilegierenden Vorschriften den Begriff „**Erwerbstätigkeit**" und stellt damit klar, dass sowohl die – nichtselbständige – Beschäftigung wie die – selbstständige – Erwerbstätigkeit kraft Gesetzes erlaubt sind. Das gesamte frühere aufenthaltsrechtliche System beruhte jedoch auf einem **Regel-Ausnahme-Verhältnis** derart, dass der Besitz einer Aufenthaltserlaubnis die Ausübung einer Erwerbstätigkeit nur dann erlaubte, wenn sie kraft Gesetzes oder aufgrund einer konkreten Verwaltungsentscheidung zugelassen war (Erlaubnisvorbehalt). Dieses Verhältnis dreht § 4 a Abs. 1 S. 1 AufenthG um, indem er eine Erlaubnis mit Verbotsvorbehalt regelt. Ist nach Erteilung der Aufenthaltserlaubnis die Ausübung einer Tätigkeit grundsätzlich erlaubt, kann sie aber nach § 4 a Abs. 3 S. 3 und 4 AufenthG verboten oder eingeschränkt werden (**Verbotsvorbehalt**).[104] Neu ist, dass, wer im Bundesgebiet einen Ausländer beschäftigt, der Ausländerbehörde von sich aus innerhalb von vier Wochen ab Kenntnis mitteilen muss, dass die Beschäftigung, für die der Aufenthaltstitel erteilt wurde, vorzeitig beendet wurde (§ 4 a Abs. 5 S. 3 Nr. 3 AufenthG). Dies wird als überflüssig erachtet.[105] § 4 a Abs. 1 S. 1 AufenthG enthält die zentrale Vorschrift, dass Ausländer, die einen Aufenthaltstitel besitzen, eine Erwerbstätigkeit ausüben dürfen (**Grundsatz**), es sei denn, ein Gesetz bestimmt ein Verbot (**Ausnahme**). Damit wird klargestellt, dass ein Drittstaatsangehöriger, der im Besitz eines Aufenthaltstitels ist, im Bundesgebiet grundsätzlich einer Erwerbstätigkeit nachgehen darf (**Erlaubnis mit Verbotsvorbehalt**). Damit geht zugleich einher, dass die Erwerbstätigkeit im Grundsatz auch nur dann gestattet ist, wenn dem Drittstaatsangehörigen dies durch den Aufenthaltstitel erlaubt ist.[106] Für Duldungsinhaber (§ 60 a Abs. 4 AufenthG) und Personen, die im Besitz einer Aufenthaltsgestattung

104 *Deutscher Anwaltverein*, Stellungnahme zum Referentenentwurf eines FKEG, Dezember 2018, S. 5; *DGB*, Stellungnahme zum Entwurf für ein FKEG v. 24.5.2019, S. 8; *Ministerium für Kinder, Familie, Flüchtlinge und Integration des Landes Nordrhein-Westfalen* v. 1.12.2018, zu Art. 1 Nr. 4.

105 *DIHK*, Stellungnahme zum Entwurf eines FKEG v. 29.5.2019, S. 5.

106 BT-Drs. 19/8285, S. 86 f.

(§ 63 AsylG) sind, regelt § 32 BeschV die Berechtigung zur Beschäftigung. Diese Norm wurde im Zusammenhang mit der Reform des Beschäftigungsrechts ebenfalls geändert.[107]

5 Da der Aufenthaltstitel als solcher bereits die Berechtigung zur Ausübung einer Beschäftigung enthält, bedarf es anders als früher in den privilegierenden Normen keiner deklaratorischen Bestätigung. In diesen Fällen beruht der Zweck der Erteilung aber nicht auf der Ermöglichung einer Beschäftigung, sondern etwa der Gewährung von Schutz vor Verfolgung oder eines ernsthaften Schadens oder der Zusammenführung der Familie. Wird jedoch eine Erlaubnis zur Ausübung einer Beschäftigung beantragt, bedarf es grundsätzlich der Zustimmung der Bundesagentur für Arbeit (§ 18 Abs. 2 Nr. 2 AufenthG). Die Aufenthaltstitel des 4. Abschnitts stellen damit sämtlich die Ausnahmen von der Regel dar. Auf diese ist die Formulierung in § 4 a Abs. 1 S. 1 Hs. 2 AufenthG „es sei denn“ gemünzt. In der Sache hat sich damit gegenüber der früheren Rechtslage nichts geändert. Dies wird auch daraus deutlich, dass in die Regelungen in der BeschV, in denen bislang nur bestimmt wurde, dass die Zustimmung erteilt werden kann, nämlich § 8 betriebliche Aus- und Weiterbildung, § 11 Sprachlehrer und Spezialitätenköche, § 13 Hausangestellte von Entsandten, § 15 a saisonale Beschäftigungen, § 15 b Schaustellergehilfen, § 15 c Haushaltshilfen, § 25 Kultur und Unterhaltung, § 26 bestimmte Staatsangehörige, § 27 Grenzgängerbeschäftigung, § 28 deutsche Volkszugehörige und § 29 Abs. 4 Fach- oder Weltausstellungen, ausdrücklich eingefügt wurde, dass die Erteilung der Beschäftigungserlaubnis die Vorrangprüfung einschließt. Ob dies nur als Folgeänderungen von § 4 a AufenthG geboten ist,[108] erscheint fraglich. Jedenfalls handelt es sich bei diesen Gruppen um einen bunten Strauß unterschiedlichster beruflicher Beschäftigungsformen, die sämtlich von dem Zweck des FKEG, die Einwanderung von Fachkräften zu fördern, nicht eingeschlossen sind. Für geduldete und gestattete Drittstaatsangehörige entfiel wie früher unter den Voraussetzungen des § 32 BeschV die Vorrangprüfung (§ 32 Abs. 3 BeschV aF). Wie früher nach § 4 Abs. 2 S. 1 AufenthG muss der Aufenthaltstitel erkennen lassen, ob die Ausübung einer Beschäftigung erlaubt ist und ob sie Beschränkungen unterliegt (§ 4 a Abs. 3 S. 1 AufenthG nF).

III. Erteilungsvoraussetzungen eines Aufenthaltstitels nach dem 4. Abschnitt des AufenthG (§ 18 Abs. 2 AufenthG)

1. Funktion der Vorschrift

6 § 18 Abs. 2 AufenthG bezeichnet die Voraussetzungen, die für alle Aufenthaltstitel zwecks Ausübung einer Beschäftigung gelten, also die in § 18 a bis § 19 e AufenthG bezeichneten Titel. § 20 AufenthG regelt zwar auch einen Aufenthaltstitel im 4. Abschnitt, jedoch nicht zur Beschäftigung, sondern zur Arbeitsplatzsuche. Hingegen enthielt früher § 18 Abs. 2 AufenthG aF eher einen allgemeinen Grundsatz, dass eine Aufenthaltserlaubnis zur Ausübung einer Beschäftigung erteilt werden kann, regelte aber in den einzelnen Rechtsgrundlagen die einzelnen tatbestandlichen Voraussetzungen. Das geltende Recht bestimmt in § 18 Abs. 2 AufenthG, welche Voraussetzungen für alle Aufenthaltstitel des 4. Abschnitts erfüllt sein müssen. Die Vorschrift fasst damit bislang geltende Vorgaben zur besseren Übersichtlichkeit zusammen. Neben den Voraussetzungen des § 18 Abs. 2 AufenthG müssen die Regelerteilungsvoraussetzungen nach § 5 AufenthG erfüllt sein, dh der **Lebensunterhalt** muss gesichert (§ 5 Abs. 1 Nr. 1 AufenthG), die **Identität** geklärt (§ 5 Abs. 1 Nr. 1 a AufenthG) sein; es darf **kein Ausweisungsinteresse** vorliegen (§ 5 Abs. 1 Nr. 2 AufenthG) und es dürfen nicht aus einem sonstigen Grund **Interessen der Bundesrepublik Deutschland beeinträchtigt oder gefährdet** sein (§ 5 Abs. 1 Nr. 3 AufenthG). Schließlich muss die **Passpflicht** erfüllt werden (§ 3 Abs. 1, § 5 Abs. 1 Nr. 4 AufenthG). Diese Voraussetzungen

107 BGBl. 2019 I S. 1109.
108 BT-Drs. 19/8285, S. 86 f.

werden bereits im Visumverfahren geprüft, so dass jedenfalls § 5 Abs. 1 Nr. 1 a und 4 AufenthG bei der Erteilung des Aufenthaltstitels ohne Bedeutung sind, jedoch wegen § 8 Abs. 1 AufenthG bei dessen Verlängerung Probleme bereiten können. Bei der Verlängerung des Aufenthaltstitels können sämtliche Erteilungsvoraussetzungen des § 5 Abs. 1 AufenthG relevant werden (vgl. auch § 8 Abs. 1 AufenthG). Schließlich muss das Visumverfahren eingehalten worden sein (§ 5 Abs. 2 AufenthG).

2. Nachweis eines konkreten Arbeitsplatzangebotes (§ 18 Abs. 2 Nr. 1 AufenthG)

Erste Voraussetzung für die Erteilung eines Aufenthaltstitels ist der Nachweis eines konkreten Arbeitsplatzangebotes (§ 18 Abs. 2 Nr. 1 AufenthG). Abs. 2 übernimmt damit § 18 Abs. 5 AufenthG aF. Der Gesetzgeber hat sich nicht dazu durchringen können, auf diese Forderung zu verzichten. So enthielt das erste, am BVerfG gescheiterte Zuwanderungsgesetz von 2002 in § 20 AufenthG ein **Punktesystem**, das das Erfordernis des Arbeitsplatzangebotes ersetzte. Im Zuwanderungsgesetz von 2004 erschien jedoch § 20 als Leerstelle. Dies war schon deshalb außergewöhnlich, weil ein neues Gesetz zunächst einmal ein in sich abgeschlossenes Konzept von Regelungen enthält. Leerstellen können in der Folgezeit durch aufgehobene Vorschriften auftreten. Deshalb kommt dieser entstehungsgeschichtlichen Entwicklung eine gewisse Symbolfunktion für den mühevollen Erkenntnisprozess zu, dass Deutschland ein **Einwanderungsland** ist, und ist es bei einer weiteren dynamischen Entwicklung des Arbeitsmarktes vorstellbar, dass in naher oder fernerer Zukunft von einer derartigen Forderung abgesehen werden könnte. Wie bereits aus der Ratio der Vorschrift des § 20 AufenthG nF folgt, wird für die Erteilung der Aufenthaltserlaubnis zwecks Arbeitsplatzsuche (§ 20 AufenthG) nicht der Nachweis eines konkreten Arbeitsplatzes gefordert. 7

Das konkrete Arbeitsplatzangebot kann durch einen vom Arbeitgeber und Antragsteller unterzeichneten **Beschäftigungsvertrag** nachgewiesen werden. Da Arbeitgeber Planungssicherheit und Verlässlichkeit benötigen, unterzeichnen sie häufig erst dann den Vertrag, wenn die erforderlichen öffentlich-rechtlichen Erlaubnisse für die Aufenthaltsbegründung in Deutschland erteilt worden sind. Das kann aber angesichts der längeren Bearbeitungszeiten eines Visums oder einer Aufenthaltserlaubnis dazu führen, dass das für den Antragsteller bestimmte Angebot nicht aufrechterhalten wird. In der Verwaltungspraxis wurde aufgrund dieser Schwierigkeit erst **bei Beantragung** des elektronischen Aufenthaltstitels der Beschäftigungsvertrag vorgelegt.[109] Das beseitigte häufig jedoch nicht die Probleme, weil zwischen der mündlichen Absprache, ein Beschäftigungsverhältnis einzugehen, und der Erteilung eines Aufenthaltstitels eine Zeit der Ungewissheit liegt und deshalb häufig erst nach Erteilung des Titels der Beschäftigungsvertrag unterzeichnet wurde. In der Praxis hatte sich zur Behebung dieser Schwierigkeit die Übung herausgebildet, dass der Arbeitgeber eine schriftliche Erklärung abgab, dass er den Antragsteller anstellen werde, wenn der erforderliche Aufenthaltstitel erteilt worden sei, oder aber zwischen dem Arbeitgeber und der zuständigen Ausländerbehörde bestand ein gewisses Vertrauensverhältnis, so dass der Arbeitgeber den Vertrag vor der Erteilung des Aufenthaltstitels unterzeichnete. Diesen Problemen trägt § 18 Abs. 2 Nr. 1 AufenthG Rechnung, indem er lediglich den Nachweis eines **Angebots** für einen Arbeitsplatz, also eine schriftliche Zusage unter dem Vorbehalt, dass die Aufenthaltserlaubnis erteilt wird, oder eines Arbeitsvertrags verlangt. Bei der Erteilung der Aufenthaltserlaubnis zur Arbeitsplatzsuche nach § 20 AufenthG (→ Rn. 20 ff.) entfällt diese Voraussetzung. 8

109 So *Offer/Ewald* in: Offer/Mävers, BeschV, Kommentar, 2016, § 2 Rn. 6.

3. Zustimmung der Bundesagentur für Arbeit (§ 18 Abs. 2 Nr. 2 AufenthG)

9 Zweite Voraussetzung für die Erteilung des Aufenthaltstitels ist, dass die Bundesagentur für Arbeit nach § 39 AufenthG zugestimmt hat. Dies gilt nicht, wenn durch Gesetz, zwischenstaatliche Vereinbarung oder durch die BeschV bestimmt ist, dass die Ausübung der Beschäftigung ohne Zustimmung zulässig ist. In diesem Fall kann aber die Erteilung kurzfristig versagt werden, wenn einer der Tatbestände des § 40 Abs. 2 oder 3 AufenthG vorliegt (§ 18 Abs. 2 Nr. 2 AufenthG). Diese Regelung entspricht im Wesentlichen der früheren Vorschrift des § 18 Abs. 2 AufenthG aF, es fehlt jedoch der Hinweis auf § 42 AufenthG. Nach der gesetzlichen Begründung übernimmt § 18 Abs. 2 Nr. 2 AufenthG eine Regelung, die bisher bei den einzelnen Aufenthaltstiteln des 4. Abschnitts enthalten war.[110] Die Neukonzeption, dass die Vorrangprüfung grundsätzlich entfallen soll, wird allgemein begrüßt.[111] Durch das AufenthG wird zB in § 18 b Abs. 2 für **Fachkräfte mit akademischer Ausbildung**, in § 18 c für die Niederlassung zugunsten von Fachkräften, in § 19 c Abs. 4 für einen Ausländer, der in einem Beamtenverhältnis zu einem deutschen Dienstherrn steht, der Aufenthaltstitel ohne Zustimmung erteilt. Nach der BeschV wird nach § 3 (**Führungskräfte**), § 5 (**Wissenschaft, Forschung und Entwicklung**), § 7 (**Absolventen deutscher Auslandsschulden**), § 9 (Beschäftigung bei **Voraufenthaltszeiten**), § 15 (**Praktika**), § 16 (**Geschäftsreisende**), § 17 (**Betriebliche Weiterbildung**), § 18 (**Journalisten**), § 19 (**Werklieferungsverträge**), § 20 (**Internationaler Straßen- und Schienenverkehr**), § 22 (**Besondere Berufsgruppen**), § 23 (**Internationale Sportveranstaltungen**), § 24 (**Schifffahrt- und Luftverkehr**), § 31 (**humanitäre Aufenthaltserlaubnis**) die Aufenthaltserlaubnis ohne Zustimmung erteilt. In allen anderen Fällen, in denen weder im AufenthG noch in der BeschV der Wegfall der Zustimmung ausdrücklich angeordnet wird, ist diese von der zuständigen Ausländerbehörde bei der Bundesagentur für Arbeit einzuholen. Davon zu unterscheiden sind die Fälle, in denen zwar die Zustimmung einzuholen ist, jedoch die **Vorrangprüfung** entfällt, zB § 8 BeschV. Bei der Aufenthaltserlaubnis zwecks Arbeitsplatzsuche stellt sich das Zustimmungserfordernis nicht.

10 Die Zustimmung kann hinsichtlich der Geltungsdauer, des Betriebs, der beruflichen Tätigkeit, des Arbeitgebers, der Region, in der die Beschäftigung ausgeübt werden kann, und der Lage und Verteilung der Arbeitszeit **beschränkt** werden (§ 4 a Abs. 2 S. 2 AufenthG, § 34 Abs. 1 BeschV). Da das Gesetz aber die Fachkräfteeinwanderung fördern will, ist kaum anzunehmen, dass die Verwaltungspraxis diesem Ziel durch eine extensive Ausübung dieser Befugnis zuwiderhandeln wird. Sofern die Zustimmung nicht erforderlich ist, kann sie gleichwohl versagt werden, wenn der Arbeitgeber wegen Verstoßes gegen § 404 Abs. 1 oder Abs. 2 SGB III rechtskräftig zu einer Geldstrafe oder wegen Verletzung des Schwarzarbeiterbekämpfungsgesetzes oder des Arbeitnehmerüberlassungsgesetzes rechtskräftig zu einer Geld- oder Freiheitsstrafe verurteilt wurde oder im Zusammenhang mit der ICT-Karte für unternehmensintern transferierte Arbeitnehmer oder im Blick auf die Mobiler-ICT-Karte gesetzliche Verpflichtungen verletzt hat (§ 4 a Abs. 2 S. 3 iVm § 40 Abs. 2 oder Abs. 3 AufenthG). Der Aufenthaltstitel wird nach Erteilung der verwaltungsinternen Zustimmung durch die Ausländerbehörde erteilt und muss klar erkennen lassen, dass die Ausübung einer Beschäftigung erlaubt ist und ob sie Beschränkungen der aufgezeigten Art unterliegt (§ 4 a Abs. 3 S. 1 AufenthG). Denn Beschränkungen seitens des Arbeitsverwaltung sind zu übernehmen (§ 4 a Abs. 3 S. 2 AufenthG). Soll nachträglich die Beschränkung geändert werden, bedarf es hierzu einer Erlaubnis einschließlich der Einholung einer Zustimmung (§ 4 a Abs. 3 S. 3 AufenthG). Soll die bisherige Beschränkung auf

---

110 BT-Drs. 19/8285, 97.

111 Vgl. nur Deutscher Verein für öffentliche und private Fürsorge, Stellungnahme der Geschäftsstelle zur öffentlichen Anhörung am 3. Juni 2019, S. 19; 4; *DIHK*, Stellungnahme zum Entwurf eines FEG v. 19. Mai 2019, S. 5.

ein bestimmtes Unternehmen auf ein anderes Unternehmen oder die bisherige Beschäftigung auf eine andere Beschäftigung geändert werden, bedarf es hierzu der vorher zu beantragenden Erlaubnis der Ausländerbehörde (§ 4 a Abs. 3 S. 4 AufenthG), die wiederum die Arbeitsverwaltung einzuschalten hat. Wird eine andere Beschäftigung oder ein Beschäftigungsverhältnis bei einem anderen Unternehmen ohne Erlaubnis ausgeübt, entfällt der Erteilungszweck und die Ausländerbehörde kann aufenthaltsbeendende Maßnahmen einleiten. Hat sie die Bindung an die Beschäftigung bei einem bestimmten Betrieb mit einer **auflösenden Bedingung** hinsichtlich der Rechtmäßigkeit des Aufenthaltstitels (§ 12 Abs. 2 S. 1 AufenthG, § 36 Abs. 2 Nr. 2 VwVfG des jeweils zuständigen Bundeslandes) versehen, erlischt mit Änderung des Beschäftigungsverhältnisses der Aufenthaltstitel (§ 51 Abs. 1 Nr. 2 AufenthG).

4. Erteilung oder Zusage der Berufsausübungserlaubnis (§ 18 Abs. 2 Nr. 3 AufenthG)

Nach § 18 Abs. 2 Nr. 3 AufenthG darf die Aufenthaltserlaubnis nur erteilt werden, wenn 11
eine Berufsausübungserlaubnis erteilt *oder* zugesagt wurde, soweit für die angestrebte Beschäftigung eine derartige Erlaubnis erforderlich ist. Diese Voraussetzung übernimmt die frühere Regelung des § 18 Abs. 5 AufenthG aF und lehnt sich an die für die Erteilung der Niederlassungserlaubnis maßgebende Voraussetzung an, dass der Besitz „sonstiger für eine dauernde Ausübung einer Erwerbstätigkeit erforderlichen Erlaubnisse" (§ 9 Abs. 2 S. 1 Nr. 6 AufenthG) nachgewiesen wird. Da die Niederlassungserlaubnis auch durch selbstständig Erwerbstätige in Anspruch genommen wird und der Begriff Erwerbstätigkeit auf diese Personengruppe verweist, ist kaum erkennbar, inwieweit diese Voraussetzung bei der Beantragung einer nichtselbstständigen Beschäftigung in Betracht kommt. Nach den Verwaltungsvorschriften zu § 9 AufenthG werden in diesem Zusammenhang **Rechtsanwälte, Heilberufe** und im Gewerberecht vorgesehene Erlaubnisse genannt (Nr. 9.2., 1.6.1 AufenthG-VwV). In der Kommentarliteratur wird darüber hinaus auf **Ärzte** (§§ 2 ff. BÄO), **Heilpraktiker, Zahnärzte** (§ 2 ff. ZahnheilkundeG), **Tierärzte** (§§ 2 ff. BTier-ÄrzteO) und **Apotheker** (§§ 2 ff. BApothG) verwiesen.[112] Auch handwerkliche (§§ 1 ff. HwO) und gewerberechtliche Erlaubnisse (§§ 30 ff. GewO, § 2 GastG) werden zu den besonderen Berufsausübungserlaubnissen gezählt. Sofern diese Berufe in Form einer nichtselbstständigen Tätigkeit, zB als angestellter Architekt, Rechtsanwalt, Arzt im Krankenhaus etc ausgeübt werden, sind die für den jeweiligen Beruf erforderlichen Erlaubnisse vorzulegen, etwa die Approbations- oder die anwaltliche Zulassungsurkunde. Ungeachtet einer etwaigen Befristung liegt eine Erlaubnis zur dauerhaften Berufsausbildung vor, wenn durch die Befristung lediglich erreicht werden soll, dass die Berufstauglichkeit erneut geprüft wird.[113] Darüber hinaus ist von einer dauerhaften Berufsausübungserlaubnis auszugehen, wenn sie aus anderen Gründen üblicherweise nur befristet erteilt wird. Hierbei ist zu bedenken, dass befristete Verträge auch etwa im Gesundheitswesen üblich sind und deshalb Prognosen wegen der stetig größer werdenden Finanzierungsdefizite zunehmend schwieriger werden.[114] Der Zulassung steht es gleich, wenn die Tätigkeit wie im Einzelhandel ohne Erlaubnis ausgeübt werden darf.

Die Berufsausübungserlaubnis muss erteilt oder zugesagt worden sein. Im letzteren Fall dürften regelmäßig die für die Berufsausübungserlaubnis erforderlichen Voraussetzungen durch die zuständigen Stellen bereits geprüft worden sein und allein noch die für die Erteilung erforderlichen administrativen Fragen abgewickelt werden müssen. Zwingend ist dies jedoch nicht. So kann die zuständige Stelle etwa auch nach einer vorläufigen summari-

112 *Dienelt*, in: Bergmann/Dienelt, AuslR, 12. Aufl. 2018, § 9 AufenthG Rn. 60; *Marx*, in: GK-AufenthG II – § 9 AufenthG Rn. 286; *Müller*, in: NK-AuslR, 2. Aufl. 2016, § 9 AufenthG Rn. 20.

113 AA VG Hannover, NVwZ-RR 2010, 940 (941).

114 *Dienelt*, in: Bergmann/Dienelt, AuslR, 12. Aufl. 2018, § 9 AufenthG Rn. 62; *Marx*, in: GK-AufenthG II – § 9 AufenthG Rn. 286; *Müller* in: NK-AuslR, 2. Aufl. 2016, § 9 AufenthG Rn. 20.

schen Überprüfung der eingereichten Nachweise bereits eine Zusage erteilt haben. Erforderlich ist eine schriftliche Zusage, an welche die zuständige Stelle gebunden ist. Wird später die Zusage nicht eingehalten, ist dem Betroffenen Gelegenheit zu geben, die entsprechenden rechtlichen und tatsächlichen Fragen mit der zuständigen Stelle zu klären. Der Widerruf oder die nachträgliche Befristung des Aufenthaltstitels ist unverhältnismäßig, sofern nachgewiesen wird, was der Betroffene im konkreten Einzelfall unternommen hat oder konkret zu unternehmen beabsichtigt, um die erforderliche Berufsausübungserlaubnis zu erlangen.

5. Feststellung der Gleichwertigkeit der Qualifikation oder des Hochschulabschlusses (§ 18 Abs. 2 Nr. 4 AufenthG)

12 Nach § 18 Abs. 2 Nr. 4 AufenthG setzt die Erteilung des Aufenthaltstitels zur Beschäftigung darüber hinaus den Nachweis der Gleichwertigkeit der Qualifikation oder einen anerkannten oder einen einem inländischen Hochschulabschluss vergleichbaren Hochschulabschluss voraus. Diese Vorschrift ist so zu verstehen, dass es im ersten Fall stets um eine ausländische berufliche Qualifikation geht. Denn eine im Inland erworbene Qualifikation (§ 2 Abs. 12 a AufenthG) bedarf nicht der Gleichwertigkeitsprüfung. Ähnlich ist es im zweiten Fall. Hier ist der erworbene inländische Hochschulabschluss vorzulegen. Wurde der Hochschulabschluss im Ausland erworben, bedarf es der Anerkennung dieses Abschlusses durch die zuständige deutsche Behörde. § 18 Abs. 2 Nr. 4 AufenthG ist von der Sache her identisch mit § 18 Abs. 4 AufenthG. Daher wird auf die dortigen Erläuterungen verwiesen (→ Rn 19).

6. Nachweis der Altersvorsorge für Drittstaatsangehörige nach Vollendung des 45. Lebensjahres (§ 18 Abs. 2 Nr. 5 AufenthG)

13 Nach § 18 Abs. 2 Nr. 5 S. 1 AufenthG muss bei Fachkräften, die das 45. Lebensjahr vollendet haben, bei der erstmaligen Erteilung eines Aufenthaltstitels nach § 18 a oder § 18 b Abs. 1 AufenthG die Höhe des Gehalts mindestens 55 Prozent der jährlichen Beitragsbemessungsgrenze in der allgemeinen Rentenversicherung entsprechen, es sei denn, sie können den Nachweis einer angemessenen Altersvorsorge (hierzu → Rn. 173) erbringen. Hiervon kann nur in begründeten Ausnahmefällen, in denen ein öffentliches, insbesondere ein regionales, wirtschaftliches oder arbeitsmarktpolitisches Interesse an der Beschäftigung der Fachkraft besteht, abgesehen werden (§ 18 Abs. 2 Nr. 5 S. 2 AufenthG). Das Bundesinnenministerium gibt das Mindestgehalt für jedes Kalenderjahr jeweils bis zum 31.12. des Vorjahres im Bundesanzeiger bekannt (§ 18 Abs. 2 Nr. 5 S. 3 AufenthG). Im Gesetzentwurf war diese Einschränkung für Fachkräfte nach Vollendung des 45. Lebensjahres nicht vorgesehen. Es wurde aufgrund der Beschlussempfehlung des Innenausschusses vom 5.6.2019 in das Gesetz eingeführt und damit begründet, dass ältere Fachkräfte über die vorgesehene Mindestgehaltsgrenze eine „auskömmliche Lebensunterhaltssicherung erreichen können, wenn sie aus dem Erwerbsleben bei Erreichen der Altersgrenze ausscheiden“.[115] Üblicherweise wird der Nachweis der Altersvorsorge nur bei der Erteilung der Niederlassungserlaubnis nach § 9 Abs. 1 AufenthG oder der Erlaubnis zum Daueraufenthalt EU nach § 9 a AufenthG gefordert (§§ 9 Abs. 2 S. 1 Nr. 3, 9 c S. 1 Nr. 2 AufenthG). Auch § 9 c S. 1 Nr. 2 AufenthG verwendet den Begriff „angemessene Altersvorsorge“. Bei beiden Aufenthaltstiteln wird der fünfjährige Besitz eines Aufenthaltstitels vorausgesetzt, so dass in aller Regel aufgrund der Erwerbstätigkeit die erforderliche Altersvorsorge nachgewiesen werden kann. Anders ist die Situation bei Fachkräften über 45 Jahren. Diese müssen ein bestimmtes Gehalt nachweisen, damit im Fall des Ausscheidens aus dem Er-

115 BT-Drs. 19/10714, S. 8, 22.

werbsleben die Altersvorsorge gesichert ist. Im Falle der ersten Alternative ist dies aber nicht der Fall, weil diese sich zur Bemessung der Gehaltshöhe an der allgemeinen Rentenversicherung orientiert, aber nicht verlangt, dass die Fachkraft in die Rentenversicherung eingetreten ist. Auf die Gehaltsgrenze wird verzichtet, wenn die Fachkraft bereits im Zeitpunkt der Einreise bzw. erstmaligen Titelerteilung über eine angemessene Altersvorsorge bzw. entsprechende Anwartschaften verfügt, die sie im Ausland oder bei Voraufenthalten erworben hat, oder wenn sie nachweislich über entsprechende Finanzmittel verfügt.[116] Für die Beurteilung des öffentlichen Interesses wird auf die frühere Regelung des § 18 Abs. 4 S. 2 AufenthG aF verwiesen.[117] Diese Regelung wurde durch § 19c Abs. 3 AufenthG nF übernommen (→ Rn. 78).

IV. Begriff der Fachkraft (§ 18 Abs. 3 AufenthG)

1. Fachkraft mit Berufsausbildung (§ 18 Abs. 3 Nr. 1 AufenthG)

§ 18 Abs. 1 AufenthG setzt den Begriff „Fachkraft" voraus. § 18 Abs. 3 AufenthG unter- 14
scheidet in **Fachkräfte mit Berufsausbildung** (Nr. 1) und in **Fachkräfte mit akademischer Ausbildung** (Nr. 2). Der Nachweis deutscher Sprachkenntnisse wird nicht gefordert. In der Folge wird der Aufenthaltstitel für Fachkräfte mit Berufsausbildung in § 18a AufenthG und für Fachkräfte mit akademischer Ausbildung in § 18b AufenthG geregelt. Die weitgehende Gleichstellung beider Formen von Fachkräften wird als sinnvoll angesehen, da Personen mit mittleren und höheren beruflichen Qualifikationen günstige Integrationsperspektiven im Arbeitsmarkt eingeräumt werden. Daher sei die Fokussierung der Einwanderungspolitik auf Gruppen mit Berufs- und Hochschulabschlüssen angemessen.[118] Fachkraft mit Berufsausbildung ist ein Drittstaatsangehöriger, der eine **inländische Berufsausbildung** oder eine mit einer inländischen qualifizierten Berufsausbildung **gleichwertige ausländische Berufsqualifikation** besitzt (§ 18 Abs. 3 Nr. 1 AufenthG). Die hiermit vorausgesetzte qualifizierte Berufsausbildung ist anzunehmen, wenn es sich um eine Berufsausbildung in einem staatlich anerkannten oder vergleichbar geregelten Ausbildungsberuf handelt, für den nach bundes- oder landesrechtlichen Vorschriften eine Ausbildungsdauer von mindestens zwei Jahren festgelegt ist (§ 2 Abs. 12a AufenthG). Die geforderte Ausbildungsdauer bezieht sich auf die nach den rechtlichen Bestimmungen abstrakt festgelegte Dauer der Ausbildung und nicht auf die im konkreten Einzelfall individuell absolvierte Ausbildungsdauer. Daher ist auch dann von einer qualifizierten Berufsausbildung auszugehen, wenn zwar regulär eine zweijährige Ausbildungszeit vorgesehen ist, im Einzelfall der Berufsabschluss jedoch nach einer kürzeren Ausbildungszeit zugelassen wurde.[119] Denn es würde dem Zweck des Gesetzes zuwiderlaufen, jene Fachkräfte, die durch eine zugelassene verkürzte Berufsausbildung ihre besondere Begabung unter Beweis gestellt haben, auszuschließen.

Bei der qualifizierten Berufsausbildung muss es sich nicht um eine staatliche Prüfung han- 15
deln. Alle Ausbildungen nach dem BBiG oder der HandwO, den Gesetzen über die nichtärztlichen Heilberufe, den Sozialberufsgesetzen der Länder usf., die in einer Ausbildungsordnung geregelt sind und mit einer staatlich anerkannten Prüfung enden, sind eingeschlossen.[120] Derzeit gibt es etwa 340 derartig staatlich anerkannte Berufsausbildungen.[121]

116 BT-Drs. 19/10714, S. 8, 22.
117 BT-Drs. 19/10714, S. 8, 22.
118 *Institut für Arbeitsmarkt- und Berufsforschung*, Stellungnahme zum Gesetzentwurf der Bundesregierung eines FKEG v. 29.5.2019, S. 6.
119 *Dienelt*, in: Bergmann/Dienelt, AuslR, 12. Aufl. 2018, § 18a AufenthG Rn. 5; *Stiegeler*, in: NK-AuslR, 2. Aufl. 2016, § 18a Rn. 9.
120 *Dienelt*, in: Bergmann/Dienelt, AuslR, 12. Aufl. 2018, § 18a AufenthG Rn. 5; *Stiegeler*, in: NK-AuslR, 2. Aufl. 2016, § 18a Rn. 9.
121 *Stiegeler*, in: NK-AuslR, 2. Aufl. 2016, § 18a Rn. 9.

Nicht ohne Bedeutung ist, dass in der Definition das Adjektiv „qualifiziert" eingefügt ist, dieses aber in der Begriffsbeschreibung „Fachkraft mit Berufsausbildung" im Klammerzusatz fehlt. Damit grenzt sich der Begriff Fachkraft vom Begriff des Hochqualifizierten (§ 19 AufenthG aF) ab, der nunmehr in § 18c Abs. 3 AufenthG geregelt wird. Durch die gesetzliche Begründung zieht sich wie ein roter Leitfaden der Begriff „Fachkräfte" durch. Dies ist darin begründet, dass Motiv für das FKEG die Schwierigkeiten von Betrieben und Unternehmen sind, für bestimmte Qualifikationen, Regionen und Branchen qualifizierte Fachkräfte zu finden.[122] Der Begriff „Fachkräfte" ist angesichts dieser gesetzgeberischen Zweckbestimmung und der aufgelockerten gesetzlichen Definition nach unten weit auszulegen.

16 Nach der gesetzlichen Begründung muss bei der zweiten Alternative des § 18 Abs. 3 Nr. 1 AufenthG eine Berufsausbildung im Ausland erworben worden sein, wenn die nach den Regelungen des Bundes oder der Länder für berufliche Anerkennung zuständigen Stellen die **Gleichwertigkeit der Berufsqualifikation** mit einer inländischen Berufsausbildung festgestellt haben (Nr. 1).[123] Die zuständige Stelle bei Fachkräften, die nach dem BBiG für den Bereich der **nichthandwerklichen Gewerbeberufe** geregelt ist, ist die **IHK**, für die nach der HandwO geregelten Berufe ist die **Handwerkskammer** zuständig. Zuständig für die nach dem BBiG für den Bereich der **Landwirtschaft** sind die **Landwirtschaftskammer**, für die nach dem BBiG für den Bereich der **Rechtspflege** jeweils für ihren Bereich die **Rechtsanwalts-, Patentanwalts- und die Notarkammern**, für die nach dem BBiG für den Bereich der **Wirtschaftsprüfung und Steuerberatung** die jeweils für ihren Bereich zuständigen **Wirtschaftsprüfer-** und die **Steuerberaterkammern**, für die nach dem BBiG für den Bereich der **Gesundheitsdienstberufe** die jeweils für ihren Bereich zuständigen **Ärzte-, Zahnärzte-, Tierärzte- und die Apothekerkammern** (§ 8 Abs. 1 BQFG). Soweit keine Kammern für einzelne Berufsbereiche des § 8 Abs. 1 BQFG bestehen, bestimmen die Bundesländer die zuständige Stelle (§ 8 Abs. 2 BQFG). Für die in § 8 Abs. 1 bis 3 BQFG nicht genannten Berufsbereiche bestimmen die Bundesländer die zuständige Stelle. Die Landesregierungen sind insoweit ermächtigt, die nach der BQFG vorgesehenen Aufgaben durch Rechtsverordnung auf Behörden oder Kammern zu übertragen (§ 8 Abs. 4 BQFG). Darüber hinaus können die zuständige Stellen nach § 8 Abs. 1 Nr. 2 bis 6 und Abs. 2 BQFG vereinbaren, dass die ihnen durch das BQFG übertragenen Aufgaben von einer anderen zuständigen Stelle nach § 8 Abs. 1 und 2 BQFG wahrgenommen werden. Die Vereinbarung bedarf der Genehmigung der jeweils zuständigen Aufsichtsbehörden (§ 8 Abs. 5 BQFG). Ist für eine qualifizierte Beschäftigung im Rahmen der Feststellung der Gleichwertigkeit eine vorherige befristete praktische Tätigkeit erforderlich, kann ein Aufenthaltstitel mit Zustimmung der Bundesagentur für Arbeit erteilt werden (§ 8 Abs. 3 BeschV).

17 Für die **reglementierten Berufe**, zB im Gesundheitsbereich, sind für die endgültige Berufsausübung darüber hinaus gegebenenfalls bestimmte Voraussetzungen – zB **Anpassungslehrgänge, Sprachkurse, Lehrgänge zur Vorbereitung auf Prüfungen** –, die praktische Tätigkeiten umfassen oder erforderlich machen, zu erfüllen. Hierfür kann ein Aufenthaltstitel nach § 16d AufenthG mit Zustimmung der Bundesagentur für Arbeit erteilt werden (§ 8 Abs. 3 BeschV). Bei der Beantragung hat der Antragsteller zwecks Weiterleitung an die Bundesagentur für Arbeit den Bescheid der zuständigen Stelle, aus dem sich ergibt, welche Qualifikation er hat und welche Qualifikationsdefizite zur Gleichwertigkeitsfeststellung zu beheben sind, vorzulegen. Die Zustimmung für die Erteilung eines Aufenthaltstitels für eine praktische Tätigkeit im Rahmen der Gleichwertigkeitsprüfung nach § 8 Abs. 2 BeschV wird ohne einen bestehenden Arbeitsvertrag für die nachgelagerte qualifizierte Beschäftigung erteilt. Sie ist jedoch zu versagen, wenn der Arbeitsmarktzugang für die nach-

122 BT-Drs. 19/8285, S. 1.
123 BT-Drs. 19/8285, S. 97.

gelagerte Tätigkeit ausgeschlossen ist, zB bei Berufen, die nicht in der **Positivliste**[124] enthalten sind und für die auch sonst keine Zustimmungsmöglichkeit besteht und die auch nicht zustimmungsfrei ausgeübt werden können (DA 2.08.102 zu § 8 BeschV). Andererseits kommt es für Verfahrensansprüche nicht auf den Aufenthalt im Inland an. Der Antrag auf Gleichwertigkeitsfeststellung kann vielmehr zur Vorbereitung auf die Visumbeantragung auch vom Ausland aus gestellt werden. Nicht ausgeschlossen ist aber, dass der Antragsteller zwar einen Anerkennungsbescheid erhält, die Ausübung des Berufs aber aus den vorstehend bezeichneten Gründen scheitert.[125]

2. Fachkraft mit akademischer Ausbildung (§ 18 Abs. 3 Nr. 2 AufenthG)

Ferner definiert das Gesetz nach § 18 Abs. 3 Nr. 2 AufenthG als Fachkraft, wer einen **deutschen**, einen **anerkannten ausländischen** oder einen **einem deutschen Hochschulabschluss vergleichbaren ausländischen Hochschulabschluss** besitzt (**Fachkraft mit akademischer Ausbildung**). Die in § 18 b Abs. 1 AufenthG vorgesehene Einschränkung, dass die akademische Fachkraft nur eine Beschäftigung ausüben darf, zu der ihre Qualifikation befähigt, wird als zu unbestimmt bewertet, da es bislang hierzu viele Streitigkeiten gegeben habe. Daher sollte grundsätzlich „irgendein Hochschulabschluss" ausreichen.[126] Dem wird entgegengehalten, dass es nunmehr auch zulässig sei, akademische als nichtakademische Fachkräfte zu beschäftigen, wenn die Bundesagentur feststellt, dass die Qualifikation hierzu befähigt.[127] Den in Deutschland erworbenen **Hochschulabschlüssen** an einer **Universität** oder **Fachhochschule (University of Applied Sciences)** sind nicht nur Staatsexamen, Diplom, Magister, Bachelor, Master etc zuzuordnen, sondern auch Berufsabschlüsse, die durch Landesrecht Hochschulabschlüssen rechtlich gleichgestellt werden, wie zB Berufsakademien. Es ist unschädlich, wenn ein Teil des Studiums im Ausland absolviert wurde.[128] Denn dadurch wird sich häufig die erworbene Qualifikation verbessern. Nach wie vor Schwierigkeiten, die durch das FKEG nicht behoben werden, bereitet die Frage, wann von einem anerkannten ausländischen Hochschulabschluss auszugehen ist. Während für das Verfahren zur Anerkennung einer im Ausland erworbenen Berufsqualifikation eine Aufenthaltserlaubnis erteilt werden soll (§ 16 d AufenthG; § 8 Abs. 3 BeschV, → Rn. 16), fehlt eine derartige Regelung für die Anerkennung eines im Ausland erworbenen Hochschulstudiums. Da § 18 Abs. 4 wie auch § 18 a und § 18 b AufenthG präzise in Fachkräfte mit Berufsausbildung und Fachkräfte mit akademischer Ausbildung unterscheiden, kann für das Anerkennungsverfahren von im Ausland erworbenen Hochschulabschlüssen nicht die Aufenthaltserlaubnis nach § 16 d AufenthG erteilt werden. Geprüft werden im Anerkennungsverfahren die Voraussetzungen der Gleichwertigkeit. Der im Ausland erworbene Hochschulabschluss gilt als gleichwertig mit dem entsprechenden inländischen Hochschulabschluss, sofern die Befähigung zu einer vergleichbaren beruflichen Tätigkeit erbracht wird.[129] Gleichwertigkeit bezieht sich aber nicht auf eine akademische Tätigkeit in Deutschland, sondern auf die Vergleichbarkeit des ausländischen Hochschulabschlusses mit einem in Deutschland erworbenen Hochschulabschluss mit Blick auf die Beschäftigung und die Arbeitsmarktchancen.[130] 18

124 Abrufbar unter https://con.arbeitsagentur.de/prod/apok/ct/dam/download/documents/dok_ba015465.pdf.

125 *Lutz*, in: Offer/Mävers, BeschV, Kommentar, 2016, § 8 Rn. 3.

126 *Bundesvereinigung der kommunalen Spitzenverbände*, Stellungnahme zur öffentlichen Anhörung zum Entwurf eines FKEG u.a. Entwürfen v. 29.5.2019, S. 5.

127 *Senatsverwaltung Berlin für Inneres und Sport*, Entwurf eines FKEG v. 7.12.2018, S. 5.

128 *Dienelt*, in: Bergmann/Dienelt, AuslR, 12. Aufl. 2018, § 18 a AufenthG Rn. 6; *Breidenbach*, in: Kluth/Heusch, AuslR, 2016, § 18 a AufenthG Rn. 5.

129 *Offer/Mävers*, BeschV, Kommentar, 2016, § 2 Rn. 33; s. hierzu auch *Dienelt*, in: Bergmann/Dienelt, AuslR, 12. Aufl. 2018, § 18 a AufenthG Rn. 9, der auf die Bewertungsverfahren der Zentralstelle für Ausländisches Bildungswesen bei der Kultusministerkonferenz (http://www.anabin.de), verweist.

130 *Dienelt*, in: Bergmann/Dienelt, AuslR, 12. Aufl. 2018, § 18 a AufenthG Rn. 9, 16.

V. Geltungsdauer des Aufenthaltstitels (§ 18 Abs. 4 AufenthG)

19 Nach § 18 Abs. 4 S. 1 AufenthG werden Aufenthaltstitel nach § 18 a (Fachkräfte mit Berufsausübung) und § 18 b Abs. 1 und 2 AufenthG (Fachkräfte mit akademischer Ausbildung) für die **Dauer von vier Jahren** erteilt, wenn das Arbeitsverhältnis oder die Zustimmung der Bundesagentur für Arbeit nicht auf einen kürzeren Zeitraum befristet ist (§ 34 Abs. 1 BeschV). Wird das Beschäftigungsverhältnis vorher aufgegeben oder ohne vorherige Durchführung eines Erlaubnisverfahrens ein anderes Beschäftigungsverhältnis aufgenommen, entfällt der ursprüngliche Aufenthaltszweck und kann die Ausländerbehörde aufenthaltsbeendende Maßnahmen, etwa eine nachträgliche Befristung (§ 7 Abs. 2 S. 2 AufenthG) anordnen. Nach Ablauf der Geltungsdauer wird unter den Voraussetzungen von § 18 c AufenthG im Falle des Besitzes einer Aufenthaltserlaubnis nach § 18 a, § 18 b oder § 18 d AufenthG eine Niederlassungserlaubnis erteilt, es besteht also ein Rechtsanspruch auf diese. War der Betroffene vor Erteilung des Aufenthaltstitels nach § 18 a oder § 18 b Abs. 1 und 2 oder § 18 c AufenthG im Besitz eines Aufenthaltstitels zu einem anderen Zweck, werden die Zeiten des Besitzes dieser Aufenthaltserlaubnis im Rahmen von § 18 c AufenthG nicht angerechnet. Ob daneben eine Niederlassungserlaubnis nach § 9 Abs. 1 Nr. 1 AufenthG erteilt werden kann, ist fraglich. Insoweit könnte § 18 c AufenthG als Spezialnorm angesehen werden. Diese Grundsätze gelten auch für die **Blaue Karte EU** (§ 18 b Abs. 2 AufenthG), es sei denn, die Dauer des Arbeitsvertrages ist kürzer als vier Jahre. In diesem Fall wird der Aufenthaltstitel für die Dauer des Arbeitsvertrags zuzüglich dreier Monate ausgestellt oder verlängert (§ 18 Abs. 4 S. 2 AufenthG).

C. Aufenthaltserlaubnis zur Arbeitsplatzsuche für Fachkräfte (§ 20 AufenthG)

I. Funktion des Aufenthaltstitels

20 § 20 AufenthG fasst die bisher an verschiedenen Stellen des AufenthG geregelten Möglichkeiten, einen Aufenthaltstitel zur Arbeitsplatzsuche zu erteilen, zusammen und eröffnet erstmals auch nichtakademischen Fachkräften mit Berufsausbildung diese Möglichkeit. Erstmals hatte § 16 Abs. 4 AufenthG 2005 die Möglichkeit eingeführt, dass Studenten nach erfolgreich abgeschlossenem Studium für die Dauer von zwölf Monaten eine Aufenthaltserlaubnis zur Suche einer diesem Studium angemessenen Erwerbstätigkeit erlangen konnten. Später wurde die zulässige Dauer auf 18 Monate erweitert (zuletzt § 16 Abs. 5 S. 1 AufenthG aF). Nunmehr regelt § 20 Abs. 3 Nr. 1 AufenthG diese Option. Auch für Auszubildende wurde später die Möglichkeit, nach erfolgreichem Abschluss der qualifizierten Berufsausbildung, allerdings auf ein Jahr beschränkt, eingeführt (§ 17 Abs. 3 S. 1 AufenthG aF). Obwohl § 16 Abs. 1 S. 3 Alt. 1 iVm § 16 Abs. 4 S. 1 AufenthG aF für Drittstaatsangehörige, die eine Aufenthaltserlaubnis zur Weiterbildung erhalten hatten, ebenfalls die Möglichkeit des Zweckwechsels im Bundesgebiet eröffnete, wurde den Betroffenen keine Möglichkeit eingeräumt, zwecks Arbeitsplatzsuche eine Aufenthaltserlaubnis zu erhalten. Dies ergab sich daraus, dass § 17 Abs. 3 S. 1 AufenthG aF nicht die Weiterbildung iSv § 17 Abs. 1 S. 1 AufenthG aF einschloss. Die Vorschriften des § 16 Abs. 5 S. 1 und § 17 Abs. 3 S. 1 AufenthG aF werden durch § 20 Abs. 3 Nr. 1 und 3 AufenthG übernommen. Ferner konnten nach § 18 c AufenthG aF Fachkräfte mit akademischer Ausbildung eine Aufenthaltserlaubnis zwecks Arbeitsplatzsuche erhalten. Für Fachkräfte mit Berufsausbildung war diese Möglichkeit nicht vorgesehen. Dagegen eröffnete § 60 a Abs. 2 S. 11 AufenthG aF Drittstaatsangehörigen, die eine qualifizierte Berufsausbildung abgeschlossen hatten, die Möglichkeit, die Duldung zwecks einer der erworbenen Qualifikation entsprechenden Beschäftigung für die Dauer von sechs Monaten zu verlängern. Diese Möglichkeit wird nach geltendem Recht Duldungsinhabern mit qualifizierter Berufsausbildung nach § 60 c Abs. 6 S. 2 AufenthG für die Dauer von sechs Monaten eingeräumt. Für

Duldungsinhaber, die eine Beschäftigung ausüben (§ 60 d AufenthG), ist diese Möglichkeit nicht vorgesehen. Bei diesen kann aber die Duldung verlängert werden, bis die Voraussetzungen nach § 25 b AufenthG erfüllt sind. § 20 Abs. 1 AufenthG regelt nunmehr die Möglichkeit der Erteilung einer Aufenthaltserlaubnis zwecks Arbeitsuche für Fachkräfte mit Berufsausbildung und § 20 Abs. 2 AufenthG regelt diese Möglichkeit für Fachkräfte mit akademischer Ausbildung. Es wird nicht ein vorangegangener Aufenthalt im Bundesgebiet wie bei § 16 Abs. 5 S. 1 und § 17 Abs. 3 S. 1 AufenthG aF vorausgesetzt. Vielmehr kann die Aufenthaltserlaubnis nach § 20 AufenthG auch vom Ausland aus beantragt werden.

War die Arbeitsplatzsuche erfolgreich, richtet sich die Erteilung der anschließenden Auf- 21
enthaltserlaubnis nach den spezifischen Erteilungsgrundlagen, nämlich § 18 a (Fachkräfte zur **Berufsausübung**), § 18 b (Fachkräfte mit **akademischer Ausbildung**). Dort werden auch, soweit erforderlich, weitere Erteilungsvoraussetzungen aufgestellt. Diese Aufzählung ist jedoch nicht vollständig. Hinzu kommen § 18 d (**Forscher**), § 18 e, § 18 f (Mobilität für Forscher), § 19 (ICT-Karte), § 19 a (Mobilität für **unternehmensintern transferierte Arbeitnehmer**) § 19 b (**Mobiler-ICT-Karte**), § 19 c (besondere Beschäftigungszwecke), § 19 d (**qualifizierte Geduldete**) und § 18 d AufenthG (**europäischer Freiwilligendienst**). Die gesetzliche Begründung könnte so zu verstehen sein, dass sich § 20 Abs. 3 AufenthG nur auf die neu durch das FKEG in das AufenthG eingefügte Erteilungsgrundlagen bezieht. Dagegen spricht einerseits, dass dieses Gesetz auch die Änderungen und Einfügungen bei den nicht in der gesetzlichen Begründung genannten Erteilungsgrundlagen vorgenommen hat, andererseits, dass viele der nicht genannten Erteilungsrundlagen sich auf die Beschäftigung beziehen. Dies wird im Einzelnen bei der Erläuterung der einzelnen Rechtsgrundlagen erörtert werden. Im Folgenden werden zunächst die Erteilungsgrundlagen zur Arbeitsplatzsuche für Fachkräfte mit Berufsausbildung (§ 20 Abs. 1 AufenthG) und anschließend diejenigen für Fachkräfte mit akademischer Ausbildung (§ 20 Abs. 2 AufenthG) behandelt. Diese Option gilt für Antragsteller im Ausland. Hingegen eröffnet § 20 Abs. 3 AufenthG die Möglichkeit für im Bundesgebiet lebende Antragsteller, eine Aufenthaltserlaubnis zwecks Arbeitsuche zu erhalten. § 20 Abs. 4 AufenthG bezieht sich im Blick auf die Arbeitsplatzsuche auf alle Fachkräfte, also auf Fachkräfte mit Berufsausbildung (§ 18 a AufenthG) und mit akademischer Ausbildung (§ 18 b AufenthG). Für die erste Gruppe enthält § 20 AufenthG eine weitere Rechtsgrundlage zur Arbeitsplatzsuche. Nach § 17 AufenthG kann Drittstaatsangehörigen zum Zweck der Suche nach einem Ausbildungsplatz zur Durchführung einer qualifizierten Berufsausbildung (§ 2 Abs. 12 a AufenthG) eine Aufenthaltserlaubnis erteilt werden.

II. Arbeitsplatzsuche für Fachkräfte mit Berufsausbildung (§ 20 Abs. 1 AufenthG)

1. Funktion von § 20 Abs. 1 AufenthG

Nach § 20 Abs. 1 S. 1 AufenthG kann einer Fachkraft mit Berufsausbildung eine Aufent- 22
haltserlaubnis **bis zu sechs Monaten** zur Suche nach einem Arbeitsplatz in ihrem Beruf, zu dessen Ausübung die Qualifikation befähigt, erteilt werden, wenn sie über der angestrebten Tätigkeit entsprechende deutsche Sprachkenntnisse verfügt. Der Antrag wird bei der zuständigen deutschen Botschaft gestellt. Diese muss die zuständige Ausländerbehörde im Zustimmungsverfahren beteiligen (§ 31 Abs. 1 S. 1 Nr. 1 AufenthV). War die Arbeitsplatzsuche erfolgreich, kann eine Aufenthaltserlaubnis nach § 18 a AufenthG erteilt werden.

2. Voraussetzungen der Aufenthaltserlaubnis nach § 20 Abs. 1 AufenthG

Den Antrag kann nur eine Fachkraft mit Berufsausbildung stellen. Grundsätzlich ist die 23
Vorschrift auf Antragsteller gemünzt, die sich im Ausland aufhalten. Nur dann, wenn sich der Antragsteller vor der Antragstellung nach § 20 Abs. 1 AufenthG mit einer Aufenthaltserlaubnis nach § 16 e AufenthG bereits im Bundesgebiet aufgehalten, also ein studienbezo-

genes Praktikum EU absolviert hat, kann er ohne vorherige Ausreise den Antrag nach § 20 Abs. 1 AufenthG stellen. Der Wortlaut der Vorschrift erfordert keine qualifizierte Berufsausbildung. Aber auch § 18 a AufenthG verwendet zunächst lediglich den Begriff „Fachkraft mit Berufsausbildung", stellt aber klar, dass dieser eine Aufenthaltserlaubnis zur Ausübung einer qualifizierten Berufsausbildung erteilt werden kann. Nicht aus dem Wortlaut von § 20 Abs. 1 AufenthG, aber aus der Vergleichbarkeit der Regelung mit § 18 a AufenthG und dem Sinnzusammenhang von § 20 Abs. 1 AufenthG mit anderen die Beschäftigung als Fachkraft regelnden Vorschriften folgt, dass die Arbeitsplatzsuche eine **qualifizierte Berufsausbildung** (§ 2 Abs. 12 a und Abs. 12 b AufenthG) voraussetzt. Diese ist Voraussetzung für die Visumerteilung. Der Antragsteller muss also vor der Erteilung des Visums die Feststellung der Gleichwertigkeit seiner im Ausland erworbenen Ausbildung mit einer im Inland erworbenen Berufsausbildung beantragen und kann erst nach deren Feststellung den Antrag nach § 20 Abs. 1 AufenthG stellen. Auf Antragsteller, die sich bereits im Inland aufhalten, findet § 20 Abs. 1 S. 1 AufenthG nur Anwendung, wenn diese unmittelbar vor Erteilung der Aufenthaltserlaubnis nach § 20 Abs. 1 AufenthG im Besitz eines Aufenthaltstitels zum Zwecke der Erwerbstätigkeit oder nach § 16 e AufenthG zur Absolvierung eines studienbezogenen Praktikums EU waren. Hieraus folgt, dass Antragstellern, die bislang im Besitz einer Aufenthaltserlaubnis zur Ausübung einer Beschäftigung waren und deren Beschäftigungsverhältnis endet, für eine Dauer von sechs Monaten Gelegenheit zu gegeben werden kann, eine neue Beschäftigung zu finden. Sind sie bei ihrer Suche erfolgreich, spricht der Grundsatz des **Vertrauensschutzes** dafür, die Aufenthaltserlaubnis nach § 18 Abs. 4 AufenthG zu verlängern. Das behördliche Ermessen ist aufgrund dessen stark eingeschränkt.

24 Die Voraussetzungen des § 18 AufenthG sind nicht auf die Arbeitsplatzsuche zugeschnitten, sondern auf den Besitz einer Aufenthaltserlaubnis zur Beschäftigung. Deshalb finden sie keine Anwendung. Nach § 20 Abs. 1 S. 1 Hs. 1 AufenthG muss der Antragsteller über der angestrebten Tätigkeit entsprechende **deutsche Sprachkenntnisse** verfügen. Der Wortlaut der Vorschrift lässt das Qualifikationsniveau der Deutschkenntnisse offen. Nach der gesetzlichen Begründung sollen aber in der Regel deutsche Sprachkenntnisse mindestens auf dem Niveau B 1 (§ 2 Abs. 11 AufenthG) erforderlich sein. Insbesondere in medizinischen Berufen könnten auch höhere Anforderungen vonnöten sein.[131] Damit wird zwar kein starrer Maßstab zugrunde gelegt. Gleichwohl ist einzuwenden, dass in einer Vielzahl von Berufsfeldern derart qualifizierte Sprachkenntnisse nicht erforderlich sind. Insbesondere wenn der Betroffene in einer Firma mit internationalen Geschäftsbeziehungen, deren Verkehrssprache mit den Geschäftspartnern Englisch ist, einen Arbeitsplatz sucht, nützt ihm die deutsche Sprache nicht viel, hingegen aber die Beherrschung der hier maßgebenden Sprache Englisch. Das Beharren auf dem Niveau B 1 wäre deshalb nicht gerechtfertigt. Andererseits trifft es sicherlich zu, dass in medizinischen sowie auch in vergleichbar qualifizierten Berufsfeldern zumindest Sprachkenntnisse auf dem Niveau B 1, wenn nicht sogar eine darüber hinausgehende Sprachqualifikation erforderlich ist. Hinzu kommt, dass die Bestimmungen in §§ 18 ff. AufenthG überhaupt keine Vorgaben zum Spracherfordernis machen und es deshalb nicht nachvollziehbar ist, aus welchen Gründen in der dem vorgelagerten Phase, nämlich der Arbeitsplatzsuche, ein Sprachniveau verlangt werden müsste, das bei der Erteilung der Niederlassungserlaubnis (§ 18 c Abs. 1 S. 1 Nr. 4 AufenthG) oder der Einbürgerung (§ 10 Abs. 1 S. 1 Nr. 6 StAG) gefordert wird. Daher kommt es auf die Umstände des konkreten Einzelfalls an. Das Sprachniveau B 1 darf jedenfalls nicht als Regelmaßstab zugrunde gelegt werden. Derart starre Vorgaben werden dem Zweck des Gesetzes, die Einwanderung von Fachkräften zu fördern, nicht gerecht.

131 BT-Drs. 19/8285, S. 103.

Allerdings werden im Rahmen des für die Ausübung einer qualifizierten Berufsausbildung erforderlichen Anerkennungsverfahrens die erforderlichen Deutschkenntnisse geprüft.

Darüber hinaus muss der Antragsteller nachweisen, dass der **Lebensunterhalt** nach Maßgabe des § 2 Abs. 3 AufenthG ohne Inanspruchnahme öffentlicher Mittel, die nicht auf eigenen Beitragsleistungen beruhen, gesichert ist (§ 20 Abs. 4 S. 1 AufenthG). Da sich Antragsteller zumeist vor der Einreise nicht im Bundesgebiet aufgehalten haben, dürften sie keinen Anspruch auf öffentliche Mittel haben, die auf eigenen Beitragsleistungen beruhen. Da es sich um einen kurzfristigen Aufenthalt handelt, dürfte die eigene Beitragsleistung aber ohne Bedeutung sein. Denn es kann wohl davon ausgegangen werden, dass die Antragsteller für die Dauer von sechs Monaten ihren Lebensunterhalt aus eigenen vor der Einreise erworbenen finanziellen Mitteln sicherstellen. Auf Beitragsleistungen beruhen Leistungen der gesetzlichen **Kranken-, Pflege- und Rentenversicherung** (§§ 5 ff. SGB V; §§ 1 ff. SGB VI; § 20, § 23 SGB XI),[132] **Kindergeld**[133] und **Kinderzuschlag.**[134] Nach § 2 Abs. 3 S. 2 AufenthG ist Kindergeld ebenso wie **Elterngeld**[135] unschädlich und damit als Einkommen berücksichtigungsfähig.[136] Darüber hinaus müssen auch die übrigen Voraussetzungen nach § 5 Abs. 1 AufenthG vorliegen. Ohne nachgewiesene Identität und Vorlage eines gültigen Passes (§ 5 Abs. 1 Nr. 1 a und Nr. 4 AufenthG) wird ohnehin kein Visumantrag angenommen. Die Botschaft hat auch zu prüfen, ob ein Ausweisungsinteresse vorliegt (§ 5 Abs. 1 Nr. 2 AufenthG). Eine Verlängerung der Aufenthaltserlaubnis ist ausgeschlossen (§ 20 Abs. 4 S. 3 AufenthG), so dass sich die Frage der Erteilungsvoraussetzungen nicht stellt. Die Annahme eines atypischen Ausnahmefalles scheitert bereits an der Kürze des Aufenthalts, in dem sich hierfür maßgebende Gründe kaum ergeben können. Das Bundesministerium für Arbeit und Soziales kann durch Rechtsverordnung mit Zustimmung des Bundesrates **Berufsgruppen** bestimmen, in denen Fachkräften keine Aufenthaltserlaubnis erteilt werden darf (§ 20 Abs. 1 S. 3 AufenthG). Die hierfür maßgebliche Verordnung ist die BeschV. Durch diese kann für bestimmte Berufe aus konjunkturellen Gründen die Arbeitsplatzsuche ausgeschlossen werden. 25

3. Erteilung der Aufenthaltserlaubnis nach § 20 Abs. 1 AufenthG

Die Erteilung der Aufenthaltserlaubnis steht im behördlichen Ermessen. Im Visumverfahren entscheidet zwar die zuständige deutsche Botschaft über die Erteilung des Visums. Als ortsferne Behörde kennt sie aber nicht die örtlichen Verhältnisse in der Region, in der der Antragsteller einen Arbeitsplatz suchen will. Im internen Zustimmungsverfahren wird die Ausländerbehörde diese Fragen geprüft haben. Es kann davon ausgegangen werden, dass der Erteilung der internen Zustimmung auch eine Ermessensprüfung der Ausländerbehörde vorausgegangen ist. Diese trifft zwar nicht die Entscheidung. Sie wird aber später nach Einreise über die Aufenthaltserlaubnis nach § 20 Abs. 1 AufenthG entscheiden. Daher spricht Vieles dafür, dass die Botschaft bei ihrer Ermessensentscheidung der Zustimmung der Ausländerbehörde folgen und das Visum erteilen sollte. Aus dem Zweck des FKEG, die Einwanderung von Fachkräften zu fördern, folgt, dass die Aufenthaltserlaubnis zur Arbeitsplatzsuche in der Regel erteilt werden sollte. Man wird aber wohl insoweit nicht von einem intendierten Ermessen oder gar von einer Ermessensreduktion ausgehen können. Gleichwohl spricht vieles für eine Ermessensausübung zugunsten des Antragstellers. Die Aufenthaltserlaubnis berechtigt im Grundsatz nicht zur Ausübung einer Erwerbstätigkeit, ermöglicht jedoch dem Aufenthaltszweck entsprechend die Ausübung von Probebeschäftigungen für bis zu zehn Stunden je Woche, zu deren Ausübung die Qualifikation berechtigt 26

132 Hess.VGH, InfAuslR 2007, 101 (102).
133 Hess.VGH, EZAR NF 25 Nr. 5; s. hierzu EGMR, NVwZ 2016, 443 – *Okanda Osungu.*
134 Hess.VGH, EZAR NF 25 Nr. 5.
135 Siehe hierzu *Werner*, InfAuslR 2007, 112.
136 S. hierzu ausführlich *Marx*, Aufenthalts-, Asyl- und Flüchtlingsrecht, 7. Aufl. 2019, § 2 Rn. 42 ff.

(§ 20 Abs. 4 S. 4 AufenthG).[137] Es bedarf also keiner gesonderten Entscheidung über die Beschäftigungserlaubnis und keiner Einholung der Zustimmung. Vielmehr handelt es sich um eine Erlaubnis kraft Gesetzes. Diese muss im Aufenthaltstitel mit der zeitlichen und sachlichen Beschränkung vermerkt werden (§ 4 a Abs. 3 S. 1 AufenthG). Die Berechtigung zur Ausübung von Probearbeiten folgt aus der Ratio von § 20 Abs. 1 AufenthG. Denn die Aufenthaltserlaubnis wird zur Arbeitsplatzsuche erteilt. Um diese Suche zu fördern, muss dem Antragsteller die Gelegenheit eröffnet werden, auf Wunsch des angesprochenen Arbeitgebers zur Überprüfung seiner beruflichen Fähigkeiten Probearbeiten auszuführen.

4. Geltungsdauer der Aufenthaltserlaubnis (§ 20 Abs. 4 AufenthG)

27 Die Aufenthaltserlaubnis kann für eine **Geltungsdauer von bis zu sechs Monaten** erteilt werden (§ 20 Abs. 1 S. 1 AufenthG). Eine Niederlassung kann während dieser Zeit nicht erteilt werden (§ 20 Abs. 4 S. 4 AufenthG). Die Botschaft kann die Geltungsdauer des Visums nicht länger als für eine Geltungsdauer von 90 Tagen erteilen (Art. 24 Abs. 1 iVm Art. 21 VK, Art. 2 EG-VisaVO; § 6 Abs. 2 S. 1 AufenthG). Anschließend kann die Ausländerbehörde die Aufenthaltserlaubnis für maximal sechs Monate erteilen. Ihr steht Ermessen zu, die beantragte Verlängerung des Aufenthaltstitels zu versagen. Sie hat aber im internen Verfahren der Erteilung durch die Botschaft in Kenntnis der Sechsmonatsfrist des § 20 Abs. 1 S. 1 AufenthG zugestimmt und kann daher nicht ohne berechtigte Gründe die Verlängerung des Aufenthaltstitels versagen, etwa weil sich zwischen Erteilung des Visum und Entscheidung über die Erteilung der Aufenthaltserlaubnis nachträglich die Erteilungsgründe (§ 5 Abs. 1 AufenthG) verändert haben oder ein Versagungsgrund nach § 5 Abs. 4 AufenthG begründet wurde. Die Frist beginnt mit der Erteilung der Aufenthaltserlaubnis. Die Dauer der Geltungsdauer des Visums wird nicht mitgerechnet. Dies folgt aus der klaren Begrifflichkeit von § 20 Abs. 1 AufenthG, der den Begriff Aufenthalts*erlaubnis* verwendet, anders als etwa § 18 Abs. 2 AufenthG, der den Oberbegriff Aufenthalts*titel* nennt. Ein Visum ist jedoch ein Aufenthaltstitel (§ 4 Abs. 1 S. 2 Nr. 1 AufenthG) und keine Aufenthaltserlaubnis. Zwar ist auch eine Aufenthaltserlaubnis ein Aufenthaltstitel (§ 4 Abs. 1 S. 2 Nr. 2 AufenthG). Der Gesetzgeber verwendet jedoch ausdrücklich einen der Unterbegriffe des Aufenthaltstitels, nämlich die Aufenthaltserlaubnis. Ein Visum kann aber nach § 4 Abs. 1 S. 1 Nr. 1 AufenthG nicht als Aufenthaltserlaubnis angesehen werden. Der Visuminhaber muss den Antrag auf Erteilung der Aufenthaltserlaubnis innerhalb der Geltungsdauer des Visum stellen (s. auch § 41 Abs. 3 S. 1 AufenthG). Andernfalls erlischt sein Aufenthaltsrecht (§ 51 Abs. 1 Nr. 1 AufenthG) und der Antrag begründet keine Fiktionswirkung nach § 81 Abs. 4 S. 1 AufenthG. Die Frist beginnt nicht ab dem Zeitpunkt der Antragstellung, sondern erst ab dem Zeitpunkt der Erteilung der Aufenthaltserlaubnis. Dies ist darin begründet, dass die Fiktionswirkung nach § 81 Abs. 4 S. 1 AufenthG die bisher bestehenden Berechtigungen erhält. Diese folgen aber aus dem Besitz des Aufenthaltstitels Visum.

28 Zwar hat die Ausländerbehörde über die Geltungsdauer der Aufenthaltserlaubnis nach pflichtgemäßem Ermessen zu entscheiden. Sie muss hierbei aber insbesondere die allgemeinen auf den Arbeitsmarkt bezogenen Umstände sowie die familiären und individuellen in der Person des Betroffenen liegenden Umstände berücksichtigen. Es liegt auf der Hand, dass eine Arbeitsplatzsuche unmittelbar nach der Einreise mit erheblichen Hindernissen verbunden ist, insbesondere dann, wenn der Antragsteller weder persönliche Kontakte hat noch vor der Einreise potenzielle Arbeitgeber kontaktieren konnte. Ohne Vorsondierungen wird der Antragsteller kaum vor Ablauf der Sechsmonatsfrist einen Arbeitsplatz finden können. Hat er Verwandte, Freunde und Bekannte, können diese ihn bei der Suche nach einem Arbeitsplatz unterstützen. Möglicherweise haben sie aber auch schon vor der

137 BT-Drs. 19/8285, S. 103.

Einreise des Antragsstellers Erkundigungen angestellt und bestimmte Arbeitgeber ausgesucht, kontaktiert und die Möglichkeit der Anstellung des Antragstellers vorgeklärt. Eine Verlängerung der Aufenthaltserlaubnis zwecks Arbeitsplatzsuche vor der Ausreise ist ausgeschlossen (§ 20 Abs. 4 S. 3 AufenthG). Der Drittstaatsangehörige ist gezwungen, auszureisen und erneut ein Visum zwecks Suche nach einem Arbeitsplatz zu beantragen (§ 20 Abs. 4 S. 3 Hs. 1 AufenthG). § 20 Abs. 4 S. 3 AufenthG bezieht sich ausdrücklich auf Abs. 1 bis 3 von § 20 AufenthG, also auf eine Aufenthaltserlaubnis zwecks Arbeitsplatzsuche für Fachkräfte. Der Drittstaatsangehörige muss aber zunächst abwarten, bis ein Zeitraum, der so lange dauert, wie sich der Betroffene auf der Grundlage einer Aufenthaltserlaubnis nach § 20 Abs. 1 AufenthG im Bundesgebiet aufgehalten hat, vergangen ist (§ 20 Abs. 4 S. 3 Hs. 2 AufenthG). § 20 Abs. 4 S. 3 AufenthG steht aber nicht dagegen, bei erfolgreicher Suche eines Arbeitsplatzes und Vorlage eines Arbeitsvertrages sowie dem Nachweis der allgemeinen Erteilungsvoraussetzungen nach § 5 Abs. 1 AufenthG eine Aufenthaltserlaubnis nach § 18 a AufenthG zu erteilen. Eine Interpretation von § 20 Abs. 4 S. 3 AufenthG dahingehend, dass unabhängig davon, ob die Suche nach einem Arbeitsplatz erfolgreich war oder nicht, stets die Ausreise erforderlich wäre, entspricht nicht dem Willen des Gesetzgebers und kann auch dem Wortlaut des Gesetzes nicht entnommen werden. Die Vorschrift schließt lediglich die erneute Erteilung einer Aufenthaltserlaubnis nach § 20 Abs. 1 bis 3 AufenthG vor der Ausreise aus. Dieser sachspezifischen Sperrwirkung steht die Erweiterung auf andere Arten der Aufenthaltserlaubnis entgegen. Für diese Ansicht spricht auch, dass bei einem abgeschlossenen Arbeitsvertrag der Arbeitgeber kaum zuwarten wird, bis der Antragsteller nach einer Wartezeit im Sinne von § 20 Abs. 4 S. 3 Hs. 2 AufenthG wieder einreisen kann. Dies würde gegen den Zweck des FKEG, die Einwanderung im Interesse des Wirtschaftsstandortes Deutschland zu fördern, sprechen. Ihm kann nicht der Versagungsgrund des § 5 Abs. 2 S. 1 AufenthG entgegengehalten werden. Denn der Antragsteller ist mit einem gültigen Visum zwecks Arbeitsplatzsuche eingereist. Es bedarf daher vor der Erteilung der Aufenthaltserlaubnis nicht der Durchführung eines Visumverfahrens. Vielmehr kann die Aufenthaltserlaubnis nach § 18 a AufenthG unmittelbar im Anschluss an die Aufenthaltserlaubnis zwecks Arbeitsplatzsuche nach § 20 Abs. 1 AufenthG erteilt werden.

III. Arbeitsplatzsuche für Fachkräfte mit akademischer Ausbildung (§ 20 Abs. 2 und 3 AufenthG)

1. Funktion von § 20 Abs. 2 AufenthG

Nach § 20 Abs. 2 S. 1 AufenthG kann einer Fachkraft mit akademischer Ausbildung eine 29
Aufenthaltserlaubnis für bis zu sechs Monate zur Suche nach einem Arbeitsplatz in einem Beruf, zu dessen Ausübung ihre Qualifikation befähigt, erteilt werden. Die Vorschrift übernimmt die bis dahin geltende Norm des § 18 c AufenthG. § 20 Abs. 1 S. 1 AufenthG verwendet den Begriff „Fachkraft mit akademischer Ausbildung", so dass die Voraussetzungen dieses Begriffs nach § 18 Abs. 3 Nr. 2 AufenthG maßgebend sind (→ Rn. 18). Die Aufenthaltserlaubnis ist ebenso wie § 18 c AufenthG nicht auf die akademische Tätigkeit etwa im Hochschulbereich bezogen. Vielmehr folgt aus dem Wortlaut von § 20 Abs. 2 S. 1 AufenthG und dem Zusammenhang zwischen § 20 Abs. 2 mit § 18 c AufenthG, dass die Aufenthaltserlaubnis zur Suche nach einem Arbeitsplatz in einem Beruf, zu dessen **Ausübung** ihre Qualifikation befähigt, also zu einer Beschäftigung im Wirtschaftsbereich, erteilt wird. Zu § 18 c Abs. 1 AufenthG aF wurde die Auffassung vertreten, dass eine Erstreckung des Wortlautes auch auf die Suche nach einem Arbeitsplatz zur Ausübung einer selbstständigen Erwerbstätigkeit aus systematischen Gründen angezeigt sei.[138] Dem kann

138 *Samel,* in: Bergmann/Dienelt, AuslR, 12. Aufl. 2018, § 18 c AufenthG Rn. 5.

nicht zugestimmt werden. Denn auf eine selbstständige Erwerbstätigkeit ist der Begriff „Arbeitsplatz“ nicht zugeschnitten. Der Gesetzgeber unterscheidet zwischen dem Begriff (selbstständige) Erwerbstätigkeit (§ 21 AufenthG) und (nichtselbstständige) Beschäftigung (§§ 18 ff. AufenthG). Wer vom Ausland aus ohne konkrete Geschäftsbeziehungen eine selbstständige Erwerbstätigkeit beabsichtigt, wird länger als sechs Monate benötigen, um im Bundesgebiet die erforderlichen Voraussetzungen für eine selbstständige Erwerbstätigkeit zu schaffen, wozu die Anbahnung von Geschäftsbeziehungen und in der Regel auch die Vorlage des Berichtes eines **Wirtschaftsprüfungsunternehmens** zwecks Nachweis der Tragfähigkeit der Geschäftsidee, der Auswirkungen auf die Beschäftigungs- und Ausbildungssituation und den Beitrag für Innovation und Forschung des geplanten Unternehmens (§ 21 Abs. 1 S. 2 AufenthG) gehört. Außerdem müssen die Stellungnahme der zuständigen IHK und gegebenenfalls weiterer Fachbehörden eingeholt werden. Diese Umstände sprechen gegen die Einbeziehung der selbstständigen Erwerbstätigkeit in § 20 Abs. 2 S. 1 AufenthG. Die Streitfrage kann aber dahingestellt bleiben, weil das FKEG auf die Förderung der Einwanderung von Fachkräften zur Ausübung einer Beschäftigung gemünzt ist. Wer ein selbstständiges Projekt plant, kann im Visumverfahren die Voraussetzungen des § 21 Abs. 1 AufenthG nachweisen und sich gegebenenfalls auf die Privilegierung des § 21 Abs. 2 AufenthG berufen.

2. Voraussetzungen des § 20 Abs. 2 AufenthG

30 Der Antragsteller muss im Rahmen der Erteilung des Visum die Feststellung der Gleichwertigkeit seines im Ausland erworbenen Hochschulabschlusses mit einer im Inland erworbenen Hochschulausbildung nachweisen und kann deshalb erst nach deren Feststellung den Antrag nach § 20 Abs. 2 AufenthG stellen. Die Voraussetzungen des § 18 AufenthG sind nicht auf die Arbeitsplatzsuche zugeschnitten, sondern auf den Besitz einer Aufenthaltserlaubnis zur Beschäftigung. Deshalb finden sie keine Anwendung. § 20 Abs. 2 AufenthG enthält keine weiteren Voraussetzungen, verweist aber auf § 20 Abs. 1 S. 2 und 4 AufenthG. Insbesondere wird anders als nach § 20 Abs. 1 AufenthG nicht der Nachweis **deutscher Sprachkenntnisse** verlangt. Dies ist darin begründet, dass von Fachkräften mit akademischer Ausbildung bei der geplanten ausgeübten Tätigkeit häufig im internationalen Geschäfts- und Wirtschaftsverkehr (s. zB § 18 d, § 18 f, § 19, § 19 c, § 18 e AufenthG) Fremdsprachenkenntnisse, aber nicht unbedingt deutsche Sprachkenntnisse, erwartet werden, so dass das Erfordernis eines abstrakt festgelegten Sprachnachweises nicht sachgerecht wäre. Nur dann, wenn sich der Antragsteller vor der Antragstellung nach § 20 Abs. 1 AufenthG mit einer Aufenthaltserlaubnis nach § 16 e AufenthG bereits im Bundesgebiet aufgehalten, also ein studienbezogenes Praktikum EU absolviert hat, kann er ohne vorherige Ausreise den Antrag nach § 20 Abs. 2 AufenthG stellen (→ Rn. 23). Zwar hat die Ausländerbehörde über die Geltungsdauer der Aufenthaltserlaubnis nach pflichtgemäßem Ermessen zu entscheiden. Sie muss hierbei insbesondere die allgemeinen auf den Arbeitsmarkt bezogenen Umstände sowie die familiären und individuellen in der Person des Betroffenen liegenden Umstände berücksichtigen. Es liegt auf der Hand, dass eine Arbeitsplatzsuche unmittelbar nach der Einreise mit erheblichen Hindernissen verbunden ist, insbesondere dann, wenn der Antragsteller weder persönliche Kontakte hat noch vor der Einreise potenzielle Arbeitgeber kontaktieren konnte (→ Rn 28). Darüber hinaus muss er nachweisen, dass der **Lebensunterhalt** nach Maßgabe des § 2 Abs. 3 AufenthG ohne Inanspruchnahme öffentlicher Mittel, die nicht auf eigenen Beitragsleistungen beruhen, gesichert ist (§ 20 Abs. 4 S. 1 AufenthG; → Rn. 25). Die Aufenthaltserlaubnis berechtigt im Grundsatz nicht zur Ausübung einer Erwerbstätigkeit, sondern nur zur Ausübung von Probebeschäftigungen bis zu zehn Stunden je Woche, zu deren Ausübung die erworbene

akademische Qualifikation als Fachkraft befähigt (§ 20 Abs. 2 Hs. 2 iVm § 20 Abs. 1 S. 4 AufenthG; → Rn. 26).[139]

3. Besondere Personengruppen (§ 20 Abs. 3 AufenthG)

a) Funktion von § 20 Abs. 3 AufenthG

In § 20 Abs. 3 AufenthG werden vier weitere bereits bestehende Fallgestaltungen zur Erteilung einer Aufenthaltserlaubnis zur Arbeitsplatzsuche zusammengefasst, ohne dass damit eine Änderung der bisherigen Regelungen einhergeht.[140] Nr. 1 zielt auf Absolventen deutscher Hochschulen und übernimmt die Vorschrift des § 16 Abs. 5 S. 1 AufenthG aF. Nr. 2 betrifft Forscher und übernimmt damit § 20 Abs. 7 AufenthG aF. Nr. 3 betrifft Absolventen einer qualifizierten Berufsausbildung im Bundesgebiet und übernimmt § 17 Abs. 3 S. 1 AufenthG aF. Wie schon die Vorläufernorm schließt Nr. 3 nicht Absolventen einer abgeschlossenen Weiterbildung ein. Schließlich begünstigt Nr. 4 Drittstaatsangehörige, die sich zum Zweck der Anerkennung ihrer ausländischen Berufsqualifikation im Bundesgebiet aufhalten und übernimmt § 17 a Abs. 4 AufenthG aF. Es bleibt jeweils bei den bereits bis dahin geltenden **Höchstaufenthaltszeiten**. Nach der gesetzlichen Begründung sollen keine Änderungen eingeführt werden. § 20 Abs. 4 S. 3 AufenthG, der eine **Sperrwirkung** für die Verlängerung der Aufenthaltserlaubnis beim Verbleib im Bundesgebiet nach erfolgloser Arbeitsplatzsuche (→ Rn. 28) enthält, findet auf die Aufenthaltserlaubnis nach § 20 Abs. 3 AufenthG keine Anwendung. Daher können die in § 20 Abs. 3 AufenthG bezeichneten Personengruppen während der eingeräumten Frist einen Arbeitsplatz suchen und nach erfolgreicher Arbeitsplatzsuche eine Beschäftigung ausüben. § 20 Abs. 3 Nr. 1 AufenthG nF entspricht der Vorgängerregelung § 16 Abs. 5 S. 1 AufenthG aF, § 20 Abs. 3 Nr. 2 AufenthG nF der früheren Regelung § 20 Abs. 7 AufenthG aF und § 20 Abs. 3 Nr. 3 AufenthG nF der bisherigen Vorschrift § 17 Abs. 3 S. 1 AufenthG aF. Eine Aufenthaltserlaubnis zur Feststellung der Gleichwertigkeit der Berufsqualifikation wie in § 16 d AufenthG nF (s. § 20 Abs. 3 Nr. 4 AufenthG) kannte das frühere Recht nicht. 31

§ 20 Abs. 3 Hs. 1 AufenthG setzt voraus, dass der Arbeitsplatz die Ausübung in dem Beruf ermöglicht, für den sich der Antragsteller zuvor qualifiziert hat, zB bei einem Studenten der Fachrichtung Literatur etwa im Verlagswesen oder in einer Zeitschriftenredaktion, bei dem Antragsteller, der eine Ausbildung zum Krankenpfleger erfolgreich abgeschlossen hat, im Gesundheitswesen. § 20 Abs. 1 S. 4 AufenthG findet auf die Aufenthaltserlaubnis nach § 20 Abs. 3 AufenthG keine Anwendung, dh die Zulässigkeit der Beschäftigungsaufnahme während der Suchphase ist nicht zeitlich limitiert. Der Betroffene muss nicht die jeweils vorgesehene Frist abwarten, er kann auch unmittelbar die Aufenthaltserlaubnis zu einer Beschäftigung erhalten, wenn er während der Suchphase einen Arbeitsplatz gefunden hat. In den Fällen des § 20 Abs. 3 besteht ein **Zweiphasenmodell**,[141] dh in der ersten Phase (Suchphase) wird die Aufenthaltserlaubnis nach § 20 Abs. 3 S. 1 AufenthG und nach erfolgreicher Suche (zweite Phase) die Aufenthaltserlaubnis zur Ausübung der Beschäftigung nach §§ 18 a, 18 b, 18 d, 19 c und 21 AufenthG erteilt. In beiden Fällen muss der Betroffene nicht vor der Erteilung ausreisen. Auf die Erteilung der Aufenthaltserlaubnis nach § 20 Abs. 3 Nr. 1 und Nr. 2 AufenthG besteht nach dem klaren Wortlaut der Regelung („wird“) ein **Rechtsanspruch**. In den Fällen nach Nr. 3 und Nr. 4 wird über die Erteilung der Aufenthaltserlaubnis nach behördlichem Ermessen entschieden. Bei der zweiten Phase kommt es darauf an, ob die betreffende Norm einen Rechtsanspruch enthält. Dies ist bei der Mehrzahl der Fälle nach §§ 18 a, 18 b, 18 d, 19 c und 21 AufenthG der Fall. Während der Suchphase ist die Ausübung einer Beschäftigung ohne Zustimmung zulässig (§ 4 a Abs. 1 32

139 BT-Drs. 19/8285, S. 103.
140 BT-Drs. 19/8285, S. 104.
141 *Samel*, in: Bergmann/Dienelt, AuslR, 12. Aufl. 2018, § 16 AufenthG Rn. 42.

S. 1 AufenthG).[142] Jedoch bestimmt § 20 Abs. 3 Hs. 2 AufenthG, dass andere als die in §§ 18 a, 18 b, 18 d, 19 c und 21 AufenthG bezeichneten Beschäftigungen während der Suchphase nicht ausgeübt werden dürfen. Andererseits erlaubt § 20 Abs. 3 Hs. 2 AufenthG während der Suchphase auch die Ausübung einer selbstständigen Erwerbstätigkeit, wie aus dem Hinweis auf § 21 AufenthG folgt. Die Beschränkung nach § 20 Abs. 3 Hs. 2 AufenthG entfällt nach erfolgreicher Arbeitsplatzsuche. Dies folgt daraus, dass zB ein Akademiker nach Abschluss der Suchphase eine Beschäftigung nach § 18 e oder § 18 f AufenthG ausüben darf, diese Vorschriften in § 20 Abs. 3 Hs. 2 AufenthG aber nicht genannt sind.

b) Arbeitsplatzsuche nach erfolgreichem Abschluss einer Hochschulausbildung im Inland (§ 20 Abs. 3 Nr. 1 AufenthG)

33 Nach § 20 Abs. 3 Nr. 1 AufenthG wird einem Ausländer nach erfolgreichem Abschluss eines Studiums im Bundesgebiet zur Suche nach einem Arbeitsplatz, zu dessen Ausübung seine Qualifikation befähigt, im Rahmen eines Aufenthaltes nach § 16 b oder § 16 c AufenthG eine Aufenthaltserlaubnis für **bis zu 18 Monate** erteilt. Diese Vorschrift lehnt sich an § 16 Abs. 5 S. 1 AufenthG aF an. Der Lebensunterhalt muss während der Suche gesichert sein (→ Rn. 25). Auch müssen die sonstigen Erteilungsvoraussetzungen nach § 5 Abs. 1 AufenthG erfüllt sein. Die Erteilung der Aufenthaltserlaubnis nach Abschluss des Suchphase steht zwar im behördlichen Ermessen. Es ist aber anerkannt, dass ein öffentliches Interesse an der dauerhaften Beschäftigung ausländischer Absolventen mit inländischem Hochschulabschluss besteht. Es sind daher kaum noch Ermessensgründe erkennbar, die angesichts eines in der Regel langjährigen studienbezogenen Inlandsaufenthaltes die Versagung der begehrten Aufenthaltserlaubnis rechtfertigen. Anders kann es liegen, wenn der Antragsteller mit einem entwicklungspolitisch begründeten Stipendium im Bundesgebiet studiert und sich zur Rückkehr nach dem Hochschulabschluss verpflichtet hat.[143]

c) Arbeitsplatzsuche nach Abschluss einer Forschungstätigkeit (§ 20 Abs. 3 Nr. 2 AufenthG)

34 Nach § 20 Abs. 3 Nr. 2 AufenthG wird einem Forscher nach Abschluss seiner Forschungstätigkeit im Rahmen eines Aufenthaltes nach § 18 d – Aufenthaltserlaubnis zur Forschung – oder § 18 f AufenthG – Aufenthaltserlaubnis für mobile Forscher – eine Aufenthaltserlaubnis für **bis zu neun Monate** erteilt. Die Vorschrift übernimmt die frühere Regelung des § 20 Abs. 7 AufenthG aF. Im ursprünglichen Referentenentwurf war der Hinweis auf § 18 f AufenthG nicht enthalten. Der Abschluss der Forschungstätigkeit muss von der aufnehmenden Einrichtung bestätigt worden sein. Die angestrebte Tätigkeit muss in einem sachlichen Bezug zur bisherigen Forschungstätigkeit stehen. Auch hier ist von einem öffentlichen Interesse an einem dauerhaften Aufenthalt auszugehen. Je nach der Dauer des bisherigen Aufenthaltes (vgl. § 18 d Abs. 4 AufenthG) verstärken sich die individuellen für die Erteilung einer Aufenthaltserlaubnis sprechenden Gründe.

d) Arbeitsplatzsuche nach erfolgreichem Abschluss einer qualifizierten Berufsausbildung (§ 20 Abs. 3 Nr. 3 AufenthG)

35 Nach § 20 Abs. 3 Nr. 3 AufenthG *kann* einem Antragsteller, der eine qualifizierte Berufsausbildung erfolgreich absolviert hat, im Rahmen eines Aufenthaltes nach § 16 a AufenthG eine Aufenthaltserlaubnis für **bis zu zwölf Monate** erteilt werden. Die Vorschrift übernimmt die frühere Regelung des § 17 Abs. 3 S. 1 AufenthG aF. Anders als bei den beiden vorhergehenden Fallkonstellationen steht die Erteilung der Aufenthaltserlaubnis zur

142 BT-Drs. 19/8285, S. 104.

143 *Samel*, in: Bergmann/Dienelt, AuslR, 12. Aufl. 2018, § 16 AufenthG Rn. 40; *Christ*, in: Kluth/Heusch, AuslR, 2016, § 16 AufenthG Rn. 52.

Arbeitsplatzsuche im **behördlichen Ermessen.** Es spricht für den Fall einer positiven Bewerbungsprognose im Blick auf eine im Bundesgebiet erfolgreich abgeschlossene qualifizierte Berufsausbildung mehr für eine Verlängerung der Aufenthaltserlaubnis zur Arbeitsplatzsuche. Wie in den anderen Fallgruppen ist während der Suchphase die Ausübung einer Beschäftigung in den Grenzen von § 20 Abs. 3 Hs. 2 AufenthG zulässig. Nach erfolgreicher Suche nach einem Arbeitsplatz spricht der Umstand, dass bereits die Aufenthaltserlaubnis zur Suche nach einem Arbeitsplatz in der Regel erteilt werden soll, dafür, das Ermessen für die Erteilung einer Aufenthaltserlaubnis zur dauerhaften Beschäftigung zugunsten des Antragstellers auszuüben.

e) Arbeitsplatzsuche nach Feststellung der Gleichwertigkeit der Berufsqualifikation (§ 20 Abs. 3 Nr. 4 AufenthG)

Nach § 20 Abs. 3 Nr. 4 AufenthG kann nach der Feststellung der Gleichwertigkeit der Be- 36
rufsqualifikation, der Erteilung der Befugnis zur Berufsausübung oder der Erteilung der Erlaubnis zum Führen der Berufsbezeichnung eine Aufenthaltserlaubnis **bis zu zwölf Monate** im Rahmen eines Aufenthaltes nach § 16 d AufenthG zur Suche nach einem der anerkannten Berufsqualifikation entsprechenden Arbeitsplatz erteilt werden. Die Regelung übernimmt die frühere Vorschrift des § 17 a Abs. 4 AufenthG aF. Wie bei Nr. 3 und abweichend von Nr. 1 und Nr. 2 steht die Erteilung der Aufenthaltserlaubnis zwecks Suche nach einem Arbeitsplatz im behördlichen Ermessen. Dieses ist nach denselben Kriterien wie bei Nr. 3 auszuüben. Das wird auch durch den Hinweis auf § 16 d AufenthG bestätigt. Denn hiernach kann mit dem Anerkennungsverfahren ein langjähriger Aufenthalt im Bundesgebiet verbunden sein. Vor Erteilung der Aufenthaltserlaubnis zur Arbeitsplatzsuche kann der Nachweis von Bemühungen zur Arbeitsplatzsuche während der Dauer des Anerkennungsverfahrens verlangt werden. Der angestrebte Arbeitsplatz muss der anerkannten Berufsqualifikation entsprechen.

Abschnitt II: Fachkräfte mit Berufsausbildung

A. Neukonzeption der Einwanderung von Fachkräften mit Berufsausbildung

Nach der gesetzlichen Begründung des FKEG hängt die Zukunft des Wirtschaftsstandortes 37
Deutschland in entscheidendem Maße davon ab, wie gut es gelingt, die Fachkräftebasis der Unternehmen und Betriebe zu sichern und zu erweitern. Der **Wohlstand**, die **Stabilität der sozialen Sicherungssysteme** und daran anknüpfend der soziale Zusammenhalt seien als wesentliche Elemente der **Sozialen Marktwirtschaft** eng an die Stärke der Wirtschaft gekoppelt. Diese gelte es durch gute Rahmenbedingungen und eine vorausschauende Fachkräftesicherung auch in Zukunft zu erhalten und auszubauen. Vor diesem Hintergrund wird durch das FKEG die Einwanderung von Fachkräften neu konzipiert: Nach bisherigem Recht bildete § 18 Abs. 2 AufenthG aF die Zentralnorm für die Erteilung eines Aufenthaltstitels zur Ausübung einer Beschäftigung. Die folgenden Absätze 3 und 4 unterschieden in Aufenthaltstitel für Beschäftigungen, die keine qualifizierte (Abs. 3) und in jene, die eine qualifizierte Berufsausbildung (Abs. 4) voraussetzten. Ein Aufenthaltstitel konnte nur erteilt werden, wenn neben einem konkreten Arbeitsplatzangebot die Bundesagentur für Arbeit der geplanten Ausübung der Beschäftigung zugestimmt hatte oder durch Rechtsverordnung nach § 42 AufenthG (BeschV) oder zwischenstaatliche Vereinbarungen bestimmt war, dass die Beschäftigungsausübung ohne Zustimmung erlaubt war. Mit dem FKEG wird diese starre Einteilung aufgegeben. Während die normativen Strukturen für die Einwanderung von Fachkräften mit akademischer Ausbildung (§ 18 b AufenthG) im Wesentlichen beibehalten wurden, wurde die Einwanderung von Fachkräften ohne akademische Ausbildung in wesentlichen Aspekten neu geregelt. Dies betrifft einerseits die Frage, ob ein Aufenthaltstitel nur Fachkräften mit qualifizierter Berufsausbil-

dung (§ 2 Abs. 12 a und 12 b, § 18 Abs. 3 Nr. 1 AufenthG) oder auch an Drittstaatsangehörige ohne eine derartige Qualifikation erteilt werden kann. Andererseits betrifft dies die Frage, ob an Fachkräfte ein Aufenthaltstitel nur nach Maßgabe der BeschV erteilt werden kann.

38 Nach bisherigem Recht konnte Antragstellern, die keine qualifizierte Berufsausbildung nachweisen konnten (§ 18 Abs. 3 AufenthG aF), ein Aufenthaltstitel nicht unabhängig von der BeschV erteilt werden. In dieser, nämlich nach § 9 und § 26 BeschV, wurde und wird hingegen nicht zwingend der Nachweis einer qualifizierten Berufsausbildung gefordert. Unabhängig von der BeschV konnte an Antragsteller ohne qualifizierte Berufsausbildung hingegen kein Aufenthaltstitel erteilt werden. Beschäftigungen nur vorübergehender Art (§§ 10 bis 21 BeschV) sowie für besondere Berufe und Personengruppen (§§ 22 bis 25, 27 f. BeschV) bleiben hier ausgeklammert. Das AufenthG selbst regelte unabhängig von der BeschV nur für Geduldete unter den Voraussetzungen des § 18 a AufenthG aF die Möglichkeit der Beschäftigungsausübung, setzte und setzt aber den Nachweis einer qualifizierten Berufsausbildung für Fachkräfte oder einer akademischen Ausbildung voraus. § 18 a AufenthG aF wird mit diesem Inhalt als § 19 d AufenthG fortgeführt. Nunmehr lockert das AufenthG selbst die starre Fokussierung auf die qualifizierte Berufsausbildung auf. Die Grundnorm des § 18 a AufenthG für die Beschäftigung von Fachkräften ohne akademische Ausbildung erfordert zwar den Nachweis einer qualifizierten Berufsausbildung, § 19 c AufenthG lässt aber die Einwanderung für Drittstaatsangehörige zu, die keine derartige Berufsausbildung nachweisen können: § 19 c Abs. 1 AufenthG bestimmt ausdrücklich, dass „unabhängig von einer Qualifikation als Fachkraft“ und unabhängig von den Vorgaben der BeschV eine Aufenthaltserlaubnis erteilt werden kann. Nach § 19 c Abs. 2 AufenthG kann Drittstaatsangehörigen mit „ausgeprägten berufspraktischen Kenntnissen“ eine Aufenthaltserlaubnis erteilt werden. Allerdings kann dies nur nach Maßgabe von § 6 BeschV erfolgen. Wie § 18 Abs. 4 S. 2 AufenthG aF erlaubt § 19 c Abs. 3 AufenthG in begründeten Fällen unter besonderen Voraussetzungen die Erteilung einer Aufenthaltserlaubnis zur Beschäftigung. Aber diese Ausnahme wurde immer schon extrem restriktiv gehandhabt. Beispielhaft hierfür ist die Kommentarliteratur, die abweichend vom Wortlaut des § 18 Abs. 4 S. 2 AufenthG aF nicht nur einen „begründeten“, sondern einen „*besonders*“ begründeten Einzelfall voraussetzt,[144] und die Sorge äußert, dass diese Norm nicht dazu genutzt werden dürfe, den **Anwerbestopp** zu umgehen.[145] Aufgabe der Literatur ist die Überprüfung geltenden Rechts, um dadurch die Handhabung durch Rechtsprechung und Verwaltungspraxis zu erleichtern. Dabei sollten aber Überdehnungen ordnungspolitischer Zielvorstellungen vermieden werden. Nach dem neuen Recht kann eine vorsichtige Auflockerung von der starren Fixierung auf die Voraussetzung der qualifizierten Berufsausübung und eine tastende Loslösung von der BeschV festgestellt werden. Die Vorläufer der BeschV seit 1973 in ihren verschiedenen Formen **einschließlich der AusnahmestoppVO** hatten und haben die Funktion, die Anwendung des Anwerbestopps vom 23.11.1973 zu gewährleisten, und waren bestimmend für die Praxis des bis 2005 unabhängig von der Ausländerbehörde prüfenden und entscheidenden Bundesamts für Arbeit und seitdem für die interne Zustimmungspraxis der Bundesagentur für Arbeit.

39 Die vorsichtige Loslösung von der seit 46 Jahren die Arbeitsmigration eindämmenden Politik beruht auf dem Umstand, dass die offenen Stellen im Zeitpunkt der Vorlage des Gesetzesentwurfs eines FKEG am 13.3.2019 auf rund 1,2 Millionen angestiegen war. Dabei konstatiert der Entwurf einen Fachkräftemangel, der bereits bei vielen Unternehmen, vor allem in der Gesundheits- und Pflegebranche, in den sogenannten **MINT-Berufen** (Mathematik, Informatik, Naturwissenschaft und Technik), aber auch im Handwerk spürbar ist

144 *Breidenbach*, in: Kluth/Heusch, AuslR, 2016, § 18 AufenthG Rn. 46.

145 *Dienelt*, in: Bergmann/Dienelt, AuslR, 12. Aufl. 2018, § 18 AufenthG Rn. 51.

und sich zu einem Risiko für die deutsche Wirtschaft entwickelt hat. Dabei fehlen nicht nur Hochschulabsolventen, sondern zunehmend auch **Fachkräfte mit qualifizierten Berufsausbildungen**. Im Gesetzentwurf wird festgestellt, dass die demografische Entwicklung dies noch verstärken werde. Zum **Schließen der Lücke** gelte es, in erster Linie inländische und innereuropäische Potenziale zu heben. Absehbar werde dies jedoch nicht ausreichen, um den **Fachkräftebedarf** zu sichern.[146]

Die Einführung eines einheitlichen Fachkräftebegriffs trägt nach der gesetzlichen Begründung dem Bedarf der Wirtschaft Rechnung, die **nicht mehr primär Hochschulabsolventen**, sondern **zunehmend auch Fachkräfte mit einer qualifizierten Berufsausbildung** suche. Dies diene der Vereinheitlichung der Regelungen, der Transparenz von Entscheidungen und beseitige nicht mehr zeitgemäße Unterschiede. Durch die neue Definition werde an zentraler Stelle klargestellt, wer als Fachkraft nach Deutschland kommen dürfe und wer die Voraussetzungen nicht erfülle. Auf die **Vorrangprüfung** werde darüber hinaus im Grundsatz verzichtet; verbunden werde dies jedoch mit der Möglichkeit, auf Veränderungen des Arbeitsmarktes unkompliziert reagieren zu können und die Vorrangprüfung kurzfristig wieder einzuführen. Die Änderung erfolge vor dem Hintergrund, dass sich die Zahl der **Engpassberufe** in den letzten Jahren deutlich erhöht habe: Während im Dezember 2011 ein Engpass bei 7,6 Prozent der Berufsgruppen vorgelegen habe, seien es nach der aktuellen Engpassanalyse vom Juni 2018 bereits 23 Prozent aller Berufsgruppen. Auch bestünden zunächst Engpässe vor allem im akademischen Bereich. Heute würden jedoch Engpässe verstärkt auf Ebene des Anforderungsniveaus der **Fachkräfte und Spezialisten** auftreten. Fachkräfte fehlten nicht nur in den technischen Berufsfeldern und im Bereich der Pflege, sondern auch im Baugewerbe und in anderen Gesundheitsberufen. In der Folge sei der Anteil der Ablehnungen der Zustimmung durch die Bundesagentur für Arbeit aufgrund der Vorrangprüfung insbesondere seit 2013 deutlich zurückgegangen. Der Verzicht auf die Vorrangprüfung erleichtere und beschleunigte die Erteilung von Aufenthaltstiteln zur Erwerbsmigration, wenn ein Arbeitsvertrag und eine anerkannte Qualifikation vorliege.[147] 40

Gemessen an diesen gesetzgeberischen Vorstellungen ist der Gesetzgeber deutlich zu kurz gesprungen. Das legt bereits die rein formale Analyse des FKEG nahe: Während §§ 18 d, 18 c, 18 e, 19, 19 a, 19 b, 19 d, 19 e AufenthG die Einwanderung von Fachkräften mit akademischer Ausbildung (§ 18 c AufenthG) vorsehen, wird für Fachkräfte mit qualifizierter Berufsausbildung lediglich die Generalnorm (§ 18 b iVm § 2 Abs. 12 a und Abs. 12 b AufenthG) geregelt. Allerdings sind die Ausbildungsduldung (§ 60 c AufenthG) sowie die Beschäftigungsduldung (§ 60 d AufenthG) und die hieran anknüpfenden Regelungen in § 19 d bzw. § 25 b AufenthG in die Betrachtung mit einzubeziehen sowie auch die Tatsache, dass der Gesetzgeber den Begriff der Fachkraft mit qualifizierter Berufsausbildung deutlich aufgelockert hat (§ 2 Abs. 12 a und Abs. 12 b AufenthG). Auch die Vorschriften zur Ausbildung (§ 16 a AufenthG), zur Anerkennung ausländischer Berufsqualifikation (§ 16 d AufenthG) und zur Arbeitsplatzsuche (§ 20 Abs. 1, Abs. 3 Nr. 3 und Nr. 4 AufenthG) sind der Behebung des Fachkräftemangels in Bezug auf Fachkräfte mit qualifizierter Berufsausbildung hinzuzuzählen. Schließlich sind § 9 und § 26 BeschV in diesem Zusammenhang zu berücksichtigen. Dagegen werden die Regelungen, welche die lediglich vorübergehende Beschäftigung (§§ 10 bis § 15 e; §§ 16 bis 21 BeschV) oder Aufenthalte zu Sport, Kultur, karitativen und seelsorgerischen Zwecken sowie für Journalisten und Haushaltshilfen (§§ 2, 23, 24, 25 BeschV) betreffen, im Handbuch nicht behandelt, da sie nicht vom Zweck des FKEG, die Einwanderung für Fachkräfte zu fördern, erfasst werden. 41

146 BT-Drs. 19/8285, S. 1 ff.
147 BT-Drs. 19/8285, S. 2.

B. Fachkräfte mit Berufsausbildung (§ 18 a AufenthG)

42 Nach § 18 a AufenthG kann einer Fachkraft mit Berufsausbildung eine Aufenthaltserlaubnis zur Ausübung einer **qualifizierten Beschäftigung** erteilt werden, wenn die erforderliche Qualifikation sie zur Ausübung der Beschäftigung befähigt. Die Aufenthaltserlaubnis kann auch Antragstellern, die bislang im Besitz der **Ausbildungsduldung** (§ 60 a Abs. 2 S. 4 AufenthG aF, § 60 c AufenthG nF; → Kap. 4 Rn. 23 ff.) waren und eine qualifizierte Berufsausbildung absolviert haben, sowie Antragstellern, die eine **Beschäftigungsduldung** (§ 60 d AufenthG; → Kap. 4 Rn. 46 ff.) besitzen, sofern sie eine qualifizierte Berufsausbildung erworben haben, erteilt werden. Bei der ersten Personengruppe wird für die unter 21 Jahre alten Antragsteller aber eher eine Aufenthaltserlaubnis nach § 25 a AufenthG in Betracht kommen, während Angehörige der zweiten Personengruppe in der überwiegenden Mehrheit die Aufenthaltserlaubnis nach dieser Vorschrift anstreben werden, es sei denn, sie halten sich seit mindestens acht bzw. sechs Jahren im Bundesgebiet auf. In diesem Fall werden sie zumeist eine Aufenthaltserlaubnis nach § 25 b AufenthG der Inanspruchnahme einer Aufenthaltserlaubnis nach dieser Vorschrift vorziehen. Für die Erteilung einer Aufenthaltserlaubnis nach § 18 a AufenthG wird der Nachweis einer qualifizierten Berufsausbildung (§ 18 Abs. 3 Nr. 1 iVm § 2 Abs. 12 a und Abs. 12 b AufenthG) vorausgesetzt (→ Rn. 14–17). Wer lediglich eine Beschäftigung anstreben will, ohne dass er eine qualifizierte Berufsausbildung nachweisen kann, dem kann lediglich unter den Voraussetzungen des § 9 BeschV oder nach § 26 BeschV eine Aufenthaltserlaubnis erteilt werden.

43 Der Antragsteller muss ein konkretes **Arbeitsplatzangebot** (→ Rn. 7 f.) vorlegen. Bei der angestrebten Aufenthaltserlaubnis zur **Arbeitsplatzsuche** nach § 20 AufenthG (→ Rn. 21 ff.) entfällt diese Voraussetzung. Zustimmungserfordernis und Erfordernis der Berufsausübungserlaubnis regeln § 18 Abs. 2 Nr. 2 und Nr. 3 AufenthG. Ferner müssen die allgemeinen Erteilungsvoraussetzungen (§ 5 Abs. 1 AufenthG) erfüllt sein, also insbesondere die **Sicherung des Lebensunterhalts** nachgewiesen werden, muss die **Identität** geklärt sein (§ 5 Abs. 1 Nr. 1 a AufenthG), darf kein **Ausweisungsinteresse** (§ 5 Abs. 1 Nr. 2 AufenthG) bestehen und muss der **Besitz eines Passes** nachgewiesen werden (§ 3, § 5 Abs. 1 Nr. 4 AufenthG) und muss zur Einreise ein Visum beantragt werden (§ 5 Abs. 2 AufenthG), es sei denn, die Aufenthaltserlaubnis kann auch nach der Einreise beantragt werden (§ 39 Abs. 1, § 41 AufenthV). Es darf kein Versagungsgrund nach § 5 Abs. 4 AufenthG bestehen und keine **Titelerteilungssperre** wegen eines noch anhängigen Asylverfahrens (§ 10 Abs. 1 AufenthG) entgegenstehen. Darüber hinaus darf keine unanfechtbare Asylablehnung oder eine Rücknahme des Asylantrags durch den Antragsteller (§ 10 Abs. 3 S. 1 AufenthG) die Erteilung der Aufenthaltserlaubnis sperren. Ist der Asylantrag als offensichtlich unbegründet abgelehnt worden, darf die Aufenthaltserlaubnis nach § 18 b AufenthG nicht vor der Ausreise erteilt werden (§ 10 Abs. 3 S. 2 AufenthG iVm § 30 Abs. 3 Nr. 1 bis 6 AsylG). Die Erteilung der Aufenthaltserlaubnis nach § 18 a AufenthG steht im **behördlichen Ermessen.** Da es der Zweck des FKEG ist, die Fachkräftebeschäftigung vorausschauend auch in Zukunft zu erhalten, zu sichern und auszubauen, dürfte es beim Nachweis der Voraussetzungen des § 18 AufenthG und der allgemeinen Erteilungsvoraussetzungen regelmäßig angezeigt sein, das Ermessen zugunsten des Antragstellers auszuüben. Die Aufenthaltserlaubnis wird für die **Dauer von vier Jahren** erteilt, wenn die Bundesagentur die Zustimmung nicht kürzer befristet (§ 36 Abs. 1 BeschV) hat (§ 18 Abs. 4 S. 1 AufenthG; → Rn. 9–11). Die Aufenthaltserlaubnis wird bei Fortbestand der Erteilungsgründe (§ 8 Abs. 1 AufenthG) verlängert. Die Verlängerungsfrist dürfte an § 18 Abs. 4 S. 1 AufenthG zu orientieren sein. Die Niederlassungserlaubnis wird unter den Voraussetzungen des § 18 c AufenthG nach vierjährigem Besitz der Aufenthaltserlaubnis nach § 18 a Abs. 1 AufenthG erteilt. Unmittelbar nach Ablauf der Aufenthaltserlaubnis kann die Niederlassungserlaubnis erteilt werden.

C. Aufenthaltserlaubnis zur Anerkennung ausländischer Berufsqualifikationen (§ 16 d AufenthG)

I. Funktion der Vorschrift

Die Regelungen des § 16 d AufenthG enthalten Maßnahmen zum Zweck der Anerkennung ausländischer Berufsqualifikationen und übernehmen im Wesentlichen die früheren Bestimmungen des § 17 a AufenthG aF. Die Steigerung der Zuwanderung von Fachkräften in Ausbildungsberufen ist ein **Schwerpunktanliegen** dieses Gesetzes. Gleichzeitig erfüllen ausländische Ausbildungsabschlüsse häufig nicht die für eine Anerkennung erforderlichen Anforderungen. Dieser Zwiespalt wird durch den neuen § 16 d AufenthG aufgelöst, der nach Feststellung der „**teilweisen**" Gleichwertigkeit eines ausländischen Abschlusses oder der Feststellung von notwendigen Ausgleichmaßnahmen bei reglementierten Berufen die Möglichkeiten der Einreise und des Aufenthalts zu Qualifizierungsmaßnahmen mit dem Ziel der Feststellung der Gleichwertigkeit oder Erteilung der Berufsausübungserlaubnis erweitert und praxistauglicher gestaltet.[148] Damit übernimmt der geltende § 16 d AufenthG die Regelungen der früheren Vorschrift des § 17 a AufenthG aF. Zu den Qualifizierungsmaßnahmen nach § 16 d Abs. 1 S. 1 AufenthG zählen **Anpassungs- und Ausgleichsmaßnahmen in theoretischer und praktischer Form, Vorbereitungskurse** auf Prüfungen und **Sprachkurse**. Abzugrenzen ist der Sprachkurs im Zusammenhang mit der Anerkennung ausländischer Berufsqualifikationen vom berufsausbildungsvorbereitenden Sprachkurs nach § 16 a Abs. 1 S. 3 AufenthG (→ Kap. 2 Rn. 25 ff.), vom studienvorbereitenden Sprachkurs nach § 16 b Abs. 1 S. 3 Nr. 1 AufenthG (→ Kap. 2 Rn. 53 ff.) und vom Sprachkurs nach § 16 f AufenthG (→ Kap. 2 Rn. 43 ff.). Qualifizierungsmaßnahmen können auch rein betrieblich durchgeführt werden, wenn zB nur noch bestimmte praktische Fertigkeiten, Kenntnisse und Fähigkeiten nachgewiesen werden müssen.[149] Anders als nach früherem Recht werden in der Vorschrift verschiedene Aufenthaltserlaubnisse zwecks Anerkennung der ausländischen Berufsqualifikation (§ 16 d Abs. 1, 3 und 4 AufenthG) geregelt. Anstelle der Ermessensregelung nach § 17 a Abs. 1 AufenthG aF tritt die Sollregelung nach Abs. 1. Der auf Ablegung einer Prüfung zur Anerkennung einer ausländischen Berufsqualifikation in Abs. 5 geregelte Ermessensanspruch wurde von § 17 a Abs. 5 AufenthG aF übernommen. 44

II. Aufenthaltserlaubnis nach § 16 d Abs. 1 AufenthG

1. Voraussetzungen für die Erteilung der Aufenthaltserlaubnis nach § 16 d Abs. 1 Satz 1 und Satz 2 AufenthG

Einem Drittstaatsangehörigen *soll* nach § 16 d Abs. 1 S. 1 zum Zweck der Anerkennung einer im Ausland erworbenen Berufsqualifikation eine Aufenthaltserlaubnis für die Durchführung einer **Qualifizierungsmaßnahme** einschließlich sich daran anschließender Prüfungen erteilt werden, wenn von einer nach den Regelungen des Bundes oder der Länder für die berufliche Anerkennung zuständigen Stelle festgestellt wurde, dass Anpassungs- oder Ausgleichsmaßnahmen oder weitere Qualifikationen entweder für die Feststellung der Gleichwertigkeit der Berufsqualifikation mit einer inländischen Berufsqualifikation oder in einem **reglementierten Beruf** für die Erteilung der Berufsausübungserlaubnis erforderlich sind. Reglementierte Berufe sind berufliche Tätigkeiten, deren Ausübung durch Rechts- oder Verwaltungsvorschriften an den Besitz bestimmter Berufsqualifikationen gebunden ist.[150] Hierzu zählen die etwa 350 Ausbildungsberufe im dualen System wie Industriemechaniker, Kfz-Mechatroniker, Einzelhandelskaufmann und medizinische Fachangestell- 45

148 BT-Drs. 19/8285, S. 92.
149 BT-Drs. 19/8285, S. 92.
150 *Hailbronner*, AuslR A 1 § 17 a AufenthG Rn. 2.

te.[151] Die abgeschlossene Durchführung eines Verfahrens im Bundesgebiet zur Feststellung der – fehlenden – Gleichwertigkeit der ausländischen Qualifikation ist zwingende Voraussetzung für die Erteilung einer Aufenthaltserlaubnis. In diesem Verfahren müssen Defizite der ausländischen gegenüber den inländischen Anforderungen an den Berufszugang festgestellt worden sein.[152] Die für die Prüfung der Gleichwertigkeit zuständige Stelle[153] erlässt einen Bescheid, in dem einerseits die bestehenden Qualifikationen und andererseits die vorhandenen Defizite, zB fehlende theoretische Kenntnisse, praktische Fertigkeiten oder Erfahrungen, aufgelistet werden.[154] Unter diesen Voraussetzungen besteht ein **Sollanspruch**, dh dem Antrag ist im Regelfall stattzugeben und er darf nur unter besonderen Umständen abgelehnt werden. Drittstaatsangehörige, die im Ausland eine Berufsqualifikation erworben haben und ernsthaft durch Vorlage geeigneter Unterlagen, zB Belege über eine Kontaktaufnahme mit potenziellen Arbeitgebern, Ausarbeitung eines Konzepts der Qualifizierungsmaßnahme, darlegen, im Bundesgebiet eine ihrer Qualifikation entsprechende Beschäftigung ausüben zu wollen, haben nach § 2 BQFG bezogen auf bundesrechtlich – also im BBiG oder in der HandwO geregelte Berufe – Anspruch auf Prüfung und gegebenenfalls Feststellung der Gleichwertigkeit für landesrechtlich geregelte Berufe. Soweit in diesem Zusammenhang Lehrer, Architekten, Ingenieure und Sozialpädagogen genannt werden,[155] ist dies überholt. Denn nach geltendem Recht wird zwischen Fachkräften mit qualifizierter und Fachkräften mit akademischer Ausbildung (§ 18 a, § 18 b AufenthG) unterschieden und bezieht § 16 d AufenthG sich auf Fachkräfte mit qualifizierter Berufsausbildung nach § 2 Abs. 12 a und Abs. 12 b AufenthG, die von den bezeichneten akademischen Berufen zu trennen sind (→ Rn. 2).

46 Nach § 16 d Abs. 1 S. 2 Nr. 1 AufenthG kann die Aufenthaltserlaubnis nur erteilt werden, wenn der Antragsteller über der Qualifizierungsmaßname entsprechende **deutsche Sprachkenntnisse**, in der Regel mindestens über hinreichende deutsche Sprachkenntnisse (Niveau A 2, § 2 Abs. 10 AufenthG) verfügt. Zu den Qualifizierungsmaßnahmen nach § 16 d Abs. 1 S. 1 AufenthG zählen aber auch Sprachkurse.[156] Dies ist so zu verstehen, dass für die Erteilung der Aufenthaltserlaubnis zwar Kenntnisse auf dem Niveau A 2 gehören, für die angestrebte Berufsqualifikation aber zunächst an einem Sprachkurs zur Verbesserung der Sprachkenntnisse teilgenommen werden kann. Abzugrenzen ist der Sprachkurs im Zusammenhang mit der Anerkennung ausländischer Berufsqualifikationen vom berufsausbildungsvorbereitenden Sprachkurs nach § 16 a Abs. 1 S. 3 AufenthG (→ Kap. 2 Rn. 25 ff.), studienvorbereitenden Sprachkurs nach § 16 b Abs. 1 S. 3 Nr. 1 AufenthG (→ Kap. 2 Rn. 53 ff.) und vom Sprachkurs nach § 16 f AufenthG (→ Kap. 2 Rn. 43 ff.). Die Qualifizierungsmaßnahme muss darüber hinaus **geeignet** sein, dem Antragsteller die Anerkennung der Berufsqualifikation oder den Berufszugang zu ermöglichen (§ 16 d Abs. 1 S. 2 Nr. 2 AufenthG). Soll eine überwiegend betriebliche Weiterbildung mit praktischen und theoretischen Aspekten durchgeführt werden, ist die Zustimmung der Bundesagentur für Arbeit erforderlich (§ 16 d Abs. 1 S. 2 Nr. 3 AufenthG). Bei dieser Form der Qualifizierungsmaßnahme kann es zu Überschneidungen mit der betrieblichen Weiterbildung im Sinne von § 16 a AufenthG kommen. Diese dient aber anders als die betriebliche oder überbetriebliche Weiterbildung nach § 16 d Abs. 1 S. 2 Nr. 3 AufenthG nicht dem Erwerb der inländischen Anerkennung der beruflichen Qualifikation. Die Erteilung der Aufent-

151 *Christ*, in: Kluth/Heusch, AuslR, 2016, § 17 a AufenthG Rn. 9.
152 *Christ*, in: Kluth/Heusch, AuslR, 2016, § 17 a AufenthG Rn. 6.
153 S. hierzu *Harbou*, ZAR 2015, 343 (346 f.).
154 *Hailbronner*, AuslR A 1 § 17 a AufenthG Rn. 1.
155 *Hailbronner*, AuslR A 1 § 17 a AufenthG Rn. 5; *Christ*, in: Kluth/Heusch, AuslR, 2016, § 17 a AufenthG Rn. 7.
156 BT-Drs. 19/8285, S. 92.

haltserlaubnis setzt schließlich voraus, dass die allgemeinen Regelerteilungsvoraussetzungen (§ 5 Abs. 1 AufenthG) vorliegen, insbesondere der Lebensunterhalt gesichert ist.

2. Geltungsdauer der Aufenthaltserlaubnis (§ 16 d Abs. 1 Satz 3 AufenthG)

Nach § 16 d Abs. 1 S. 3 AufenthG wird die Aufenthaltserlaubnis für bis zu 18 Monate erteilt und um längstens sechs Monate bis zu einer Höchstaufenthaltsdauer von zwei Jahren verlängert. Diese Regelung knüpft an § 17 a Abs. 1 AufenthG aF an. Einem Bedürfnis der Praxis folgend wurde aber in Hs. 2 von S. 3 eine Verlängerungsmöglichkeit um sechs Monate bis zu einem Höchstzeitraum von zwei Jahren eingeführt.[157] Die Höchstdauer weicht von § 11 Abs. 1 BQFG ab, wonach der Aufenthalt bis zu 36 Monate, also drei Jahre, andauern kann. Zur früheren Regelung hatte deshalb der Bundesrat vorgeschlagen, die Höchstdauerregelung vollständig aufzuheben oder die Höchstdauer auf 40 Monate anzuheben. Dem war der Gesetzgeber nicht gefolgt.[158] Auch der Gesetzgeber des FKEG bleibt mit der Anhebung der Höchstdauer auf zwei Jahre weit hinter dem Maßstab des BQFG zurück. Bei der Erteilung sollte die Aufenthaltserlaubnis zunächst auf die vorgegebene Geltungsdauer von 18 Monaten befristet werden. Soweit vorgeschlagen wird, die Geltungsdauer sollte nach dem Zeitaufwand bemessen werden, der nach Art und Umfang der für die Anerkennung der ausländischen Berufsqualifikation notwendigen Qualifizierungsmaßnahmen einschließlich etwaiger Prüfungen voraussichtlich entstehe,[159] mag dies für die Verlängerungsentscheidung zugrunde gelegt werden können. Denn es ist davon auszugehen, dass diese Umstände bereits im vorangegangenen Visumverfahren geprüft worden waren. Darüber hinaus sollte auch hier § 11 Abs. 1 BQFG maßgebend für die Entscheidung über die Befristung sein und nicht durch weitere Prüfungen die ohnehin mit 18 Monaten weit unter der Dauer von drei Jahren bleibende Geltungsdauer weiter verkürzt werden. Dies würde auch der gesetzgeberischen Entscheidung entsprechen, die Norm des § 16 d Abs. 1 S. 1 AufenthG von einer bloßen Ermessensregelung auf einen Sollanspruch anzuheben. Darin kommt angesichts der gesteigerten Bedeutung der Fachkräfteeinwanderung der gesetzgeberische Wille zum Ausdruck, die hierfür erforderlichen Maßnahmen großzügig anzuwenden. 47

3. Beschäftigungserlaubnis während der Qualifizierungsmaßnahmen (§ 16 d Abs. 1 Satz 4 AufenthG)

Nach § 16 d Abs. 1 S. 4 AufenthG ist während der Dauer der Qualifizierungsmaßnahmen nach § 16 d Abs. 1 S. 1 AufenthG eine von der Qualifizierungsmaßnahme unabhängige Nebenbeschäftigung von bis zu zehn Stunden je Woche erlaubt. Es handelt sich hierbei um eine kraft Gesetzes erlaubte Beschäftigung entsprechend § 4 a Abs. 1 S. 1 Hs. 1 AufenthG. Daher entfällt die Zustimmung der Bundesagentur für Arbeit. § 16 d Abs. 1 S. 4 AufenthG übernimmt die frühere Regelung des § 17 a Abs. 1 S. 4 AufenthG aF. Hiervon zu trennen ist die auf die Art der geplanten qualifizierten Berufsausbildung bezogene Beschäftigungserlaubnis nach § 16 d Abs. 2 AufenthG (→ Rn. 49). Mit der Nebenbeschäftigung nach § 16 d Abs. 1 S. 4 AufenthG soll dem Drittstaatsangehörigen die Möglichkeit gegeben werden, seinen erforderlichen Lebensunterhalt (§ 5 Abs. 1 Nr. 1 AufenthG) zumindest teilweise durch eine Beschäftigung zu sichern. Zugleich dient die zeitliche Beschränkung dem Zweck der Aufenthaltserlaubnis nach § 16 d Abs. 1 S. 1 AufenthG, die Anerkennung der Berufsqualifikation zu erreichen.[160] Durch die zeitliche Einschränkung soll erreicht wer- 48

157 BT-Drs. 19/8285, S. 92.
158 S. hierzu *Christ*, in: Kluth/Heusch, AuslR, 2016, § 17 a AufenthG Rn. 18.
159 S. hierzu *Christ*, in: Kluth/Heusch, AuslR, 2016, § 17 a AufenthG Rn. 17.
160 *Hailbronner*, AuslR A 1 § 17 a AufenthG Rn. 22; *Christ*, in: Kluth/Heusch, AuslR, 2016, § 17 a AufenthG Rn. 19.

den, dass der Drittstaatsangehörige überwiegend im Rahmen der Qualifizierungsmaßnahme seine Tätigkeit ausübt, um dadurch eine möglichst schnelle, aber auch fachlich qualifizierte Berufsausbildung abzuschließen.

4. Beschäftigungserlaubnis nach § 16 d Abs. 2 AufenthG

49 Nach § 16 d Abs. 2 S. 1 AufenthG berechtigt die Aufenthaltserlaubnis nach § 16 d Abs. 1 S. 1 AufenthG zur Ausübung einer zeitlich nicht eingeschränkten Beschäftigung, deren Anforderungen in einem Zusammenhang mit in der späteren Beschäftigung geforderten berufsfachlichen Kenntnissen stehen, wenn ein konkretes Arbeitsplatzangebot für eine spätere Beschäftigung in dem anzuerkennenden oder von der beantragten Berufsausübungserlaubnis erfassten Beruf vorliegt und die Bundesagentur für Arbeit zugestimmt hat oder durch die BeschV bestimmt ist, dass die Beschäftigung ohne Zustimmung zulässig ist. Die Vorschrift übernimmt § 17 a Abs. 3 AufenthG aF. § 16 d Abs. 2 AufenthG soll die Attraktivität des Aufenthalts nach § 16 d Abs. 1 S. 1 AufenthG erhöhen, indem durch die Nebenbeschäftigung die Möglichkeit eröffnet wird, den erforderlichen Lebensunterhalt (§ 5 Abs. 1 Nr. 1 AufenthG) durch eigene Erwerbstätigkeit zu sichern.[161] Das frühere Erfordernis eines „engen" Zusammenhangs wurde aufgegeben, um berufspraktischen Bedürfnissen insbesondere der medizinischen Berufe besser entsprechen zu können.[162] Allerdings muss zwischen der Art der zur Anerkennung angestrebten Qualifizierungsmaßnahme und der späteren Beschäftigung ein berufsfachlicher Zusammenhang bestehen. Wer etwa an einer Qualifizierungsmaßnahme zur Anerkennung einer Berufsqualifikation als Kfz-Mechatroniker teilnimmt, kann nicht eine Nebenbeschäftigung als Bäcker oder Schreiner, wohl aber etwa als Schlosser ausüben. Durch die Auflockerung des Zusammenhangs wird die Bandbreite der in Betracht kommenden Nebenbeschäftigungen zwar ausgeweitet. Es muss aber zwischen der Qualifizierungsmaßnahme und der Nebenbeschäftigung ein irgendwie gearteter berufsfachlicher Zusammenhang bestehen. Dieser ist zB gegeben, wenn der Drittstaatsangehörige während eines für die Anerkennung als Krankenpfleger erforderlichen Sprachkurses als Altenpflegehelfer arbeitet. Anders als im Fall des § 16 d Abs. 1 S. 4 AufenthG bedarf es für die Ausübung der Nebenbeschäftigung der Zustimmung. Die Dauer der Nebenbeschäftigung ist zwar anders als nach § 16 d Abs. 1 S. 4 AufenthG unbegrenzt, sie wird jedoch durch die Geltungsdauer der Aufenthaltserlaubnis nach § 16 d Abs. 1 S. 1 AufenthG zeitlich begrenzt, kann also nicht länger als für 18 Monate erlaubt werden.

50 Der Antragsteller muss ein konkretes Arbeitsplatzangebot nachweisen. Dies entspricht § 18 Abs. 2 Nr. 1 AufenthG (→ Rn. 7 f.). Der Antrag ist bei der örtlich zuständigen Ausländerbehörde unter Vorlage eines vom Arbeitgeber ausgefüllten und unterzeichneten, vom Internetportal der Bundesagentur für Arbeit heruntergeladenen Vordrucks zu stellen. Diese leitet den Antrag zwecks Prüfung der Zustimmung an die Bundesagentur weiter und erteilt die Erlaubnis zur Ausübung der Nebenbeschäftigung nach Zustimmung nach Ermessen. Kann der Antragsteller bereits im Zeitpunkt der Beantragung der Aufenthaltserlaubnis nach § 16 d Abs. 1 S. 1 AufenthG ein konkretes Arbeitsplatzangebot nachweisen, prüft die Bundesagentur einerseits die Zustimmung zur Erteilung der Aufenthaltserlaubnis nach § 16 d Abs. 1 S. 1 AufenthG und andererseits zur Erteilung der Erlaubnis zur Ausübung der Nebenbeschäftigung nach § 16 d Abs. 2 AufenthG.[163] Die Zustimmung zur Ausübung der Nebenbeschäftigung wird nur dann ohne Vorrangprüfung erteilt, wenn es sich um einen in der Positivliste der Bundesagentur verzeichneten **Engpassberuf** handelt. Die Positivliste kann auf dem Internetportal der Bundesagentur eingesehen werden. Die

161 *Hailbronner,* AuslR A 1 § 17 a AufenthG Rn. 22.
162 BT-Drs. 19/8285, S. 93.
163 *Hailbronner,* AuslR A 1 § 17 a AufenthG Rn. 23.

Ausländerbehörde hat zwar über die Erteilung zur Ausübung der Nebenbeschäftigung nach Ermessen zu entscheiden. Sie muss dabei aber berücksichtigen, dass durch die Ausübung der Nebenbeschäftigung die Kenntnisse und Erfahrungen des Antragstellers im Hinblick auf die Berufsqualifikation verbessert werden können. Dabei hat sie auch zu berücksichtigen, dass der Gesetzgeber den Zweckwechsel zugelassen hat, dh dem Antragsteller nach Anerkennung der Berufsqualifikation eine Aufenthaltserlaubnis etwa als Fachkraft mit qualifizierter Berufsausbildung nach § 18 a AufenthG erteilt werden kann (§ 16 d Abs. 6 AufenthG).

III. Aufenthaltserlaubnis nach § 16 d Abs. 3 AufenthG

Einem Drittstaatsangehörigen soll nach § 16 d Abs. 3 AufenthG unter den in § 16 d Abs. 1 51
Hs. 2 AufenthG bezeichneten Voraussetzungen zum Zweck der Anerkennung seiner im Ausland erworbenen Berufsqualifikation eine Aufenthaltserlaubnis für zwei Jahre erteilt und die Ausübung einer qualifizierten Beschäftigung in einem im Inland nicht reglementierten Beruf, zu dem seine Qualifikation befähigt, erlaubt werden. Diese nach § 17 a AufenthG aF nicht zugelassene Möglichkeit ermöglicht einen Aufenthalt zur Feststellung der Gleichwertigkeit der ausländischen Berufsqualifikation mit **bereits paralleler Beschäftigung im erstrebten Beruf für nichtreglementierte Berufe,** wenn die zuständige Stelle als Ergebnis des Anerkennungsverfahrens festgestellt hat, dass Fertigkeiten, Kenntnisse und Fähigkeiten in der betrieblichen Praxis fehlen, gleichzeitig aber die Befähigung zu einer vergleichbaren beruflichen Tätigkeit wie bei der entsprechenden inländischen Berufsausbildung gegeben ist.[164] Bei dieser **teilweisen Gleichwertigkeit** ist gewährleistet, dass der Ausländer eine hinreichende berufliche Handlungsfähigkeit besitzt (vgl. § 4 Abs. 1 Nr. 1 BQFG).[165] Reglementierte Berufe (→ Rn. 45) sind vom Anwendungsbereich nach § 16 d Abs. 3 AufenthG ausgeschlossen. Vorausgesetzt wird, dass der Antragsteller über **Deutschkenntnisse** verfügt, die für die Tätigkeit erforderlich sind und mindestens dem Niveau A 2 (§ 2 Abs. 10 AufenthG) entsprechen, also hinreichend sind (§ 16 d Abs. 3 Nr. 1 AufenthG). Ferner setzt die Erteilung der Aufenthaltserlaubnis nach § 16 d Abs. 3 AufenthG wie nach § 16 d Abs. 1 Nr. 1 AufenthG die abgeschlossene Durchführung eines Verfahrens im Bundesgebiet voraus, bei dem die für die Prüfung der Gleichwertigkeit zuständige Stelle[166] festgestellt hat, dass schwerpunktmäßig Fertigkeiten, Kenntnisse und Fähigkeiten in der betrieblichen Praxis fehlen (§ 16 d Abs. 3 Nr. 2 AufenthG). Nach der gesetzlichen Begründung handelt es sich damit um die Feststellung einer teilweisen Gleichwertigkeit. Die Voraussetzungen nach § 16 d Abs. 3 unterscheiden sich damit von § 16 d Abs. 1 AufenthG zunächst darin, dass im Großen und Ganzen keine Defizite der ausländischen gegenüber den inländischen Anforderungen an den Berufszugang bestehen, aber schwerpunktmäßig noch berufsspezifisch erforderliche Fertigkeiten, Kenntnisse und Fähigkeiten fehlen. Aus § 16 d Abs. 3 Hs. 1 AufenthG folgt jedoch, dass gleichwohl eine qualifizierte Beschäftigung im Bundesgebiet erlaubt werden soll. Es besteht also ein **Sollanspruch,** so dass die Behörde den Antrag im Regelfall bei Vorliegen der Voraussetzungen nach § 16 d Abs. 3 AufenthG nicht ablehnen darf. Anders als nach § 16 d Abs. 1 AufenthG wird also nach Einreise im Bundesgebiet keine Qualifizierungsmaßnahme durchgeführt, sondern die Ausübung der qualifizierten Berufsausübung erlaubt. Der Gesetzgeber des § 16 d Abs. 3 AufenthG geht also davon aus, dass aufgrund der Feststellung der teilweisen Gleichwertig die Prognose begründet ist, dass die fehlenden Fertigkeiten, Kenntnisse und Fähigkeiten im Rahmen der Berufsausübung erworben werden können, so dass nach Ablauf von zwei Jahren eine Aufenthaltserlaubnis nach § 16 a, § 16 b, § 18 a, § 18 b oder § 19 c AufenthG erteilt werden

164 BT-Drs. 19/8285, S. 93.
165 BT-Drs. 19/8285, S. 93.
166 S. hierzu *Harbou*, ZAR 2015, 343 (346 f.).

kann. Die Erteilung der Aufenthaltserlaubnis setzt voraus, dass die allgemeinen Regelerteilungsvoraussetzungen (§ 5 Abs. 1 AufenthG) erfüllt sind, insbesondere der Lebensunterhalt (§ 5 Abs. 1 Nr. 1 AufenthG) gesichert ist.

52 Die zuständige Stelle für die Feststellung der Gleichwertigkeit (→ Rn. 45, 51) erlässt einen Bescheid, in dem festgestellt wird, dass schwerpunktmäßig die bezeichneten Defizite bestehen. Ferner muss ein konkretes **Arbeitsplatzangebot** (→ Rn. 7 f.) nachgewiesen werden (§ 16 d Abs. 3 Nr. 3 AufenthG). Darüber hinaus ist der Nachweis zu führen, dass der Arbeitgeber sich verpflichtet hat, den Ausgleich der von der für die Feststellung der Gleichwertigkeit zuständigen Behörde festgestellten Unterschiede innerhalb der Zweijahresfrist zu ermöglichen (§ 16 d Abs. 3 Nr. 4 AufenthG). Förderlich ist in diesem Zusammenhang, wenn auch ein zeitlich und sachlich gegliederter **Weiterbildungsplan** vorgelegt wird, der die einzelnen Schritte, durch die die wesentlichen Unterschiede ausgeglichen werden sollen, enthält und jeweils den für den **Weiterbildungsabschnitt** verantwortlichen Bildungsträger oder Betrieb ausweist. Ausreichend ist jedoch, wenn dargestellt werden kann, wie beabsichtigt ist, die wesentlichen Unterschiede auszugleichen. Dazu kann gehören, dass nach einer ersten Bewertung im Rahmen des vor Einreise zu führenden Anerkennungsverfahrens der Nachweis des Vorhandenseins weiterer maßgeblicher beruflicher Fertigkeiten, Kenntnisse und Fähigkeiten erst nach Einreise in Deutschland im Rahmen sonstiger Verfahren nach § 14 BQFG erfolgt.[167] Dem Gesetz kann nicht entnommen werden, welche Folgen eintreten, wenn dieser Ausgleich nicht hergestellt wird. § 16 d Abs. 6 AufenthG ist aber zu entnehmen, dass in diesem Fall nach Ablauf der Höchstdauer der Beschäftigung kein Zweckwechsel zulässig ist, der Drittstaatsangehöriger also ausreisen muss. Aus diesem gesetzlichen Zusammenhang geht hervor, dass innerhalb der Zweijahresfrist die zuständige Behörde festgestellt haben muss, dass nunmehr die ausländische Berufsqualifikation mit der entsprechenden inländischen Berufsqualifikation vergleichbar ist. Anschließend wird nach Maßgabe von § 16 d Abs. 6 AufenthG ermöglicht, dass ohne Ausreise aus dem Bundesgebiet eine Aufenthaltserlaubnis nach § 16 a – Berufsausbildung, berufliche Weiterbildung –, § 16 b – Studium –, § 18 a – Beschäftigung als Fachkraft mit qualifizierter Berufsausbildung –, § 18 b – Beschäftigung als Fachkraft mit akademischer Ausbildung – oder § 19 c AufenthG – europäischer Freiwilligendienst – erteilt werden darf. Dies gilt auch im Falle eines gesetzlichen Anspruchs. Wie im Fall von § 16 d Abs. 1 AufenthG (→ Rn. 50) bedarf es für die Erteilung der Aufenthaltserlaubnis nach § 16 d Abs. 3 AufenthG der Zustimmung der Bundesagentur für Arbeit. Die Frage der Nebenbeschäftigung während der Berufsausübung nach § 16 d Abs. 3 AufenthG stellt sich nicht. Auf die Erteilung der Aufenthaltserlaubnis besteht unter diesen Voraussetzungen ein **Sollanspruch**, dh dem Antrag ist im Regelfall stattzugeben und er darf nur unter besonderen Umständen abgelehnt werden.

IV. Aufenthaltserlaubnis nach § 16 d Abs. 4 AufenthG

1. Funktion der Aufenthaltserlaubnis nach § 16 d Abs. 4 AufenthG

53 Nach § 16 d Abs. 4 AufenthG kann zum Zweck der Anerkennung einer im Ausland erworbenen Berufsqualifikation eine Aufenthaltserlaubnis für ein Jahr erteilt werden. Die Vorschrift hat in § 17 a AufenthG aF kein Vorbild. Durch § 16 d Abs. 4 AufenthG wird ein Aufenthalt zur Anerkennung von im Ausland erworbenen Berufsqualifikationen im Rahmen von sogenannten **Vermittlungsabsprachen** zwischen der Bundesagentur für Arbeit und der Arbeitsverwaltung des Herkunftslandes eröffnet. Er trägt dem Bedürfnis der Praxis nach Heranführen der ausländischen Fachkräfte an die hiesige Arbeitswelt und paralleler Vervollständigung der Qualifikation zur Feststellung der Anerkennung Rechnung. An-

167 BT-Drs. 19/8285, S. 93.

ders als bei der Aufenthaltserlaubnis nach § 16 d Abs. 1 und Abs. 3 AufenthG, bei der die Feststellung einer fehlenden Gleichwertigkeit (§ 16 d Abs. 1 AufenthG, → Rn. 45) oder einer teilweisen Gleichwertigkeit (§ 16 d Abs. 3 AufenthG, → Rn. 51) der ausländischen Berufsqualifikation mit einer inländischen Berufsqualifikation (§ 16 d Abs. 1 S. 1 Nr. 1, Abs. 3 Nr. 2 AufenthG) Grundlage für die Erteilung der Aufenthaltserlaubnis ist, wird nach § 16 d Abs. 4 AufenthG eine im Ausland erworbene Berufsqualifikation vorausgesetzt, die mit einer Berufsqualifikation im Inland vergleichbar ist. Ferner unterscheidet sich Abs. 4 von Abs. 3 dadurch, dass der Anwendungsbereich von Abs. 4 wie der von Abs. 1 S. 1 Nr. 2 auf **reglementierte Berufe** beschränkt ist. Hingegen wird diese Begrenzung in Abs. 1 nicht auf **„sonstige Berufsqualifikationen"** erweitert. An die Stelle des für die Erteilung der Aufenthaltserlaubnis nach § 16 d Abs. 1 und Abs. 3 AufenthG erforderlichen Bescheids der für die Feststellung der Gleichwertigkeit zuständigen Stellen tritt nach § 16 d Abs. 4 AufenthG die **„Absprache"** der Bundesagentur für Arbeit mit der Arbeitsverwaltung der Herkunftslandes des Antragsteller (§ 16 d Abs. 3 S. 1 Hs. 1 AufenthG).

2. Voraussetzung der Aufenthaltserlaubnis nach § 16 d Abs. 4 AufenthG

§ 16 d Abs. 4 S. 1 AufenthG ist alternativ gestaltet. Für reglementierte Berufe im **Gesund-** 54
heits- und Pflegebereich, in denen **aktuell** ein großer Fachkräftebedarf besteht, ist eine Absprache der Bundesagentur für Arbeit mit der Arbeitsverwaltung des Herkunftslandes erforderlich (§ 16 d Abs. 4 Nr. 1 AufenthG), für sonstige Berufsqualifikationen muss ein Verfahren der Feststellung der Gleichwertigkeit durchgeführt werden (§ 16 d Abs. 4 Nr. 2 AufenthG). In beiden Fällen ist die Erteilung der Aufenthaltserlaubnis von der Zustimmung der Arbeitsverwaltung abhängig (§ 16 d Abs. 4 S. 1 Hs. 2 AufenthG). § 16 d Abs. 4 Nr. 1 AufenthG konkretisiert die früher pilothaft erprobte Vermittlung von Pflegekräften im Rahmen des Programms **Triple Win.** Zu diesem Programm wird auf dem Internetportal der Deutschen Gesellschaft für Internationale Zusammenarbeit (**GIZ**) GmbH ausgeführt, dass in Deutschland Pflegepersonal fehlt, im Ausland hingegen qualifizierte Fachkräfte oft keine Arbeit finden. Dabei können Unternehmen in Deutschland, die Pflegekräfte selbst und ihre Herkunftsländer von einer Kooperation gleichermaßen profitieren. Seit Programmbeginn 2013 sind bereits mehr als 2.000 Pflegefachkräfte aus **Serbien, Bosnien und Herzegowina, den Philippinen und Tunesien** an Kliniken und Pflegeeinrichtungen in Deutschland vermittelt worden. Weiter wird darauf hingewiesen, dass der Pflegebereich in Deutschland auch wegen der immer älter werdenden Gesellschaft von einem großen Fachkräftemangel betroffen ist. Gleichzeitig gibt es für qualifizierte Pflegekräfte insbesondere in Ländern außerhalb der Europäischen Union zu wenig Jobs. Ein gemeinsames Vorhaben der Zentralen Auslands- und Fachvermittlung (ZAV) der Bundesagentur für Arbeit und der Deutschen Gesellschaft für Internationale Zusammenarbeit (GIZ) GmbH bringt gut ausgebildete Pflegekräfte aus Serbien, Bosnien und Herzegowina, den Philippinen und Tunesien nach Deutschland. Davon profitieren gleich drei Beteiligte: Die Fachkräfte können zu fairen Bedingungen in Deutschland arbeiten und leben. Gleichzeitig sinkt die Arbeitslosigkeit in den Herkunftsländern und diese profitieren von den finanziellen Rücküberweisungen der Arbeitsmigranten. In Deutschland können Kliniken und Pflegeeinrichtungen offene Stellen mit qualifiziertem Personal besetzen.[168] Es wird ausschließlich mit Ländern zusammengearbeitet, die einen Überschuss an gut ausgebildeten Pflegekräften aufweisen. Außerdem sind die Arbeitsverwaltungen der Partnerländer in den Vermittlungsprozess eingebunden: Sie halten für interessierte Pflegekräfte Informationen zum Programm bereit und stellen den Kontakt her. Etwa zweimal jährlich werden Stellenausschreibungen in den Herkunftsländern veröffentlicht. Nach dem Einreichen der Bewerbungen durch die Pflegekräfte führt die ZAV vor Ort Auswahlgespräche mit den Bewerbern durch. Im Vorder-

168 https://www.giz.de/de/mit_der_giz_arbeiten/36545.html.

grund stehen Fragen zur Ausbildung und Berufserfahrung sowie zur persönlichen Motivation und Eignung. Auch Deutschkenntnisse spielen eine Rolle. Im nächsten Schritt werden den interessierten Arbeitgebern ausgewählte Bewerber vorgeschlagen. Es folgt ein Vorstellungsgespräch – entweder vor Ort in den Herkunftsländern oder per Skype oder Telefon. Beide Seiten können sich somit vom Gegenüber ein persönliches Bild machen. War das Gespräch erfolgreich, wird ein Arbeitsvertrag abgeschlossen.

55 Die Bundesagentur für Arbeit schließt Absprachen nach § 16 d Abs. 4 Nr. 1 AufenthG für ausgewählte Berufsqualifikationen des Herkunftslandes, deren Anerkennungsfähigkeit von der Bundesagentur für Arbeit in Zusammenarbeit mit den für die berufliche Anerkennung zuständigen Stellen vorab geprüft und bestätigt wurde. In der Absprache wird das für die Erlangung der Anerkennung erforderliche Verfahren geregelt. Die Bundesagentur für Arbeit begleitet das Verfahren im Inland, so dass gewährleistet ist, dass die Anerkennung tatsächlich erlangt wird. Im Zeitpunkt des Inkrafttretens des FKEG bereits bestehende Absprachen der Bundesagentur für Arbeit mit ausländischen Arbeitsverwaltungen über das Verfahren, die Auswahl und die Vermittlung können nach diesem Zeitpunkt fortgesetzt werden. Während des Anerkennungsverfahrens üben die Antragsteller bereits eine Beschäftigung im erstrebten Berufsfeld aus. Durch die Ausübung der Beschäftigung können sie bereits ihre Kenntnisse und Fähigkeiten in einem beruflichen Umfeld einsetzen und vertiefen und ihren Lebensunterhalt selbst sichern.[169] Nach § 16 d Abs. 4 Nr. 2 AufenthG wird alternativ eine Erleichterung im Rahmen von sogenannten **Vermittlungsabsprachen** auch für **sonstige ausgewählte Berufe** unter Berücksichtigung der Angemessenheit der Ausbildungsstrukturen im Herkunftsland für die Erteilung der Aufenthaltserlaubnis vorausgesetzt. Dies soll ergänzend zu den bereits bestehenden Möglichkeiten der Gleichstellung von Prüfungszeugnissen durch Rechtsverordnung aufgrund von § 40 Abs. 2 HandwO bzw. § 50 Abs. 2 BBiG insbesondere im Bereich des Handwerks dazu beitragen, Anerkennungsverfahren zu erleichtern und zu beschleunigen.[170] Darüber hinaus ist in beiden Fällen Voraussetzung für die Erteilung der Aufenthaltserlaubnis nach § 16 d Abs. 4 AufenthG, dass der Antragsteller über die in der Absprache festgelegten deutschen Sprachkenntnisse, in der Regel mindestens hinreichende deutsche Sprachkenntnisse (Niveau A 2, § 10 AufenthG), verfügt (§ 16 d Abs. 4 S. 2 AufenthG). Es ist abhängig von der Art der angestrebten Berufsausübung, welche Deutschkenntnisse nachzuweisen sind. Die nach § 16 d Abs. 4 S. 1 letzter Hs. AufenthG erforderliche Zustimmung der Bundesagentur für Arbeit hinsichtlich § 16 d Abs. 4 S. 1 Nr. 1 und Nr. 2 AufenthG wird in § 2 BeschV geregelt. Diese Vorschrift wiederholt im Wesentlichen den Wortlaut von § 16 d Abs. 4 AufenthG. Das Zustimmungserfordernis wird aber aufrechterhalten. Für vorwiegend aus karitativen oder religiösen Gründen Beschäftigte entfällt die Zustimmung (§ 15 Abs. 1 Nr. 2 BeschV). Nach § 16 d Abs. 4 S. 1 letzter Hs. AufenthG ist ein derartiger Wegfall zulässig.

3. Geltungsdauer der Aufenthaltserlaubnis nach § 16 d Abs. 4 AufenthG

56 Nach § 16 d Abs. 4 S. 1 AufenthG wird die Aufenthaltserlaubnis zunächst für ein Jahr erteilt und um jeweils ein Jahr bis zur Erreichung der Höchstgrenze von drei Jahren verlängert. Damit wird zunächst eine Sperrwirkung für die Erteilung der Niederlassungserlaubnis nach § 9 oder § 18 c Abs. 1 AufenthG begründet. Nach § 16 d Abs. 6 AufenthG darf nach Ablauf der Zweijahresfrist indes der Wechsel zu einer Aufenthaltserlaubnis nach § 18 a AufenthG zugelassen werden. Die anderen dort geregelten Zweckänderungen kommen für reglementierte Berufe und sonstige ausgewählte Berufsqualifikationen nicht in Betracht. Wird dem Drittstaatengehörigen nach Erreichung der Höchstgrenze von drei Jahren eine Aufenthaltserlaubnis nach § 18 a AufenthG erteilt, kann ihm nach Ablauf von

169 BT-Drs. 19/8285, S. 93.
170 BT-Drs. 19/8285, S. 93.

einem Jahr des Besitzes dieser Aufenthaltserlaubnis eine Niederlassungserlaubnis erteilt werden (§ 18c Abs. 1 S. 1 Nr. 1 AufenthG).

4. Beschäftigungserlaubnis nach § 16 d Abs. 4 Satz 3 AufenthG

Nach § 16d Abs. 4 S. 3 AufenthG berechtigt die Aufenthaltserlaubnis nach § 16d Abs. 4 57
S. 1 AufenthG kraft Gesetzes (§ 4a Abs. 1 Hs. 1 AufenthG) zur Ausübung einer von der anzuerkennenden Berufsqualifikation **unabhängigen** Beschäftigung von zehn Stunden je Woche. Hieraus folgt, dass unabhängig von der Ausbildung in einem reglementierten Beruf oder von sonstigen ausgewählten Berufsqualifikationen alle Beschäftigungsmöglichkeiten eröffnet werden. Das Zustimmungserfordernis sowie auch das aufenthaltsrechtliche Erlaubnisverfahren entfällt. Zweck der Vorschrift ist es, die Sicherung des Lebensunterhalts (§ 5 Abs. 1 Nr. 1 AufenthG) zu ermöglichen, um dadurch die Fortsetzung der zur Anerkennung erforderlichen weiteren Ausübung der im Ausland erworbenen Berufsqualifikation im Bundesgebiet und einen erfolgreichen Abschluss sowie einen daran anschließenden Wechsel des Aufenthaltszwecks (§ 16 d Abs. 6 AufenthG) zu gewährleisten.

V. Aufenthaltserlaubnis zur Ablegung von Prüfungen nach § 16 d Abs. 5 AufenthG

Nach § 16d Abs. 5 AufenthG kann einem Drittstaatsangehörigen wie nach § 17a Abs. 6 58
AufenthG aF eine Aufenthaltserlaubnis zum Ablegen von Prüfungen zur Anerkennung seiner im Ausland erworbenen Berufsqualifikation erteilt werden, wenn er über deutsche Sprachkenntnisse, die der abzulegenden Prüfung entsprechen, in der Regel jedoch mindestens über hinreichende deutsche Sprachkenntnisse (Niveau A 2; § 2 Abs. 10 AufenthG) verfügt, sofern diese nicht durch die Prüfung nachgewiesen werden sollen. Die Vorschrift ist gegenüber der Vorgängerregelung verschlankt worden. Es fehlt das frühere Erfordernis des Nachweises eines konkreten Arbeitsplatzangebotes für eine spätere Beschäftigung in dem anzuerkennenden Beruf. Eine Beschränkung auf reglementierte oder sonstige ausgewählte Berufsqualifikationen besteht nicht. Das geforderte Niveau der deutschen Sprachkenntnisse ist oberhalb des Niveaus A 2 abhängig von der Art der ausländischen Berufsqualifikation, hinsichtlich derer die Prüfung abgelegt werden soll. **Alleiniger Aufenthaltszweck** ist die Ablegung einer für die Anerkennung als Anpassungsmaßnahme erforderlichen Prüfung (**Kenntnis- und Eignungstest**).[171] Die Aufenthaltserlaubnis berechtigt nicht zur Ausübung einer Beschäftigung (Abs. 5 S. 2 iVm Abs. 1 S. 4). Sie wird nach nationalem, nicht nach Schengen-Recht erteilt, wenn perspektivisch ein Aufenthalt im Bundesgebiet angestrebt wird, der eine Dauer von 90 Tagen übersteigt. Die Geltungsdauer der Aufenthaltserlaubnis umfasst den Zeitraum bis zur Bekanntgabe des Prüfungsergebnisses.[172] Dies bedeutet jedoch nicht, dass die Aufenthaltserlaubnis mit einer auflösenden Bedingung versehen werden darf, so dass die Aufenthaltserlaubnis mit Bekanntgabe des Prüfungsergebnisses automatisch erlöschen würde (§ 51 Abs. 1 Nr. 1a AufenthG). Zwar sieht § 16d Abs. 6 AufenthG einen Zweckwechsel nicht vor (→ Rn. 59). Nach § 20 Abs. 3 Nr. 4 AufenthG ist indes ohne Durchführung eines Visumverfahrens ein Zweckwechsel zulässig. Nach der gesetzlichen Begründung soll deshalb bereits bei der Erteilung der Aufenthaltserlaubnis geprüft werden, ob die Voraussetzungen für die Erteilung des Aufenthaltstitels, in den nach der Erlangung der Anerkennung gewechselt werden soll, erfüllt werden. Dabei kann es sich zB um einen Aufenthaltstitel zum Zweck der Arbeitsuche nach § 20 Abs. 3 Nr. 4 AufenthG handeln.[173] Da das frühere Recht die Erteilung einer Aufenthaltserlaubnis

171 *Hailbronner,* AuslR A 1 § 17a AufenthG Rn. 27; *Christ,* in: Kluth/Heusch, AuslR, 2016, § 17a AufenthG Rn. 25.
172 *Christ,* in: Kluth/Heusch, AuslR, 2016, § 17a AufenthG Rn. 25.
173 BT-Drs. 19/8285, S. 94.

zum Zweck der Arbeitsplatzsuche nicht kannte, ist die Auffassung, es müsse ein Visumverfahren durchgeführt werden,[174] überholt.

VI. Zweckwechsel (§ 16 d Abs. 6 AufenthG)

59 Nach § 16 d Abs. 6 AufenthG darf nach zeitlichem Ablauf des Höchstzeitraumes der Aufenthaltserlaubnis nach § 16 d Abs. 1 AufenthG – maximal 24 Monate –, § 16 d Abs. 3 AufenthG – zwei Jahre – und § 16 d Abs. 4 AufenthG – maximal drei Jahre – eine Aufenthaltserlaubnis für einen anderen Aufenthaltszweck nur nach § 16 a AufenthG (**Aus- und Weiterbildung**), § 16 b AufenthG (**Studium**), § 18 a AufenthG (**Fachkraft mit Berufsausbildung**), § 18 b AufenthG (**Fachkraft mit akademischer Ausbildung**) und § 19 c AufenthG (sonstige Beschäftigungszwecke, insbesondere Drittstaatsangehöriger mit **ausgeprägten berufspraktischen Kenntnissen**) oder in Fällen eines gesetzlichen Anspruchs (zB Familienzusammenführung) erteilt werden. § 16 d Abs. 6 AufenthG sieht hinsichtlich § 16 d Abs. 5 AufenthG einen Zweckwechsel nicht vor (→ Rn. 58). Nach § 20 Abs. 3 Nr. 4 AufenthG ist indes ohne Durchführung eines Visumverfahrens ein Zweckwechsel zulässig. Nach der gesetzlichen Begründung soll deshalb bereits bei der Erteilung der Aufenthaltserlaubnis geprüft werden, ob die Voraussetzungen für die Erteilung des Aufenthaltstitels, in den nach der Erlangung der Anerkennung gewechselt werden soll, erfüllt werden. Dem Wortlaut von § 20 Abs. 3 Nr. 4 AufenthG kann dies jedoch nicht entnommen werden. Daher ist festzuhalten, dass in allen Fällen des § 16 d AufenthG einschließlich Abs. 5 ein zulässiger Zweckwechsel im Bundesgebiet durch Antragstellung bei der örtlich zuständigen Ausländerbehörde vor Ablauf der Geltungsdauer nach Abs. 1, Abs. 3, Abs. 4 und Abs. 5 beantragt werden kann. Zu anderen als in Abs. 6 bezeichneten Fällen wird kein Zweckwechsel zugelassen. Will der Drittstaatsangehörige ungeachtet dessen eine Aufenthaltserlaubnis zu einem in Abs. 6 nicht bezeichneten Zweck beantragen, muss er das Visumverfahren durchführen. § 16 d Abs. 6 AufenthG verweist nicht insgesamt auf die in Abschnitt 3 und Abschnitt 4 des zweiten Kapitels des AufenthG geregelten Aufenthaltstitel. Zu anderen Aufenthaltstiteln, die zum Zweck der Aus- und Weiterbildung, des Studiums oder der Beschäftigung erteilt werden können, ist deshalb ein Wechsel im Bundesgebiet unzulässig. Bei den meisten dieser Aufenthaltstitel, etwa Mobilität im Rahmen des Studiums, Sprachkurs und Schulbesuch, Forschung, Mobilität für Forscher oder unternehmensintern transferierte Arbeitnehmer stellt sich aber das Problem bei Drittstaatsangehörigen, die im Besitz einer Aufenthaltserlaubnis zur Anerkennung ihrer ausländischen Berufsqualifikation sind, nicht. Dies gilt auch hinsichtlich des Wechsels zu einem Aufenthaltstitel nach dem fünften Abschnitt. Selbstverständlich muss dem Drittstaatsangehörigen aber bei nachträglich aufgetretenen Verfolgungen der Zugang zum Asylverfahren ermöglicht werden.

D. Aufenthaltserlaubnis für qualifizierte Geduldete (§ 19 d AufenthG)

I. Funktion der Vorschrift

60 § 19 d AufenthG ist Nachfolgevorschrift von § 18 a AufenthG aF und enthält gegenüber der Vorläufernorm nur geringfügige Änderungen. Mit dieser Regelung wird Geduldeten, die im Bundesgebiet eine Berufsausbildung zum Facharbeiter oder ein Hochschuldstudium erfolgreich abgeschlossen haben oder bereits mit einer entsprechenden Qualifikation eingereist sind oder die sich im Rahmen ihrer bisherigen Tätigkeit im Bundesgebiet qualifiziert haben und die über ein Arbeitsplatzangebot (§ 18 Abs. 2 Nr. 1 AufenthG) verfügen, die Chance eröffnet, den geduldeten Aufenthalt zu legalisieren, ohne dass ein Visumver-

174 *Hailbronner*, AuslR A 1 § 17 a AufenthG Rn. 27; *Christ*, in: Kluth/Heusch, AuslR, 2016, § 17 a AufenthG Rn. 25.

fahren durchlaufen werden muss (§ 19 d Abs. 3 AufenthG). Sie ist auf Geduldete, die bislang im Besitz einer **Ausbildungsduldung** (§ 60 c AufenthG; → Kap. 4 Rn 3 ff.) oder **Beschäftigungsduldung** (§ 60 d AufenthG) waren (→ Kap. 4 Rn 46 ff.) ausgerichtet. Für Geduldete, die nach Abschluss der qualifizierten Berufsausbildung noch unter 21 Jahre alt sind, ist jedoch die Option nach § 25 a AufenthG günstiger. Für über 21 Jahre alte Geduldete wird hingegen die Perspektive eines dauerhaften Aufenthaltes über § 19 d AufenthG eher in Betracht kommen, weil sie für die Erteilung einer Aufenthaltserlaubnis nach § 25 b AufenthG einen achtjährigen Mindestaufenthalt oder einen sechsjährigen benötigen, wenn sie mit einem minderjährigen ledigen Kind in häuslicher Gemeinschaft zusammenleben. Die Vorschrift ist auf gut integrierte Geduldete gemünzt, an deren Beschäftigung ein öffentliches Interesse liegt, da sie lange in Deutschland leben. Dies folgt daraus, dass sie zumeist ein erfolgloses Asylverfahren über mehrere Jahre betrieben und anschließend mindestens eine zwei (§ 2 Abs. 12 a AufenthG), zumeist aber drei Jahre dauernde qualifizierte Berufsausbildung absolviert haben.

II. Voraussetzungen nach § 19 d Abs. 1 AufenthG

Der Antragsteller muss im Zeitpunkt der Erteilung der Aufenthaltserlaubnis geduldet sein. 61
Ist über seinen Asylantrag noch nicht unanfechtbar entschieden worden, muss er diesen zurücknehmen.[175] Dieses Problem dürfte sich aber bereits beim Übergang vom Asylverfahren zur Ausbildungsduldung gestellt haben. Ist offen, ob der Betroffene einen asylrechtlichen Status erhalten wird, verschlechtert sich seine aufenthaltsrechtliche Perspektive, wenn er den Asylantrag zurücknimmt. Denn mit einem Flüchtlings- oder subsidiären Status erhält er einen unvergleichlich besseren Rechtsstatus (vgl. § 25 Abs. 2 S. 1 iVm Abs. 1 S. 4 AufenthG) als mit einer Aufenthaltserlaubnis nach § 19 d AufenthG. Dieses Problem dürfte sich aber für die meisten in Betracht kommenden Personen bereits bei der Beantragung der Ausbildungs- oder Beschäftigungsduldung (§§ 60 c, 60 d AufenthG) gestellt haben. Es kann aber durchaus vorkommen, dass ein Asylbewerber während der Dauer des Asylverfahrens die qualifizierte Berufsausbildung abgeschlossen hat. In diesem Fall muss er eine für ihn nicht leichte Entscheidung treffen. Der Übergang vom gestatteten zum geduldeten Aufenthalt hat sich hingegen in allen Fällen bei der Erteilung der Ausbildungs- oder Beschäftigungsduldung gestellt (→ Kap. 4 Rn. 46 ff.). Es wird vertreten, dass der Status eines Drittstaatsangehörigen bis zum Ablauf der Ausreisefrist dem eines geduldeten Ausländers entspreche. Daher gelte die Regelung auch für Personen, die sich zunächst rechtmäßig im Bundesgebiet aufgehalten hätten, diesen Status aber aus welchen Gründen auch immer wieder verloren hätten und damit dem Grunde nach ausreisepflichtig seien.[176] Dem kann in dieser Pauschalität nicht gefolgt werden. Ein ausreisepflichtiger Antragsteller ist nur dann geduldet, wenn er aus rechtlichen oder tatsächlichen Gründen nicht abgeschoben werden kann (§ 60 a Abs. 2 S. 1 AufenthG). Im Übrigen sind die Qualifikationsanforderungen nach § 19 d Abs. 1 Nr. 1 AufenthG wie auch die vorausgesetzte Aufenthaltsdauer derart hoch, dass dieser Fall nicht eintreten kann. Darüber hinaus stellt sich dieses Problem bereits bei Erteilung der Ausbildungs- oder Beschäftigungsduldung (§§ 60 c, 60 d AufenthG), nicht aber bei § 19 d AufenthG.

Mit dem FKEG wurde die frühere Regelung in § 18 a Abs. 1 Hs. 2 AufenthG aF, „die Bun- 62
desagentur für Arbeit nach § 39 zugestimmt hat“ aufgehoben. Das hat aber lediglich redaktionelle Bedeutung, da diese Voraussetzung nunmehr in § 18 Abs. 2 Nr. 2 AufenthG für die Aufenthaltstitel des 4. Abschnitts, sofern keine abweichende Regelung getroffen wird, geregelt wird (→ Rn. 9 ff.).[177] Allerdings hat die Bundesagentur für die nach §§ 60 c,

175 *Dienelt*, in: Bergmann/Dienelt, AuslR, 12. Aufl. 2018, § 18 a AufenthG Rn. 3.
176 *Breidenbach*, in: Kluth/Heusch, AuslR, 2016, § 18 a AufenthG Rn. 1.1.
177 BT-Drs. 19/8285, S. 102.

60 d AufenthG Beschäftigten bereits bei Erteilung der Ausbildungs- oder Beschäftigungsduldung die Zustimmung erteilt, so dass diese zumeist fortgelten wird (§ 34 Abs. 2 BeschV), wenn die Beschäftigung bei demselben Arbeitgeber fortgesetzt werden soll. Die nach § 19 d Abs. 1 Nr. 1 b und 1 c AufenthG geforderte Voraussetzung einer zwei- oder dreijährigen Beschäftigung ist wegen der mindestens zwei Jahre dauernden qualifizierten Berufsausbildung (§ 2 Abs. 12 a AufenthG) bei den nach § 60 c AufenthG Beschäftigten bereits erfüllt. Bei den nach § 60 d AufenthG geduldeten Personen dürfte dies zumeist nicht anders sein. § 19 d Abs. 1 Hs. 2 AufenthG fordert, dass sieben Voraussetzungen erfüllt sein müssen, wobei die erste dreifach optional gestaltet ist. Nach Nr. 1 a muss der Nachweis einer **qualifizierten Berufsausbildung** (§ 2 Abs. 12 a, § 18 Abs. 3 Nr. 1 AufenthG; → Rn. 14 ff.) in einem anerkannten oder vergleichbar geregelten Ausbildungsberuf oder eines abgeschlossenen **Hochschulstudiums** (→ Rn. 18) erbracht werden. Alternativ hierzu kann der Antragsteller nach Nr. 1 b nachweisen, dass er mit einem einem anerkannten oder einem deutschen Hochschulabschluss vergleichbaren ausländischen Hochschulabschluss eine dem Abschluss angemessene Beschäftigung seit zwei Jahren ununterbrochen ausgeübt hat. Die Voraussetzung einer vorausgehenden zweijährigen ununterbrochenen derartigen Beschäftigung wird angesichts der prekären Lebensverhältnisse, in denen er lebt, kaum ein zuvor Geduldeter erfüllen können. Nr. 1 b ist daher praktisch ohne Bedeutung. Nach Nr. 1 c genügt es, wenn der Antragsteller seit drei Jahren ununterbrochen eine Beschäftigung ausgeübt hat, die eine qualifizierte Berufsausbildung (§ 2 Abs. 12 a, § 18 Abs. 3 Nr. 1 AufenthG) voraussetzt und innerhalb des letzten Jahres vor Beantragung der Aufenthaltserlaubnis für seinen Lebensunterhalt und den seiner Familienangehörigen oder anderer Haushaltsangehörigen nicht auf öffentliche Mittel mit Ausnahme von Leistungen zur Deckung der notwendigen Kosten für Unterkunft und Heizung angewiesen war. Das Einkommen muss nicht allein vom Antragsteller aufgebracht worden sein, da es auf die Lebensunterhaltssicherung der **Bedarfsgemeinschaft** ankommt. Andere Einkommen der Mitglieder der Bedarfsgemeinschaft wie **Arbeitseinkommen, Leistungen der Sozialversicherung, Elterngeld** können zur Sicherung des Lebensunterhalts beigetragen haben.[178]

63 Nach altem Recht musste der Antragsteller als Fachkraft eine qualifizierte Beschäftigung ausgeübt haben (§ 18 a Abs. 1 Nr. 1 c AufenthG aF). Nach der gesetzlichen Begründung sei die Streichung vorgenommen worden, weil die von dieser Option erfassten Personen nicht die Anforderungen der Fachkräftedefinition nach § 18 Abs. 3 AufenthG erfüllen müssten.[179] Ebenfalls wurde die Formulierung an die Definition der qualifizierten Beschäftigung nach § 2 Abs. 12 b AufenthG angepasst. Dies beinhalte jedoch keine Änderung in der Sache.[180] Eine Herabsetzung der Voraussetzung gegenüber früherem Recht kann nicht erkannt werden. Denn es wird eine Beschäftigung gefordert, die eine qualifizierte Berufsausbildung voraussetzt. Genau dies ist jedoch Inhalt des Begriffs der Fachkraft mit qualifizierter Berufsausbildung (§ 18 Abs. 3 Nr. 1 AufenthG). Da diese drei Jahre umfasst (§ 2 Abs. 12 a AufenthG), ist zwischen § 19 d Abs. 1 Nr. 1 c und § 18 Abs. 3 Nr. 1 AufenthG kein Unterschied zu erkennen. Auch hier gilt der Einwand, dass angesichts der prekären Lebensverhältnisse Geduldeter der Nachweis der Sicherung des Lebensunterhalts im Sinne von Nr. 1 c kaum gelingen wird. Es bleibt damit bei der ersten Option.

64 Ferner muss der Antragsteller über „ausreichenden Wohnraum“ (§ 2 Abs. 4 AufenthG) verfügen (§ 19 d Abs. 1 Nr. 2 AufenthG) und den Sprachnachweis auf dem Niveau B 1 (§ 19 d Abs. 1 Nr. 3, § 2 Abs. 11 AufenthG) führen. Nr. 3 ist damit schärfer als § 25 b Abs. 1 S. 1 Nr. 4 AufenthG, der lediglich auf das Sprachniveau A 2 verweist. Nachvollzieh-

178 *Dienelt*, in: Bergmann/Dienelt, AuslR, 12. Aufl. 2018, § 18 a AufenthG Rn. 12.
179 BT-Drs. 19/8285, S. 102.
180 BT-Drs. 19/8285, S. 102.

bar ist dieser Unterschied nicht, da beide Vorschriften gleichermaßen eine Integration voraussetzen, die der Gesetzgeber bislang beim Nachweis des Sprachniveaus A 2 angenommen hat (s. auch § 104 a Abs. 1 S. 1 Nr. 2 AufenthG). Der Antragsteller darf die Ausländerbehörde nicht vorsätzlich über aufenthaltsrechtlich relevante Umstände getäuscht haben (§ 19 d Abs. 1 Nr. 4 AufenthG). Diese negative Voraussetzung ist dem Versagungsgrund nach § 25 b Abs. 2 Nr. 1 AufenthG nachgebildet. An dieser Voraussetzung fehlt es, wenn der Antragsteller von dem Täuschungsverhalten lediglich Kenntnis hat oder es sich zunutze macht.[181] Zwar weicht § 19 d Abs. 1 Nr. 5 von § 25 b Abs. 2 Nr. 1 AufenthG dadurch ab, dass er allein an das Täuschungsverhalten anknüpft, während bei § 25 b Abs. 2 Nr. 1 AufenthG die Täuschung für die Verzögerung oder Verhinderung der Abschiebung *ursächlich* gewesen sein muss (Nr. 104 a.1.5.2.2 AufenthG-VwV).[182] In der Kommentarliteratur wird für die Anwendung von Nr. 4 aber ebenfalls Kausalität, also ein **gegenwärtiges** Täuschungsverhalten gefordert, so dass in der Vergangenheit begangene Täuschungen außer Betracht bleiben.[183] Dem ist angesichts des Ziels von § 19 d AufenthG, die Integration langjährig im Bundesgebiet lebender Drittstaatsangehöriger zu fördern, zuzustimmen. Diesem Zweck würde es zuwiderlaufen, wegen in der Vergangenheit liegenden Täuschungsverhaltens eine Sperre gegen die Weiterentwicklung der mittlerweile vollzogenen Integration zu errichten. Es wird damit eine **strenge Kausalität** zwischen **Fehlverhalten** und **Aussetzung der Abschiebung** vorausgesetzt. Das Fehlverhalten muss daher die *alleinige* Ursache gewesen sein.[184] Beruft die Behörde sich auf die fehlende Mitwirkung an der Beseitigung von Ausreisehindernissen, hat sie schlüssig darzulegen, dass das individuelle Verhalten gezielt und nachhaltig auf ein Hinauszögern der Beendigung des Aufenthalts gerichtet war. Im Zweifel trägt sie die **Beweislast**. An der Ursächlichkeit fehlt es daher, wenn unabhängig vom individuellen Verhalten etwa krankheitsbedingte Gründe oder die mangelnde Kooperation der zuständigen Auslandsvertretung einer Abschiebung entgegenstanden. Frühere Falschangaben bzw. Täuschungen sind unbeachtlich, wenn sie nicht mehr aktuell Anlass für ein Ausreisehindernis sind. Beruht dagegen die aktuelle Unmöglichkeit der Abschiebung weiterhin auf dem früheren Fehlverhalten, findet § 19 d Abs. 1 Nr. 5 AufenthG Anwendung.[185] Das Fehlverhalten muss darüber hinaus von einigem Gewicht gewesen sein. Dies ist von der Ausländerbehörde anhand einer Gesamtbetrachtung der Umstände festzustellen.

Die Voraussetzung, dass der Antragsteller **keine Bezüge zu extremistischen oder terroristischen Organisationen** und **diese auch nicht unterstützt** hat (§ 19 d Abs. 1 Nr. 6 AufenthG), 65
ist von § 104 a Abs. 1 S. 1 Nr. 5 AufenthG übernommen worden. Demgegenüber erfordert § 25 b Abs. 1 S. 1 Nr. 2 AufenthG ein Bekenntnis zur freiheitlichen demokratischen Grundordnung (Loyalitätserklärung). Schließlich darf der Antragsteller nicht wegen einer im Bundesgebiet begangenen vorsätzlichen **Straftat** verurteilt worden sein, wobei Geldstrafen bis zu insgesamt 50 Tagessätzen oder bis zu 90 Tagessätzen wegen Straftaten, die nach dem AufenthG oder AsylG nur von Ausländern begangen werden können, außer Betracht bleiben (§ 19 d Abs. 1 Nr. 7 AufenthG). Nr. 7 bezieht nur vorsätzliche Straftaten ein. Relevant sind nur Straftaten, die im Bundesgebiet begangen wurden und die nicht bereits ge-

181 *Hailbronner*, AuslR A 1 § 25 a AufenthG Rn. 10.

182 OVG NW, NVwZ 2008, 232 (233); OVG NW, InfAuslR 2008, 211 (212) = EZAR NF 54 Nr. 5 = AuAS 2008, 112; VGH BW, NVwZ-RR 2009, 181 (182); Hess.VGH, AuAS 2010, 2 (4 f.); aA OVG Rh-Pf, NVwZ-RR 2009, 862 (Ls.); OVG SA, EZAR NF 37 Nr. 3.

183 *Dienelt*, in: Bergmann/Dienelt, AuslR, 12. Aufl. 2018, § 25 b AufenthG Rn. 16; nicht behandelt *Breidenbach*, in: Kluth/Heusch, AuslR, 2016, § 25 b AufenthG Rn. 9.

184 *Wunderle/Röcker*, in: Bergmann/Dienelt, AuslR, 12. Aufl. 2018, § 25 a AufenthG Rn. 19; *Burr*, in: GK-AufenthG II – § 25 a AufenthG Rn. 24.

185 BVerwG, NVwZ 2011, 1277 (1278) Rn. 20 = *Burr*, in: GK-AufenthG II – § 25 a AufenthG Rn. 26.

tilgt sind.[186] Es wird aber für zulässig erachtet, im Ausland begangene Straftaten nach § 5 Abs. 1 Nr. 2 AufenthG zu berücksichtigen.[187] Gegebenenfalls ist zu prüfen, ob ein Anspruch auf vorzeitige Tilgung nach § 49 Abs. 1 BZRG besteht. § 19 d Abs. 1 Nr. 7 AufenthG wirkt nur gegen den Familienangehörigen, bei dem die entsprechenden Voraussetzungen vorliegen. Straftaten anderer Familienangehöriger können nicht zugerechnet werden.[188]

66 Ferner muss ein konkretes **Arbeitsplatzangebot** (→ Rn. 7 f.) nachgewiesen werden. Eine Aufenthaltserlaubnis zur Arbeitsplatzsuche (§ 20 AufenthG; → Rn. 20 ff.) kann erteilt werden, wenn der Antragsteller die Voraussetzungen einer **Fachkraft mit Berufsausbildung** erfüllt. Dies ist bei allen Antragstellern der Fall, da § 20 Abs. 1 AufenthG nicht nur Fachkräfte mit Berufsausbildung erfasst, sondern Fachkräfte mit qualifizierter Berufsausbildung (§ 2 Abs. 12 a AufenthG) wie „qualifiziert Beschäftigte" (§ 2 Abs. 12 b AufenthG) einschließt. Auch Letztere sind als Fachkräfte zu behandeln. Darüber hinaus müssen die Stellungnahmen der in Betracht kommenden Fachbehörden oder -stellen vorgelegt werden (→ Rn. 11 ff.), wenn für die Beschäftigung der Nachweis einer **Berufsausübungserlaubnis** erforderlich ist. Schließlich muss im Fall des § 19 d Abs. 1 Nr. 1 b AufenthG der Nachweis der Anerkennung des ausländischen Hochschulabschlusses erbracht werden (§ 18 Abs. 2 Nr. 3 AufenthG; → Rn. 11). Bei § 19 d Abs. 1 Nr. 1 a und Nr. 1 c AufenthG entfällt dieses Erfordernis, weil dessen tatbestandliche Voraussetzungen nicht durch einen im Ausland erworbenen Hochschulabschluss nachgewiesen werden können.

III. Rechtsanspruch nach § 19 d Abs. 1 a AufenthG

67 Wurde die Duldung nach § 60 a Abs. 2 S. 3 iVm § 60 c AufenthG (**Ausbildungsduldung**; → Kap. 4 Rn. 5 ff.) erteilt, ist nach erfolgreichen Abschluss der qualifizierten Berufsausbildung (§ 2 Abs. 12 a AufenthG) für eine der beruflichen Qualifikation entsprechende Beschäftigung eine Aufenthaltserlaubnis zu erteilen, wenn die Voraussetzungen von § 19 d Abs. 1 Nr. 2 bis 3 und 6 bis 7 AufenthG vorliegen. Für diese Personengruppe besteht also ein Rechtsanspruch auf Erteilung der Aufenthaltserlaubnis, vorausgesetzt die früher erteilte Zustimmung wirkt noch fort (§ 34 Abs. 2 BeschV) oder wurde erneut ereilt. Angesichts des öffentlichen Interesses an der Beschäftigung derjenigen, die im Besitz einer Ausbildungsduldung gewesen waren, ist davon auszugehen. Für diejenigen, die bislang im Besitz einer **Beschäftigungsduldung** (§ 60 d AufenthG; → Kap. 4 Rn. 46 ff.) waren, gilt § 19 d Abs. 1 a AufenthG nicht. Obwohl der Gesetzgeber diese Duldungsform mit dem FKEG erstmals eingeführt hat, hat er diese nicht in § 19 d Abs. 1 a AufenthG aufgenommen. Unverständlich ist, dass der Gesetzgeber die Voraussetzung einer der erworbenen qualifizierten Berufsausbildung „entsprechenden Beschäftigung" in Abs. 1 a nicht entsprechend § 18 b Abs. 1 AufenthG aufgelockert und auch für geringer qualifizierte Antragsteller die Option nach § 19 d Abs. 1 a AufenthG eröffnet hat. Da § 19 d Abs. 1 a AufenthG an die im Bundesgebiet erworbene qualifizierte Berufsausbildung anknüpft, schadet ein **Auslandsaufenthalt** zu Studienzwecken und auch eine eventuelle **Arbeitslosigkeit** bzw. die Ausübung einer unqualifizierten Beschäftigung nach dem Erwerb des Abschlusses nicht.[189] Dieser Ansicht ist grundsätzlich zu folgen. Sie verkennt aber hinsichtlich des Auslandsaufenthalts, dass die Duldung mit Ausreise erlischt (§ 60 a Abs. 5 S. 1 AufenthG) und auch im

186 BVerwGE 133, 72 (80) = EZAR NF 33 Nr. 19 = NVwZ 2009, 979 = AuAS 2009, 122; BVerwG, InfAuslR 2011, 240 (242).

187 *Wunderle/Röcker*, in: Bergmann/Dienelt, AuslR, 12. Aufl. 2018, § 25 a AufenthG Rn. 31.

188 *Wunderle/Röcker*, in: Bergmann/Dienelt, AuslR, 12. Aufl. 2018, § 25 a AufenthG Rn. 31; *Burr*, in: GK-AufenthG II – § 25 a AufenthG Rn. 55; aA *Deibel*, ZAR 2011, 241 (246).

189 *Breidenbach*, in: Kluth/Heusch, AuslR, 2016, § 18 a AufenthG Rn. 2.

Übrigen Geduldete kaum in der Lage sein werden, einen Auslandsaufenthalt zu finanzieren.

Anders als nach § 19 d Abs. 1 AufenthG entfällt bei § 19 d Abs. 1 a AufenthG die Voraussetzung, dass der Antragsteller weder die Ausländerbehörde über aufenthaltsrechtlich relevante Umstände vorsätzlich getäuscht noch behördliche Maßnahmen zur Aufenthaltsbeendigung vorsätzlich hinausgezögert oder behindert haben darf. Dies folgt daraus, dass § 19 d Abs. 1 a Hs. 2 nicht auf Abs. 1 Nr. 4 und 5 AufenthG verweist. Diese Voraussetzungen wurden bereits vor Erteilung der Ausbildungsduldung geprüft (→ Kap. 4 Rn. 13 ff.) und müssen deshalb nicht erneut geprüft werden. Im ursprünglichen Referentenentwurf wurde die Einfügung eines Abs. 1 c vorgeschlagen, wonach dann, wenn eine Ausbildungsduldung bis zum Zeitpunkt des **Inkrafttretens des Gesetzes** erteilt worden war, § 19 d Abs. 1 Nr. 4 und Nr. 5 AufenthG nicht gelten sollten, wenn im Zeitpunkt der Antragstellung auf eine Aufenthaltserlaubnis nach § 19 d Abs. 1 a AufenthG die Identität des Antragstellers geklärt ist.[190] Diese Einfügung wurde damit begründet, dass damit der Bruch behoben werden solle, der sich aus den früher noch unterschiedlichen Voraussetzungen für die Erteilung der Ausbildungsduldung nach § 18 a Abs. 1 a AufenthG aF ergab. Der Gesetzgeber hat diese Einschränkung jedoch nicht übernommen. 68

IV. Erteilung der Aufenthaltserlaubnis

Nach § 19 d Abs. 1 Hs. 1 AufenthG kann die Aufenthaltserlaubnis zur Ausübung einer der beruflichen Qualifikation entsprechenden Beschäftigung erteilt werden. Antragsteller nach § 19 d Abs. 1 a AufenthG haben hierauf einen **Rechtsanspruch**. Während § 19 d Abs. 1 Nr. 1 a AufenthG eine qualifizierte Berufsausbildung voraussetzt, muss bei den Antragstellern nach § 19 d Abs. 1 Nr. 1 b und 1 c AufenthG die Beschäftigung nicht notwendigerweise eine der qualifizierten Berufsausbildung entsprechende Beschäftigung sein. Vielmehr liegt nach § 2 Abs. 12 b AufenthG eine „qualifizierte Beschäftigung" vor, wenn zu ihrer Ausübung Fertigkeiten, Kenntnisse und Fähigkeiten erforderlich sind, die in einem Studium oder einer qualifizierten Berufsausbildung erworben wurden. Erfasst werden sowohl reglementierte wie nicht reglementierte Berufe.[191] Ferner müssen die allgemeinen Erteilungsvoraussetzungen nach § 5 Abs. 1 AufenthG nachgewiesen werden. Es muss also der **Lebensunterhalt** gesichert sein (§ 5 Abs. 1 AufenthG). Bei § 19 d Abs. 1 Nr. 1 c AufenthG wird dies auch für das der Erteilung der Aufenthaltserlaubnis vorangehende Jahr gefordert, bei § 19 d Nr. 1 a und Nr. 1 b AufenthG jedoch nicht. Darüber hinaus muss die **Identität** (§ 5 Abs. 1 a AufenthG) geklärt sein. Bei Antragstellern mit einer Ausbildungsduldung wurde dies bereits vor Erteilung der Duldung geprüft (§ 60 c Abs. 2 Nr. 3 AufenthG). Es darf kein Ausweisungsinteresse (§ 5 Abs. 1 Nr. 2 AufenthG) bestehen, und es ist der Passpflicht (§ 3 Abs. 1, § 5 Abs. 1 Nr. 4 AufenthG) nachzukommen. Die Aufenthaltserlaubnis kann **abweichend vom Visumerfordernis** (§ 5 Abs. 2 AufenthG) erteilt werden (§ 19 d Abs. 3 Alt. 1 AufenthG). Dies folgt aus der Funktion des § 19 d AufenthG, der langjährig im Bundesgebiet lebenden geduldeten Personen unter den Voraussetzungen der Vorschrift die Integration ermöglichen will. Angesichts des langjährigen Aufenthalts und des Zwecks der Vorschrift ist das behördliche Ermessen daher in aller Regel reduziert. § 19 d Abs. 3 Alt. 2 AufenthG durchbricht die Sperrwirkung nach § 10 Abs. 3 S. 1 AufenthG, wonach einem Drittstaatsangehörigen, dessen Asylantrag unanfechtbar abgelehnt wurde oder der diesen zurückgenommen hat, nur eine Aufenthaltserlaubnis nach dem 5. Abschnitt des 2. Kapitels des AufenthG erteilt werden kann. § 19 d AufenthG ist jedoch ein Aufenthaltstitel 69

190 Referentenentwurf eines FKEG vom 19.11.2018, S. 19.
191 BT-Drs. 19/8285, S. 86.

im 4. Abschnitt. § 19 f AufenthG verweist nicht auf § 19 d AufenthG, so dass die dort geregelten Ablehnungsgründe im Blick auf § 19 d AufenthG keine Anwendung finden.

70 § 19 d AufenthG enthält keine Regelungen zur Befristung der Aufenthaltserlaubnis. Antragsteller, welche die Voraussetzungen nach § 19 d Abs. 1 Nr. 1 a AufenthG erfüllen, erhalten eine Aufenthaltserlaubnis für die **Dauer von vier Jahren**, da sie eine qualifizierte Berufsausbildung nachweisen können (§ 18 Abs. 3 AufenthG). Voraussetzung hierfür ist, dass eine qualifizierte Berufsausbildung (§ 2 Abs. 12 a; § 18 Abs. 4 Nr. 1 AufenthG) nachgewiesen wird. Bei den Antragstellern, bei denen diese Voraussetzung nicht erfüllt ist, bleibt die Geltungsdauer der Aufenthaltserlaubnis offen. Dies dürfte regelmäßig die Inhaber einer **Beschäftigungsduldung** (§ 60 d AufenthG) betreffen. Die Befristung der Aufenthaltserlaubnis dürfte sich an der vorher erteilten Zustimmung nach §§ 34 Abs. 2, 35 Abs. 4 BeschV ausrichten. Allerdings gilt dieses Erfordernis auch für die anderen Antragsteller (§ 18 Abs. 4 S. 1 AufenthG). Nach Ausübung einer zweijährigen der beruflichen Qualifikation entsprechenden Beschäftigung berechtigt die Aufenthaltserlaubnis nach § 19 d Abs. 1 und Abs. 1 a AufenthG zu **jeder Beschäftigung** (§ 19 d Abs. 2 AufenthG). Es handelt sich nach diesem Zeitpunkt um eine kraft Gesetzes erlaubte Beschäftigung (§ 4 a Abs. 1 S. 1 AufenthG). Diese bedarf daher keiner Zustimmung und keiner ausländerbehördlichen Erlaubnis, wenn der Betroffene nach Ablauf der Zweijahresfrist die Beschäftigung wechselt. Allerdings bleibt die Aufenthaltserlaubnis bis zur Erlangung der Niederlassungserlaubnis nach § 9 Abs. 1 AufenthG, also nach dem Besitz der Aufenthaltserlaubnis nach § 19 d Abs. 1 oder Abs. 1 a AufenthG für die Dauer von fünf Jahren, akzessorisch an den Zweck der Aufenthaltserlaubnis gebunden. § 18 c AufenthG findet keine Anwendung, weil dieser sich nicht auf § 19 d AufenthG bezieht.

V. Widerruf der Aufenthaltserlaubnis nach § 19 d Abs. 1 a AufenthG (§ 19 d Abs. 1 b AufenthG)

71 Die Aufenthaltserlaubnis nach § 19 d Abs. 1 a AufenthG wird widerrufen, wenn das der Erteilung der Aufenthaltserlaubnis zugrundeliegende Beschäftigungsverhältnis aus Gründen, die in der Person des bislang hiernach Begünstigten liegen, beendet wird oder dieser wegen einer im Bundesgebiet begangenen **vorsätzlichen Straftat** verurteilt wurde (§ 19 d Abs. 1 b AufenthG). Beim Widerruf wegen eines aufgelösten Beschäftigungsverhältnisses scheiden **betriebsbedingte Kündigungen** aus. Die Ausländerbehörde hat zunächst den unanfechtbaren Abschluss des arbeitsgerichtlichen Verfahrens abzuwarten,[192] da dort ua auch das Verschulden des Betroffenen geprüft wird und die Behörde weniger Sachverstand als das Arbeitsgericht in diesen Fragen hat. Der letzte Widerrufsgrund knüpft an § 19 d Abs. 1 Nr. 7 AufenthG an. Er bezieht sich aber nicht auf *vor* der Erteilung der Aufenthaltserlaubnis nach § 19 d Abs. 1 a AufenthG begangene,[193] sondern auf nachträglich verübte Straftaten. Wie § 19 d Abs. 1 Nr. 7 AufenthG bezieht Abs. 1 b Alt. 2 nur *vorsätzliche* Straftaten ein. Relevant sind nur Straftaten, die im Bundesgebiet begangen wurden und die nicht bereits getilgt sind.[194] Geldstrafen bis zu insgesamt 50 Tagessätzen oder bis zu 90 Tagessätzen wegen Straftaten, die nach dem AufenthG oder AsylG nur von Ausländern begangen werden können, bleiben außer Betracht. Es wird aber für zulässig erachtet, im Ausland begangene Straftaten nach § 5 Abs. 1 Nr. 2 AufenthG zu berücksichtigen.[195] Gegebenenfalls ist zu prüfen, ob ein Anspruch auf vorzeitige Tilgung nach § 49 Abs. 1 BZRG besteht. § 19 d Abs. 2 Alt. 2 AufenthG wirkt nur gegen den Familienangehörigen, bei dem

192 In diese Richtung auch *Breidenbach*, in: Kluth/Heusch, AuslR, 2016, § 18 a AufenthG Rn. 8.
193 So aber wohl *Breidenbach*, in: Kluth/Heusch, AuslR, 2016, § 18 a AufenthG Rn. 8.
194 BVerwGE 133, 72 (80) = EZAR NF 33 Nr. 19 = NVwZ 2009, 979 = AuAS 2009, 122; BVerwG, InfAuslR 2011, 240 (242).
195 *Wunderle/Röcker*, in: Bergmann/Dienelt, AuslR, 12. Aufl. 2018, § 25 a AufenthG Rn. 31.

die entsprechenden Voraussetzungen vorliegen. Straftaten anderer Familienangehöriger können nicht zugerechnet werden.[196] Der Widerrufsgrund nach § 19 d Abs. 2 Alt. 2 AufenthG ist nicht nur systemfremd, sondern auch integrationsfeindlich und unterhöhlt das durch §§ 53 ff. AufenthG geregelte Ausweisungssystem. In § 52 AufenthG ist ein derartiger Widerrufsgrund nicht vorgesehen. Darüber hinaus wird anders als bei dem Abwägungsgebot des § 53 Abs. 2 AufenthG ausschließlich das öffentliche Interesse an der Aufenthaltsbeendigung zum Anlass des Widerrufs genommen, ohne dass dieses mit den individuellen Bleibeinteressen (§ 55 AufenthG) abgewogen wird. Gerade angesichts des langjährigen Aufenthalts der Begünstigten nach § 19 d AufenthG würde hier bei einer Ausweisung das schwerwiegende Bleibeinteresse nach § 55 Abs. 2 Nr. 2 AufenthG und bei Betroffenen, die das Personensorgerecht für minderjährige ledige Kinder ausüben bzw. bei Minderjährigen, deren Eltern sich rechtmäßig im Bundesgebiet aufhalten (§ 55 Abs. 2 Nr. 3 und 4 AufenthG), ebenfalls ein schwerwiegendes Bleibeinteresse zu beachten sein. § 19 d Abs. 1 b Alt. 2 AufenthG ist damit nicht nur unverhältnismäßig,[197] sondern wirft auch Bedenken im Sinne von Art. 8 EMRK auf.

E. Sonstige Beschäftigungszwecke und Beamte (§ 19 c AufenthG)

I. Funktion der Vorschrift

§ 19 c AufenthG wurde durch das FKEG neu in das AufenthG eingeführt. In der gesetzlichen Begründung wird lapidar ausgeführt, die Vorschrift fasse verschiedene Aufenthalte zum Zweck der Erwerbstätigkeit zusammen.[198] Die Begründung enthält also keine Hinweise auf den Zweck der Vorschrift. Sie ist außerdem ungenau, da nicht die Erteilung der Aufenthaltserlaubnis zur – selbstständigen – Erwerbstätigkeit (§ 21 AufenthG), sondern nur zur nichtselbstständigen Beschäftigung (§ 18 Abs. 2 AufenthG) geregelt wird, wie aus der Übertitelung sowie der klaren Begrifflichkeit der einzelnen Absätze folgt. § 19 c Abs. 1 und Abs. 2 AufenthG verweisen auf die BeschV (→ Rn. 80 ff.), § 19 c Abs. 3 AufenthG übernimmt § 18 Abs. 4 S. 2 AufenthG aF, und § 19 c Abs. 4 AufenthG hat seine Vorläufernorm in § 18 Abs. 4 a AufenthG aF. Es gelten die Voraussetzungen des § 18 AufenthG nF, dh es muss ein konkretes Arbeitsplatzangebot vorliegen und die Bundesagentur muss der Beschäftigung zugestimmt haben (§ 18 Abs. 2 Nr. 1 und 2 AufenthG). Da § 19 c AufenthG keine qualifizierte Berufsausbildung voraussetzt, dürfte sich wohl weder die Frage der Berufsausübungserlaubnis (§ 18 Abs. 2 Nr. 3 AufenthG) noch der Gleichwertigkeit einer ausländischen Berufs- oder Hochschulausbildung (§ 18 Abs. 2 Nr. 4, Abs. 4 AufenthG) stellen. § 18 Abs. 3 AufenthG findet keine Anwendung, weil § 19 c AufenthG weder eine qualifizierte Berufsausbildung noch eine akademische Ausbildung voraussetzt. Für § 19 c Abs. 1 AufenthG folgt dies aus der Formulierung „unabhängig von einer Qualifikation als Fachkraft", in § 19 c Abs. 2 AufenthG ersetzt die Voraussetzung „ausgeprägter berufspraktischer Kenntnisse" den gesetzlichen Begriff, wenn auch inhaltlich zu einer Fachkraft keine wesentlichen Unterschiede bestehen dürften. Es muss aber kein zertifizierter Berufsabschluss nachgewiesen werden. In der Konsequenz der begrifflichen Auflockerung liegt es, dass diejenigen, auf die § 19 c AufenthG gemünzt ist, keine Aufenthaltserlaubnis zur Arbeitsplatzsuche erhalten können, weil diese Möglichkeit nur Fachkräften mit Berufsausbildung oder akademischer Ausbildung eröffnet wird (§ 20 Abs. 1 und 2 AufenthG). 72

196 *Wunderle/Röcker*, in: Bergmann/Dienelt, AuslR, 12. Aufl. 2018, § 25 a AufenthG Rn. 31; *Burr*, in: GK-AufenthG II – § 25 a AufenthG Rn. 55; aA *Deibel*, ZAR 2011, 241 (246).

197 So auch *Breidenbach*, in: Kluth/Heusch, AuslR, 2016, § 18 a AufenthG Rn. 8; *Dienelt*, in: Bergmann/Dienelt, AuslR, 12. Aufl. 2018, erläutert bei § 18 a AufenthG weder Abs. 1 a noch Abs. 1 b.

198 BT-Drs. 19/8285, S. 102.

II. Anwendungsbereich von § 19 c Abs. 1 AufenthG

1. Funktion von § 19 c Abs. 1 AufenthG

73 Nach § 19c Abs. 1 AufenthG kann einem Drittstaatsangehörigen „unabhängig von einer Qualifikation als Fachkraft“ eine Aufenthaltserlaubnis zur Ausübung einer Beschäftigung erteilt werden, wenn die BeschV oder eine **zwischenstaatliche Vereinbarung** bestimmt, dass er zur Ausübung dieser Beschäftigung zugelassen werden kann. Die Vorschrift lehnt sich in gewisser Weise an § 18 Abs. 2 AufenthG aF an, freilich mit dem Unterschied, dass das dort geregelte Zustimmungserfordernis in § 18 Abs. 2 Nr. 2 und nicht in § 19c Abs. 1 AufenthG geregelt wird. § 19c Abs. 1 AufenthG verweist auf die besonderen in der BeschV geregelten Tätigkeiten. Nicht die Voraussetzungen einer Fachkraft nach § 18 Abs. 3 AufenthG, sondern die der in den einzelnen Bestimmungen der BeschV jeweils spezifisch geregelten beruflichen Tätigkeiten müssen nachgewiesen werden, wenn eine Aufenthaltserlaubnis nach der BeschV beantragt wird. Im Folgenden werden zunächst die Vorschriften der BeschV behandelt, die keine akademische oder vergleichbare Ausbildung bzw. berufliche Position voraussetzen. Diese werden im Handbuch ungeachtet dessen im Abschnitt III über Fachkräfte mit akademischer Ausbildung erörtert (→ Rn. 91 ff.). Hierbei handelt es sich um die in §§ 3 bis 7 BeschV erwähnten Beschäftigungszwecke. Vorübergehende Beschäftigungen (§§ 10 bis 15 c BeschV) und die besonderen Berufs- oder Personengruppen (§§ 22 bis 25 BeschV) werden im Handbuch nicht behandelt. Hingegen werden die in § 9 und § 26 BeschV geregelten Beschäftigungszwecke nachfolgend in diesem Abschnitt vorgestellt, weil hierfür die sachliche Nähe zu Fachkräften mit qualifizierter Berufsausbildung spricht. Die Neufassung des § 2 BeschV beruht auf § 19c Abs. 2 AufenthG und wird dort behandelt (→ Rn. 107 ff.).

2. Zwischenstaatliche Vereinbarungen

74 Im Blick auf die in § 19c Abs. 1 AufenthG erwähnten zwischenstaatlichen Vereinbarungen wird in der Kommentarliteratur auf Freundschafts-, Handels-, Niederlassungs- oder Schifffahrtsabkommen verwiesen, weil diese den Grundsatz der **Inländergleichbehandlung** enthalten.[199] Das mag seinen Grund darin haben, dass § 18 Abs. 1 AufenthG aF nicht zwischen Beschäftigung und Erwerbstätigkeit unterschied. Die Erwerbstätigkeit, dh die selbstständige Tätigkeit wurde und wird jedoch in § 21 AufenthG geregelt. Hingegen bezogen sich § 18 Abs. 2 bis 6 AufenthG aF und auch die übrigen Vorschriften des 4. Abschnitts bis auf § 21 AufenthG auf die – nichtselbstständige – Beschäftigung. Die bezeichneten Abkommen werden durch § 21 Abs. 2 AufenthG für die Rechtsanwendung handhabbar gemacht. Sie können aber wegen ihres Charakters wie auch ihres Standortes in § 21 AufenthG nicht als Abkommen angesehen werden, welche die nichtselbstständige Beschäftigung regeln. Weder die Verwaltungsvorschriften zum AufenthG noch die Kommentarliteratur nennen relevante Abkommen, obwohl § 18 Abs. 2 und 3 AufenthG aF zwischenstaatliche Abkommen erwähnen. Andererseits verweist die nichtselbstständige Beschäftigungen regelnde BeschV in § 29 auf **Werkvertragsarbeitnehmerabkommen** mit den Staaten **Türkei, Serbien, Bosnien und Herzegowina** und **Mazedonien.** § 19c Abs. 1 AufenthG ist jedoch optional gefasst und verweist auf Beschäftigungszwecke nach der BeschV oder auf zwischenstaatliche Vereinbarung. § 19c Abs. 1 AufenthG ist deshalb so zu verstehen, dass er einerseits auf die besonderen Beschäftigungszwecke der BeschV verweist (Alt. 1), andererseits auf zwischenstaatliche Vereinbarungen, die über die BeschV für die Rechtsanwendung handhabbar gemacht werden (Alt. 2). Rechtstechnisch ist die Situation mit den bezeichneten Niederlassungsabkommen und deren Beziehung zu § 21 AufenthG vergleich-

---

199 *Dienelt*, in: Bergmann/Dienelt, AuslR, 12. Aufl. 2018, § 18 AufenthG Rn. 10, s. auch die hier genannte Liste von Abkommen.

bar. Die zwischenstaatlichen Abkommen im Sinne von § 19c Abs. 1 AufenthG haben in § 29 BeschV ihren Ort. Geregelt wird die Zuwanderung aber durch die Vereinbarungen selbst.

§ 29 BeschV fasst die früheren Regelungen der §§ 39 bis 41 BeschV aF zusammen. Thematisch gemeinsam ist ihnen, dass sie die Zulassung von Arbeitnehmern aufgrund von völkerrechtlichen Verpflichtungen der Bundesrepublik Deutschland ins nationale Recht umsetzen. Diese Abkommen beziehen sich nicht auf Personen, die Zugang zum Arbeitsmarkt suchen, sondern auf völkerrechtliche Verpflichtungen, die die Bundesrepublik eingegangen ist und die für die unmittelbare Anwendung einer innerstaatlichen Vorschrift bedürfen.[200] § 29 BeschV bezieht sich in 75

- Abs. 1 auf **Werkvertragsabkommen,** die zwischen 1988 und 1991 geschlossen worden sind
- Abs. 2 auf bilaterale **Gastarbeitnehmervereinbarungen**
- Abs. 3 auf unterschiedliche sonstige **bi- oder multilaterale Vereinbarungen**
- Abs. 4 auf das **Pariser Abkommen über internationale Ausstellungen** von 1928 und
- Abs. 5 auf das **Übereinkommen zur Errichtung der Welthandelsorganisation.**

§ 19c Abs. 1 AufenthG ist bis auf die dort genannten Werkvertragsarbeitnehmerabkommen nahezu gegenstandslos. Es ist auch nicht geplant, neue Abkommen zu schließen. Im Rahmen der Vereinbarungen können Unternehmen aus den Vertragsstaaten in begrenzter Zahl ihre Arbeitnehmer nach Deutschland entsenden, um hier Werkverträge auszuführen. **Gastarbeitnehmerabkommen** bestehen mit **Albanien, der Russischen Föderation, Bulgarien, Kroatien** und **Rumänien.** Es mutet befremdend an, dass der die Einwanderung der Arbeitsmigranten zwischen 1955 und 1973 prägende Begriff „Gastarbeiter", der die Integrationsunwilligkeit der Bundesrepublik so treffend auf den Punkt brachte, noch immer verwendet wird. Nach dem Beitritt der Mehrzahl der genannten Staaten sind nur noch die Abkommen mit Albanien und der Russischen Föderation in Kraft. Für Albanien wird auch die Möglichkeit der Beschäftigung über § 26 Abs. 2 BeschV eröffnet. § 29 Abs. 2 BeschV ermöglicht jedoch keinen dauerhaften Aufenthalt. Die Abkommen sollen die beruflichen und sprachlichen Kenntnisse der zugelassenen „Gastarbeiter" erweitern und als entwicklungspolitischer Beitrag die Wirtschaft in den genannten Ländern fördern. Es kommen Personen zwischen 18 und 40 Jahren in Betracht, die über Grundkenntnisse der deutschen Sprache verfügen und eine abgeschlossene Berufsausbildung oder vergleichbare Fähigkeiten und eine mindestens dreijährige Berufspraxis nachweisen können.[201] Abkommen im Sinne von § 29 Abs. 3 BeschV sind sonstige bi- oder multilaterale Abkommen und Vereinbarungen, die die Zulassung von Drittstaatsangehörigen zu bestimmten Beschäftigungen im Bundesgebiet zum Gegenstand haben, wie zB bilaterale **Luftverkehrsabkommen** (s. auch § 24 BeschV), **Investitionsschutzverträge** und Abkommen über den Bau von Grenzbrücken (Durchführungsanweisung zur BeschV). Da diese Abkommen wie auch die in § 29 Abs. 4 und 5 BeschV genannten für die mit dem FKEG angestrebte Fachkräfteeinwanderung ohne Bedeutung sind, werden sie hier nicht weiter behandelt. 76

III. Fachkräfte mit ausgeprägten berufspraktischen Kenntnissen (§ 19 c Abs. 2 AufenthG iVm § 6 BeschV)

Nach § 19c Abs. 2 AufenthG kann einem Drittstaatsangehörigen mit ausgeprägten berufspraktischen Kenntnissen eine Aufenthaltserlaubnis zur Ausübung einer Beschäftigung erteilt werden, wenn die BeschV bestimmt, dass er zur Ausübung einer Beschäftigung zugelassen wird. Es handelt sich bei dieser Vorschrift also um eine Verweisung auf die einzel- 77

200 *Offer,* in: Offer/Mävers, BeschV, Kommentar, 2016, § 29 Rn. 1–4.
201 S. hierzu im Einzelnen *Offer,* in: Offer/Mävers, BeschV, Kommentar, 2016, § 29 Rn. 12 ff.

nen Beschäftigungszwecke der BeschV. Nach der gesetzlichen Begründung soll durch § 19c Abs. 2 AufenthG die Möglichkeit geschaffen werden, Fachkräften mit ausgeprägten berufspraktischen Kenntnissen „unabhängig von einer formalen Qualifikation als Fachkraft eine Aufenthaltserlaubnis zu erteilen."[202] Diese Funktion ist bei der Auslegung und Anwendung der einzelnen Bestimmungen der BeschV von grundlegender Bedeutung. Bei der Prüfung der jeweils maßgebenden Voraussetzungen sind deshalb weniger förmliche Voraussetzungen, sondern praktische Fähigkeiten und Kenntnisse von Bedeutung. Beispielhaft genannt werden in der gesetzlichen Begründung Berufe im Bereich der **Informations- und Kommunikationstechnologie.** Dies soll insbesondere den hohen Bedarf an qualifizierten Beschäftigten decken. Die näheren Voraussetzungen für die Zustimmung ergeben sich aus § 6 BeschV nF. Nach der Begründung zu § 6 BeschV zielt diese Vorschrift eher auf eine einer akademischen Fachkraft vergleichbare Qualifikation, so dass § 19c Abs. 2 AufenthG im Abschnitt über akademische Fachkräfte behandelt wird. Die Vorschrift wird im Einzelnen im Abschnitt III ausführlich behandelt (→ Rn. 104 ff.).

IV. Öffentliches, regionales, wirtschaftliches oder arbeitsmarktpolitisches Interesse (§ 19 c Abs. 3 AufenthG)

78 Nach § 19c Abs. 3 AufenthG kann im **begründeten Einzelfall** eine Aufenthaltserlaubnis erteilt werden, wenn an der Beschäftigung des Drittstaatsangehörigen ein öffentliches, regionales, wirtschaftliches oder arbeitsmarktpolitisches Interesse besteht. Die Begriffe des öffentlichen Interesses wie auch des begründeten Einzelfalls sind gerichtlich voll inhaltlich und rechtlich überprüfbare unbestimmte Rechtsbegriffe.[203] Die Vorschrift übernimmt mit identischem Wortlaut § 18 Abs. 4 S. 2 AufenthG aF. Diese Vorschrift stellt eine **eigenständige Rechtsgrundlage** neben anderen Rechtsgrundlagen zur Zulassung der Beschäftigung dar und eröffnet die Möglichkeit, eine Aufenthaltserlaubnis zum Zweck der Beschäftigung auch dann zu erteilen, wenn dies nach den im 4. Abschnitt des 2. Kapitels des AufenthG vorgesehenen Rechtsgrundlagen, nach zwischenstaatlichen Vereinbarungen oder der BeschV nicht möglich ist. Sie kann aber nicht angewandt werden, wenn die Voraussetzungen nach §§ 26 bis 31 BeschV nicht erfüllt werden.[204] Daraus folgt, dass sie aber angewandt werden kann, wenn die Voraussetzungen einer der übrigen insoweit relevanten Vorschriften der BeschV nicht erfüllt werden. Andernfalls entbehrte der Hinweis auf den begründeten Einzelfall einer Funktion. Ob ein derartiger vorliegt, ist nicht von einzelfallbezogenen Härten oder subjektiven Bedürfnissen des Antragstellers, sondern von den in § 19c Abs. 3 AufenthG bezeichneten öffentlichen Interessen abhängig.[205] Es wird das Bestehen einer **atypischen Arbeitsmarktsituation** verlangt.[206] Das bedeutet andererseits, dass sich bei entsprechender Entwicklung des Arbeitsmarktes der vorausgesetzte Einzelfall zum Regelfall ändern und dementsprechend die Anwendungspraxis bestimmen kann. Während früher aus dem Zusammenhang von S. 1 und S. 2 von § 18 Abs. 4 AufenthG aF geschlossen wurde, dass das Erfordernis einer qualifizierten Berufsausbildung (§ 2 Abs. 12 a, § 18 Abs. 3 Nr. 1 AufenthG) Anwendung fand,[207] besteht dieser Zusammenhang nicht mehr, und es kann auch mit Blick auf § 19c Abs. 1 und 2 AufenthG nicht behauptet werden, dass stets eine qualifizierte Berufsausbildung nachzuweisen wäre. Auch insoweit kann die

---

202 BT-Drs. 19/8285, S. 102.

203 *Dienelt*, in: Bergmann/Dienelt, AuslR, 12. Aufl. 2018, § 16 AufenthG Rn. 40; *Breidenbach*, in: Kluth/Heusch, AuslR, 2016, § 18 AufenthG Rn. 44.

204 *Breidenbach*, in: Kluth/Heusch, AuslR, 2016, § 18 a AufenthG Rn. 45 mit Hinweis auf OVG Berlin-Brandenburg, BeckRS 2011, 47286.

205 *Breidenbach*, in: Kluth/Heusch, AuslR, 2016, § 18 AufenthG Rn. 46.

206 *Dienelt*, in: Bergmann/Dienelt, AuslR, 12. Aufl. 2018, § 16 AufenthG Rn. 53.

207 *Breidenbach*, in: Kluth/Heusch, AuslR, 2016, § 18 AufenthG Rn. 45.

Entwicklung des Arbeitsmarktes also in der Verwaltungspraxis dazu führen, dass auch nicht qualifizierten Beschäftigten ein Aufenthaltstitel erteilt wird.

V. Beamte (§ 19 c Abs. 4 AufenthG)

Einem Drittstaatsangehörigen, der in einem Beamtenverhältnis zu einem deutschen Dienstherrn steht, wird nach § 19c Abs. 4 AufenthG ohne Zustimmung **zur Erfüllung seiner Dienstpflichten** im Bundesgebiet eine Aufenthaltserlaubnis erteilt. Diese Regelung übernimmt die Vorschrift des § 18 Abs. 4 a AufenthG aF und wird hier wegen der Konzentration des Handbuchs auf die Fachkräfteeinwanderung nicht ausführlich behandelt. In der Kommentarliteratur wurde § 18 Abs. 4 a AufenthG aF nicht nur nicht behandelt, sondern nicht einmal erwähnt. Die gesetzliche Begründung zu § 19 c Abs. 4 AufenthG weist nur lapidar darauf hin, dass § 18 Abs. 4 a AufenthG aF übernommen werde.[208] Nach § 19 c Abs. 4 S. 2 AufenthG wird die Aufenthaltserlaubnis für die Dauer von drei Jahren erteilt, es sei denn, das Dienstverhältnis ist auf einen kürzeren Zeitraum befristet. Nach Ablauf des Besitzes einer Aufenthaltserlaubnis nach § 19 c Abs. 4 AufenthG für die Dauer von drei Jahren wird eine **Niederlassungserlaubnis** abweichend von den Voraussetzungen des § 9 Abs. 2 S. 1 Nr. 1 und Nr. 3 AufenthG, also von der fünfjährigen Aufenthaltsdauer und vom Nachweis der Altersvorsorge, erteilt (§ 19 c Abs. 4 S. 3 AufenthG). § 18 Abs. 4 a AufenthG aF enthielt keine § 19 c Abs. 4 S. 2 und 3 AufenthG entsprechenden Regelungen. Umso mehr erstaunt, dass die gesetzliche Begründung keinen Hinweis auf die Funktion, die Voraussetzungen und den Umfang der Aufenthaltserlaubnis nach § 19 c Abs. 4 AufenthG gibt. 79

F. Beschäftigung bei Vorbeschäftigungszeiten oder längerem Voraufenthalt (§ 9 BeschV)

I. Funktion der Vorschrift

Mit dieser Vorschrift kann Antragstellern, die sich mit einer Blauen Karte EU oder einer Aufenthaltserlaubnis zum Zwecke der Beschäftigung im Bundesgebiet aufhalten, nach zweijähriger versicherungspflichtiger Beschäftigung oder dreijährigem Aufenthalt ohne Zustimmung eine Aufenthaltserlaubnis erteilt werden. Die Voraussetzungen nach § 9 Abs. 1 BeschV sind alternativ gefasst. Wie aus dem Begriff **„Beschäftigung"** folgt, setzt die Anwendung dieser Regelung nicht eine qualifizierte Beschäftigung im Sinne von § 2 Abs. 12 a, § 18 Abs. 3 Nr. 2 AufenthG voraus. Vielmehr reicht jede Art von Beschäftigung aus. Dies gilt im Blick auf den Voraufenthalt für die Personen, die eine zweijährige versicherungspflichtige Beschäftigung ausgeübt haben, jedoch nicht hinsichtlich der zweiten Personengruppe. Bei dieser Personengruppe wird lediglich ein erlaubter, also rechtmäßiger, geduldeter oder gestatteter dreijähriger Aufenthalt gefordert. Bei beiden Personengruppen wird für die Erteilung der **zustimmungsfreien Beschäftigungserlaubnis** nicht gefordert, dass sie eine qualifizierte Beschäftigung ausüben wollen. Auf die Zustimmung wird aus Gründen der Verwaltungsvereinfachung zugunsten von Personen verzichtet, die bereits länger im Bundesgebiet beschäftigt sind oder sich länger hier aufhalten. Allerdings geht die Wirkung der Vorschrift weit über eine bloße Verwaltungsvereinfachung hinaus. Denn hierdurch werden Antragsteller, welche die geforderten Voraussetzungen erfüllen, entlastet.[209] Zwar regelt die Vorschrift lediglich die Beschäftigungserlaubnis. Sie setzt aber voraus, dass der Antragsteller, auch der geduldete oder derjenige, der über einen gestatteten Aufenthalt 80

208 BT-Drs. 19/8285, S. 102.
209 *Offer*, in: Offer/Mävers, BeschV, Kommentar, 2016, § 9 Rn. 9.

(§ 55 Abs. 1 S. 1 AsylG) im Zeitpunkt der Erteilung der Beschäftigungserlaubnis verfügt, bereits im Besitz eines der in § 9 Abs. 1 Hs. 1 BeschV bezeichneten Aufenthaltstitel ist.

II. Voraussetzungen nach § 9 Abs. 1 BeschV

1. Besitz eines Aufenthaltstitels (§ 9 Abs. 1 Hs. 1 BeschV)

81 Die bisher in § 19 a AufenthG aF geregelte **Blaue Karte EU** wird nach geltendem Recht nach § 18 b Abs. 2 AufenthG als einer der Gründe für die Erteilung einer Aufenthaltserlaubnis für Fachkräfte mit akademischer Ausbildung behandelt (→ Rn. 94 ff.). Die Blaue Karte EU ist mit Ausnahme von Beschäftigungen in Mängelberufen nach § 2 Abs. 2 BeschV stets zustimmungsfrei, so dass es der Berufung auf § 9 BeschV nicht bedarf. Zudem ist nach § 18 b Abs. 2 S. 4 AufenthG innerhalb der ersten beiden Jahre der Beschäftigung nur bei einem Arbeitsplatzwechsel die Zustimmung erforderlich. Insofern ergänzt § 9 BeschV diese Bestimmung hinsichtlich jener Antragsteller, die eine Blaue Karte EU in einem Mangelberuf nach § 2 Abs. 2 BeschV mit Zustimmung erlangt und die zweijährige Wartezeit erfüllt haben.[210] Für die von § 9 Abs. 1 Hs. 1 BeschV vorausgesetzte **Aufenthaltserlaubnis** (§ 4 Abs. 1 S. 2 Nr. 2 AufenthG) kommt jede der in den einzelnen Kapiteln des AufenthG geregelte Form der Aufenthaltserlaubnis in Betracht. Allerdings können bislang geduldete oder gestattete Antragsteller nur unter besonderen Voraussetzungen in den Besitz einer Aufenthaltserlaubnis kommen. Haben sie nach einem gestatteten Aufenthalt den Flüchtlings- oder subsidiären Status erhalten, haben sie einen Rechtsanspruch auf Erteilung einer Aufenthaltserlaubnis. Dieser Aufenthaltstitel berechtigt kraft Gesetzes (§ 4 a Abs. 4 S. 1 AufenthG) zur Ausübung einer Erwerbstätigkeit (§ 25 Abs. 2 AufenthG). Sie sind also auf die Berechtigung nach § 9 BeschV nicht angewiesen. Dies gilt auch für Antragsteller, die im Besitz einer familienbezogenen Aufenthaltserlaubnis sind (§ 27 ff. AufenthG). Wurde im Asylverfahren lediglich ein nationales Abschiebungsverbot nach § 60 Abs. 5 oder 7 AufenthG festgestellt, erhalten die Betroffenen in der Regel zwar eine Aufenthaltserlaubnis nach § 25 Abs. 3 AufenthG. Diese berechtigt aber nicht kraft Gesetzes zur Erwerbstätigkeit. Ihnen wird aber die Beschäftigung nach § 9 Abs. 1 Nr. 2 BeschV ohne Zustimmung erteilt.

2. Zweijährige rechtmäßige versicherungspflichtige Beschäftigung (§ 9 Abs. 1 Nr. 1 BeschV)

82 Nach § 9 Abs. 1 Nr. 1 BeschV muss der Antragsteller **rechtmäßig** eine **versicherungspflichtige Beschäftigung** im Bundesgebiet ausgeübt haben. Anders als bei § 9 Abs. 1 Nr. 2 BeschV wird kein ununterbrochener Aufenthalt vorausgesetzt. Vielmehr kommt es auf die Rechtmäßigkeit des Aufenthalts an. Wann ein rechtmäßiger Aufenthalt vorliegt, wird in §§ 81 Abs. 3 S. 1 AufenthG geregelt. Im Übrigen kommt der Besitz jeder Form eines Aufenthaltstitels in Betracht. Weder ein geduldeter noch ein gestatteter Aufenthalt führt zur Berechtigung nach § 9 Abs. 1 Nr. 1 BeschV, vielmehr nach § 9 Abs. 1 Nr. 2 BeschV. Der rechtmäßige Aufenthalt darf nicht erloschen sein (vgl. § 51 Abs. 1 AufenthG). Wer im Besitz eines Aufenthaltstitels ist, darf sich nicht länger als sechs Monate im Ausland aufgehalten bzw. das Bundesgebiet nicht lediglich aus einem vorübergehenden Grund verlassen haben (§ 51 Abs. 1 S. 1 Nr. 6 und 7 AufenthG). Auch die anderen in § 51 Abs. 1 AufenthG bezeichneten Gründe bewirken das automatische Erlöschen des Aufenthalts, beenden also die Rechtmäßigkeit des Aufenthalts. Die Versicherungspflicht nach § 9 Abs. 1 Nr. 1 BeschV umfasst die Versicherungszweige der **Renten-, Arbeitslosen-, Unfall-, Kranken- und Pflegeversicherung.** Grundsätzlich sind Arbeitnehmer versicherungspflichtig. Das gilt auch für **geringfügig Beschäftigte.** Zwar besteht die Versicherungspflicht von Arbeitneh-

210 *Offer*, in: Offer/Mävers, BeschV, Kommentar, 2016, § 9 Rn. 4.

mern auch bei Beschäftigungen im Ausland. Angerechnet auf § 9 Abs. 1 Nr. 1 BeschV werden jedoch nur im Bundesgebiet verbrachte Zeiten.

3. Dreijähriger Aufenthalt (§ 9 Abs. 1 Nr. 2 BeschV)

Nach § 9 Abs. 1 Nr. 2 BeschV muss sich der Antragsteller seit drei Jahren **ununterbrochen** 83
erlaubt, geduldet oder gestattet im Bundesgebiet aufgehalten haben und im Zeitpunkt der Entscheidung im Besitz einer der in § 9 Abs. 1 Hs. 1 BeschV bezeichneten Aufenthaltstitel sein. Der Verordnungsgeber geht damit davon aus, dass bei einem dreijährigen Aufenthalt und dem Besitz eines der bezeichneten Aufenthaltstitel eine Verfestigung eingetreten ist.[211] Daher entfällt die Zustimmung vollständig. Damit fällt auch eine Überprüfung der Arbeitsbedingungen (**Arbeitsplatzprüfung**) weg. Diese ist auch nicht erforderlich, da angesichts des vorausgesetzten Integrationsstands nach längerem Inlandsaufenthalt davon ausgegangen werden kann, dass die betroffenen Migranten die Einhaltung der Arbeitsbedingungen ebenso wie deutsche Beschäftigte und Freizügigkeitsberechtigte einfordern können.[212] § 9 BeschV ist damit bei weitem großzügiger und auch nicht so voraussetzungsvoll wie § 25 a und § 25 b AufenthG. Daher kann der Auffassung, dass § 9 BeschV angesichts des beschränkten Anwendungsbereichs für die Praxis wenig Bedeutung habe,[213] nicht zugestimmt werden. Auch ein Antragsteller, der wegen eines krankheitsbedingten **zielstaatsbezogenen Abschiebungsverbotes** (§ 60 Abs. 7 S. 2 AufenthG) oder **inlandsbezogenen Vollstreckungshindernisses** (§ 60 a Abs. 2 c und Abs. 2 d AufenthG) länger als drei Jahre geduldet wird, erfüllt die Voraussetzungen nach § 9 Abs. 1 Nr. 2 BeschV. Nach § 9 Abs. 1 Nr. 2 Hs. 2 BeschV bleiben Unterbrechungen entsprechend § 51 Abs. 1 Nr. 7 AufenthG unberücksichtigt, dh der Aufenthalt ist dann nicht unterbrochen, wenn der Antragsteller aus einem lediglich vorübergehenden Zweck ins Ausland gereist war. Bei geduldeten Ausländern erlischt die Duldung jedoch mit der Ausreise (§ 60 a Abs. 5 S. 1 AufenthG). Allerdings kann die Ausländerbehörde die **Wiedereinreise** gestatten. In diesem Fall ist der Aufenthalt nicht als unterbrochen anzusehen. Während des Asylverfahrens ist grundsätzlich kein Auslandsaufenthalt zulässig. Anders als bei § 9 Abs. 1 Nr. 1 BeschV werden hier auch geduldete (§§ 60 a, 60 c, 60 d AufenthG) oder gestattete (§ 55 Abs. 1 S. 1 AsylG) Aufenthalte berücksichtigt. Auf diese Formen des Aufenthaltes ist § 9 BeschV zuallererst gemünzt. Ebenso wenig wie geduldete Ausländerdürfen Asylbewerber das Bundesgebiet verlassen. Auch hier kann aber die zuständige Ausländerbehörde eine Sondergenehmigung erteilen (§ 58 AsylG).

III. Anrechnungszeiten nach § 9 Abs. 2 BeschV

Nach § 9 Abs. 2 BeschV werden auf die Beschäftigungszeiten nach § 9 Abs. 1 Nr. 1 BeschV 84
Zeiten nicht angerechnet, die vor dem Zeitpunkt liegen, an dem der Antragsteller unter Aufgabe seines gewöhnlichen Aufenthaltes ausgereist war. In diesem Fall erlischt das Aufenthaltsrecht (§ 51 Abs. 1 Nr. 6 und Nr. 7 AufenthG). Es handelt sich also um Fälle, in denen die Ausländerbehörde nach Wiedereinreise erneut eine Aufenthaltserlaubnis erteilt hat. Darüber hinaus wird nach § 9 Abs. 2 Nr. 2 BeschV eine nach dem AufenthG oder der BeschV zeitlich begrenzte Beschäftigung nicht angerechnet. Die Zeiten der Ausübung einer Beschäftigung nach §§ 10 bis 23 BeschV oder ein nach § 8 Abs. 2 AufenthG nicht verlängerungsfähiger Aufenthaltstitel werden damit nicht berücksichtigt. Nach § 9 Abs. 2 Nr. 3 BeschV werden ferner Aufenthaltszeiten, in denen der Antragsteller aufgrund einer zwischenstaatlichen Vereinbarung von der Zustimmungspflicht befreit war, nicht angerechnet. Das gilt für Beschäftigungen als **Gastarbeitnehmer** (§ 29 Abs. 2 BeschV), **Werkvertragsar-**

211 *Offer*, in: Offer/Mävers, BeschV, Kommentar, 2016, § 9 Rn. 9.
212 *Breidenbach*, in: Kluth/Heusch, AuslR, 2016, § 18 AufenthG Rn. 10.
213 *Breidenbach*, in: Kluth/Heusch, AuslR, 2016, § 18 AufenthG Rn. 10.

beitnehmer (§ 19 BeschV), **Schaustellergehilfe** (§ 15 b BeschV), **Au-pair** (§ 12 BeschV), **Spezialitätenkoch** (§ 11 BeschV).

IV. Anrechnungszeiten nach § 9 Abs. 3 BeschV

85 Nach § 9 Abs. 3 BeschV werden auf die Aufenthaltszeiten nach § 9 Abs. 1 Nr. 2 BeschV Zeiten eines Aufenthaltes nach § 16 b AufenthG nur zur Hälfte und nur bis zu zwei Jahren angerechnet. Die Regelung zielt auf studienbezogene Aufenthaltszeiten und lehnt sich dabei an § 9 Abs. 4 Nr. 3 AufenthG an. Während dort auch Zeiten einer Berufsausbildung erwähnt sind, ist dies bei § 9 Abs. 3 BeschV nicht der Fall. Das FKEG hat dies nicht geändert. Aufenthaltszeiten, in denen eine qualifizierte Berufsausbildung absolviert wird, sind hingegen voll anzurechnen. Dies betrifft etwa die Duldung nach § 60 c oder § 60 d AufenthG. Darüber hinaus wird wie bei § 9 Abs. 2 BeschV (→ Rn. 84) eine nach dem AufenthG oder der BeschV zeitlich begrenzte Beschäftigung nicht angerechnet, wenn dem Antragsteller ein Aufenthaltstitel zu einem anderen Zweck als dem der Beschäftigung erteilt wird. § 9 Abs. 3 BeschV zielt damit auf alle Aufenthaltstitel nach dem dritten, fünften und sechsten Abschnitt des AufenthG. Angesprochen mit § 9 Abs. 3 S. 2 BeschV sind wohl die Fälle, in denen aus welchen Gründen auch immer die Aufenthaltserlaubnis aus anderen Gründen als dem der Erwerbstätigkeit zwischenzeitlich entfallen war, etwa Fälle, in denen nach Auflösung der ehelichen Lebensgemeinschaft der Erwerb eines eigenständigen Aufenthaltsrechts nach § 31 Abs. 1 AufenthG an den fehlenden Voraussetzungen gescheitert war, der Betroffene aber weiterhin geduldet wurde.

G. Beschäftigung bestimmter Staatsangehöriger (§ 26 BeschV)

I. Funktion der Vorschrift

86 Die Vorschrift des § 26 BeschV stellt klar, dass den dort genannten Staatsangehörigen jede Art von Beschäftigung mit Zustimmung der Bundesagentur für Arbeit möglich ist. Es kommt also nicht auf den Nachweis einer qualifizierten Beschäftigung (§ 2 Abs. 12 a, § 18 Abs. 3 Nr. 2 AufenthG) an. Es handelt sich um Staaten, aus denen in aller Regel gut ausgebildete Facharbeiter und Akademiker einreisen. § 9 Abs. 2 BeschV wurde 2015 zeitgleich mit der Listung einiger der dort genannten Staaten als sichere Herkunftsstaaten nach der Anlage I zum AsylG (§ 29 a AsylG) eingeführt.

II. Staatsangehörige wichtiger Handelspartner (§ 26 Abs. 1 BeschV)

87 Staatsangehörigen von **Andorra, Australien, Israel, Kanada, Südkorea,** von **Monaco, Neuseeland, San Marino** sowie der **Vereinigten Staaten** kann zur Ausübung einer Beschäftigung mit Zustimmung mit Vorrangprüfung durch die Bundesagentur für Arbeit unabhängig von den auf bestimmte Berufsfelder und Tätigkeiten bezogenen Vorgaben der BeschV die Ausübung jeglicher Art von Beschäftigung erlaubt werden. Dies gilt aber nur für die – nichtselbstständige – Beschäftigung, nicht hingegen für die – selbstständige – Erwerbstätigkeit. US-Amerikaner können sich darüber hinaus zur Aufnahme einer selbstständigen Erwerbstätigkeit auf den **Freundschafts-, Handels- und Schifffahrtsvertrag** vom 29.10.1954[214] berufen und eine Aufenthaltserlaubnis nach § 21 Abs. 2 AufenthG erhalten. Dieser Vertrag und weitere derartige Niederlassungsabkommen[215] schränken das Ermessen der Ausländerbehörde ein. Insbesondere ist über die begehrte Aufenthaltserlaubnis unabhängig von den in § 21 Abs. 1 AufenthG genannten Voraussetzungen zu entscheiden. Staatsangehörige aus den in § 26 Abs. 1 BeschV bezeichneten Staaten können nach § 41

214 BGBl. 1956 II S. 487; Art. II Abs. 1 Meistbegünstigungsklausel.
215 S. hierzu *Marx*, Aufenthalts-, Asyl- und Flüchtlingsrecht, 7. Aufl. 2019, § 3 Rn. 144.

AufenthV auch nach der Einreise den Antrag auf Erteilung der Aufenthaltserlaubnis stellen, müssen also nicht vorher ein Visum beantragen. In § 41 AufenthV sind allerdings Andorra, Monaco und San Marino nicht genannt. Staatsangehörige aus diesen Ländern können aber ohnehin nach der Einreise einen Antrag auf Erteilung eines Aufenthaltstitels stellen.

Zwar werden die begünstigten Personen von den Beschränkungen der BeschV befreit, sie müssen jedoch ein konkretes **Arbeitsplatzangebot** (§ 18 Abs. 2 Nr. 1 AufenthG) und auch das Vorliegen der übrigen in § 18 Abs. 2 AufenthG genannten Voraussetzungen nachweisen. § 18 Abs. 3 AufenthG ist indes ohne Bedeutung. Wird eine qualifizierte Berufsausbildung (§ 2 Abs. 12 a, § 18 Abs. 3 Nr. 1 AufenthG) nachgewiesen, kann auch eine Aufenthaltserlaubnis zur **Arbeitsplatzsuche** (§ 20 AufenthG; → Rn. 20 ff.) erteilt werden. Es bedarf in diesem Fall nicht des Nachweises eines konkreten Arbeitsplatzangebotes. Die Erteilung einer Aufenthaltserlaubnis ist von der Zustimmung mit Vorrangprüfung der Bundesarbeitsagentur abhängig. Antragsteller nach § 26 Abs. 1 BeschV können aber auch eine Aufenthaltserlaubnis nach anderen Vorschriften beantragen, bei denen keine Zustimmung erforderlich ist. Dann handelt es sich aber nicht mehr um eine Beschäftigung im Sinne von § 26 Abs. 1 BeschV. 2013 wurde durch die Neuregelung der BeschV klargestellt, dass die Beschäftigung nach § 26 Abs. 1 BeschV **unabhängig vom Sitz des Arbeitgebers** zulässig ist. Da es um Antragsteller geht, die bereits im Herkunftsland eine Beschäftigung ausüben und von diesem im Rahmen des Beschäftigungsverhältnisses zur Ausübung der Beschäftigung ins Bundesgebiet entsandt werden sollen, entfällt in derartigen Fällen der Nachweis eines konkreten Arbeitsplatzangebots. § 26 Abs. 1 BeschV erweitert damit bestehende **Entsendungstatbestände**. Anders als § 19 BeschV ermöglicht die Beschäftigung nach § 26 Abs. 1 BeschV jedoch nicht nur eine zeitlich befristete Beschäftigung. 88

III. Staatsangehörige aus dem Westbalkan (§ 26 Abs. 2 BeschV)

Für Staatsangehörige aus den Westbalkan-Staaten **Albanien, Bosnien und Herzegowina, Kosovo, Republik Nord-Mazedonien, Montenegro und Serbien** kann die Beschäftigung jeder Art mit Zustimmung mit Vorrangprüfung, also unabhängig von den Beschränkungen der BeschV, erteilt werden. Diese 2015 eingeführte Vorschrift steht im Zusammenhang mit der Listung dieser Länder als **sichere Herkunftsstaaten** (§ 29 a AsylG Anlage II) und soll nach der Begründung der Verordnung[216] einen Anreiz bieten, anstatt zwecks Asylsuche in das Bundesgebiet zu reisen, ein Visum zur Beschäftigung zu beantragen. Auch wenn bis auf das Kosovo und die Republik Nord-Mazedonien alle anderen Staaten in Anhang I der EG-VisaVO gelistet sind und deshalb Staatsangehörige aus diesen Ländern visumfrei einreisen dürfen, können sie den Antrag auf Erteilung einer Aufenthaltserlaubnis nicht nach der Einreise stellen, da sie nicht in § 41 AufenthV aufgeführt werden. Sie müssen daher den Antrag auf Erteilung einer Aufenthaltserlaubnis nach § 19 c Abs. 1 AufenthG iVm § 26 Abs. 2 BeschV vor der Einreise bei der zuständigen deutschen Botschaft in ihrem jeweiligen Herkunftsland stellen (§ 26 Abs. 2 S. 2 BeschV). Die Möglichkeit, über § 26 Abs. 2 BeschV die Erlaubnis zur Beschäftigung im Bundesgebiet zu erhalten, ist für den Zeitraum von 2016 bis 2020 befristet (§ 26 Abs. 2 S. 1 Hs. 1 BeschV). Der Wortlaut von § 26 Abs. 2 S. 1 Hs. 1 BeschV stellt für den Fristablauf auf den Zeitpunkt der Erteilung der Zustimmung ab, so dass Antragsteller, die zeitlich weit vor diesem Zeitpunkt den Antrag auf Erteilung eines Visums zur Ausübung einer Beschäftigung nach § 26 Abs. 2 S. 1 BeschV gestellt haben, wegen des längeren Verfahrens – Beantragung des Visums, Einholung der Zustimmung der zuständigen Ausländerbehörde durch die deutsche Auslandsvertretung, Einholung der Zustimmung der Bundesagentur für Arbeit vor Erteilung der Zu- 89

216 BT-Drs. 47/15, S. 11.

stimmung seitens der Ausländerbehörde – leer ausgehen dürften. Es erscheint jedoch nicht angemessen, den Antragstellern das Risiko für das zeitaufwändige Verfahren aufzuerlegen. Auf Entsendungstatbestände ist § 26 Abs. 2 BeschV nicht anwendbar.[217]

90 Hat der Antragsteller in den letzten 24 Monaten vor der Antragstellung Leistungen nach dem AsylbLG bezogen, wird die Antragstellung gesperrt (§ 26 Abs. 2 S. 3 BeschV). Damit sollen Antragsteller ausgeschlossen werden, die sich zwei Jahre vor der Antragstellung geduldet oder gestattet im Bundesgebiet aufgehalten haben. Die Wartezeit ist damit zwar gegenüber der für Sprachlehrer und Spezialitätenköche geltenden Dreijahresfrist kürzer, aber immer noch zu lang. Erschwerend kommt hinzu, dass damit für alle Antragsteller, die bis zum **31.12.2018** geduldet oder gestattet im Bundesgebiet gelebt und Leistungen nach dem AsylbLG bezogen haben, die Möglichkeit, ein Visum zur Beschäftigung nach § 26 Abs. 2 S. 1 BeschV beantragen zu können, ausgeschlossen wird. Die Sperrwirkung nach § 26 Abs. 2 S. 3 BeschV gilt nicht für die Antragsteller, die nach dem 1.1.2015 und vor dem 24.10.2015 einen Asylantrag gestellt, sich am 24.10.2015 geduldet oder gestattet im Bundesgebiet aufgehalten haben und unverzüglich ausreisen. Aus der Formulierung „ausreisen" dürfte wohl die Absicht des Verordnungsgebers deutlich werden, dass unabhängig vom Stand des Asylverfahrens der Betroffene gerechnet vom 24.10.2015 an unverzüglich – also ohne schuldhaftes Verzögern (§ 121 Abs. 1 BGB) – ausgereist ist. Die Erledigung von Ausreisemodalitäten, etwa die Verabschiedung von hier lebenden Verwandten, Freunden und Bekannten, Probleme bei der Beschaffung von Heimreisedokumenten, Schwangerschaft, Erkrankungen, also alle nach § 60 a Abs. 2 S. 1 AufenthG anerkannten inländischen Vollstreckungshemmnisse rechtlicher und tatsächlicher Art, hat der Antragsteller nicht im Sinne des § 121 Abs. 1 BGB zu vertreten.

Abschnitt III: Fachkräfte mit akademischer Ausbildung

A. Neukonzeption der Einwanderung von Fachkräften mit akademischer Ausbildung

91 Von jeher wurde die Einwanderung von Fachkräften mit akademischer Ausbildung anderes behandelt als die der Fachkräfte mit qualifizierter Berufsausbildung. Auch insoweit wurde nach dem **Anwerbestopp** von 1973 zwar die Zuwanderung weitgehend eingeschränkt. Die in der BeschV und deren Vorläufern seit 1973 geregelten besonderen Berufs- und Personengruppen betrafen und betreffen aber weitgehend akademische Fachkräfte, Spezialisten und Führungskräfte. Seit einigen Jahren wurden darüber hinaus für diese Fachkräfte im AufenthG selbst Beschäftigungszwecke normiert. Diese Entwicklung ist nicht abgeschlossen. Das FKEG schafft aber keine neuen Tatbestände, sondern strukturiert die bisherigen neu. Wie bei den Fachkräften mit qualifizierter Berufsausbildung wurde auch für Fachkräfte mit akademischer Ausbildung zunächst mit § 18 b AufenthG eine Grundnorm geschaffen. Bei der Anwendung von § 18 b ist allerdings § 18 AufenthG als allgemeine Norm zu beachten. § 18 Abs. 3 Nr. 2 AufenthG enthält eine Definition der Fachkraft (→ Rn. 18 ff.) mit akademischer Ausbildung. Liegen die Voraussetzungen des § 18 AufenthG vor, kann die Beschäftigung nicht nur in Berufen ausgeübt werden, die einen Hochschulabschluss voraussetzen, sondern auch in Berufen, die im bestehenden fachlichen Kontext üblicherweise Fertigkeiten, Kenntnisse und Fähigkeiten voraussetzen, die in der Regel in einer qualifizierten Berufsausbildung erworben werden.[218] Damit wird akademischen Fachkräften der Berufseinstieg auch unterhalb dieser Qualifikation ermöglicht. Grundsätzlich sollte es jedoch das Ziel sein, dass auch diese akademischen Fachkräfte langfristig einen der Qualifikation angemessenen Arbeitsplatz haben. Dies ist angesichts

217 *Lutz*, in: Offer/Mävers, BeschV, Kommentar, 2016, § 26 Rn. 10.
218 BT-Drs. 19/8285, S. 98.

des **Fachkräftemangels** in Deutschland von besonderer Bedeutung.[219] Zunächst wird im Nachfolgenden § 18 b Abs. 1 AufenthG dargestellt. Anschließend werden die Blaue Karte EU (§ 18 b Abs. 2 AufenthG) sowie die weiteren Regelungen für akademische Fachkräfte (§§ 18 d ff. AufenthG) behandelt. Neben den §§ 18 d ff. AufenthG, die für akademische Fachkräfte eine Aufenthaltserlaubnis regeln, ist die BeschV in Betracht zu ziehen. Nach §§ 2 bis 5 der Verordnung kann Hochqualifizierten, Führungskräften der Wirtschaft, leitenden Angestellten und Spezialisten, Wissenschaftlern und Forschern ohne Zustimmung eine Aufenthaltserlaubnis erteilt werden.

B. Fachkräfte mit akademischer Ausbildung (§ 18 b Abs. 1 AufenthG)

Nach § 18 b Abs. 1 AufenthG kann einer Fachkraft mit akademischer Ausbildung eine Aufenthaltserlaubnis zur Ausübung einer **qualifizierten Beschäftigung in den Berufen** erteilt werden, zu der ihre Qualifikation sie befähigt. Diese Ausweitung des Berufsausübungsfeldes für akademische Fachkräfte ist zu begrüßen. Auch die Stellungnahme des rheinland-pfälzischen Familienministeriums beurteilt diese Änderung positiv, da sich in der Praxis gezeigt habe, dass die bisherige Formulierung des „dem Studienabschluss angemessenen Arbeitsplatzes" (vgl. § 16 Abs. 5 S. 1 AufenthG aF) für Berufseinsteiger zu hoch gesetzt gewesen sei.[220] Fachkräften mit qualifizierter Berufsausübung wie Fachkräften mit akademischer Ausbildung wird nach **vierjährigem Besitz** einer Aufenthaltserlaubnis ohne Zustimmung eine Niederlassungserlaubnis (§ 18 c AufenthG) erteilt, dh nach vier Jahren löst sich die akzessorische Bindung der Aufenthaltserlaubnis (§ 8 Abs. 1 AufenthG) vom ursprünglichen Beschäftigungszweck. Anders als bei anderen Drittstaatsangehörigen, bei denen regelmäßig ein fünfjähriger Besitz einer Aufenthaltserlaubnis vorausgesetzt wird (§ 9 Abs. 2 S. 1 Nr. 1 AufenthG), kann also bereits nach vier Jahren die Niederlassungserlaubnis erteilt werden. Nur eine akademische Fachkraft kann sich auf § 18 b AufenthG berufen. Der Antragsteller muss also die Voraussetzungen des Begriffs der Fachkraft mit akademischer Ausbildung nach § 18 Abs. 3 Nr. 2 AufenthG (→ Rn. 18 ff.) erfüllen. Neben den Voraussetzungen von § 18 b Abs. 1 muss er das Vorliegen der Voraussetzungen von § 18 AufenthG und der allgemeinen Erteilungsvoraussetzungen nach § 5 AufenthG nachweisen. Er muss also ein konkretes **Arbeitsplatzangebot** (§ 18 Abs. 2 Nr. 1 AufenthG, → Rn. 7 f.) und gegebenenfalls eine **Berufsausübungserlaubnis** oder deren Zusage (§ 18 Abs. 2 Nr. 3 AufenthG, → Rn. 11 ff.) vorlegen. Bei akademischen Fachkräften können diese Voraussetzungen in weitaus größerem Umfang als bei Fachkräften mit qualifizierter Berufsausbildung in Betracht kommen. Es müssen die Stellungnahmen der in Betracht kommenden Fachbehörden oder -stellen vorgelegt werden, wenn für die Beschäftigung der Nachweis einer **Berufsausübungserlaubnis** (→ Rn. 11 ff.) erforderlich ist. Dem Antragsteller mit akademischer Fachausbildung kann aber auch wie einer Fachkraft mit qualifizierter Berufsausbildung eine Aufenthaltserlaubnis zur Arbeitsplatzsuche (§ 20 AufenthG; → Rn. 29 ff.) erteilt werden. Die in § 18 Abs. 2 Nr. 2 AufenthG geforderte **Zustimmung** der Bundesagentur für Arbeit (→ Rn. 9 ff.) **entfällt** anders als bei der Erteilung der Blauen Karte EU nach § 18 b Abs. 2 S. 1 AufenthG nicht (→ Rn. 95). Bei der angestrebten Aufenthaltserlaubnis zur **Arbeitsplatzsuche** nach § 20 AufenthG (→ Rn. 20 ff.) entfällt diese Voraussetzung. 92

Ferner muss die **Sicherung des Lebensunterhalts** nachgewiesen werden (§ 5 Abs. 1 Nr. 1 AufenthG), die **Identität** geklärt sein, darf **kein Ausweisungsinteresse** (§ 5 Abs. 1 Nr. 2 AufenthG) bestehen und muss der **Besitz eines Passes** nachgewiesen werden (§§ 3, 5 Abs. 1 Nr. 4 AufenthG). Darüber hinaus muss zur Einreise ein Visum beantragt werden (§ 5 93

219 BT-Drs. 19/8285, S. 98.

220 *Ministerium für Familie, Jugend, Integration und Verbraucherschutz von Rheinland-Pfalz*, Stellungnahme v. 7.12.2018, S. 8.

Abs. 2 S. 1 AufenthG), es sei denn, die Aufenthaltserlaubnis kann auch nach der Einreise beantragt werden (§ 5 Abs. 2 S. 2 AufenthG; § 39 Abs. 1, § 41 AufenthV). Es darf kein Versagungsgrund nach § 5 Abs. 4 AufenthG und **keine Titelerteilungssperre** wegen eines noch anhängigen Asylverfahrens bestehen (§ 10 Abs. 1 AufenthG). Darüber hinaus sperrt eine unanfechtbare Asylablehnung oder eine Rücknahme des Asylantrags durch den Antragsteller die Erteilung der Aufenthaltserlaubnis nach § 18 b AufenthG (§ 10 Abs. 3 S. 1 AufenthG). Ausgeschlossen ist die Erteilung der Aufenthaltserlaubnis vor der Ausreise wegen einer Zurückweisung des Asylantrags als **offensichtlich unbegründet** (§ 10 Abs. 3 S. 2 AufenthG iVm § 30 Abs. 3 Nr. 1 bis 6 AsylG). Die Erteilung der Aufenthaltserlaubnis steht im **behördlichen Ermessen**. Da es der Zweck des FKEG ist, den Fachkräftemangel zu beheben sowie die Fachkräftebeschäftigung vorausschauend auch in Zukunft zu erhalten, zu sichern und auszubauen,[221] dürfte beim Nachweis der Voraussetzungen des § 18 AufenthG und der allgemeinen Erteilungsvoraussetzungen regelmäßig angezeigt sein, das Ermessen zugunsten des Antragstellers auszuüben. Die Aufenthaltserlaubnis wird für die **Dauer von vier Jahren** erteilt, wenn die Bundesagentur die Zustimmung nicht kürzer befristet (§ 36 Abs. 1 BeschV) hat (§ 18 Abs. 4 S. 1 AufenthG; → Rn. 9–11). Die Aufenthaltserlaubnis wird bei Fortbestand der Erteilungsgründe (§ 8 Abs. 1 AufenthG) verlängert. Die Verlängerungsfrist dürfte an § 18 Abs. 4 S. 1 AufenthG zu orientieren sein. Die Niederlassungserlaubnis wird ohne Zustimmung unter den Voraussetzungen des § 18 c AufenthG erteilt (→ Rn. 151 ff.). Unmittelbar nach Ablauf der Aufenthaltserlaubnis kann daher die Niederlassungserlaubnis erteilt werden.

C. Erteilung der Blauen Karte EU (§ 18 b Abs. 2 AufenthG)

I. Funktion der Blauen Karte EU

94 § 18 Abs. 2 AufenthG regelt die Erteilung der Blauen Karte. Die Blaue Karte EU beruht auf der Richtlinie 2009/50/EG. Diese will die Attraktivität des Wirtschaftsraums der EU steigern, dem Mangel an qualifizierten Fachkräften entgegenwirken und die unterschiedlichen Zulassungsbedingungen in der Union vereinheitlichen.[222] Die Blaue Karte EU ist ein Nachweisdokument über den legalen Aufenthalt eines Drittstaatsangehörigen in einem Mitgliedstaat zum Zweck der Erwerbstätigkeit und stellt damit einen wichtigen Schritt in Richtung eines **europäischen Aufenthaltstitels** dar.[223] Die Blaue Karte EU war früher in einer eigenständigen Vorschrift geregelt (§ 19 a AufenthG aF). Durch § 18 b Abs. 2 AufenthG wird die frühere Regelung wesentlich verschlankt. Allerdings sind einige der früher in § 19 a AufenthG aF geregelten Voraussetzungen in § 18 AufenthG enthalten. Aufgrund der allgemeinen Bestimmungen in § 18 AufenthG wird der Katalog an Voraussetzungen wesentlich reduziert. Die Blaue Karte EU wird nur Fachkräften mit akademischer Ausbildung (§ 18 Abs. 3 Nr. 2 AufenthG, → Rn. 18 ff.) erteilt. Anders als nach § 18 b Abs. 1 AufenthG wird nach § 18 b Abs. 2 S. 1 AufenthG die Blaue Karte EU nur zum Zweck einer der **Qualifikation** des Antragstellers **angemessenen** Beschäftigung erlaubt. Eine Beschäftigung unter dem **Qualifikationsniveau** ist damit nicht zulässig. Nach § 18 b Abs. 2 S. 1 AufenthG wird die Blaue Karte EU **ohne Zustimmung** erteilt. § 18 b Abs. 2 S. 1 ist **lex spezialis** gegenüber § 18 Abs. 2 Nr. 2 AufenthG. Wird die Beschäftigung in einem **Engpassberuf** (→ Rn. 95) ausgeübt und dabei nur die niedrige Gehaltsgrenze erreicht, ist die Zustimmung hingegen erforderlich.[224] Da als Antragsteller nach § 18 b Abs. 2 AufenthG nur Fachkräfte mit akademischer Ausbildung in Betracht kommen, kann diesen für eine Tätigkeit unter ihrem Qualitätsniveau auch eine Aufenthaltserlaubnis nach

---

221 BT-Drs. 19/8285, S. 1.
222 *Sußmann*, in: Bergmann/Dienelt, AuslR, 12. Aufl. 2018, § 19 a AufenthG Rn. 1.
223 *Strunden/Schubert*, ZAR 2012, 270 (274).
224 BT-Drs. 19/8285, S. 99.

§ 18 a Abs. 1 AufenthG erteilt werden. In diesem Fall setzt die Erteilung der Aufenthaltserlaubnis aber die Zustimmung voraus und steht ihre Erteilung anders als nach § 18 b Abs. 2 S. 1 AufenthG im behördlichen Ermessen (→ Rn. 43). Neben den Voraussetzungen des § 18 AufenthG müssen, mit Ausnahme des Zustimmungserfordernisses, die allgemeinen Erteilungsvoraussetzungen vorliegen (→ Rn. 43).

II. Voraussetzungen nach § 18 b Abs. 2 AufenthG

Nach § 18 b Abs. 2 S. 1 Hs. 2 AufenthG ist zwingende Voraussetzung für die Erteilung der 95 Blauen Karte EU, dass ein Gehalt in Höhe von mindestens zwei Dritteln der jährlichen Bemessungsgrenze in der allgemeinen Rentenversicherung, also die **Mindestgehaltsgrenze**, erreicht wird. Diese betrug 2013 mindestens 52.000, 2014 53.600 EUR, 2015 48.000 EUR und 2016 49.600 EUR. § 18 b Abs. 2 S. 2 AufenthG übernimmt damit die frühere Regelung in § 2 Abs. 4 BeschV aF. Das Mindestgehalt muss entweder durch eine Voll- oder Teilzeitbeschäftigung erreicht werden. Eine Absenkung der Mindestgehaltsgrenze aufgrund einer **Teilzeitbeschäftigung** ist unzulässig. Die Anhebung des Mindestgehalts wirkt sich auf den Fortbestand einer bisher erteilten Blauen Karte EU nicht aus. Bei der Verlängerungsentscheidung sind indes die aktuellen Gehaltsgrenzen maßgebend.[225] Während im ersten Fall die Blaue Karte EU ohne Zustimmung erteilt wird, wird sie im zweiten Fall nur nach Zustimmung erteilt. Nach § 18 b Abs. 2 S. 1 Hs. 2 AufenthG darf keiner der in § 19 f Abs. 1 und 2 AufenthG geregelten Ablehnungsgründe vorliegen (→ Rn. 97). Fachkräften mit akademischer Ausbildung, die einen Beruf ausüben, der zu den Gruppen 21, 221 oder 25 (MINT-Mangelberufe) gehört, wird die Blaue Karte EU abweichend von § 18 b Abs. 2 S. 1 AufenthG mit Zustimmung erteilt, wenn die Höhe des Gehalts mindestens 52 Prozent der jährlichen Beitragsbemessungsgrenze in der allgemeinen Rentenversicherung beträgt (§ 18 b Abs. 2 S. 2 AufenthG). Zu diesen Gruppen gehören Ingenieure, Akademiker und vergleichbare Fachkräfte der Informations- und Kommunikationstechnologie sowie Ärzte.[226] In diesem Fall steht die Erteilung im behördlichen Ermessen. Eine Zustimmung wird aber nicht vorausgesetzt.

III. Erteilung der Blauen Karte EU

Die Blaue Karte EU wird für die **Dauer von vier Jahren** erteilt (§ 18 Abs. 4 S. 1 AufenthG). 96 Damit übernimmt § 18 Abs. 4 AufenthG die frühere Regelung des § 19 a Abs. 3 S. 1 AufenthG aF. Ist der Arbeitsvertrag für eine kürzere Zeit befristet, wird die Blaue Karte EU für die Dauer des Vertrages zuzüglich drei Monate erteilt (Art. 7 Abs. 2 RL 2009/50/EG). Abweichend von § 4 a Abs. 3 S. 3 AufenthG ist bei einem **Arbeitsplatzwechsel** nur in den ersten zwei Jahren der Beschäftigung die Erlaubnis durch die zuständige Ausländerbehörde erforderlich. Sie wird erteilt, wenn die Voraussetzungen für die Erteilung einer Blauen Karte EU vorliegen (§ 18 b Abs. 2 S. 3 AufenthG). § 18 b Abs. 2 S. 1 gilt auch für § 18 b Abs. 2 S. 3 AufenthG, so dass die Zustimmung auch in diesen Fällen entfällt. Aus dem Wortlaut von § 18 b Abs. 2 S. 4 Hs. 2 AufenthG folgt, dass die Erteilung der Blauen Karte EU im Falle des **Betriebswechsels** nicht im behördlichen Ermessen steht, sondern hierauf ein Rechtsanspruch besteht. Diese Regelung übernimmt § 19 a Abs. 4 AufenthG aF. Die Fortgeltung der Blauen Karte EU im Fall des Betriebswechsels erfolgt durch Änderung der dem Aufenthaltstitel beigefügten Nebenbestimmung zur Beschäftigung, in der Art der Tätigkeit und Arbeitgeber bestimmt sind.[227] Die Niederlassungserlaubnis wird nach vierjäh-

225 *Sußmann*, in: Bergmann/Dienelt, AuslR, 12. Aufl. 2018, § 19 a AufenthG Rn. 27.
226 *Breidenbach*, in: Kluth/Heusch, AuslR, 2016, § 19 a AufenthG Rn. 13.
227 *Breidenbach*, in: Kluth/Heusch, AuslR, 2016, § 19 a AufenthG Rn. 16; *Sußmann*, in: Bergmann/Dienelt, AuslR, 12. Aufl. 2018, § 19 a AufenthG Rn. 36.

rigem Besitz der Aufenthaltserlaubnis ohne Zustimmung unter den Voraussetzungen des § 18 c AufenthG erteilt (→ Rn. 151 ff.). Unmittelbar nach Ablauf der Geltungsdauer der Blauen Karte EU kann die Niederlassungserlaubnis erteilt werden.

IV. Ablehnungsgründe (§ 19 f Abs. 1 und 2 AufenthG)

97 Nach § 19f Abs. 1 AufenthG sind von der Erteilung der Aufenthaltserlaubnis nach § 18 Abs. 2 AufenthG Personen ausgeschlossen, die in einem anderen Mitgliedstaat einen Antrag auf **internationalen Schutz** (§ 1 Abs. 1 Nr. 2 AsylG) gestellt haben oder internationalen Schutz genießen oder sich im Rahmen einer Regelung zum **vorübergehenden Schutz** nach der Richtlinie 2001/55/EG in einem anderen Mitgliedstaat aufhalten, deren Abschiebung dort aus tatsächlichen oder rechtlichen Gründen ausgesetzt wurde. Die in § 19f Abs. 1 Nr. 2 AufenthG bezeichnete Richtlinie zum vorübergehenden Schutz RL 2001/55/EG ist seit ihrem Verabschiedung 2001 noch in keinem Fall angewandt werden. Dieser Ausschlussgrund ist damit ohne Bedeutung. Ausgeschlossen sind ferner Personen, denen in einem anderen Mitgliedstaat eine **Daueraufenthaltserlaubnis** nach der Richtlinie 2003/109/EG erteilt wurde (§ 19 f Abs. 1 Nr. 4 AufenthG). Über diese Ablehnungsgründe hinaus wird eine Blaue Karte EU nicht an Personen erteilt, die im Besitz einer Aufenthaltserlaubnis nach Abschnitt 5 sind, die nicht aufgrund von § 23 Abs. 2 oder 4 AufenthG erteilt wurde (§ 19 f Abs. 2 Alt. 1 AufenthG). Antragsteller, die im Rahmen eines **gruppenbezogenen Aufnahmeprogramms** zur Wahrung besonders gelagerter Interessen der Bundesrepublik Deutschland (§ 23 Abs. 2 AufenthG) oder im Rahmen eines **Resettlementprogramms** (§ 23 Abs. 4 AufenthG) einreisen, können also eine Blaue Karte EU erhalten. Diese Personengruppe dürfte jedoch kaum die hohen Voraussetzungen für die Erteilung einer Blauen Karte EU erfüllen können. Während nach § 19f Abs. 1 Nr. 1 bis 3 AufenthG Flüchtlinge, subsidiär oder vorübergehend Schutzberechtigte und nach nationalem Recht sonstigen Schutz vor Abschiebung genießende Personen keine Blaue Karte EU erhalten können, erstreckt § 19 f Abs. 2 Hs. 1 Alt. 1 AufenthG den Ablehnungsgrund auf dieselbe Personengruppe, wenn die Personen den dort bezeichneten Schutz im Bundesgebiet erhalten haben. Personen, die in einem Mitgliedstaat oder im Bundesgebiet einen derartigen Schutzstatus oder Schutz **beantragt** haben, fallen ebenfalls aus dem Anwendungsbereich von § 18 b Abs. 2 AufenthG heraus.

D. Beschäftigung zu Forschungszwecken (§ 18 d AufenthG)

I. Funktion der Vorschrift

98 Die Vorschrift übernimmt die Vorläufernorm § 20 AufenthG aF und setzt die Richtlinie 2005/71/EG in der Fassung der Änderungsrichtlinie (EU) 2016/801 (**Forscherrichtlinie**) um. Ziel der Richtlinie ist es, die europäische Forschungspolitik zu konsolidieren und durch eine Verbesserung der Rahmenbedingungen für die Mobilität der Forscher auf die Globalisierung der Wirtschaft zu reagieren. Dabei wurde 2010 davon ausgegangen, dass schätzungsweise ein Bedarf von 700.000 Forschern besteht (Erwägungsgrund Nr. 4 RL 2005/71/EG). Die Neufassung der Richtlinie war erforderlich geworden, weil in den Berichten über die Anwendung der Richtlinien 2004/114/EG und 2005/71/EG einige Unzulänglichkeiten vor allem in Bezug auf die Zulassungsbedingungen, Rechte und Verfahrensgarantien, den Zugang von Studenten zum Arbeitsmarkt während ihres Studiums sowie die Bestimmungen über die Mobilität innerhalb der EU festgestellt wurden. Darüber hinaus wurden spezielle Verbesserungen im Hinblick auf die fakultativen Gruppen von Drittstaatsangehörigen als notwendig erachtet. In darauf folgenden umfassenden Konsultationen wurde zudem betont, dass für Forscher und Studenten erleichterte Möglichkeiten zur Arbeitsuche und für Au-pair-Kräfte, die nicht unter die Richtlinien 2004/114/EG

und 2005/71/EG fallen, bessere Schutzmaßnahmen eingeführt werden müssen (Erwägungsgrund Nr. 4 RL (EU) 2016/801). Nach Erwägungsgrund Nr. 5 RL (EU) 2016/801 soll die Richtlinie auch persönliche Kontakte und die Mobilität fördern, da es sich hierbei um wichtige Aspekte der Außenpolitik der Union handelt, insbesondere der Europäischen Nachbarschaftspolitik und der Politik gegenüber strategischen Partnern der Union. Sie sollte zudem dem Gesamtansatz für Migration und Mobilität und den **Mobilitätspartnerschaften** dienen, die einen Rahmen für den Dialog und die Zusammenarbeit zwischen den Mitgliedstaaten und Drittstaaten bieten.

Die Forscherrichtlinie soll im weltweiten Talentwettbewerb den Ruf der Union als attraktiven Standort für Wissenschaft und Innovation festigen und dadurch zu einer Stärkung der allgemeinen Wettbewerbsfähigkeit und des Wachstums sowie zur Schaffung neuer Arbeitsplätze führen, die einen größeren Beitrag zum BIP-Wachstum leisten. Die Öffnung der Union für Drittstaatsangehörige, die zu Forschungszwecken zugelassen werden können, ist auch ein Ziel der Leitinitiative zur **Innovationsunion**. Darüber hinaus ist die Schaffung eines offenen Arbeitsmarktes für Forscher aus der Union und aus Drittstaaten ein wichtiges Ziel des Europäischen Forschungsraums, in dem sich Forscher frei bewegen und wissenschaftliche Erkenntnisse und Technologien ungehindert zirkulieren können (Erwägungsgrund Nr. 8 RL (EU) 2016/801). Die Zulassung von Drittstaatsangehörigen, die diese zur Ausübung einer Forschungstätigkeit beantragen, soll durch ein **Zulassungsverfahren** erleichtert werden, das von deren Rechtsverhältnis zur aufnehmenden Forschungseinrichtung unabhängig ist. Außerdem soll zusätzlich zum Aufenthaltstitel keine Beschäftigungserlaubnis mehr verlangt werden. Dieses Verfahren sollte auf der Zusammenarbeit der Forschungseinrichtungen mit den Einwanderungsbehörden der Mitgliedstaaten beruhen. Den Forschungseinrichtungen sollte im Zulassungsverfahren eine wesentliche Rolle zugewiesen werden, damit die Einreise von Drittstaatsangehörigen, die die Zulassung zur Ausübung einer Forschungstätigkeit beantragen, in die Union unter Wahrung der Zuständigkeiten der Mitgliedstaaten im Bereich der Zuwanderungspolitik erleichtert und beschleunigt wird. Die Forschungseinrichtungen, die zuvor von den Mitgliedstaaten zugelassen werden, sollten mit einem Drittstaatsangehörigen zur Ausübung einer Forschungstätigkeit eine **Aufnahmevereinbarung** oder einen Vertrag schließen können. Die Mitgliedstaaten sollten auf der Grundlage der Aufnahmevereinbarung oder des Vertrags einen Aufenthaltstitel ausstellen, sofern die Bedingungen für die Einreise und den Aufenthalt erfüllt sind (Erwägungsgrund Nr. 9 RL (EU) 2016/801). 99

II. Voraussetzungen nach § 18 d AufenthG

Nach § 18 d Abs. 1 S. 1 AufenthG wird **ohne Zustimmung** der Bundesagentur für Arbeit eine Aufenthaltserlaubnis zum Zwecke der Forschung erteilt, wenn der Antragsteller eine wirksame **Aufnahmevereinbarung** mit einer Forschungseinrichtung abgeschlossen hat, die für die Durchführung des besonderen Zulassungsverfahrens für Forscher im Bundesgebiet zugelassen ist, oder eine wirksame Aufnahmevereinbarung oder einen entsprechenden Vertrag mit der Forschungseinrichtung abgeschlossen hat, die Forschung betreibt, und die Forschungseinrichtung sich schriftlich zur Übernahme der Kosten verpflichtet hat, die öffentlichen Stellen bis zu sechs Monaten nach der Beendigung der Aufnahmevereinbarung entstehen. Hiervon soll abgesehen werden, wenn die Tätigkeit der Forschungseinrichtung überwiegend aus öffentlichen Mitteln finanziert wird (§ 18 d Abs. 2 AufenthG). Die **Kostenübernahmeverpflichtung** wird in Form der Erklärung nach § 68 Abs. 1, Abs. 2 S. 2 und 3 und Abs. 4 AufenthG abgegeben (§ 18 d Abs. 2 S. 2 AufenthG). Da die Aufenthaltserlaubnis grundsätzlich für zwei Jahre erteilt wird (§ 18 d Abs. 4 AufenthG), muss die Kos- 100 tenübernahmeverpflichtung diesen Zeitraum abdecken.[228] Der Antragsteller hat danach einen **Rechtsanspruch** auf die Erteilung der Aufenthaltserlaubnis ohne Zustimmung, wenn er zwei Voraussetzungen erfüllt, wobei die erste in dreifacher Weise optional gefasst ist. Das Anerkennungsverfahren wird in § 38 a bis § 38 f AufenthV geregelt. Das Bundesamt für Migration und Flüchtlinge ist zuständige Behörde. Eine Aufenthaltserlaubnis wird nicht erteilt, wenn einer der in § 19 f Abs. 1, 3 und 4 AufenthG bezeichneten Ablehnungsgründe (→ Rn. 102) vorliegt. Einem Antragsteller, der in einem anderen Mitgliedstaat **Flüchtlings-** oder **subsidiären Schutz** erhalten hat, kann eine Aufenthaltserlaubnis zum Zwecke der Forschung erteilt werden, wenn die Voraussetzungen des § 18 d Abs. 1 AufenthG erfüllt sind und er sich mindestens zwei Jahre nach Erteilung der Statusberechtigung in diesem Mitgliedstaat aufgehalten hat. Ebenso wie andere Forscher ist er nach § 18 d Abs. 5 AufenthG kraft Gesetzes zur Ausübung der Forschungstätigkeit berechtigt. § 18 d AufenthG findet auch in Fällen Anwendung, in denen kein Beschäftigungsverhältnis begründet wird, zB Forschungsaufenthalte von Stipendiaten.[229]

III. Erteilung der Aufenthaltserlaubnis (§ 18 d Abs. 4 und 5 AufenthG)

101 Die Aufenthaltserlaubnis wird für **ein Jahr** erteilt (§ 18 d Abs. 4 S. 1 AufenthG) oder bei kürzerer Dauer des Forschungsvorhabens für die **Dauer des Forschungsvorhabens** (§ 18 d Abs. 4 S. 2 Hs. 2 AufenthG). Im Gesetzentwurf war die Geltungsdauer auf zwei Jahre begrenzt worden. Die Verkürzung auf ein Jahr erfolgte aufgrund der Beschlussempfehlung des Innenausschusses vom 5.6.2019, ist aber nicht verständlich, weil in der Begründung darauf hingewiesen wird, dass im Vollzug eine Orientierung an zwei Jahren erfolgen sollte, weil dies durch die Richtlinie 2016/801/EU gefordert wird.[230] Das Gesetz ist so zu verstehen, dass die Geltungsdauer mindestens ein Jahr beträgt, aber in der Regel auf zwei Jahre befristet werden soll. Eine Erteilung der Aufenthaltserlaubnis für die Dauer von weniger als 90 Tagen kommt wegen der Vorgaben der Forscherrichtlinie nicht in Betracht.[231] Früher bestimmte § 20 Abs. 4 AufenthG aF, dass die Aufenthaltserlaubnis für *mindestens ein Jahr* erteilt werden musste. Nahm der Antragsteller an einem Unions- oder multilateralen Programm mit Mobilitätsmaßnahmen teil, wurde die Aufenthaltserlaubnis für mindestens zwei Jahre erteilt. Wurde das Forschungsvorhaben in einem kürzeren Zeitraum durchgeführt, wurde die Aufenthaltserlaubnis wie nach geltendem Recht auf die Dauer des Forschungsvorhabens befristet (§ 20 Abs. 4 S. 1 bis 3 AufenthG aF). Nunmehr regelt § 18 d Abs. 4 S. 2 AufenthG, dass die Aufenthaltserlaubnis für zwei Jahre erteilt wird, wenn der Forscher an einem **Unions- oder multilateralen Programm mit Mobilitätsmaßnahmen** teilnimmt. Forscher können sich nicht auf § 18 c AufenthG berufen und deshalb keine Niederlassungserlaubnis nach dieser Vorschrift erhalten (vgl. § 18 c Abs. 1 S. Nr. 1 AufenthG). Forscher sind Fachkräfte mit akademischer Ausbildung (§ 18 Abs. 3 Nr. 2 AufenthG), es sei denn, im Einzelfall würden auch Nichtakademiker als Forscher zugelassen. Dies ist aber kaum vorstellbar. Dem Forscher wird nach Abschluss der Forschungstätigkeit für die Dauer von neun Monaten eine Aufenthaltserlaubnis zur Suche nach einem Arbeitspatz erteilt (§ 20 Abs. 3 Nr. 2 AufenthG). Die Möglichkeit, während dieser Zeit eine Beschäftigung auszuüben, folgt aus § 4 a Abs. 1 AufenthG. Ihm kann eine Aufenthaltserlaubnis zu anderen Zwecken, etwa zur Eheschließung oder zur Führung einer familiären Gemeinschaft mit einem deutschen Kind oder einem Kind mit gesichertem Aufenthaltsrecht, erteilt werden. Die Aufenthaltserlaubnis berechtigt zur Aufnahme der **Forschungstätigkeit** bei der in der Aufnahmevereinbarung bezeichneten Forschungseinrich-

228 BT-Drs. 19/8285, S. 100.
229 BT-Drs. 19/8285, S. 100.
230 BT-Drs. 19/10714, S. 9, 23.
231 BT-Drs. 19/8285, S. 100.

tung und zur Aufnahme von Tätigkeiten in der Lehre (§ 18 d Abs. 5 S. 1 AufenthG). Der Aufenthaltstitel unterliegt damit einer Beschränkung (§ 4 a Abs. 3 S. 1 Hs. 2 AufenthG). Dies folgt aus dem Gesetz selbst, nicht aber aus § 34 Abs. 1 BeschV, weil die Bundesagentur nicht beteiligt ist (§ 18 d Abs. 1 S. 1 Hs. 1 AufenthG). Nach früherem Recht bestand ein Anspruch auf Verlängerung der Aufenthaltserlaubnis um neun Monate nach Abschluss des Forschungsvorhabens (§ 20 Abs. 7 AufenthG aF). Diese Regelung wurde durch das FKEG aufgehoben. Die gesetzliche Begründung nennt hierfür keine Gründe.[232] Da Forscher in aller Regel Fachkräfte mit akademischer Ausbildung sind, können sie sich zur Arbeitsplatzsuche aber auf § 20 Abs. 2 AufenthG berufen, wenn die hierfür erforderlichen gesetzlichen Voraussetzungen erfüllt sind (→ Rn. 29–33).

IV. Ablehnungsgründe (§ 19 f AufenthG)

Durch das FKEG wurde der frühere § 20 Abs. 6 AufenthG durch § 19 f AufenthG ersetzt. 102
Früher enthielt § 20 Abs. 6 AufenthG acht Ausschlussgründe. Nunmehr werden in § 19 f Abs. 1 AufenthG vier Ablehnungsgründe genannt. Danach sind von der Erteilung der Aufenthaltserlaubnis Personen ausgeschlossen, die in einem anderen Mitgliedstaat einen Antrag auf **internationalen Schutz** (§ 1 Abs. 1 Nr. 2 AsylG) gestellt haben oder internationalen Schutz genießen oder sich im Rahmen einer Regelung zum **vorübergehenden Schutz** nach der Richtlinie 2001/55/EG in einem anderen Mitgliedstaat aufhalten, deren Abschiebung dort aus tatsächlichen oder rechtlichen Gründen ausgesetzt wurde (§ 19 f Abs. 1 AufenthG). Die in § 19 f Abs. 1 Nr. 3 AufenthG bezeichnete Richtlinie zum vorübergehenden Schutz RL 2001/55/EG ist seit ihrer Verabschiedung 2001 noch in keinem Fall angewandt werden. Dieser Ausschlussgrund ist damit ohne Bedeutung. Ausgeschlossen sind ferner Personen, denen in einem anderen Mitgliedstaat eine **Daueraufenthaltserlaubnis** nach der Richtlinie 2003/109/EG erteilt wurde (§ 19 f Abs. 1 Nr. 4 AufenthG). Die früher in § 20 Abs. 6 AufenthG aF genannten vier Ablehnungsgründe sind weggefallen. Über die in § 19 f Abs. 1 AufenthG genannten Ablehnungsgründe hinaus wird eine Aufenthaltserlaubnis für Forscher nicht an Antragsteller erteilt, die im Besitz einer **Blauen Karte EU** nach § 18 b Abs. 2 AufenthG (→ Rn. 77) oder eines durch einen anderen Mitgliedstaat erteilten Aufenthaltstitels für Hochqualifizierte sind (§ 19 f Abs. 3 S. 1 AufenthG). Ferner wird eine Aufenthaltserlaubnis für Forscher nicht erteilt, wenn die Forschungstätigkeit Bestandteil eines Promotionsstudiums als Vollzeitstudienprogramm ist (§ 19 f Abs. 3 S. 2 AufenthG). Der letzte Ablehnungsgrund dient der Abgrenzung zu § 16 b AufenthG. Maßgeblich für diese Abgrenzung des Studienaufenthalts einerseits und des Forschungsaufenthalts andererseits ist im Falle der Promotion mithin, ob der Betroffene im Inland eingeschrieben ist und ein Vollzeitstudienprogramm absolviert oder sich im Wesentlichen der Forschung im Rahmen des Promotionsvorhabens widmet. Im ersten Fall wird der Aufenthalt als studienbezogen gemäß § 16 b AufenthG, im zweiten nach § 18 d AufenthG gewertet. Letzteres ist zB der Fall, wenn die Dissertation im Rahmen eines Arbeitsvertrags erstellt wird. Damit steht § 19 f Abs. 3 AufenthG der Erteilung eines Aufenthaltstitels zum Zwecke der Forschung nicht entgegen, wenn der Schwerpunkt der Promotion auf der Forschung liegt oder keine Einschreibung als Student im Inland erfordert.[233]

Die Aufenthaltserlaubnis kann ferner abgelehnt werden, wenn die aufnehmende Einrich- 103
tung hauptsächlich zu dem Zweck gegründet wurde, die Einreise und den Aufenthalt von Drittstaatsangehörigen zu dem in § 18 d AufenthG bezeichneten Zweck zu erleichtern (§ 19 f Abs. 4 Nr. 1 AufenthG), wenn über deren Vermögen das Insolvenzverfahren eröffnet wurde, das auf Auflösung der Einrichtung und Abwicklung des Geschäftsbetriebs ge-

232 BT-Drs. 19/8285, S. 100.
233 BT-Drs. 19/8285, S. 103.

richtet ist (§ 19 Abs. 4 Nr. 2 AufenthG), wenn die aufnehmende Einrichtung im Rahmen der Durchführung eines Insolvenzverfahrens aufgelöst und der Geschäftsbetrieb abgewickelt wurde (§ 19f Abs. 4 Nr. 3 AufenthG), wenn die Eröffnung eines Insolvenzverfahrens über das Vermögen der aufnehmenden Einrichtung mangels Masse abgelehnt und der Geschäftsbetrieb eingestellt wurde (§ 19f Abs. 4 Nr. 4 AufenthG), die aufnehmende Einrichtung keine Geschäftstätigkeit ausübt (§ 19f Abs. 4 Nr. 5 AufenthG) oder Beweise oder konkrete Anhaltspunkte dafür bestehen, dass der Drittstaatsangehörige den Aufenthalt zu anderen Zwecken nutzen wird als zu dem, für den er die Erteilung der Aufenthaltserlaubnis beantragt (§ 19f Abs. 4 Nr. 6 AufenthG).

E. Antragsteller mit ausgeprägten berufspraktischen Erfahrungen (§ 19c Abs. 2 AufenthG iVm § 6 BeschV)

I. Funktion von § 19c Abs. 2 AufenthG

104 § 19c Abs. 2 AufenthG wie auch § 6 BeschV verwenden beide den Begriff **ausgeprägte berufspraktische Kenntnisse bzw. Erfahrungen** (→ Rn. 77). Das Verhältnis zwischen dem AufenthG und der BeschV ist hierbei so geregelt, dass der Aufenthaltstitel nach § 19c Abs. 2 AufenthG und die Zustimmung nach § 6 BeschV erteilt wird. Die Voraussetzungen für die Erteilung der Aufenthaltserlaubnis richten sich nach § 18 und § 5 AufenthG, dh es muss ein konkretes **Arbeitsplatzangebot** (§ 18 Abs. 2 Nr. 1 AufenthG, → Rn. 43) nachgewiesen werden. Die in § 18 Abs. 2 Nr. 2 AufenthG erforderliche Zustimmung richtet sich nach § 6 BeschV. Der Nachweis einer Berufsausübungserlaubnis (§ 18 Abs. 2 Nr. 3 AufenthG) und der Gleichwertigkeit im Sinne von § 18 Abs. 2 Nr. 4 AufenthG dürfte zumeist entfallen, da ausgeprägte berufspraktische Erfahrungen und weniger berufsspezifische formelle Voraussetzungen erforderlich sind. Da § 20 AufenthG für die Erteilung der Aufenthaltserlaubnis zur Arbeitsplatzsuche eine qualifizierte Berufsausbildung oder eine akademische Ausbildung voraussetzt, dürfte diese Option hier nicht in Betracht kommen. Hat der Antragsteller mit ausgeprägten berufspraktischen Erfahrungen eine dieser beiden Ausbildungen, braucht er die Option des § 19c Abs. 2 AufenthG nicht, sondern kann eine Aufenthaltserlaubnis nach § 18a oder § 18b AufenthG beantragen, so dass ihm die Möglichkeit eröffnet wird, eine Aufenthaltserlaubnis zur Arbeitsplatzsuche unter den Voraussetzungen des § 20 Abs. 2 AufenthG zu erhalten.

II. Voraussetzungen nach § 19c Abs. 2 AufenthG

105 Die Zustimmung zur Erteilung der Aufenthaltserlaubnis nach § 19c Abs. 2 AufenthG iVm § 6 BeschV kann erteilt werden, wenn der Antragsteller auf dem Gebiet der **Informations- und Kommunikationstechnologie** unabhängig von einer Qualifikation als Fachkraft eine durch **in den letzten sieben Jahren** nachgewiesene mindestens fünfjährige Berufserfahrung auf dem Niveau einer akademischen Fachkraft mit einer akademischen Fachkraft **vergleichbare Qualifikation** besitzt und über ausreichende deutsche Sprachkenntnisse verfügt (§ 6 Abs. 1 S. 1 BeschV). Auf den Nachweis deutscher Sprachkenntnisse kann nach Abwägung aller Umstände im begründeten Einzelfall verzichtet werden.[234] Bezugspunkt nach dem Wortlaut ist § 2 Abs. 12b AufenthG. Nach der Verordnungsbegründung braucht eine Qualifikation, für die festgestellt wurde, dass sie einer inländischen qualifizierten Berufsausbildung oder einem inländischen Hochschulabschluss vergleichbar ist, nicht nachgewiesen werden.[235] Der Antragsteller ist aber gehalten, zB die Teilnahme an theoretischen Schulungen und die bestandene Abschlussprüfung nachzuweisen,[236] damit die Vergleich-

234 BT-Drs. 19/8285, S. 122.
235 BT-Drs. 19/8285, S. 122.
236 BT-Drs. 19/8285, S. 122.

barkeit geprüft werden kann. Dagegen ist einzuwenden, dass nach der zugrundeliegenden Vorschrift des § 19c Abs. 2 AufenthG keine qualifizierte Berufsausbildung absolviert worden sein muss. Vielmehr ist die qualifizierte Beschäftigung nach § 2 Abs. 12b AufenthG, nicht aber eine akademische Ausbildung im Sinne von § 18 Abs. 3 Nr. 2 AufenthG Bezugspunkt von § 6 BeschV.

Die Voraussetzung des Sprachniveaus B 1 (§ 2 Abs. 11 AufenthG) ist sehr hoch für erst- 106
mals einreisende Antragsteller, die im Ausland ausgeprägte berufspraktische Erfahrung erworben haben. Hiervon kann aber in begründeten Einzelfällen abgewichen werden (§ 6 S. 3 BeschV; → Rn. 105). Es kommt also auf die konkreten Umstände des Einzelfalls an, etwa, ob der Antragsteller zur Ausübung seiner Beschäftigung überhaupt ein bestimmtes deutsches Sprachniveau benötigt oder er aufgrund individueller Umstände nicht in der Lage ist, die deutsche Sprache im geforderten Umfang zu erlernen. Dabei muss auch berücksichtigt werden, dass es bereits im Rahmen des Ehegattennachzugs für viele Antragsteller sehr schwierig ist, den Sprachtest A 1 zu bestehen. Umso mehr dürften diese Schwierigkeiten zunehmen, wenn ein noch weitaus höheres Niveau gefordert wird. Es besteht bei einer starren Anwendung dieser Vorschrift daher die Gefahr, dass sie in der Praxis leer laufen könnte. Die Sprachkenntnisse werden zwar als Erteilungskriterien für die Zustimmung genannt. Sie sind jedoch von der Ausländerbehörde bzw. der deutschen Botschaft zu prüfen. Eine Niederlassung kann während der Dauer des Besitzes einer Aufenthaltserlaubnis nach § 19c Abs. 2 AufenthG iVm § 6 S. 2 BeschV nicht erteilt werden (§ 6 Abs. 2 S. 2 BeschV).

F. Führungskräfte, Spezialisten und Wissenschaftler (§ 3 bis § 5 BeschV)

I. Funktion der Beschäftigung nach § 19 c Abs. 1 AufenthG

Wie bereits ausgeführt (→ Rn. 73 f.), ist im Bereich der Fachkräfte mit akademischer Aus- 107
bildung nicht nur das AufenthG, sondern es sind auch § 3 bis § 5 BeschV in Betracht zu ziehen. Rechtsgrundlage ist § 18 Abs. 2 Nr. 2 AufenthG. Danach kann ein Aufenthaltstitel zur Beschäftigung erteilt werden, wenn durch die BeschV geregelt ist, dass die Zustimmung entfällt. Selbstverständlich muss ein **konkretes Arbeitsplatzangebot** nachgewiesen werden (§ 18 Abs. 2 Nr. 1 AufenthG; → Rn. 43). Ob eine Berufsausübungserlaubnis (§ 18 Abs. 2 Nr. 3 AufenthG) vorgelegt werden muss, ist von den in § 3 bis § 5 BeschV geregelten Berufsgruppen abhängig. Für diese dürfte es in aller Regel nicht hierauf ankommen. Weder ist Voraussetzung, dass der Antragsteller eine Fachkraft mit qualifizierter Berufsausbildung noch mit akademischer Ausbildung (§ 18 Abs. 4 AufenthG) ist. Vielmehr kommt es darauf an, dass er die Voraussetzungen einer der in den § 3 bis § 5 BeschV geregelten Berufsgruppen erfüllt. In den Fällen des § 3 und § 5 BeschV entfällt die Zustimmung, im Falle des § 4 BeschV ist sie Voraussetzung für die Erteilung der Aufenthaltserlaubnis. Zustimmungsfreiheit bedeutet allerdings nicht Erlaubnisfreiheit. Vielmehr bleibt die Beschäftigung erlaubnispflichtig (§ 4a Abs. 1 S. 3, Abs. 3 S. 4 AufenthG).

II. Führungskräfte (§ 3 BeschV)

§ 3 BeschV erfasst Führungskräfte, die eine Beschäftigung iSd § 7 SGB IV ausüben. Be- 108
schäftigung ist die nichtselbstständige Arbeit, insbesondere in einem Arbeitsverhältnis (§ 7 Abs. 1 SGB IV). Anhaltspunkte hierfür sind eine Tätigkeit nach Weisung und eine Eingliederung in die Arbeitsorganisation (DA 3.02 zu § BeschV). Die Erteilung eines Aufenthaltstitels mit Beschäftigungserlaubnis an **leitende Angestellte** mit **Generalvollmacht** oder **Prokura,** Mitglieder des Organs einer juristischen Person, die zur gesetzlichen Vertretung berufen sind, Gesellschafter einer **offenen Handelsgesellschaft** oder Mitglieder einer anderen Personengesamtheit, soweit sie durch Gesetz oder Gesellschaftsvertrag zur Vertretung der

Personengesamtheit oder zur Geschäftsführung berufen sind, oder leitende Angestellte eines auch *außerhalb* des Bundesgebiets tätigen Unternehmens für eine Beschäftigung auf Vorstands-, Direktions- oder Geschäftsleitungsebene oder für eine Tätigkeit in sonstiger leitender Position, die für die Entwicklung des Unternehmens von entscheidender Bedeutung ist (**Führungskräfte**), bedarf **keiner Zustimmung** (§ 3 BeschV).

109 Von jeher gehört die Einwanderung von Führungskräften zu den Ausnahmetatbeständen vom Anwerbestopp von 1973. Eine konkrete Definition des Begriffs „leitender Angestellter“ ist nicht möglich. Grundsätzlich kann jedoch auf die Abgrenzung dieses Begriffs nach § 5 Abs. 3 BetrVG zurückgegriffen werden. Danach wird der leitende Angestellte in seiner Funktion sehr stark in die Nähe des Arbeitgebers gerückt, weil er eigenverantwortlich wesentliche unternehmerische Tätigkeiten durchführt, zB selbstständige Einstellung und Entlassung von Arbeitnehmern, Überwachung und Kontrolle des anderen aufsichtführenden Personals und der anderen Fach- und Verwaltungskräfte, persönliche Befugnis zu Personalentscheidungen der vorgenannten Ebene, oder er regelmäßig sonstige Aufgaben wahrnimmt, die für den Bestand und die Entwicklung des Unternehmens von Bedeutung sind und deren Erfüllung besondere Kenntnisse voraussetzt.[237] Wenn ein Antragsteller leitender Angestellter ist und er ferner nachweist, dass ihm Generalvollmacht oder Prokura erteilt ist, unterliegt er nicht der Zustimmungspflicht. Bedeutung und Inhalt der Generalvollmacht oder Prokura sind in geeigneter Form nachzuweisen, zB die Prokura durch Eintragung im Handelsregister. Der Arbeitsvertrag kann ebenfalls wichtige Indizien für die Funktion enthalten (DA Nr. 3.02 zu § 3 BeschV). Bei einem monatlichen Verdienst von lediglich 2.200 EUR ist fraglich, ob es sich um einen leitenden Angestellten handelt.[238] Die **Repräsentanzen** ausländischer Unternehmen, denen jegliche gewerbliche Tätigkeit im Bundesgebiet untersagt ist, unterliegen generell nicht der Eintragungspflicht im Handelsregister. Diese Personen können daher den geforderten Nachweis nicht erbringen. Es genügt deshalb, dass die Muttergesellschaft bestätigt, dass Generalvollmacht oder Prokura erteilt ist (DA Nr. 3.02 zu § 3 BeschV). Als Anhaltspunkt für die Feststellung, ob der Antragsteller leitender Angestellter ist, dient der **Anstellungsvertrag**. Im Ergebnis maßgebend sind jedoch die tatsächlichen Verhältnisse.

110 Die **Generalvollmacht** vermittelt eine umfassende Vertretungsmacht in allen Angelegenheiten, in denen eine Vertretung zulässig ist. Abzugrenzen ist diese von einer **Spezialvollmacht**, die nur zur Vornahme bestimmter Rechtsgeschäfte und von der **Handlungsvollmacht**, die nur zur Vornahme bestimmter Handlungen ermächtigt. Die Generalvollmacht wird nicht ins Handelsregister eingetragen und ist deshalb durch Vorlage des Anstellungsvertrages oder der Vollmachtsurkunde zu belegen. Hingegen wird die **Prokura** ins Handelsregister eingetragen und kann dementsprechend nachgewiesen werden. Diese ermächtigt zu allen Arten von gerichtlichen und außergerichtlichen Geschäften oder Rechtshandlungen, die der Betrieb eines Handelsgewerbes mit sich bringt.[239] Nach § 3 Nr. 4 BeschV entfällt die Zustimmung bei leitenden Angestellten eines auch außerhalb des Bundesgebiets tätigen Unternehmens für eine Beschäftigung auf Vorstands-, Direktions- oder Geschäftsleitungsebene oder für eine Tätigkeit in sonstiger leitender Position, die für die Entwicklung des Unternehmens von entscheidender Bedeutung ist. Damit unterscheidet sich der Begriff des leitenden Angestellten nach § 3 Nr. 4 BeschV wesentlich von den nach § 3 Nr. 1 BeschV, so dass besonders hohe Voraussetzungen maßgebend sind. Es muss sich in der Regel um einen **besonders hochgestellten leitenden Angestellten** handeln, der zumindest der zweiten Führungsebene oder der hierarchischen Ebene unterhalb der Geschäfts-

237 *Mävers*, in: Offer/Mävers, BeschV, Kommentar, 2016, § 3 Rn. 4.
238 VG Oldenburg, AuAS 2013, 38 (39).
239 *Mävers*, in: Offer/Mävers, BeschV, Kommentar, 2016, § 3 Rn. 12.

führung angehört.[240] Das Unternehmen muss im Bundesgebiet und daneben auch außerhalb des Bundesgebietes tätig sein. Ist der leitende Angestellte nur außerhalb des Bundesgebietes tätig, bedarf er keiner Aufenthalts- und Beschäftigungserlaubnis. Zumeist wird er aufgrund seiner hochrangigen Funktion sowohl im wie auch außerhalb des Bundesgebietes tätig sein und einer umfassenden Mobilität für die leitende Geschäftstätigkeit bedürfen. Daher benötigt er eine Aufenthaltserlaubnis. Der Schwerpunkt der Lebensverhältnisse muss jedoch im Bundesgebiet bleiben, da andernfalls die Aufenthaltserlaubnis erlischt (§ 51 Abs. 1 Nr. 6 AufenthG).

§ 3 Nr. 2 BeschV zielt auf Vertreter **juristischer Personen**. Das sind zB **Aktiengesellschaft**, 111 **GmbH** und **Kommanditgesellschaft auf Aktien – KGaA**. Diese werden vom **Vorstand** (**Verein, AG, Genossenschaft**) oder **Geschäftsführer** vertreten (DA 3.02 zu § 3 BeschV). Die Ausländerbehörde prüft, ob eine Organstellung in diesem Sinne besteht. Dabei ist der Begriff **„Organ einer juristischen Person“** zivilrechtlich auszulegen. Da die Organstellung im Handelsregister eingetragen wird, kann ein entsprechender Beweis geführt werden. Im Falle eines Gesellschafters einer GmbH bedarf es nicht der Begründung eines Wohnsitzes im Bundesgebiet, so dass auch bereits vor der Einreise im Visumverfahren der Nachweis geführt werden kann.[241] Die in § 3 Nr. 3 BeschV erwähnte Vertretung der Personengesellschaften, zB offene Handelsgesellschaft – OHG, Kommanditgesellschaft – KG, Gesellschaft nach bürgerlichem Recht – GbR, Reederei, nach außen erfolgt durch die Gesellschafter selbst. Es gelten nur diejenigen Mitglieder nicht als Arbeitnehmer, die durch Gesetz, Satzung oder Gesellschaftsvertrag zur Vertretung oder Geschäftsführung berufen sind. Die Tätigkeit von Gesellschaftern ist aber dann nicht zustimmungsfrei, wenn aus den Gesamtumständen folgt, dass die Gesellschaftereigenschaft lediglich zur Verschleierung von abhängiger Beschäftigung dienen soll.

III. Leitende Angestellte und Spezialisten (§ 4 BeschV)

Eine Aufenthaltserlaubnis nach § 19c AufenthG kann an **leitende Angestellte** (s. hierzu 112 → Rn. 108 ff.) und **Spezialisten** erteilt werden (§ 4 S. 1 BeschV). Diese bedarf der Zustimmung, jedoch ohne **Vorrangprüfung** (§ 4 S. 2 BeschV). Die Prüfungskompetenz der Bundesagentur für Arbeit beschränkt sich damit auf die **Arbeitsplatzprüfung** und umfasst nicht die Arbeitsmarktprüfung. Es kann in aller Regel davon ausgegangen werden, dass bei derartig leitendem Personal eine derartige Prüfung lediglich eine Pflichtübung ist. Der Begriff des leitenden Angestellten bezieht sich hier ausschließlich auf Arbeitnehmer, deren Leistungsaufgaben ohne gesellschaftsrechtliche Grundlage rein arbeitsvertraglich vereinbart ist oder sich aus der Stellung im Betrieb faktisch ergibt.[242] Als **Spezialisten** bezeichnet § 4 Nr. 1 BeschV Personen, die zur Ausübung ihrer Beschäftigung über besondere, insbesondere **unternehmensspezifische Spezialkenntnisse** verfügen. Für die Auslegung dieses Begriffs sind die Begrifflichkeiten des GATS (**General Agreement on Trade in Services**) maßgeblich. Danach gelten als Unternehmensspezialisten Personen, die über ungewöhnliche Kenntnisse verfügen, die wesentlich für die Dienstleistungen, die Forschungseinrichtungen und die Verfahren oder die Leitung der Niederlassung sind (DA 4.02 zu § 4 BeschV). Hieraus folgt, dass insoweit eine qualifizierte Berufsausbildung allein für die Qualifizierung als Spezialist noch nicht genügt. Bei der Bewertung dieser Kenntnisse werden nicht nur die für die Niederlassung spezifischen Kenntnisse berücksichtigt, sondern auch, ob der Antragsteller über eine hohe Qualifikation hinsichtlich der Art von Tätigkeit oder Gewerbe verfügt, die spezifische Kenntnisse erfordert. **Fachwissen** ist das Wissen, das für Dienstleis-

240 *Mävers*, in: Offer/Mävers, BeschV, Kommentar, 2016, § 3 Rn. 20.
241 *Mävers*, in: Offer/Mävers, BeschV, Kommentar, 2016, § 3 Rn. 16.
242 *Mastmann*, in: Offer/Mävers, BeschV, Kommentar, 2016, § 4 Rn. 3.

tung, Forschung, Technik oder Management des betreffenden Unternehmens von essentieller Bedeutung ist.[243]

113 Dementsprechend ist als **Unternehmensspezialist** ein Arbeitnehmer anzusehen, der aufgrund seiner bisherigen beruflichen Tätigkeit auf seinem Fachgebiet über besondere Kenntnisse oder Erfahrungen verfügt, die für das Unternehmen entweder intern für den Betrieb der Niederlassung oder für die nach außen gerichtete wirtschaftliche Betätigung von besonderer Bedeutung sind, zB intern für die Entwicklung der **Dienstleistungsangebote oder -produkte** der Niederlassung oder extern für die Ausführung der Dienstleistung beim Kunden. Anhaltspunkte für Kenntnisse und Erfahrungen folgen aus dem beruflichen Werdegang des Antragstellers. Die besondere Bedeutung kommt in der Entlohnung des Arbeitnehmers zum Ausdruck, die wesentlich über dem für eine inländische Fachkraft mit abgeschlossener akademischer Ausbildung oder für einen Facharbeiter üblichen Gehaltsniveau liegen muss. Es wird also keine Mindestgrenze festgelegt, so dass lediglich die üblichen Gehaltsgrenzen des Mindestlohngesetzes maßgebend sind.[244] Hieraus folgt, dass die Rechtsgrundlage für diese Berufsgruppe § 19c Abs. 2 AufenthG ist. Die Bezahlung kann abhängig von einzelnen Wirtschaftszweigen und Berufen unterschiedlich sein und soll jeweils einer Person mit mehrjähriger Berufserfahrung und erheblicher Verantwortung entsprechen. Zur Prüfung vorzulegen sind Nachweise über den erlangten Berufsabschluss, die bisher ausgeübten Tätigkeiten und Funktionen beim jetzigen Unternehmen sowie bei früheren Unternehmen, die **Stellenbeschreibung** sowie die Höhe des Gehalts (DA 4.02 zu § 4 BeschV).

114 Schließlich kann die Aufenthaltserlaubnis nach Zustimmung – ohne Vorrangprüfung – leitenden Angestellten für eine Beschäftigung in einem auf der Grundlage zwischenstaatlicher Vereinbarungen gegründeten deutsch-ausländischen Gemeinschaftsunternehmen erteilt werden (§ 4 Nr. 2 BeschV). Entsprechende Vereinbarungen wurden mit allen mittel- und osteuropäischen Ländern sowie der Türkei geschlossen. Zur Beurteilung vorzulegen sind Nachweise über die Gründung des deutsch-ausländischen Gemeinschaftsunternehmens (Gründungsmerkmale sind etwa neue **Unternehmensziele, Produktionsmethoden, Gewinn- und Verlustabgrenzungen** und **Entscheidungsstrukturen**), persönliche Qualifikationsnachweise, Nachweise über bisherige berufliche Tätigkeiten mit Hinweisen darauf, in welcher Funktion der Antragsteller im jeweils relevanten Unternehmen gearbeitet hat, sowie eine **Stellenbeschreibung** (DA 4.03 zu § 4 BeschV). Ein Gemeinschaftsunternehmen („**Equity Joint Venture**") ist eine Kapitalgesellschaft, die als gemeinsames Vorhaben zwischen rechtlich voneinander unabhängigen Rechtspersonen begründet wurde, wobei Letztere sich als Investoren die Führungsverantwortung und das finanzielle Risiko teilen. Neben der gemeinsamen gesellschaftsrechtlichen Beteiligung an dem Gemeinschaftsunternehmen liegt dem Unternehmen auch zumeist eine zusätzlicher Gemeinschaftsunternehmensvertrag zugrunde, in dem die Gewinnverteilung und die Kontrolle des Unternehmens geregelt sind.[245]

IV. Wissenschaft, Forschung und Entwicklung (§ 5 BeschV)

115 Keiner Zustimmung bedarf die Erteilung eines Aufenthaltstitels an **wissenschaftliches Personal von Hochschulen und Forschungseinrichtungen**, die nicht bereits in den Anwendungsbereich von § 18d oder § 18f AufenthG fallen (§ 5 Nr. 1 BeschV), an **Gastwissenschaftler** an einer Hochschule oder an einer öffentlich-rechtlichen oder überwiegend aus öffentlichen Mitteln finanzierten oder als öffentliches Unternehmen in privater Rechts-

243 *Mastmann*, in: Offer/Mävers, BeschV, Kommentar, 2016, § 4 Rn. 7.
244 *Mastmann*, in: Offer/Mävers, BeschV, Kommentar, 2016, § 4 Rn. 9.
245 *Mastmann*, in: Offer/Mävers, BeschV, Kommentar, 2016, § 4 Rn. 12.

form geführten Forschungseinrichtung (§ 5 Nr. 2 BeschV), an **Ingenieure** und **Techniker** als technische Mitarbeiter im Forschungsteam eines Gastwissenschaftlers (§ 5 Nr. 3 BeschV), an **Lehrkräfte** öffentlicher Schulen oder staatlich genehmigter privater Ersatzschulen oder anerkannter privater Ergänzungsschulen (§ 5 Nr. 4 BeschV) sowie an Lehrkräfte zur Sprachvermittlung an Hochschulen (§ 5 Nr. 5 BeschV). Letztere können grundsätzlich auch als Lehrkräfte für besondere Aufgaben im Sinne von Nr. 4 behandelt werden, so dass ein eigenständiger Anwendungsbereich für Nr. 5 nicht erkennbar ist.[246] Das Visum bedarf nicht der Zustimmung der Ausländerbehörde (§ 43 Abs. 1 Nr. 1 AufenthV). Dagegen bedarf die Erteilung einer Aufenthaltserlaubnis an Lehrkräfte zur Erteilung muttersprachlichen Unterrichts der Zustimmung (§ 11 Abs. 1 BeschV).

Die Erteilung der Aufenthaltserlaubnis an **Tutoren** und wissenschaftliche Hilfskräfte mit 116
Hochschulabschluss ist zustimmungsfrei. Diese Personen werden aufgrund von Arbeitsverträgen mit genau abgegrenzten Tätigkeitsmerkmalen, die überwiegend wissenschaftliche Hilfstätigkeiten beinhalten, beschäftigt. Bei wissenschaftlichen Hilfskräften ohne Hochschulabschluss und studentischen Hilfs- und Aushilfskräften ist die Zustimmungsfreiheit nur dann gegeben, wenn überwiegend wissenschaftliche Hilfstätigkeiten zu verrichten sind. **Laboranten** und **Interviewer** sind hingegen lediglich **wissenschaftliche Hilfskräfte** und unterliegen der Zustimmungspflicht (DA 5.01 zu § 5 BeschV).

Die Tätigkeit **ausländischer Ärzte** als wissenschaftliche Mitarbeiter an **Universitätsklini-** 117
ken, die gleichzeitig auch in der Krankenversorgung eingesetzt werden, ist nur dann zustimmungsfrei, wenn die wissenschaftliche Tätigkeit überwiegt, dh die Tätigkeit in der Krankenversorgung weniger als die Hälfte der Arbeitszeit beträgt. Indiz für das Überwiegen der Krankenversorgung ist die Anrechenbarkeit der Tätigkeit auf die Weiterbildung zum Erwerb einer Gebietsbezeichnung (DA 5.01 zu § 5 BeschV). Allerdings wird sich die Krankenversorgung in einer Universitätsklinik nicht klar von der wissenschaftlichen Mitarbeit abtrennen lassen, weil diese Teil der wissenschaftlichen Tätigkeit sein kann. Das Visum bedarf nicht der Zustimmung der Ausländerbehörde (§ 34 Abs. 1 Nr. 1 AufenthV). Wird die ärztliche Tätigkeit auf die Weiterbildung zum **Facharzt** angerechnet, handelt es regelmäßig nicht um wissenschaftliche Mitarbeiter (DA 5.01 zu § 5 BeschV). Wissenschaftliche Hilfskräfte ohne Hochschulabschluss, studentische Hilfs- und Aushilfskräfte oder wissenschaftliche Mitarbeiter, die als Ärzte auch in der Krankenversorgung eingesetzt werden sollen, müssen einen geeigneten Nachweis erbringen, dass die wissenschaftliche Tätigkeit überwiegt. Der Nachweis wird in der Regel durch Vorlage einer schriftlichen Bestätigung der Hochschule bzw. Forschungseinrichtung bzw. Vorlage des Arbeitsvertrages erbracht (DA 5.01 zu § 5 BeschV). Lehrkräfte müssen ihre Ausbildung an einer pädagogischen Hochschule erworben haben. Dazu gehören auch **Fremdsprachenassistenten,** die eine befristete Beschäftigung als **Lehrassistenten** für fremdsprachlichen Unterricht an deutschen Schulen ausüben. Unerheblich ist die Zahlung des Gehalts durch eine ausländische Regierung (DA 5.03 zu § 5 BeschV). Die Beschäftigung von Lehrkräften an **Ergänzungsschulen** ist zustimmungsfrei, soweit diese nach den Schulgesetzen der Bundesländer als allgemeinbildende Schule anerkannt sind (DA 5.03 zu § 5 BeschV). Zustimmungsfreiheit ist in all diesen Fällen gegeben, wenn das Arbeitsverhältnis direkt mit der Hochschule oder der Forschungseinrichtung besteht und der Arbeitsvertrag unmittelbar zwischen diesen und den Arbeitnehmern abgeschlossen ist. Zustimmungsfrei sind ferner Aufenthaltstitel für ausländische Gastwissenschaftler, wenn diese über einen Studienabschluss verfügen. Dies gilt auch dann, wenn sie neben oder mit der Tätigkeit als Gastwissenschaftler promovieren (DA 5.02 zu § 5 BeschV). Das Visum bedarf nicht der Zustimmung der Ausländerbehörde (§ 34 Abs. 1 Nr. 2 c AufenthV).

246 *Mastmann*, in: Offer/Mävers, BeschV, Kommentar, 2016, § 4 Rn. 41 f.

118 Entwicklungseinrichtungen (§ 5 Nr. 1 BeschV) dienen regelmäßig der Umsetzung von Forschungsergebnissen in praktische Ergebnisse durch Erbringung und Erschaffung zum Beispiel neuer technischer Prozesse zur Fertigung von Materialien und Produkten. Aus Effizienzgesichtspunkten und zur Qualifizierung betreiben viele Unternehmen auch kombinierte Forschungs- und Entwicklungseinrichtungen zu anwendungsorientiertem Forschen.[247] Gastwissenschaftler müssen über einen Studienabschluss verfügen. Auch wenn sie neben oder mit der Tätigkeit eines Gastwissenschaftlers promovieren, ist dies als Tätigkeit eines Gastwissenschaftlers einzuordnen, so dass der Aufenthaltstitel nicht nach § 18 d und § 18 f AufenthG, sondern nach § 18 AufenthG erteilt wird. Gastwissenschaftler sind Wissenschaftler, die regelmäßig im Ausland beschäftigt sind und üblicherweise nur für sehr kurze Zeit an einer deutschen Hochschule oder Forschungseinrichtung tätig sind, zB für Forschungsaufenthalte, Vorträge und Workshops. Ein längerer Aufenthalt etwa für ein Jahr oder länger kann jedoch auch erforderlich sein. Der Aufenthalt wird regelmäßig durch die Hochschule oder Forschungseinrichtung im Herkunftsland oder durch ein Stipendium finanziert. Ein lokaler Arbeitsvertrag wird in Anbetracht dieser Umstände nicht vorliegen und für die Erteilung einer Aufenthaltserlaubnis auch nicht erforderlich sein.[248] Nach § 5 Nr. 3 BeschV wird **Ingenieuren** sowie **Technikern** als technischen Mitarbeitern im **Forschungsteam** eines Gastwissenschaftlers ohne Zustimmung eine Aufenthaltserlaubnis erteilt. Wegen der Einschränkung auf ein Forschungsteam wird die Aufenthaltserlaubnis nicht nach § 5 Nr. 2 BeschV erteilt. Ein Ingenieur muss einen Hochschulabschluss besitzen. Dagegen sind Techniker Personen, die in technischen Arbeitsgebieten tätig sind und eine entsprechende Ausbildung, Qualifikation oder Berufserfahrung besitzen.[249] Das Visum bedarf nicht der Zustimmung der Ausländerbehörde (§ 34 Abs. 1 Nr. 2 AufenthV).

G. Mobilität für Forscher und Fachkräfte mit akademischer Ausbildung (§ 18 e bis § 19 d AufenthG)

I. Funktion der Aufenthaltserlaubnis

119 In Teil G werden die Aufenthaltstitel für Fachkräfte mit akademischer Ausbildung zum kurzfristigen Aufenthalt im Bundesgebiet behandelt. Dabei handelt es sich um den Aufenthaltszweck der „**kurzfristigen Mobilität für Forscher**“ nach § 18 e AufenthG, früher § 20 a AufenthG aF, die **Aufenthaltserlaubnis für mobile Forscher** nach § 18 f AufenthG, früher § 20 b AufenthG aF, die **ICT-Karte für unternehmensintern transferierte Arbeitnehmer** nach § 19 AufenthG, früher § 19 b AufenthG aF, den Aufenthaltstitel zwecks Ermöglichung einer „**kurzfristigen Mobilität für unternehmensintern transferierte Arbeitnehmer**“ nach § 19 a AufenthG, früher § 19 c AufenthG aF, und um die **Mobiler-ICT-Karte** nach § 19 b AufenthG, früher § 19 d AufenthG aF. In all diesen Fällen wird die Aufenthaltserlaubnis bzw. der rechtmäßige Aufenthalt lediglich zu einem vorübergehenden Aufenthalt im Bundesgebiet erteilt.

II. Kurzfristige Mobilität für Forscher (§ 18 e AufenthG)

1. Funktion der Vorschrift

120 Nach § 18 e AufenthG bedürfen Forscher für einen Aufenthalt zum Zweck der Forschung, der eine Dauer von 180 Tagen innerhalb eines Zeitraums von 360 Tagen nicht überschreitet, keiner Aufenthaltserlaubnis. Da sie **kraft Gesetzes** nach § 18 e Abs. 3 AufenthG berechtigt sind, in der aufnehmenden Forschungseinrichtung die Forschungstätigkeit und

247 *Mastmann*, in: Offer/Mävers, BeschV, Kommentar, 2016, § 4 Rn. 55.
248 *Mastmann*, in: Offer/Mävers, BeschV, Kommentar, 2016, § 4 Rn. 26 ff.
249 *Mastmann*, in: Offer/Mävers, BeschV, Kommentar, 2016, § 4 Rn. 30 ff.

Tätigkeiten in der Lehre aufzunehmen, bedürfen sie keiner Beschäftigungserlaubnis und damit entfällt auch die Zustimmungspflicht der Bundesagentur für Arbeit. Es handelt sich nicht um einen Tatbestand nach § 4 a AufenthG, da für den Aufenthalt kein Aufenthaltstitel erforderlich ist. Die Vorschrift übernimmt die früheren Regelungen des § 20 a AufenthG aF und steht im engen Zusammenhang mit § 18 d AufenthG, der den Aufenthaltstitel für Forscher regelt (→ Rn. 98 ff.). Man kann die Vorschrift aufgrund dessen gewissermaßen als Annex zu § 18 d AufenthG verstehen. Unionsrechtliche Grundlage der Vorschrift ist Art. 32 Abs. 1 Buchst. a der **Forscherrichtlinie** (EU) 2016/801. Ziel der Richtlinie ist es, die europäische Forschungspolitik zu konsolidieren und durch eine Verbesserung der Rahmenbedingungen für die **Mobilität der Forscher** auf die Globalisierung der Wirtschaft zu reagieren. Dementsprechend soll nach Erwägungsgrund Nr. 5 RL (EU) 2016/801) die Richtlinie auch persönliche Kontakte und die Mobilität fördern, da es sich hierbei um wichtige Aspekte der Außenpolitik der Union handelt, insbesondere der Europäischen Nachbarschaftspolitik und der Politik gegenüber strategischen Partnern der Union. Sie sollte zudem dem Gesamtansatz für Migration und Mobilität und den **Mobilitätspartnerschaften** dienen, die einen Rahmen für den Dialog und die Zusammenarbeit zwischen den Mitgliedstaaten und Drittstaaten bieten. Die Notwendigkeit, die Vorschrift zu ändern, wird in der gesetzlichen Begründung damit begründet, dass die frühere Vorschrift des § 20 a AufenthG aF die Richtlinie nicht vollständig umgesetzt habe. Darüber hinaus soll nunmehr sichergestellt werden, dass das Mitteilungsverfahren vollständig durch das Bundesamt für Migration und Flüchtlinge übernommen wird (§ 75 Nr. 5 a AufenthG).[250] Die Vorschrift steht im Zusammenhang mit § 16 c AufenthG, der wie für Forscher die Mobilität für Studenten (→ Kap. 2 Rn. 92 ff.) regelt. § 18 e wie § 16 c AufenthG setzen die Richtlinie (EU) 2016/801 um. Darüber hinaus wird kurzfristige Mobilität auch für unternehmensintern transferierte Arbeitnehmer nach § 19 a AufenthG gewährt (→ Rn. 143 ff.). Diese Regelung beruht allerdings nicht auf der Richtlinie (EU) 2016/801.

Voraussetzung für die Anwendung von § 18 e AufenthG ist, dass die aufnehmende For- 121
schungseinrichtung im Bundesgebiet dem Bundesamt für Migration und Flüchtlinge und der zuständigen Behörde des anderen Mitgliedstaates mitgeteilt hat, dass der Forscher beabsichtigt, einen Teil seiner Forschungstätigkeit im Bundesgebiet durchzuführen, und dem Bundesamt mit der Mitteilung den Nachweis vorlegt, dass er im anderen Mitgliedstaat einen gültigen nach der Richtlinie (EU) 2016/801 erteilten Aufenthaltstitel zum Zweck der Forschung besitzt (§ 18 e Abs. 1 AufenthG). Die Mitteilungspflicht gegenüber der Behörde des anderen Mitgliedstaates wurde neu in § 18 e AufenthG eingeführt. Nach Abs. 6 geht nach Ablehnung der Mobilität oder Ausstellung der Bescheinigung durch das Bundesamt die Zuständigkeit auf die örtlich zuständige Ausländerbehörde (§ 71 Abs. 1 S. 1 AufenthG) über. Hierbei handelt es sich um eine **deklaratorische** Vorschrift. Eine neue Aufgabenzuweisung an die Ausländerbehörde ist damit nicht verbunden. Wegen des Zuständigkeitsübergangs sind der Forscher und die aufnehmende Forschungseinrichtung auch verpflichtet, Änderungen hinsichtlich der Voraussetzungen der Mobilität der Ausländerbehörde mitzuteilen (Abs. 6 S. 2). Darüber hinaus ist der Forscher gehalten, die **Aufnahmevereinbarung** oder den entsprechenden Vertrag, die oder der mit der aufnehmenden Forschungseinrichtung im Bundesgebiet geschlossen wurde, die Kopie eines anerkannten und gültigen **Passes** oder Passersatzes und den Nachweis der Sicherung des Lebensunterhalts vorzulegen (Abs. 1 S. 1). Die Erleichterung, dass die Forschungseinrichtung sich schriftlich zur Übernahme der Kosten verpflichtet hat (18 d Abs. 2 AufenthG), wird also nicht gewährt. Die aufnehmende Forschungseinrichtung hat die Mitteilung in dem Zeitpunkt zu machen, in dem der Forscher im anderen Mitgliedstaat den Antrag auf Erteilung

250 BT-Drs. 19/8285, S. 100.

der Aufenthaltserlaubnis nach der Forscherrichtlinie stellt (Abs. 1 S. 2). Ist der aufnehmenden Forschungseinrichtung in diesem Zeitpunkt die entsprechende Absicht des Forschers noch nicht bekannt oder hat dieser selbst in diesem Zeitpunkt noch keine näheren Vorstellungen über die Entwicklung seiner Forschungstätigkeit, ist die Mitteilung in dem Zeitpunkt zu machen, in dem ihr die Absicht bekannt wird (Abs. 1 S. 3). Bei Erteilung eines entsprechenden Aufenthaltstitels durch einen Mitgliedstaat, der nicht Schengen-Staat ist, hat der Forscher eine Kopie des Aufenthaltstitels mitzuführen und auf Verlangen den zuständigen Behörden vorzulegen (Abs. 1 S. 4).

2. Ausstellung der Bescheinigung (§ 18 e Abs. 5 AufenthG)

122 Sind die Voraussetzungen nach § 18e Abs. 1 AufenthG erfüllt, erhält der Antragsteller eine Bescheinigung über die Berechtigung zur Einreise und zum Aufenthalt zum Zweck der Forschung im Rahmen der kurzfristigen Mobilität (§ 18e Abs. 5 AufenthG). Mit der Bescheinigung kann er seine Berechtigung nach § 18e Abs. 3 AufenthG nachweisen, die Forschungstätigkeit und Tätigkeiten in der Lehre in der aufzunehmenden Forschungseinrichtung aufzunehmen. § 18e Abs. 1 S. 1 iVm Abs. 5 AufenthG enthalten keine Regelung zur erneuten Einreise nach Ablauf von 360 Tagen. Unklar ist, ob ein Mechanismus wie hinsichtlich visumfreier Drittstaatsangehöriger (Art. 1 Abs. 2 S. 1 EG-VisaVO sowie Art. 20 und Art. 21 SDÜ) eingreift, wonach nach Ablauf von 180 Tagen seit der Einreise ein erneuter visumfreier Aufenthalt erlaubt ist. Dagegen dürfte die Regelung des § 18e Abs. 1 S. 1 iVm § 18d AufenthG sprechen. Danach darf sich ein Forscher innerhalb eines Jahres (360 Tage) für insgesamt ein halbes Jahr (180 Tage) im Bundesgebiet aufhalten, hat also Bewegungsfreiheit zwischen beiden Mitgliedstaaten. Er muss aber darauf achten, dass er die jeweiligen Auslands- und Inlandsaufenthalte dokumentiert. Da innerhalb des Schengenraums keine Grenzkontrollen stattfinden und damit auch nicht anhand von Einreise- und Ausreisestempel der Aufenthalt kontrolliert werden kann, muss er auf andere Weise den Nachweis führen, wenn er hierzu aufgefordert wird. Dies kann zB durch schriftliche Bestätigungen der beteiligten Forschungseinrichtungen erfolgen. Im Zweifel ist aber seinen Angaben Glauben zu schenken. Wird ein längerer Aufenthalt als ein Jahr angestrebt, ist eine Aufenthaltserlaubnis nach § 18d AufenthG zu beantragen.

3. Ablehnung der Bescheinigung (§ 19 f Abs. 5 AufenthG)

123 Die Bescheinigung nach § 18e Abs. 5 AufenthG wird abgelehnt, wenn Ablehnungsgründe nach § 19f Abs. 5 AufenthG vorliegen. Dies ist der Fall, wenn die Voraussetzungen nach § 18e Abs. 1 AufenthG nicht erfüllt sind oder die für die Antragsstellung erforderlichen Unterlagen in betrügerischer Weise erworben, gefälscht oder manipuliert wurden (§ 19f Abs. 5 S. 1 Nr. 1 und 2 AufenthG). Ferner ist die Aufenthaltserlaubnis abzulehnen, wenn die aufnehmende Einrichtung hauptsächlich zu dem Zweck gegründet wurde, die Einreise und den Aufenthalt von Drittstaatsangehörigen zu dem in § 18d AufenthG bezeichneten Zweck zu erleichtern (§ 19f Abs. 4 Nr. 1 AufenthG), über deren Vermögen das Insolvenzverfahren eröffnet wurde, das auf Auflösung der Einrichtung und Abwicklung des Geschäftsbetriebs gerichtet ist, die aufnehmende Einrichtung im Rahmen der Durchführung eines Insolvenzverfahrens aufgelöst und der Geschäftsbetrieb abgewickelt wurde oder die Eröffnung eines Insolvenzverfahrens über das Vermögen der aufnehmenden Einrichtung mangels Masse abgelehnt und der Geschäftsbetrieb eingestellt wurde (§ 19f Abs. 4 Nr. 2 bis 4 AufenthG), die aufnehmende Einrichtung keine Geschäftstätigkeit ausübt (§ 19f Abs. 4 Nr. 5 AufenthG) oder Beweise oder konkrete Anhaltspunkte dafür bestehen, dass der Drittstaatsangehörige den Aufenthalt zu anderen Zwecken nutzen wird als zu dem, für den er die Erteilung der Aufenthaltserlaubnis beantragt (§ 19f Abs. 5 S. 1 Nr. 3 iVm § 19f Abs. 4 Nr. 6 AufenthG). § 19f Abs. 4 AufenthG stellt die Ablehnung zwar in das behördli-

che Ermessen. Die Verweisungsnorm des § 19 f Abs. 5 AufenthG enthält jedoch **zwingende** Ablehnungsgründe. Deshalb steht auch die Anwendung der in Bezug genommenen Vorschrift des § 19 f Abs. 4 AufenthG im Rahmen des § 18 e AufenthG nicht im Ermessen. Ferner ist die Ausstellung der Bescheinigung abzulehnen, wenn ein Ausweisungsinteresse (§ 5 Abs. 1 Nr. 2 AufenthG) besteht (§ 19 f Abs. 5 S. 1 Nr. 4 AufenthG).

Nach der Ablehnung gemäß § 19 f Abs. 5 AufenthG ist die Forschungstätigkeit unverzüglich einzustellen. Die bis dahin bestehende Befreiung vom Erfordernis eines Aufenthaltstitels entfällt (§ 18 e Abs. 4 S. 2 AufenthG). Die Ausländerbehörde wird für das weitere aufenthaltsrechtliche Verfahren zuständig (§ 18 e Abs. 6 iVm § 71 Abs. 1 AufenthG). Die Ablehnung mangels Vorliegens der tatbestandlichen Voraussetzungen für die Erteilung der Bescheinigung sowie wegen der in § 19 f Abs. 5 S. 1 Nr. 2 AufenthG bezeichneten Gründe hat innerhalb von 30 Tagen nach Zustellung der vollständigen Mitteilung nach § 18 e Abs. 1 S. 1 AufenthG beim Bundesamt für Migration und Flüchtling zu erfolgen (§ 19 f Abs. 5 S. 2 Hs. 1 AufenthG). Besteht ein Ausweisungsinteresse, ist eine Ablehnung durch die örtlich zuständige Ausländerbehörde jederzeit während des Aufenthaltes des Betroffenen zulässig (§ 19 f Abs. 5 S. 3 AufenthG). Während in den anderen Fällen für die Ablehnung der Bescheinigung das Bundesamt zuständig ist, ist danach bei einem bestehenden Ausweisungsinteresse stets die Ausländerbehörde zuständig. Bei bereits anfangs bestehendem Ausweisungsinteresse ist das Bundesamt – vor Erteilung der Bescheinigung – verpflichtet, die Bescheinigung nach § 18 e Abs. 5 AufenthG abzulehnen, während die Ausländerbehörde nach Erteilung der Bescheinigung bei nachträglichem Bekanntwerden eines Ausweisungsinteresses wegen Vorliegen eines Ausweisungsinteresses (§ 5 Abs. 1 Nr. 2 AufenthG) den Aufenthalt beenden muss. Da keine Aufenthaltserlaubnis erteilt werden muss, wird sie den Betroffenen schriftlich auf die Ausreisepflicht nach § 50 Abs. 1 AufenthG hinweisen und für den Fall, dass dem Hinweis nicht nachgekommen wird, eine Abschiebungsandrohung (§ 59 Abs. 1 iVm § 58 Abs. 1 S. 1 AufenthG) erlassen. Eine Ausweisung kommt nur bei Vorliegen von Ausweisungsinteressen (§ 54 Abs. 2 AufenthG) in Betracht. Das Bundesamt kann gemäß § 19 f Abs. 5 S. 2 Hs. 2 AufenthG zur Feststellung von Ausweisungsinteressen im Sinne des § 54 Abs. 1 Nr. 2 und 4 AufenthG und zur Prüfung von sonstigen **Sicherheitsbedenken** die bei ihm gespeicherten Daten zu den betroffenen Personen über das Bundesverwaltungsamt an die in § 72 Abs. 2 AufenthG bezeichneten Sicherheitsbehörden übermitteln (§ 19 f Abs. 5 S. 3 Hs. 2 iVm § 73 Abs. 3 c AufenthG). Besteht ein Ausweisungsinteresse, ist neben dem Betroffenen auch der zuständigen Behörde des anderen Mitgliedstaates und der mitteilenden Einrichtung die Ablehnung schriftlich bekannt zu geben (§ 19 f Abs. 5 S. 4 AufenthG). 124

III. Aufenthaltserlaubnis für mobile Forscher (§ 18 f AufenthG)

1. Funktion der Aufenthaltserlaubnis

Nach § 18 f Abs. 1 AufenthG wird Forschern zum Zwecke der Forschung für einen Aufenthalt, der mehr als 180 Tage und höchstens ein Jahr dauert, **ohne Zustimmung** eine Aufenthaltserlaubnis erteilt, wenn sie einen für die Dauer des Verfahrens gültigen nach der Richtlinie (EU) 2016/801 (Forscherrichtlinie) erteilten Aufenthaltstitel eines anderen Mitgliedstaates besitzen und die Kopie eines Passes oder Passersatzes und die Aufnahmevereinbarung oder der entsprechende Vertrag, die oder der mit der Forschungseinrichtung im Bundesgebiet geschlossen wurde, vorgelegt wird. Diese Vorschrift übernimmt § 20 b AufenthG aF. Die Voraussetzungen sind mit denen des § 18 d AufenthG (› Rn. 100) identisch. Mit der Zeitvorgabe ist kein Unterschied zu § 18 f AufenthG zu erkennen. Wie früher nach Abschluss der Forschungstätigkeit eine Aufenthaltserlaubnis zur **Arbeitsplatzsuche** für bis zu neun Monate erteilt werden konnte (§ 20 b Abs. 5 iVm § 20 Abs. 7 AufenthG aF), kann nach § 20 Abs. 3 Hs. 1 Nr. 2 AufenthG eine Aufenthaltserlaubnis aus 125 diesem Grund für bis zu neun Monate erteilt werden. Die Suche wird jedoch nur dann als erfolgreich bewertet, wenn der Arbeitsplatz nach den Bestimmungen der §§ 18 a, 18 b, 18 d, 19 c und 21 AufenthG von Drittstaatsangehörigen besetzt werden darf. Für Forscher dürfte insbesondere eine Aufenthaltserlaubnis nach § 18 b AufenthG in Betracht kommen. Die zum alten Recht zutreffend vertretene Ansicht, dass nach § 20 a AufenthG aF die kurzfristige nach § 20 b AufenthG aF hingegen die langfristige Mobilität geregelt wurde,[251] lässt sich für das geltende Recht nicht mehr aufrechterhalten. Zuständig für die Entscheidung ist die örtlich zuständige Ausländerbehörde (§ 71 Abs. 1 AufenthG).

2. Erteilung der Aufenthaltserlaubnis

126 Die Aufenthaltserlaubnis nach § 18 f Abs. 1 AufenthG wird ohne Zustimmung erteilt. Sie berechtigt zur Aufnahme der Forschungstätigkeit bei der aufnehmenden Forschungseinrichtung und zur Aufnahme von Tätigkeiten in der Lehre. Änderungen des Forschungsvorhabens während des erlaubten Aufenthalts führen nicht zum Wegfall dieser Berechtigung (§ 18 f Abs. 3 iVm § 18 d Abs. 5 AufenthG, → Rn. 101). Wurde der Antrag nach § 18 f AufenthG parallel zu einer Mitteilung nach § 18 e Abs. 1 S. 1 AufenthG gestellt, wird er abgelehnt (§ 18 f Abs. 5 S. 1 AufenthG). Damit will das Gesetz zwischen § 18 e und § 18 f AufenthG eine Trennwand errichten, obwohl nicht ersichtlich wird, dass zwischen beiden Vorschriften ein Unterschied bis auf den Umstand besteht, dass bei der Ersteren der Aufenthalt ohne Aufenthaltstitel und bei der Letzteren mit Aufenthaltstitel erlaubt ist. Der Gesetzgeber möchte aber wohl verhindern, dass das Mitteilungsverfahren nach § 18 e Abs. 1 S. 1 AufenthG dadurch unterlaufen wird, dass eine Aufenthaltserlaubnis nach § 18 f Abs. 1 AufenthG angestrebt wird. Wird der Antrag mindestens 30 Tage vor Beginn des Aufenthalts im Bundesgebiet gestellt und ist der im anderen Mitgliedstaat erteilte Aufenthaltstitel weiterhin gültig, gelten, bevor über den Antrag entschieden wird, der Aufenthalt und die Erwerbstätigkeit des Antragstellers für bis zu 180 Tage innerhalb eines Zeitraums von 360 Tagen als erlaubt (§ 18 f Abs. 2 AufenthG). Nach Erteilung der Aufenthaltserlaubnis beginnt die Frist nach § 18 f Abs. 1 AufenthG, ab der der Aufenthalt zum Zweck der Forschung 180 Tage und höchstens ein Jahr erlaubt ist, zu laufen, so dass der Aufenthalt auch über ein Jahr im Bundesgebiet dauern kann. Nach Ablauf der Jahresfrist, berechnet vom Zeitpunkt der Erteilung der Aufenthaltserlaubnis an, kann die Aufenthaltserlaubnis nicht mehr verlängert werden. Der Drittstaatsangehörige wie auch die aufnehmende Forschungseinrichtung haben der Ausländerbehörde Änderungen im Blick auf die in § 18 f Abs. 1 AufenthG bezeichneten Voraussetzungen anzuzeigen (§ 18 f Abs. 4 AufenthG).

3. Ablehnungsgründe (§ 18 f Abs. 5 und § 19 f Abs. 4 AufenthG)

127 Der Antrag wird abgelehnt, wenn er zwar während eines Aufenthalts nach § 18 e Abs. 1 AufenthG, aber nicht mindestens 30 Tage vor Ablauf dieses Aufenthalts vollständig gestellt wurde (§ 18 f Abs. 5 S. 2 AufenthG). Damit will das Gesetz offensichtlich den Übergang von einem in § 18 e AufenthG geregelten Aufenthalt in einen nach § 18 f AufenthG geregelten ermöglichen. Abgelehnt wird der Antrag nach § 18 f Abs. 1 AufenthG auch, wenn er zwar während eines Aufenthaltes nach § 18 e Abs. 1 S. 1 AufenthG, aber nicht mindestens 30 Tage vor Ablauf eines Aufenthaltes vollständig gestellt wurde (§ 18 f Abs. 5 S. 2 AufenthG). Damit möchte der Gesetzgeber den Übergang von einem erlaubnisfreien zu einem titelgebundenen Aufenthalt von bestimmten Zeitvorgaben abhängig machen. Denn nach § 18 e Abs. 1 AufenthG ist der Aufenthalt für die Dauer von 180 Tagen innerhalb eines Zeitraums von 360 Tagen erlaubnisfrei. Versäumt der Forscher aber die An-

251 *Schenk*, in: Bergmann/Dienelt, AuslR, 12. Aufl. 2018, § 20 b AufenthG Rn. 2.

tragsfrist, wird der Übergang gesperrt. Nachvollziehbar ist diese Fristenregelung nicht. Denn auch in anderen Zusammenhängen gibt es keine Antragsfrist, die bereits vor Ablauf der Dauer der Erlaubnisfreiheit zu laufen beginnt (s. etwa § 41 Abs. 3 S. 1 AufenthV iVm § 81 Abs. 3 S. 1 AufenthG).

Nach § 19 f Abs. 4 AufenthG ist der Antrag abzulehnen, wenn die aufnehmende Einrichtung hauptsächlich zu dem Zweck gegründet wurde, die Einreise und den Aufenthalt von Drittstaatsangehörigen zu dem in § 18 f AufenthG bezeichneten Zweck zu erleichtern (§ 19 f Abs. 4 Nr. 1 AufenthG), wenn über deren Vermögen ein Insolvenzverfahren eröffnet wurde, das auf Auflösung der Einrichtung und Abwicklung des Geschäftsbetriebs gerichtet ist (§ 19 f Abs. 4 Nr. 2 AufenthG), wenn die aufnehmende Einrichtung im Rahmen der Durchführung eines Insolvenzverfahrens aufgelöst und der Geschäftsbetrieb abgewickelt wurde (§ 19 f Abs. 4 Nr. 3 AufenthG), wenn die Eröffnung eines Insolvenzverfahrens über das Vermögen der aufnehmenden Einrichtung mangels Masse abgelehnt und der Geschäftsbetrieb eingestellt wurde (§ 19 f Abs. 4 Nr. 4 AufenthG), wenn die aufnehmende Einrichtung keine Geschäftstätigkeit ausübt (§ 19 f Abs. 4 Nr. 5 AufenthG) oder Beweise oder konkrete Anhaltspunkte dafür bestehen, dass der Drittstaatsangehörige den Aufenthalt zu anderen Zwecken nutzen wird als zu Forschungszwecken (§ 19 f Abs. 4 Nr. 6 AufenthG). 128

IV. ICT-Karte für unternehmensintern transferierte Arbeitnehmer (§ 19 AufenthG)

1. Funktion der Vorschrift (§ 19 Abs. 1 AufenthG)

Nach § 19 Abs. 2 und Abs. 3 AufenthG *wird* einem Drittstaatsangehörigen eine ICT-Karte zum Zweck eines unternehmensinternen Transfers unter den jeweils dort genannten Voraussetzungen erteilt. Die Vorschrift dient der Umsetzung der Richtlinie 2014/66/EU und übernimmt die Regelung des § 19 b AufenthG aF. § 19 AufenthG wird systematisch von den Regelungen des § 18 bis § 18 f AufenthG abgesetzt.[252] Die Vorschrift steht aber andererseits im engen Sachzusammenhang mit § 19 a und § 19 b AufenthG, da auch diese Vorschriften den unternehmensinternen Transfer nach der Richtlinie 2014/66/EU regeln. § 19 Abs. 1 AufenthG enthält eine Definition der ICT-Karte, § 19 Abs. 2 bis Abs. 4 AufenthG regeln die Voraussetzungen für die Erteilung der ICT-Karte und § 19 Abs. 5 AufenthG die Ablehnungsgründe. Ebenso wie § 19 b behandelt § 19 AufenthG die Erteilung der ICT-Karte zu einem vorübergehenden Zweck (§ 19 Abs. 1 S. 2 Hs. 1, § 19 b Abs. 1 AufenthG). Nach der Definition in § 19 Abs. 1 S. 1 AufenthG handelt es sich bei der ICT-Karte[253] um einen **Aufenthaltstitel** (§ 4 Abs. 1 S. 2 Nr. 2 b AufenthG) zum Zweck eines unternehmensinternen Transfers, also einer vorübergehenden Abordnung (§ 19 Abs. 1 S. 2 AufenthG) in eine inländische Niederlassung des Unternehmens, dem ein Drittstaatsangehöriger angehört, wenn das Unternehmen seinen Sitz außerhalb der Europäischen Union hat, oder in eine inländische Niederlassung eines anderen Unternehmens der Unternehmensgruppe, zu der auch dasjenige Unternehmen mit Sitz außerhalb der Union gehört, dem der Drittstaatsangehörige angehört (Art. 3 Buchst. b und c RL 2014/66/EU). Es darf angesichts der bürokratischen und zeitaufwändigen Prüfungen der Voraussetzungen für die Erteilung der ICT-Karte (vgl. § 19 Abs. 2 S. 1 AufenthG) bezweifelt werden, ob durch diese die Mobilität von Spitzenkräften der Wirtschaft wirklich gefördert werden kann. Erstaunlicherweise werden an die Zulassung von Trainees in diesem Zusammenhang weniger hohe Voraussetzungen gestellt. 129

252 BT-Drs. 19/8285, S. 101.
253 S. auch *Offer*, in: Offer/Mävers, BeschV, Kommentar, 2016, § 29 Rn. 22.

2. ICT-Karte für Führungskräfte oder Spezialisten (§ 19 Abs. 2 AufenthG)

130 Nach § 19 Abs. 2 S. 1 AufenthG *wird* in Umsetzung von Art. 5 RL 2014/666/EU (§ 19 Abs. 7 AufenthG) eine ICT-Karte erteilt, wenn der Antragsteller in der aufnehmenden Niederlassung im Bundesgebiet als **Führungskraft** oder **Spezialist** tätig ist (§ 19 Abs. 2 S. 1 Nr. 1 AufenthG). Die Voraussetzungen für die Erteilung diese Berufsgruppe sind höher als die für **Trainees** nach Abs. 3 (→ Rn. 133). Als Führungskraft bezeichnet § 19 Abs. 2 S. 2 AufenthG Personen, die in einer **Schlüsselposition** beschäftigt sind und in erster Linie die aufnehmende Niederlassung leiten und hauptsächlich unter der allgemeinen Aufsicht des Leitungsorgans oder der Anteilseigner oder gleichwertiger Personen steht oder von ihnen allgemeine Weisungen erhält. Diese Position umfasst die Leitung der aufnehmenden Niederlassung oder einer Abteilung oder Unterabteilung der aufnehmenden Niederlassung, die Überwachung und Kontrolle der Arbeit des sonstigen Aufsicht führenden Personals und der Fach- und Führungskräfte sowie die Befugnis zur Empfehlung einer Anstellung, Entlassung oder sonstigen personellen Maßnahme (§ 19 Abs. 2 S. 3 AufenthG). Diese Art. 3 Buchst. e RL 2014/66/EU nachgebildete Definition ist voraussetzungsvoller als die nach § 3 BeschV (→ Rn. 108 ff.). Spezialist ist nach § 19 Abs. 2 S. 4 AufenthG und Art. 3 Buchst. f RL 2014/66/EU eine innerhalb der Unternehmensgruppe tätige Person, die über für die Tätigkeitsbereiche, die Verfahren oder die Verwaltung der aufnehmenden Niederlassung unerlässliche Spezialkenntnisse verfügt. Bei der Bewertung dieser Kenntnisse werden nicht nur die auf die aufnehmende Niederlassung abgestimmten Kenntnisse berücksichtigt, sondern auch, ob die Person über ein **hohes Qualifikationsniveau,** einschließlich einer angemessenen Berufserfahrung, für bestimmte Arbeiten oder Tätigkeiten verfügt, die spezifische technische Kenntnisse – einschließlich der etwaigen Zugehörigkeit zu einem zulassungspflichtigen Beruf – erfordern.

131 Neben der Tätigkeit als Führungskraft oder Spezialist in der aufnehmenden Niederlassung im Bundesgebiet (§ 19 Abs. 2 S. 1 Nr. 1 AufenthG) muss der Antragsteller dem Unternehmen oder der Unternehmensgruppe **unmittelbar** vor Beginn des unternehmensinternen Transfers seit mindestens **sechs Monaten** und für die Zeit des Transfers ununterbrochen angehören (§ 19 Abs. 2 S. 1 Nr. 2 AufenthG). Hier wird der Ausgangspunkt der Richtlinie und damit auch derjenige von § 19 AufenthG deutlich, nämlich, dass der unternehmensinterne Transfer eine **vorübergehende Maßnahme** ist.[254] Dieses Kriterium bezieht sich aber nicht nur auf den Aufenthalt im Bundesgebiet, sondern auf den Aufenthalt im Unionsgebiet allgemein, wie aus den Erwägungsgründen der Richtlinie 2014/66/EU folgt. Danach stellt der unternehmensinterne Transfer insgesamt eine befristete Migration dar (Erwägungsgrund Nr. 17 RL 2014/66/EU). Deshalb sollten die Betreffenden in ein Drittland zurückkehren, sofern sie nicht auf anderer Grundlage einen Aufenthaltstitel nach nationalem oder Unionsrecht erhalten. Die Höchstdauer des Transfers sollte der kumulierten Dauer der aufeinanderfolgend ausgestellten Aufenthaltstitel für unternehmensintern transferierte Arbeitnehmer entsprechen.

132 § 19 Abs. 1 S. 1 Nr. 2 AufenthG knüpft an die in Art. 3 Buchst. l RL 2014/66/EU bezeichnete Legaldefinition der „**Unternehmensgruppe**" an. Dies bezeichnet „zwei oder mehr Unternehmen, die nach nationalem Recht insofern als miteinander verbunden gelten, als ein Unternehmen in Bezug auf ein anderes Unternehmen direkt oder indirekt die Mehrheit des gezeichneten Kapitals dieses Unternehmens besitzt oder über die Mehrheit der mit den Anteilen am anderen Unternehmen verbundenen Stimmrechte verfügt oder befugt ist, mehr als die Hälfte der Mitglieder des Verwaltungs-, Leitungs- oder Aufsichtsorgans des anderen Unternehmens zu bestellen, oder die Unternehmen unter einheitlicher Leitung des Mutterunternehmens stehen". Ferner muss der unternehmensinterne Transfer **mehr als 90 Tage** dauern (§ 19 Abs. 2 S. 1 Nr. 3 AufenthG). Dies wird auch bei der Mobiler-ICT-Karte

254 *Schenk*, in: Bergmann/Dienelt, AuslR, 12. Aufl. 2018, § 19 b AufenthG Rn. 24.

vorausgesetzt (§ 19 b Abs. 2 Nr. 2 AufenthG). Demgegenüber ist die kurzfristige Mobilität für unternehmsintern transferierte Arbeitnehmer auf 90 Tage begrenzt (§ 19 a Abs. 1 S. 1 Hs. 1 AufenthG). Andererseits muss es sich bei § 19 a AufenthG nicht um Führungskräfte, Spezialisten oder Trainees handeln, vielmehr werden an den Begriff Arbeitnehmer keine weiteren Anforderungen gestellt. Der Antragsteller nach § 19 AufenthG muss darüber hinaus einen für die Dauer des unternehmensinternen Transfers gültigen **Arbeitsvertrag** und erforderlichenfalls ein **Abordnungsschreiben** vorweisen, worin Einzelheiten zu Ort, Art, Entgelt und zu sonstigen Arbeitsbedingungen für die Dauer des unternehmensinternen Transfers enthalten sind sowie der Nachweis, dass der Antragsteller nach Beendigung des unternehmensinternen Transfers in eine außerhalb der Europäischen Union ansässige Niederlassung des gleichen Unternehmens oder der gleichen Unternehmensgruppe zurückkehrt (§ 19 Abs. 2 S. 1 Nr. 4 AufenthG). Auch in dieser Voraussetzung kommt der vorübergehende Charakter des Aufenthaltsrecht in der Union insgesamt zum Ausdruck. Schließlich muss der Antragsteller seine **berufliche Qualifikation** nachweisen (§ 19 Abs. 2 S. 1 Nr. 5 AufenthG). Wie bei § 19 b Abs. 1 S. 1 Nr. 4 AufenthG aF ist nach § 18 Abs. 2 Nr. 2 AufenthG die Zustimmung der Bundesagentur für Arbeit erforderlich.[255]

3. ICT-Karte für Trainees (§ 19 Abs. 3 AufenthG)

Nach § 19 Abs. 3 S. 1 AufenthG *wird* in Umsetzung von Art. 5 RL 2014/666/EU eine ICT- 133
Karte erteilt, wenn der Antragsteller in der aufnehmenden Niederlassung im Bundesgebiet als **Trainee** im Rahmen eines unternehmensinternen Transfers tätig wird und die in § 19 Abs. 2 S. 1 Nr. 2 bis 4 AufenthG bezeichneten Voraussetzungen (→ Rn. 130 f.) erfüllt. Nach § 18 Abs. 2 Nr. 2 AufenthG ist die Zustimmung der Bundesagentur für Arbeit für die Erteilung der ICT-Karte erforderlich. § 19 Abs. 3 S. 2 AufenthG definiert in Umsetzung von Art. 3 Buchst. g RL 2014/66/EU Trainee als eine Person, die über einen Hochschulabschluss verfügt, ein Traineeprogramm absolviert, das der beruflichen Entwicklung oder der Fortbildung in Bezug auf Geschäftstechniken und -methoden dient, und entlohnt wird.

4. Erteilung und Geltungsdauer der ICT-Karte (§ 19 Abs. 4 AufenthG)

Zuständig für die Entscheidung über die Erteilung der ICT-Karte ist die örtlich zuständige 134
Ausländerbehörde (§ 71 Abs. 1 AufenthG). Diese erteilt unter den Voraussetzungen von § 19 Abs. 2 AufenthG an Führungskräfte und Spezialisten die ICT-Karte für die Dauer des Transfers, höchstens jedoch für drei Jahre (§ 19 Abs. 4 S. 1 Nr. 1 AufenthG) und an Trainees unter den Voraussetzungen von § 19 Abs. 3 AufenthG für die Dauer des Transfers, höchstens aber für ein Jahr (§ 19 Abs. 4 S. 1 Nr. 2 AufenthG). Die ICT-Karte setzt nach § 18 Abs. 2 Nr. 2 AufenthG die **Zustimmung** der Bundesagentur für Arbeit voraus (→ Rn. 132 f.). Während der Gültigkeitsdauer der ICT-Karte hat der Inhaber zumindest das Recht auf Aufenthalt in diesem Mitgliedstaat, das Recht auf Ausübung der mit der ICT-Karte genehmigten konkreten Arbeitstätigkeit – im Einklang mit dem nationalen Recht – in jeder aufnehmenden Niederlassung, die zu dem Unternehmen oder der Unternehmensgruppe im ersten Mitgliedstaat gehört (Art. 17 RL 2014/66/EU). Durch eine Verlängerung – wegen des noch nicht abgeschlossenen unternehmensinternen Transfers – dürfen diese Höchstfristen nicht überschritten werden (§ 19 Abs. 4 S. 2 AufenthG). In diesen Fristregelungen kommt der vorübergehende Charakter der ICT-Karte zum Ausdruck. Sie dienen der Umsetzung von Art. 12 RL 2014/66/EU. Nach Art. 12 Abs. 1 Hs. 2 RL 2014/66/EU muss der Arbeitnehmer das Hoheitsgebiet der Mitgliedstaaten verlassen, es sei denn, er erhält einen Aufenthaltstitel auf einer anderen Grundlage im Einklang mit Unionsrecht oder nationalem Recht. So kann zB eine Aufenthaltserlaubnis nach § 28

255 BT-Drs. 19/8285, S. 101.

Abs. 1 S. 1 Nr. 1 oder § 30 Abs. 1 AufenthG bei Eheschließung mit einem deutschen Staatsangehörigen oder einem Drittstaatsangehörigen mit verfestigtem Aufenthalt erteilt werden. Denn das AufenthG enthält keine Sperrwirkungen für die Erteilung einer Aufenthaltserlaubnis nach anderen Rechtsgrundlagen. Das Visumerfordernis entfällt, da sich die Betroffenen während der Geltungsdauer der ICT-Karte mit einem Aufenthaltstitel (ICT-Karte; § 4 Abs. 1 S. 2 Nr. 2 b AufenthG) im Bundesgebiet aufhalten. Stellen sie den Antrag rechtzeitig vor deren Ablauf, tritt nach deren Ablauf die Fiktionswirkung nach § 81 Abs. 4 S. 1 AufenthG ein. Daraus folgt, dass auch nach Ablauf der Fristen in § 19 Abs. 4 AufenthG die Berechtigung der ICT-Karte bis zur Entscheidung über den Antrag auf Erteilung einer Aufenthaltserlaubnis aus anderen Gründen fortgilt. Der Betroffene ist also wegen § 81 Abs. 4 AufenthG berechtigt, auch nach Ablauf der jeweils maßgebenden Frist nach § 19 Abs. 4 S. 1 AufenthG die Tätigkeit in der inländischen Niederlassung im Rahmen des unternehmensinternen Transfers weiter auszuüben. Während wegen der kurzen Fristen in dieser Vorschrift eine Verfestigung des Aufenthaltsrechts ausgeschlossen ist, kann der Betroffene nach Erteilung der Aufenthaltserlaubnis zu anderen Zwecken eine Niederlassungserlaubnis, zB nach § 9, § 21 Abs. 4 S. 2 oder § 28 Abs. 2 S. 1 AufenthG, nicht aber nach § 18 c AufenthG, erlangen. Nach Art. 12 Abs. 2 RL 2014/66/EU kann die zuständige Behörde unbeschadet der Verpflichtungen aus internationalen Abkommen verlangen, dass zwischen dem Ende der in § 19 Abs. 4 S. 1 AufenthG genannten Höchstdauer eines Transfers und der Einreichung eines neuen Antrags für denselben Drittstaatsangehörigen für die Zwecke dieser Richtlinie in demselben Mitgliedstaat ein Zeitraum von bis zu sechs Monaten liegen muss.

5. Familienzusammenführung

135 Nach § 30 Abs. 1 S. 3 Buchst. g AufenthG ist der Ehegattennachzug und nach § 32 Abs. 1 AufenthG der Kindernachzug erlaubt. Das Erfordernis des Sprachnachweises beim Ehegattennachzug entfällt (§ 30 Abs. 1 S. 3 Nr. 5 AufenthG). Diese Regelungen setzen Art. 19 RL 2014/66/EU um. Danach darf abweichend von Art. 3 Abs. 1 und Art. 8 RL 2003/86/EG die Familienzusammenführung nicht vom Erfordernis abhängig gemacht werden, dass der Inhaber einer ICT-Karte begründete Aussicht darauf hat, ein dauerhaftes Aufenthaltsrecht zu erlangen, und dass er eine Mindestaufenthaltsdauer nachweisen kann (Art. 19 Abs. 2 RL 2014/66/EU). Integrationsmaßnahmen können auch dann erst angewandt werden, nachdem den betroffenen Personen die Familienzusammenführung gewährt wurde (Art. 19 Abs. 3 RL 2014/66/EU). § 30 Abs. 1 S. 3 Nr. 5 AufenthG beruht auf dieser Unionsrechtsnorm, wurde aber erst mit dem FKEG Jahre nach Ablauf der Umsetzungsfrist eingeführt.

6. Ablehnungsgründe (§ 19 Abs. 5 und 6 AufenthG)

136 Nach § 19 Abs. 5 AufenthG wird die ICT-Karte nicht erteilt, wenn der Antragsteller aufgrund von Übereinkommen zwischen der Europäischen Union und ihren Mitgliedstaaten einerseits und Drittstaaten andererseits ein Recht auf freien Personenverkehr genießt, das dem der Unionsbürger gleichwertig ist (§ 19 Abs. 5 Nr. 1 AufenthG). Denn in diesem Fall ist die Erwerbstätigkeit aufgrund des eingeräumten Freizügigkeitsrechts erlaubt. Berechtigt sind hiernach etwa Staatsangehörige aus Island, Liechtenstein, Norwegen und der Schweiz. Nach § 19 Abs. 5 Nr. 2 AufenthG wird indes die ICT-Karte nicht erteilt, wenn der Antragsteller in einem Unternehmen mit Sitz in einem dieser mit der EU assoziierten Staaten beschäftigt ist. Offensichtlich soll die vertraglich eingeräumte Freizügigkeit nicht in jeder Beziehung dem originären Freizügigkeitsrecht rechtlich gleichgestellt werden. Ferner wird die ICT-Karte nicht erteilt, wenn der Antragsteller im Rahmen seines Studiums ein **Praktikum** absolviert (§ 19 Abs. 5 Nr. 3 AufenthG). In diesem Fall liegen ohnehin nicht

die Voraussetzungen nach § 19 Abs. 2 oder Abs. 3 AufenthG vor. Darüber hinaus wird die ICT-Karte nicht erteilt, wenn sich der Antragsteller im Rahmen der Möglichkeiten der Einreise und des Aufenthalts in mehreren Mitgliedstaaten zu Zwecken des unternehmensinternen Transfers länger in einem Mitgliedstaat aufhalten wird als im Bundesgebiet (§ 19 Abs. 6 Nr. 1 AufenthG). Diese Regelung ist nicht verständlich. Unzutreffend wird behauptet, sie beruhe auf Art. 11 Abs. 3 S. 2 RL 2014/66/EU.[256] Letztere Norm regelt das Verfahren, nicht aber die Ablehnungsgründe. Diese sind in Art. 7 der Richtlinie normiert. Diese Norm enthält aber einen derartigen Ablehnungsgrund nicht. Es handelt sich auch nicht um eine günstigere Bestimmung im Sinne von Art. 4 der Richtlinie. Schließlich wird der Antrag abgelehnt, wenn der Antrag vor Ablauf von sechs Monaten seit dem Ende des letzten Aufenthalts zum Zweck des unternehmensinternen Transfers im Bundesgebiet gestellt wird (§ 19 Abs. 6 Nr. 2 AufenthG). Bei diesem Ablehnungsgrund handelt es sich um eine Konsequenz aus Art. 12 Abs. 2 RL 2014/66/EU (→ Rn. 134).

V. Mobiler-ICT-Karte (§ 19 b AufenthG)

1. Funktion der Vorschrift

Während § 19 AufenthG (→ Rn. 129 ff.) die ICT-Karte behandelt, regelt § 19 b AufenthG 137
die Mobiler-ICT-Karte. Die Vorschrift übernimmt § 19 d AufenthG aF. Bei beiden Vorschriften wird vorausgesetzt, dass der unternehmensinterne Transfer mehr als 90 Tage dauert (§ 19 Abs. 2 S. 1 Nr. 3 AufenthG, § 19 b Abs. 2 Nr. 2 AufenthG). Während § 19 Abs. 4 AufenthG zur Geltungsdauer der ICT-Karte präzise Regelungen enthält, fehlen diese in § 19 b AufenthG. Beide Vorschriften wie auch § 19 a AufenthG setzen die Richtlinie 2014/66/EU um. Diese unterscheidet in Fälle der kurzfristigen (Art. 21) und in Fälle der langfristigen Mobilität (Art. 22). Kurzfristig ist der in § 19 a AufenthG geregelte unternehmensinterne Transfer, nicht jedoch der in § 19 und § 19 b AufenthG behandelte. In der Literatur wird mit Bezugnahme auf Art. 22 RL 201/666/EU zur Vorläufernorm behauptet, sie regele den Fall der nicht mehr nur kurzfristigen Mobilität.[257] Diese Unionsrechtsnorm ist auf Drittstaatsangehörige gemünzt, die über einen von einem Mitgliedstaat ausgestellten gültigen Aufenthaltstitel für unternehmensintern transferierte Arbeitnehmer verfügen und beabsichtigen, sich – für mehr als 90 Tage je Mitgliedstaat – in einem zweiten Mitgliedstaat aufzuhalten und in einer anderen Niederlassung, die im letztgenannten Mitgliedstaat ansässig ist und dem gleichen Unternehmen oder der gleichen Unternehmensgruppe angehört, zu arbeiten. Dies ist so zu verstehen, dass der Drittstaatsangehörige nicht nur im ersten und dann im Bundesgebiet im Rahmen des unternehmensinternen Transfers tätig werden darf, sondern anschließend in weiteren Mitgliedstaaten in diesem Rahmen. Dies wird in § 19 b AufenthG nicht ausdrücklich geregelt, erschließt sich aber aus Art. 22 der Richtlinie. Hingegen muss bei § 19 AufenthG zwischen dem Ende der in § 19 Abs. 4 S. 1 genannten Höchstdauer eines Transfers und der Einreichung eines neuen Antrags für denselben Drittstaatsangehörigen für die Zwecke der Richtlinie in demselben Mitgliedstaat ein Zeitraum von bis zu sechs Monaten liegen (→ Rn. 131). Ausdrücklich gesagt wird dies in § 19 AufenthG nicht, es wird aber in Art. 12 Abs. 2 der Richtlinie vorgegeben. Mit dem FKEG hätte der Gesetzgeber Gelegenheit gehabt, klarzustellen, worin sich genau § 19 von § 19 b AufenthG unterscheidet.

2. Erteilung der Mobiler-ICT-Karte (§ 19 b Abs. 2 AufenthG)

Wie § 19 Abs. 2 und 3 AufenthG berechtigt auch § 19 b Abs. 2 Nr. 1 AufenthG nur **Füh-** 138
rungskräfte, Spezialisten (→ Rn. 130) und **Trainees** (→ Rn. 133). Wie dort muss auch

256 *Schenk*, in: Bergmann/Dienelt, AuslR, 12. Aufl. 2018, § 19 b AufenthG Rn. 12.
257 *Schenk*, in: Bergmann/Dienelt, AuslR, 12. Aufl. 2018, § 19 d AufenthG Rn. 2.

nach § 19 b Abs. 2 Nr. 2 AufenthG der unternehmensinterne Transfer mehr als 90 Tage dauern. Während jedoch nach § 19 Abs. 2 Nr. 2 AufenthG erforderlich ist, dass der Antragsteller dem Unternehmen oder der Unternehmensgruppe unmittelbar vor Beginn des unternehmensinternen Transfers seit mindestens sechs Monaten und für die Zeit des Transfers ununterbrochen angehört, fehlt dieses Erfordernis in § 19 b Abs. 2 AufenthG. Dies dürfte dem mobilen Charakter der ICT-Karte nach § 19 b AufenthG geschuldet sein. Ferner ist ein Arbeitsvertrag und erforderlichenfalls ein Abordnungsschreiben vorzulegen, worin Einzelheiten zu Ort, Art, Entgelt und zu sonstigen Arbeitsbedingungen für die Dauer des unternehmensinternen Transfers enthalten sind. Gegebenenfalls ist ferner ein Nachweis zu erbringen, dass der Antragsteller nach Beendigung des unternehmensinternen Transfers in eine außerhalb der Europäischen Union ansässige Niederlassung des gleichen Unternehmens oder der gleichen Unternehmensgruppe zurückkehren kann (§ 19 b Abs. 2 Nr. 3 AufenthG, s. auch → Rn. 132). Allerdings wird abweichend von § 19 Abs. 2 S. 1 Nr. 4 AufenthG insoweit nur auf den Transfer abgestellt und fehlt das dort verwandte Adjektiv „unternehmensintern", obwohl nach § 19 b Abs. 1 AufenthG eine Mobiler-ICT-Karte auf den „unternehmensinternen" Transfer gerichtet ist. Verständlich ist die Abweichung des Wortlautes von § 19 b Abs. 2 AufenthG von der Gesetzesüberschrift nicht. Die Mobiler-ICT-Karte bedarf der Zustimmung der Bundesagentur für Arbeit (§ 18 Abs. 2 Nr. 2 AufenthG). Nach § 19 b Abs. 7 AufenthG ist die inländische aufnehmende Niederlassung verpflichtet, der örtlich zuständigen Ausländerbehörde in Bezug auf die in § 19 b Abs. 2 AufenthG bezeichneten Voraussetzungen unverzüglich, also ohne schuldhaftes Verzögern (§ 121 Abs. 1 BGB), in der Regel innerhalb einer Woche, anzuzeigen.

3. Erlaubnisfiktion (§ 19 b Abs. 3 AufenthG)

139 Nach § 19 b Abs. 3 AufenthG *gilt* der Aufenthalt und die Beschäftigung des Antragstellers für bis zu 90 Tage innerhalb eines Zeitraums von 180 Tagen als erlaubt, sofern der Antrag mindestens 20 Tage vor Beginn des Aufenthalts im Bundesgebiet gestellt wird und der Aufenthaltstitel des anderen Mitgliedstaates weiterhin gültig ist. Sofern der andere Mitgliedstaat ein Schengen-Staat ist, folgt das Aufenthaltsrecht bereits aus Art. 20 oder 21 SDÜ. Allerdings ist danach nicht die Beschäftigung erlaubt. Unklar ist, welche Wirkung die Entscheidung der Ausländerbehörde hat. Jedenfalls wird durch diese die Erlaubnisfiktion in einen Aufenthaltstitel (§ 4 Abs. 1 S. 2 Nr. 2 c AufenthG) umgewandelt. Stellt der Betroffene den Antrag weniger als 20 Tage vor Beginn des Aufenthalts, kann er gleichwohl unter den Voraussetzungen von Art. 20 Abs. 1 oder Art. 21 Abs. 1 SDÜ erlaubt einreisen und sich hier bis zu 90 Tage innerhalb eines Zeitraums von 180 Tagen aufhalten. Er darf aber keine Beschäftigung ausüben. Unklar ist, ob der Antragsteller wieder ausreisen muss, wenn die Ausländerbehörde nicht innerhalb von 90 Tagen über seinen Antrag entscheidet. Dies dürfte zu verneinen sein, da behördliche Unzulänglichkeiten wie Versäumnisse nicht zulasten des Antragstellers gehen können. Unklar ist, ob die Aufenthaltszeit im Rahmen der Erlaubnisfiktion auf die Geltungsdauer der Mobiler-ICT-Karte anzurechnen ist. Dies dürfte abzulehnen sein. Zwar enthält § 19 b AufenthG keine § 19 Abs. 4 AufenthG vergleichbare Vorschrift. Bei beiden Vorschriften ist jedoch Art. 12 Abs. 1 RL 2014/66/EU zu beachten, da Inhaber einer Mobiler-ICT-Karte ebenfalls nur Führungskräfte, Spezialisten oder Trainees sein können und diese Norm bestimmt, dass die Höchstdauer des Transfers für Führungskräfte und Spezialisten drei Jahre und für Trainees ein Jahr umfasst und diese danach ausreisen müssen.

4. Ablehnung des Antrags (§ 19 b Abs. 4 und 5 AufenthG)

140 Nach § 19 b Abs. 4 S. 1 AufenthG wird der Antrag abgelehnt, wenn er parallel zu einer Mitteilung nach § 19 a AufenthG – kurzfristige Mobilität für unternehmenstransferierte

Arbeitnehmer – gestellt wurde. Abgelehnt wird der Antrag auch, wenn er zwar während des Aufenthalts nach § 19 a AufenthG, aber nicht mindestens 20 Tage vor Ablauf dieses Aufenthalts gestellt wurde (§ 19 b Abs. 4 S. 2 AufenthG). Diese Regelungen setzen Art. 22 Abs. 2 Buchst. e RL 2014/66/EU um. Danach kann ein Antrag auf langfristige Mobilität nicht zur gleichen Zeit wie eine Mitteilung im Hinblick auf eine kurzfristige Mobilität übermittelt werden. Falls sich nach dem Beginn der kurzfristigen Mobilität des unternehmensintern transferierten Arbeitnehmers das Erfordernis einer langfristigen Mobilität ergibt, kann der zweite Mitgliedstaat verlangen, dass der Antrag auf langfristige Mobilität mindestens 20 Tage vor Ablauf der kurzfristigen Mobilität übermittelt wird. Die Regelungen sollen die Trennung der Zulassung unternehmenstransferierter Arbeitskräfte zur **kurzfristigen** (§ 19 a AufenthG) und **langfristigen** (§ 19 b AufenthG) Mobilität sicherstellen und zugleich verhindern, dass ein Drittstaatsangehöriger, der die für die berufliche Qualifizierung als Führungskraft, Spezialist oder Trainee erforderlichen Voraussetzungen nicht erfüllt, auf § 19 a AufenthG ausweicht. Denn diese Norm stellt anders als § 19 b AufenthG nicht derart qualifizierte Anforderungen an das berufliche Profil des Drittstaatsangehörigen.

Nach § 19 b Abs. 5 AufenthG *wird* die Mobiler-ICT-Karte nicht erteilt, wenn sich der Antragsteller im Rahmen des unternehmensinternen Transfers im Bundesgebiet länger aufhalten wird als in anderen Mitgliedstaaten. Diese Regelung ist identisch mit § 19 Abs. 6 Nr. 2 AufenthG und wird vor dem Hintergrund von Art. 11 Abs. 3 S. 2 RL 2014/66/EU verständlich.[258] Art. 11 Abs. 2 der Richtlinie bestimmt, dass der Antrag auf einen Aufenthaltstitel für unternehmensintern transferierte Arbeitnehmer zu stellen ist, solange der Drittstaatsangehörige seinen Aufenthalt außerhalb des Hoheitsgebiets des Mitgliedstaats hat, für den eine Zulassung beantragt wird. Der Antrag ist an die Behörden des Mitgliedstaats zu stellen, in dem sich der transferierte Arbeitnehmer *zuerst* aufhalten wird. Im Falle von Mobilität innerhalb der Union ist der Antrag an die Behörden des Mitgliedstaats zu stellen, in dem der **insgesamt längste Aufenthalt** während des Transfers stattfinden soll (Art. 11 Abs. 3). Hieraus folgt, dass im anderen Mitgliedstaat, den der Antragsteller für die erste Station seines unternehmensinternen Transfers ausgewählt hat, der Aufenthalt am längsten währen muss, so dass die im Bundesgebiet örtlich zuständige Ausländerbehörde darauf zu achten hat, dass diese unionsrechtliche Vorgabe nicht durch Zulassung eines längeren Aufenthalts als im ersten Mitgliedstaat missachtet wird. Der erste Mitgliedstaat bleibt der Staat, in dem der Antrag auf Ausstellung der Mobiler-ICT-Karte von außerhalb der Union gestellt wurde, so dass der Antragsteller diesen Antrag nicht mehr erneut im Bundesgebiet stellen kann, um dadurch einen längeren Aufenthalt zu erreichen. Nur wenn er aufgrund eines gesetzlichen Anspruchs, zB nach § 28 Abs. 1 S. 1, § 30 AufenthG, einen gesetzlichen Anspruch aus anderen Gründen geltend machen kann, kann er einen längeren Aufenthalt erreichen. 141

5. Ablehnungsgründe (§ 19 b Abs. 6 AufenthG)

Der Antrag *kann* abgelehnt werden, wenn die Höchstdauer des unternehmensinternen Transfers nach § 19 Abs. 4 AufenthG erreicht wurde oder der in § 19 Abs. 6 Nr. 3 AufenthG bezeichnete Ablehnungsgrund vorliegt. Die Höchstdauer der ICT-Karte nach § 19 Abs. 4 S. 1 Nr. 1 AufenthG für Führungskräfte und Spezialisten beträgt höchstens drei, nach § 19 Abs. 4 S. 1 Nr. 2 AufenthG für Trainees höchstens ein Jahr (→ Rn. 134). Mit dem Hinweis auf § 19 Abs. 6 Nr. 3 in § 19 b Abs. 6 Nr. 2 AufenthG soll erreicht werden, dass auch die Mobiler-ICT-Karte nicht erteilt wird, wenn der Drittstaatsangehörige im Rahmen seines Studiums ein Praktikum absolviert (→ Rn. 136). In diesem Fall liegen ohnehin nicht die Voraussetzungen nach § 19 b Abs. 2 AufenthG vor. 142

258 *Schenk*, in: Bergmann/Dienelt, AuslR, 12. Aufl. 2018, § 19 b AufenthG Rn. 12.

VI. Kurzfristige Mobilität für unternehmensintern transferierte Arbeitnehmer (§ 19 a AufenthG)

1. Funktion der Vorschrift

143 § 19 a AufenthG regelt den **vorübergehenden Aufenthalt zum Zweck eines unternehmensinternen Transfers für Drittstaatsangehörige**, die in einem anderen Mitgliedstaat im Besitz eines Aufenthaltstitels zum Zweck des unternehmensinternen Transfers nach der Richtlinie 2014/66/EU sind. Demgegenüber werden in § 19 und § 19 b AufenthG der nicht nur vorübergehende Aufenthalt zum selben Zweck behandelt. Die Vorschrift übernimmt § 19 c AufenthG aF. § 19 a Abs. 1 S. 1 AufenthG wird um Nr. 5 ergänzt. Dies entspricht Erwägungsgrund Nr. 22 RL 2014/66/EU, der davon ausgeht, dass die Regelungen der kurzfristigen Mobilität die Voraussetzungen, die bei einer vorübergehenden Mobilität in einem **reglementierten Beruf** aus berufsrechtlicher Sicht erforderlich sind, unberührt lassen.[259] § 19 a AufenthG sieht unter bestimmten Voraussetzungen einen erlaubten Aufenthalt **ohne Aufenthaltstitel** vor. Damit stellt sich das Erfordernis der Zustimmung (§ 18 Abs. 2 Nr. 2 AufenthG) nicht. Ferner wurde § 19 a Abs. 1 S. 1 AufenthG gegenüber 19 c AufenthG aF erweitert, um Art. 21 Abs. 2 S. 1 RL 2014/66/EU vollständig umzusetzen.[260] Denn § 19 a Abs. 1 S. 1 AufenthG sieht neben der **Mitteilung an den Mitgliedstaat**, in welchen die Mobilität erfolgt, auch die Mitteilung an den ersten Mitgliedstaat, der den Aufenthaltstitel ausgestellt hat, vor. Diese Mitteilungspflicht kannte das alte Recht nicht, so dass der jeweils erste Mitgliedstaat nicht die Möglichkeit hatte, von der Mobilität des Drittstaatsangehörigen Kenntnis zu erlangen.

2. Voraussetzungen für die Erteilung der Bescheinigung (§ 19 a Abs. 1 AufenthG)

144 Für die Ausstellung einer **Bescheinigung** nach § 19 a Abs. 4 AufenthG über die Berechtigung zur Einreise und zum Aufenthalt zum Zweck der unternehmensinternen Transfers im Rahmen der kurzfristigen Mobilität durch das Bundesamt für Migration und Flüchtlinge sind nach § 19 a Abs. 1 S. 1 Nr. 1 bis Nr. 5 AufenthG ein Nachweis über den Besitz eines gültigen nach der Richtlinie 2014/66/EU durch den anderen Mitgliedstaat erteilten Aufenthaltstitels vorzulegen (Nr. 1). Dies kann durch beglaubigte Kopie oder das Original des Titels erfolgen. Ferner ist der Nachweis zu führen, dass die inländische aufnehmende Niederlassung demselben Unternehmen oder derselben Unternehmensgruppe angehört wie dasjenige Unternehmen mit Sitz außerhalb der Europäischen Union, dem der Drittstaatsangehörige angehört (Nr. 2). Zugleich sind ein **Arbeitsvertrag** und erforderlichenfalls ein **Abordnungsschreiben** (→ Rn. 132) nach den Vorgaben in § 19 b Abs. 2 S. 1 Nr. 5 AufenthG vorzulegen, der oder das bereits den zuständigen Behörden des anderen Mitgliedstaates vorgelegt wurde (Nr. 3), die Kopie eines anerkannten und gültigen Passes oder Passersatzes (Nr. 4) sowie der Nachweis, dass eine **Berufsausübungserlaubnis** (§ 18 Abs. 2 Nr. 3 AufenthG; → Rn. 11 ff.) erteilt wurde oder ihre Erteilung zugesagt ist, soweit dies erforderlich ist (Nr. 5). Zugleich ist das Mitteilungsverfahren einzuleiten: Die aufnehmende Niederlassung im anderen Mitgliedstaat hat die Mitteilung in dem Zeitpunkt zu machen, in dem der Drittstaatsangehörige im anderen Mitgliedstaat den Antrag auf Erteilung eines Aufenthaltstitels im Anwendungsbereich der RL 2014/66/EU stellt (§ 19 a Abs. 1 S. 2 AufenthG). Da zu Beginn des Aufenthaltes in der Europäischen Union im Rahmen eines unternehmensinternen Transfers in aller Regel noch keine Vorstellung über erforderliche Aufenthalte in anderen Mitgliedstaaten bestehen, hat die aufnehmende Niederlassung im anderen Mitgliedstaat die Mitteilung in dem Zeitpunkt zu machen, in dem ihr die Absicht der Notwendigkeit des vorübergehenden Aufenthalts im Bundesgebiet im Rahmen eines

259 BT-Drs. 19/8285, S. 101.
260 BT-Drs. 19/8285, S. 101.

unternehmensinternen Transfers bekannt wird (§ 19a Abs. 1 S. 3 AufenthG). Ist der andere Mitgliedstaat kein **Schengen-Staat**, hat der Antragsteller die Kopie der Mitteilung mitzuführen und den zuständigen Behörden im Bundesgebiet auf deren Verlangen vorzulegen (§ 19a Abs. 1 S. 4 AufenthG).

3. Ausstellung der Bescheinigung (§ 19 a Abs. 4 AufenthG)

Falls innerhalb von 20 Tagen nach Zugang der in § 19a Abs. 1 S. 1 AufenthG bezeichneten Mitteilung keine Ablehnung der Einreise und des Aufenthalts erfolgt, wird die Bescheinigung durch das Bundesamt für Migration und Flüchtlinge ausgestellt (§ 19a Abs. 4 AufenthG). Mit dieser darf der Antragsteller jederzeit innerhalb der Gültigkeitsdauer des vom anderen Mitgliedstaat erteilten Aufenthaltstitels (§ 19a Abs. 1 S. 1 Nr. 1 AufenthG) erlaubnisfrei einreisen und sich dort zum Zweck des unternehmensinternen Transfers aufhalten. Aus dieser Formulierung folgt, dass er hier in diesem Rahmen eine **Beschäftigung** ausüben darf.[261] Denn aus der Ratio unternehmensinterner Transfers folgt die Berechtigung zur Beschäftigung. Der Antragsteller führt die Bescheinigung nach § 19a Abs. 4 AufenthG bei sich und bedarf keines Visums. Bei Schengen-Staaten folgt die Berechtigung zum Aufenthalt ohnehin aus Art. 20 oder Art. 21 SDÜ. Auch die Zeitvorgaben in § 19a Abs. 1 S. 1 Nr. 1 AufenthG stimmen mit denen der genannten Bestimmungen des SDÜ überein. Die Bescheinigung berechtigt zu einem Aufenthalt im Bundesgebiet für eine Dauer von bis zu 90 Tagen innerhalb eines Zeitraums von 180 Tagen. Reist der Drittstaatsangehörige ein, ohne dass die Mitteilungs- und Vorlagepflicht erfüllt worden ist, ist er nicht vom Erfordernis eines nationalen Aufenthaltstitels befreit.[262] Dass er stets ausreisepflichtig sei,[263] kann in dieser Pauschalität jedenfalls bei Einreisen aus Schengen-Staaten nicht behauptet werden. Denn ist er im Besitz eines nationalen Aufenthaltstitels eines anderen Schengen-Staates, darf er nach Art. 21 Abs. 1 SDÜ jederzeit für die Dauer von 180 Tagen innerhalb eines Zeitraums von 180 Tagen einreisen. Bei Drittstaatsangehörigen aus visumfreien Staaten folgt dies aus Art. 20 Abs. 1 SDÜ. Reist der Drittstaatsangehörige nicht aus einem Mitglied- oder Schengen-Staat ein, kommt aber aus einem visumfreien Herkunftsstaat, darf er ebenfalls jeweils für diese Zeitdauer einreisen (Art. 1 Abs. 1 S. 2 EG-VisaVO). In all diesen Fällen darf er aber keine Beschäftigung ausüben. Er kann aber über die Niederlassung im anderen Mitgliedstaat das Mitteilungs- und Vorlageverfahren einleiten und sich im Bundesgebiet im Rahmen des erlaubten Zeitraums weiterhin aufhalten. Bei unmittelbarer Einreise aus dem Herkunftsland oder aus einem Drittstaat fehlt es allerdings am erforderlichen Aufenthaltstitel nach § 19a Abs. 1 S. 1 Nr. 1 AufenthG des anderen Mitgliedstaates. Das Recht auf Familienzusammenführung wird anders als bei Inhabern einer ICT-Karte nach § 19 AufenthG (→ Rn. 135) nicht gewährt, da nach Art. 19 Abs. 1 iVm Art. 22 RL 2014/66/EU das Recht auf Familienzusammenführung nur bei langfristiger Mobilität begründet wird. Dementsprechend enthalten § 30 und § 32 AufenthG auch keine Regelungen zugunsten von nach § 19a AufenthG berechtigten Personen. 145

4. Ablehnungsgründe (§ 19 a Abs. 3 AufenthG)

Einreise und Aufenthalt werden durch das Bundesamt abgelehnt, wenn die Voraussetzungen nach § 19a Abs. 3 S. 1 AufenthG erfüllt sind, dh wenn das Arbeitsentgelt, das dem Drittstaatsangehörigen während des unternehmensinternen Transfers im Bundesgebiet gewährt wird, ungünstiger ist als das Arbeitsentgelt vergleichbarer deutscher Arbeitnehmer (Nr. 1), die Voraussetzungen des § 19a Abs. 1 S. 1 Nr. 1, 2, 4 und 5 AufenthG 146

261 *Schenk*, in: Bergmann/Dienelt, AuslR, 12. Aufl. 2018, § 19c AufenthG Rn. 7f., äußert sich hierzu nicht.
262 *Schenk*, in: Bergmann/Dienelt, AuslR, 12. Aufl. 2018, § 19c AufenthG Rn. 6.
263 So *Schenk*, in: Bergmann/Dienelt, AuslR, 12. Aufl. 2018, § 19c AufenthG Rn. 6.

(→ Rn. 144) nicht vorliegen (Nr. 2), die nach § 19 a Abs. 1 AufenthG vorgelegten Nachweise in **betrügerischer** Weise erworben oder **gefälscht** oder **manipuliert** wurden (Nr. 3), der Drittstaatsangehörige sich bereits länger als drei Jahre in der EU aufhält oder, falls es sich um einen Trainee handelt, länger als ein Jahr (Nr. 4) oder ein **Ausweisungsinteresse** (§ 5 Abs. 1 Nr. 2 AufenthG) besteht (Nr. 5). Die Ablehnung hat in den Fällen des § 19 a Abs. 1 S. 1 Nr. 1 bis Nr. 4 AufenthG spätestens 20 Tage nach Zugang der vollständigen Mitteilung nach § 19 a Abs. 1 S. 1 beim Bundesamt zu erfolgen (§ 19 a Abs. 3 S. 2 AufenthG). Fehlt die im Einzelfall erforderliche **Berufserlaubnis**, ist die Ausländerbehörde für die Ablehnung von Einreise und Aufenthalt zuständig (§ 19 a Abs. 3 S. 3 Hs. 2 AufenthG), dh sie darf die erforderlichen aufenthaltsbeendenden Maßnahmen ergreifen, hat aber gegebenenfalls Art. 1 Abs. 1 S. 2 EG-VisaVO, Art. 20 Abs. 1 und Art. 21 Abs. 1 SDÜ zu beachten. Die Ablehnung ist neben der Mitteilung gegenüber dem Drittstaatsangehörigen auch der zuständigen Behörde des anderen Mitgliedstaates sowie der aufnehmenden Niederlassung im anderen Mitgliedstaat bekannt zu geben (§ 19 a Art. 3 S. 4 AufenthG). Zuständig hierfür ist das Bundesamt, wenn nicht die Ausländerbehörde nach § 19 a Abs. 3 S. 3 Hs. 2 AufenthG zuständig ist. Diese dürfte aber wohl mangels Kenntnis der zuständigen Behörden des anderen Mitgliedstaates und der bezeichneten Niederlassung die Bekanntgabe über das Bundesamt veranlassen. Bei fristgerechter Ablehnung hat der Drittstaatsangehörige die Beschäftigung unverzüglich, dh ohne schuldhaftes Verzögern (§ 121 Abs. 1 BGB), einzustellen (§ 19 a Abs. 3 S. 5 Hs. 1 AufenthG). Da der Betroffene zumeist die Beschäftigung im Unternehmen aufgenommen hat, darf er deshalb noch die für die Beendigung seiner Tätigkeiten erforderlichen Maßnahmen erledigen, ohne dass ihm eine schuldhafte Verzögerung zum Vorwurf gemacht werden könnte. Nach der Ablehnung ist die Ausländerbehörde für weitere ausländerrechtliche Maßnahmen zuständig (§ 19 a Abs. 5 S. 1 AufenthG). Die Ausländerbehörde wird den Betroffenen also auf die Ausreisepflicht nach § 50 Abs. 1 hinweisen und erforderlichenfalls die Abschiebungsandrohung nach § 59 Abs. 1 iVm § 58 Abs. 1 AufenthG erlassen. Der Drittstaatsangehörige ist verpflichtet, die Verlängerung seines Aufenthaltstitels durch den anderen Mitgliedstaat mitzuteilen (§ 19 a Abs. 5 S. 2 AufenthG). In diesem Fall ist der Betroffene weiterhin im Besitz eines nationalen Aufenthaltstitels eines anderen Schengen-Staates, sofern der andere Mitgliedstaat Schengen-Staat ist, und hat die Ausländerbehörde im Rahmen der Durchführung aufenthaltsbeendender Maßnahmen gegebenenfalls Art. 21 Abs. 1 SDÜ zu beachten. Wird die Frist von 20 Tagen (§ 19 a Abs. 3 S. 2 AufenthG) überschritten, entfällt die Berechtigung zur Ablehnung und darf die Beschäftigung fortgeführt werden. Angesichts der Maximaldauer von 180 Tagen (§ 19 a Abs. 1 S. 1 AufenthG) würde ein Ablehnungsverfahren einschließlich der Durchführung eines Anhörungsverfahrens (§ 28 VwVfG) ohnehin bedeutend länger dauern als der Ablauf der Geltungsdauer der Bescheinigung.

Abschnitt IV: Verlängerung des Aufenthaltstitels und Niederlassungserlaubnis

A. Verlängerung des Aufenthaltstitels

147 Für die Verlängerung der Fachkräften erteilten Aufenthaltserlaubnis sind dieselben Voraussetzungen maßgebend wie jene, die für die Erteilung der Aufenthaltserlaubnis vorausgesetzt werden. Daraus folgt, dass der Erteilungszweck fortbestehen muss (§ 8 Abs. 1 AufenthG). Dem Inhaber der Aufenthaltserlaubnis darf also nicht eine Aufenthaltserlaubnis zu einem anderen Zweck erteilt werden, es sei denn, er hat einen Rechtsanspruch hierauf (zB § 28 Abs. 1 S. 1; § 30 AufenthG). Allerdings ist zu beachten, dass Fachkräften mit qualifizierter Berufsausbildung (§ 18 a AufenthG) und Fachkräften mit akademischer Ausbildung (§ 18 b AufenthG) von vornherein eine Aufenthaltserlaubnis für die Dauer von

vier Jahren (§ 18 Abs. 4 AufenthG) und anschließend unter den Voraussetzungen des § 19c Abs. 1 AufenthG eine Niederlassungserlaubnis nach dieser Vorschrift erteilt *wird*. Auf die Erteilung für die Dauer von vier Jahren besteht nach § 18 Abs. 4 AufenthG ein Rechtsanspruch, es sei denn, die Zustimmung der Bundesagentur für Arbeit ist auf einen kürzeren Zeitraum befristet (§ 34 Abs. 1 BeschV). In diesem Fall bedarf die Verlängerung der Aufenthaltserlaubnis der Verlängerung der Zustimmung bis zum Ablauf der Vierjahresfrist des § 18 Abs. 4 AufenthG. Die Aufenthaltserlaubnis für Forscher wird für zwei Jahre und bei kürzerer Dauer des Forschungsvorhabens für dessen Dauer erteilt (§ 18d Abs. 4 AufenthG). Das Gesetz enthält keine Regelung für den Fall, dass das Forschungsvorhaben nach Ablauf von zwei Jahren weiterhin andauert. Daraus kann geschlossen werden, dass eine Verlängerung über die Maximalfrist hinaus unzulässig und die Forschungseinrichtung gehalten ist, das Forschungsvorhaben innerhalb dieser Frist abzuschließen.

Bei der Aufenthaltsgewährung zum Zweck der Forschung nach § 18e AufenthG stellt sich 148
das Problem der Verlängerung nicht, weil der Aufenthalt wegen der **kurzfristigen Mobilität** keines Aufenthaltstitels bedarf (§ 18e Abs. 1 S. 1 Hs. 1 AufenthG). Die ICT-Karte ist ein Aufenthaltstitel, der die vorübergehende Abordnung wegen eines **unternehmensinternen Transfers** aufenthaltsrechtlich ermöglicht (§ 19 Abs. 1 AufenthG). Auch hier stellt sich damit grundsätzlich das Problem der Verlängerung des Aufenthaltstitels nicht. Das gilt auch für den Aufenthalt zur Sicherstellung der kurzfristigen Mobilität für **unternehmensintern transferierte Arbeitnehmer** (§ 19a AufenthG). Führungskräften und Spezialisten wird die ICT-Karte zwar für maximal drei Jahre erteilt (§ 19 Abs. 4 Nr. 1 AufenthG). Dasselbe gilt für Inhaber einer Mobiler-ICT-Karte (§ 19b Abs. 6 Nr. 1 iVm § 19 Abs. 4 AufenthG). Inhaber eines derartigen Aufenthaltstitels erhalten damit also nicht die Möglichkeit, eine Niederlassungserlaubnis nach § 9 AufenthG zu erlangen, es sei denn, ihnen wird aufgrund eines Rechtsanspruchs eine Aufenthaltserlaubnis zu einem anderen Zweck erteilt. Die Niederlassungserlaubnis nach § 18c AufenthG ist für diese Personengruppe ohnehin nicht vorgesehen. Die Aufenthaltserlaubnis für mobile Forscher darf maximal für ein Jahr erteilt werden (§ 18f Abs. 1 Hs. 1 AufenthG), so dass sich auch hier das Verlängerungsproblem nicht stellt.

Die Aufenthaltserlaubnis nach § 19c Abs. 1 AufenthG wird nach Maßgabe der BeschV er- 149
teilt und verlängert. Sie eröffnet die Möglichkeit, nach Maßgabe von § 9 AufenthG eine **Niederlassungserlaubnis** zu erteilen. Bei der vorübergehenden Beschäftigung (§ 10 bis § 15e BeschV) stellt sich das Problem der Verlängerung nicht. **Geschäftsreisenden** wird die Aufenthaltserlaubnis insgesamt nicht länger als 90 Tage innerhalb eines Zeitraums von 180 Tagen erteilt (§ 16 Hs. 2 BeschV). Bei diesen Personen ebenso wie bei **Journalisten** (§ 18 BeschV), im Rahmen von **Werklieferungsverträgen** (§ 19 BeschV), beim **Internationalen Straßen- und Schienenverkehr** (§ 20 BeschV), **Schifffahrt- und Luftverkehr** (§ 24 BeschV), bei **Kultur und Unterhaltung** (§ 25 BeschV), bei der **Dienstleistungserbringung** nach § 21 BeschV ist dem Aufenthaltszweck der vorübergehende Charakter immanent, so dass auch hier das Verlängerungsproblem nicht aufgeworfen wird. Bei **Führungskräften** im Sinne von § 3 BeschV, **leitenden Angestellten** und **Spezialisten** im Sinne von § 4 BeschV, beim Aufenthaltstitel für **Wissenschaftler** und zum Zwecke der **Forschung und Entwicklung** nach § 5 BeschV richtet sich die Verlängerung nach allgemeinen Vorschriften. Die Aufenthaltserlaubnis eröffnet die Möglichkeit, nach Maßgabe von § 9 Abs. 2 bis Abs. 4 AufenthG eine **Niederlassungserlaubnis** zu erteilen. Allerdings ist der Aufenthaltstitel für Forscher nach § 5 Nr. 1 BeschV strikt vom Aufenthaltstitel zum Zweck der Forschung nach § 18d AufenthG zu trennen. Der für die Beschäftigung bei Voraufenthaltszeiten (§ 9 BeschV) und bestimmter Staatsangehöriger nach § 26 BeschV erteilte Aufenthaltstitel wird ebenfalls nach allgemeinen Vorschriften verlängert. Dies gilt auch für die Aufenthaltserlaubnis für **Geduldete**. Die insoweit maßgebende Vorschrift des § 19d AufenthG enthält keine Bestimmungen zur Verlängerung, eröffnet aber die Möglichkeit, die Aufenthalts-

laubnis abweichend vom **Visumerfordernis** und unter Durchbrechung der **Titelerteilungssperre des § 10 Abs. 3 S. 1 AufenthG** die Aufenthaltserlaubnis zu erteilen (§ 19 d Abs. 3 AufenthG). Die Aufenthaltserlaubnis zur **Arbeitsplatzsuche** kann bis maximal sechs Monate erteilt werden (§ 20 Abs. 1 und Abs. 2 AufenthG). Ist die Suche erfolgreich, wird die Aufenthaltserlaubnis für die Dauer von vier Jahren (§ 18 Abs. 4 AufenthG) und anschließend die Niederlassungserlaubnis nach § 18 c Abs. 1 AufenthG erteilt. Die Drittstaatsangehörigen mit **ausgeprägten berufspraktischen Kenntnissen** erteilte Aufenthaltserlaubnis (§ 19 c Abs. 2 AufenthG) sowie die im begründeten Einzelfall zur Beschäftigung erteilte Aufenthaltserlaubnis (§ 19 c Abs. 3 AufenthG) wird nach allgemeinen Vorschriften verlängert und eröffnet die Möglichkeit, nach Maßgabe von § 9 AufenthG eine **Niederlassungserlaubnis** zu erteilen.

150 Verlängerung der Aufenthaltserlaubnis bedeutet die **lückenlose weitere Zulassung des Aufenthalts ohne Wechsel des Aufenthaltszwecks.** Die Geltungsdauer der Aufenthaltserlaubnis beginnt am Tag nach Ablauf der Geltungsdauer der zuvor erteilten Aufenthaltserlaubnis (Nr. 8.1.4 AufenthG-VwV).[264] Wird der Verlängerungsantrag erst nach Ablauf der Geltungsdauer der vorangegangenen Aufenthaltserlaubnis erteilt, erlischt die Aufenthaltserlaubnis (§ 51 Abs. 1 Nr. 1 AufenthG). Bei rechtzeitiger Antragstellung gilt die bisher erteilte Aufenthaltserlaubnis mit den ihr immanenten Berechtigungen weiter fort (§ 81 Abs. 4 S. 1 AufenthG), dh der weitere Aufenthalt ist bis zum Zeitpunkt der Verlängerungsentscheidung nach Maßgabe des ursprünglichen Erteilungszwecks zur Ausübung einer Beschäftigung nach §§ 18 ff. AufenthG erlaubt (**Fiktionswirkung**). Dem Antragsteller ist eine **Fiktionsbescheinigung** zu erteilen (§ 81 Abs. 5 AufenthG). Bei **verspäteter Antragstellung** kann die Ausländerbehörde zur Vermeidung einer **unbilligen Härte** die Fortgeltungsfiktion anordnen (§ 81 Abs. 4 S. 3 AufenthG). Sofern die Zustimmung noch andauert (§ 34 Abs. 1 BeschV), darf die bisherige Beschäftigung weiter ausgeübt werden. Wird der Verlängerungsantrag abgelehnt, entfaltet der Widerspruch bzw. die Klage keine aufschiebende Wirkung (§ 84 Abs. 1 S. 1 Nr. 1 AufenthG). Während des hierauf bezogenen **Eilrechtsschutzverfahrens** darf die bisherige Beschäftigung weiterhin ausgeübt werden (§ 84 Abs. 2 S. 2 AufenthG). Die **Erwerbstätigkeitsfortgeltungsfiktion** stellt sicher, dass bis zum Eintritt der Vollziehbarkeit der Abschiebungsandrohung nach Bekanntgabe etwa einer Versagungs- oder Ausweisungsverfügung die Erlaubnis zur Erwerbstätigkeit fortgilt. Die Berechtigung, einer Erwerbstätigkeit nachzugehen, ist dem Berechtigten zu bescheinigen.[265] Zwar enthält das Gesetz hierzu keine ausdrückliche Regelung. Doch ergibt sich dieser Anspruch mittelbar aus § 4 Abs. 2 S. 1 und Abs. 3 S. 1 AufenthG, in den Altfällen aus § 105 Abs. 1 S. 1 oder Abs. 2 iVm § 84 Abs. 2 S. 2 AufenthG. Wegen der in § 4 a Abs. 3 S. 1 AufenthG geregelten Nachweispflicht besteht ein anzuerkennendes Bedürfnis des Betroffenen, dass ihm die Ausländerbehörde gegebenenfalls die Berechtigung zur Ausübung einer Beschäftigung in geeigneter Form bescheinigt. Zur Vermeidung von Verwechslungen mit der Fortgeltungsfiktion nach § 81 Abs. 4 AufenthG besteht keine Verpflichtung, den Vordruck D3 zur AufenthV zu verwenden.[266] Die Ausländerbehörde wird ihrer Verpflichtung, das Recht aus § 84 Abs. 2 S. 2 AufenthG zu bescheinigen, mit der Ausstellung der Duldungsbescheinigung nach § 60 a Abs. 4 AufenthG nicht gerecht, da diese dieses Recht gerade nicht bescheinigt.[267] Bei einer nur vorübergehenden Ausreise (§ 51 Abs. 1 Nr. 7 AufenthG) entfällt die Fiktionswirkung nicht.[268] Hebt die Ausländerbehörde die Versagungsverfü-

---

264 *Samel*, in: Bergmann/Dienelt, AuslR, 12. Aufl. 2018, § 8 AufenthG Rn. 3.

265 OVG Hamburg, InfAuslR 2006, 60 (62); OVG NW, AuAS 2007, 158 (159); VGH BW, InfAuslR 2008, 355 (356); BayVGH, InfAuslR 2012, 14 (15); VG Magdeburg, InfAuslR 2008, 259.

266 BVerwG, NVwZ-RR 2010, 330 (331) = InfAuslR 2010, 150 = EZAR NF 93 Nr. 13; OVG NW, AuAS 2007, 158 (159); BayVGH, InfAuslR 2012, 14 (15).

267 OVG NW, AuAS 2007, 158 (159 f.).

268 BayVGH, InfAuslR 2012, 14 (15).

gung von sich aus auf oder wird sie hierzu gerichtlich verpflichtet, ist eine Unterbrechung der Rechtmäßigkeit des Aufenthalts nicht eingetreten (§ 84 Abs. 2 S. 3 AufenthG), dh für die Erteilung der Niederlassungserlaubnis nach § 9 oder § 18 c AufenthG ist die Zeitdauer zwischen der Bekanntgabe der Versagungsverfügung und der Verlängerung der Aufenthaltserlaubnis zu berücksichtigen. Die Geltungsdauer der Verlängerungsentscheidung richtet sich nach den speziellen gesetzlichen Bestimmungen. Wird die Geltungsdauer nicht geregelt, setzt die Ausländerbehörde die zeitliche Dauer der Verlängerung fest. In der Regel wird die Aufenthaltserlaubnis um zwei Jahre verlängert. Die erteilte Zustimmung der Bundesagentur für Arbeit gilt im Rahmen ihrer zeitlichen Begrenzung nach der Verlängerungsentscheidung fort (§ 35 Abs. 2 BeschV).

B. Niederlassungserlaubnis (§ 18 c AufenthG)

I. Funktion der Niederlassungserlaubnis für Fachkräfte

Eine § 18 c Abs. 1 AufenthG vergleichbare Vorschrift kannte das frühere Recht nicht. Vielmehr wurde Inhabern eines Aufenthaltstitels zur Ausübung einer Beschäftigung die Niederlassungserlaubnis grundsätzlich nach Maßgabe der allgemeinen Vorschrift des § 9 AufenthG erteilt. Inhabern einer Blauen Karte EU konnte jedoch nach Maßgabe von § 19 a Abs. 6 AufenthG aF eine Niederlassungserlaubnis erteilt werden. Diese Vorschrift übernimmt § 18 c Abs. 2 AufenthG. Hochqualifizierten wurde von vornherein die Niederlassungserlaubnis nach § 19 AufenthG aF erteilt. Diese Vorschrift übernimmt § 18 c Abs. 3 AufenthG. § 18 c AufenthG verweist nicht auf § 9 Abs. 1 AufenthG. Ungeachtet dessen wird mit dem in § 18 c AufenthG verwendeten Begriff der Niederlassungserlaubnis klargestellt, dass die der Niederlassungserlaubnis arteigenen Rechtswirkungen Anwendung finden. Dies wird auch daraus deutlich, dass der Gesetzgeber in § 4 Abs. 1 S. 2 Nr. 3 AufenthG lediglich auf die Niederlassungserlaubnis nach § 9 AufenthG verweist, jedoch auch nach altem Recht etwa die Niederlassungserlaubnis nach § 19 a Abs. 6 AufenthG aF auf § 9 AufenthG verwies. Aus den § 18 c AufenthG immanenten arteigenen Rechtswirkungen der Niederlassungserlaubnis folgt, dass diese unbefristet gilt (§ 9 Abs. 1 S. 1 AufenthG). Die Geltungsdauer ist damit nicht begrenzt und kann auch nicht nachträglich befristet (§ 7 Abs. 2 S. 2 AufenthG) werden. Ebenso wenig dürfen der Niederlassungserlaubnis zwecks Befristung aufschiebende oder auflösende Bedingungen beigegeben werden, da die Anordnung von Nebenbestimmungen grundsätzlich unzulässig ist (§ 9 Abs. 1 S. 2 AufenthG). Die Niederlassungserlaubnis berechtigt kraft Gesetzes zur Ausübung jeder nichtselbstständigen und selbstständigen Erwerbstätigkeit (§ 9 Abs. 1 S. 2 Hs. 1 AufenthG). Ihre Erteilung ist damit nicht von der Zustimmung der Agentur für Arbeit abhängig. Der entsprechende Hinweis in § 18 c Abs. 1 S. 1 Hs. 1 AufenthG ist daher entbehrlich, dient aber der Klarstellung. Die Niederlassungserlaubnis verleiht immer ein **eigenständiges Aufenthaltsrecht**, losgelöst von der ursprünglichen Zweckbindung (Nr. 9.1 AufenthG-VwV). Damit löst sich die Akzessorietät des bisherigen Aufenthaltstitels auf. § 8 Abs. 1 AufenthG ist nicht mehr anwendbar. Der Wegfall der Erteilungsvoraussetzungen führt nicht zur Zurückstufung zur befristeten Aufenthaltserlaubnis. Vielmehr kann die Niederlassungserlaubnis nur noch zurück genommen (§ 51 Abs. 1 Nr. 3 AufenthG) oder unter den Voraussetzungen des § 52 AufenthG widerrufen werden. Der Wegfall der Erteilungsvoraussetzungen ist kein Widerrufsgrund. 151

Die **Erlöschensgründe** des § 51 AufenthG gelten allerdings auch für die Niederlassungserlaubnis. Durch Rücknahme oder durch Ausweisung (§ 51 Abs. 1 Nr. 5 AufenthG) erlischt danach die Niederlassungserlaubnis. Es ist allerdings der erhöhte Ausweisungsschutz aufgrund besonders schwerwiegender Bleibeinteressen zu beachten (§ 55 Abs. 1 Nr. 1 AufenthG). Dieser besondere Schutz kommt Hochqualifizierten aber erst nach einem vierjährigen Besitz der Niederlassungserlaubnis zu. Wer einen längeren, sechs Monate über- 152 steigenden Auslandsaufenthalt beabsichtigt und nicht die Voraussetzungen des § 51 Abs. 2 AufenthG erfüllt, muss zur Vermeidung des Verlusts des Aufenthaltsrechts den Antrag nach § 51 Abs. 1 Nr. 7 AufenthG stellen, auf den er einen Sollanspruch hat (§ 51 Abs. 4 AufenthG). § 51 Abs. 1 Nr. 6 und Nr. 7 AufenthG, wonach bei einem Auslandsaufenthalt unter den dort bestimmten Bedingungen die Niederlassungserlaubnis erlischt, gilt nicht für Inhaber einer Niederlassungserlaubnis und die Niederlassungserlaubnis eines mit ihm in familiärer ehelicher Lebensgemeinschaft lebenden Ehegatten, wenn die in § 51 Abs. 2 AufenthG geregelten Voraussetzungen erfüllt sind. Gegen die Erlöschenswirkungen des § 51 Abs. 1 AufenthG schützt letztendlich nur die Einbürgerung. Andererseits setzt die Einbürgerung kein Stufenverhältnis dergestalt voraus, dass vor der Einbürgerung zunächst eine Niederlassungserlaubnis erworben werden müsste (vgl. § 10 Abs. 1 S. 1 Nr. 2 StAG).

II. Fachkräfte und Forscher (§ 18 c Abs. 1 AufenthG)

1. Funktion der Niederlassungserlaubnis nach § 18 c Abs. 1 AufenthG

153 Die Niederlassungserlaubnis nach § 18 c Abs. 1 AufenthG vereinheitlicht die Voraussetzungen für die Erteilung einer Niederlassungserlaubnis an Fachkräfte.[269] Für Fachkräfte mit Berufsausbildung wird neu die Möglichkeit geschaffen, abweichend von § 9 AufenthG eine Niederlassungserlaubnis zu erhalten. Zudem wird bei akademischen Fachkräften auch für Absolventen ausländischer Hochschulen sowie für Forscher ein erleichterter Zugang zur unbefristeten Aufenthaltsperspektive eröffnet.[270] Die Niederlassungserlaubnis nach § 18 c AufenthG wird dementsprechend unter signifikant von den allgemeinen Voraussetzungen nach § 9 Abs. 2 AufenthG abweichenden, günstigeren Voraussetzungen erteilt. Dies betrifft den Mindestaufenthalt nach § 18 c S. 1 Nr. 1 und S. 2 und die Altersvorsorge nach § 18 c Abs. 1 S. 1 Nr. 3 und S. 2 AufenthG. Im Übrigen findet § 9 Abs. 2 AufenthG Anwendung (§ 19 a Abs. 1 S. 1 Nr. 5 AufenthG). Während nach § 9 Abs. 2 S. 1 Nr. 1 AufenthG der fünfjährige Besitz einer Aufenthaltserlaubnis erforderlich ist, reicht nach § 18 c Abs. 1 S. 1 Nr. 1 AufenthG ein vierjähriger Besitz und bei einer inländischen Berufsausbildung oder einem inländischen Studium sogar lediglich ein zweijähriger Besitz der Aufenthaltserlaubnis nach § 18 a, § 18 b oder § 18 d AufenthG (§ 18 c Abs. 1 S. 2 AufenthG). Die Altersvorsorge nach § 9 Abs. 2 S. 1 Nr. 3 AufenthG erfordert den Nachweis, dass 60 Monate (fünf Jahre) Beiträge zur gesetzlichen Rentenversicherung oder Aufwendungen für einen Anspruch auf vergleichbare Leistungen geleistet wurden. Nach § 18 c Abs. 1 S. 1 Nr. 3 AufenthG beträgt die entsprechende Dauer 48 Monate (vier Jahre). Bei einer inländischen Berufsausbildung oder einem inländischen Studium wird diese Frist auf zwei Jahre verkürzt (18 c Abs. 1 S. 2 AufenthG). Auf die Erteilung der Niederlassungserlaubnis besteht ein **Rechtsanspruch** (§ 18 c Abs. 1 S. 1 Hs. 1 AufenthG). § 18 c Abs. 1 S. 1 Nr. 5 AufenthG nimmt weder Abs. 3 noch Abs. 4 von § 9 AufenthG in Bezug, so dass Ehegatten der Fachkräfte nicht die Privilegierungen von § 9 Abs. 3 S. 1 AufenthG in Anspruch nehmen, sondern die Erteilung der Niederlassungserlaubnis nach § 9 AufenthG aus eigenem Recht beantragen müssen. Da **mehrere Aufenthaltszwecke** nebeneinander geltend gemacht werden können, kann die Fachkraft aber auch die Erteilung der Niederlassungserlaubnis nach § 9 AufenthG beantragen und sich hierbei zugunsten seines Ehegatten auf die Privilegierung nach § 9 Abs. 3 S. 1 AufenthG berufen. Die Privilegierung nach § 9 Abs. 3 S. 2 AufenthG für **Bildungsinländer** stellt sich angesichts der auf Fachkräfte bezogenen Niederlassungserlaubnis nach § 18 c Abs. 1 AufenthG nicht. Der Ehegatten- und Kindernachzug nach §§ 30, 32 AufenthG ist nicht vom Besitz der Niederlassungserlaubnis nach § 18 c Abs. 1 AufenthG abhängig, sondern kann bereits vorher beantragt werden.

269 BT-Drs. 19/8285, S. 99.
270 BT-Drs. 19/8285, S. 99.

Dass die Anrechnungsregeln von § 9 Abs. 4 AufenthG nicht anwendbar sind, wird bei der Dauer des vierjährigen Titelbesitzes nach § 18 c Abs. 1 S. 1 Nr. 1 AufenthG relevant.

2. Voraussetzungen für die Erteilung der Niederlassungserlaubnis (§ 18 c Abs. 1 AufenthG)

a) Vierjähriger Besitz einer Aufenthaltserlaubnis nach § 18 a, § 18 b oder § 18 d AufenthG (§ 18 c Abs. 1 Satz 1 Nr. 1 AufenthG)

Nach § 18 c Abs. 1 S. 1 Nr. 1 AufenthG wird der Nachweis gefordert, dass der Antragsteller **seit vier Jahren** im Besitz einer Aufenthaltserlaubnis als Fachkraft mit Berufsausbildung (§ 18 a AufenthG), als Fachkraft mit akademischer Ausbildung (§ 18 b AufenthG) oder einer Aufenthaltserlaubnis zum Zweck der Forschung (§ 18 d AufenthG) ist. Wer keinen Aufenthaltstitel nach den genannten Vorschriften hat, kann die Niederlassungserlaubnis nur nach Maßgabe von § 9 AufenthG erlangen. Fachkräfte mit qualifizierter Berufsausbildung (§ 18 a AufenthG) und Fachkräfte mit akademischer Ausbildung (§ 18 b AufenthG) erhalten von vornherein eine Aufenthaltserlaubnis für die Dauer von vier Jahren (§ 18 Abs. 4 AufenthG). Die Aufenthaltserlaubnis für Forscher wird für zwei Jahre und bei kürzerer Dauer des Forschungsvorhabens für dessen Dauer erteilt (§ 18 d Abs. 4 AufenthG). Dauert das Forschungsvorhaben nach Ablauf von zwei Jahren weiterhin an, *wird* die Aufenthaltserlaubnis bis zum Abschluss des Forschungsvorhabens verlängert. Für den Fall, dass es nach Ablauf von vier Jahren noch andauert, besteht ein Rechtsanspruch auf Erteilung der Niederlassungserlaubnis nach § 18 c Abs. 1 AufenthG. Hat der Antragsteller eine inländische Berufsausbildung absolviert oder ein inländisches Studium erfolgreich abgeschlossen, wird die Niederlassungserlaubnis nach einem zweijährigen Besitz der Aufenthaltserlaubnis nach § 18 a, § 18 b oder § 18 d AufenthG erteilt. § 18 c Abs. 1 S. 1 Nr. 5 AufenthG bezieht sich deshalb nicht auf § 9 Abs. 4 AufenthG, weil ausschließlich eine Aufenthaltserlaubnis nach § 18 a, § 18 c oder § 18 d AufenthG relevant ist. Die Anrechnungsprobleme des § 9 Abs. 4 AufenthG stellen sich daher nicht. Die teilweise Anrechnung der Dauer der studienbezogenen Aufenthaltserlaubnis nach § 9 Abs. 4 S. 1 Nr. 3 AufenthG ist weniger günstig als die Privilegierung nach § 18 c Abs. 1 S. 2 Alt. 1 AufenthG. Den Zeiten des Besitzes einer Aufenthaltserlaubnis stehen diejenigen Zeiten gleich, in denen der Antragsteller zwar keinen Aufenthaltstitel besessen, aber nach der von der Ausländerbehörde oder dem Verwaltungsgericht inzident vorzunehmenden Prüfung einen Rechtsanspruch auf eine Aufenthaltserlaubnis gehabt hat, dh der Rechtsanspruch wird in dem Zeitpunkt begründet, in dem die für diesen maßgeblichen Voraussetzungen vorgelegen hatten.[271] Zeiten des Aufenthaltes, während derer der Antragsteller von der Aufenthaltstitelpflicht befreit war (zB § 27 AufenthV), werden nicht angerechnet. Dies folgt bereits daraus, dass in diesem Fall keine Aufenthaltserlaubnis nach § 18 a, § 18 b oder § 18 d AufenthG nachgewiesen werden kann. Unberücksichtigt bleiben Zeiten der Untersuchungshaft und anschließenden Strafhaft, der fiktiven Abschiebungsaussetzung nach § 81 Abs. 3 S. 2 AufenthG und der Aufenthaltsgestattung (§ 55 Abs. 1 S. 1 AsylG). 154

Im Zeitpunkt der Entscheidung muss der Besitz der Aufenthaltserlaubnis noch andauern. 155 Während § 9 Abs. 2 S. 1 Nr. 1 AufenthG einen ununterbrochenen Besitz von fünf Jahren fordert, bleibt diese Frage nach § 18 c Abs. 1 S. 1 Nr. 1 AufenthG offen. Bei den bereits nach altem Recht geltenden Vorschriften zB des § 21 Abs. 4 S. 1 und § 28 Abs. 2 S. 1 AufenthG aF wird diese Voraussetzung nicht angesprochen. Es ist daher davon auszugehen, dass es auf einen ununterbrochenen Besitz nicht ankommt. Andernfalls hatte der Gesetzgeber ein derartiges Erfordernis ebenso wie bei den bezeichneten Vorschriften in § 18 c

271 BVerwGE 118, 166 (169) = EZAR 025 Nr. 26 = mit Verweis auf BVerwGE 115, 352 (356) = EZAR 012 Nr. 6 = NVwZ 2002 867 = InfAuslR 2002, 281; BVerwG, NVwZ 2002, 864 (868) = EZAR 455 Nr. 12 = InfAuslR 2002, 255; *Marx*, Aufenthalts-, Asyl- und Flüchtlingsrecht, 7. Aufl. 2017, § 2 Rn. 155.

Abs. 1 S. 1 Nr. 1 AufenthG regeln müssen. Allerdings wird wegen des Erfordernisses der auf vier Jahre angelegten Altersvorsorge nach § 18 c Abs. 1 S. 1 Nr. 3 AufenthG wohl regelmäßig ein ununterbrochener Besitz der Aufenthaltserlaubnis bestehen. Nicht unterbrochen wird der Besitz der Aufenthaltserlaubnis bei rechtzeitiger Verlängerung der Geltungsdauer wegen der Fortgeltungsfiktion des § 81 Abs. 4 S. 1 AufenthG. Im Falle der Versagung der Verlängerung der Geltungsdauer tritt dann keine Unterbrechung ein, wenn die Behörde von sich aus oder aufgrund gerichtlicher Verpflichtung die Geltungsdauer verlängert (§ 84 Abs. 2 S. 3 AufenthG).[272] Zeiten des Besitzes eines nationalen Visums werden angerechnet (§ 6 Abs. 4 S. 3 AufenthG). Es besteht nicht lediglich ein Anspruch auf Erteilung einer Niederlassungserlaubnis „zu einem beliebigen Zeitpunkt", sondern auch auf Legalisierung des aufenthaltsrechtlichen Status für die Vergangenheit. Daher kann ein Antragsteller, der auf seinen Antrag einen befristeten Aufenthaltstitel mit Wirkung für die Zukunft erhalten hat, bei Vorliegen der gesetzlichen Voraussetzungen diesen Titel auch für einen in der Vergangenheit liegenden Zeitraum nach der Antragstellung beanspruchen, wenn er ein schutzwürdiges Interesse hieran hat. Dieses ist stets zu bejahen, wenn es für die weitere aufenthaltsrechtliche Stellung erheblich sein kann. Diese Rechtsprechung findet auch auf die Niederlassungserlaubnis Anwendung[273] und ist vom BVerfG bestätigt worden.[274] Die rückwirkende Erteilung hat zur Folge, dass der Antragsteller so zu behandeln ist, dass er seit dem Zeitpunkt der Rückwirkung im Besitz der Niederlassungserlaubnis ist.[275] Er genießt zB bereits in diesem Zeitpunkt den Ausweisungsschutz nach § 55 Abs. 1 Nr. 1 AufenthG und kann die deutsche Staatsangehörigkeit über § 4 Abs. 3 S. 1 StAG an sein im Bundesgebiet geborenes Kind vermitteln. Nachträglich eintretende anspruchshindernde Entwicklungen, wie zB das Entstehen eines Ausweisungsinteresses, dürfen nicht berücksichtigt werden[276] und sind nur unter den Voraussetzungen des § 55 Abs. 1 Nr. 1 AufenthG erheblich.

b) Innehaben eines Arbeitsplatzes (§ 18 c Abs. 1 Satz 1 Nr. 2 AufenthG)

156 Nach § 18 c Abs. 1 S. 1 Nr. 2 AufenthG setzt die Erteilung der Niederlassungserlaubnis ferner voraus, dass die Fachkraft einen Arbeitsplatz innehat, der nach den Voraussetzungen der §§ 18 a, 18 b oder 18 d AufenthG von ihr besetzt werden darf. Nach der gesetzlichen Begründung soll mit dieser Voraussetzung klargestellt werden, dass der Antragsteller als Fachkraft tätig sein muss, also einen Arbeitsplatz innehaben muss, der nach den genannten Vorschriften von ihm besetzt werden darf.[277] Das Beschäftigungsverhältnis darf also nicht aufgrund einer Kündigung beendet worden sein. Ist die zeitliche Reichweite der Zustimmung vor Ablauf der Vierjahresfrist nach § 18 Abs. 4 AufenthG abgelaufen (§ 35 Abs. 2 BeschV), muss vor der Erteilung der Niederlassungserlaubnis die Zustimmung erneut eingeholt werden. Es ist aber davon auszugehen, dass die Zustimmung auf die Vierjahresfrist des § 18 Abs. 4 AufenthG abgestimmt ist. In diesem Fall braucht für die Erteilung der Niederlassungserlaubnis keine neue Zustimmung eingeholt werden, da die Niederlassungserlaubnis dies nach § 18 c Abs. 1 S. 1 Hs. 1 AufenthG nicht voraussetzt. Der Gesetzgeber hat mit dem FKEG zugleich die früher geltende maximale Dreijahresfrist für die Geltung der Zustimmung nach § 34 Abs. 2 BeschV aF auf vier Jahre verlängert und damit die Zustimmung an die Vierjahresfristen in § 18 Abs. 4 S. 1 und § 18 c Abs. 1 S. 1 Nr. 1 AufenthG angepasst. Mit dieser Voraussetzung weicht § 18 c Abs. 1 AufenthG von

272 BVerwG, AuAS 2014, 86 (87).
273 BVerwGE 118, 166 (169) = EZAR 025 Nr. 26 = mit Verweis auf BVerwGE 115, 352 (356) = EZAR 012 Nr. 6 = NVwZ 2002 867 = InfAuslR 2002, 281; BVerwG, NVwZ 2002, 864 (868) = EZAR 455 Nr. 12 = InfAuslR 2002, 255.
274 BVerfG (Kammer), InfAuslR 2012, 317 Rn. 15; BVerfG NVwZ 1999, 306.
275 Zum Ganzen *Marx*, Aufenthalts-, Asyl- und Flüchtlingsrecht, 7. Aufl. 2017, § 2 Rn. 157.
276 BVerwG, NVwZ 2009, 1431.
277 BT-Drs. 19/8285, S. 99.

§ 9 Abs. 2 S. 1 AufenthG ab. Dort wird lediglich vorausgesetzt, dass eine Beschäftigung erlaubt und der Lebensunterhalt gesichert ist (§ 9 Abs. 2 S. 1 Nr. 1 und 5 AufenthG). Da die Niederlassungserlaubnis nach § 9 Abs. 1 AufenthG nicht nur für Arbeitnehmer in Betracht kommt, kann dort nicht eine § 18c Abs. 1 S. 1 Nr. 2 AufenthG vergleichbare Voraussetzung aufgestellt werden. Dass auch für § 18c Abs. 1 AufenthG die Sicherung des Lebensunterhaltes nachzuweisen ist, folgt aus der Verweisung in § 18c Abs. 1 S. 1 Nr. 5 auf § 9 Abs. 2 S. 1 Nr. 2 AufenthG. Diese Voraussetzung ist zwingend. Atypische Ausnahmetatbestände wie bei § 5 Abs. 1 Nr. 1 AufenthG sind also nicht zugelassen. Die Ausübung der Beschäftigung muss daher den Lebensunterhalt nach Maßgabe des § 2 Abs. 3 AufenthG sicherstellen.

c) Nachweis der Altersvorsorge (§ 18 c Abs. 1 Satz 1 Nr. 3 AufenthG)

Die Altersvorsorge muss gesichert sein (§ 18c Abs. 1 S. 1 Nr. 3 AufenthG). Hiervon *wird* 157
abgesehen, wenn der Antragsteller sie wegen einer **körperlichen, geistigen oder seelischen Erkrankung oder Behinderung** nicht erfüllen kann (§ 18c Abs. 1 S. 1 Nr. 5 iVm § 9 Abs. 2 S. 6 iVm S. 3 AufenthG). Die Versorgung im Alter muss in diesem Fall zum Zeitpunkt der Erteilung der Niederlassungserlaubnis nicht gesichert sein. Demgegenüber muss der laufende Unterhalt gesichert sein. Der Nachweis von Aufwendungen für einen Anspruch auf **Versicherungsleistungen,** die mit denen aus der gesetzlichen Rentenversicherung vergleichbar sind, setzt im Allgemeinen nicht voraus, dass der Antragsteller im Zeitpunkt der Erteilung der Niederlassungserlaubnis einen Versorgungsanspruch erworben hat, der den Lebensunterhalt ausreichend sichert. Entscheidend ist vielmehr, ob unter der Voraussetzung, dass die private Altersvorsorge weitergeführt wird, Ansprüche in gleicher Höhe erworben werden, wie sie entstehen würden, wenn der Antragsteller 40 Monatsbeiträge zur gesetzlichen Rentenversicherung geleistet hätte und künftig weitere Beiträge zur gesetzlichen Rentenversicherung entrichten würde (vgl. Nr. 9.2.1.3.1 AufenthG-VwV). Ist der Rentenfall bereits eingetreten, kommt es nur auf die Entrichtung der Beiträge für 48 Monate in der Vergangenheit an. Die Höhe der tatsächlichen Rentenleistungen hat allerdings für die Sicherung des Lebensunterhalts Bedeutung. **Anwartschaften** müssen aber in der vorgeschriebenen Form und Höhe nachgewiesen werden.

Die in § 9 Abs. 2 S. 1 Nr. 3 AufenthG geforderten Beiträge zur **gesetzlichen Rentenversi-** 158
cherung ergeben eine **Anwartschaft** auf Leistungen bei Erwerbs- oder Berufsunfähigkeit sowie Erreichen des Rentenalters. Die ersatzweise zugelassene private Vorsorge muss nach Art und Höhe ähnliche Leistungen gewährleisten. „Vergleichbar" sind alle Werte. Die **private Altersvorsorge** muss nach den gegenwärtigen Verhältnissen und Berechnungsmethoden Bezüge erwarten lassen, die ähnlich wie die gesetzliche Rente dem bisherigen Lebenszuschnitt angemessen sind. Die weitere Entrichtung von Beiträgen wird unterstellt, indes nicht verlangt und geprüft. Beiträge zur **gesetzlichen Rentenversicherung** führen zum Erwerb eines Anspruchs auf Rente, einerseits für den Zeitpunkt des Ausscheidens aus dem Erwerbsleben mit Erreichen der entsprechenden Altersgrenze sowie andererseits im Falle eines vorzeitigen Ausscheidens aus dem Erwerbsleben infolge **Erwerbs- oder Berufsunfähigkeit.** Diese beiden Ansprüche bilden den Maßstab für die Vergleichbarkeit der gesetzlichen mit der privaten Altersvorsorge (Nr. 9.2.1.3.1 AufenthG-VwV). Grundlage für die Ermittlung sowohl im Blick auf die gesetzliche wie auch auf die private Altersvorsorge ist ein Einkommen, mit dem der **Lebensunterhalt** des Antragstellers **gesichert** ist (Nr. 9.2.1.3.1 AufenthG-VwV). Danach reicht es für den Nachweis der Altersvorsorge aus, dass der Antragsteller im fraglichen Zeitraum ein sozialversicherungspflichtiges Beschäftigungsverhältnis ausgeübt hat, dessen monatliche Einkünfte oberhalb des sozialhilferechtlichen Regelsatzes liegen. Entsprechendes gilt für die private Altersvorsorge. Anzurechnen sind Zeiten der **Kinderbetreuung** und der **häuslichen Pflege.** Voraussetzung ist, dass Ausfallzeiten aufgrund einer Erwerbstätigkeit oder aus sonstigen Gründen versiche-

rungsrechtlich überhaupt anzusetzen sind. Rentenrechtliche Zeiten, die allein durch Kindererziehung angerechnet werden, genügen dann nicht, wenn überhaupt keine Versicherungsansprüche aufgrund eigener Beitragsleistungen im Rahmen einer Erwerbstätigkeit erlangt werden, weil der Antragsteller niemals im Inland aufgrund einer Erwerbstätigkeit Beiträge zur gesetzlichen Rentenversicherung oder an berufsständische Versorgungseinrichtungen entrichtet oder entsprechend in geeigneter Weise privat Vorsorge getroffen hat. Derartige Ausfallzeiten werden aber nach § 56 SGB VI als rentenrechtlich beachtliche Zeiten angerechnet.[278]

159 Nach § 18c Abs. 1 S. 1 Nr. 3 AufenthG muss der Nachweis geführt werden, dass 48 Monate Beiträge zur gesetzlichen Rentenversicherung oder private Vorsorgeleistungen entrichtet wurden. Demgegenüber beträgt die entsprechende Mindestzeit bei § 9 Abs. 2 S. 1 Nr. 3 AufenthG 60 Monate. Hat der Antragsteller eine inländische Berufsausbildung absolviert oder ein inländisches Studium erfolgreich abgeschlossen, verkürzt sich die Frist nach § 18c Abs. 1 S. 1 Nr. 3 AufenthG auf zwei Jahre (§ 18c Abs. 1 S. 2 AufenthG). Der Gesetzgeber privilegiert die Betroffenen also sowohl beim erforderlichen Mindestaufenthalt nach § 18c Abs. 1 S. 1 Nr. 1 AufenthG wie auch bei der Altersvorsorge. Es ist ihm daran gelegen, dass Personen, die im Bundesgebiet die erforderliche Berufs- oder akademische Ausbildung erlangt haben, zügig und langfristig integriert werden.

d) Ausreichende Kenntnisse der deutschen Sprache (§ 18 c Abs. 1 Satz 1 Nr. 4 AufenthG)

160 Nach § 18c Abs. 1 S. 1 Nr. 4 AufenthG setzt die Erteilung der Niederlassungserlaubnis voraus, dass der Antragsteller **„über ausreichende Kenntnisse der deutschen Sprache verfügt"**. Die Fähigkeit, sich auf einfache Weise mündlich verständigen zu können, reicht nicht aus.[279] Der Nachweis wird grundsätzlich durch Vorlage der Sprachprüfung **B 1** erbracht (§ 2 Abs. 11 AufenthG). Hiervon wird abgesehen, wenn der Antragsteller

- vier Jahre eine deutschsprachige Schule mit Erfolg (Versetzung in die nächsthöhere Klasse) besucht hat,
- einen Hauptschulabschluss oder wenigstens gleichwertigen deutschen Schulabschluss erworben hat,
- in die zehnte Klasse einer weiterführenden deutschsprachigen Schule (Realschule, Gymnasium oder Gesamtschule) versetzt worden ist oder
- ein Studium an einer deutschsprachigen Hochschule oder Fachhochschule oder eine deutsche Berufsausbildung erfolgreich abgeschlossen hat (Nr. 9.2.1.7 AufenthG-VwV).

Sind die erforderlichen Sprachkenntnisse nicht oder nicht hinreichend anhand von Zeugnissen oder Zertifikaten nachgewiesen, ist dem Antragsteller ein **Sprachtest**, gegebenenfalls auch ein **Sprachkurs**, zu empfehlen, es sei denn, er verfügt nach der in einem persönlichen Gespräch gewonnenen Überzeugung der Ausländerbehörde offensichtlich über die geforderten Sprachkenntnisse (Nr. 9.2.1.7 AufenthG-VwV). § 18c Abs. 1 S. 1 Nr. 5 AufenthG verweist nicht auf § 9 Abs. 2 S. 5 letzter Hs. AufenthG. Damit entfällt die Möglichkeit, deshalb vom Sprachnachweis B 1 abzusehen, weil der Antragsteller sich auf einfache Art in deutscher Sprache mündlich verständigen kann und zugleich nur einen geringen Integrationsbedarf hat (§ 44a Abs. 2 Nr. 2 AufenthG). Andererseits verweist § 18c Abs. 1 S. 1 Nr. 5 auf § 9 Abs. 2 S. 3 AufenthG. Hiernach besteht eine zwingende Ausnahmeregelung vom Nachweis der deutschen Sprachkenntnisse und nicht lediglich eine erleichterte Nachweispflicht in den Fällen, in denen Antragsteller, **wegen einer körperlichen, geistigen oder seelischen Krankheit oder Behinderung** ausreichende Sprachkenntnisse nicht nachweisen können. Dieser Vorschrift liegt der Gedanke zugrunde, dass auch behinderten An-

---

278 *Müller*, in: NK-AuslR, 2. Aufl. 2016, § 9 AufenthG Rn. 15; wohl auch VGH BW, InfAuslR 2010, 59 (63–65).

279 BT-Drs. 15/420, S. 72.

tragstellern eine Aufenthaltsverfestigung möglich sein muss. Die Art der Krankheit oder Behinderung muss **ursächlich** für die fehlende Sprachkompetenz sein. In welchem Umfang deutsche Sprachkenntnisse bestehen, ist unerheblich. Darüber hinaus kann zur **Vermeidung einer Härte** eine Ausnahme vom Sprachnachweis zugelassen werden (§ 9 Abs. 2 S. 4 AufenthG). Wie in den Fällen der körperlichen, geistigen oder seelischen Krankheit oder Behinderung wird hier vollständig auf den Sprachnachweis verzichtet. Allerdings ist diese Ausnahmeregelung nicht zwingend, sondern liegt im **behördlichen Ermessen**. Die tatbestandlichen Voraussetzungen knüpfen nicht an eine besondere Härte (zB § 31 Abs. 2, § 32 Abs. 4 AufenthG) oder gar außergewöhnliche Härte (§ 24 Abs. 4 S. 2, § 36 Abs. 2 AufenthG) an, sondern schließen jegliche Härtegründe ein. Der Gesetzgeber denkt hier an Fälle, in denen die Betroffenen zB trotz verstärkter Bemühungen die Sprachanforderungen unverschuldet nicht erfüllen können.

Eine besondere Härte kann zB auch vorliegen, wenn eine körperliche, geistige oder seeli- 161
sche Erkrankung oder Behinderung die Erfüllung der Voraussetzung zwar nicht unmöglich macht, aber dauerhaft wesentlich erschwert, wenn der Antragsteller bei der Einreise bereits über 50 Jahre alt oder wenn wegen der **Pflegebedürftigkeit** eines Angehörigen der Besuch eines Integrationskurses auf Dauer unmöglich oder unzumutbar war. Aus den geltend gemachten nachzuweisenden Gründen muss sich unmittelbar nachvollziehen lassen, dass im Einzelfall eine Erschwernis vorliegt (Nr. 9.2.2.2.2 AufenthG-VwV). Danach ist die Annahme eines Härtegrundes insbes. in den Fällen des Nachzugs aus ländlichen Herkunftsregionen ohne ausreichende Bildungsangebote sowie in humanitären Fällen gerechtfertigt. Insbes. international Schutzberechtigte sind unverschuldet zur Flucht und zum Aufenthalt in Staaten mit ihnen fremden soziokulturellen Bedingungen gezwungen. Je nach Alter, Gebrechlichkeit sowie Gesundheitszustand wird die Ausländerbehörde in diesen Fällen eine Härte annehmen können, soweit keine Umstände bekannt sind, die darauf hindeuten, dass die Betroffenen im Alltagsleben nicht zurechtkommen. Ferner muss der Antragsteller Grundkenntnisse der Rechts- und Gesellschaftsordnung nachweisen. Dies folgt aus dem Verweis in § 18 c Abs. 1 S. 1 Nr. 5 auf § 9 Abs. 2 S. 1 Nr. 8 AufenthG.

e) Voraussetzungen nach § 9 Abs. 2 Satz 1 Nr. 2 und 4 bis 6, 8 und 9 AufenthG (§ 18 c Abs. 1 Satz 1 Nr. 5 AufenthG)

aa) Funktion von § 18 c Abs. 1 Satz 1 Nr. 5 AufenthG

Nach § 18 c Abs. 1 S. 1 Nr. 5 Hs. 1 AufenthG müssen die Voraussetzungen von § 9 Abs. 2 162
S. 1 Nr. 2 und 4 bis 6, 8 und 9 AufenthG vorliegen, dh der **Lebensunterhalt** muss gesichert sein (§ 9 Abs. 2 S. 1 Nr. 2 AufenthG), **Gründe der öffentlichen Sicherheit oder Ordnung** (§ 9 Abs. 2 S. 1 Nr. 4 AufenthG) dürfen nicht entgegenstehen, es müssen die für die dauernde Ausübung einer Erwerbstätigkeit erforderlichen Erlaubnisse vorliegen (§ 9 Abs. 2 S. 1 Nr. 6 AufenthG), der Antragsteller muss **über Grundkenntnisse der Rechts- und Gesellschaftsordnung** (§ 9 Abs. 2 S. 1 Nr. 8 AufenthG) und über ausreichenden Wohnraum verfügen (§ 9 Abs. 2 S. 1 Nr. 9 AufenthG). § 18 c Abs. 1 S. 1 Nr. 5 Hs. 2 AufenthG nimmt darüber hinaus § 9 Abs. 2 S. 2 bis 4 und S. 6 AufenthG in Bezug, so dass die dort geregelten Privilegierungen auch bei der Prüfung der Voraussetzungen des § 18 c Abs. 1 AufenthG zu beachten sind.

bb) Sicherung des Lebensunterhalts (§ 18 c Abs. 1 Satz 1 Nr. 5 Hs. 1 iVm § 9 Abs. 2 Satz 1 Nr. 2 AufenthG)

§ 18 c Abs. 1 S. 1 Nr. 5 iVm § 9 Abs. 2 S. 1 Nr. 2 AufenthG ist **lex spezialis** gegenüber § 5 163
Abs. 1 Nr. 1 AufenthG. Diese Frage ist in der Rechtsprechung zu § 9 Abs. 2 S. 1 Nr. 2 AufenthG jedoch umstritten.[280] Während bei der Erteilung der befristeten Aufenthaltser-

280 Offen gelassen in BayVGH, AuAS 2015, 209 (210), mit Nachweisen.

laubnis vom Erfordernis der Sicherung des Lebensunterhalts in atypischen Ausnahmefällen abgewichen werden kann, ist der entsprechende Nachweis für die Erteilung der Niederlassungserlaubnis **zwingend** zu erbringen. Hiervon wird nur dann abgesehen, wenn der Antragsteller sie wegen einer körperlichen, geistigen oder seelischen Erkrankung oder Behinderung nicht erfüllen kann (§ 18 c Abs. 1 S. 1 Nr. 5 Hs. 2 iVm § 9 Abs. 2 S. 6 iVm S. 2 AufenthG). Nach der Rechtsprechung des BVerwG ist diese Ausnahmeregelung grundsätzlich eng auszulegen. Daraus folge, dass allein eine auf einem vorgerückten Lebensalter beruhende allgemeine Minderung der Leistungsfähigkeit – auch durch alterstypische Erkrankungen – keinen gesetzlichen Grund darstelle, vom Erfordernis der Lebensunterhaltssicherung abzusehen.[281] Diese Erschwernisse dürften im Falle des § 18 c AufenthG im Hinblick darauf, dass in aller Regel wohl junge Antragsteller in Betracht kommen, aber wohl kaum relevant werden. Maßgebend für den Begriff der Unterhaltssicherung ist die Legaldefinition in § 2 Abs. 3 AufenthG. Insoweit wird auf die allgemeine Kommentarliteratur verwiesen. Bei der Beurteilung, ob der Lebensunterhalt gesichert ist, ist zu prüfen, ob der Antragsteller nach Erteilung der Niederlassungserlaubnis seinen Lebensunterhalt voraussichtlich ohne Inanspruchnahme öffentlicher Mittel iSv § 2 Abs. 3 AufenthG, insbes. ohne Inanspruchnahme von Leistungen nach SGB II bestreiten kann.[282] Pflegegeld dient nicht der Sicherung des Lebensunterhalts.[283]

cc) Entgegenstehende Gründe der öffentlichen Sicherheit oder Ordnung (§ 18 c Abs. 1 Satz 1 Nr. 5 Hs. 1 iVm § 9 Abs. 2 Satz 1 Nr. 4 AufenthG)

164 Nach § 18 c Abs. 1 S. 1 Nr. 5 iVm § 9 Abs. 2 S. 1 Nr. 4 AufenthG dürfen der Erteilung der Niederlassungserlaubnis nach § 18 c Abs. 1 AufenthG keine Gründe der **öffentlichen Sicherheit oder Ordnung** unter Berücksichtigung der Schwere oder der Art des Verstoßes gegen die öffentliche Sicherheit oder Ordnung oder eine vom Antragsteller ausgehende Gefahr entgegenstehen.[284] Abzuwägen sind diese Gründe mit der Dauer des bisherigen Aufenthalts und den im Bundesgebiet bestehenden Bindungen. Das Gewicht dieser Interessen wird dabei insbes. durch die in § 9 Abs. 2 S. 1 Nr. 4 AufenthG bezeichneten Gesichtspunkte bestimmt, aber gegenseitig relativiert. **Ausweisungsinteressen** (§ 5 Abs. 1 Nr. 2 AufenthG) stehen der Erteilung der Niederlassungserlaubnis danach dann nicht entgegen, wenn sie unter Berücksichtigung der in § 9 Abs. 2 S. 1 Nr. 4 AufenthG bezeichneten Gesichtspunkte das private Interesse des Antragstellers an der Gewährung an einem Daueraufenthalt nicht überwiegen.[285] Der Gesetzgeber begründet die offene Klausel mit den früheren Unklarheiten. Mit der früheren Regelung habe ein Signal gesetzt werden sollen, dass **„erhebliche Straftaten“** den Zugang zur Verfestigung sperren. Neben der Berücksichtigungsregel bezogen auf **geringfügige Straftaten** hätte allerdings noch der Regelerteilungsgrund des Vorliegens eines Ausweisungsinteresses nach § 5 Abs. 1 Nr. 2 AufenthG geprüft werden müssen. Das Vorhandensein von Ausweisungsinteressen hätte danach in der Regel bei erheblichen Straftaten oberhalb der in § 9 Abs. 2 S. 1 Nr. 4 AufenthG aF aufgezeigten Grenze stets der Erteilung der Niederlassungserlaubnis entgegengestanden. Daher wird nach geltendem Recht nach dem Vorbild der Daueraufenthaltsrichtlinie anstelle eines starren Kriteriums eine Abwägung vorgeschrieben und die Niederlassungserlaubnis nach § 9 AufenthG der nach § 9 a AufenthG angeglichen.[286] Dies gilt aufgrund der Verweisungsnorm des § 18 c Abs. 1 S. 1 Nr. 5 AufenthG auch für die Niederlassungserlaubnis nach 18 c AufenthG.

---

281 BVerwG, InfAuslR 2017, 139 (140) = InfAuslR 2017, 115. Der Betroffene war 82 Jahre alt.
282 BVerwG, EZAR NF 28 Nr. 43.
283 Nieders.OVG, InfAuslR 2015, 49 (183) = AuAS 2015, 2.
284 BVerwG, NVwZ 2011, 829 (830) Rn. 12 = InfAuslR 2011, 182 = EZAR NF 28 Nr. 39.
285 VGH BW, InfAuslR 2010, 59 (63).
286 BT-Drs. 16/5065, S. 276.

Das Gebot der einzelfallbezogenen Abwägung verbietet es, das (Über-)Gewicht von Gründen der öffentlichen Sicherheit und Ordnung generalisierend zu bestimmen, indem die Anspruchsvoraussetzung im Regelfall nur dann als erfüllt angesehen wird, wenn der Antragsteller in einem bestimmten Zeitraum nicht wegen einer bestimmten Straftat zu einer Strafe bestimmter Art und Höhe verurteilt worden ist. Das schließt es nicht aus, die Abwägung zugunsten des Antragstellers vorzunehmen, wenn in den letzten drei Jahren keine derartigen Straftaten festgestellt worden sind. Dabei unterliegt die **Abwägung** der vollen inhaltlichen und rechtlichen **gerichtlichen Kontrolle.**[287] Nach der Rechtsprechung sind vorsätzlich begangene Straftaten iSv § 54 Abs. 2 Nr. 9 AufenthG grundsätzlich erheblich. Die Ausländerbehörde sei grundsätzlich nicht verpflichtet, das Strafmaß und die Schwere der Schuld zu überprüfen. Bei einem **unvermeidbaren Verbotsirrtum** dürfte aber von der Geringfügigkeit des Rechtsverstoßes auszugehen sein.[288] 165

dd) Ordnungsgemäße Beschäftigung (§ 18 c Abs. 1 Satz 1 Nr. 5 Hs. 1 iVm § 9 Abs. 2 Satz 1 Nr. 5 AufenthG)

Nach § 18 c Abs. 1 S. 1 Nr. 5 iVm § 9 Abs. 2 S. 1 Nr. 5 AufenthG muss die Beschäftigung des Antragstellers erlaubt sein. Diese Voraussetzung wird bereits bei § 18 c Abs. 1 S. 1 Nr. 2 und § 18 Abs. 2 Nr. 3 AufenthG geprüft. Ohne den Nachweis der Beschäftigungserlaubnis wird keine Aufenthaltserlaubnis nach § 18 a, § 18 b oder § 18 d AufenthG erteilt. § 18 c Abs. 1 S. 1 Nr. 5 Hs. 1 AufenthG kann daher nur die Funktion haben, zu prüfen, ob die Beschäftigungserlaubnis noch andauert (§§ 34 Abs. 2, 35 Abs. 2 BeschV). Hiervon zu trennen ist das Zustimmungserfordernis, das nach § 18 c Abs. 1 S. 1 Hs. 1 AufenthG entfällt. Die Beschäftigungserlaubnis muss unbefristet (zB aufgrund einer Vorschrift des AufenthG oder aufgrund der BeschV) vorliegen. Eine Fachkraft nach § 18 a, § 18 b oder § 18 d AufenthG ist Arbeitnehmer iSd § 9 Abs. 2 S. 1 Nr. 5 AufenthG. 166

ee) Sonstige Erlaubnisse für die dauerhafte Ausübung einer Beschäftigung (§ 18 c Abs. 1 Satz 1 Nr. 5 Hs. 1 iVm § 9 Abs. 2 Satz 1 Nr. 6 AufenthG)

Nach § 18 c Abs. 1 S. 1 Nr. 5 iVm § 9 Abs. 2 S. 1 Nr. 6 AufenthG müssen die sonstigen für eine dauerhafte Ausübung einer Beschäftigung des Antragstellers erforderlichen Erlaubnisse nachgewiesen werden. Bei der Erteilung der Aufenthaltserlaubnis nach § 18 a oder § 18 b AufenthG wurde diese Voraussetzung bereits geprüft (§ 18 Abs. 2 Nr. 3 AufenthG; → Rn. 11 f.). Die Verweisung in § 18 c Abs. 1 S. 1 Nr. 5 auf § 9 Abs. 2 S. 1 Nr. 6 AufenthG kann daher nur den Sinn haben, dass diese auch im Zeitpunkt der Niederlassungserlaubnis erfüllt sein muss. Nach deren Erteilung löst sich die Akzessorietät des Aufenthaltstitels vom bisherigen Erteilungsgrund, so dass es auf die sonstigen Erlaubnisse nicht mehr ankommt. Bei der Aufenthaltserlaubnis für Forscher nach § 18 d AufenthG ist die Voraussetzung nach § 9 Abs. 2 S. 1 Nr. 6 AufenthG ohne Bedeutung. Die **Berufsausübungserlaubnis** muss erteilt oder zugesagt worden sein. Im letzteren Fall dürften regelmäßig die für die Berufsausübungserlaubnis erforderlichen Voraussetzungen durch die zuständigen Stellen bereits geprüft worden sein und allein noch die für die Erteilung erforderlichen administrativen Fragen abgewickelt werden. Zwingend ist dies jedoch nicht. So kann die zuständige Stelle etwa auch nach einer vorläufigen summarischen Überprüfung der eingereichten Nachweise bereits eine Zusage erteilt haben. Erforderlich ist eine schriftliche Zusage, an welche die zuständige Stelle gebunden ist. Wird später die Zusage nicht eingehalten, ist dem Betroffenen Gelegenheit zu geben, die entsprechenden rechtlichen und tatsächlichen Fragen mit der zuständigen Stelle zu klären. Der Widerruf (§ 52 AufenthG) oder die nachträgliche Befristung des Aufenthaltstitels (§ 7 Abs. 2 S. 2 AufenthG) ist unverhältnismäßig, sofern nachgewiesen wird, was der Betroffene im konkreten Einzelfall unternommen hat 167

287 VGH BW, InfAuslR 2010, 59 (64).
288 OVG SA, AuAS 2014, 26 (27 f.).

oder konkret zu unternehmen beabsichtigt, um die erforderliche Berufsausübungserlaubnis zu erlangen.

ff) Grundkenntnisse der Rechts- und Gesellschaftsordnung (§ 18 c Abs. 1 Satz 1 Nr. 5 Hs. 1 iVm § 9 Abs. 2 Satz 1 Nr. 8 AufenthG)

168 Nach § 18 c Abs. 1 S. 1 Nr. 5 iVm 9 Abs. 2 S. 1 Nr. 8 AufenthG muss der Antragsteller Grundkenntnisse der Rechts- und Gesellschaftsordnung nachweisen. Diese umfassen die grundlegenden Prinzipien des Rechtsstaates (Nr. 9.2.1.8 AufenthG-VwV). Der Gesetzgeber verlangt lediglich einfache Grundkenntnisse. Vergleichsmaßstab ist entsprechend den Nachweispflichten in Ansehung der Deutschkenntnisse das entsprechende Wissen von Hauptschülern. Zur Nachweiserleichterung ist ein **bundeseinheitlicher Orientierungstest** eingeführt worden. Wie sich aus § 9 Abs. 2 S. 2 AufenthG ergibt, ist dies aber nicht zwingend. Danach bekommt jeder Testteilnehmer einen Fragebogen mit insgesamt 33 Aufgaben. Auf dem Testfragebogen sind zu jeder Frage vier mögliche Antworten angegeben. Für die Bearbeitung der 33 Aufgaben hat der Testteilnehmer insgesamt 60 Minuten Zeit. Zur Vorbereitung auf den Test bietet das Bundesamt für Migration und Flüchtlinge auf seinem Internetportal[289] die Möglichkeit, einen Musterfragebogen sowie den Gesamtkatalog der Testfragen herunterzuladen oder in interaktiven Varianten online zu bearbeiten. Zwar bestimmt § 9 Abs. 2 S. 2 AufenthG, dass die Voraussetzungen nach § 9 Abs. 2 S. 1 Nr. 7 und 8 AufenthG nachgewiesen sind, wenn ein **Integrationskurs** erfolgreich abgeschlossen wurde. Zur Teilnahme an einem Integrationskurs berechtigt sind jedoch nur die Antragsteller, die **erstmals** eine Aufenthaltserlaubnis zu den in § 44 Abs. 1 Nr. 1 AufenthG bezeichneten Zwecken oder eine Niederlassungserlaubnis nach § 23 Abs. 2 AufenthG erhalten. Damit entfällt die Berechtigung für die im Zeitpunkt des Inkrafttretens des Zuwanderungsgesetzes am 1.1.2005 rechtmäßig im Bundesgebiet lebenden Ausländer. Diese Personengruppe kann den Nachweis durch Teilnahme am Orientierungstest führen.[290] Derart zeitlich weit zurückliegende Fälle dürften im Rahmen des § 18 c AufenthG aber wohl kaum relevant werden.

gg) Ausreichender Wohnraum (§ 18 c Abs. 1 Satz 1 Nr. 5 Hs. 1 iVm § 9 Abs. 2 Satz 1 Nr. 9 AufenthG)

169 Der Antragsteller hat den Nachweis zu führen, dass er über ausreichenden Wohnraum für sich und seine Familienangehörigen verfügt (§ 18 c Abs. 1 S. 2 Nr. 5 iVm § 9 Abs. 2 S. 1 Nr. 9 AufenthG). Ausnahmen sind anders als bei den allgemeinen Regelerteilungsvoraussetzungen nicht zugelassen. Bemühungen um einen angemessenen Wohnraum reichen nicht aus, um ausreichenden Wohnraum nachzuweisen.[291] Der unbestimmte Rechtsbegriff des ausreichenden Wohnraums wird durch die Legaldefinition des § 2 Abs. 4 S. 1 und 2 AufenthG konkretisiert. Der Nachweis ausreichenden Wohnraums gehört wie das Unterhaltserfordernis zu den grundlegenden Verfestigungsvoraussetzungen und ist Teil der Mitwirkungspflichten nach § 82 Abs. 1 AufenthG. Im Regelfall wird der Nachweispflicht genügt, wenn der Mietvertrag vorgelegt und in diesem die Anzahl der in der Wohnung lebenden Personen, die Größe des Wohnraums und der monatliche Mietzins zuzüglich Nebenkosten bezeichnet sind. Fehlt es an einer dieser Angaben, ist eine vom Vermieter ausgestellte Bescheinigung (**Vermieterbescheinigung**) vorzulegen, welche die erwähnten Daten enthält. Angaben zum Mietzins sind insbes. für die Überprüfung der Unterhaltssicherung (§ 9 Abs. 2 S. 1 Nr. 2 AufenthG) erforderlich. Der Wohnraum kann auch durch **Untervermietung** bereitgestellt werden, wenn dies vertraglich zugelassen ist und der untervermiete-

289 http://www.bamf.de/DE/Willkommen/DeutschLernen/Integrationskurse/Abschlusspruefung/LebenInDeutschland/lebenindeutschland-node.htm.
290 Zum Ganzen *Marx*, Aufenthalts-, Asyl- und Flüchtlingsrecht, 7. Aufl. 2019, § 2 Rn. 178.
291 OVG Berlin-Brandenburg, InfAuslR 2015, 430 (431).

te Wohnraum den oben bezeichneten Voraussetzungen genügt. Nach § 9 Abs. 2 S. 1 Nr. 9 AufenthG sind der Antragsteller selbst und seine „mit ihm in häuslicher Gemeinschaft lebenden Familienangehörigen" zu berücksichtigen. Nicht berücksichtigt werden deshalb Ehegatten und Familienangehörige, die nicht nur vorübergehend die häusliche Gemeinschaft verlassen haben. Unerheblich ist, ob weitere Familienangehörige nachzugsberechtigt oder -willig sind. Nach dem Gesetzeswortlaut sind nur die tatsächlich im Entscheidungszeitpunkt in der Wohnung dauerhaft in familiärer Lebensgemeinschaft lebenden Angehörigen in die Berechnung einzubeziehen.[292] Da Ehegatten und minderjährige ledige Kinder nach § 18 c Abs. 1 AufenthG nicht anspruchsberechtigt sind, stellt sich die Frage, ob insoweit eine personenbezogene Betrachtungsweise maßgebend ist. Da diese Voraussetzung die Funktion hat, einer bereits vollzogenen nachhaltigen Integration Rechnung zu tragen, dürfte wohl eher eine die gesamte häusliche Lebensgemeinschaft berücksichtigende Interpretation maßgebend sein.

hh) Voraussetzungen von § 9 Abs. 2 Satz 2 bis 4 und 6 AufenthG (§ 18 c Abs. 1 Satz 1 Nr. 5 Hs. 2 AufenthG)

Nach § 18 c Abs. 1 S. 1 Nr. 5 Hs. 2 gilt § 9 Abs. 2 S. 2 bis 4 und 6 AufenthG entsprechend. 170
Daraus folgt, dass **Grundkenntnisse der Rechts- und Gesellschaftsordnung** durch die erfolgreiche Absolvierung eines **Orientierungstests** nachgewiesen werden können (§ 9 Abs. 2 S. 2 AufenthG; → Rn. 168). Vom Erfordernis ausreichender Kenntnisse der deutschen Sprache und von Grundkenntnissen der Rechts- und Gesellschaftsordnung ist nach § 9 Abs. 2 S. 3 AufenthG abzusehen, wenn der Antragsteller **wegen einer körperlichen, geistigen oder seelischen Krankheit oder Behinderung** diese Voraussetzungen nicht erfüllen kann (s. hierzu → Rn. 160). Ferner **kann** zur **Vermeidung einer Härte** eine Ausnahme von diesen Erfordernissen zugelassen werden (§ 9 Abs. 2 S. 4 AufenthG). Wie in den Fällen der körperlichen, geistigen oder seelischen Krankheit oder Behinderung wird hier vollständig auf den Nachweis verzichtet. Allerdings ist diese Ausnahmeregelung nicht zwingend, sondern liegt im **behördlichen Ermessen**. Die tatbestandlichen Voraussetzungen knüpfen nicht an eine besondere Härte (zB § 31 Abs. 2, § 32 Abs. 4 AufenthG) oder gar außergewöhnliche Härte (§ 24 Abs. 4 S. 2, § 36 Abs. 2 AufenthG) an, sondern schließen jegliche Härtegründe ein. Die Betreuung von Kleinkindern und die Notwendigkeit der Fahrt zum nächsten Ort des Integrationskurses mit öffentlichen Verkehrsmitteln stellt nach der Rechtsprechung aber keine Härte iSd § 9 Abs. 2 S. 4 AufenthG dar.[293] Eine Härte kann andererseits vorliegen, wenn eine körperliche, geistige oder seelische Erkrankung oder Behinderung die Erfüllung der Voraussetzung zwar nicht unmöglich macht, aber dauerhaft wesentlich erschwert, wenn der Antragsteller bei der Einreise bereits über 50 Jahre alt war, wenn wegen der Pflegebedürftigkeit eines Angehörigen der Besuch eines Integrationskurses auf Dauer unmöglich oder unzumutbar war. Aus den geltend gemachten nachzuweisenden Gründen muss sich unmittelbar nachvollziehen lassen, dass im Einzelfall eine Erschwernis vorliegt (Nr. 9.2.2.2.2 AufenthG-VwV). Derartige Probleme dürften bei Fachkräften im Sinne von § 18 a, § 18 b oder § 18 d AufenthG aber wohl kaum relevant werden.

Von dem Nachweis der Sicherung des Lebensunterhalts (→ Rn. 163) und der Altersvorsor- 171
ge (→ Rn. 157) wird abgesehen, wenn der Antragsteller **wegen einer körperlichen, geistigen oder seelischen Krankheit oder Behinderung** diese Voraussetzungen nicht erfüllen kann (s. hierzu → Rn. 160, 170). Da § 18 c Abs. 1 S. 1 Nr. 5 nicht auf § 9 Abs. 2 S. 5 letzter Hs. AufenthG verweist (→ Rn. 160), entfällt zwar die Möglichkeit, deshalb vom Sprachnachweis B 1 abzusehen, weil der Antragsteller sich auf einfache Art in deutscher Sprache mündlich verständigen kann und zugleich nur einen geringen Integrationsbedarf

292 *Hailbronner*, AuslR A 1 § 9 AufenthG Rn. 44.
293 BVerwG, NVwZ 2015, 1448 (1449) Rn. 19 = InfAuslR 2015, 327 = EZAR NF 24 Nr. 17.

hat (§ 44 a Abs. 2 Nr. 2 AufenthG). Mit der Verweisung in § 18 c Abs. 1 S. 1 Nr. 5 Hs. 2 auf § 9 Abs. 2 S. 3 AufenthG findet jedoch unter diesen Voraussetzungen eine zwingende Ausnahmeregelung und nicht lediglich eine erleichterte Nachweispflicht Anwendung.

III. Niederlassungserlaubnis für Inhaber einer Blauen Karte (§ 18 c Abs. 2 AufenthG)

1. Funktion der Niederlassungserlaubnis nach § 18 c Abs. 2 AufenthG

172 Nach § 18 c Abs. 2 AufenthG wird dem Inhaber einer Blauen Karte EU (§ 18 b Abs. 2 AufenthG; → Rn. 94 ff.) eine Niederlassungserlaubnis erteilt, wenn er die Voraussetzungen der Vorschrift erfüllt. § 18 c Abs. 2 AufenthG übernimmt nahezu wörtlich die frühere Regelung des § 19 Abs. 6 AufenthG aF. Aus der Formulierung „abweichend von Absatz 1" folgt, dass die Niederlassungserlaubnis nach § 18 c Abs. 2 AufenthG eigenständig und unabhängig von der Niederlassungserlaubnis für Fachkräfte nach § 18 c Abs. 1 AufenthG ist. Allerdings sind die tatbestandlichen Voraussetzungen für beide Rechtsgrundlagen nahezu identisch und weichen nur geringfügig voneinander ab. Die Blaue Karte EU beruht auf der Richtlinie 2009/50/EG. Diese will die Attraktivität des Wirtschaftsraums der EU steigern, dem Mangel an qualifizierten Fachkräften entgegenwirken und die unterschiedlichen Zulassungsbedingungen in der Union vereinheitlichen.[294] Die Blaue Karte EU ist ein Nachweisdokument über den legalen Aufenthalt eines Drittstaatsangehörigen in einem Mitgliedstaat zum Zwecke der Erwerbstätigkeit und stellt damit einen wichtigen Schritt in Richtung eines europäischen Aufenthaltstitels dar.[295] Sie wird nur Fachkräften mit akademischer Ausbildung (§ 18 Abs. 3 Nr. 2 AufenthG, → Rn. 18 ff.) erteilt. Anders als nach § 18 c Abs. 1 wird nach Abs. 2 S. 1 AufenthG die Blaue Karte EU nur zum Zweck einer der **Qualifikation** des Antragstellers **angemessenen** Beschäftigung erlaubt. Eine Beschäftigung unter dem **Qualifikationsniveau** ist damit nicht zulässig (→ Rn. 94).

2. Voraussetzungen der Niederlassungserlaubnis nach § 18 c Abs. 2 AufenthG

173 Anders als § 18 c Abs. 1 oder § 9 Abs. 2 S. 1 Nr. 1, § 21 Abs. 4 S. 2, § 28 Abs. 2 S. 1 oder § 35 Abs. 1 AufenthG setzt § 18 c Abs. 2 AufenthG in Übereinstimmung mit der früheren Regelung des § 19 a Abs. 6 AufenthG aF keine bestimmte Dauer für den Besitz einer Blauen Karte EU voraus. Eine auf den Besitz der Blauen Karte EU bezogene Mindestdauer folgt aber aus dem Erfordernis der **Altersvorsorge** nach § 18 c Abs. 2 S. 1 und S. 3 AufenthG. Insoweit wird auf die entsprechenden Erläuterungen zu § 18 c Abs. 1 AufenthG verwiesen (→ Rn. 154 ff.). Vom Nachweis der Altersvorsorge wird wie bei § 18 c Abs. 1 AufenthG abgesehen, wenn der Antragsteller wegen einer körperlichen, geistigen oder seelischen Erkrankung oder Behinderung den Lebensunterhalt nicht nachweisen kann (§ 18 c Abs. 2 S. 2 iVm § 9 Abs. 2 S. 6 iVm S. 2 AufenthG). § 18 c Abs. 2 AufenthG unterscheidet sich von § 18 c Abs. 1 AufenthG dadurch, dass die Zeitdauer für die Leistungen von Pflichtbeiträgen oder privaten Vorsorgeaufwendungen nicht 48 Monate (§ 18 c Abs. 1 S. 1 Nr. 3 AufenthG) bzw. 24 Monate (§ 18 c Abs. 1 S. 2 Alt. 1 AufenthG) beträgt, sondern 33 Monate (§ 18 c Abs. 2 S. 1 AufenthG). Diese Frist wird auf 21 Monate verkürzt, wenn der Antragsteller über ausreichende Kenntnisse der deutschen Sprache (§ 2 Abs. 11 AufenthG; B 1) verfügt (§ 18 c Abs. 2 S. 3 AufenthG). Eine derartige Privilegierung sieht § 18 c Abs. 1 AufenthG nicht vor. Dort sind ausreichende Sprachkenntnisse nachzuweisen (→ Rn. 160 f.), ohne dass dadurch der erforderliche Zeitraum von 48 Monaten für die Entrichtung von Beiträgen für die Altersvorsorge und damit der Mindestaufenthalt verkürzt würde. Für die Erteilung der Niederlassungserlaubnis selbst werden Sprachkenntnisse lediglich auf dem Niveau von **A 1** (§ 2 Abs. 9 AufenthG) vorausgesetzt (§ 18 c Abs. 2

294 *Sußmann*, in: Bergmann/Dienelt, AuslR, 12. Aufl. 2018, § 19 a AufenthG Rn. 1.
295 *Strunden/Schubert*, ZAR 2012, 270 (274).

S. 1 letzter Hs. AufenthG). Werden Kenntnisse auf dem Niveau von B 1 nachgewiesen, verkürzt sich nach § 18c Abs. 2 S. 3 AufenthG der auf die Altersvorsorge bezogene Zeitraum auf 21 Monate.

Wie bei § 18c Abs. 1 S. 1 Nr. 5 Hs. 1 nimmt Abs. 2 S. 1 letzter Hs. § 9 Abs. 2 S. 1 Nr. 2 und 4 bis 6, S. 8 und S. 9 AufenthG in Bezug. Dies hat zur Folge, dass der **Lebensunterhalt** gesichert (§ 9 Abs. 2 S. 1 Nr. 2 AufenthG) sein muss (→ Rn. 162). Hiervon *wird* wie bei § 18c Abs. 1 AufenthG abgesehen, wenn der Antragsteller wegen einer **körperlichen, geistigen oder seelischen Erkrankung oder Behinderung** den Lebensunterhalt nicht sicherstellen kann (§ 18c Abs. 2 S. 2 iVm § 9 Abs. 2 S. 6 iVm S. 2 AufenthG). Der Erteilung der Niederlassungserlaubnis dürfen keine Gründe der **öffentlichen Sicherheit oder Ordnung** entgegenstehen (§ 18c Abs. 2 S. 1 Hs. 2 iVm § 9 Abs. 2 S. 1 Nr. 4 AufenthG; s. hierzu → Rn. 164 f.). Der Antragsteller muss im Besitz der für die dauerhafte Ausübung der Beschäftigung erforderlichen Erlaubnisse sein (§ 18c Abs. 2 S. 1 Hs. 2 iVm § 9 Abs. 2 S. 1 Nr. 6 AufenthG; s. hierzu → Rn. 167 f.). Außerdem muss er **Grundkenntnisse der deutschen Rechts- und Gesellschaftsordnung** (s. hierzu → Rn. 168) nachweisen (§ 18c Abs. 2 S. 1 Hs. 2 iVm § 9 Abs. 2 S. 1 Nr. 8 AufenthG). Da durch § 18c Abs. 2 S. 2 § 9 Abs. 2 S. 2 AufenthG in Bezug genommen wird, kann der Nachweis durch die Bescheinigung über eine erfolgreiche Teilnahme an einem **Orientierungskurs** geführt werden. Schließlich muss **ausreichender Wohnraum** (s. hierzu → Rn. 169) nachgewiesen werden (§ 18c Abs. 2 S. 1 Hs. 2 iVm § 9 Abs. 2 S. 1 Nr. 9 AufenthG). 174

Wie nach § 18c Abs. 1 S. 1 Nr. 5 Hs. 2 AufenthG (s. hierzu → Rn. 170) gilt nach § 18c Abs. 2 S. 2 § 9 Abs. 2 S. 2 bis 4 und 6 AufenthG entsprechend. Daraus folgt, dass **Grundkenntnisse der Rechts- und Gesellschaftsordnung** durch die erfolgreiche Absolvierung eines **Orientierungstests** nachgewiesen werden können (§ 9 Abs. 2 S. 2 AufenthG; → Rn. 168, 170). Vom Erfordernis ausreichender Kenntnisse der deutschen Sprache und von Grundkenntnissen der Rechts- und Gesellschaftsordnung ist nach § 9 Abs. 2 S. 3 AufenthG abzusehen, wenn der Antragsteller wegen einer **körperlichen, geistigen oder seelischen Krankheit oder Behinderung** diese Voraussetzungen nicht erfüllen kann (s. hierzu → Rn. 160). Ferner **kann** zur **Vermeidung einer Härte** eine Ausnahme von diesen Erfordernissen zugelassen werden (§ 9 Abs. 2 S. 4 AufenthG). Wie in den Fällen der körperlichen, geistigen oder seelischen Krankheit oder Behinderung wird hier vollständig auf den Nachweis verzichtet. Allerdings ist diese Ausnahmeregelung nicht zwingend, sondern liegt im **behördlichen Ermessen**. Die tatbestandlichen Voraussetzungen knüpfen nicht an eine besondere Härte (zB § 31 Abs. 2, § 32 Abs. 4 AufenthG) oder gar außergewöhnliche Härte (§ 24 Abs. 4 S. 2, § 36 Abs. 2 AufenthG) an, sondern schließen jegliche Härtegründe ein. Eine Härte kann zB auch vorliegen, wenn eine körperliche, geistige oder seelische Erkrankung oder Behinderung die Erfüllung der Voraussetzung zwar nicht unmöglich macht, aber dauerhaft wesentlich erschwert, wenn der Antragsteller bei der Einreise bereits über 50 Jahre alt war, wenn wegen der Pflegebedürftigkeit eines Angehörigen der Besuch eines Integrationskurses auf Dauer unmöglich oder unzumutbar war. Aus den geltend gemachten nachzuweisenden Gründen muss sich unmittelbar nachvollziehen lassen, dass im Einzelfall eine Erschwernis vorliegt (Nr. 9.2.2.2.2 AufenthG-VwV). Diese Voraussetzungen dürften bei Inhabern einer Blauen Karte EU aber wohl kaum vorliegen. 175

Von dem Nachweis der Sicherung des Lebensunterhalts (→ Rn. 163, 182) und der Altersvorsorge (→ Rn. 157, 173) wird nach § 18c Abs. 2 S. 1 letzter Hs. iVm § 9 Abs. 2 S. 6 iVm Abs. 2 S. 2 AufenthG abgesehen, wenn der Antragsteller wegen einer **körperlichen, geistigen oder seelischen Krankheit oder Behinderung** diese Voraussetzungen nicht erfüllen kann (s. hierzu → Rn. 160, 170). Da § 18c Abs. 2 S. 1 letzter Hs. nicht auf § 9 Abs. 2 S. 5 letzter Hs. AufenthG verweist (→ Rn. 160), entfällt zwar die Möglichkeit, deshalb vom Sprachnachweis B 1 abzusehen, weil der Antragsteller sich auf einfache Art in deutscher Sprache mündlich verständigen kann und zugleich nur einen geringen Integrationsbedarf 176 hat (§ 44 a Abs. 2 Nr. 2 AufenthG). Mit der Verweisung in § 18 c Abs. 2 S. 2 auf § 9 Abs. 2 S. 3 AufenthG findet jedoch unter diesen Voraussetzungen eine zwingende Ausnahmeregelung und nicht lediglich eine erleichterte Nachweispflicht Anwendung.

IV. Niederlassungserlaubnis für hoch qualifizierte Fachkräfte (§ 18 c Abs. 3 AufenthG)

1. Funktion der Niederlassungserlaubnis

177 Nach § 18 c Abs. 3 AufenthG kann in besonderen Fällen unter den dort genannten Voraussetzungen eine Niederlassungserlaubnis erteilt werden. Mit der Eröffnung einer dauerhaften Aufenthaltsperspektive von Anfang an soll Spitzenkräften der Wirtschaft, Wissenschaft und Forschung mit einer herausgehobenen beruflichen Qualifikation die notwendige Planungssicherheit gegeben werden (Nr. 19.1.1 AufenthG-VwV). Die Vorschrift übernimmt die frühere Regelung des § 19 AufenthG aF, weicht von dieser jedoch insofern ab, dass anders als nach § 18 c Abs. 3 S. 1 Hs. 1 AufenthG aF für die Erteilung der Niederlassungserlaubnis **keine Zustimmung** erforderlich ist. § 18 c Abs. 3 weicht darüber hinaus von § 18 c Abs. 1 und 2 AufenthG und allen anderen eine Niederlassungserlaubnis regelnden Vorschriften dadurch ab, dass keine Mindestdauer des Besitzes eines Aufenthaltstitels vorausgesetzt wird. Mit dem FKEG hat der Gesetzgeber § 2 BeschV aF, der für Hochqualifizierte die Zustimmungsfreiheit vorsah, aufgehoben. Mit der Formulierung in § 18 c Abs. 3 S. 1 Hs. 1 AufenthG wird nunmehr derselbe Zweck erreicht. Ergänzend zu § 18 c Abs. 3 AufenthG sind die für Führungskräfte, leitende Angestellte, Spezialisten und Fachkräfte aus Wissenschaft, Forschung und Entwicklung nach § 3 bis § 5 AufenthV (→ Rn. 92–100) geltenden Vorschriften zu berücksichtigen. Nur § 38 Abs. 1 S. 1 Nr. 1 AufenthG lässt es zu, dass die Niederlassungserlaubnis unmittelbar zu Beginn des Aufenthalts im Bundesgebiet erteilt wird. Anders als bei § 38 Abs. 1 S. 1 Nr. 1 AufenthG steht die Erteilung der Niederlassungserlaubnis aber im behördlichen Ermessen. § 18 c Abs. 3 AufenthG gilt nur für hoch qualifizierte Fachkräfte mit akademischer Ausbildung, dh Fachkräfte mit einer besonders qualifizierten Berufsausbildung können sich nicht auf § 18 c Abs. 3 AufenthG berufen. Demgegenüber können Fachkräfte mit akademischer Ausbildung einerseits die Niederlassungserlaubnis nach Maßgabe von § 18 c Abs. 1 AufenthG und im Falle der Hochqualifizierung nach § 18 c Abs. 3 AufenthG beantragen. Die in den Verwaltungsvorschriften zu § 19 AufenthG aF vertretene Auffassung, dass die Erteilung einer Aufenthaltserlaubnis nicht möglich ist (Nr. 19.1.2 AufenthG-VwV), lässt sich angesichts der Neueinführung von § 18 b AufenthG nicht mehr aufrechterhalten. Denn auch hoch qualifizierte „Fachkräfte" (§ 18 c Abs. 3 S. 1 Hs. 1 AufenthG) sind Fachkräfte mit akademischer Ausbildung (§ 18 Abs. 3 Nr. 2 AufenthG). Darüber hinaus lässt sich der Begriff „hoch qualifiziert" nicht trennscharf vom nicht hoch qualifizierten Akademiker unterscheiden.

2. Voraussetzungen für die Erteilung der Niederlassungserlaubnis nach § 18 c Abs. 3 AufenthG

a) Besonderer Fall

178 Nach § 18 c Abs. 3 S. 1 AufenthG kann einer hoch qualifizierten Fachkraft mit akademischer Ausbildung **in besonderen Fällen** eine Niederlassungserlaubnis erteilt werden. Angesichts der hohen Voraussetzungen für die Annahme eines Regelbeispiels nach § 18 c Abs. 3 S. 3 AufenthG ist fraglich, ob in diesem Fall dem Erfordernis, dass die Niederlassung nur „in besonderen Fällen" erteilt werden kann, keine eigenständige Bedeutung zukommen kann.[296] Die Kommentarliteratur geht jedoch davon aus, dass die Erteilung einer Nieder-

296 *Sußmann*, in: Bergmann/Dienelt, AuslR, 12. Aufl. 2018, § 19 AufenthG Rn. 10; *Stiegeler*, in: NK-AuslR, 2. Aufl. 2016, § 19 AufenthG Rn. 7.

lassungserlaubnis – auch bei Vorliegen der Regelbeispiele – an eine besondere Situation geknüpft sei, die vom Normalfall einer hoch qualifizierten Fachkraft abweiche, ohne hierfür jedoch Kriterien zu bezeichnen.[297] Die Annahme einer besonderen Situation sei gerechtfertigt, wenn an der Beschäftigung des Antragstellers ein besonderes wirtschaftliches und/oder gesellschaftliches Interesse bestehe. Die könne sich etwa aus arbeitsplatzbezogenen Umständen ergeben, insbesondere bei Vakanz des Arbeitsplatzes, der für den Antragsteller vorgesehen sei.[298] Die hierzu weiter angegebenen Kriterien sind allerdings mit denen für die Annahme eines der Regelbeispiele identisch. Dementsprechend geht die Rechtsprechung auch davon aus, dass das Erfordernis des besonderen Falles schwer vom Normalfall abgrenzbar sei und daher nicht zu eng ausgelegt werden dürfe.[299] Damit erweist sich der Streit als ein Streit um bloße Begrifflichkeiten. Nach geltendem Recht ist dieser Streit dadurch entschärft worden, dass für den Fall, dass das Vorliegen eines besonderen Falles verneint werden sollte, eine Aufenthaltserlaubnis nach § 18 b AufenthG beantragt werden kann. In diesem Fall wird aber zunächst eine Aufenthaltserlaubnis für vier Jahre erteilt (§ 18 Abs. 4 S. 1 AufenthG).

b) Begriff der hoch qualifizierten Fachkraft (§ 18 c Abs. 3 Satz 3 AufenthG)

Wie früher § 19 Abs. 2 AufenthG aF enthält § 18c Abs. 3 S. 3 AufenthG Regelbeispiele, 179
bei denen die Voraussetzungen von § 18c Abs. 3 S. 1 AufenthG vorliegen. Dadurch wird der unbestimmte Rechtsbegriff „hoch qualifizierte Fachkraft" in seinen Konturen näher konkretisiert.[300] Es handelt sich also um keinen abschließenden Katalog („insbesondere"). Die Ausländerbehörde hat eigenständig zu beurteilen, wer außer den Personen, die eines der Regelbeispiele erfüllen, in Betracht kommt. Diese Prüfung wie auch die Prüfung des Vorliegens eines Regelbeispiels unterliegt der vollen rechtlichen und tatsächlichen gerichtlichen Kontrolle. Hinsichtlich der Regelbeispiele folgt dies aus deren Rechtscharakter als unbestimmter Rechtsbegriff. Im Blick auf die anderen Kriterien handelt es sich um tatbestandliche Voraussetzungen der Ermessensausübung, die anders als die Ermessensausübung selbst uneingeschränkt gerichtlich überprüft werden können. Für beide Personengruppen, dh für diejenigen, die eines der Regelbespiele erfüllen, wie für jene, bei denen dies nicht der Fall ist, setzt § 18c Abs. 3 S. 3 Hs. 1 AufenthG eine **„mehrjährige Berufserfahrung"** voraus. Diese Voraussetzung kannte das frühere Recht nicht. Es müssen mindestens zwei Jahre Berufserfahrung nachgewiesen werden. Bei den Regelbeispielen muss diese Berufserfahrung sich auf die Kriterien beziehen, welche die Annahme eines Regelbeispiels rechtfertigen. Je längere Berufserfahrung der Antragsteller nachweisen kann, umso eher kann er in den Fällen, in denen er die Voraussetzungen für die Regelbeispiele nicht erfüllt, als hoch qualifiziert angesehen werden. Bei Antragstellern, welche die Voraussetzungen eines der Regelbeispiele nachweisen können, kommt der mehrjährigen Berufserfahrungen dagegen eher eine geringe Bedeutung zu.

§ 18c Abs. 3 S. 3 AufenthG bezeichnet Regelbeispiele. Der Antragsteller muss eines der 180
Regelbeispiele erfüllen. Es muss es sich um **„Wissenschaftler mit besonderen fachlichen Kenntnissen"** (Nr. 1) oder um **„Lehrpersonen in herausgehobener Funktion"** oder **„wissenschaftliche Mitarbeiter in herausgehobener Funktion"** handeln. Diese Voraussetzungen liegen **regelmäßig** vor, wenn ein Forschungsgebiet identifiziert werden kann, in dem der Wissenschaftler sich eine besondere Expertise angeeignet hat (Nr. 19.2.1 AufenthG-VwV). Wissenschaftler müssen also über überdurchschnittliche Fachkenntnisse verfügen. Dies

297 *Breidenbach*, in: Heusch/Kluth, AuslR, Kommentar, 2016, § 19 AufenthG Rn. 3.
298 *Stiegeler*, in: NK-AuslR, 2. Aufl. 2016, § 19 AufenthG Rn. 6.
299 VGH BW, InfAuslR 2007, 376 (379); *Sußmann*, in: Bergmann/Dienelt, AuslR, 12. Aufl. 2018, § 19 AufenthG Rn. 12.
300 *Stiegeler*, in: NK-AuslR, 2. Aufl. 2016, § 19 AufenthG Rn. 7; *Sußmann*, in: Bergmann/Dienelt, AuslR, 12. Aufl. 2018, § 19 AufenthG Rn. 8.

kann auch **Erfahrungswissen** für die praktische Umsetzung von Wissenschaft sein. Das besondere Niveau kann anhand der beruflichen Laufbahn oder erfolgreich abgeschlossenen oder noch in der Entwicklung befindlichen Projekten gegebenenfalls durch Einholung von Auskünften wissenschaftlicher Einrichtungen oder Verbände festgestellt werden.[301] Lehrpersonen bekleiden eine herausgehobene Position etwa als Inhaber eines Lehrstuhls, Leiter eines Hochschulinstituts oder einer Forschungsinstitution.[302] Insoweit sind neben Universitäten auch Fachhochschulen („**Universities of Applied Sciences**") in die Betrachtung einzubeziehen. Denn gerade aufgrund deren regelmäßig mehr berufspraktisch orientierter Ausbildung kommt der geforderten „mehrjährigen Berufserfahrung" nach Studienabschluss hier besondere Bedeutung zu. **Wissenschaftliche Mitarbeiter** sind dann herausgehoben tätig, wenn sie über übliche Tätigkeiten am Lehrstuhl, in einer Forschungsinstitution oder Akademie hinaus zB eigenständige Projekte entwickeln und durchführen. Auf die Höhe des Gehalts kommt es hierbei nicht an. Denn wissenschaftliche Mitarbeiter an Universitäten und Instituten haben regelmäßig kein überdurchschnittliches Gehalt.[303] Es liegt also in der Ratio der Aufnahme des Begriffs „wissenschaftlicher Mitarbeiter" in Nr. 2, dass es auf die Höhe des Gehalts nicht ankommt. Allerdings muss der Lebensunterhalt gesichert sein (§ 18 c Abs. 3 S. 1 Hs. 2 iVm § 2 Abs. 3 AufenthG). Den insoweit entgegenstehenden Verwaltungsvorschriften (Nr. 19.2.3 AufenthG-VwV) kann nicht gefolgt werden.

c) Integrationserwartung

181 Der Antragsteller muss ausreichende Umstände vorbringen, welche die Annahme rechtfertigten, dass die Integration in die Lebensverhältnisse der Bundesrepublik Deutschland gewährleistet ist (§ 18 c Abs. 3 S. 1 Hs. 2 AufenthG). Es handelt sich um eine **Prognoseentscheidung.** Prognosekriterien sind gegebenenfalls Fremdsprachenkenntnisse als Indiz für die Fähigkeit und Bereitschaft zum Erlernen der deutschen Sprache und ein Voraufenthalt im Bundesgebiet.[304] Andererseits kommt es auf die Art der wissenschaftlichen Tätigkeit oder Lehrtätigkeit an. Ist in den Einrichtungen, in denen die Tätigkeit ausgeübt werden soll, nicht die deutsche, sondern zB die englische Sprache als internationale Verkehrssprache üblich, kommt dem Kriterium der Beherrschung der deutschen Sprache eher eine untergeordnete Bedeutung zu. Nach dem Gesetzeswortlaut kommt es nicht auf ein bestimmtes Sprachniveau an. Insbesondere wird nicht das Niveau B 1 gefordert. Das Erwartungskriterium stellt ein eigenständiges Kriterium dar, so dass es nicht auf Grundkenntnisse der Rechts- und Gesellschaftsordnung ankommt.[305]

d) Sicherung des Lebensunterhalts (§ 18 c Abs. 3 Satz 1 Hs. 2 AufenthG)

182 Nach § 18 c Abs. 3 S. 1 Hs. 2 Alt. 1 AufenthG muss ferner der Lebensunterhalt (§ 2 Abs. 3 AufenthG) gesichert sein. Zumeist werden hoch qualifizierte Fachkräfte mit akademischer Ausbildung über ein hohes, jedenfalls höheres Einkommen verfügen, so dass diese Voraussetzung leicht zu erfüllen sein dürfte. Weder die Verwaltungsvorschriften noch die Literatur äußern sich dazu, ob auch die weiteren Voraussetzungen des § 5 AufenthG erfüllt sein müssen. Aufgrund der Neueinfügung des Hinweises auf § 9 Abs. 2 S. 1 Nr. 4 AufenthG in § 18 c Abs. 3 S. 1 letzter Hs. Alt. 2 AufenthG dürfte klargestellt worden sein, dass daneben § 5 Abs. 1 Nr. 1 AufenthG keine eigenständige Bedeutung zukommen kann. Davon, dass bei hoch qualifizierten Fachkräften die Identität und Staatsangehörigkeit geklärt sind, sie

---

301 *Sußmann*, in: Bergmann/Dienelt, AuslR, 12. Aufl. 2018, § 19 AufenthG Rn. 9.

302 *Sußmann*, in: Bergmann/Dienelt, AuslR, 12. Aufl. 2018, § 19 AufenthG Rn. 10; Stiegeler, in: NK-AuslR, 2. Aufl. 2016, § 19 AufenthG Rn. 7.

303 *Sußmann*, in: Bergmann/Dienelt, AuslR, 12. Aufl. 2018, § 19 AufenthG Rn. 10.

304 *Sußmann*, in: Bergmann/Dienelt, AuslR, 12. Aufl. 2018, § 19 AufenthG Rn. 5; *Stiegeler*, in: NK-AuslR, 2. Aufl. 2016, § 19 AufenthG Rn. 9; *Breidenbach*, in: Heusch/Kluth, AuslR, Kommentar, 2016, § 19 AufenthG Rn. 6.

305 *Sußmann*, in: Bergmann/Dienelt, AuslR, 12. Aufl. 2018, § 19 AufenthG Rn. 5.

einen nationalen Reiseausweis besitzen und das Visumverfahren beachten, dürfte in aller Regel auszugehen sein. Gegebenenfalls kann eine Lösung über § 5 Abs. 2 S. 2 Alt. 2 AufenthG erreicht werden. § 5 Abs. 3 AufenthG ist ohne Bedeutung. Anstelle von § 5 Abs. 4 AufenthG findet § 9 Abs. 2 S. 1 Nr. 4 AufenthG Anwendung. Wenn bereits dessen Voraussetzungen erfüllt sind, dürften erst recht die Voraussetzungen nach § 5 Abs. 4 AufenthG vorliegen.

e) Entgegenstehende Gründe der öffentlichen Sicherheit oder Ordnung (§ 18 c Abs. 3 Satz 1 Hs. 2 iVm § 9 Abs. 2 Satz 1 Nr. 4 AufenthG)

183 Nach § 18 c Abs. 3 S. 1 Hs. 2 Alt. 2 iVm § 9 Abs. 2 S. 1 Nr. 2 AufenthG dürfen der Erteilung der Niederlassungserlaubnis nach § 18 c Abs. 1 AufenthG keine Gründe der **öffentlichen Sicherheit oder Ordnung** unter Berücksichtigung der Schwere oder der Art des Verstoßes gegen die öffentliche Sicherheit oder Ordnung oder eine vom Antragsteller ausgehende Gefahr entgegenstehen (→ Rn. 164).[306] Abzuwägen sind diese Gründe mit der Dauer des bisherigen Aufenthalts und den im Bundesgebiet bestehenden Bindungen. Das Gewicht dieser Interessen wird dabei insbes. durch die in § 9 Abs. 2 S. 1 Nr. 4 AufenthG bezeichneten Gesichtspunkte bestimmt, aber gegenseitig relativiert. **Ausweisungsinteressen** (§ 54 AufenthG) stehen der Erteilung der Niederlassungserlaubnis danach dann nicht entgegen, wenn sie unter Berücksichtigung der in § 9 Abs. 2 S. 1 Nr. 4 AufenthG bezeichneten Gesichtspunkte das private Interesse des Antragstellers an der Gewährung eines Daueraufenthalts nicht überwiegen.[307] Der Gesetzgeber begründet die offene Klausel mit den früheren Unklarheiten. Mit der früheren Regelung habe ein Signal gesetzt werden sollen, dass „**erhebliche Straftaten**" den Zugang zur Verfestigung sperren. Neben der Berücksichtigungsregel bezogen auf geringfügige Straftaten hätte allerdings noch der Regelerteilungsgrund des Vorliegens eines Ausweisungsinteresses nach § 5 Abs. 1 Nr. 2 AufenthG geprüft werden müssen. Das Vorhandensein von Ausweisungsinteressen hätte danach in der Regel bei erheblichen Straftaten oberhalb der in § 9 Abs. 2 S. 1 Nr. 4 AufenthG aF aufgezeigten Grenze stets der Erteilung der Niederlassungserlaubnis entgegengestanden. Nunmehr werde nach dem Vorbild der Daueraufenthaltsrichtlinie anstelle eines starren Kriteriums eine Abwägung vorgeschrieben. Dadurch würde die Niederlassungserlaubnis nach § 9 AufenthG der nach § 9 a AufenthG angeglichen.[308]

3. Ermessenskriterien

184 Nach § 18 c Abs. 3 S. 1 Hs. 1 AufenthG wird über den Antrag auf Erteilung der Niederlassungserlaubnis nach behördlichem Ermessen („kann") entschieden. Bei der Ermessensausübung ist einerseits der Ausnahmecharakter der Vorschrift, andererseits das gestiegene öffentliche Interesse an hoch qualifizierten Fachkräften zu beachten. Die Kriterien, die für die Annahme einer hoch qualifizierten Fachkraft sprechen, sind zugunsten des Antragstellers zu berücksichtigen. Darüber hinaus sind die für die Annahme einer Integrationserwartung maßgebenden Gründe in das Ermessen zugunsten des Antragstellers einzustellen. Da diese Kriterien der vollen gerichtlichen Kontrolle unterliegen, bleibt für eine Ermessensentscheidung nicht mehr viel Raum. Daher dürfte die Ermessensausübung regelmäßig zugunsten des Antragstellers auszuüben sein. Dies bedeutet andererseits nicht, dass unter diesen Voraussetzungen stets von einem intendierten oder gar von einem reduzierten Ermessen auszugehen wäre. Soweit in der Kommentarliteratur darauf hingewiesen wird, die Ausländerbehörde müsse auch den Arbeitsmarkt in die Erwägung einbeziehen,[309] fällt eine derartige Prüfung nicht in die Kompetenz der Ausländerbehörde.

306 BVerwG, NVwZ 2011, 829 (830) Rn. 12 = InfAuslR 2011, 182 = EZAR NF 28 Nr. 39.
307 VGH BW, InfAuslR 2010, 59 (63).
308 BT-Drs. 16/5065, S. 276.
309 *Sußmann*, in: Bergmann/Dienelt, AuslR, 12. Aufl. 2018, § 19 AufenthG Rn. 15.

4. Rechtsfolgen

185 Sind die Voraussetzungen von § 18 c Abs. 3 AufenthG erfüllt und fällt die Ermessensentscheidung zugunsten des Antragstellers aus, wird ihm von vornherein eine Niederlassungserlaubnis nach dieser Vorschrift erteilt. Im Rahmen eines Ausweisungsverfahrens ist aber erst nach einem fünfjährigen Besitz der Niederlassungserlaubnis ein besonders schwerwiegendes Bleibeinteresse in die Erwägung einzustellen (§ 55 Abs. 1 Nr. 1 AufenthG). Hat die Ehe bereits im Herkunftsland bestanden, kommt es für den Nachzug des anderen Ehegatten nicht auf Deutschkenntnisse an (§ 30 Abs. 1 S. 3 Nr. 7 AufenthG). Da die Niederlassungserlaubnis grundsätzlich auflagenfeindlich ist und unbefristet gilt, kann der Berechtigte den Arbeitsplatz ohne vorherige Genehmigung wechseln.[310]

5. Mitwirkung der obersten Landesbehörde (§ 18 c Abs. 3 Satz 2 AufenthG)

186 Nach § 18 c Abs. 3 S. 2 AufenthG kann die Landesregierung bestimmen, dass die Erteilung der Niederlassungserlaubnis der Zustimmung der obersten Landesbehörde, also des Innenministeriums, oder einer von ihr bestimmten Stelle bedarf. Eine derartige Regelung enthielt bereits § 19 Abs. 1 S. 2 AufenthG aF. Nach den Verwaltungsvorschriften soll dadurch eine der Regelung der Erteilung der Niederlassungserlaubnis an hoch qualifizierte Fachkräfte gerecht werdende und einheitliche Entscheidungspraxis herbeigeführt werden (Nr. 19.1.3 AufenthG-VwV). Soweit ersichtlich, haben die Landesregierungen bislang von dieser Kompetenz keinen Gebrauch gemacht. Dafür dürfte wohl angesichts der geringen Zahl der Antragsteller bislang kein Bedarf bestanden haben und auch in Zukunft bestehen.

310 *Breidenbach*, in: Heusch/Kluth, AuslR, Kommentar, 2016, § 19 AufenthG Rn. 10.

Kapitel 4: Spurwechsel vom gestatteten oder geduldeten zum rechtmäßigen Aufenthalt

A. Vorbemerkung

Mit § 60 c und § 60 d AufenthG hat der Gesetzgeber ein Gesamtkonzept zum Spurwechsel geschaffen, das in Verbindung mit § 19 d und § 25 b AufenthG bislang gestatteten (Asylbewerbern) oder geduldeten (ausreisepflichtigen) Personen eine dauerhafte und verlässliche Bleiberechtsperspektive eröffnet. Die mit der **Ausbildungsduldung** (§ 60 c AufenthG) und **Beschäftigungsduldung** (§ 60 d AufenthG) eingeschlagene Spur verläuft über die sich daran anschließenden Zwischenstationen der § 19 d und § 25 b AufenthG in die Niederlassungserlaubnis nach § 9 AufenthG hinein und damit in eine vom bisherigen Erteilungsgrund losgelöste dauerhafte Bleiberechtsperspektive, die letztlich nur noch durch einen längeren Auslandsaufenthalt (§ 51 Abs. 1 Nr. 6 und 7 AufenthG) oder durch Ausweisung (§ 51 Abs. 1 Nr. 5 iVm §§ 53 ff. AufenthG) oder andere Erlöschensgründe nach § 51 Abs. 1 AufenthG erlöschen kann. Für die Niederlassungserlaubnis ist hinsichtlich der nach § 60 c AufenthG bislang geduldeten Personen nicht § 26 Abs. 4 AufenthG Rechtsgrundlage, da nach Übergang von der Ausbildungsduldung zu einer Aufenthaltserlaubnis nach dem 4. Abschnitt (§ 19 d AufenthG) hierfür § 9 AufenthG maßgebend ist. Anders ist die Rechtslage im Blick auf die Beschäftigungsduldung, da insoweit der Übergang von dieser zu einer Aufenthaltserlaubnis über § 25 b Abs. 6 AufenthG erfolgt. Es handelt sich deshalb um eine Aufenthaltserlaubnis nach dem humanitären Abschnitt, so dass § 26 Abs. 4 AufenthG die Verfestigung regelt. Da weder § 18 a AufenthG aF, die Vorläufernorm von § 19 d AufenthG, noch § 25 b AufenthG den einbürgerungsschädlichen Aufenthaltstiteln zuzuordnen sind (vgl. § 10 Abs. 1 S. 1 Nr. 2 StAG), kann von der Zwischenstation auch unmittelbar in die Einbürgerung eingebogen werden. Allerdings setzt § 10 Abs. 1 S. 1 Hs. 1 StAG einen achtjährigen **rechtmäßigen** Aufenthalt voraus, und da es nicht ratsam ist, acht Jahre in der an den Erteilungszweck akzessorisch gebundenen Zwischenstation zu verbleiben, dürfte bei kluger Lebensplanung nach Ablauf von fünf Jahren zunächst die Niederlassungserlaubnis angestrebt werden. 1

Der **Spurwechsel** war vor der Vorlage des ersten Referentenentwurfs zum FKEG vom 19.11.2018 und auch noch danach und ist bis heute politisch hoch umstritten und hatte die Migrationsdebatte, die dem FKEG vorausging, ideologisch aufgeladen. Es verwundert daher nicht, dass in der gesetzlichen Begründung dieser Begriff nicht erwähnt wird. Mit § 60 a Abs. 2 S. 4, § 25 a und § 25 b AufenthG war der Spurwechsel aber bereits längere Zeit vor dem Inkrafttreten des FKEG gesetzlich geregelt worden. Die neuen Regelungen zur Ausbildungsduldung verbessern die bisherige Rechtslage nicht. Dies wird nachfolgend im Einzelnen aufgezeigt. Der von vielen Beobachtern und auch Politikern kritisierte erschwerte Zugang zur dauerhaften Bleiberechtsperspektive nach § 25 a, § 25 b AufenthG wird dadurch nicht nur nicht erleichtert, sondern sogar noch weiter erschwert. Noch schärfer fällt die Analyse der Beschäftigungsduldung aus, die durch vorgeschaltete Duldungszeiten und höhere Erteilungsvoraussetzungen als die in § 25 b AufenthG geregelten (zB im Blick auf die extrem kurzen Fristen für den Identitätsnachweis, obwohl die Identität bereits im Asylverfahren geprüft wurde, den zwölfmonatigen Besitz der Duldung nach § 60 a AufenthG im Anschluss an das Asylverfahren, das Spracherfordernis B 1, den erfolgreich absolvierten Integrationskursus) den Spurwechsel im Ergebnis versperren. Die Beschäftigungsduldung kann damit als gesetzgeberischer Täuschungsversuch gewertet werden, der der Öffentlichkeit vorgibt, ein Integrationskonzept schaffen zu wollen, das er 2 aber politisch gar nicht will und das er deshalb so regelt, dass der Zugang hierzu wirksam versperrt wird.

B. Ausbildungsduldung und Aufenthaltserlaubnis (§ 60 c AufenthG)

I. Funktion der Ausbildungsduldung

3 Die Ausbildungsduldung wird in § 60 c AufenthG geregelt und ist an alternative Voraussetzungen gebunden. Entweder wird eine qualifizierte Berufsausbildung (→ Rn. 5) oder – zum ersten Mal – eine Assistenz- oder Helferausbildung (→ Rn. 7) aufgenommen (§ 60 c Abs. 1 S. 1 Nr. 1 AufenthG). Üblich ist es, die Ausbildungsduldung als „3+2"-Regelung zu bezeichnen, weil die Ausbildung drei Jahre dauere und die anschließende Aufenthaltserlaubnis für zwei Jahre erteilt werde.[311] Dies trifft jedoch nicht zu. Denn eine qualifizierte Berufsausbildung muss nicht länger als zwei Jahre dauern.[312] Die Ausdehnung der Ausbildungsduldung auf die Assistenz- oder Helferausbildung wird allgemein positiv gewertet, weil sie einen Einstieg in eine **modularisierte Berufsausbildung** ermöglicht. Dadurch wird etwa eine Erstausbildung von Geduldeten oder Asylbewerbern als Pflegeheilkräfte zugelassen, sofern an diese eine Ausbildung zur examinierten Pflegefachkraft anschlussfähig ist und eine Ausbildungsplatzzusage vorliegt.[313] Die letzte Einschränkung ist realitätsfremd. Denn ein Ausbildungsbetrieb wird in der Regel nicht das Risiko eingehen, sich auf einen Ausbildungsbewerber festzulegen, der die Helferausbildung nicht absolviert hat. Vielmehr bereiten die Pflegeschulen auf die Ausbildung vor und unterstützen die Bewerber bei der Suche nach einem Ausbildungsplatz.[314] Die Ausbildungsduldung steht im engen Zusammenhang mit der Beschäftigungserlaubnis nach § 60 d AufenthG, die das frühere Recht nicht kannte. § 60 c AufenthG überführt die Regelungen zur Erteilung der Ausbildungsduldung, die bislang in § 60 a Abs. 2 S. 4 bis 12 AufenthG aF enthalten waren, wegen ihres Umfangs und ihrer praktischen Bedeutung in eine eigene Norm. Diese Neufassung wurde anders als früher strukturiert und enthält Ergänzungen und Klarstellungen, die unter anderem eine einheitliche Anwendung in den Ländern sicherstellen sollen. Die Vorschrift zielt darauf ab, mehr Rechtssicherheit für geduldete Personen und Ausbildungsbetriebe zu schaffen, da ansonsten durch die Unsicherheit der aufenthaltsrechtlichen Stellung die Aufnahme einer Berufsausbildung erschwert werden kann.[315] Allerdings kritisieren die Verbände, dass durch die Erweiterung der Ausschlussgründe (§ 60 c Abs. 2 AufenthG) und die Einführung einer zwölfmonatigen Wartefrist (§ 60 c Abs. 2 Nr. 2 AufenthG) die Rechtsunsicherheit für die Arbeitgeber und die Antragsteller erhöht werde.[316] Sie ermöglicht also zunächst einen **Spurwechsel**[317] für im Asylverfahren erfolglos gebliebene Personen auf der Basis einer Duldung nach § 60 a AufenthG. Vorausgesetzt wird, dass der Antragsteller eine „qualifizierte Berufsausbildung" im Sinne des § 2 Abs. 12 a AufenthG

---

311 *Institut für Arbeitsmarkt- und Berufsforschung*, Stellungnahme zur öffentlichen Anhörung des Innenausschusses des Deutschen Bundestages vom 29. Mai 2019, S. 2 f.

312 *Institut für Arbeitsmarkt- und Berufsforschung*, Stellungnahme zur öffentlichen Anhörung zum Gesetzentwurf der Bundesregierung über Duldung bei Ausbildung und Beschäftigung vom 3. Juni 2019, S. 2 f.

313 *Deutscher Anwaltverein, Ausschuss Migrationsrecht*, Stellungnahme zum Referentenentwurf eines FKEG, Dezember 2018, S. 10; *Pro Asyl*, Entwurf zum FKEG v. 30.11.2018, S. 3, kritisch wegen des Erfordernisses der Ausbildungsplatzzusage.

314 *Der Paritätische Wohlfahrtsverband*, Stellungnahme zum Referentenentwurf für ein FKEG v. 6.12.2018, S. 4; *Sachverständigenrat deutscher Stiftungen für Integration und Migration*, Stellungnahme zum Referentenentwurf für ein FKEG v. 18.12.2018, S. 8; *Deutscher Anwaltverein, Ausschuss Migrationsrecht*, Stellungnahme zum Referentenentwurf eines FKEG, Dezember 2018, S. 10; *Pro Asyl*, Entwurf zum FKEG v. 30.11.2018, S. 3, kritisch wegen des Erfordernisses der Ausbildungsplatzzusage.

315 OVG Saarland, NVwZ-RR 2018, 164.

316 *Institut für Arbeitsmarkt- und Berufsforschung*, Stellungnahme zur öffentlichen Anhörung des Innenausschusses des Deutschen Bundestages vom 29. Mai 2019, S. 3.

317 So ausdrücklich *Röder/Wittmann*, ZAR 2017, 345 (352).

(→ Rn 5) anstrebt (**§ 60 c Abs. 1 AufenthG**). Diese Vorschrift entspricht im Wesentlichen der früheren in § 60 a Abs. 2 S. 4 AufenthG aF iVm § 6 Abs. 1 S. 2 BeschV aF geregelten Definition. Das Erfordernis der **staatlichen Anerkennung** zielt auf das in den einschlägigen Normen geregelte Berufsbild sowie die entsprechenden Ausbildungs- und Prüfungsanordnungen und nicht auf die konkrete – möglicherweise sehr individuell und einzelfallbezogene – Vertragsgestaltung zwischen dem Auszubildenden und dem Ausbildungsbetrieb ab.[318] Die Rechtsprechung sieht in der **Einstiegsqualifizierung** keine qualifizierte Berufsausbildung, obwohl sie in § 1 Abs. 1 BBiG erwähnt wird. Begründet wird dies damit, dass die Einstiegsqualifizierung erst an eine Berufsausbildung heranführe bzw. darauf gerichtet sei, die erforderliche Ausbildungsreife herzustellen (→ Rn. 5).[319]

Die maßgeblichen Voraussetzungen für die Duldungserteilung haben sich gegenüber § 60 a Abs. 2 S. 4 ff. AufenthG aF nicht wesentlich verändert. Nach früherem Recht wurde für die Begründung des Duldungsanspruchs vorausgesetzt, dass der Antragsteller eine qualifizierte Berufsausbildung aufnimmt oder aufgenommen hat (§ 60 a Abs. 2 S. 4 AufenthG aF). Nach dem nunmehr geltenden § 60 c Abs. 1 AufenthG muss der Antragsteller bereits im Asylverfahren eine Berufsausbildung aufgenommen haben und diese fortsetzen. Abs. 1 von § 60 c AufenthG differenziert aber zwischen einem Antragsteller, der bereits **während des Asylverfahrens** erlaubt eine Berufsausbildung aufgenommen hat und diese nach Ablehnung des Asylantrags fortsetzen möchte (Nr. 1) und demjenigen, der erst **im Status der Duldung** eine Berufsausbildung aufnimmt (Nr. 2). Die Asylablehnung muss in Bestandskraft erwachsen sein.[320] § 60 c Abs. 2 AufenthG fasst die Versagungsgründe zusammen. § 60 c Abs. 3 AufenthG regelt die Erteilungsdauer und § 60 c Abs. 4 AufenthG die Erlöschensgründe. § 60 c Abs. 5 AufenthG enthält Regelungen zur vorzeitigen Beendigung des Ausbildungsverhältnisses. Wie früher ist Ausgangspunkt § 60 a Abs. 2 S. 3 AufenthG. Danach ist eine Duldung zu erteilen, wenn dringende humanitäre oder persönliche Gründe oder erhebliche öffentliche Interessen eine vorübergehende Anwesenheit im Bundesgebiet erfordern. Da Ziel des FKEG, die Zuwanderung von Fachkräften im Interesse der Wirtschaft zu fördern, ist Anknüpfungspunkt dieser Kriterien. Anders als die nur für ein vorübergehendes Verbleiben im Bundesgebiet konzipierte Duldung ist die Ausbildungsduldung auf Dauer angelegt (§ 60 c Abs. 6 S. 2 AufenthG). Im Hinblick auf das erstrebte Ziel der Förderung der Integration erscheint der Weg über einen weiterhin geduldeten Aufenthalt nicht geeignet. Stattdessen sollte eine Aufenthaltserlaubnis auf Probe eingeführt werden. Dies würde auch die Suche nach einem Ausbildungsplatz erleichtern. 4

II. Begriff der qualifizierten Berufsausbildung (§ 2 Abs. 12 a AufenthG)

Der Spurwechsel wird bereits mit der der Ausbildung vorangestellten **Einstiegsqualifizierung** eingeleitet. Die Rechtsprechung sieht in der **Einstiegsqualifizierung** aber keine qualifizierte Berufsausbildung, obwohl sie in § 1 Abs. 1 BBiG erwähnt wird. Begründet wird dies damit, dass die Einstiegsqualifizierung erst an eine Berufsausbildung heranführe bzw. darauf gerichtet sei, die erforderliche Ausbildungsreife herzustellen.[321] Gelingt der Übergang von der Einstiegsqualifizierung in die Ausbildung nicht, bleibt die Möglichkeit, nach § 60 b Abs. 6 S. 1 AufenthG – weiterhin – eine Duldung für die Dauer von drei Monaten zum Zwecke der Suche nach einer weiteren Einstiegsqualifizierung oder einer Ausbildungsstelle, für die eine Einstiegsqualifizierung nicht vorgesehen ist, zu erteilen. Nach § 2 Abs. 12 a AufenthG liegt eine qualifizierte Berufsausbildung vor, wenn es sich um eine Berufsausbildung in einem staatlich anerkannten oder vergleichbar geregelten Ausbildungs- 5

318 VGH BW, InfAuslR 2017, 118.
319 VGH BW, InfAuslR 2017, 141 (142); *Koehler*, InfAuslR 2018, 45 (48).
320 *Fleuß*, Stellungnahme zum Entwurf eines FKEG v. 26.5.2019, S. 9.
321 VGH BW, InfAuslR 2017, 141 (142); *Koehler*, InfAuslR 2018, 45.

beruf handelt, für den eine Ausbildungsdauer von mindestens zwei Jahren festgelegt ist. Diese Definition entspricht der früher in § 6 S. 2 BeschV aF festgelegten. Die geforderte Ausbildungsdauer bezieht sich auf die nach den rechtlichen Bestimmungen abstrakt festgelegte Dauer der Ausbildung und nicht auf die im konkreten Einzelfall individuell absolvierte Ausbildungsdauer. Daher ist auch dann von einer qualifizierten Berufsausbildung auszugehen, wenn zwar regulär eine zweijährige Ausbildungszeit vorgesehen ist, im Einzelfall der Berufsabschluss jedoch nach einer kürzeren Ausbildungszeit zugelassen wurde.[322] Denn es würde dem Zweck des Gesetzes zuwiderlaufen, jene Fachkräfte, die durch eine zugelassene verkürzte Berufsausbildung ihre besondere Begabung unter Beweis gestellt haben, auszuschließen (s. hierzu im Einzelnen → Kap. 3 Rn. 14).

6 Bei der qualifizierten Berufsausbildung muss es sich nicht um eine staatliche Prüfung handeln. Alle Ausbildungen nach dem BBiG oder der HandwO, den Gesetzen über die nichtärztlichen Heilberufe, den Sozialberufsgesetzen der Länder usf., die in einer Ausbildungsordnung geregelt sind und mit einer staatlich anerkannten Prüfung enden, sind eingeschlossen.[323] Von der qualifizierten Berufsausbildung nach § 2 Abs. 12 a AufenthG zu unterscheiden ist die **„qualifizierte Beschäftigung"** nach § 2 Abs. 12 b AufenthG. Hiermit wird die Handhabung insbesondere der Normen zum Aufenthalt zum Zweck der Erwerbstätigkeit erleichtert. In Abgrenzung zur unqualifizierten liegt eine qualifizierte Beschäftigung vor, wenn die Art der arbeitsvertraglich vereinbarten Tätigkeiten üblicherweise von Personen mit Fertigkeiten, Kenntnissen und Fähigkeiten ausgeübt wird, die in einer qualifizierten Berufsausbildung oder akademischen Ausbildung erworben werden. Dies umfasst sowohl berufsrechtlich reglementierte wie auch nicht reglementierte Berufe.[324] Für die Ausbildungsduldung genügt eine qualifizierte Beschäftigung nicht, wohl aber für eine Beschäftigungsduldung (§ 60 d AufenthG), für die aber auch weniger qualifizierte Beschäftigungen genügen. Die qualifizierte Beschäftigung dürfte von ihren Anforderungen her zwischen einer nicht qualifizierten (§ 18 Abs. 3 AufenthG aF) und einer qualifizierten (§ 18 Abs. 4 AufenthG aF) liegen.

7 Alternativ wird nach § 60 c Abs. 1 S. 1 Nr. 1 b AufenthG eine Duldung für eine **Assistenz- oder Helferausbildung** in einem staatlich anerkannten oder vergleichbar geregelten Ausbildungsberuf erteilt, an die eine qualifizierte Berufsausbildung in einem staatlich anerkannten oder vergleichbar geregelten Ausbildungsberuf, für den die Bundesagentur für Arbeit einen Engpass festgestellt hat, **anschlussfähig** ist und dazu bereits eine Ausbildungsplatzzusage vorliegt. Hier wird also für eine die eigentliche Berufsausbildung vorbereitende Einstiegsqualifizierung eine Duldung erteilt. Für die Erteilung ist in beiden Fällen des § 60 c Abs. 1 S. 1 AufenthG vorgeschrieben, dass der Antragsteller entweder nach Ablehnung des Asylantrags die bereits begonnene Berufsausbildung fortsetzen möchte oder im Besitz der Duldung nach § 60 a AufenthG ist und eine Berufsausbildung aufnimmt (§ 60 c Abs. 1 S. 1 Nr. 1 letzter Hs. und Nr. 2 AufenthG). Hier stehen aber offensichtlich öffentliche Interessen wie zB die Behebung des Pflegenotstands im Vordergrund und nicht das öffentliche Interesse an einer Integration bereits längere Zeit im Bundesgebiet lebender Drittstaatsangehöriger.

III. Voraussetzungen der Ausbildungsduldung (§ 60 c Abs. 1 AufenthG)

8 Mit § 60 c Abs. 1 S. 1 AufenthG hat der Gesetzgeber die früher in § 60 a Abs. 2 S. 4 AufenthG aF nicht begrifflich klar geregelte Ausgangslage in alternativer Form präzisiert,

322 *Dienelt,* in: Bergmann/Dienelt, AuslR, 12. Aufl. 2018, § 18 a AufenthG Rn. 5; *Stiegeler,* in: NK-AuslR, 2. Aufl. 2016, § 18 a Rn. 9.

323 *Dienelt,* in: Bergmann/Dienelt, AuslR, 12. Aufl. 2018, § 18 a AufenthG Rn. 5; *Stiegeler,* in: NK-AuslR, 2. Aufl. 2016, § 18 a Rn. 9.

324 BT-Drs. 19/8285, S. 86.

in der Sache indes keine Neuregelung eingeführt, jedoch klarer den „klassischen Spurwechsel“ noch während des Asylverfahrens einerseits oder unmittelbar im Anschluss an dieses andererseits geregelt. Die erste Alternative hat nach § 60 c Abs. 1 S. 1 AufenthG zur Voraussetzung, dass der Antragsteller bereits während des Asylverfahrens eine qualifizierte Berufsausbildung oder eine Assistenz- oder Helferausbildung aufgenommen hat und diese nach Verfahrensabschluss fortsetzt (→ Rn. 7). Damit ist ein **bruchloser Übergang** von der Aufenthaltsgestattung nach § 55 Abs. 1 S. 1 iVm § 63 AsylG zu einer Ausbildungsduldung, also ein **Spurwechsel**, möglich. Während des Asylverfahrens kann nach Ablauf der Dreimonatsfrist des § 61 Abs. 1 AsylG eine Beschäftigung aufgenommen werden, wenn die Ausländerbehörde die hierfür erforderliche Erlaubnis nach Zustimmung der Arbeitsagentur erteilt hat. Nach Ablauf eines Mindestaufenthaltes von 15 Monaten entfällt die Vorrangprüfung (§ 32 Abs. 5 BeschV), jedoch nicht die Arbeitsplatzprüfung. Ab dem 6.8.2019 entfällt die Zustimmung der Arbeitsverwaltung vollständig in allen Fällen des § 32 Abs. 2 und 3 BeschV. Die Beschäftigungserlaubnis nach diesen Vorschriften kann für die Absolvierung einer qualifizierten Berufsausbildung erteilt werden. Es muss während des Asylverfahrens jedoch eine qualifizierte Berufsausbildung aufgenommen worden sein. Eine bloße Beschäftigung während des Verfahrens reicht nicht.[325] In diesem Fall kann dem Antragsteller nur eine Ausbildungsduldung erteilt werden, wenn er nach Ablehnung des Asylantrags drei Monate im Besitz der Duldung nach § 60 a AufenthG war und eine qualifizierte Berufsausbildung aufgenommen hat (§ 60 c Abs. 2 Nr. 1 AufenthG; → Rn. 10).

Das objektive Vorliegen von Duldungsgründen reicht aus. Ein Besitz der **Duldungsbescheinigung** (§ 60 a Abs. 4 AufenthG) ist hingegen nicht erforderlich. § 60 c Abs. 1 S. 1 AufenthG differenziert also zwischen Antragstellern, die bereits während des Asylverfahrens erlaubt eine Berufsausbildung aufgenommen haben (Nr. 1) und Antragstelllern, die erst im Status der Duldung eine Berufsausbildung aufnehmen (Nr. 2), da daran nach § 60 c Abs. 2 AufenthG unterschiedliche Versagungsgründe anknüpfen.[326] Es muss allerdings bei der zweiten Alternative ein sechsmonatiger Besitz der Duldung nachgewiesen werden (§ 60 c Abs. 2 Nr. 2 AufenthG). Das Gesetz knüpft damit an alle Alternativen des § 60 a Abs. 1 AufenthG an. So kann der Antragsteller zB wegen eines allgemeinen, auf sein Herkunftsland bezogenen Abschiebungsstopps (§ 60 a Abs. 1 AufenthG) oder deshalb geduldet sein, weil die Abschiebung aus rechtlichen oder tatsächlichen Gründen unmöglich ist (§ 60 a Abs. 2 S. 1 AufenthG). Er kann ferner aus einem **vorübergehenden Zweck** (§ 60 a Abs. 2 S. 3 AufenthG) oder aus Krankheitsgründen (§ 60 a Abs. 2 c und 2 d AufenthG) geduldet sein. Der der ersten Alternative zugrundeliegende Zweck, einen vorübergehenden Aufenthalt zu ermöglichen, entfällt damit und hindert unter den Voraussetzungen des § 60 c Abs. 1 S. 1 Nr. 2 AufenthG nicht die für einen Daueraufenthalt konzipierte Duldungserteilung. Der Besitz einer dementsprechenden Duldung ist nicht erforderlich, wenn der Antragsteller vor dem 31.12.2016 eingereist ist und die Berufsausbildung vor dem 2.10.2020 begonnen wird (§ 104 Abs. 17 AufenthG). Man kann dieser Übergangsregelung die Intention des Gesetzgebers entnehmen, dass er für Drittstaatsangehörige, die bereits drei Jahre im Bundesgebiet leben, einen Spurwechsel ermöglichen will. Zwingend ist diese Interpretation aber nicht. Vielmehr können auch bereits zu einem früheren Zeitpunkt die Voraussetzungen für die Erteilung einer Ausbildungsduldung erfüllt sein. Andererseits gibt diese Übergangsregelung eine Auslegungsregel in Zweifelsfällen vor, bei denen sich der Antragsteller bereits drei Jahre im Bundesgebiet aufhält, eine zu seinen Gunsten wirkende Lösung anzustreben. 9

325 VGH BW, Beschl. v. 16.7.2018 – 11 S 1298/18, Asylmagazin 2018, 384.
326 BT-Drs. 19/8286, S. 14.

10 Mit dem Erfordernis, dass der Antragsteller im Zeitpunkt der Erteilung der Ausbildungsduldung seit drei Monaten im Besitz der Duldung war und eine qualifizierte Berufsausbildung aufgenommen hat, will der Gesetzgeber verhindern, dass ein Betroffener nach Einleitung gegen ihn gerichteter aufenthaltsbeendender Maßnahmen eine Berufsausbildung aufnimmt, um dadurch deren Vollzug zu verhindern. Härten treten in diesem Fall auf, wenn der Antragsteller bereits eine **Einstiegsqualifizierung** aufgenommen oder abgeschlossen hat. Nach altem Recht bestanden in der Rechtsprechung unterschiedliche Ansichten darüber, wann davon ausgegangen werden kann, dass der Antragsteller eine Berufsausbildung aufgenommen hat. Die Spanne hinsichtlich des Umfangs der Nachweispflicht bei der Antragstellung reichte von einer Mitteilung des konkreten Ausbildungsverhältnisses über eine Vorlage des bereits abgeschlossenen Ausbildungsvertrags, der sich zumindest auf das unmittelbar bevorstehende Ausbildungsjahr beziehen musste und in engem zeitlichem Zusammenhang mit diesem stand, bis zur Forderung nach einem Antrag auf Eintragung des Ausbildungsverhältnisses in ein Verzeichnis nach § 34 Abs. 2 BBiG.[327] Mehrheitlich wurde aber insoweit lediglich gefordert, dass im maßgeblichen Zeitpunkt auf eine zeitnah aufzunehmende, konkret bezeichnete Berufsausbildung unter Vorlage geeigneter Nachweise abzustellen war.[328] Die Ausbildung musste also nicht bereits begonnen haben.[329] Im Zeitpunkt der Antragstellung durfte der Ausbildungsbeginn aber nicht mehr von aus der Sphäre des Antragstellers stammenden Umständen und Handlungen abhängen und musste die Aufnahme der Ausbildung zeitlich unmittelbar bevorstehen.[330] Singulär blieb die einschränkende und der Funktion der Ausbildung zuwiderlaufende Ansicht, dass konkrete Maßnahmen zur Aufenthaltsbeendigung auch dann bevorstehen könnten, wenn die Ausländerbehörde mangels absehbarer (weiterer) Duldungsgründe „vorausschauend" ein Abschiebungsersuchen an die für die Durchführung der Abschiebung zuständige Behörde mit der Bemerkung gerichtet hatte, dass die Abschiebung erst ab einem bestimmten künftigen Zeitpunkt erfolgen könne.[331] Diesen Streit hat der Gesetzgeber nunmehr dadurch beendet, dass der Antragsteller vor Beantragung der Ausbildungsduldung bereits mindestens drei Monate im Besitz einer Duldung sein muss.[332] Die Ausländerbehörde hat den Antragsteller über die weiteren Schritte zur Erlangung der Ausbildungsduldung zu beraten (§ 25 VwVfG).[333] Das Erfordernis einer vorangegangenen Duldung gilt nicht für Antragsteller, die **bis zum 31.12.2016** in das Bundesgebiet eingereist sind (§ 104 Abs. 17 AufenthG). Diese können unmittelbar nach abgelehntem Asylantrag eine Ausbildungsduldung erhalten.

11 Bei Vorliegen der Voraussetzungen des § 60 c Abs. 1 S. 1 AufenthG besteht ein **Anspruch** auf die Erteilung der Beschäftigungserlaubnis zur Aufnahme der Berufsausbildung. Das der Ausländerbehörde nach § 4 a Abs. 2 S. 1 AufenthG eingeräumte Ermessen ist im Blick auf die Ausbildungsduldung intendiertes Ermessen, dh sofern die Voraussetzungen für die Ausbildungsduldung nach § 60 c Abs. 1 AufenthG und keine Versagungsgründe nach § 60 c Abs. 2 Nr. 1 iVm § 60 a Abs. 6 AufenthG vorliegen, ist im Regelfall eine Beschäftigungserlaubnis zu erteilen.[334] Ist nach Abschluss des Asylverfahrens keine Duldung erteilt worden, weil die Ausländerbehörde konkrete Abschiebungsmaßnahmen eingeleitet hat,

327 Vgl. die Hinweise auf die Rechtsprechung BayVGH, NVwZ-RR 2018, 588 (589 f.) Rn. 18.

328 BayVGH, NVwZ-RR 2018, 588 (590) Rn. 18; OVG Hamburg, AuAS 2018, 6 (8); VGH BW, InfAuslR 2017, 15 (17) = EZAR NF 32 Nr. 4; Nieders.OVG, EZAR NF 32 Nr. 7.

329 VGH BW, InfAuslR 2017, 15 (17) = EZAR NF 32 Nr. 4; Nieders.OVG, EZAR NF 32 Nr. 7; VG Saarlouis, InfAuslR 2018, 22 (24).

330 VGH BW, NVwZ-RR 2017, 990.

331 Nieders.OVG, AuAS 2018, 252.

332 BT-Drs. 19/8286: sechs Monate. Die jetzige Fassung des Gesetzes geht auf den Änderungsantrag vom 3.6.2019 der Fraktionen der CDU/CSU und der SPD zurück.

333 OVG Berlin-Brandenburg, Beschl. v. 17.7.2018 – 3 S 8.18, Asylmagazin 2018, 384.

334 Hess.VGH, ZAR 2018, 320.

fehlt es für die Erteilung der Beschäftigungserlaubnis an einem geregelten Aufenthaltsstatus.[335] Eine negative Ermessensausübung ist nur in Fällen möglich, die nicht bereits durch die Regelung zur Ausbildungsduldung erfasst werden, so dass die illegale Einreise der beantragten Erteilung der Beschäftigungserlaubnis nicht entgegensteht. Auch dürfen arbeitsmarktpolitische Erwägungen in Anbetracht der Tatsache, dass die Aufnahme der Berufsausbildung in einem staatlich anerkannten oder vergleichbar geregelten Ausbildungsberuf nach § 32 Abs. 2 Nr. 2 BeschV keiner Zustimmung bedarf, nicht in das Ermessen eingestellt werden.[336] § 60 c Abs. 1 S. 2 AufenthG räumt den Ausländerbehörden die Möglichkeit ein, in Fällen **offensichtlichen Missbrauchs** die Ausbildungsduldung zu versagen. Derartige Ausnahmefälle sind insbesondere Fälle, in denen eine missbräuchliche Beantragung der Ausbildungsduldung vorliegt, beispielsweise bei **Scheinausbildungsverhältnissen**, oder wenn von vornherein aufgrund konkreter Anhaltspunkte ausgeschlossen erscheint, dass die Ausbildung zum Erfolg führen kann. Nahe liegt es, im Hinblick auf das Berufsschulerfordernis, bei nicht vorhandenen oder gänzlich unzureichenden Sprachkenntnissen einen Anhaltspunkt für einen Missbrauch anzunehmen.[337]

IV. Versagungsgründe (§ 60 c Abs. 2 AufenthG)

1. Vorliegen eines Versagungsgrundes nach § 60 c Abs. 2 Nr. 1 iVm § 60 a Abs. 6 AufenthG

a) Absicht der Einreise zur Erlangung von Sozialleistungen (§ 60 c Abs. 2 Nr. 1 iVm § 60 a Abs. 6 Satz 1 Nr. 1 AufenthG)

§ 60 c Abs. 2 AufenthG fast die Versagungsgründe zusammen. Nr. 1 verweist auf § 60 a 12
Abs. 6 AufenthG. Dementsprechend ist die Duldung zu versagen, wenn der Antragsteller in das Bundesgebiet eingereist ist, um Leistungen nach dem AsylbLG zu erlangen (§ 60 a Abs. 6 S. 1 Nr. 1 AufenthG). Dieser seit langem geregelte Versagungsgrund hatte von jeher keine und hat auch weiterhin keine Bedeutung. Denn eine derartige **Intention** wird man einem Asyl**suchenden** kaum nachweisen können. Einerseits liegt **objektiv** ein Asylantrag vor, wenn sich dem schriftlich oder auf andere Weise geäußerten Willen des Betroffenen entnehmen lässt, dass er Schutz vor Verfolgung oder einem ernsthaften Schaden im Bundesgebiet sucht (§ 13 Abs. 1 AsylG). Andererseits ist ein Asylantrag offensichtlich unbegründet, wenn nach den Umständen des Einzelfalls offensichtlich ist, dass er sich im Bundesgebiet aufhält, um einer „allgemeinen Notsituation" zu entgehen (§ 30 Abs. 2 AsylG). Wer aus einer allgemeinen Notsituation flieht, mag zwar nicht durch juristisch eng gefasste Verfolgungshandlungen bedroht sein. Er flieht aber nicht, um hier Transferleistungen zu erhalten, sondern um einer Notsituation zu entkommen. Wird bei einer einreisenden oder sich hier aufhaltenden Person die subjektive Motivation angenommen, dass er zur Asylsuche eingereist ist, kann ihm später nicht unterstellt werden, er sei lediglich deshalb eingereist, um hier Leistungen nach dem AsylbLG zu erhalten. Wird bereits bei der Grenzkontrolle eine derartige Intention festgestellt, wird die Einreise verweigert, zur Antragstellung wegen einer Ausbildungsduldung kommt es erst gar nicht. Auch kommt es nicht zur verfahrensrechtlichen Situation des § 30 Abs. 5 AsylG. Denn bestehen keine Zweifel, dass der Betroffene nicht zwecks Asylsuche eingereist ist, wird er nicht an das Bundesamt weitergeleitet. Bestehen hieran Zweifel, ist er weiterzuleiten. Bei Zweifeln kann jedoch nicht die für die Anwendung des Versagungsgrundes des § 60 a Abs. 6 S. 1 Nr. 1 AufenthG erforderliche ausschließliche Intention („um ... zu") angenommen werden. Andererseits macht das

335 VG Cottbus, AuAS 2019, 98 (99).
336 Hess.VGH, ZAR 2018, 320.
337 *Fleuß*, Stellungnahme zum Entwurf eines FKEG v. 26.5.2019, S. 9.

Gesetz die Sicherung des Lebensunterhaltserfordernis nicht zur Voraussetzung für die Erteilung der Ausbildungsduldung.[338]

b) Verschuldete Unmöglichkeit der Durchsetzung der Ausreisepflicht (§ 60 c Abs. 2 Nr. 1 iVm § 60 a Abs. 6 Satz 1 Nr. 2 AufenthG)

13 Nach § 60c Abs. 2 Nr. 1 iVm § 60a Abs. 6 S. 1 Nr. 2 AufenthG darf die Ausbildungsduldung nicht erteilt werden, wenn aufenthaltsbeendende Maßnahmen aus Gründen, die der Antragsteller selbst zu vertreten hat, nicht vollzogen werden können. Hierbei handelt es sich um einen Versagungsgrund, der das Aufenthaltsrecht durchgängig beherrscht (vgl. § 25 Abs. 5 S. 4 Alt. 2, § 25a Abs. 2 S. 1 Alt. 2, § 25b Abs. 2 Nr. 1, § 104a Abs. 1 S. 1 Nr. 4 AufenthG).[339] Insoweit überschneidet sich dieser Versagungsgrund mit § 60c Abs. 7 AufenthG, wonach die Ausbildungsduldung unbeachtlich von § 60c Abs. 2 Nr. 3 AufenthG erteilt werden kann, wenn der Antragsteller ihm zumutbare Maßnahmen für die Identitätsklärung ergriffen hat (→ Rn. 28, 41 ff.). Denn sowohl beim Versagungsgrund nach § 60a Abs. 6 Nr. 2 wie beim Versagungsgrund nach § 60c Abs. 2 Nr. 3 und bei § 60c Abs. 7 AufenthG geht es darum, ob der Antragsteller alle erforderlichen und ihm zumutbaren Maßnahmen für die Identitätsklärung ergriffen hat. **Verschulden** liegt insbesondere vor, wenn der Antragsteller das Abschiebungshindernis durch **eigene** Täuschung über seine Identität oder Staatsangehörigkeit oder durch **eigene** falsche Angaben selbst **herbeiführt.** Durch das Adjektiv „eigene" wird klargestellt, dass Handlungen Dritter, insbesondere der Eltern (s. auch § 25a Abs. 1 S. 3 AufenthG), dem Antragsteller nicht zugerechnet werden. Bevor ein Verschulden geprüft wird, muss feststehen, dass der Antragsteller ihm zumutbare Anforderungen zur Beseitigung des Ausreisehindernisses nicht erfüllt. Dabei dürfen die Anforderungen an die Zumutbarkeit **nicht überspannt** werden.[340] Der Antragsteller kann sich nicht auf eine passive Rolle zurückziehen, sondern muss im Rahmen des für ihn Zumutbaren aktiv tätig werden, um bestehende Ausreisehindernisse zu beseitigen. Zumutbar sind dem Antragsteller grundsätzlich alle Handlungen, die zur Beschaffung von Heimreisedokumenten erforderlich sind und von ihm auch persönlich ausgeführt werden können. Offensichtlich aussichtslose Anstrengungen zur Beschaffung derartiger Dokumente sind allerdings unzumutbar. Eine Unzumutbarkeit folgt andererseits nicht aus der Dauer des bisherigen Aufenthalts (Nr. 25.5.4 AufenthG-VwV). Die zumutbaren Mitwirkungspflichten beziehen sich bei **nicht geklärter Identität und Staatsangehörigkeit** auf die **aktive Mitwirkung des Antragstellers bei der Identifizierung des Herkunftslandes.** Steht das Herkunftsland fest, zielen die zumutbaren Mitwirkungspflichten auf die **aktive Beteiligung bei der Beschaffung von Heimreisedokumenten.** Ist der Betroffene geduldet, weil er als Verpflichteter nach § 80 Abs. 4 AufenthG für seine Kinder nicht den Antrag auf Ausstellung der Heimreisedokumente für diese stellt und er deshalb wegen der tatsächlichen Unmöglichkeit der Abschiebung der Kinder aus rechtlichen Gründen geduldet wird, trägt er das Verschulden für das auf die Kinder bezogene tatsächlich Abschiebungshindernis.[341]

14 Bemüht sich der Antragsteller nachdrücklich und ernsthaft, aber erfolglos um die Klärung seiner Staatsangehörigkeit gegenüber dem Staat seiner feststehenden oder vermuteten Staatsangehörigkeit und stellen die Behörden des Herkunftslandes auf absehbare Zeit keine Heimreisedokumente aus, können darüber hinaus grundsätzlich keine weiteren Anforderungen mehr gefordert werden.[342] Ohne belastbare Tatsachen darf **kein kollusives Zusammenwirken mit den Behörden des Herkunftslandes**, um eine Rückübernahme zu ver-

338 Kritisch hierzu *Thym*, Stellungnahme für die öffentliche Anhörung des Innenausschusses des Deutschen Bundestags am 5. Juni 2019, S. 16.

339 S. hierzu ausführlich *Marx*, Aufenthalts-, Asyl- und Flüchtlingsrecht, 7. Aufl. 2019, § 5 Rn. 106–120.

340 *Leopold/Vallone*, ZAR 2005, 66 (68); SG Hildesheim, Beschl. v. 13.4.2007 – S 40 AY 56/06 ER.

341 Nieders.OVG, Beschl. v. 12.8.2010 – 8 PA 183/10.

342 VGH BW, Beschl. v. 16.12.2002 – 13 S 1382/02; VG Lüneburg, InfAuslR 2002, 367 (368).

hindern, unterstellt werden. Bei der Auslegung und Anwendung von Inhalt und Umfang der Mitwirkungspflichten ist an den Zumutbarkeitsbegriff in § 25 Abs. 5 S. 4 Alt. 3 AufenthG anzuknüpfen. Dabei bestehen auf beiden Seiten Pflichten, deren Erfüllung nachgewiesen werden muss. Ausländerbehörde wie Antragsteller haben gemeinsam Sorge dafür zu tragen, dass eine Ausreise in das Herkunftsland ermöglicht wird.[343] Was im konkreten Einzelfall zumutbar ist, ist eine Frage, die nicht generell und abstrakt, sondern nur unter Berücksichtigung aller Umstände des Falles und danach beantwortet werden kann, ob dem Antragsteller persönlich die Vornahme der entsprechenden Mitwirkungshandlungen oder bestimmter Mitwirkungshandlungen zumutbar ist.[344] Den Antragsteller trifft dabei eine **Mitwirkungs- und Initiativpflicht**, deren Erfüllung er nachzuweisen hat. Auf der anderen Seite besteht eine **behördliche Hinweis- sowie Anstoßpflicht**, deren Erfüllung erwiesen sein muss. Die jeweils bestehenden Pflichten stehen dabei in einem Verhältnis der Wechselseitigkeit.[345] Die Mitwirkungspflichten werden durch behördliche Hinweis- und Anstoßpflichten ausgelöst. Die Behörde muss die gesetzlichen Mitwirkungspflichten zur Beschaffung von Identitätsdokumenten konkret aktualisiert haben, um aus mangelnder Mitwirkung negative aufenthaltsrechtliche Folgen ziehen zu können.[346] Dem Antragsteller soll im Einzelnen aufgezeigt werden, welche konkreten Mitwirkungspflichten ihn nach Erfüllung seiner Nachweispflicht treffen. Bevor eine Verletzung von Mitwirkungspflichten bei der Passbeschaffung festgestellt werden kann, ist dem Antragsteller von der Ausländerbehörde klar und eindeutig aufzugeben, welche Mitwirkungshandlungen von ihm erwartet werden.[347] Gegen eine unabhängig von einer behördlichen Aufforderung ausgelöste individuelle Verpflichtung spricht, dass nach § 82 Abs. 4 S. 1 AufenthG grundsätzlich eine behördliche Anordnung zur Passbeschaffung ergeht und deshalb dem Antragsteller kaum vorwerfbares Verhalten vorgehalten werden kann, wenn er zunächst auf die behördliche Aufforderung wartet. Auch kommt es für den Verschuldensbegriff auf ein **aktuelles Verhalten** des Antragstellers an. Dies folgt aus dem Wortlaut von § 60 a Abs. 6 S. 1 Nr. 2 AufenthG („vollzogen werden können"). Selbst wenn ihm im Blick auf die Passbeschaffung eine Initiativpflicht treffen sollte, ist es für die Beurteilung des Verschuldens entscheidend, ob der Antragsteller **gegenwärtig** zumutbare und mögliche Mitwirkungshandlungen unterlassen hat.

Unterlässt der Antragsteller nach Eintritt der Vollziehbarkeit der Abschiebungsandrohung Mitwirkungshandlungen, weil die Behörde keine ausdrückliche Aufforderung erlässt, wird dies seinen Grund häufig darin haben, dass er davon ausging, dass seine Mitwirkungspflicht erst durch eine behördliche Aufforderung ausgelöst wird. Unter diesen Voraussetzungen wird man kaum von einem Verschulden iSd § 60 a Abs. 6 S. 1 Nr. 2 AufenthG ausgehen können, wenn er erst nach behördlicher Aufforderung initiativ wird und dann seinen Verpflichtungen ernsthaft nachkommt.[348] Zieht die Ausländerbehörde den Pass ein und erlässt sie keine Aufforderung, die Verlängerung der Geltungsdauer zu beantragen, fehlt es zumeist an der Kenntnis des Ablaufs der Geltungsdauer, jedenfalls an einem Verschulden.[349] 15

343 BayVGH, InfAuslR 2006, 189 (191); BayVGH, NVwZ 2006, 1311 (1312 f.) = ZAR 2006, 287.
344 *Göbel-Zimmermann*, ZAR 2005, 275 (280); *Benassi*, InfAuslR 2005, 357 (362).
345 BayVGH, InfAuslR 2006, 189 (191); BayVGH, NVwZ 2006, 1311 (1312 f.) = ZAR 2006, 287; VGH BW, InfAuslR 2009, 109 (111) = NVwZ 2009, 578 = EZAR NF 33 Nr. 18; *Dienelt*, in: Bergmann/Dienelt, AuslR, 12. Aufl. 2018, § 25 AufenthG Rn. 129; aA OVG Sachsen, AuAS 2013, 112 (113); unklar *Hailbronner*, AuslR A 1 § 25 AufenthG Rn. 143.
346 BVerwG, InfAuslR 2011, 92 (94) = NVwZ-RR 2011, 210 = AuAS 2011, 86.
347 Innenministerium SH, Erl. v. 28.9.2005 – IV 606–212–29.111.3 – 25, Nr. 1.3; offen gelassen OVG NW, InfAuslR 2006, 222 (225 f.); aA OVG Berlin-Brandenburg, AuAS 2011, 16 (17).
348 BayVGH, InfAuslR 2006, 189 (191); BayVGH, NVwZ 2006, 1311 (1312 f.) = ZAR 2006, 287.
349 VG Stuttgart, InfAuslR 2006, 409 (411).

16 Der Antragsteller hat alle zumutbaren Anforderungen zur Beseitigung von Ausreisehindernissen zu erfüllen und insbes. unter Angabe nachprüfbarer Umstände darzulegen sowie unter Vorlage geeigneter Dokumente nachzuweisen, dass er die ihm zumutbaren Mitwirkungshandlungen zur Erlangung von Heimreisedokumenten erfüllt hat. Bei der Frage, welche dieser Handlungen konkret und zumutbar sind, sind alle Umstände und Besonderheiten des Einzelfalls zu berücksichtigen. Handlungen, die von vornherein aussichtslos sind, können jedoch nicht verlangt werden.[350] So ist dem Antragsteller etwa eine erneute Vorsprache bei der Botschaft seines Herkunftslandes nicht zuzumuten, wenn feststeht, dass diese ergebnislos sein würde, nachdem er dort in der Vergangenheit wiederholt ergebnislos vorgesprochen hatte und dabei seinen Verpflichtungen ordnungsgemäß nachgekommen war (Nr. 25.5.4 AufenthG-VwV).[351] Soweit die anordnende Behörde für befugt gehalten wird, dem Betreffenden durch **Passbeschaffungsanordnung** aufzugeben, er solle bei der für ihn aufgrund seiner tatsächlichen Staatsangehörigkeit zuständigen Botschaft vorsprechen, entspricht eine derart allgemein gehaltene Verfügung nicht dem Bestimmtheitsgrundsatz. Die Begründung, es genüge, wenn die Anordnung etwas für den Belasteten Bestimmbares anordne und dieser selbst wissen müsse, welche Staatsangehörigkeit er besitze,[352] vermag nicht zu überzeugen. Zunächst hat der Antragsteller wahrheitsgemäß alle Antragsformulare auszufüllen und zu unterzeichnen, sachgemäße Fragen zu beantworten, Lichtbilder zu fertigen sowie darüber hinaus auch bei der diplomatischen oder konsularischen Auslandsvertretung des Heimatstaates persönlich vorzusprechen, sofern dies von ihm durch die Auslandsvertretung gefordert wird.[353] Die Mitwirkungspflicht umfasst auch die Verpflichtung zur Abgabe von Fingerabdrücken.[354]

17 Die entsprechenden Anforderungen werden dahin umschrieben, dass „mit der größtmöglichen Sorgfalt in nachvollziehbarer Weise Nachforschungen" anzustellen seien. Zum Beweis seien einfache Briefe zwischen Privatpersonen bereits ihres geringen Beweiswerts wegen ebenso ungeeignet wie eine elektronische Korrespondenz. Nach dem Fehlschlagen der Bemühungen sei es unerlässlich, bereits vom Bundesgebiet aus im Herkunftsland einen Rechtsanwalt zu beauftragen. In Einzelfällen könne auch die unmittelbare Beauftragung einer amtlichen Stelle des Herkunftslandes durch den Antragsteller ausreichen, sofern dies nachprüfbar belegt werde und aufgrund der Erkenntnislage eine ernsthafte Bearbeitung der Anfrage erwartet werden könne. Dabei gehöre es zu den naheliegenden und deshalb regelmäßig zu nutzenden Möglichkeiten, die Adressen dieser Stellen und der Rechtsanwälte im Herkunftsland gegebenenfalls über die Botschaft des Herkunftslandes oder über die dortige deutsche Auslandsvertretung zu erfragen.[355]

18 Hier werden die Mitwirkungspflichten offensichtlich überspannt. In Missbrauchsfällen, in denen nachweislich über die Identität und Nationalität getäuscht wurde, mag man derart strenge Mitwirkungspflichten verlangen. Derartige Verpflichtungen können aber stets nur im Rahmen des Möglichen und Zumutbaren abverlangt werden. Die Ausländerbehörde hat zu diesem Zweck auch die asylrechtlichen Ermittlungen zu berücksichtigen. Nur wenn im Blick auf ihre Verlässlichkeit geeignete Stellen, zB Passamt, Standesamt, bekannt sind, ist die Einschaltung Dritter nicht von vornherein aussichtslos. Sind derartige Stellen zB aufgrund eines Bürgerkrieges oder staatlicher Umwandlungsprozesse aufgelöst worden

350 VGH BW, InfAuslR 2009, 109 (111) = NVwZ 2009, 578 = EZAR NF 33 Nr. 18; OVG Berlin-Brandenburg, AuAS 2011, 16 (17); Nieders.OVG, AuAS 2012, 110.

351 Siehe aber OVG MV, AuAS 2010, 233 (234).

352 VG München, NVwZ-Beil. 1999, 37 (38); siehe auch VG Schleswig, AuAS 1999, 164 (165) zur Unzulässigkeit eines vorgeschalteten selbstständigen Beweissicherungsverfahrens nach § 485 Abs. 2 S. 1 Nr. 1 ZPO zur Feststellung der Staatsangehörigkeit.

353 VGH BW, InfAuslR 1999, 287 (288); VG Chemnitz, NVwZ-Beil. 2000, 44 (45); siehe aber hierzu Hess.VGH, EZAR 060 Nr. 6 = Hess.VGRspr. 2002, 1; *Benassi*, InfAuslR 2005, 357 (363).

354 OVG NW, AuAS 2006, 42 (43).

355 OVG NW, InfAuslR 2008, 417 (418) = AuAS 2008, 180 (Ls.).

und ist keine zur Ausstellung von Identitätsdokumenten geeignete Behörde bekannt, ist die Einschaltung von Dritten von vornherein aussichtslos. Zumeist werden Rechtsanwälte oder andere Dritte in einem vom Bürgerkrieg zerstörten und von erheblichen Gefahren geprägten Land bei lokalen Personenstandsbehörden kaum Dokumente auftreiben können. Die Behörden bürden aber gleichwohl dem Betroffenen regelmäßig mit Billigung der Rechtsprechung Beschaffungspflichten auf und setzen sich häufig mit den glaubhaften Einlassungen über fehlende Kontakte im Herkunftsland oder mit der Einlassung, dass bei und nach der Geburt keine Registeranmeldung vorgenommen wurde, nicht auseinander. In derartigen Fällen ist bei Zweifeln in allererster Linie von Amts wegen die deutsche Konsularvertretung im Herkunftsland zu ersuchen, Auskunft darüber zu erteilen, ob und unter welchen Voraussetzungen Personenstandsdokumente oder vergleichbare Unterlagen besorgt werden können.

Auch wenn die Ausländerbehörde nicht überprüfen kann, was Gegenstand der Gespräche 19
zwischen Antragsteller und konsularischer Vertretung seines Herkunftslandes war, kann bei ordnungsgemäßer Erfüllung der Mitwirkungspflichten nicht ohne greifbare Anhaltspunkte unterstellt werden, er habe diese nicht erfüllt. Häufig verweigern Auslandsvertretungen die Ausstellung einer Bestätigung über das Nichtvorhandensein der Staatsangehörigkeit (**Negativbestätigung**) oder über die erfolglose Vorsprache oder die Ausstellung sonstige schriftliche Erklärungen. In diesem Fall genügt für die Einleitung des **amtswegigen Verfahrens** die Glaubhaftmachung, nach Möglichkeit durch schriftliche Bestätigung eines Zeugen, dass die Auslandsvertretung trotz persönlicher Vorsprache und Beantragung der Negativbestätigung zu deren Ausstellung nicht bereit war. Werden im Rahmen des amtswegigen Verfahrens weitere Mitwirkungshandlungen, wie etwa das Ausfüllen und Unterzeichnen von Formularen, verlangt, hat der Antragsteller diese zu erfüllen. Wird erneut die persönliche Vorsprache bei der Auslandsvertretung gefordert, hat die Ausländerbehörde darzulegen, dass nach ihren Absprachen mit der Auslandsvertretung diese Maßnahme nunmehr anders als in der Vergangenheit geeignet ist, insbes. Aussicht auf Erfolg hat (Nr. 25.5.4 AufenthG-VwV). Gelingt ihr der entsprechende, gegebenenfalls gerichtlich nachprüfbare Nachweis, kann auf Begleitung durch einen Bediensteten der Ausländerbehörde oder eine andere von der Behörde akzeptierte Person zwecks Nachweises des Ergebnisses der Bemühungen bestanden werden. Unbeachtlich ist in diesem Zusammenhang der Hinweis, dass es der Ausländerbehörde in anderen Verfahren gelungen ist, Heimreisedokumente für Personen mit derselben Staatsangehörigkeit, wie sie der Antragsteller nach seinen Erklärungen besitzt, zu beschaffen. Das Verschulden des Antragstellers kann nicht vom Erfolg in anderen Verfahren abhängig gemacht werden. Es mag durchaus der Verdacht vorliegen, dass es Personen mit derselben Staatsangehörigkeit möglich ist, dann Dokumente zu erhalten, wenn hiermit keine Ausreiseverpflichtung verbunden ist. Konkret vorgeworfen werden kann dem Antragsteller ohne weitere, tragfähige Anhaltspunkte aber nicht die fehlende Mitwirkung bei der Beschaffung von Heimreisedokumenten.

Die **äthiopischen** Behörden verlangen die Vorlage einer Geburtsurkunde, die zumeist nur 20
über Vertrauensanwälte in Äthiopien gegen Gebühr zwischen 300 und 500 EUR beschafft werden kann. Da in Äthiopien Geburten häufig nicht registriert werden, können die Vertrauensanwälte keine Garantie für den Erfolg ihrer Bemühungen übernehmen.[356] Daneben verlangen äthiopische wie auch **eritreische** Behörden für die Passausstellung die Bezeichnung von zwei bzw. drei Zeugen mit äthiopischem bzw. eritreischem Pass oder Personalausweis zur Feststellung der Identität. Da die meisten der in Deutschland lebenden Äthiopier und Eritreer als Asylsuchende eingereist sind, haben die Betroffenen im Regelfall überhaupt keine realistische Möglichkeit, derartige Zeugen zu finden.[357] Die äthiopische

356 *Göbel-Zimmermann*, ZAR 2005, 275 (280).
357 VGH BW, Beschl. v. 14.6.2006 – 13 S 1897/05.

Botschaft stellt auch bei Erklärung der freiwilligen Ausreise, ohne dass zwei Zeugen genannt werden, keine Heimreisedokumente aus.[358]

21 Der **iranische** Staat legt sein Staatsangehörigkeitsrecht so aus, dass seine Staatsbürger nicht gegen ihren Willen zur Wiedereinreise gezwungen werden können, so dass die Auslandsvertretungen Ausreisedokumente ohne Abgabe einer „**Freiwilligkeitserklärung**" nicht ausstellen.[359] Die iranischen Auslandsvertretungen fordern deshalb eine auf einem freien Willensentschluss beruhende Erklärung des Betroffenen, dass er in sein Herkunftsland zurückkehren will und zu diesem Zweck Heimreisedokumente verlangt. Unabhängig hiervon haben iranische Antragsteller zur Erlangung eines Reiseausweises eine „**Kennkarte**" vorzulegen. Sind sie nicht im Besitz eines derartigen Dokumentes, können sie eine „**Ersatzkennkarte**" beantragen. Hierzu wird die Vorlage von Identitätsdokumenten mit Lichtbild verlangt. Ist die Vorlage nicht möglich, müssen sie mindestens zwei Zeugen benennen, die nicht mit ihnen verwandt sind und die sie noch aus dem Iran kennen. Können derartige Zeugen nicht benannt werden, wird die Ausstellung der „Ersatzkennkarte" und von Heimreisedokumenten verweigert.[360] Es ist ferner bedenklich, mittels Zwangsandrohung und Strafandrohung dem Betroffenen, der nicht zur Rückkehr in den Iran bereit ist, aufzugeben, er möge gegenüber den iranischen Behörden – wahrheitswidrig – versichern, dass er in den Iran zurückkehren wolle. Er darf nicht zur Beschleunigung der Abschiebung zur Abgabe einer falschen eidesstattlichen Versicherung aufgefordert werden.[361] Demgegenüber erachtet die überwiegende verwaltungsgerichtliche Rechtsprechung iranische erfolglose Asylsuchende für verpflichtet, die „Freiwilligkeitserklärung" abzugeben. Die Betroffenen seien nicht gezwungen, diese Erklärung als unwahre Behauptung oder als „Lüge" abzugeben. Die Freiwilligkeit könne vielmehr in dem Sinne erklärt werden, dass sie vollziehbar ausreisepflichtig seien und deshalb, um nicht zwangsweise abgeschoben zu werden, ihrer Ausreisepflicht nachkommen wollten. Eine derartige Erklärung sei nicht unwahr. Auch wenn die Erklärung nicht erzwungen werden könne, werde die Weigerung, sie abzugeben, jedoch nicht aufenthaltsrechtlich honoriert.[362] Es darf bezweifelt werden, dass die iranischen Auslandsvertretungen eine Erklärung, nicht zwangsweise abgeschoben zu werden, als die für erforderlich erachtete Erklärung, freiwillig in den Iran zurückkehren zu wollen,[363] anerkennen.

22 Auch die **Russische Föderation** verlangt eine „Freiwilligkeitserklärung".[364] Dies gilt auch für **Algerien.**[365] Die Auslandsvertretungen des **Libanon** bearbeiten keine Einzelanträge staatenloser **Palästinenser,** wenn sie von einem entsprechenden Abschiebungshintergrund ausgehen und keine behördlichen Zusagen auf Erteilung der Aufenthaltserlaubnis vorgelegt werden. Entsprechende Passanträge staatenloser Palästinenser sind deshalb von vornherein nicht erfolgversprechend und daher unzumutbar.[366] Die Gegenmeinung erachtet ungeachtet dessen die Abgabe einer Freiwilligenerklärung für zumutbar und auch geboten.

23 Die **Mitwirkungshandlungen** müssen für den Antragsteller **zumutbar** sein. Auch wenn der Erfolg ungewiss ist, besteht die Verpflichtung, die Ausstellung eines Passes bei den Hei-

358 VGH BW, Beschl. v. 14.6.2006 – 13 S 1897/05.

359 Nieders.OVG, NVwZ-Beil. 2003, 54 (55); KG, InfAuslR 2000, 229; siehe auch *Heinhold*, ZAR 2003, 218 (224).

360 VG Hannover, Urt. v. 20.6.2008 – 11 A 8034/06; siehe auch Nieders.OVG, AuAS 2009, 206 (207).

361 KG, InfAuslR 2000, 229 (229 f.); OLG Nürnberg, Urt. v. 16.1.2007 – 2 St OLG Ss 242/06; OLG Köln, NVwZ-RR 2007, 133; OLG München, Urt. v. 9.3.2010 – 4St RR 102/09; siehe auch *Heinhold*, ZAR 2003, 218 (224); *Göbel-Zimmermann*, ZAR 2005, 275 (280).

362 BVerwGE 135, 219 (223 f.) = NVwZ 2010, 918 = AuAS 2009, 74; Nieders.OVG, NVwZ-Beil. 2003, 54 (55); OVG Rh-Pf, NVwZ-RR 2007, 494 (Ls.); OVG NW, AuAS 2007, 221; OVG NW, InfAuslR 2009, 106 (108) = AuAS 2008, 208; VG Hannover, Urt. v. 20.6.2008 – 11 A 8034/06.

363 So zum Inhalt der „Freiwilligkeitserklärung" Nieders.OVG, AuAS 2009, 206 (207).

364 OVG Saarland, NVwZ-RR 2009, 400.

365 OLG Frankfurt/M., NVwZ-Beil. 1999, 96.

366 VGH BW, InfAuslR 2009, 109 (112), mit weiteren RsprHw.; aA Nieders.OVG, AuAS 2015, 124 (125).

matbehörden zu beantragen.[367] Es kann aber nicht von ihm verlangt werden, dass er für die Beschaffung von Reisedokumenten „Schmiergelder" zahlt.[368] Die Verweigerung von Mitwirkungshandlungen, die erkennbar ohne Einfluss auf die Möglichkeit der Ausreise sind, darf nicht vorgehalten werden.[369] Sind die Umstände der Befragung und der Umfang der von der Auslandsvertretung geforderten Mitwirkungshandlungen unzumutbar, kann nicht von einem Verschulden ausgegangen werden.[370] Die Abgabe einer Freiwilligkeitserklärung gegenüber der zuständigen Auslandsvertretung, ausreisen zu wollen, wird aber grundsätzlich für zumutbar erachtet.[371] Die Rechtsprechung hat auch keine Bedenken dagegen, dass eine Muslima gegen ihren Willen für die Anfertigung von Passfotos eine Kopfbedeckung anlegen muss.[372] Dies wird auch für eine vom muslimischen zum christlichen Glauben konvertierte Antragstellerin für zumutbar angesehen.[373] Andererseits ist die behördliche Anordnung gegenüber dem Antragsteller, gegen den Staat der (behaupteten) Staatsangehörigkeit rechtliche Schritte einzuleiten, unzumutbar. Auch wenn insoweit eine Zumutbarkeit bejaht werden sollte, obliegt es der Ausländerbehörde, konkret bestehende Rechtsbehelfsmöglichkeiten aufzuzeigen.[374] Kann dem Antragsteller nicht vorgeworfen werden, er habe die ihm gebotenen und zumutbaren Mitwirkungshandlungen nicht vorgenommen, besteht kein Versagungsgrund. Nur in besonders gelagerten Ausnahmefällen, in denen die Behörde unter Angabe nachvollziehbarer und Erfolg versprechender Gründe angeben kann, dass weiterhin Aussicht auf Ausstellung von Heimreisedokumenten besteht, kann ausnahmsweise eine längere Frist zumutbar sein.

c) Antragsteller aus sicheren Herkunftsstaaten (§ 60 a Abs. 6 Satz 1 Nr. 3 AufenthG)

Nach § 60 c Abs. 2 Nr. 1 iVm § 60 a Abs. 6 S. 1 Nr. 3 AufenthG ist die Erteilung der Aus- 24
bildungsduldung zu versagen, wenn der Antragsteller aus einem sicheren Herkunftsstaat[375] (§ 29 a AsylG, Anlage II) stammt und sein nach dem 31.8.2015 gestellter Asylantrag abgelehnt oder zurückgenommen wurde, es sei denn, die Rücknahme erfolgte aufgrund einer Beratung nach § 24 Abs. 1 AsylG durch das Bundesamt für Migration und Flüchtlinge oder ein Asylantrag wurde nicht gestellt. Der Ausschlussgrund schließt damit nur die Antragsteller aus, die nach dem 31.8.2015 einen Asylantrag gestellt haben und aus einem sicheren Herkunftsstaat (§ 29 a AsylG) kommen. Maßgeblich für den Zeitpunkt ist die förmliche Asylantragstellung (§ 23 Abs. 1 AsylG) und nicht die zeitlich davor liegende Meldung als Asylsuchender bei der Aufnahmeeinrichtung (§ 22 Abs. 1 AsylG).[376] Bei einem Folgeantrag ist nicht der Zeitpunkt der Stellung des Folgeantrags, sondern der Zeitpunkt der förmlichen Antragstellung im davor gelagerten Asylverfahren maßgebend.[377] Kritisiert wird, dass durch die Erweiterung des Ausschlussgrundes auf den Fall, dass kein Asylantrag gestellt wurde, Personen ausgeschlossen werden, die sich im Anschluss an einen rechtmäßigen Aufenthalt zum Zweck des Studiums, der Beschäftigung oder aus fa-

367 BayVGH, AuAS 2015, 111 (112).
368 OVG MV, AuAS 2010, 232 (233).
369 BVerwG, Buchholz 402.242 § 25 AufenthG Nr. 11.
370 *Göbel-Zimmermann*, ZAR 2005, 275 (280).
371 BVerwGE 135, 219 (223 f.) = NVwZ 2010, 918 = AuAS 2009, 74; Nieders.OVG, NVwZ-Beil. 2003, 54 (55); OVG Rh-Pf, NVwZ-RR 2007, 494 (Ls.); OVG NW, AuAS 2007, 221; OVG NW, InfAuslR 2009, 106 (108) = AuAS 2008, 208; OVG Berlin-Brandenburg, AuAS 2011, 16 (17); VG Hannover, Urt. v. 20.6.2008 – 11 A 8034/06.
372 VG Düsseldorf, InfAuslR 2003, 63 (64).
373 BayVGH, NVwZ-Beil. 2001, 4 (5); BayObLG, EZAR 605 Nr. 1; VG München, NVwZ-Beil. 1999, 37 (38); so wohl auch BayObLG, InfAuslR 2000, 454; siehe auch VGH BW, EZAR 015 Nr. 6; VGH BW, AuAS 2001, 146; VG Schleswig, InfAuslR 2001, 19; VG Stuttgart, AuAS 2001, 2.
374 BayVGH, InfAuslR 2006, 189 (191); BayVGH, NVwZ 2006, 1311 (1312 f.) = ZAR 2006, 287.
375 Das sind derzeit *Albanien, Bosnien und Herzegowina, Ghana, Kosovo, Mazedonien, ehemalige jugoslawische Republik, Montenegro, Senegal* und *Serbien* (AsylG Anlage II).
376 OVG Hamburg, ZAR 2018, 366.
377 Nieders.OVG, AuAS 2018, 252.

miliären Gründen geduldet im Bundesgebiet aufhalten und nie Anlass hatten, einen Asylantrag zu stellen.[378] Nach § 60 a Abs. 6 S. 2 AufenthG gilt § 60 a Abs. 6 Nr. 3 AufenthG nicht bei unbegleiteten minderjährigen Kindern für die Rücknahme des Asylantrags oder den Verzicht auf die Antragstellung, wenn die Rücknahme oder der Verzicht auf das Stellen eines Asylantrags im Interesse des **Kindeswohls** erfolgte. Nach der gesetzlichen Begründung bezieht sich diese Vorschrift auf einen nach § 42 Abs. 1 S. 4 SGB VIII durch das Jugendamt im Rahmen der vorläufigen Inobhutnahme gestellten Asylantrag oder auf den Verzicht auf diesen, wenn diese Rechtshandlungen im Interesse des Kindeswohls erfolgten.[379] Die Bundesvereinigung kommunaler Spitzenverbände kritisiert, dass ein Ausschluss der Ausbildungsduldung die politisch gewünschte Integration unmöglich machen würde. In vielen Kommunen liefen Projekte, Langzeitgeduldeten eine Bleibeperspektive zu schaffen. In einzelnen Kommunen kämen 75 Prozent dieser Personen aus sicheren Herkunftsländern.[380]

2. Besitz der Duldung seit drei Monaten (§ 60 c Abs. 2 Nr. 2 AufenthG)

25 Nach § 60 c Abs. 2 Nr. 2 AufenthG ist die beantragte Ausbildungsduldung zu versagen, wenn der Antragsteller im Zeitpunkt der Antragstellung noch nicht drei Monate im Besitz der Duldung ist. Dadurch wird die Rechtslage gegenüber dem früheren Recht und dem Gesetzentwurf, der hierfür immerhin einen Zeitraum von sechs Monaten vorsah, verschärft. Denn eine Wartezeitenregelung kannte das frühere Recht nicht. Zu bedenken gegeben wird, dass innerhalb einer derart kurzen Frist der Antragsteller häufig keinen Ausbildungsbetrieb finden wird, der mit ihm einen Ausbildungsvertrag abschließt, weil befürchtet wird, dass alsbald eine Abschiebung vollzogen werden wird.[381] Die Vorschrift setzt jedoch nicht den dreimonatigen Besitz einer Ausbildungsduldung, sondern den einer Duldung nach § 60 a AufenthG voraus und sperrt die Duldungserteilung nach § 60 c AufenthG vor Ablauf dieser Frist. Die Ausbildung kann der Antragsteller aber bereits während der Dreimonatsfrist begonnen haben, wenn ihm hierzu eine Beschäftigungserlaubnis erteilt worden war. In den Fällen, in denen die Ausbildung bereits während des Asylverfahrens begonnen wurde (§ 60 c Abs. 1 S. 1 Nr. 1 AufenthG), gilt diese Fristregelung nicht. Fristbeginn ist der Zeitpunkt, ab dem objektiv ein Duldungsgrund nach § 60 a AufenthG vorliegt. Die **Duldungsbescheinigung** (§ 60 a Abs. 4 AufenthG) hat lediglich deklaratorischen Charakter. Eine entsprechende Nachweispflicht kann nicht verlangt werden. Macht der Antragsteller etwa geltend, dass nach Abschluss des Asylverfahrens ohne sein Verschulden aufenthaltsbeendende Maßnahmen nicht vollzogen werden konnten (§ 60 c Abs. 6 S. 1 Nr. 1 iVm § 60 a Abs. 6 S. 1 Nr. 2 AufenthG), beginnt die Frist mit dem Zeitpunkt des Eintritts der Bestandskraft der Abschiebungsandrohung nach § 34 Abs. 1, § 35 AsylG oder der Abschiebungsanordnung nach § 34 a Abs. 1 AsylG. Dem kann nicht entgegengehalten werden, dieser Fallkonstellation sei bereits bei dem Versagungsgrund nach § 60 a Abs. 6 S. 1 Nr. 2 AufenthG Rechnung getragen worden. Vielmehr folgt dies aus einer gesetzessystematischen Betrachtung. Wird dieser Situation bei der Erteilung der Ausbildungsduldung Rechnung getragen, muss sie auch bei der vorangehenden Wartezeit berücksichtigt werden. Bei den **dringenden humanitären oder persönlichen Gründen** im Sinne von § 60 a Abs. 2 S. 3 AufenthG kommt es darauf an, wann die Sachlage, die hierfür maßgeblich ist, vorgelegen hat. Hierfür spricht, dass die Vorschriften über die Ausbil-

378 *Deutscher Anwaltverein, Ausschuss Migrationsrecht*, Stellungnahme zum Referentenentwurf eines FKEG, Dezember 2018, S. 8.
379 BT-Drs. 19/8286, S. 14.
380 *Bundesvereinigung kommunaler Spitzenverbände*, Stellungnahme zu der öffentlichen Anhörung v. 29.5.2019, S. 3.
381 *Der Paritätische Wohlfahrtsverband*, Stellungnahme zum Referentenentwurf für ein FKEG v. 6.12.2018, S. 5.

dungsduldung an § 60 a Abs. 2 S. 3 AufenthG anknüpfen (§ 60 c Abs. 1 S. 1 Hs. 1 AufenthG). Bei den **krankheitsbedingten Vollstreckungshemmnissen** (§ 60 a Abs. 2 c und 2 d AufenthG) kommt es auf den Zeitpunkt an, ab dem die physische oder psychische Erkrankung[382] erstmals aufgetreten ist. Der in § 60 a Abs. 2 d S. 2 Hs. 2 AufenthG geregelte extrem hohe Gefahrengrad ist mit Unionsrecht unvereinbar. Dem kann nicht entgegengehalten werden, der EuGH habe diese Ansicht nur auf das Dublin-Verfahren bezogen. Denn er hat sich auf Art. 4 GRCh, also auf Art. 3 EMRK berufen. Beide Normen gelten jedoch nicht nur im Binnenverkehr zwischen den Mitgliedstaaten, sondern auch im Verkehr zwischen Mitglied- und Drittstaaten. Gegebenenfalls ist der Beginn der Krankheit durch eine ärztliche Bescheinigung nachzuweisen, wobei aber zu berücksichtigen ist, dass sich eine ärztliche Diagnose nicht nach mathematischen Kriterien erstellen lässt.

Relevant wird in diesem Fall die Streitfrage, ob auch Aufenthaltszeiten aufgrund einer **Verfahrensduldung**, also Zeiten, in denen aufgrund eines anhängigen Rechtsbehelfs die Abschiebung ausgesetzt wird, berücksichtigt werden. Nach der bisherigen Rechtsprechung zur Ausbildungsduldung werden Aufenthaltszeiten aufgrund einer Verfahrensduldung, einer Petition oder eines Härtefallersuchens (§ 23 a AufenthG) für die Erteilung einer Ausbildungsduldung nach § 60 a Abs. 2 S. 4 AufenthG berücksichtigt. Demgegenüber werden diese Aufenthaltszeiten bei der Anwendung von § 25 a und § 25 b AufenthG nicht angerechnet.[383] Ob dem zugestimmt werden kann, mag dahinstehen. Jedenfalls für die Ausbildungsduldung sind Zeiten der Verfahrensduldung dann anzurechnen, wenn im Anschluss an das Eilverfahren aus Gründen des § 60 a AufenthG eine Duldung erteilt worden ist. Dies folgt aus § 60 c Abs. 1 S. 1 Nr. 2 AufenthG. Generell ist die Rechtsprechung aber nicht nachvollziehbar, weil bei der Erteilung einer Verfahrensduldung die Abschiebung aus rechtlichen Gründen ausgesetzt ist (§ 60 a Abs. 2 S. 1 AufenthG). Dafür spricht, dass zB nach § 34 a Abs. 2 S. 2, § 36 Abs. 3 S. 8 AsylG und § 58 a Abs. 4 S. 3 AufenthG die Abschiebung kraft Gesetzes und damit aus rechtlichen Gründen ausgesetzt ist. Auch wenn im allgemeinen Verwaltungsprozessrecht von der Behörde lediglich eine **Stillhaltezusage** abgegeben wird, beruht dies auf einer Rechtsgrundlage, nämlich auf Art. 13 RL 2008/115/EG.[384] 26

3. Nachweis der Identität (§ 60 c Abs. 2 Nr. 3 und Abs. 7 AufenthG)

Nach § 60 c Abs. 2 Nr. 3 AufenthG ist zwingende Voraussetzung, dass vor Erteilung der Ausbildungsduldung die Identität des Ausländers geklärt ist. Die ungeklärte Nationalität ist kein Versagungsgrund. Nach der gesetzlichen Begründung[385] rechtfertigt sich diese neue Voraussetzung daraus, dass die Ausbildungsduldung perspektivisch die Grundlage für den Wechsel in eine Aufenthaltserlaubnis ist. Daher wird Bezug genommen auf § 5 Abs. 1 Nr. 1 a AufenthG, nach dem die geklärte Identität Grundvoraussetzung für die Erteilung von Aufenthaltstiteln ist. Entsprechend gelten hinsichtlich der Frage, wann die Identität geklärt ist, die bestehenden Regelungen der AVwV. Danach ist der Nachweis der Identität in Fällen, in denen kein Pass vorliegt, auch durch andere amtliche Dokumente möglich, zB Geburtsurkunde oder Führerschein, gegebenenfalls auch durch Kopien oder durch elektronisch abgelegte Dokumente. Darüber hinaus wird in den Buchstaben a bis c festgelegt, bis wann die Identität geklärt sein muss. Während in den Buchstaben a und b Regelungen für Drittstaatsangehörige getroffen werden, die bereits vor Inkrafttreten dieses 27

382 EuGH, NVwZ 2017, 691 (695) Rn. 92 *C.K., H.F. und A.S.*

383 Hess.VGH, Urt. v. 30.4.2014 – 9 A 2047/12; *Welte*, ZAR 2015, 376 (377); OVG NW, NVwZ-RR 2016, 933; *Wunxderle-Röcker*, in: Bergmann/Dienelt, AuslR, 12. Aufl. 2017, § 25 a AuslG Rn. 10; *Hailbronner*, AuslR A 1 § 25 a AufenthG Rn. 4; aA *Fränkel*, in: NK-AuslR, 2. Aufl. 2016, § 25 a AufenthG Rn. 4, faktische Aussetzung der Abschiebung genügt.

384 *Marx*, Aufenthalts-, Asyl- und Flüchtlingsrecht, 7. Aufl. 2019, § 5 Rn. 269.

385 BT-Drs. 19/8286, S. 15.

Gesetzes nach Deutschland eingereist sind, wird mit Buchstabe c eine Regelung für die Zeit nach dem Inkrafttreten dieses Gesetzes getroffen. Danach muss in Fällen, in denen die Einreise nach dem 31.12.2019 erfolgte, spätestens sechs Monate nach der Einreise in das Bundesgebiet die Identität geklärt worden sein, damit der Antragsteller eine Ausbildungsduldung erhalten kann. Die Frist ist im Hinblick darauf, dass es auf die objektive Identitätsklärung ankommt, zu kurz. Dass § 60 c Abs. 7 AufenthG bei ernsthaften Bemühungen des Antragstellers eine Ausnahme vom Versagungsgrund macht, beseitigt die Bedenken nicht. Denn anders als nach § 60 c Abs. 1 S. 1 AufenthG steht die Erteilung der Ausbildungsduldung nach § 60 c Abs. 7 AufenthG im behördlichen Ermessen und besteht die Gefahr, dass die zuständige Ausländerbehörde das Ermessen zuungunsten des Antragstellers ausübt, weil sie unzutreffend davon ausgeht, dass ihm weitere Mitwirkungspflichten zumutbar sind, er etwa die Konsularvertretung eines weiteren Staates aufsuchen soll, wenn die Bemühungen gegenüber derjenigen des zunächst angenommenen Herkunftsstaates fehlgeschlagen sind. Maßgeblich ist nach dem klaren Gesetzeswortlaut das Datum der Einreise, nicht das Datum des Asylbegehrens oder des Asylantrags. Bei Einreise bis zum 31.12.2016 muss die Identität spätestens im Zeitpunkt der Antragstellung geklärt sein (a). Die Ausländerbehörde darf die Antragsannahme jedoch allein wegen fehlender Identität nicht verweigern, wenn Anhaltspunkte dafür vorliegen, dass bis zur Duldungserteilung diese Frage geklärt sein kann, sondern hat gegebenenfalls das Verfahren auszusetzen. Jedenfalls hat der Antragsteller einen Anspruch darauf, dass die Ausländerbehörde die Akten des Bundesamtes beizieht, um diese Frage zu klären. Bei Einreise ab dem 1.1.2017 muss die Identität bis zur Beantragung der Ausbildungsduldung, spätestens jedoch bis zum Inkrafttreten des Gesetzes am 1.1.2020, geklärt sein (b). Bei Einreise nach dem Inkrafttreten des Gesetzes ist innerhalb der ersten sechs Monate nach der Einreise die Identität nachzuweisen (c).

28 Der Gesetzgeber schießt mit diesem Versagungsgrund über das Ziel der Vermeidung eines dauerhaften Aufenthaltes bei ungeklärter Identität hinaus. Denn erst für die Erteilung eines Aufenthaltstitels muss die Identität geklärt sein (§ 5 Abs. 1 Nr. 1 a AufenthG), abgesehen davon, dass das Bundesamt nach der Rechtsprechung des BVerwG verpflichtet ist, die Staatsangehörigkeit und damit auch die Identität zu klären.[386] Da die Ausbildung mindestens zwei Jahre dauert (§ 2 Abs. 12 a AufenthG), bleibt genügend Zeit, damit bis zum Ablauf der Ausbildung diese Frage geklärt ist. Es kann daher regelmäßig davon ausgegangen werden, dass die Identität im Zeitpunkt der Duldungserteilung geklärt ist. Beide Fallgruppen nach § 60 c Abs. 1 S. 1 AufenthG beziehen sich in aller Regel auf ehemalige Asylantragsteller. Bei bewusster Täuschung über die Identität ist der Asylantrag als offensichtlich unbegründet abzulehnen (§ 30 Abs. 3 Nr. 1 AsylG) und steht dies der Erteilung einer Aufenthaltserlaubnis (§ 19 d AufenthG) entgegen (§ 10 Abs. 3 S. 2 AufenthG). Allerdings gilt dies nicht für den nachträglich entstehenden Rechtsanspruch auf Erteilung der Aufenthaltserlaubnis (§ 19 d Abs. 1 a AufenthG). Es liegt damit ein gesetzlicher Wertungswiderspruch vor. Angesichts der langen Dauer des Asylverfahrens reicht die Sechsmonatsfrist in Buchst. c nicht aus. Denn es wird verkannt, dass zwischen der Meldung als Asylsuchender (§ 22 Abs. 1 AsylG) und der förmlichen Antragstellung nach § 23 Abs. 1 AsylG häufig Monate vergehen können. Denn nach jahrelanger Praxis wird den Asylsuchenden die in § 23 Abs. 1 Alt. 1 AsylG begründete Verpflichtung, die Außenstelle des Bundesamtes zwecks förmlicher Asylantragstellung aufzusuchen, versperrt. Vielmehr müssen sie auf die Aufforderung durch die Aufnahmeeinrichtung (§ 23 Abs. 1 Alt. 2 AsylG) warten, bevor sie den Asylantrag stellen können. Allerdings findet der Versagungsgrund nach § 60 c Abs. 2 Nr. 3 AufenthG keine zwingende Anwendung, wenn der Antragsteller die erforderlichen und ihm zumutbaren Maßnahmen zur Identitätsklärung ergriffen hat (§ 60 c Abs. 7

386 BVerwG, InfAuslR 1990, 238; s. hierzu *Marx*, Kommentar zum AsylG, 10. Aufl. 2019, Vor § 78 Rn. 214.

AufenthG). Insoweit überschneidet sich dieser Versagungsgrund mit dem Versagungsgrund des § 60 c Abs. 2 Nr. 1 iVm § 60 a Abs. 6 Nr. 2 AufenthG (→ Rn. 13 ff., 41 ff.).

Die Identität wird durch tatsächliche und rechtliche Daten wie Geburtsdatum, Name, Vorname, Name der Eltern usw bestimmt, die der betreffenden Person zuzuordnen sind.[387] „Identität" bedeutet die **Übereinstimmung dieser personenbezogenen Daten mit einer natürlichen Person.** In der Regel wird diese durch einen gültigen und anerkannten Pass nachgewiesen. Der Pass bestätigt auch, dass die in ihm angegebenen Personendaten den Personalien des durch Lichtbild und Unterschrift ausgewiesenen Inhabers des Papiers entsprechen. Wird ein Pass vorgelegt, kommt deshalb dem Erfordernis der Identität neben dem der Erfüllung der Passpflicht keine besondere Bedeutung mehr zu.[388] Sofern – wie zumeist – ein gültiger Pass oder Passersatz nicht nachgewiesen werden kann, sind die Identität und Staatsangehörigkeit durch andere geeignete Mittel nachzuweisen, zB Geburtsurkunde, andere amtliche Dokumente. Auch ein **abgelaufener** oder von den Behörden eines **untergegangenen Staates** ausgestellter Pass kann als Identitätsnachweis anerkannt werden.[389] 29

4. Keine Bezüge zu extremistischen oder terroristischen Organisationen und keine Straffälligkeit (§ 60 c Abs. 2 Nr. 4 und Abs. 4 iVm § 19 d Abs. 1 Nr. 6 AufenthG)

Nach § 60 c Abs. 2 Nr. 4 und Abs. 4 AufenthG ist zwingende Voraussetzung, dass der Antragsteller keine Bezüge zu extremistischen oder terroristischen Organisationen hat und diese auch nicht unterstützt (§ 60 c Abs. 2 Nr. 4 und Abs. 4 iVm § 19 d Abs. 1 Nr. 6 AufenthG). § 60 c Abs. 2 Nr. 4 AufenthG bezeichnet einen Versagungsgrund. Die entsprechenden tatbestandlichen Voraussetzungen liegen von vornherein vor. Hingegen bezeichnet § 60 c Abs. 4 AufenthG einen Erlöschensgrund, dh diese Voraussetzungen treten nachträglich, also nach Erteilung der Ausbildungsduldung, auf. Dieser Versagungs- bzw. Erlöschensgrund ist § 104 a Abs. 1 S. 1 Nr. 5 AufenthG nachgebildet. Er fehlt allerdings bei § 25 a und § 25 b AufenthG. Anders als im Ausweisungsrecht (§ 54 Abs. 1 Nr. 2 AufenthG) und im Einbürgerungsrecht (§ 11 S. 1 Nr. 1 StAG) kommt es auf **gegenwärtige** Bezüge an, so dass derartige Bezüge in der Vergangenheit außer Betracht bleiben. Andererseits begründet den Versagungsgrund nicht erst die „Unterstützung", sondern bereits weit unterhalb dieser Schwelle liegende Bezüge zu terroristischen Organisationen. Angesichts der uferlosen Ausdehnung des Unterstützungsbegriffs in der Rechtsprechung[390] kann diese aber auch mühelos aus Bezügen eine Unterstützung ableiten, so dass ein Unterschied zwischen beiden Begriffen kaum erkennbar wird. Die Verwaltungspraxis etwa in Baden-Württemberg ging bei Sicherheitsbedenken nach § 73 Abs. 2 und 3 AufenthG von extremistischen Bezügen im Sinne von § 104 a Abs. 1 S. 1 Nr. 5 AufenthG aus.[391] Die Anwendungsvorschriften der Länder sahen seinerzeit vor, dass erforderlichenfalls die Akten des Verfassungsschutzes beizuziehen sind. Dies ist jedoch nur bei ernsthaften Anhaltspunkten gerechtfertigt. Es besteht aber gleichwohl die Gefahr, dass bei der Ermittlung dieses Versagungsgrunds eine Regelanfrage durchgeführt wird. Besteht gegen den Antragsteller eine Ausweisungsverfügung oder Abschiebungsanordnung nach § 58 a AufenthG, wird die Ausbildungsduldung ebenfalls nicht erteilt (§ 60 c Abs. 2 Nr. 4 AufenthG). Diese aufgrund des Änderungsantrags der Fraktionen der CDU/CSU und der SPD v. 3.6.2019 eingefügte Erweiterung ist lebensfremd und überflüssig. Denn nach § 60 c Abs. 2 Nr. 4 iVm § 19 d Abs. 1 Nr. 7 AufenthG steht nicht lediglich geringfügige Straffälligkeit der Erteilung der Ausbildungsduldung ohnehin entgegen, und es ist kaum vorstellbar, dass in derartigen Fäl- 30

387 Ausf. hierzu *Marx*, Aufenthalts-, Asyl- und Flüchtlingsrecht, 7. Aufl. 2019, § 2 Rn. 57; § 7 Rn. 304.
388 VGH BW, InfAuslR 2015, 5 (6).
389 Nieders.OVG, Beschl. v. 28.10.2010 – 8 LA 229/09, zum Pass des ehemaligen Jugoslawien; VGH BW, InfAuslR 2015, 5 f. (zu irakischen Pässen der Serie G).
390 S. hierzu *Marx*, Aufenthalts-, Asyl- und Flüchtlingsrecht, 7. Aufl. 2019, § 7 Rn. 80 ff.
391 BW, AW vom 4.12.2006 Nr. 3.4 b.

len keine Ausweisungsverfügung erlassen wurde. Bei einer Abschiebungsanordnung nach § 58 a AufenthG dürfte das Eilrechtsschutzverfahren zumeist zulasten des Antragstellers ausgegangen und dieser abgeschoben worden sein. Sofern der Vollzug aufgrund von Abschiebungsverboten (§ 58 a Abs. 3 AufenthG) unzulässig ist, darf die Ausbildungsduldung nach § 60 c Abs. 2 Nr. 4 iVm § 19 d Abs. 1 Nr. 6 AufenthG nicht erteilt werden.

5. Straffreiheit (§ 60 c Abs. 2 Nr. 4 iVm § 19 d Abs. 1 Nr. 7 AufenthG)

31 Nach § 60 c Abs. 2 Nr. 4 iVm § 19 d Abs. 1 Nr. 7 AufenthG ist die beantragte Ausbildungsduldung zu versagen, wenn der Antragsteller **im Bundesgebiet** eine vorsätzliche Straftat begangen hat, wobei Geldstrafen bis zu insgesamt **50 Tagessätzen oder bis zu 90 Tagessätzen** wegen Straftaten, die nach dem AufenthG oder AsylG nur von Ausländern begangen werden können, außer Betracht bleiben. Der Gesetzgeber hat als Bezugsnorm die Vorläuferregelung von § 19 d AufenthG, nämlich § 18 a AufenthG aF, bezeichnet. Es handelt sich angesichts des Umstands, dass § 18 a AufenthG die Aufenthaltserlaubnis für Fachkräfte mit qualifizierter Ausbildung regelt und nicht aus mehreren Absätzen besteht und der frühere Wortlaut von § 18 a AufenthG aF wörtlich von § 19 d AufenthG übernommen wurde, ganz offensichtlich um ein gesetzgeberisches Versehen. Dieser Versagungsgrund ist § 25 b Abs. 2 Nr. 2 und § 104 a Abs. 1 S. 1 Nr. 6 AufenthG nachgebildet und bezieht sich nur auf vorsätzliche Straftaten. Relevant sind nur Straftaten, die im Bundesgebiet begangen wurden und die nicht bereits getilgt sind.[392] Es wird aber für zulässig erachtet, im Ausland begangene Straftaten nach § 5 Abs. 1 Nr. 2 AufenthG zu berücksichtigen.[393] Gegebenenfalls ist zu prüfen, ob ein Anspruch auf vorzeitige Tilgung nach § 49 Abs. 1 BZRG besteht.

6. Konkrete Maßnahmen zur Aufenthaltsbeendigung (§ 60 c Abs. 2 Nr. 5 AufenthG)

32 Die Ausbildungsduldung darf nicht erteilt werden, wenn konkrete Maßnahmen zur Aufenthaltsbeendigung bevorstehen (§ 60 c Abs. 2 Nr. 5 AufenthG). Nach der gesetzlichen Begründung werden mit § 60 c Abs. 2 Nr. 5 Buchst. a bis e AufenthG Konkretisierungen in Bezug auf bevorstehende Maßnahmen zur Aufenthaltsbeendigung vorgenommen, die einen Ausschluss von der Ausbildungsduldung begründen. Dies ist erforderlich, um eine bundesweit einheitliche Anwendung der Ausbildungsduldung zu erreichen, nachdem sich hinsichtlich dieses Tatbestandsmerkmals in den Ländern unterschiedliche Verständnisse etabliert haben.[394] Die Frage stellt sich allerdings, ob dieser Versagungsgrund überhaupt erforderlich ist, da im Fall des § 60 c Abs. 1 Nr. 1 AufenthG der Übergang vom Asylverfahren zur Ausbildungsduldung in zeitlicher Hinsicht bruchlos geregelt ist (→ Rn. 8 ff.) und im Fall des § 60 c Abs. 1 Nr. 2 AufenthG der Antragsteller vor Erteilung der Ausbildungsduldung drei Monate im Besitz einer Duldung nach § 60 a AufenthG gewesen sein muss (§ 60 c Abs. 2 Nr. 2 AufenthG; → Rn. 10), so dass aufenthaltsbeendende Maßnahmen innerhalb der Dreimonatsfrist durchgeführt werden konnten. War dies nicht möglich, kann auch nicht von konkreten Maßnahmen zur Aufenthaltsbeendigung ausgegangen werden. Zunächst wird verdeutlicht, dass **maßgeblicher Zeitpunkt** für das Bestehen von konkreten Maßnahmen zur Aufenthaltsbeendigung der **Zeitpunkt der Antragstellung** auf eine Ausbildungsduldung ist.[395] Leitet die Ausländerbehörde nach der Antragstellung konkrete aufenthaltsbeendende Maßnahmen ein, findet der Versagungsgrund keine Anwendung und hat der Antragsteller einen Sicherungsanspruch nach § 123 Abs. 1 S. 1 VwGO.

392 BVerwGE 133, 72 (80) = EZAR NF 33 Nr. 19 = NVwZ 2009, 979 = AuAS 2009, 122; BVerwG, InfAuslR 2011, 240 (242).

393 *Wunderle*, in: Bergmann/Dienelt, AuslR, 11. Aufl. 2016, § 25 a AufenthG Rn. 31.

394 BT-Drs. 19/8286, S. 15.

395 So auch Nieders.OVG, EZAR 32 Nr. 7; *Fleuß*, Stellungnahme im Ausschuss für Inneres und Heimat des Deutschen Bundestages am 3. Juni 2019 v. 26.5.2019, S. 13.

Einem Duldungsanspruch kann also nicht entgegengehalten werden, dass die Ausländerbehörde nach seinem Antrag, gewissermaßen in Reaktion auf diesen, aufenthaltsbeendende Maßnahmen einleitet.[396] Des Weiteren werden mit den Buchst. a bis e verschiedene Maßnahmen dargestellt, die insbesondere konkrete Maßnahmen zur Aufenthaltsbeendigung im Rahmen dieser Regelung darstellen. Die Aufzählung ist **abschließend.** Hätte der Gesetzgeber keine enumerative Aufzählung gewollt, hätte er dies zB durch die Einfügung des Begriffs „insbesondere" oder „im Regelfall" hervorgehoben. Auch die gesetzliche Begründung geht von einer abschließenden Aufzählung aus.[397]

Die Einleitung einer ärztlichen Untersuchung (§ 60 c Abs. 2 Nr. 5 a AufenthG) hindert 33
nicht zwingend die Antragstellung, wenn absehbar ist, dass die Krankheit *längerdauernd* und eine Abschiebung deshalb unmöglich ist. Wurde bei der ärztlichen Untersuchung lediglich eine vorübergehende **Reiseunfähigkeit** festgestellt, die mit einer entsprechenden medizinischen Versorgung behandelt und behoben werden kann, stellt dies eine konkrete Maßnahme zur Aufenthaltsbeendigung dar.[398] Eine Erkrankung muss andererseits nicht zwingend der Aufnahme einer Berufsausbildung entgegenstehen. Der Erteilung einer Ausbildungsduldung steht auch entgegen, wenn der Antragsteller einen Antrag zur Förderung mit staatlichen Mitteln einer freiwilligen Ausreise gestellt hat (§ 60 c Abs. 2 Nr. 5 b AufenthG). Wird nach Erteilung der Ausbildungsduldung ein derartiger Antrag gestellt, stellt dies für sich noch keinen Grund für ein Erlöschen oder den Widerruf der Ausbildungsduldung dar. Jedoch erlischt die Ausbildungsduldung mit der Ausreise (§ 60 a Abs. 5 S. 1 AufenthG).[399] Unter den Begriff „vergleichbare konkrete Vorbereitungsmaßnahmen" (§ 60 c Abs. 2 Nr. 5 d AufenthG) fallen generell alle Maßnahmen, die nach **typisierender Betrachtung** prognostisch bereits in einem **engen sachlichen und vor allem zeitlichen Zusammenhang mit der Abschiebung** selbst stehen. Hierzu gehören die Beschaffung von Ausreisedokumenten, die Kontaktaufnahme mit der deutschen Auslandsvertretung im Abschiebezielstaat, die Stellung eines Rückübernahmeersuchens, das Abschiebungsersuchen der Ausländerbehörde gegenüber der Vollstreckungsbehörde, die Bestimmung eines Abschiebetermins,[400] die Buchung auf einen bestimmten Flug oder die Erteilung des Vollzugsauftrags an die Polizei (§ 60 c Abs. 2 Nr. 5 c und d AufenthG).[401] Hiergegen wird eingewandt, es genüge, wenn bereits ein Termin zur Abschiebung gesetzt ist oder organisatorische Maßnahmen zur Abschiebung ergriffen wurden, wenn feststeht, dass derartige Maßnahmen vorgesehen und absehbar durchgeführt werden.[402]

Nach § 60 c Abs. 2 Nr. 5 e AufenthG hindert die Einleitung eines Verfahrens zur Bestim- 34
mung der Zuständigkeit nach der Verordnung (EU) Nr. 604/2013 (**Dublin-Verfahren**) die Duldungserteilung. Dagegen ist grundsätzlich nichts einzuwenden. Ist jedoch die Zuständigkeit auf die Bundesrepublik übergegangen, entfällt der Versagungsgrund. Dies ist etwa der Fall, wenn das Bundesamt die **Ersuchensfrist** (Art. 21 Abs. 1 und Art. 23 Abs. 2 der Verordnung) versäumt hat. In diesem Fall geht die Zuständigkeit auf die Bundesrepublik über (Art. 21 Abs. 1 UAbs. 3 und Art. 23 Abs. 3 der Verordnung). Da der Antragsteller in einem subjektiven Recht betroffen ist, kann er den Verantwortungsübergang im Eilrechtsschutzverfahren geltend machen.[403] Unabhängig hiervon geht die Zuständigkeit bei einer **unangemessenen Verzögerung** des Verfahrens zur Zuständigkeitsbestimmung auf die Bun-

396 OVG Berlin-Brandenburg, InfAuslR 2017, 57 (58); *Welte*, InfAuslR 2017, 133 (143).
397 BT-Drs. 19/8286, S. 15.
398 BT-Drs. 19/8286, S. 15.
399 BT-Drs. 19/8286, S. 15.
400 VG Cottbus, AuAS 2019, 98 (99 f.).
401 VGH BW, InfAuslR 2017, 15 (18) = EZAR NF 32 Nr. 4; Nieders.OVG, EZAR 32 Nr. 7; OVG Berlin-Brandenburg, InfAuslR 2017, 57 (58); VG Würzburg, EZAR NF 32 Nr. 5; *Koehler*, InfAuslR 2018, 45 (50).
402 OVG Saarland, NVwZ-RR 2018, 164.
403 EuGH, NVwZ 2017, 1601 Rn. 56, 58, 59, 61, 62 – *Mengesteab* für die Ersuchensfrist; EuGH, NVwZ 2017, 43 Rn. 35, 45 – *Shiri*, mit Anm. *Pelzer*, für die Überstellungsfrist.

desrepublik über. In der instanzgerichtlichen Rechtsprechung wird bei einem erst fünf Monate nach der Einreise gestellten Wiederaufnahmeersuchen eine unangemessene Verzögerung gesehen, die Art. 18 GRCh verletze.[404] Erst recht wird dies bei einer 12 oder 17 Monate[405] oder gar vier Jahre[406] dauernden Bearbeitungsdauer des Ersuchens angenommen.[407] Dagegen hat das BVerwG in derartigen Fällen keine Bedenken gegen die Überstellung.[408] In all diesen Fällen wird nach Übergang der Verantwortlichkeit das nationale Verfahren eingeleitet. Da nunmehr ein Asylverfahren eingeleitet wird, stellt sich die Frage der Ausbildungsduldung zunächst nicht, sondern erst dann, wenn der Antragsteller eine qualifizierte Berufsausbildung aufgenommen hat und diese nach inhaltlicher Ablehnung seines Asylantrags fortsetzen möchte (§ 60 c Abs. 1 S. 1 Nr. 2 AufenthG).

V. Zustimmung der Arbeitsagentur

35 § 60 c AufenthG enthält keine Regelungen zum Zustimmungserfordernis. Halten sich die Antragsteller bereits länger als vier Jahre im Bundesgebiet auf, wird die Beschäftigungserlaubnis ohne Vorrangprüfung erteilt (§ 32 Abs. 1 Nr. 5, Abs. 3 BeschV). Liegen diese Voraussetzungen nicht vor, bedarf die Erteilung der Ausbildungsduldung der Zustimmung.

VI. Erteilung der Ausbildungsduldung (§ 60 c Abs. 3 AufenthG)

36 Nach § 60 c Abs. 3 S. 1 AufenthG kann der Antrag auf Erteilung der Ausbildungsduldung frühestens **sieben Monate** vor Beginn der Berufsausbildung gestellt werden. Andererseits wird die Ausbildungsduldung frühestens sechs Monate vor Beginn der Berufsausbildung erteilt (§ 60 c Abs. 3 S. 2 AufenthG), wenn die entsprechenden Voraussetzungen erfüllt sind. Diese Regelungen gelten nur für die Fälle, in denen der Antragsteller während des Asylverfahrens die Berufsausbildung aufgenommen hat (§ 60 c Abs. 1 S. 1 Nr. 1 AufenthG). Für den Zeitraum zwischen Antragstellung und dem frühestmöglichen Zeitpunkt der Erteilung der Ausbildungsduldung ist eine Duldung nach § 60 a AufenthG zu erteilen.[409] Diese darf aber nur erteilt werden, wenn der Antragsteller in das Verzeichnis der Berufsausbildungsverhältnisse bei der zuständigen Stelle (insbesondere § 34 BBiG oder § 28 HandwO) eingetragen ist, oder in den Fällen, in denen die Berufsausbildung in vorwiegend schulischer Form erfolgt, eine Bestätigung der Ausbildungseinrichtung über die Zulassung vorliegt. Ausreichend ist aber auch, wenn bei Antragstellung ein Nachweis darüber erbracht wird, dass die Eintragung des Berufsausbildungsvertrags in das Verzeichnis der Berufsausbildungsverhältnisse bei der zuständigen Stelle **beantragt** ist.[410] Soweit eine solche Eintragung nicht erforderlich ist, muss der Ausbildungsvertrag mit einer Bildungseinrichtung geschlossen worden sein. Bei dieser braucht es sich nicht um eine staatliche oder staatlich anerkannte Einrichtung zu handeln (§ 60 c Abs. 3 S. 3 letzter Hs. AufenthG).[411] Die Ausbildungsduldung ist zu erteilen. Es besteht also ein Rechtsanspruch auf die Erteilung, dh immer dann, wenn die negativen Voraussetzungen nach § 60 c Abs. 2 AufenthG (→ Rn. 12 ff.) nicht vorliegen, ist eine Ausbildungsduldung zu erteilen. Dadurch wird verhindert, dass die Behörde im Gesetz nicht vorgesehene weitere Voraussetzungen

404 VG Düsseldorf, InfAuslR 2014, 159 (161).
405 VG Hannover, Beschl. v. 27.1.2014 – 5 B 7917/13; VG Hannover, Beschl. v. 29.1.2014 – 1 B 200/14.
406 VG Frankfurt am Main, Urt. v. 21.1.2015 – 8 K 1089/14.F.A.
407 VG Gelsenkirchen, Beschl. v. 30.12.2013 – 5 a L 1726/13.A.
408 BVerwGE 153, 162 (168) Rn. 21 = NVwZ 2016, 154 = InfAuslR 2016, 64.
409 BT-Drs. 19/8286, S. 16.
410 BT-Drs. 19/8286, S. 16.
411 Der Wegfall des Erfordernisses eines staatlichen oder staatlich anerkannten Charakters der Bildungseinrichtung beruht auf dem Änderungsantrag der Fraktionen der CDU/CSU und der SPD vom 3.6.2019.

aufstellt.[412] Diese Regelung entspricht der Vorgängerregelung des § 60 a Abs. 2 S. 5 AufenthG aF. Sind die Voraussetzungen für die Erteilung der Ausbildungsduldung in den Fällen, in denen die Berufsausbildung erst im Status der Duldung aufgenommen werden soll, erfüllt, kann die Ausbildungsduldung frühestens drei Monate vor Beginn der Berufsausbildung erteilt werden (§ 60 c Abs. 2 Nr. 2 AufenthG). Die Ausbildungsduldung wird für die im Ausbildungsvertrag bestimmte Dauer erteilt (§ 60 c Abs. 3 S. 4 AufenthG). Die Zeiten, in denen eine Ausbildung vor Erteilung der Ausbildungsduldung ausgeübt wurde (§ 60 c Abs. 1 S. 1 AufenthG), sollen nach einer Meinung angerechnet werden, so dass sich die Geltungsdauer nach § 60 c Abs. 3 S. 4 AufenthG um die bereits verstrichene Ausbildungszeit verringert.[413] Dies ist abstrakte Kasuistik. Der Wortlaut des Gesetzes ist eindeutig. Wird die Ausbildung vorzeitig abgebrochen, kommt es auf die Dauer der Geltungsdauer der Ausbildungsduldung nicht an, da nach § 60 c Abs. 5 S. 1 AufenthG die Duldung einmalig für die Dauer von sechs Monaten zum Zweck der Ausbildungsplatzsuche erteilt wird. Die für die Ausübung der Berufsausbildung erforderliche **Beschäftigungserlaubnis** steht immer in einem unauflöslichen engen Zusammenhang mit dem anderen nicht zur Erwerbstätigkeit berechtigenden Aufenthaltstitel oder der konkreten Duldung, ohne dass eine auflösende Bedingung beigefügt werden müsste. Sie wird in der Regel erteilt, wenn die Voraussetzungen des § 60 c AufenthG vorliegen.[414] Nach der Rechtsprechung schließt dies aber nicht aus, dass die Geltungsdauer der Beschäftigungserlaubnis ausdrücklich kürzer bemessen wird, als die des Titels selbst.[415] Dem kann nicht gefolgt werden, da das Gesetz ausdrücklich anordnet, dass die Ausbildungsduldung für die im Ausbildungsvertrag genannte Dauer des Ausbildungsverhältnisses erteilt wird. Die Ausbildungsduldung steht in einem engen sachlogischen Zusammenhang mit der Beschäftigungserlaubnis (→ Rn. 11). Dies steht einer unterschiedlichen rechtlichen Behandlung der Ausbildungsduldung einerseits und der Beschäftigungserlaubnis andererseits entgegen. Nach erfolgreichem Abschluss der qualifizierten Berufsausbildung besteht ein Rechtsanspruch auf Erteilung der Aufenthaltserlaubnis nach § 19 d Abs. 1 a AufenthG (→ Kap. 3 Rn. 67 ff.).

VII. Erlöschensgründe (§ 60 c Abs. 4 AufenthG)

§ 60 c Abs. 4 AufenthG übernimmt die bisherigen Gründe für das Erlöschen nach § 60 a 37
Abs. 2 S. 9 AufenthG aF und erfasst als weitere Erlöschensgründe Bezüge zu extremistischen oder terroristischen Organisationen und die Begehung einer vorsätzlichen Straftat im Bundesgebiet, wobei Geldstrafen von insgesamt bis zu 50 Tagessätzen oder bis zu 90 Tagessätzen wegen Straftaten, die nach dem AufenthG oder dem AsylG nur von Ausländern begangen werden können, unberücksichtigt bleiben (§ 60 c Abs. 4 iVm Abs. 2 Nr. 4, § 19 d Abs. 1 Nr. 6 und 7 AufenthG). Darüber hinaus wird klargestellt, dass ein Erlöschensgrund eintritt, wenn die Ausbildung vorzeitig beendet wird. Demgegenüber erlosch die Ausbildungsduldung nach früherem Recht, wenn die Ausbildung nicht mehr betrieben oder abgebrochen wurde (§ 60 a Abs. 2 S. 9 AufenthG aF). Diese Formulierung hatte auch der ursprüngliche Gesetzentwurf übernommen.[416] Hierdurch soll bei nachträglichem Eintreten eines Versagungstatbestands eine Kohärenz zwischen Versagungs- und Erlöschens-

412 *Thym*, Stellungnahme für die öffentliche Anhörung des Innenausschusses des Deutschen Bundestags am 5. Juni 2019, S. 15; *Bayerisches Staatsministerium des Innern, für Sport und Integration*, Vollzug des Ausländerrechts; Beschäftigung und Berufsausbildung von Asylbewerbern und Geduldeten v. 4.3.219, S. 14
413 *Fleuß*, Stellungnahme im Ausschuss für Inneres und Heimat des Deutschen Bundestages am 3. Juni 2019 v. 26.5.2019, S. 16.
414 *Bayerisches Staatsministerium des Innern, für Sport und Integration*, Vollzug des Ausländerrechts; Beschäftigung und Berufsausbildung von Asylbewerbern und Geduldeten v. 4.3.2019, S. 14.
415 VGH BW, ZAR 2018, 28 (29), mit Anm. *Breidenbach*.
416 BT-Drs. 19/8286, S. 7.

gründen erreicht werden.[417] Von der Sache her kann ein Unterschied nicht festgestellt werden. Wenn eine Ausbildung nicht mehr betrieben wird, wird sie vorzeitig beendet. Der Eintritt der Erlöschenswirkung bei geringfügigen Straftaten ist unverhältnismäßig. Diese Reaktion trifft einen Drittstaatsangehörigen, der hier nach langjährigem Aufenthalt während einer qualifizierten Berufsausbildung in diesem Umfang straffällig wird. Noch gravierender ist die Unverhältnismäßigkeit, wenn es einen Drittstaatsangehörigen trifft, der kurz vor dem Abschluss der Berufsausbildung steht.

VIII. Vorzeitiger Abbruch und erfolgreicher Abschluss der Berufsausbildung (§ 60 c Abs. 5 und 6 Satz 1 AufenthG)

38 § 60c Abs. 5 und 6 AufenthG normieren die Folgen des **vorzeitigen Abbruchs** sowie den **erfolgreichen Abschluss** einer qualifizierten Berufsausbildung. Zunächst erlegt § 60c Abs. 5 AufenthG dem Ausbildungsbetrieb oder im Falle der vorwiegend fachtheoretischen Berufsausbildung dem Bildungsträger die Pflicht auf, der zuständigen Ausländerbehörde zu melden, dass der Duldungsinhaber die Ausbildung nicht mehr betreibt oder abgebrochen hat, damit diese die nach § 60c Abs. 6 AufenthG erforderlichen Maßnahmen einleiten kann. § 60c Abs. 6 S. 1 AufenthG eröffnet die Möglichkeit, nach einem vorzeitigen Abbruch der Ausbildung eine Duldung für sechs Monate zum Zweck der Suche nach einem weiteren Ausbildungsplatz zu erteilen. Hingegen betrifft § 60c Abs. 6 S. 2 AufenthG den Fall des **erfolgreichen Ausbildungsabschlusses**. In diesem Fall wird die Duldung zum Zweck der Suche nach einer der erworbenen beruflichen Qualifikation entsprechenden Beschäftigung für sechs Monate verlängert. Ist die Suche erfolgreich, besteht Anspruch auf Erteilung der Aufenthaltserlaubnis nach § 19d Abs. 1a AufenthG.

39 Nach § 60c Abs. 6 S. 1 AufenthG wird dem Betroffenen nach vorzeitigem Abbruch der Ausbildung **erstmalig** eine Duldung für **sechs Monate** zum Zwecke der **Suche nach einer weiteren Ausbildungsstelle** nach § 60c Abs. 1 AufenthG erteilt. Mit dem Adjektiv *„erstmalig“* wird zum Ausdruck gebracht, dass nur eine *„einmalige“* Duldungserteilung zwecks Suche erteilt wird. Zwingend ist der Wortlaut, der bereits früher in § 60a Abs. 2 S. 10 AufenthG aF enthalten war, nicht. Er könnte auch dahin interpretiert werden, dass er die weitere Verlängerung zwecks Ausbildungsplatzsuche nach erfolgloser sechsmonatiger Suche nicht ausschließt. Gegen diese Interpretation spricht aber § 60c Abs. 6 S. 2 Hs. 2 AufenthG. Wenn selbst bei einem erfolgreichen Ausbildungsabschluss nur eine einmalige Duldung zwecks Arbeitsplatzsuche in Betracht kommt, dürfte erst recht eine weitere Verlängerung der erstmalig erteilten Duldung nach einem Abbruch der Ausbildung nicht zulässig sein. Es verwundert, dass der Gesetzgeber die bereits nach früherem Recht bestehende Unklarheit fortschreibt. Die Duldung wird für sechs Monate erteilt. Eine systematische Betrachtung der Vorschriften von § 60c Abs. 4 Alt. 2 und Abs. 6 AufenthG ergibt, dass bei Abs. 4 Alt. 2 die Beendigung endgültig ist, während sie bei Abs. 6 S. 1 nicht endgültig ist, sofern der Duldungsinhaber zum Ausdruck bringt, dass er eine andere Ausbildungsstelle suchen will. Ob dies zutrifft, ist nach objektiven Kriterien zu beurteilen. Jedenfalls dann, wenn er ausdrücklich erklärt, dass er eine andere Ausbildungsstelle sucht oder suchen will, ist ihm für die Dauer von sechs Monaten eine Duldung zu erteilen. Fehlt es an diesem Willen, erlischt die Ausbildungsduldung ohne Option auf eine erneute Ausbildungsduldung. Ob der Betroffene weiter geduldet wird, ist davon abhängig, ob Duldungsgründe nach § 60a AufenthG vorliegen. Hat er innerhalb der Sechsmonatsfrist einen Ausbildungsplatz gefunden, erfolgt die Duldungsverlängerung nach § 60c Abs. 3 S. 2 AufenthG. Nach erfolgreichem Abschluss der Berufsausbildung wird dem Duldungsinhaber nach Maßgabe von § 60c Abs. 6 S. 2 AufenthG eine weitere Duldung zwecks Arbeitsplatzsuche erteilt.

417 Änderungsantrag der Fraktionen CDU/CSU und der SPD v. 3.6.2019.

IX. Duldung zwecks Arbeitsplatzsuche (§ 60 c Abs. 6 Satz 2 AufenthG)

40 Nach § 60 c Abs. 6 S. 2 Hs. 1 wird die Duldung nach erfolgreichem Abschluss der Berufsausbildung für die Dauer von sechs Monaten zwecks Suche „nach einer der erworbenen beruflichen Qualifikation entsprechenden Beschäftigung verlängert, wenn (...) eine Weiterbeschäftigung im Ausbildungsbetrieb nicht erfolgt". Ist die Suche bis zum Fristablauf nicht erfolgreich, wird die Duldung nicht verlängert (§ 60 c Abs. 6 S. 2 Hs. 2 AufenthG). Diese Regelung knüpft an die Vorgängerregelung des § 60 a Abs. 2 S. 11 AufenthG aF an und hat ihr Vorbild in den auf Studenten und Auszubildende bezogenen früheren Verlängerungsoptionen nach § 16 Abs. 5 S. 1 bzw. § 17 Abs. 3 AufenthG aF. Diese Frage wird nunmehr in § 17 AufenthG nF geregelt. Das Gesetz ist so zu verstehen, dass es bei Fortbeschäftigung im Ausbildungsbetrieb nach Ausbildungsabschluss keiner Verlängerung der Ausbildungsduldung bedarf, vielmehr die Aufenthaltserlaubnis nach § 19 d Abs. 1 a AufenthG erteilt werden kann. Erfolgt keine Fortbeschäftigung im Ausbildungsbetrieb, wird für die Dauer von sechs Monaten eine Duldung zur Arbeitsplatzsuche erteilt. Zu diesem Zweck darf die Duldung nach Fristablauf nicht mehr verlängert werden (§ 60 c Abs. 6 S. 2 Hs. 2 AufenthG). Der Aufenthaltsbeendigung können aber inlandsbezogene Vollstreckungshemmnisse (§ 60 a Abs. 2 S. 1 AufenthG) entgegenstehen.

X. Ausbildungsduldung nach § 60 c Abs. 7 AufenthG

41 Die Ausbildungsduldung nach § 60 c Abs. 1 S. 1 AufenthG kann erteilt werden, wenn der Antragsteller die erforderlichen und ihm zumutbaren Maßnahmen zur Identitätsklärung ergriffen hat (§ 60 c Abs. 7 AufenthG). Insoweit überschneidet sich diese Norm mit den Versagungsgründen des § 60 c Abs. 2 Nr. 1 iVm § 60 a Abs. 6 Nr. 2. Das bedeutet, dass bei Vorliegen dieser Versagungsgründe stets zu prüfen ist, ob der Antragsteller bei der Identitätsklärung mitgewirkt hat. Ist dies der Fall, hat er zwar keinen Rechtsanspruch auf Erteilung der Ausbildungsduldung nach § 60 a Abs. 1 S. 1 AufenthG, aber über seinen Antrag ist nach pflichtgemäßem Ermessen zu entscheiden. Bei der Prüfung, ob der Antragsteller die erforderlichen und ihm zumutbaren Maßnahmen zur Identitätsklärung ergriffen hat, dürfen die Anforderungen an diese Mitwirkungspflicht (§ 82 Abs. 1 AufenthG) **nicht überspannt** werden.[418] Er kann sich andererseits aber nicht auf eine bloß passive Rolle bei der Identitätsklärung zurückziehen, sondern muss im Rahmen des für ihn Zumutbaren aktiv tätig werden, um das bestehende Ausreisehindernisse der ungeklärten Identität zu beseitigen. Denn ohne deren Klärung steht auch die Staatsangehörigkeit nicht fest.

42 Zumutbar sind für den Antragsteller grundsätzlich alle Handlungen, die zur Klärung der Identität als Voraussetzung für die Beschaffung von Heimreisedokumenten erforderlich sind und von ihm auch persönlich ausgeführt werden können. Offensichtlich aussichtslose Anstrengungen zur Beschaffung derartiger Dokumente sind allerdings unzumutbar. Eine Unzumutbarkeit folgt andererseits nicht aus der Dauer des bisherigen Aufenthalts (Nr. 25.5.4 AufenthG-VwV). Die zumutbaren Mitwirkungspflichten erfordern eine **aktive Mitwirkung** bei der Klärung der Identität (s. im Einzelnen → Rn. 13 ff.). Die gesetzliche Begründung gibt keine Kriterien für die Ermessensausübung vor.[419] Da das Gesetz über Duldung bei Ausbildung und Beschäftigung der Tatsache Rechnung trägt, dass mit zunehmender Duldungsdauer nicht selten auch eine Integration einhergeht,[420] ist eine glaubhaft gemachte Integration des Antragstellers zu seinen Gunsten in das Ermessen einzustellen.

418 *Leopold/Vallone*, ZAR 2005, 66 (68); SG Hildesheim, Beschl. v. 13.4.2007 – S 40 AY 56/06 ER.
419 BT-Drs. 19/8286, S. 16.
420 BT-Drs. 19/8286, S. 1, 11.

XI. Anwendung von § 60 a AufenthG

43 Nach § 60 c Abs. 8 AufenthG bleibt § 60 a AufenthG unberührt. Diese Norm dient der Klarstellung, dass im **Vorfeld** einer Ausbildungsduldung oder zusätzlich zu ihr Duldungen nach § 60 a AufenthG aus rechtlichen oder tatsächlichen – inlandsbezogenen – Gründen, zB Schwangerschaft, fehlende Heimreisedokumente, Unterbrechung der Verkehrsverbindungen, fehlende Reisedokumente, Erkrankung (§ 60 a Abs. 2 S. 1 AufenthG), aber auch andere Vollstreckungshemmnisse, wie etwa Krankheitsgründe (§ 60 a Abs. 2 c und Abs. 2 d AufenthG) oder dringende humanitäre oder persönliche Gründe oder erhebliche öffentliche Interessen (§ 60 a Abs. 2 S. 3 AufenthG), zu berücksichtigen sind. Insbesondere der Übergang vom Asylverfahren zur Ausbildungsduldung bedarf einer Überbrückung durch Erteilung einer Duldung nach § 60 a AufenthG. Ist die Abschiebung wegen fehlender Identität unmöglich, sind allerdings § 60 c Abs. 2 Nr. 1 iVm §§ 60 a Abs. 6 Nr. 2, 60 c Abs. 2 Nr. 5 und Abs. 7 AufenthG zu beachten. Nur wenn der Antragsteller die erforderlichen und ihm zumutbaren Maßnahmen zur Identitätsklärung ergriffen hat, kann eine Ausbildungsduldung erteilt werden (→ Rn. 13 ff., 32 ff., 42).

44 Da die Duldung zum Zweck der qualifizierten Berufsausbildung (§ 2 Abs. 12 a AufenthG) in § 60 c AufenthG geregelt ist, kann das Absolvieren einer Berufsausbildung allein jedoch kein Grund für eine Duldung nach § 60 a Abs. 2 S. 3 AufenthG sein. Dies gilt nach der gesetzlichen Begründung auch dann, wenn die Ausbildungsduldung aus Ausschluss- oder Versagungsgründen (§ 60 c Abs. 2 und Abs. 6 AufenthG) nicht erteilt werden kann.[421] Dies trifft in dieser Pauschalität jedoch nicht zu. Auch wenn dem Antragsteller die bislang misslungene Identitätsklärung zum Vorwurf gemacht werden kann (§ 60 c Abs. 7 AufenthG), bleibt die Abschiebung aus tatsächlichen Gründen unmöglich. Da das Aufenthaltsrecht keinen ungeregelten Aufenthalt kennt, ist der Betroffene deshalb nach § 60 a Abs. 2 S. 1 AufenthG zu dulden. Die gesetzliche Begründung hebt andererseits aber hervor, dass Versagungs- oder Ausschlussgründe der Erteilung der Ausbildungsduldung nicht entgegenstehen und deshalb im Fall der Duldung aus rechtlichen oder tatsächlichen oder aus anderen dringenden humanitären oder persönlichen Gründen oder erheblichen öffentlichen Interessen (§ 60 a Abs. 2 S. 1 oder S. 3 AufenthG) eine Beschäftigungserlaubnis für eine Ausbildung erteilt werden kann, sofern kein Versagungsgrund nach § 60 a Abs. 6 AufenthG vorliegt.[422] In diesem Fall wird also keine Beschäftigungserlaubnis erteilt, so dass auch keine Berufsausbildung aufgenommen werden kann. Mit zunehmender Dauer der tatsächlichen Unmöglichkeit der Abschiebung stellt sich in derartigen Fällen aber das Problem der **Verhältnismäßigkeit der behördlichen Maßnahmen**. Auch kann dies zum Anlass für die Prüfung genommen werden, ob der Betroffene nicht doch die erforderlichen und ihm zumutbaren Maßnahmen zur Identitätsklärung, jedenfalls nachträglich, ergriffen hat. Wird ihm in derartigen Fallkonstellationen die Aufnahme einer Ausbildung ermöglicht, sind ihm anschließend die daran anknüpfenden Folgewirkungen, wie etwa die Duldung zur Suche nach einem Arbeitsplatz (§ 60 c Abs. 6 S. 2 AufenthG) und der Übergang zu einer Aufenthaltserlaubnis nach § 19 d AufenthG zu ermöglichen, wobei im letzteren Fall § 5 Abs. 1 Nr. 1 a AufenthG der Erteilung der Aufenthaltserlaubnis entgegenstehen kann.

45 Die Verweisung auf § 60 a AufenthG in § 60 c Abs. 8 AufenthG bedeutet, dass dem Antragsteller die **Duldungsbescheinigung** nach § 60 a Abs. 4 AufenthG zu erteilen ist. Ob auch § 60 a Abs. 5 S. 1 AufenthG Anwendung findet, ist fraglich. Da ein Rechtsanspruch auf Fortbestand der Ausbildungsduldung besteht (§ 60 c Abs. 1 S. 1 AufenthG), hat die zuständige Ausländerbehörde dem Betroffenen die Wiedereinreise zu ermöglichen, damit er seine Ausbildung fortsetzen kann. Dies gilt auch im Fall des § 60 Abs. 7 AufenthG. Hat

421 BT-Drs. 19/8286, S. 17.
422 BT-Drs. 19/8286, S. 17.

sich die Behörde einmal entschlossen, das Ermessen zugunsten des Betroffenen auszuüben, ist kein sachlich gerechtfertigter Grund dafür ersichtlich, ihn in der Folgezeit anders als Begünstigte nach § 60 c Abs. 1 S. 1 AufenthG zu behandeln. Da die Aufnahme einer qualifizierten Ausbildung einen Rechtsanspruch auf Duldung begründet, findet der Widerrufsgrund nach § 60 Abs. 5 S. 2 AufenthG keine Anwendung. § 60 c Abs. 4 und 5 AufenthG sind lex spezialis gegenüber § 60 a Abs. 5 S. 2 AufenthG. Dies gilt auch für die übrigen Regelungen des § 60 a Abs. 5 AufenthG. Wird dem Betroffenen eine Duldung nach § 60 a Abs. 2 S. 3 AufenthG zur Aufnahme einer qualifizierten Berufsausbildung erteilt, werden ihm nicht die besonderen Rechte der Ausbildungsduldung, insbesondere der langfristige Erteilungszeitraum zuteil.[423] Auch insoweit kann der gesetzlichen Begründung in dieser Pauschalität nicht gefolgt werden. Hat der Begünstigte die Berufsausbildung erfolgreich abgeschlossen, wäre es unverhältnismäßig, ihm die Aufenthaltserlaubnis nach § 19 d AufenthG zu versagen. In diesen Fällen dürfte die zuständige Ausländerbehörde aber wohl ermächtigt sein, zunächst eine Ausreiseaufforderung (§ 60 b AufenthG) lediglich für kürzere Fristen zu erteilen. Je länger die Ausbildung dauert, umso stärker wird aber der Anspruch des Betroffenen, dass statt der Ausreiseaufforderung eine Duldung erteilt und für längerfristige Zeiträume verlängert wird.

C. Beschäftigungsduldung (§ 60 d AufenthG)

I. Funktion der Beschäftigungsduldung

Mit § 60 d AufenthG wird zum ersten Mal der Begriff der Beschäftigungsduldung eingeführt, der sich an die Ausbildungsduldung (§ 60 c AufenthG) anlehnt. Die Bestimmungen zur Beschäftigungsduldung sollen aber nur bis zum 31.12.2023 gelten (Art. 3 des Gesetzes über Duldung und Beschäftigung). Nach der gesetzlichen Begründung werden hiermit klare Kriterien für eine Duldung nach § 60 a Abs. 2 S. 3 AufenthG definiert, die Ausreisepflichtigen, die durch ihre Erwerbstätigkeit ihren Lebensunterhalt sichern und gut integriert sind, durch ihre zweijährige Erteilungsdauer und die Perspektive des Hereinwachsens in einen Aufenthaltstitel nach § 25 b AufenthG einen verlässlichen Status vermittelt. Es kann aber auch über § 19 c Abs. 1 AufenthG iVm § 9 BeschV ein Weg in den rechtmäßigen Aufenthalt ermöglicht werden. Gleichzeitig wird durch die Kriterien, die auch beim Wechsel in den Aufenthaltstitel noch erfüllt sein müssen, gewährleistet, dass keine Gleichstellung mit denjenigen erfolgt, die eine rechtliche Bleibeperspektive haben.[424] Die einschränkenden Voraussetzungen finden allerdings im Wortlaut der Vorschrift keinen Niederschlag. Dieser enthält keinen Hinweis auf den Zweck der Beschäftigungsduldung, sondern beschränkt sich in § 60 d Abs. 1 AufenthG auf die Bezeichnung der Erteilungsvoraussetzungen. Kritisch wird angemerkt, dass es sich bei der Beschäftigungsduldung nicht um einen „klassischen Spurwechsel" noch während des Asylverfahrens oder direkt nach der Bekanntgabe des ablehnenden asylrechtlichen Statusbescheids handelt. Dies folge aus den Wartezeiten.[425] Diese sind politisch gewollt. Hingegen ermöglicht § 60 c Abs. 1 Nr. 1 AufenthG den Spurwechsel bereits während des Asylverfahrens oder nach Ablauf einer dreimonatigen Wartezeit (§ 60 c Abs. 2 Nr. 2 AufenthG) im Anschluss an dieses (Buchst. b). Wie bei § 60 c AufenthG ist Ausgangspunkt der Beschäftigungsduldung § 60 a Abs. 2 S. 3 AufenthG, wonach eine Duldung zu einer vorübergehenden weiteren Anwesenheit aus dringenden oder persönlichen Gründen oder erheblichen öffentlichen Interessen erteilt werden kann. § 60 d AufenthG knüpft an alle drei Duldungsgründe des § 60 a Abs. 2 S. 3 AufenthG an. Denn einerseits folgt aus dem Hinweis auf § 25 b AufenthG die 46

423 BT-Drs. 19/8286, S. 17.
424 BT-Drs. 19/8286.
425 *Sachverständigenrat deutsche Stiftungen für Integration und Migration*, Stellungnahme zum Referentenentwurf eines FKEG v. 18.12.2018, S. 9.

dadurch eröffnete dauerhafte aufenthaltsrechtliche Perspektive, andererseits ist die Beschäftigung bereits länger als 18 Monate (§ 60 d Abs. 1 d Nr. 3 AufenthG) im Bundesgebiet lebender Drittstaatsangehöriger, die bereits seit diesem Zeitraum eine Beschäftigung ausüben, im Interesse des Wirtschaftsstandorts Deutschland.

47 § 60 d AufenthG nimmt nur die in § 60 a Abs. 2 S. 3 AufenthG bezeichneten Duldungsgründe in Bezug, eröffnet aber – wie aus dem Regelanspruch folgt – anders als diese Vorschrift eine **dauerhafte aufenthaltsrechtliche Perspektive.** Grund für die Einführung der Beschäftigungsduldung dürften wohl die negativen Erfahrungen mit der 2015 eingeführten Bleiberechtsregelung sein, die einen mindestens acht Jahre oder bei Antragstellern, die mit einem minderjährigen ledigen Kind in häuslicher Gemeinschaft leben, einen sechs Jahre dauernden Mindestaufenthalt voraussetzt und oftmals daran scheitert, dass der Nachweis, dass der Lebensunterhalt gesichert ist (§ 25 a Abs. 1 S. 2 Nr. 3 AufenthG), nicht erbracht werden kann. Das gilt ebenso für die Eltern nach § 25 a Abs. 1 AufenthG berechtigter Kinder, denen ebenfalls häufig eine Aufenthaltserlaubnis deshalb versagt werden muss, weil sie dieses Erfordernis nicht erfüllen können (§ 25 a Abs. 2 S. 1 Nr. 2 AufenthG). Nach der gesetzlichen Begründung ist § 60 d AufenthG so zu verstehen, dass durch die Erteilung einer Beschäftigungsduldung die für die spätere Erteilung einer Aufenthaltserlaubnis nach § 25 a Abs. 2 oder § 25 b AufenthG erforderliche Sicherung des Lebensunterhalts nachgewiesen werden kann. Darüber hinaus kann Personen, denen nach § 60 d AufenthG eine Beschäftigungsduldung erteilt wurde, eine Aufenthaltserlaubnis nach § 19 c Abs. 1 AufenthG iVm § 9 Abs. 1 BeschV erteilt werden, wenn sie sich seit drei Jahren ununterbrochen erlaubt, geduldet oder gestattet im Bundesgebiet aufgehalten haben (s. hierzu → Rn. 46; → Kap. 3 Rn. 72, 80 ff.). Unabhängig von diesen Vorschriften ist ein dauerhafter Aufenthalt nach § 19 d AufenthG möglich, wenn eine qualifizierte Berufsausbildung (§ 2 Abs. 12 a AufenthG) nachgewiesen wird.

48 Während § 60 c AufenthG einen Rechtsanspruch vermittelt, ist nach § 60 d AufenthG **in der Regel** eine Beschäftigungsduldung zu erteilen. Hiervon kann bei besonderen, atypischen Umständen, die so bedeutsam sind, dass sie das sonst ausschlaggebende Gewicht der gesetzlichen Regelung beseitigen, abgesehen werden. Dies unterliegt keinem behördlichen Einschätzungsspielraum, sondern ist gerichtlich voll überprüfbar.[426] Danach besteht in der Regel ein Anspruch auf Erteilung der Beschäftigungsduldung, der nur in atypischen **Ausnahmefällen** entfällt, so dass eine Duldung zu erteilen ist, wenn die in § 60 d Abs. 1 bezeichneten Voraussetzungen erfüllt sind. Ein Ausnahmefall kann nur dann angenommen werden, wenn besondere Umstände und Tatsachen festgestellt werden, die so bedeutsam im Sinne öffentlicher Interessen sind, dass es nicht gerechtfertigt ist, eine Beschäftigungsduldung zu erteilen. Da aber die Erteilungsvoraussetzungen, insbesondere die geforderte Straffreiheit, die nur bei geringfügiger Straffälligkeit der Duldung nicht entgegensteht, bereits im ausreichenden Umfang die öffentlichen Interessen schützt, ist kaum erkennbar, welche öffentlichen Interessen der Erteilung der Beschäftigungsduldung entgegenstehen könnten. Beim atypischen Ausnahmegeschehen handelt es sich um einen **unbestimmten Rechtsbegriff.** Daher unterliegt die Frage, ob dieses vorliegt, der vollen rechtlichen und tatsächlichen gerichtlichen Kontrolle. Erst wenn dessen Voraussetzungen erfüllt sind, wird das behördliche Ermessen eröffnet.[427] Liegen diese nicht vor, besteht also ein Regelanspruch auf Erteilung der Beschäftigungsduldung. Im Ergebnis handelt es sich damit um einen „Rechtsanspruch“. Davon geht auch die gesetzliche Begründung aus.[428] Eine Beschäftigungsduldung kann auch den Fachkräften erteilt werden, die zwecks Arbeitsplatz-

426 BVerwG, NVwZ-RR 2012, 330 (332) Rn. 18 = InfAuslR 2012, 53 = AuAS 2011, 14; BVerwG, InfAuslR 2013, 364 (366) Rn. 15 = NVwZ 2013, 1493; *Thym*, Stellungnahme für die öffentliche Anhörung des Innenausschusses des Deutschen Bundestags am 5. Juni 2019, S. 18.
427 Vgl. BVerwG, InfAuslR 1995, 5 (6).
428 BT-Drs. 19/8286, S. 17.

suche eine Aufenthaltserlaubnis erhalten haben (§ 20 AufenthG; → Kap. 3 Rn. 20 ff.), jedoch keinen Arbeits- oder Ausbildungsplatz finden konnten.[429]

II. Begriff der Beschäftigung

Die Titelbezeichnung von § 60 d AufenthG verweist auf den Begriff der Beschäftigung. 49
Auch wird er in § 60 d Abs. 1 Nr. 1 und Nr. 4 erwähnt. Es handelt sich weder um eine akademische (§ 18 b AufenthG) noch um eine Beschäftigung als Fachkraft mit qualifizierter Berufsausbildung (§ 18 a AufenthG). Wie erwähnt, wird im letzteren Fall der Weg in die dauerhafte Perspektive über § 60 c iVm § 19 d AufenthG eröffnet. Es wird sich in aller Regel um eine Beschäftigung für gering qualifizierte Arbeitnehmer handeln. An die Art der Beschäftigung werden keine Qualitätsanforderungen gestellt. Daher reichen einfache Helfertätigkeiten aus, solange nur Dauer und Umfang der Beschäftigung ausreichend sind.[430] Der Begriff der Beschäftigung wird in § 7 SGB IV geregelt und umfasst jede nichtselbstständige Beschäftigung in einem Arbeitsverhältnis (§ 2 Abs. 2 Alt. 2 AufenthG).[431] Anhaltspunkte für eine Beschäftigung sind eine **Tätigkeit nach Weisung**, die auf die Erzielung von Gewinn gerichtet oder für die ein Entgelt vereinbart oder üblich oder für die eine Genehmigung für die Beschäftigung als Arbeitnehmer oder eine Berufsausübungserlaubnis erforderlich ist. Erforderlich ist eine Eingliederung in die Arbeitsorganisation des Weisungsgebers.[432] Als Beschäftigung gilt auch der Erwerb beruflicher Kenntnisse, Fertigkeiten oder Erfahrungen im Rahmen betrieblicher Berufsausbildung (§ 7 Abs. 2 SGB IV). Es muss sich hierbei aber nicht um eine qualifizierte Berufsausbildung (§ 2 Abs. 12 a AufenthG) oder eine Assistenz oder Helferausbildung im Sinne von § 60 c Abs. 1 Nr. 1 AufenthG handeln. Vielmehr reicht jede Beschäftigung aus, die diese Kriterien erfüllt.

Nach allgemeiner Auffassung liegt ein Arbeitsverhältnis vor, wenn der eine Tätigkeit Aus- 50
übende aufgrund eines privatrechtlichen Vertrages oder eines ihm gleichgestellten Rechtsverhältnisses im Dienst eines anderen gegen Entgelt zu fremdbestimmter, abhängiger Arbeit verpflichtet ist. Für den Begriff des Arbeitnehmers, der immanent im Begriff der Beschäftigung enthalten ist, kann hinsichtlich der sachlichen Kriterien und nur auf diese bezogen ergänzend auch Unionsrecht herangezogen werden. Es liegt aber kein unionsrechtlich geregelter Sachverhalt vor. Danach ist der Begriff des Arbeitnehmers (Art. 45 AEUV) nach **objektiven Kriterien** zu definieren, die das Arbeitsverhältnis in Ansehung der Rechte und Pflichten der betreffenden Person charakterisieren. Der Begriff ist **nicht eng** auszulegen. Das wesentliche Merkmal des Arbeitsverhältnisses besteht darin, dass jemand während einer bestimmten Zeit für einen anderen nach dessen Weisung Leistungen erbringt, für die er als Gegenleistung eine Vergütung erhält. Als Arbeitnehmer kann indes nur angesehen werden, wer eine tatsächliche und echte Tätigkeit ausübt, wobei Tätigkeiten außer Betracht bleiben, die einen so geringen Umfang haben, dass sie sich als völlig untergeordnet und unwesentlich darstellen.[433] Weder die begrenzte Vergütungshöhe noch die Herkunft der Mittel für die Vergütung noch der Umstand, dass der Betreffende die Vergütung durch andere Mittel zur Bestreitung des Lebensunterhalts wie eine aus öffentlichen Mitteln gezahlte finanzielle Unterstützung zu ergänzen sucht, kann irgendeine Auswirkung auf die Arbeitnehmereigenschaft haben.[434] Wird indes später eine Aufenthaltserlaubnis nach § 25 a Abs. 2 oder § 25 b AufenthG beantragt, muss die Entlohnung einen Umfang

429 *Thym*, Stellungnahme für die öffentliche Anhörung des Innenausschusses des Deutschen Bundestags am 5. Juni 2019, S. 18.
430 *Thym*, Stellungnahme für die öffentliche Anhörung des Innenausschusses des Deutschen Bundestags am 5. Juni 2019, S. 19.
431 *Offer/Mävers*, BeschV, Kommentar, 2016, § 30 Rn. 3.
432 Marx, Aufenthalts-, Asyl- und Flüchtlingsrecht, 7. Aufl. 2017, § 3 Rn. 17 ff.
433 EuGH, InfAuslR 2004, 89 (90) – *Ninni-Orasche*; EuGH, InfAuslR 2010, 225 – *Genc*.
434 EuGH, InfAuslR 2010, 225 – *Genc*.

erreichen, welcher den Lebensunterhalt (§ 2 Abs. 3 AufenthG) sichert. Der Umstand, dass im Rahmen eines Beschäftigungsverhältnisses nur sehr wenige Arbeitsstunden geleistet werden, kann allerdings Anhaltspunkte dafür liefern, dass die ausgeübten Tätigkeiten nur untergeordnet und unwesentlich sind.[435] Kriterien für die Ausübung einer Beschäftigung als Arbeitnehmer sind danach insbesondere (s. hierzu DA Nr. 1.02.2.01 zu § 2 AufenthG):

- persönliche Abhängigkeit gegenüber dem Arbeitgeber,
- Umfang der Weisungsgebundenheit hinsichtlich Zeit, Dauer und Ort der Arbeitsausführung,
- Eingliederung in den Betrieb,
- Notwendigkeit mit anderen Personen zusammenzuarbeiten bzw. sich ihnen unterzuordnen,
- Form der Vergütung, Einzelhonorare oder Monatsentgelt. Auf die sozialversicherungs- oder steuerrechtliche Beurteilung kommt es nicht an.

III. Voraussetzungen des Regelanspruchs nach § 60 d Abs. 1 AufenthG

1. Berechtigter Personenkreis (§ 60 d Abs. 1 Hs. 1 AufenthG)

51 Nach § 60 d Abs. 1 Hs. 1 AufenthG soll einem ausreisepflichtigen Ausländer und seinem Ehegatten oder seinem Lebenspartner eine **Duldung** nach § 60 a Abs. 2 S. 3 AufenthG **für 30 Monate** erteilt werden. Die Vorschrift kann nicht dahin verstanden werden, dass Einzelpersonen keine Beschäftigungsduldung erteilt werden dürfte. Auch der gesetzlichen Begründung kann eine derartige Einschränkung nicht entnommen werden. Vielmehr wird in dieser klargestellt, dass dort, wo Erteilungsvoraussetzungen auf den Ausländer, den Ehegatten oder Lebenspartner Bezug nehmen, diese Voraussetzungen von beiden Personen erfüllt sein müssen. Die dem Ehegatten oder Lebenspartner erteilte Duldung ist keine rein akzessorische Duldung nach § 60 a Abs. 2 S. 3 AufenthG, sondern ebenfalls eine Duldung nach § 60 a Abs. 2 S. 3 iVm § 60 d AufenthG. Erfüllt eine der beiden Personen eine oder mehrere der für beide Personen geltenden Voraussetzungen nicht, kommt eine Beschäftigungsduldung nach § 60 a Abs. 2 S. 3 AufenthG für kein Familienmitglied in Betracht. Eine Beschäftigungsduldung kann also grundsätzlich nicht für einzelne Familienmitglieder erteilt werden, wenn die Voraussetzungen nach § 60 d AufenthG, die der Ehegatte oder Lebenspartner erfüllen muss, bei diesem nicht vorliegen.[436] Andererseits müssen die Voraussetzungen nach § 60 d Abs. 1 Nr. 2, 3, 4, 5, 6 AufenthG nur beim Ausländer, nicht hingegen beim Ehegatten oder Lebenspartner vorliegen. Denn in diesen Regelungen wird ausschließlich der „ausreisepflichtige Ausländer“, nicht aber zugleich auch der Ehegatte oder Lebenspartner in Bezug genommen. Bei § 60 d Abs. 1 Nr. 1, 7, 8 und 10 AufenthG müssen hingegen die jeweils bezeichneten Voraussetzungen bei jedem Familienmitglied vorliegen. Die Voraussetzung zB eines seit mindestens 18 Monate bestehenden Beschäftigungsverhältnisses, der hinreichenden mündlichen Kenntnisse der deutschen Sprache müssen also nicht von jedem Familienmitglied erfüllt werden. Unklar ist, welche Auswirkungen diese Regelung für die Lebensunterhaltssicherung hat. Bezogen auf die Vergangenheit (§ 60 d Abs. 1 Nr. 4 AufenthG) muss diese nur bei dem Ausländer selbst bestanden haben. Aber auch für die künftige Sicherung des Lebensunterhalts nimmt § 60 d Abs. 1 Nr. 5 AufenthG nur den „ausreisepflichtigen Ausländer“ in Bezug, nicht jedoch seinen Ehegatten oder Lebenspartner. Andererseits setzt § 60 d AufenthG voraus, dass vom Ausländer wie von seinem Ehegatten oder Lebenspartner eine Beschäftigung ausgeübt werden soll. Diese dürfte im Regelfall den Lebensunterhalt sichern. Da es um eine Duldung geht, kann nicht auf § 5 Abs. 1 Nr. 1 AufenthG verwiesen werden. Möglich wäre eine Auslegung dahin, dass beim

435 EuGH, InfAuslR 2010, 225 – *Genc*.

436 BT-Drs. 19/8286, S. 17.

Erfordernis der Lebensunterhaltssicherung nicht eine personenspezifische, sondern eine auf die Bedarfsgemeinschaft bezogene Betrachtungsweise vorgenommen wird.

§ 60 d Abs. 1 Hs. 1 AufenthG weicht begrifflich von § 27 Abs. 2 AufenthG ab und bezieht 52 **Lebenspartner** unabhängig davon ein, ob sie in einer lebenspartnerschaftlichen Gemeinschaft leben. Durch diese weite Auslegung eines unbestimmten Rechtsbegriffs wird Lebenspartnern die Möglichkeit genommen, nur für sich eine Beschäftigungsduldung zu erhalten. Diese Regelung stößt auf Bedenken. Der Ehegatte oder Partner einer eingetragenen Gemeinschaft kann durch amtliche Registrierungen identifiziert werden, der Lebenspartner jedoch nicht. Die Ausländerbehörde hat darüber hinaus auch keine Möglichkeiten festzustellen, ob jemand Lebenspartner eines anderen ist oder beide etwa nur eine vorübergehende Beziehung eingegangen oder nur gute Freunde oder gar nur Bekannte sind. Ob allein das Zusammenleben ausreicht, um von einer Lebenspartnerschaft auszugehen, ist fraglich. Denn das Zusammenleben kann auch auf anderen Gründen, etwa Minderung der Mietkosten und der Kosten für den Hausrat, beruhen. Generell ist die Härte dieser Regelung bedenklich. Ehepaare oder Partner einer lebenspartnerschaftlichen Gemeinschaft müssten sich scheiden lassen, wenn nur einer von beiden die Voraussetzungen nach § 60 d Abs. 1 AufenthG erfüllt. Es wäre in diesem Fall allerdings für den Ehegatten oder Lebenspartner, der diese Voraussetzungen nicht erfüllt, eine Lösung über § 60 a Abs. 2 S. 1 AufenthG möglich. Sofern der Gesetzgeber damit eine Inanspruchnahme der Sozialsysteme zu verhindern trachten sollte, kann § 60 d Abs. 1 Nr. 3 AufenthG dahin ausgelegt werden, dass bei der Berechnung der Höhe des Lebensunterhaltes die Bedarfsgemeinschaft zugrunde gelegt wird.

2. Nachweis der geklärten Identität (§ 60 d Abs. 1 Nr. 1 AufenthG)

Nach § 60 d Abs. 1 Nr. 1 AufenthG ist zwingende Voraussetzung, dass vor Erteilung der 53 Ausbildungsduldung die Identität des Ausländers geklärt ist (s. hierzu auch → Rn. 27 ff.). Wie bei § 60 c AufenthG werden mit § 60 d Abs. 1 Nr. 1 a bis c AufenthG **Übergangsregelungen für Einreisen im zurückliegenden Zeitraum** getroffen. Ursprünglich sah der Gesetzentwurf vor, dass mit § 60 d Abs. 1 Nr. 1 d AufenthG eine Regelung für die Zeit nach dem Inkrafttreten dieses Gesetzes getroffen werden sollte. Auf Antrag der Fraktionen der CDU/CSU und der SPD vom 3.6.2019 wurde diese Regelung gestrichen. Nach § 60 d Abs. 1 Nr. 1 a AufenthG müssen für den Fall, dass die Antragsteller vor dem 31.12.2016 eingereist sind und am 1.1.2020 ein Beschäftigungsverhältnis ausgeübt haben, bis zur Erteilung der Beschäftigungserlaubnis die Identitäten geklärt sein. Die zweite Alternative geht von denselben Fristen aus, jedoch bestand in diesem Fall am 1.1.2020 noch kein Beschäftigungsverhältnis. In diesem Fall müssen bis zum letzten Tag des auf das Inkrafttreten des Gesetzes folgenden fünften Monats, also bis zum 30.6.2020, die Identitäten geklärt sein (§ 60 d Abs. 1 Nr. 1 b AufenthG). Der dritte Fall betrifft Einreisen zwischen dem 1.1.2017 und dem 1.8.2018 (§ 60 d Abs. 1 Nr. 1 c AufenthG). In diesem Fall müssen ebenfalls bis zum 31.5.2020 die Identitäten geklärt sein. In den Fällen, in denen der Antragsteller alle ihm zumutbaren Maßnahmen zur Identitätsklärung unternommen hat (s. hierzu → Rn. 13 ff.), diese jedoch bis zum Fristende nicht abgeschlossen werden konnte, verhindert eine spätere Identitätsklärung nicht den Anspruch auf die Erteilung der Beschäftigungsduldung. Die Beschäftigungsduldung kann aber frühestens ab dem Datum der Klärung der Identität erteilt werden.[437] Diese Regelungen sind extrem kompliziert und werden dazu führen, dass die überwiegende Mehrzahl der Antragsteller keine Beschäftigungsduldung erhalten werden.

437 BT-Drs. 19/8286, S. 17.

54 Unklar ist, wie bei § 60 d Abs. 1 Nr. 1 a AufenthG verfahren wird. Da der Betroffene bereits ein Beschäftigungsverhältnis ausübt und bei Erteilung der Duldung zu einer Beschäftigung die ungeklärte Identität bekannt war, würde der Widerruf der Duldung nach § 60 d Abs. 3 S. 1 AufenthG aus diesem Grund den Grundsatz des Vertrauensschutzes verletzen. Im Übrigen kann die Vorschrift nicht so verstanden werden, dass bereits im Hinblick auf ein ausgeübtes Beschäftigungsverhältnis erteilte Duldungen widerrufen werden dürften. Der Betroffene kann lediglich die Vergünstigungen des § 60 d AufenthG nicht in Anspruch nehmen, dh ihm wird in der Regel keine Duldung für 30 Monate erteilt und auch nicht ohne Weiteres eine dauerhafte Bleibeperspektive eröffnet. Der Widerrufsvorbehalt des § 60 d Abs. 3 AufenthG bezieht sich ausschließlich auf nach § 60 d Abs. 1 AufenthG erteilte Beschäftigungsduldungen, nicht aber auf bereits zuvor erteilte Duldungen und damit im Zusammenhang erteilte Beschäftigungserlaubnisse. Die Zeit zur Klärung des Identitätsverhältnisses ist extrem eng gehalten, so dass in den überwiegenden Fällen dieser Nachweis nicht gelingen wird.

55 In der Mehrzahl der Fälle wird die Identität im Rahmen des Asylverfahrens geklärt. Denn nach der Rechtsprechung des BVerwG ist das Bundesamt verpflichtet, die Staatsangehörigkeit und damit auch die Identität zu klären (→ Rn. 28).[438] Wird über die Identität getäuscht, wird der Asylantrag als **offensichtlich unbegründet** zurückgewiesen (§ 30 Abs. 3 Nr. 2 AsylG). Die Sperrwirkung des § 10 Abs. 3 S. 2 AufenthG findet in diesem Fall jedoch keine Anwendung, da diese nur bei Erteilung einer Aufenthaltserlaubnis, nicht jedoch bei Erteilung einer Duldung Anwendung findet und der Gesetzgeber im Zusammenhang mit dem Gesetz über Duldung bei Ausbildung und Beschäftigung § 10 AufenthG nicht geändert hat. Wurde die Identität im Asylverfahren nicht geklärt, standen dem unüberwindbare Hindernisse entgegen, und es kann deshalb auch nicht erwartet werden, dass eine während eines, teilweise einschließlich des gerichtlichen Verfahrens, über Jahre dauernden Asylverfahrens nicht mögliche Identitätsklärung nunmehr binnen der in § 60 d Abs. 1 Nr. 1 AufenthG vorgegebenen extrem kurzen Fristen gelingen kann. Auch aus diesem Grund stoßen die extrem kurzen Fristen auf erhebliche rechtliche Bedenken. Diese könnten nur überwunden werden, wenn der Gesetzgeber sachspezifisch gebotene Ausnahmeklauseln eingeführt hätte. Dabei ist auch zu berücksichtigen, dass die Botschaften des Herkunftslandes häufig die Vorlage von Geburtsurkunden oder sonstige Identitätsnachweise verlangen, bevor sie einen Pass ausstellen. Insoweit ist im Übrigen zu berücksichtigen, dass nach den bestehenden Regelungen der AVwV der Nachweis der Identität in Fällen, in denen kein Pass vorliegt, auch durch andere amtliche Dokumente möglich ist, zB Geburtsurkunde oder Führerschein, gegebenenfalls auch durch Kopien oder durch elektronisch abgelegte Dokumente. Keinesfalls kann § 60 d Abs. 1 Nr. 1 AufenthG dahin verstanden werden, dass ausschließlich ein gültiger Pass zur Identitätsklärung anzuerkennen wäre. Ebenso wie § 60 c Abs. 2 Nr. 3 AufenthG ist § 60 d Abs. 1 Nr. 1 AufenthG deshalb systemwidrig, weil nach § 5 Abs. 1 Nr. 1 a AufenthG erst bei Erteilung der Aufenthaltserlaubnis, nicht jedoch bei Erteilung der Duldung die Identität geklärt sein muss und der Gesetzgeber des Gesetzes über Duldung bei Ausbildung und Beschäftigung diese Vorschrift auch nicht geändert hat. Die Ausländerbehörde darf die Antragsannahme allein wegen fehlender Identität nicht verweigern, wenn Anhaltspunkte dafür vorliegen, dass bis zur Duldungserteilung diese Frage geklärt sein kann, sondern hat gegebenenfalls das Verfahren auszusetzen. Jedenfalls hat der Antragsteller einen Anspruch darauf, dass die Ausländerbehörde die Akten des Bundesamtes beizieht, um diese Frage zu klären. Erteilt werden darf die Beschäftigungsduldung aber erst nach Klärung der Identität.[439]

438 BVerwG, InfAuslR 1990, 238; s. hierzu *Marx*, Kommentar zum AsylG, 10. Aufl. 2019, Vor § 78 Rn. 214.
439 BT-Drs. 19/8286, S. 17.

3. Vorgängiger Besitz der Duldung und ausgeübtes Beschäftigungsverhältnis (§ 60 d Abs. 1 Nr. 2 und 3 AufenthG)

Nach § 60 d Abs. 1 Nr. 2 AufenthG ist Voraussetzung für die Erteilung der Beschäftigungs- 56
duldung, dass der Antragsteller seit mindestens zwölf Monaten im Besitz einer Duldung ist. Nach § 60 d Abs. 1 Nr. 3 AufenthG muss er seit mindestens 18 Monaten eine sozialversicherungspflichtige Tätigkeit mit einer regelmäßigen Arbeitszeit von mindestens 35 Stunden pro Woche ausüben. Bei Alleinerziehenden genügt eine Arbeitszeit von mindestens 20 Stunden pro Woche. Nach der gesetzlichen Begründung soll durch diese Anforderungen ausgeschlossen werden, dass uU die Beschäftigungsduldung direkt anschließend an einen ablehnenden Asylbescheid erteilt wird. Der Zeitraum gebe den Ausländerbehörden die Möglichkeit, aufenthaltsbeendende Maßnahmen durchzuführen. An die 18-monatige sozialversicherungspflichtige Beschäftigung werden keine Anforderungen in Bezug auf die Qualifikation gestellt.[440] Diese Regelungen werden die Erlangung einer Beschäftigungsduldung nahezu unmöglich machen. Denn es reicht nicht aus, dass gute Chancen für eine Integration bestehen, sondern diese Regelungen setzen diese bereits voraus. Andererseits muss der Lebensunterhalt nicht bei beiden Ehepartnern oder Lebenspartnern, sondern nur beim ausreisepflichtigen Antragsteller gesichert sein. Dies folgt aus dem klaren Wortlaut der Regelungen § 60 d Abs. 2 Nr. 3 bis 5 AufenthG. Die Reduzierung des Einkommens beim alleinerziehenden Antragsteller auf mindestens 20 Stunden die Woche wird insbesondere Ehegatten mit mehr als einem Kind nicht gerecht. Diese Regelungen berücksichtigen, dass potenzielle Anspruchsberechtigte in prekären gesellschaftlichen Lebensverhältnissen leben und zumeist nur sehr gering bezahlte Beschäftigungsverhältnisse ausüben. Hingegen wird es jungen alleinstehenden Antragstellern häufig leichter gelingen, diese Voraussetzungen zu erfüllen.

4. Sicherung des Lebensunterhalts (§ 60 d Abs. 1 Nr. 4 und 5 AufenthG)

Nach § 60 d Abs. 1 Nr. 4 AufenthG muss der Lebensunterhalt des ausreisepflichtigen Aus- 57
länders in den letzten zwölf Monaten vor Beantragung der Beschäftigungsduldung gesichert gewesen sein. Für den Ehegatten oder Lebenspartner gilt dies nicht (→ Rn 56).[441] Für die Erteilung der Beschäftigungsduldung wird nach § 60 d Abs. 1 Nr. 5 AufenthG dieselbe Voraussetzung festgelegt. Nach der gesetzlichen Begründung zu § 60 d Abs. 1 Nr. 4 und 5 AufenthG muss allein für den erwerbstätigen Antragsteller der Lebensunterhalt gesichert sein, nicht zugleich auch für den Ehegatten und die Kinder.[442] Es liegt in der Logik dieser Regelung, dass auch bei Erteilung der Beschäftigungserlaubnis nicht beide Ehegatten den Nachweis der Sicherung des Lebensunterhaltes erbringen müssen. Erfüllt der Antragsteller im Zeitpunkt der Antragstellung die in § 60 d Abs. 1 Nr. 4 AufenthG aufgestellte Voraussetzung nicht, muss er warten, bis er während eines Zeitraums von zwölf Monaten den Lebensunterhalt vollständig gesichert hat. Nach der gesetzlichen Begründung ist § 60 d Abs. 1 Nr. 4 AufenthG insofern von Bedeutung, dass bei Wegfall der eigenständigen Lebensunterhaltssicherung ein Widerrufsgrund nach § 60 d Abs. 3 AufenthG erfüllt wird. Anders als bei den Übergangsregelungen des § 60 d Abs. 1 Nr. 1 AufenthG kann diesen Voraussetzungen keine ausschließende Wirkung beigemessen werden. Gleichwohl wird mit § 60 d Abs. 1 Nr. 4 und Nr. 5 AufenthG der Spurwechsel wirksam verhindert, und es

440 BT-Drs. 19/8286, S. 17.

441 So auch *Sachverständigenrat deutsche Stiftungen für Integration und Migration*, Stellungnahme zum Referentenentwurf eines FKEG v. 18.12.2018, S. 9; *Thym*, Stellungnahme für die öffentliche Anhörung des Innenausschusses des Deutschen Bundestags am 5. Juni 2019, S. 20; ablehnend *Bundesvereinigung der kommunalen Spitzenverbände,* Stellungnahme zur öffentlichen Anhörung zum Entwurf eines FKEG u.a. Entwürfen v. 29.5.2019, S. 4; *Fleuß*, Stellungnahme im Ausschuss für Inneres und Heimat des Deutschen Bundestages am 3. Juni 2019 v. 26.5.2019, S. 20.

442 BT-Drs. 19/8286, S. 17 f.

stellt sich die Frage, ob der Gesetzgeber tatsächlich die Beschäftigungsduldung will. Da es nicht um die Erteilung einer Aufenthaltserlaubnis geht, ist fraglich, ob § 2 Abs. 3 AufenthG Anwendung findet. Wäre dies der Fall, würde die erforderliche Höhe des Lebensunterhaltes auf der Basis der Regelsätze nach Maßgabe folgender Kriterien berechnet.[443] Vom erzielten Einkommen werden anschließend folgende Beträge abgezogen: Zunächst wird ein pauschalisierter Betrag von 100 EUR (§ 11 b Abs. 1 Nr. 5 SGB II) vom erzielten Einkommen in Abzug gebracht. Da es bei der Beschäftigungsduldung nicht um die Anwendung von Unionsrecht geht, werden 20% des Erwerbseinkommens zwischen 100 und 1.000 EUR, also 180 EUR, sowie 10% für das über 1.000 EUR hinausgehende Erwerbseinkommen, bei kinderlosen Erwerbstätigen bis 1.200 EUR und bei Erwerbstätigen mit Kind bis 1.500 EUR, abgezogen. Zu bedenken wäre aber, dass nach § 104 a Abs. 6 Nr. 2 AufenthG bei Familien mit Kindern eine Ausnahme vom Erfordernis der vollständigen Sicherung des Lebensunterhalts gemacht wird, wenn diese vorübergehend auf ergänzende Sozialhilfe angewiesen sind. Ähnliche Auflockerungen sieht § 25 b Abs. 1 S. 3 AufenthG vor. Der Gesetzgeber würde sich also bei einer sehr restriktiven Interpretation des § 60 d Abs. 2 Nr. 5 AufenthG in Widerspruch zur gesetzlichen Begründung setzen. Denn danach verfolgt die Beschäftigungsduldung den Zweck, gut integrierten ausreisepflichtigen Drittstaatsangehörigen durch eine dreißigmonatige Erteilungsdauer der Beschäftigungsduldung und die Perspektive eines anschließenden Aufenthaltstitels nach § 25 b AufenthG einen verlässlichen Status zu vermitteln.[444] Gerade weil damit die Beschäftigungsduldung den Weg zum Aufenthaltstitel nach § 25 b AufenthG eröffnen soll, wäre eine derartige Härte des Gesetzgebers hinsichtlich der Voraussetzungen der Beschäftigungsduldung nicht nachvollziehbar. Am Anfang des Weges zu einem verlässlichen Status würde er scharfe Regelungen zur Sicherung des Lebensunterhaltes einführen und diese auf der mittleren Station jedoch wieder auflockern (§ 25 b Abs. 1 S. 2 AufenthG). Ein schlüssiges Gesamtkonzept zur Ermöglichung einer dauerhaften Bleibeperspektive wäre dies nicht, vielmehr ein widerspruchsvolles unehrliches Verhinderungskonzept einer derartigen Perspektive. Dies kann dem Gesetzgeber nicht ohne greifbare Anhaltspunkte unterstellt werden.

5. Hinreichende mündliche Kenntnisse der deutschen Sprache (§ 60 d Abs. 1 Nr. 6 AufenthG)

58 Nach § 60 c Abs. 1 Nr. 6 AufenthG muss der ausreisepflichtige Ausländer hinreichende mündliche Kenntnisse der deutschen Sprache nachweisen. Der ursprüngliche Referentenentwurf hatte insoweit deutsche Sprachkenntnisse auf dem Niveau B 1 (§ 2 Abs. 11 AufenthG) gefordert. Eine derart hohe Voraussetzung hat das Gesetz nicht aufgestellt. Hinreichende deutsche Sprachkenntnisse entsprechen dem **Niveau A 1 GER** (§ 2 Abs. 10 AufenthG). Darüber hinaus wird keine Kenntnis schriftlicher Deutschkenntnisse gefordert. Das Gesetz stellt dieses Erfordernis nur für den ausreisepflichtigen Ausländer, nicht jedoch für den Ehegatten oder Lebenspartner auf. Allerdings werden für die Erteilung eines befristeten Aufenthaltstitels überhaupt keine sprachlichen Qualifikationen mit Ausnahme beim Ehegattennachzug gefordert. Aber auch dort werden nur Kenntnisse auf dem Niveau A 1 gefordert (§ 30 Abs. 1 S. 1 Nr. 2, § 28 Abs. 1 S. 5 iVm § 2 Abs. 9 AufenthG). Erst bei Erteilung der Niederlassungserlaubnis (§ 9 Abs. 2 S. 1 Nr. 7 AufenthG) und bei der Einbürgerung (§ 10 Abs. 1 S. 1 Nr. 6 StAG) werden ausreichende Sprachkenntnisse gefordert, wobei dies bei Erteilung der Niederlassungserlaubnis an Hochqualifizierte nicht einmal verlangt wird (§ 19 Abs. 1 S. 1 AufenthG). Demgegenüber fordert der Gesetzgeber deutsche Sprachkenntnisse wenn auch auf geringem Niveau bereits für die Duldungserteilung.

443 S. hierzu *Marx*, Aufenthalts-, Asyl- und Flüchtlingsrecht, 7. Aufl. 2019, § 2 Rn. 42 ff.
444 BT-Drs. 19/8286, S. 17.

6. Straffreiheit (§ 60 d Abs. 1 Nr. 7 AufenthG)

Nach § 60 d Abs. 1 Nr. 7 AufenthG ist die beantragte Beschäftigungsduldung zu versagen, 59
wenn der Antragsteller **im Bundesgebiet** eine vorsätzliche Straftat begangen hat, wobei Geldstrafen bis zu insgesamt **50 Tagessätzen oder bis zu 90 Tagessätzen** wegen Straftaten, die nach dem AufenthG oder AsylG nur von Ausländern begangen werden können, außer Betracht bleiben. Dieser Erteilungsgrund ist § 25 b Abs. 2 Nr. 2, § 60 c Abs. 2 Nr. 4 und § 104 a Abs. 1 S. 1 Nr. 6 AufenthG (→ Rn. 31) nachgebildet und bezieht sich nur auf vorsätzliche Straftaten. Relevant sind nur Straftaten, die im Bundesgebiet begangen wurden und die nicht bereits getilgt sind.[445] Es wird aber für zulässig erachtet, im Ausland begangene Straftaten nach § 5 Abs. 1 Nr. 2 AufenthG zu berücksichtigen.[446] Gegebenenfalls ist zu prüfen, ob ein Anspruch auf vorzeitige Tilgung nach § 49 Abs. 1 BZRG besteht. Diese negative Voraussetzung bezieht sich auf den ausreisepflichtigen Ausländer und seine Ehefrau oder seinen Lebenspartner. Erfüllt nur einer von diesen diese Voraussetzung, wird keinem von ihnen die Beschäftigungsduldung erteilt.[447]

7. Keine Bezüge zu extremistischen oder terroristischen Organisationen und keine Straffälligkeit (§ 60 d Abs. 1 Nr. 8 AufenthG)

Nach § 60 d Abs. 1 Nr. 8 AufenthG ist zwingende Erteilungsvoraussetzung, dass der An- 60
tragsteller keine Bezüge zu extremistischen oder terroristischen Organisationen hat und diese auch nicht unterstützt. Diese Reglung ist § 60 c Abs. 4, § 104 a Abs. 1 S. 1 Nr. 5 AufenthG (→ Rn. 30) nachgebildet. Sie fehlt allerdings bei § 25 a und § 25 b AufenthG. Anders als im Ausweisungsrecht (§ 54 Abs. 1 Nr. 2 AufenthG) und im Einbürgerungsrecht (§ 11 S. 1 Nr. 1 StAG) kommt es auf **gegenwärtige** Bezüge an, so dass derartige Bezüge in der Vergangenheit außer Betracht bleiben. Andererseits scheitert der Antrag nicht erst bei einer „Unterstützung", sondern bereits dann, wenn Bezüge zu terroristischen Organisationen festgestellt werden. Angesichts der uferlosen Ausdehnung des Unterstützungsbegriffs in der Rechtsprechung[448] kann diese mühelos aus Bezügen eine Unterstützung ableiten, so dass ein Unterschied zwischen beiden Begriffen kaum erkennbar wird. Die Rechtsprechung etwa in Baden-Württemberg ging bei Sicherheitsbedenken nach § 73 Abs. 2 AufenthG von extremistischen Bezügen im Sinne von § 104 a Abs. 1 S. 1 Nr. 5 AufenthG aus.[449] Die Anwendungsvorschriften der Länder sahen seinerzeit vor, dass erforderlichenfalls die Akten des Verfassungsschutzes beizuziehen sind. Dies ist jedoch nur bei ernsthaften Anhaltspunkten gerechtfertigt. Es besteht aber gleichwohl die Besorgnis, dass bei der Ermittlung dieser Voraussetzung eine Regelanfrage durchgeführt wird.

8. Keine Ausweisungsverfügung und Abschiebungsanordnung nach § 58 a AufenthG (§ 60 d Abs. 1 Nr. 9 AufenthG)

Nach § 60 d Abs. 1 Nr. 9 AufenthG darf keine Beschäftigungsduldung erteilt werden, 61
wenn gegen den Ausländer eine Ausweisungsverfügung (§§ 53 ff. AufenthG) oder eine Abschiebungsanordnung nach § 58 a AufenthG besteht. Im ursprünglichen Gesetzentwurf war diese negative Voraussetzung nicht vorgesehen. Der Gesetzgeber ist auf Antrag der Fraktionen der CDU/CSU und der SPD vom 3.6.2019 einem Vorschlag des Bundesrates gefolgt. Damit soll sichergestellt werden, dass in den genannten Fällen eine Aufenthaltsbeendigung nicht an einem Anspruch auf Erteilung einer Beschäftigungsduldung scheitern

445 BVerwGE 133, 72 (80) = EZAR NF 33 Nr. 19 = NVwZ 2009, 979 = AuAS 2009, 122; BVerwG, InfAuslR 2011, 240 (242).
446 *Wunderle*, in: Bergmann/Dienelt, AuslR, 11. Aufl. 2016, § 25 a AufenthG Rn. 31.
447 BT-Drs. 19/8286, S. 17.
448 S. hierzu *Marx*, Aufenthalts-, Asyl- und Flüchtlingsrecht, 7. Aufl. 2019, § 7 Rn. 80 ff.
449 BW, AW vom 4.12.2006 Nr. 3.4 b.

kann.[450] Die Regelung bezieht sich nur auf den „Ausländer", nicht jedoch auf den Ehegatten oder Lebenspartner, so dass diesen die Erteilung einer Beschäftigungsduldung nicht deshalb versagt werden kann, weil der andere Ehegatte oder Lebenspartner ausgewiesen oder gegen ihn eine Abschiebungsanordnung nach § 58 a AufenthG verfügt wurde.

9. Kinder (§ 60 d Abs. 1 Nr. 10 AufenthG)

62 Die Erteilung der Beschäftigungsduldung setzt voraus, dass bei Kindern im schulpflichtigen Alter deren tatsächlicher Schulbesuch nachgewiesen wird und bei den Kindern keiner der in § 54 Abs. 2 Nr. 1 bis Nr. 2 AufenthG genannten Fälle vorliegt und die Kinder nicht wegen einer vorsätzlichen Straftat nach § 29 Abs. 1 S. 1 Nr. 1 BtMG rechtskräftig verurteilt worden sind (§ 60 d Abs. 1 Nr. 10 AufenthG). Die gesetzliche Begründung bezieht sich auf den angestrebten Übergang zu § 25 b AufenthG,[451] bei dem ebenfalls diese Voraussetzung nachzuweisen ist (§ 25 b Abs. 1 S. 2 Nr. 5 AufenthG). Die **Schulpflicht** beginnt mit der ersten Klasse. Eine einheitliche Altersgrenze für das Ende der Schulpflicht gibt es jedoch nicht. Doch auch wenn jedes Bundesland eigene Regelungen hat, beträgt die **Vollzeitschulpflicht** neun, oft auch zehn Jahre. Sie gilt für alle Kinder, auch solche, die körperlich oder geistig beeinträchtigt sind. Ausweisungsinteressen im Sinne von § 54 Abs. 2 Nr. 1 und Nr. 2 AufenthG sind die Verurteilung zu einer Freiheitsstrafe oder Jugendstrafe von einem Jahr oder die rechtskräftige Verurteilung wegen einer oder mehrerer Straftaten gegen das Leben, die körperliche Unversehrtheit, die sexuelle Selbstbestimmung, das Eigentum oder wegen Widerstands gegen die Staatsgewalt. Die anderen in § 54 Abs. 2 AufenthG bezeichneten Ausweisungsinteressen stehen der Erteilung der Beschäftigungsduldung nicht entgegen. Der Gesetzgeber hat keinen Verweis auf die besonders schwerwiegenden Ausweisungsinteressen nach § 54 Abs. 1 AufenthG eingeführt. Wenn aber bereits bestimmte schwerwiegende Ausweisungsinteressen genannt werden, ist anzunehmen, dass erst recht die besonders schwerwiegenden Ausweisungsinteressen den Spurwechsel sperren.

10. Erfolgreicher Abschluss eines Integrationskurses (§ 60 d Abs. 1 Nr. 11 AufenthG)

63 Nach § 60 d Abs. 1 Nr. 11 AufenthG setzt die Erteilung der Beschäftigungsduldung voraus, dass der Antragsteller und sein Ehegatte oder sein Lebenspartner einen Integrationskurs, zu dem eine Verpflichtung bestand, erfolgreich abgeschlossen hat oder im Fall eines Abbruchs kein Vertretenmüssen festgestellt wird. Wird nur einer der Ehegatten oder Lebenspartner verpflichtet, scheitert die Erteilung der Beschäftigungsduldung nicht daran, dass der andere den entsprechenden Nachweis nicht erbringt, es sei denn, auch dieser ist nach § 44 Abs. 4 AufenthG von der Ausländerbehörde zur Teilnahme verpflichtet worden. Von einem **Vertretenmüssen** kann etwa im Fall einer länger dauernden Erkrankung oder einer Schwangerschaft nicht ausgegangen werden. Auch hier werden die Hürden für den Zugang zum Spurwechsel unangemessen hoch gesetzt und fehlt es hierfür an einer sachlichen Rechtfertigung. Für die Erteilung eines befristeten Aufenthaltstitels wird der Nachweis einer erfolgreichen Teilnahme an einem Integrationskurs nicht gefordert. Erst bei Erteilung der Niederlassungserlaubnis wird dies verlangt (§ 9 Abs. 2 S. 1 Nr. 8, S. 2 AufenthG). Auch hier sperrt der Gesetzgeber den beabsichtigten Spurwechsel unter Verletzung des Gleichbehandlungsgrundsatzes.

IV. Zustimmung der Bundesagentur für Arbeit

64 § 60 d AufenthG enthält keine Regelungen zum Zustimmungserfordernis. Ist der Erteilung der Beschäftigungsduldung eine vier Jahre dauernde sozialversicherungspflichtige Tätig-

450 Antrag der Fraktionen der CDU/CSU und der SPD v. 3.6.2019, S. 4.
451 BT-Drs. 19/8286, S. 18.

keit vorausgegangen (§ 60 d Abs. 1 Nr. 3 AufenthG), entfällt die Vorrangprüfung (§ 32 Abs. 2 Nr. 5, Abs. 3 BeschV). Im Übrigen ist zu beachten, dass die bereits erteilte Zustimmung noch andauern kann (vgl. § 36 Abs. 2 BeschV). Sofern der Antragsteller einen ununterbrochenen erlaubten, geduldeten oder gestatteten Aufenthalt im Bundesgebiet nachweisen kann, bedarf die Erteilung der Beschäftigungsduldung keiner Zustimmung (§ 32 Abs. 2 Nr. 5 BeschV). Zumeist dürften die Antragsteller nach § 60 d AufenthG aber keinen derart langen Aufenthalt nachweisen können. Daher ist die Duldungserteilung von der Zustimmung der Arbeitsagentur abhängig. Da der Duldungserteilung nach § 60 d AufenthG aber eine 18 Monate dauernde sozialversicherungspflichtige Beschäftigung vorausgeht (§ 60 d Abs. 1 Nr. 3 AufenthG), wird die Bundesagentur häufig die Zustimmung für einen Zeitraum von vier Jahren erteilt haben (§ 34 Abs. 2 BeschV). Es wird in den meisten Fällen davon auszugehen sein, dass sich mit der Erteilung der Beschäftigungsduldung nicht die Beschäftigung, sondern lediglich die Rechtsgrundlage der Duldung ändert, so dass die Zustimmung fortgilt und es keiner erneuten Zustimmung vor Duldungserteilung bedarf.

V. Erteilung der Beschäftigungserlaubnis

Nach § 60 d Abs. 1 Hs. 1 AufenthG ist in der Regel eine Beschäftigungsduldung für die 65
Dauer von **dreißig Monaten** zu erteilen. Sofern nach Ablauf dieses Zeitraums die für den Wechsel in die Aufenthaltserlaubnis nach § 25 b AufenthG erforderlichen Voraussetzungen noch nicht erfüllt sind, besteht ein Regelanspruch auf Verlängerung der Duldungsdauer bis zu dem Zeitpunkt, in dem dies der Fall ist. Da die Duldung bereits einmal erteilt worden ist, kann dem Verlängerungsantrag nicht ein atypisches Ausnahmegeschehen entgegengehalten werden, es sei denn die Widerrufsvoraussetzungen nach § 60 d Abs. 3 AufenthG (→ Rn. 67 f.) sind erfüllt. Der Vorschrift kann nicht entnommen werden, dass nur die einmalige auf dreißig Monate befristete Duldungserteilung erlaubt wäre. Weder enthält diese eine **Verlängerungssperre** noch stünde dies mit dem Zweck der Beschäftigungsduldung in Übereinstimmung, die ja den Übergang zu § 25 b AufenthG vorbereiten soll.[452] Im Übrigen kann unter den Voraussetzungen des § 19 c Abs. 1 AufenthG iVm § 9 Abs. 1 Nr. 2 AufenthG nach Ablauf eines ununterbrochenen dreijährigen erlaubten, geduldeten oder gestatteten Aufenthaltes eine Aufenthaltserlaubnis erteilt werden (→ Kap. 3 Rn. 72, 80 ff.). In diesem Fall dürfte die Wirkung der Zustimmung regelmäßig noch andauern.

VI. Duldung für minderjährige Kinder (§ 60 d Abs. 2 AufenthG)

Nach § 60 d Abs. 2 AufenthG haben die in familiärer Lebensgemeinschaft lebenden min- 66
derjährigen ledigen Kinder des nach § 60 d Abs. 1 AufenthG berechtigten Antragstellers einen **Rechtsanspruch** auf die Erteilung einer Duldung für den gleichen Aufenthaltszeitraum wie der Antragsteller selbst, also für dreißig Monate (§ 60 d Abs. 1 Hs. 1 AufenthG). Es handelt sich um eine Duldung, nicht um eine Beschäftigungsduldung. Das Gesetz wie die gesetzliche Begründung beziehen sich auf den „Ausländer", nicht jedoch auf den Ehegatten oder Lebenspartner. Daraus kann gefolgert werden, dass der Ehegatte oder Lebenspartner nicht mit den minderjährigen ledigen Kindern in familiärer Lebensgemeinschaft leben muss. Andererseits dürfte dies in der Lebenswirklichkeit zumeist der Fall sein. Während in § 60 d Abs. 1 AufenthG zumeist auf den „ausreisepflichtigen" Auslander hingewiesen wird, fehlt dieses Adjektiv in § 60 d Abs. 2 AufenthG. Dies dürfte jedoch auf einem redaktionellen Versehen beruhen, es bezeichnet in der Sache keinen inhaltlichen Unterschied. Zwar vermittelt der Wortlaut von § 60 d Abs. 2 AufenthG den Kindern einen

452 BT-Drs. 19/8286, S. 17.

Rechtsanspruch. Dieser ist jedoch akzessorisch gebunden, also abhängig davon, dass der Regelanspruch des Elternteils nach § 60 d Abs. 1 AufenthG im konkreten Einzelfall Anwendung findet. Alle noch nicht volljährig gewordenen ledigen Kinder sind damit anspruchsberechtigt. Wird nach Ablauf von dreißig Monaten die Beschäftigungsduldung des Elternteils verlängert, findet § 60 d Abs. 2 AufenthG wiederum Anwendung. Denn dieser bezieht sich auf den jeweils konkreten Aufenthaltszeitraum des Elternteils. Gelingt diesem der Übergang nach § 25 b Abs. 1 AufenthG oder § 19 c Abs. 1 AufenthG iVm § 9 BeschV, haben die Kinder einen Anspruch auf Erteilung der Aufenthaltserlaubnis nach § 25 b Abs. 4 AufenthG, sofern sie noch minderjährig und nicht verheiratet sind und mit dem Elternteil in familiärer Gemeinschaft leben. Im Falle des § 19 c AufenthG iVm § 9 BeschV regelt sich der Aufenthaltsanspruch der Kinder nach § 32 oder § 25 Abs. 5 AufenthG. Die Führung einer häuslichen Gemeinschaft wird in § 60 d Abs. 2 AufenthG nicht gefordert und entspricht auch nicht dem modernen Verständnis des Familienlebens. Erfüllen die Kinder die Voraussetzungen des § 25 b Abs. 4 AufenthG nicht, werden in ihrem Fall zumeist die Voraussetzungen des § 25 a Abs. 1 AufenthG vorliegen, sofern sie noch nicht das 21. Lebensjahr vollendet haben (§ 25 a Abs. 1 S. 1 Nr. 3 AufenthG). Da der Erteilung der Beschäftigungsduldung an den Elternteil zumeist ein Asylverfahren vorangegangen war, diese erst ein Jahr nach dem erstmaligen Besitz einer Duldung erteilt wird und die Beschäftigungsduldung auf dreißig Monate erteilt worden ist, kann die Mindestaufenthaltszeit von vier Jahren wohl in aller Regel nachgewiesen werden. Auch ist angesichts der allgemeinen Erfahrungen davon auszugehen, dass die Kinder in diesem Zeitraum erfolgreich eine Schule besucht oder einen anerkannten Schul- oder Berufsabschluss erworben haben.

VII. Widerruf (§ 60 d Abs. 3 AufenthG)

67 Nach § 60 d Abs. 3 AufenthG ist die Beschäftigungsduldung zu widerrufen, wenn eine der in § 60 d Abs. 1 Nr. 1 bis Nr. 10 AufenthG genannten Voraussetzungen nicht mehr erfüllt ist. Es entspricht der Logik positiver Erteilungsvoraussetzungen, dass die Beschäftigungsduldung nicht automatisch erlischt, wenn die Beschäftigung endet, sondern eine Prüfung der Widerrufsvoraussetzungen angezeigt ist.[453] Die Beschäftigungsduldung nach § 60 d Abs. 1 AufenthG ist **zwingend** zu widerrufen. Die Behörde hat also anders als nach § 49 Abs. 1 S. 1 VwVfG kein Ermessen. Ein derart zwingender Widerruf wird zwar auch für die Aufenthaltserlaubnis nach § 19 d Abs. 1 b AufenthG, den Widerruf des asylrechtlichen Statusbescheides und der nationalen Abschiebungsverbote angeordnet (§ 73 Abs. 1 S. 1, § 73 b und § 73 c AsylG). Der dort geregelte gewichtige Berechtigungsinhalt des Statusbescheides bzw. des Abschiebungsverbotes ist jedoch mit dem eher schwachen Berechtigungsinhalt von § 60 d Abs. 1 AufenthG nicht vergleichbar. Deshalb ist die zwingende Vorgabe für den Widerruf als überschießende Reaktion des Gesetzgebers zu verstehen, die dem vom ihm selbst verfolgten Zweck der Beschäftigungsduldung zuwiderläuft. Zutreffend wird angemerkt, dass anders als Rücknahmefälle Widerrufskonstellationen im Blick auf die Voraussetzungen des § 60 d Abs. 1 Nr. 2, 4 und 6 AufenthG kaum vorstellbar sind.[454] Die Rücknahme ist in § 60 d Abs. 3 AufenthG nicht geregelt. Insoweit findet die Rücknahmevorschrift des § 48 VwVfG Anwendung. Eine unverschuldete kurzfristige Unterbrechung bleibt bei § 60 d Abs. 1 Nr. 3 und 4 AufenthG unberücksichtigt. Nach der gesetzlichen Begründung gilt dies sowohl in Hinsicht auf die **Erteilung** der Beschäftigungsduldung wie auch in Bezug auf den **Widerruf**.[455] Demnach ist § 60 d Abs. 3 AufenthG so

453 *Thym*, Stellungnahme für die öffentliche Anhörung des Innenausschusses des Deutschen Bundestags am 5. Juni 2019, S. 21.

454 *Fleuß*, Stellungnahme im Ausschuss für Inneres und Heimat des Deutschen Bundestages am 3. Juni 2019 v. 26.5.2019, S. 21.

455 BT-Drs. 19/8286, S. 18.

zu verstehen, dass sich die Widerrufskompetenz nur auf die der Beschäftigungsduldung nach § 60 d Abs. 1 AufenthG vorangehenden Tatbestände bezieht, in denen Zeiträume angesprochen werden, also auf Nr. 3 – mindestens 18 Monate Ausübung einer sozialversicherungspflichtige Beschäftigung – und auf Nr. 4 – Sicherung des Lebensunterhalts für die Dauer von zwölf Monaten. Ein geduldeter Aufenthalt nach § 60 a Abs. 2 S. 1 und S. 3 AufenthG kann nicht unterbrochen werden, es sei denn, der Antragsteller ist ausgereist (§ 60 a Abs. 5 S. 1 AufenthG). Denn es kommt nicht auf den Besitz der Duldungsbescheinigung nach § 60 a Abs. 4 AufenthG, sondern nur auf die objektiven Voraussetzungen einer Duldung an. Dies bringt die gesetzliche Begründung dadurch zum Ausdruck, dass der Wegfall des Ausreisehindernisses nicht den Widerruf der Beschäftigungsduldung rechtfertigt.[456] Daraus folgt, dass der Gesetzgeber es für erforderlich erachtet, für die Zeit nach Erteilung der Beschäftigungsduldung darauf hinzuweisen, dass der Wegfall des Grundes, der für die Duldung nach § 60 a Abs. 2 S. 1 oder S. 3 AufenthG maßgebend war, nicht zum Widerruf der Beschäftigungsduldung nach § 60 d Abs. 1 AufenthG führt. Er sieht es damit für selbstverständlich an, dass es für die der Beschäftigungsduldung vorangehende Phase des geduldeten Aufenthalts allein auf den objektiven Besitz der Duldung ankommt und es damit mit Ausnahme der Ausreise keine Unterbrechungen des Duldungsbesitzes geben kann. „Kurzfristig“ ist ein unbestimmter Rechtsbegriff und unterliegt der vollen inhaltlichen und rechtlichen Kontrolle durch das Verwaltungsgericht. Es kommt insoweit entsprechend dem Zweck des § 60 d AufenthG, die Erlangung einer dauerhaften Bleibeperspektive vorzubereiten, darauf an, ob aus der Länge der Unterbrechung auf eine schädliche Auswirkung auf die Integration geschlossen werden kann.

§ 60 d Abs. 3 S. 3 AufenthG bezieht sich auf § 4 a Abs. 5 AufenthG. Dort wird geregelt, 68
wann ein Drittstaatsangehöriger beschäftigt werden darf und welche Pflichten dabei für den Arbeitgeber gelten. Ein schuldhaftes Verhalten des Arbeitgebers kann dem Duldungsinhaber aber nur dann entgegengehalten werden, wenn ihn an diesem Verhalten selbst ein Verschulden trifft. Da § 60 d Abs. 3 S. 2 AufenthG sich auf die Neuregelung des § 82 Abs. 6 AufenthG bezieht, wird die Duldung widerrufen, wenn der Duldungsinhaber der zuständigen Ausländerbehörde nicht mitteilt, dass die Beschäftigung, für die die Duldung erteilt wird, vorzeitig beendet wird. Aber auch hier ist der Widerruf der Beschäftigungsduldung, und erst recht der zwingende Widerruf, als überschießende Reaktion des Gesetzgebers zu werten.

VIII. Anwendung von § 60 a AufenthG (§ 60 d Abs. 5 AufenthG)

Nach § 60 d Abs. 5 AufenthG bleibt § 60 a AufenthG unberührt. Diese Norm dient der 69
Klarstellung, dass im **Vorfeld** einer Beschäftigungsduldung oder zusätzlich zu ihr Duldungen nach § 60 a AufenthG aus rechtlichen oder tatsächlichen – inlandsbezogenen – Gründen, zB Schwangerschaft, fehlende Heimreisedokumente, Unterbrechung der Verkehrsverbindungen, fehlende Reisedokumente, Erkrankung (§ 60 a Abs. 2 S. 1 AufenthG), aber auch andere Vollstreckungshemmnisse, wie etwa Krankheitsgründe (§ 60 a Abs. 2 c und Abs. 2 d AufenthG) oder dringende humanitäre oder persönliche Gründe oder erhebliche öffentliche Interessen (§ 60 a Abs. 2 S. 3 AufenthG), zu berücksichtigen sind (s. im Einzelnen → Rn. 43 ff.).

456 BT-Drs. 19/8286, S. 18.

D. Aufenthaltsgewährung bei nachhaltiger Integration (§ 25 b AufenthG)

I. Funktion der Aufenthaltserlaubnis nach § 25 b Abs. 1 AufenthG

70 Zweck der Beschäftigungsduldung ist es, durch die dreißigmonatige Erteilungsdauer nach § 60 d Abs. 1 Hs. 1 AufenthG und die Perspektive des Hineinwachsens in einen Aufenthaltstitel nach § 25 b AufenthG einen verlässlichen Status zu vermitteln.[457] Dementsprechend wird der Mindestaufenthalt auf 30 Monate verkürzt, sofern der Antragsteller, sein Ehegatte oder Lebenspartner über diesen Zeitraum im Besitz der Beschäftigungsduldung waren und im Zeitpunkt der Erteilung der Duldung noch sind und sie über hinreichende mündliche Kenntnisse der deutschen Sprache verfügen (§ 25 b Abs. 6 AufenthG). Mit der Erteilung der Aufenthaltserlaubnis oder der Verlängerung gilt dann nur noch § 25 b AufenthG.[458] War der Duldungsinhaber nach § 60 d AufenthG **fünf Jahre** im ununterbrochenen Besitz der Aufenthaltserlaubnis nach § 25 b AufenthG, kann er eine Niederlassungserlaubnis nach § 26 Abs. 4, nicht aber nach § 9 Abs. 1 AufenthG beantragen. Obwohl mit § 60 d AufenthG der Zugang in eine dauerhafte Bleibeperspektive zu Erwerbszwecken eröffnet wird, wird der dauerhafte Zugang zum Aufenthalt über die für humanitäre Aufenthaltstitel maßgebende Niederlassungserlaubnis geregelt. Dies ist darin begründet, dass die aufenthaltsrechtliche Zwischenstation des § 25 b AufenthG einen humanitären Aufenthaltstitel darstellt. Die allgemeinen Voraussetzungen des § 9 Abs. 2 S. 1 bis 6 AufenthG sind zu beachten (§ 26 Abs. 4 S. S. 2 AufenthG). Die besonderen Härtegründen Rechnung tragenden Erleichterungen des § 9 Abs. 2 S. 3 bis 6 AufenthG sowie die Ehegatten privilegierende Norm des § 9 Abs. 3 AufenthG finden dementsprechend keine Anwendung. Da zwischen dem Erlöschen der Aufenthaltsgestattung (§ 67 AsylG) und der Erteilung der Aufenthaltserlaubnis nach § 25 b AufenthG ein größerer Zeitraum liegt, wird die Dauer des Asylverfahrens (§ 26 Abs. 4 S. 3 AufenthG) bei der Berechnung der auf den Besitz der Aufenthaltserlaubnis bezogenen Fünfjahresdauer abweichend von § 55 Abs. 3 AsylG mitgerechnet.

II. Voraussetzungen der Aufenthaltserlaubnis nach § 25 b Abs. 1 AufenthG

71 Nach § 25 b Abs. 1 Hs. 1 AufenthG soll einem **geduldeten** Ausländer abweichend von § 5 Abs. 1 Nr. 1 und Abs. 2 AufenthG eine Aufenthaltserlaubnis erteilt werden, wenn er sich nachhaltig in die Lebensverhältnisse der Bundesrepublik Deutschland integriert hat. Im Zeitpunkt der Erteilung muss der Antragsteller geduldet sein. Er muss nicht im Besitz einer Duldungsbescheinigung sein, vielmehr die Voraussetzungen der Beschäftigungsduldung erfüllen.[459] Berechtigt ist nur ein volljähriger Antragsteller.[460] Dieser kann sich aber auf § 25 a Abs. 1 AufenthG berufen, solange er nicht das 21. Lebensjahr vollendet hat (§ 25 a Abs. 1 S. 1 Nr. 3 AufenthG). Von einer nachhaltigen Integration ist **regelmäßig** auszugehen, wenn der Antragsteller

1. sich seit mindestens **acht** Jahren oder, falls er zusammen mit einem minderjährigen ledigen Kind in **häuslicher Gemeinschaft** lebt, seit mindestens **sechs** Jahren **ununterbrochen geduldet, gestattet** oder mit einer **Aufenthaltserlaubnis** im Bundesgebiet aufgehalten hat; nach § 25 b Abs. 6 AufenthG soll dem Antragsteller, seinem Ehegatten oder Lebenspartner und in familiärer Lebensgemeinschaft lebenden minderjährigen ledigen Kindern, die seit 30 Monaten im Besitz der Beschäftigungsduldung sind (§ 60 d Abs. 1 Hs. 1 AufenthG), abweichend von diesen Fristregelungen die Aufenthaltserlaubnis er-

457 BT-Drs. 19/8286, S. 17.
458 BT-Drs. 19/8286, S. 13.
459 Nieders.OVG, Urt. v. 19.3.2012 – 8 LB 2/11; Hess.VGH, Urt. v. 30.4.2014 – 9 A 2047/12; VG Darmstadt, InfAuslR 2013, 108 (109); *Wunderle*, in: Bergmann/Dienelt, AuslR, 12. Aufl. 2018, § 25 a AufenthG Rn. 11.
460 Nieders.OVG, EZAR NF 33 Nr. 49.

teilt werden, wenn die Voraussetzungen nach § 60 d AufenthG erfüllt sind und der Antragsteller über hinreichend mündliche deutsche Sprachkenntnisse verfügt; bestand die Möglichkeit des Besuchs eines Integrationskurses, setzt die Erteilung der Aufenthaltserlaubnis zudem voraus, dass der Antragsteller, sein Ehegatte oder Lebenspartner über hinreichende mündliche Kenntnisse der deutschen Sprache verfügt,

2. sich zur **freiheitlichen demokratischen Grundordnung bekennt** und über Grundkenntnisse der Gesellschaftsordnung und der Lebensverhältnisse im Bundesgebiet verfügt,
3. seinen Lebensunterhalt überwiegend durch Erwerbstätigkeit sichert oder bei der Betrachtung der bisherigen Schul-, Ausbildungs-, Einkommens- sowie der familiären Lebenssituation zu erwarten ist, dass er seinen Lebensunterhalt (§ 2 Abs. 3 AufenthG) sichern wird, wobei der Bezug von Wohngeld unschädlich ist,
4. über hinreichende mündliche Deutschkenntnisse iSd Niveaus A 2 GER (§ 2 Abs. 10 AufenthG; → Rn. 58) verfügt und
5. bei Kindern im schulpflichtigen Alter deren tatsächlichen Schulbesuch nachweist. Diese Voraussetzungen waren bereits vor der Erteilung der Beschäftigungsduldung zu beachten. § 60 d Abs. 1 Nr. 5 AufenthG geht andererseits aber sogar über § 25 b Abs. 1 S. 2 Nr. 4 AufenthG hinaus.

Die Formulierung in § 25 b Abs. 1 S. 2 AufenthG „setzt regelmäßig voraus" begründet nach der gesetzlichen Begründung eine **Vermutung,** dass besondere Integrationsleistungen von vergleichbarem Gewicht ebenfalls zur Erteilung der Aufenthaltserlaubnis führen können, auch wenn die Voraussetzungen des § 25 b Abs. 1 S. 2 AufenthG im Einzelfall nicht vollständig erfüllt sind. Dies kann zB der Fall sein, wenn der Antragsteller ein Verhalten wie etwa ein herausgehobenes soziales Engagement gezeigt hat, das eine vergleichbare nachhaltige Integration gewährleistet, auch wenn dafür insbesondere die Lebensunterhaltssicherung, die erforderliche Aufenthaltsdauer oder die geforderten Deutschkenntnisse noch nicht vollständig den gesetzlichen Anforderungen entsprechen. Daher ist eine Gesamtbetrachtung der Umstände des Einzelfalls vorzunehmen.[461]

Der Aufenthalt muss im **Entscheidungszeitpunkt** bei alleinstehenden Personen regelmäßig 72
acht und bei Antragstellern mit Kindern sechs Jahre andauern. Kann das Kind einen vierjährigen Aufenthalt und die weiteren Voraussetzungen des § 25 a Abs. 1 AufenthG nachweisen, ist zugunsten der Eltern oder des Elternteils eine Berufung auf § 25 a Abs. 2 S. 1 AufenthG zulässig. Es kann sich um Alleinerziehende oder um ein Elternpaar handeln. Für die Anwendung von § 25 b Abs. 1 S. 2 Nr. 1 AufenthG muss das Kind selbst nicht mindestens sechs Jahre alt sein und die Schule besuchen. Es kann auch jünger oder auch erst kurz vor Erteilung der Aufenthaltserlaubnis geboren worden sein. Ein tatsächlicher Schulbesuch genügt, kann aber nach der Rechtsprechung nur angenommen werden, wenn das Kind während eines Schuljahres allenfalls an einzelnen Tagen unentschuldigt dem Schulbesuch ferngeblieben ist.[462] Alle minderjährigen Kinder begründen die Privilegierung. Der Antragsteller muss mit dem Kind in häuslicher Gemeinschaft (§ 25 b Abs. 1 S. 1 Nr. 1 AufenthG) leben. Das Führen einer familiären Gemeinschaft[463] mit dem Kind genügt nicht. Der Antragsteller muss weder das Sorgerecht noch das Umgangsrecht im rechtlichen Sinne ausüben. Maßgebend ist allein, dass er faktisch auf absehbare Zeit mit dem Kind in häuslicher Gemeinschaft zusammenlebt. Daraus folgt, dass nach dem Ablauf der Geltungsdauer der Beschäftigungsduldung ein Zusammenleben der Eltern jedenfalls bei Erteilung der Aufenthaltserlaubnis nach § 25 b Abs. 1 AufenthG nicht mehr vorausgesetzt wird. Wegen der Privilegierung aufgrund der kürzeren Aufenthaltsdauer wird man allerdings erwarten können, dass die häusliche Gemeinschaft auf absehbare Zeit bestehen

461 BR-Drs. 642/14, S. 25.
462 Nieders.OVG, EZAR NF 33 Nr. 49.
463 S. hierzu *Marx*, Aufenthalts-, Asyl- und Flüchtlingsrecht, 7. Aufl. 2019, § 6 Rn. 224 ff.

wird. Dies wird wohl zumeist eine **Vormundschaft** oder ein vergleichbares **Pflegeverhältnis** voraussetzen. Im Zweifelsfall ist die Stellungnahme des zuständigen Jugendamtes einzuholen. Ferner wird vorausgesetzt, dass sich der Antragsteller während der erforderlichen Aufenthaltszeit erlaubt, geduldet oder gestattet (§ 55 Abs. 1 AsylG) im Bundesgebiet aufhält (§ 25 b Abs. 1 S. 2 Nr. 1 AufenthG). An den Aufenthalt werden keine besonderen Anforderungen gestellt. Weder muss der Aufenthalt rechtmäßig gewesen sein noch steht der vorübergehende Besitz eines Aufenthaltstitels entgegen. Im Zeitpunkt der Entscheidung muss der Aufenthalt ununterbrochen andauern. Eine kurzfristige Auslandsreise unterbricht den Inlandsaufenthalt nicht, wenn diese nicht auf die endgültige Aufgabe des Lebensmittelpunktes im Bundesgebiet gerichtet war.[464] Bei längeren Unterbrechungen des Aufenthalts, die nicht mit der Ausländerbehörde abgestimmt wurden, bleibt der Voraufenthalt unberücksichtigt.[465]

73 Anders als nach § 25 a Abs. 1 S. 1 Nr. 5 AufenthG wird vom Antragsteller **ein positives Bekenntnis zur freiheitlichen demokratischen Grundordnung** gefordert (§ 25 b Abs. 1 S. 2 Nr. 2 AufenthG). Vom minderjährigen Kind darf dieser Nachweis nicht verlangt werden. Es reicht nicht aus, dass nicht lediglich keine konkreten Anhaltspunkte auf ein fehlendes Bekenntnis vorliegen. Entsprechend der Praxis in Einbürgerungsverfahren (§ 10 Abs. 1 S. 1 Nr. 1 StAG) dürfte die Verwaltungspraxis den Nachweis des Bekenntnisses durch Unterzeichnung einer schriftlichen Loyalitätserklärung fordern. Da es sich um eine regelmäßig nachzuweisende Voraussetzung handelt, kann bei Vorliegen von Erkenntnissen der Verfassungsschutzbehörden gleichwohl die Loyalitätserklärung anerkannt werden, wenn zugleich eine **Abwendung von früheren verfassungsfeindlichen Bestrebungen** glaubhaft gemacht wird. Insoweit sind die Grundsätze zu § 11 S. 1 Nr. 1 Hs. 2 StAG maßgebend. Ferner wird in Anlehnung an § 9 Abs. 2 S. 1 Nr. 8 AufenthG der Nachweis von **Grundkenntnissen der Rechts- und Gesellschaftsordnung und der Lebensverhältnisse im Bundesgebiet** verlangt (§ 25 b Abs. 1 S. 2 Nr. 2 Alt. 2 AufenthG). Dieser Nachweis musste mit dem Erfordernis der erfolgreichen Absolvierung eines Integrationskurses bereits bei Erteilung der Beschäftigungserlaubnis erbracht werden (§ 60 d Abs. 1 Nr. 10 AufenthG).

74 Nach § 25 b Abs. 1 S. 2 Nr. 3 AufenthG muss der Lebensunterhalt **überwiegend** durch Erwerbstätigkeit gesichert sein oder bei Betrachtung der bisherigen Schul-, Ausbildungs-, Einkommens- sowie der familiären Lebenssituation zu erwarten sein, dass er seinen Lebensunterhalt (§ 2 Abs. 3 AufenthG) in Zukunft sichern wird. Das Gesetz lässt damit ausdrücklich eine Abweichung von § 5 Abs. 1 Nr. 1 AufenthG zu. § 25 b Abs. 1 S. 2 Nr. 3 AufenthG verdrängt also § 5 Abs. 1 Nr. 1 AufenthG (s. aber § 60 d Abs. 1 Nr. 4 AufenthG, → Rn. 57). Bezugspunkt für die Lebensunterhaltssicherung ist die **Bedarfsgemeinschaft.** § 5 Abs. 3 S. 2 AufenthG findet Anwendung.[466] Der Bezug von Wohngeld ist unschädlich (§ 25 b Abs. 1 S. 2 Nr. 3 AufenthG). Da das Gesetz auf § 2 Abs. 3 AufenthG verweist, sind Leistungen der gesetzlichen **Kranken-, Pflege- und Rentenversicherung** sowie der Bezug von **Kinder- und Elterngeld** ebenfalls unschädlich. Bei Personen, die sich im Studium oder der Berufsausbildung befinden, sowie bei Alleinerziehenden, Familien mit minderjährigen Kindern oder Geduldeten, die **pflegebedürftige nahe Angehörigen** im Bundesgebiet pflegen, gegebenenfalls auch mit Unterstützung eines **ambulanten Pflegedienstes,** soll ein vorübergehender Sozialleistungsbezug unberücksichtigt bleiben. Zu den nahen Angehörigen werden insbesondere der Ehegatte, Lebenspartner, die Eltern und Geschwister sowie die Kinder gerechnet. Der hierüber hinaus gehende Begriff des Verwandten nach § 7 Abs. 3 Pflegezeitgesetz ist zu berücksichtigen. Maßgebend für die Bestimmung des Näheverhält-

---

464 VGH BW, Urt. v. 9.12.2009 – 13 S 2092/09; Nieders.OVG, Beschl. v. 29.3.2012 – 8 LA 26/12; *Wunderle*, in: Bergmann/Dienelt, AuslR, 12. Aufl. 2018, § 25 a AufenthG Rn. 12; *Burr*, in: GK-AufenthG II – § 25 a AufenthG Rn. 7.

465 BR-Drs. 642/14, S. 25.

466 *Welte*, ZAR 2015, 376 (377).

nisses ist die konkrete familiäre Situation.[467] Vom Nachweis wird abgesehen, wenn der Antragsteller ihn wegen einer körperlichen, geistigen oder seelischen Krankheit oder Behinderung oder aus Altersgründen nicht erfüllen kann (§ 25 b Abs. 3 AufenthG).

Der Antragsteller muss hinreichende mündliche Deutschkenntnisse auf dem Niveau A 2 GER (§ 2 Abs. 10 AufenthG) nachweisen (§ 25 b Abs. 1 S. 2 Nr. 4 AufenthG). Diese sind Indiz für eine vollzogene gesellschaftliche Integration.[468] Daraus folgt, dass im Rahmen der Abwägung bei Nichterfüllung eines oder mehrerer der in § 25 b Abs. 1 S. 2 AufenthG bezeichneten Tatbestandsvoraussetzungen dem Nachweis A 2 besonderes Gewicht beizumessen ist. Besteht mangels der in § 25 b Abs. 1 S. 2 Nr. 1 bis 5 AufenthG geforderten Integrationsvoraussetzungen die Regelvermutung der nachhaltigen Integration nicht, kann in Ausnahmefällen gleichwohl eine nachhaltige Integration angenommen werden. Hierzu müssen besondere Integrationsleistungen nachgewiesen werden, die von vergleichbarem Gewicht sind wie die unter § 25 b Abs. 1 S. 2 Nr. 1 bis 5 AufenthG bezeichneten.[469] 75

III. Versagungsgründe (§ 25 b Abs. 2 AufenthG)

Die Aufenthaltserlaubnis ist zwar zu versagen, wenn der Antragsteller die Aufenthaltsbeendigung durch vorsätzlich falsche Angaben, durch Täuschung über seine Identität oder Staatsangehörigkeit oder Nichterfüllung zumutbarer Anforderungen an die Mitwirkung bei der Beseitigung von Ausreisehindernissen verhindert oder verzögert oder ein Ausweisungsinteresse iSv § 54 Abs. 1 oder Abs. 2 Nr. 1 und 2 AufenthG besteht (§ 25 b Abs. 2 AufenthG). Diese Voraussetzungen wurden jedoch bereits vor Erteilung der Beschäftigungsduldung geprüft (§ 60 c Abs. 1 Nr. 1 und Nr. 7 AufenthG; → Rn. 59). Allenfalls können nachträglich strafbare Verhaltensweisen mit diesem Gewicht einen Versagungsgrund darstellen. 76

IV. Regelerteilungsvoraussetzungen (§ 5 AufenthG)

§ 25 b Abs. 1 AufenthG enthält weitgehend eigenständige, die **Regelerteilungsgründe** nach § 5 Abs. 1 AufenthG verdrängende Regelungen. Bereits nach dem Wortlaut der Vorschrift wird von § 5 Abs. 1 Nr. 1 und Abs. 2 AufenthG abgewichen. § 5 Abs. 1 Nr. 1 AufenthG wird durch § 25 b Abs. 1 S. 2 Nr. 3 AufenthG verdrängt. Die Umgehung der Einreisevorschriften (§ 5 Abs. 2 S. 1 AufenthG) darf dem Antragsteller nicht entgegengehalten werden und standen ja bereits bei Erteilung der Beschäftigungsduldung nicht entgegen. Angesichts des Zwecks des Gesetzes, nachhaltig integrierten Personen eine dauerhafte Bleiberechtsperspektive zu eröffnen, ist regelmäßig eine Ermessensreduzierung nach § 5 Abs. 3 S. 2 AufenthG angezeigt. Der Regelerteilungsgrund des § 5 Abs. 1 Nr. 1 a AufenthG (**Klärung der Identität und Staatsangehörigkeit**) wurde bereits vor Erteilung der Beschäftigungsduldung geprüft (§ 60 d Abs. 1 Nr. 1 AufenthG). § 25 a Abs. 2 S. 1 Nr. 1 AufenthG (Vorliegen eines Ausweisungsinteresses) wird durch die spezifischen Erteilungsvoraussetzungen des § 25 b Abs. 2 Nr. 2 AufenthG) modifiziert. 77

V. Abweichung von der Titelerteilungssperre des § 10 Abs. 3 Satz 2 AufenthG

Die Aufenthaltserlaubnis kann abweichend von der Titelerteilungssperre des § 10 Abs. 3 S. 2 AufenthG[470] erteilt werden (§ 25 b Abs. 5 S. 2 Hs. 1 AufenthG). Da § 10 AufenthG insgesamt sich nur auf die Erteilung eines Aufenthaltstitels, nicht jedoch auf die Duldungser- 78

467 BR-Drs. 642/14, S. 26.
468 BR-Drs. 642/14, S. 26.
469 Nieders.OVG, EZAR NF 33 Nr. 49.
470 S. hierzu *Marx*, Aufenthalts-, Asyl- und Flüchtlingsrecht, 7. Aufl. 2019, § 2 Rn. 131 f.

teilung bezieht, war diese Titelerteilungssperre dort ohne Bedeutung. Denn sowohl nach dem Wortlaut der Norm wie auch dem Begriff „Titel“ folgt, dass sie für die Duldungserteilung nicht gilt. Entsprechend dem Gesetzeszweck, bei nachhaltiger Integration eine dauerhafte Bleiberechtsperspektive zu eröffnen, dürfte das Ermessen beim Vorliegen der Voraussetzungen des § 25 b Abs. 1 S. 2 AufenthG regelmäßig zugunsten des Antragstellers auszuüben sein. Dies gilt insbes., wenn der Antragsteller in häuslicher Gemeinschaft mit einem minderjährigen ledigen Kind zusammenlebt. Je länger das Kind im Bundesgebiet lebt, umso stärker wirkt sich das individuelle Verbleibsinteresse aus.

VI. Sollanspruch

79 Auf die Erteilung der Aufenthaltserlaubnis nach § 25 b Abs. 1 AufenthG besteht ein **Sollanspruch.** Die Ermächtigung räumt danach einen grundsätzlichen Anspruch ein.[471] Dies bedeutet, dass die begehrte Aufenthaltserlaubnis regelmäßig erteilt werden muss und nur in **atypischen Fällen** verweigert werden darf. Atypisch sind insbesondere solche Sachverhalte, auf die ihrer Zweckbestimmung nach die Privilegierung des § 25 b Abs. 1 AufenthG nicht zielt, die aber von ihrem abstrakten Rahmen erfasst werden. Die materielle Privilegierung wirkt sich verfahrensrechtlich dahin aus, dass die Ausländerbehörde die **Beweislast** für das Vorliegen atypischer Umstände trägt. Liegen die Voraussetzungen des Anspruchs nach § 25 a Abs. 1 AufenthG vor, ist die Berufung hierauf zulässig (§ 25 b Abs. 5 S. 3 AufenthG). Die Ehegatten und die minderjährigen ledigen Kinder, die mit dem Antragsteller in familiärer Lebensgemeinschaft leben, müssen nicht den in § 25 b Abs. 1 S. 2 Nr. 1 AufenthG geforderten Mindestaufenthalt nachweisen (§ 25 a Abs. 4 AufenthG), wohl aber die anderen Voraussetzungen. Auch dürfen sie keinen Versagungsgrund nach § 25 b Abs. 2 AufenthG erfüllen.

80 Die Aufenthaltserlaubnis wird abweichend von § 26 Abs. 1 S. 1 AufenthG für längstens **zwei Jahre** erteilt und verlängert (§ 25 b Abs. 5 S. 1 AufenthG). Sie berechtigt nicht kraft Gesetzes (§ 4 a Abs. 1 S. 1 AufenthG) zur Ausübung einer **Erwerbstätigkeit** (§ 25 b Abs. 5 S. 2 AufenthG). Zumeist dürfte aber die im Zusammenhang mit der Beschäftigungsduldung erteilte Zustimmung nach § 34 Abs. 2 BeschV fortgelten. Eine selbstständige Erwerbstätigkeit wird damit zwar nicht ausgeschlossen, die entsprechende Ausübungsberechtigung kann aber auch über § 21 Abs. 6 AufenthG erlangt werden. Sind die zeitlichen Voraussetzungen für die Erteilung der **Niederlassungserlaubnis** (§ 26 Abs. 4 AufenthG; → Rn. 70) erfüllt, spricht der Gesetzeszweck für eine Erteilung.

---

471 BVerwGE 67, 7 (9) = Buchholz 130 § 8 RuStAG Nr. 12 = EZAR 271 Nr. 4 = InfAuslR 1981, 309; BVerwGE 77, 164 (180) = Buchholz 130 § 9 RuStAG Nr. 5 = EZAR 271 Nr. 16 = StAZ 1987, 314 = InfAuslR 1987, 289.

Kapitel 5: Verwaltungsverfahren und Rechtsschutz

A. Verwaltungsverfahren

I. Besonderheiten des beschleunigten Fachkräfteverfahrens (§ 81 a AufenthG)

Durch § 81 a AufenthG wurde ein beschleunigtes Fachkräfteverfahren in das AufenthG eingeführt. Danach können Arbeitgeber bei der zuständigen Ausländerbehörde in Vollmacht des betreffenden Drittstaatsangehörigen, der zu einem Aufenthaltszweck nach **§§ 16 a, 16 d, 18 a, 18 b und 18 c AufenthG** einreisen will, ein beschleunigtes Verfahren beantragen (§ 81 a Abs. 1 AufenthG). Der Arbeitgeber und die Ausländerbehörde schließen dazu eine **Vereinbarung**, die die in § 81 a Abs. 2 AufenthG im Einzelnen aufgeführten Punkte umfasst. Die Ausländerbehörde ist verpflichtet, den Arbeitgeber zum Verfahren und den einzureichenden Nachweisen zu beraten, damit diesen und den weiteren im Einzelnen in § 81 a Abs. 3 AufenthG bezeichneten Anforderungen Genüge getan werden kann. Stellt die zuständige Stelle durch Bescheid fest, dass die im Ausland erworbene Berufsqualifikation nicht gleichwertig (§ 18 Abs. 2 Nr. 4, § 81 a Abs. 3 Nr. 2 AufenthG) ist, die Gleichwertigkeit aber durch eine Qualifizierungsmaßnahme erreicht werden kann, kann das Verfahren nach § 81 a AufenthG mit dem Ziel der Einreise zum Zweck des § 16 d AufenthG fortgeführt werden. In diesem Fall wird dem Antragsteller also die Gelegenheit eingeräumt, nach der Einreise eine Maßnahme zur Anerkennung der im konkreten Fall erforderlichen ausländischen Berufsqualifikation nachzuholen. 1

Die Aufenthaltserlaubnis wird im Fall der Ausübung von Maßnahmen zur Anerkennung ausländischer Berufsqualifikationen im Bundesgebiet (§ 16 d AufenthG) für bis zu 18 Monate erteilt und um längstens sechs Monate bis zu einer Höchstaufenthaltsdauer von zwei Jahren verlängert (§ 16 d Abs. 1 S. 2 AufenthG). Nach erfolgreichem Abschluss der Qualifizierungsmaßnahme kann eine Aufenthaltserlaubnis zur Ausübung einer Beschäftigung als Fachkraft mit qualifizierter Berufsausbildung (§ 18 a AufenthG) oder akademischer Ausbildung (§ 18 b AufenthG) erteilt werden (§ 16 d Abs. 6 AufenthG). Es ist davon auszugehen, dass der Arbeitgeber und die Ausländerbehörde in der Vereinbarung nach § 81 a Abs. 2 AufenthG das Verfahren genau festlegen. Vom beschleunigten Fachkräfteverfahren werden auch die Visumverfahren des **Ehegatten und der minderjährigen ledigen Kinder** umfasst, sofern sie im zeitlichen Zusammenhang mit dem Antrag der Fachkraft gestellt werden (§ 81 a Abs. 4 AufenthG). 2

Die Einführung des beschleunigten Fachkräfteverfahrens wird damit begründet, dass Fachkräfte und Unternehmen beklagt hätten, nach früherem Recht hätten die Verfahren zu lange gedauert, insbesondere wenn ein Verfahren zur Anerkennung ausländischer Berufsqualifikationen vorgeschrieben gewesen sei. In Verbindung mit der neuen Zuständigkeitskonzentration bei zentralen Ausländerbehörden nach § 71 Abs. 1 S. 3 AufenthG (→ Rn. 4) und den neu eingeführten Bearbeitungsfristen für Ausländerbehörden nach § 81 a Abs. 3 Nr. 3 und Nr. 6 AufenthG, für die für die berufliche Anerkennung zuständigen Stellen (zB § 14 a BQFG) und für die Auslandsvertretungen (§ 31 a AufenthV) hat der Gesetzgeber ein Angebot für ein Verfahren eingeführt, das nicht nur zu einer **verlässlich schnelleren Besetzung freier Stellen**, sondern darüber hinaus auch durch die zwischen der Ausländerbehörde und dem Arbeitgeber zu schließende Vereinbarung mehr **Verfahrenstransparenz** schaffen soll.[472] Der DGB begrüßt dieses Verfahren zwar grundsätzlich, befürchtet aber, dass in einem derart durch kurze Fristen geprägten Verfahren die Qualität der Entscheidungen der für die Anerkennung der Gleichwertigkeit ausländischer erworbe- 3

472 BT-Drs. 19/8285, S. 112 f.

ner Berufsqualifikationen zuständigen Stellen leiden werden.[473] Das Institut für Arbeitsmarkt- und Berufsforschung kritisiert demgegenüber, dass das Gesetz auf eine aufwendige Prüfung von Qualifikationen, Sprachkenntnissen, Arbeitsbedingungen und weiteren Nachweisen im Einzelfall setze und weist darauf hin, dass in der Praxis Arbeitgeber Stellen nur in Ausnahmefällen länger als drei Monate offen hielten. In dieser Frist müssten alle Verfahrensschritte einschließlich Visaerteilung durch die Auslandsvertretungen durchgeführt worden sein. Es bedürfe deshalb eines erheblichen Ausbaus und einer Effizienzsteigerung der öffentlichen Verwaltung im In- und Ausland, wenn dies erreicht und zugleich die Einwanderung von Fachkräften spürbar gesteigert werden solle. Dies erfordere ein **„integriertes Management"** und eine Reform aller Verfahrensabläufe.[474] Ob dieser Kritik durch die Einführung kurzer Bearbeitungsfristen (→ Rn. 11 f.) Genüge getan wurde, bleibt abzuwarten. Einem Wunsch der Wirtschaftsverbände folgend wurde bei der Erteilung der Aufenthaltserlaubnis an Fachkräfte (§ 18 a ff. AufenthG) die **Vorrangprüfung** weitgehend abgeschafft. Die **Arbeitsplatzprüfung** (§ 39 Abs. 2 S. 1 Nr. 1 AufenthG) ist durchzuführen, dürfte aber bei derartigen Anträgen und den dahinterstehenden Interessen der Wirtschaft keine Probleme bereiten. Durch das FKEG soll die Planungssicherheit für Arbeitgeber verbessert und das Verfahren entbürokratisiert werden. Auch wurde durch das FKEG das **Engpassberufserfordernis** aufgehoben.

II. Antragstellung

4 Bei Antragstellern, die sich im Ausland aufhalten, ist die deutsche Auslandsvertretung im Herkunftsland des Antragstellers zuständig. Im Fachkräfteeinwanderungsverfahren sind aber folgende Besonderheiten zu beachten: Durch das FKEG wurde zur zügigen Bearbeitung der Anträge von Fachkräften mit qualifizierter Berufsausbildung (§ 18 a AufenthG) und akademischer Ausbildung (§ 18 b AufenthG) die örtliche Zuständigkeit der Ausländerbehörden neu geregelt (§ 71 Abs. 1 S. 3 AufenthG). Besondere Bedeutung kommt insoweit auch dem beschleunigten Fachkräfteverfahren nach § 81 a AufenthG (→ Rn. 1 f.) zu. Darüber hinaus wurden **Bearbeitungsfristen** für die beteiligten Behörden eingeführt. Nach § 71 Abs. 1 S. 3 AufenthG wird den Ländern die Möglichkeit eingeräumt, jeweils mindestens eine zentrale Ausländerbehörde einzurichten, die bei Visumanträgen zu Zwecken der §§ 16 a, 16 d, 17 Abs. 1, 18 a, 18 c Abs. 3, 18 d, 18 f, 19, 19 b, 19 c und 20 AufenthG sowie bei Visumanträgen des Ehegatten und/oder der minderjährigen ledigen Kinder zum Zwecke des Familiennachzugs, die im zeitlichen Zusammenhang mit dem Antrag der Fachkraft gestellt werden, zuständige Ausländerbehörde ist. Vertreten wird, dass dadurch ein Rechtsanspruch auf zügige Bearbeitung des Antrags im beschleunigten Fachkräfteverfahren geschaffen würde.[475] Unklar bleiben aber die Folgen für den Fall der Verletzung eines derartigen Anspruchs. Jedenfalls bestehen diese nicht darin, dass nach Fristablauf ohne weitere Prüfung das Visum zu erteilen wäre. Nach dem Bundesgesetz *sollen* die Länder derartige zentrale Ausländerbehörden einrichten. Eine zwingende bundesgesetzliche Anordnung an die Bundesländer kann hieraus aber nicht abgeleitet werden, da der Bundesgesetzgeber den Landesgesetzgebern für die Gestaltung ihrer Verfahren keine rechtlichen Vorgaben machen darf. Es kann sich daher nur um eine politische Empfehlung ohne subjektiven Rechtscharakter für individuelle Antragsteller handeln.

5 Kritisch wird vorgebracht, dass § 71 Abs. 1 S. 3 AufenthG einen Eingriff in die Organisationshoheit der Bundesländer bedeute. Außerdem werden praktische Probleme aufgezeigt,

---

473 *DGB*, Stellungnahme zum Entwurf für ein FKEG v. 24. Mai 2019, S. 19.

474 *Institut für Arbeitsmarkt- und Berufsforschung*, Stellungnahme zum Gesetzentwurf der Bundesregierung zum FKEG v. 29. Mai 2019, S. 12.

475 *Institut für Arbeitsmarkt- und Berufsforschung*, Stellungnahme zum Gesetzentwurf der Bundesregierung zum FKEG v. 29. Mai 2019, S. 11.

die sich aus der Konzentration auf eine Behörde je Bundesland ergeben.[476] Da eine einheitlichere Rechtsanwendung im Bereich der Arbeitsmigration angestrebt wird, kann dies nur mit präziseren und ermessenslenkenden Normen oder mit Verwaltungsvorschriften statt mit einer Zentralisierung der Behördenstruktur erreicht werden. Auch kommt es zu Zeitverlusten bei langen Anfahrten. Dies betrifft insbesondere große Flächenstaaten wie etwa Brandenburg, Nordrhein-Westfalen, Niedersachsen, Baden-Württemberg, Sachsen oder Bayern. Die vielfach etablierte und vertrauensvolle Zusammenarbeit von Arbeitgebern mit kommunalen Ansprechpartnern ist im Falle der Einführung einer zentralen Ausländerbehörde nicht mehr möglich. Das Verfahren wird dadurch komplizierter als das Verfahren bei der örtlich zuständigen Ausländerbehörde nach § 71 Abs. 1 S. 1 AufenthG. Da die zuständige zentrale Ausländerbehörde nur für das Einreiseverfahren zuständig ist, hat dies eine erneut erforderlich werdende Einarbeitung, Aktentransport sowie Informationsaustausch und Abstimmungsbedarf zwischen den Behörden zur Folge.[477] Zu bedenken ist insbesondere, dass bis zur Erteilung der Aufenthaltserlaubnis nach der Einreise keine Ausbildung aufgenommen oder ein Beruf ausgeübt werden darf (→ Rn. 13), so dass damit der Beschleunigungseffekt wieder aufgehoben wird. Lange Anfahrten, die insbesondere in großen Flächenstaaten erforderlich sind, dürften insbesondere für kleine und mittlere Unternehmen eine abschreckende Wirkung entfalten und jedenfalls für diese den Sinn des FKEG in Frage stellen.

Die zentrale Ausländerbehörde ist nur für die genannten Zwecke zuständig. Sie fungiert 6
dabei als Schnittstelle der verschiedenen an den Verfahren beteiligten Stellen,[478] insbesondere der zuständigen örtlichen Dienststelle der Bundesagentur für Arbeit, der für die Prüfung der Gleichwertigkeit der im Ausland erworbenen beruflichen Qualifikationen zuständigen Stellen und der zuständigen deutschen Auslandsvertretung. Der Gesetzgeber erhofft sich durch die Spezialisierung eine verlässliche schnellere Besetzung freier Stellen und aufgrund der Vereinbarung nach § 81 a Abs. 1 AufenthG mehr **Verfahrenstransparenz**. Es sollen dadurch nicht nur die Verfahren und Entscheidungen bundesweit einheitlicher, vergleichbarer und rechtssicherer gestaltet werden. Auch die Zuleitung gezielt selektierter, zur Aufgabenerledigung notwendiger Informationen und Rechtsprechung wird genauso vereinfacht wie die Durchführung von **zielgruppenorientierten Mitarbeiterschulungen**.[479]

Im Visumverfahren ist die Zustimmung der örtlich zuständigen Ausländerbehörde einzu- 7
holen (§ 31 Abs. 1 S. 1 Nr. 2 AufenthV), die hinsichtlich der Beschäftigung ihrerseits zuvor das Zustimmungsverfahren durchzuführen hat (→ Rn. 1). Die Zustimmung der Ausländerbehörde wird nicht eingeholt, wenn es sich um Tätigkeiten handelt, die nach § 30 BeschV nicht als Beschäftigung iSd AufenthG gelten. Vielmehr vermerkt die Ausländerbehörde auf der Aufenthaltserlaubnis die Erlaubnis zur Erwerbstätigkeit (§ 4 a Abs. 3 S. 1 AufenthG). Der Vermerk hat lediglich **deklaratorische Funktion**. Ist kraft Gesetzes die Erwerbstätigkeit erlaubt, wird nicht nur eine (abhängige) Beschäftigung, sondern auch die selbstständige Erwerbstätigkeit umfasst. Bei den auf das FKEG gestützten Anträgen dürfte dies wohl in aller Regel nicht in Betracht kommen. Deshalb hat die Ausländerbehörde vor Durchführung des Zustimmungsverfahrens zu prüfen, ob die Beschäftigung erlaubt ist (→ Rn. 1). Auch in den Fällen, in denen keine Vorrangprüfung durchgeführt wird, ist grundsätzlich das Zustimmungsverfahren wegen Prüfung der Arbeitsbedingungen (**Arbeitsplatzprüfung**) durchzuführen.

476 *Deutscher Verein für öffentliche und private Fürsorge eV*, Stellungnahme anlässlich der öffentlichen Anhörung des Auschusses für Inneres und Heimat am 3. Juni 2019, S. 19.
477 *Deutscher Verein für öffentliche und private Fürsorge eV*, Stellungnahme anlässlich der öffentlichen Anhörung des Auschusses für Inneres und Heimat am 3. Juni 2019, S. 19.
478 BT-Drs. 19/8285, S. 113.
479 BT-Drs. 19/8285, S. 111.

8 Der Entscheidung über den gestellten Antrag auf Erteilung einer Aufenthaltserlaubnis (§§ 18 ff. AufenthG) voran geht ein **Zustimmungsverfahren** (mehrstufiger Verwaltungsakt). Es erfolgt eine interne Beteiligung der Arbeitsverwaltung durch die zuständige Ausländerbehörde. Durch das FKEG ist das Zustimmungsverfahren (§ 18 Abs. 2 Nr. 2, § 39 AufenthG) erleichtert worden und wurden Beschleunigungselemente in das Gesetz eingeführt. Nach § 39 Abs. 2 AufenthG besteht ein Zustimmungserfordernis bei der Erteilung einer Aufenthaltserlaubnis an Fachkräfte mit Berufsausbildung (§ 18 a AufenthG) und mit akademischer Ausbildung (§ 18 b AufenthG). § 39 Abs. 3 AufenthG legt die Voraussetzungen für eine Zustimmung zu einer Fachkrafttätigkeit fest, die unabhängig von der Qualifikation ausgeübt werden soll. Es muss sich also weder um eine Fachkraft mit qualifizierter noch mit akademischer Ausbildung handeln. Dies folgt aus der Formulierung in § 39 Abs. 3 S. 1 AufenthG „unabhängig von seiner Qualifikation als Fachkraft“. Nach der gesetzlichen Begründung ist die Loslösung vom Fachkräftebegriff in § 18 Abs. 3, § 18 a und § 18 b AufenthG ausdrücklich gewollt.[480] Hingewiesen wird auf das Kriterium der „qualifikationsentsprechenden Beschäftigung“ in § 19 d AufenthG. In Betracht kommt auch eine Aufenthaltserlaubnis nach § 19 c Abs. 2 AufenthG für Antragsteller mit „ausgeprägten berufspraktischen Kenntnissen.“ In diesem Zusammenhang kommt dem neu eingeführten Begriff der „qualifizierten Beschäftigung“ in § 2 Abs. 12 b AufenthG Bedeutung zu, der deutlich vom Begriff der qualifizierten Berufsausbildung abgegrenzt wird. Eine qualifizierte Beschäftigung liegt vor, wenn zu ihrer Ausübung Fertigkeiten, Kenntnisse und Fähigkeiten erforderlich sind, die in einem Studium oder einer qualifizierten Berufsausbildung erworben werden. Funktion des § 2 Abs. 12 b AufenthG ist die Abgrenzung qualifizierter von unqualifizierten Beschäftigungen. Eine qualifizierte Beschäftigung liegt vor, wenn die Art der arbeitsvertraglich vereinbarten Tätigkeiten üblicherweise von Personen mit Fertigkeiten, Kenntnissen und Fähigkeiten ausgeübt wird, die in einer qualifizierten Berufsausbildung oder akademischen Ausbildung erworben werden. Dies umfasst sowohl berufsrechtlich reglementierte wie auch nicht reglementierte Berufe.[481]

9 Die alleinige Entscheidungskompetenz über den Arbeitsmarktzugang obliegt zwar der Arbeitsverwaltung (§ 39 bis § 42 AufenthG). Deren Entscheidung wird jedoch nicht nach außen verkündet und kann deshalb nicht als rechtsmittelfähiger Verwaltungsakt iSd § 34 VwVfG bewertet werden. Die Prüfung und Entscheidung der Arbeitsverwaltung ist lediglich interner Teil der ausländerbehördlichen Entscheidung. Die Steuerung des Verfahrens erfolgt bedarfsorientiert über den Nachweis eines **konkreten Arbeitsplatzes** (§ 18 Abs. 2 Nr. 1 AufenthG). § 39 AufenthG enthält die wesentlichen Regelungen über die Zustimmung. Das Zustimmungsverfahren folgt aus § 4 a Abs. 2 S. 1 und § 18 Abs. 2 Nr. 2 AufenthG. Danach steht die Berechtigung zur Ausübung einer Beschäftigung unter dem Genehmigungsvorbehalt durch einen entsprechenden Aufenthaltstitel. § 39 AufenthG enthält den Grundsatz, dass neben der ausländerbehördlichen Entscheidung über den aufenthaltsrechtlichen Teil eines Aufenthaltstitels die Entscheidung der Arbeitsverwaltung über die Zustimmung zur Beschäftigung zu erfolgen hat. Die Entscheidung über den Aufenthalt und die Ausübung einer Erwerbstätigkeit ergeht gegenüber dem Antragsteller einheitlich.[482] Aufenthaltstitel und Beschäftigungserlaubnis werden in einem einzigen Verwaltungsakt als einheitlicher Aufenthaltstitel von der zuständigen Ausländerbehörde erteilt. Die Frage, ob der Antragsteller eine Beschäftigung ausüben darf, wird durch die Arbeitsverwaltung beurteilt, die im behördeninternen Verfahren ihre Zustimmung erteilt (→ Rn. 8). Die Ausländerbehörde ist an die Zustimmung gebunden.

480 BT-Drs. 19/8285, S. 108.
481 BT-Drs. 19/8285, S. 84.
482 BT-Drs. 15/420, S. 69.

Daneben ist – soweit erforderlich – von der zentralen Ausländerbehörde, soweit vorhan- 10
den die für die Prüfung der Gleichwertigkeit im Ausland erworbener Qualifikationen zuständige Stelle zu beteiligen. Wurde in dem Bundesland, in dem der Antrag zu stellen ist, keine zentrale Ausländerbehörde (§ 71 Abs. 1 S. 3 AufenthG) eingerichtet, ist die nach § 71 Abs. 1 S. 1 AufenthG örtlich zuständige Ausländerbehörde Schnittstelle dieser verschiedenen am Verfahren beteiligten Behörden. Liegt die Zustimmung der Bundesagentur für Arbeit vor und ist die Anerkennung der Gleichwertigkeit der im Ausland erworbenen beruflichen Qualifikation mitgeteilt worden, prüft die Ausländerbehörde, ob die tatbestandlichen Voraussetzungen des Antrags erfüllt sind, und teilt der zuständigen deutschen Auslandsvertretung ihre **Vorabzustimmung** (§ 31 Abs. 1 Abs. 3 AufenthV) mit. Diese ist die für das Visumverfahren zuständige Behörde und gibt dem Antragsteller ihre Entscheidung bekannt. Sie darf ohne die Zustimmung der Ausländerbehörde das Visum nicht erteilen, kann es aber trotz erteilter Zustimmung versagen. Es kann aber angesichts des Gesetzeszwecks der Förderung der Fachkräfteeinwanderung davon ausgegangen werden, dass die Auslandsvertretung im Regelfall dem Votum der Ausländerbehörde folgen wird. Klagen gegen die Versagung des Visums sind beim Verwaltungsgericht Berlin einzurichten. Die zuständige Ausländerbehörde wird notwendig beigeladen (§ 65 Abs. 2 VwGO).

Der Gesetzgeber hat zur zügigen Abwicklung des Verfahrens **Bearbeitungsfristen** festge- 11
legt. So ist es Aufgabe der zuständigen Ausländerbehörde im beschleunigten Verfahren, den Arbeitgeber zum Verfahren und zu den einzureichenden Nachweisen zu beraten und soweit erforderlich das Verfahren zur Feststellung der Gleichwertigkeit der im Ausland erworbenen Berufsqualifikation oder zur Zeugnisbewertung des ausländischen Hochschulabschlusses bei der jeweils zuständigen Stelle unter Hinweis auf das beschleunigte Fachkräfteverfahren einzuleiten. Soll der Antragsteller in einem im Inland reglementierten Beruf beschäftigt werden, ist die **Berufsausübungserlaubnis** einzuholen (§ 81 a Abs. 3 Nr. 1 und Nr. 2 AufenthV). Die Ausländerbehörde hat die Eingangs- und Vollständigkeitsbestätigungen der zuständigen Stellen dem Arbeitgeber unverzüglich, also ohne schuldhaftes Verzögern (§ 121 Abs. 1 BGB), zur Kenntnis zu übersenden, wenn ein Verfahren zur Feststellung der Gleichwertigkeit nach § 81 a Abs. 3 Nr. 2 AufenthG eingeleitet wurde. Bei Anforderungen weiterer Nachweise durch die zuständige Stelle und bei Eingang der von der zuständigen Stelle getroffenen Feststellung hat die zuständige Ausländerbehörde den Arbeitgeber innerhalb von **drei Werktagen** ab Eingang zur Aushändigung und Besprechung des weiteren Ablaufs einzuladen (§ 81 a Abs. 3 Nr. 3 AufenthG). Bei größeren Ausländerbehörden in städtischen Siedlungsgebieten wird ein derart kurzes Verfahren kaum zu bewältigen seien. Es ist deshalb sinnvoll, dass hierfür eine spezialisierte Ausländerbehörde eingerichtet wird. Andererseits ist aber auch die Kritik des DGB nachvollziehbar, dass bei einer derart kurzen Frist die Qualität der Prüfung der Gleichwertigkeit nicht gewährleistet werden kann.[483]

Der Antrag auf Feststellung der Gleichwertigkeit durch die zuständige Stelle kann durch 12
jede Person, die im Ausland einen Ausbildungsnachweis im Sinne des § 4 Abs. 2 des Gesetzes über die Gleichwertigkeit von Berufsqualifikationen erworben hat, gestellt werden. Die Zuleitung des Antrags erfolgt durch die örtlich zuständige (§ 71 Abs. 1 S. 1 AufenthG) oder zentrale Ausländerbehörde (§ 71 Abs. 1 S. 3 AufenthG). Der Antragsteller muss daher seinen Antrag bei der Ausländerbehörde stellen. Innerhalb von **zwei Wochen** bestätigt die zuständige Stelle dem Antragsteller den Eingang des Antrags einschließlich des Eingangs der nach § 5 Abs. 1 oder § 121 Abs. 1 BQFG vorzulegenden Unterlagen (§ 14 a Abs. 2 S. 1 BQFG). In der Eingangsbestätigung ist das Datum des Eingangs bei der zuständigen Stelle mitzuteilen und auf die Bearbeitungsfrist von zwei Monaten für die Prüfung der Gleichwertigkeit hinzuweisen. Sind die Unterlagen unvollständig, teilt die zuständige

483 *DGB*, Stellungnahme zum Entwurf für eine FKEG v. 24. Mai 2019, S. 19.

Stelle dem Antragsteller innerhalb der zweiwöchigen Bestätigungsfrist mit, welche Unterlagen nachzureichen sind. Der Schriftwechsel erfolgt über die zuständige Ausländerbehörde (§ 14 a Abs. 2 BQFG). Es ist kaum vorstellbar, dass eine derart kurze Bearbeitungsfrist in der Verwaltungspraxis eingehalten werden kann, zumal hierbei noch eine andere Behörde eingeschaltet ist. Die Zustimmung zur Beschäftigung durch die zuständige Dienststelle der Bundesagentur für Arbeit gilt als erteilt, wenn die Bundesagentur der zuständigen Ausländerbehörde nicht innerhalb von **einer Woche** mitteilt, dass die übermittelten Informationen für die Entscheidung über die Zustimmung nicht ausreichen oder dass der Arbeitgeber die erforderlichen Auskünfte nicht oder nicht rechtzeitig erteilt hat (§ 36 Abs. 2 S. 2 BeschV). Die zuständige Auslandsvertretung vergibt im beschleunigten Fachkräfteverfahren den Termin zur Antragstellung innerhalb von **drei Wochen** nach Vorlage der Vorabzustimmung der Ausländerbehörde durch die Fachkraft (§ 31 a Abs. 1 AufenthV). Die Entscheidung über den Visumantrag erfolgt in der Regel innerhalb von **drei Wochen** ab Stellung des vollständigen Visumantrags (§ 31 a Abs. 2 AufenthV). Im Regelfall muss also innerhalb der Dreiwochenfrist entschieden werden.

III. Verlängerungsantrag (§ 81 Abs. 4 Satz 1 AufenthG)

13 Nach der Einreise des Antragstellers ist die örtlich zuständige Ausländerbehörde nach § 71 Abs. 1 S. 1 AufenthG für die weitere Bearbeitung erforderlicher Anträge zuständig. Die Zuständigkeit der zentralen Ausländerbehörde bestand nur für die Koordination der verschiedenen beteiligten Behörden und gegenüber der zuständigen deutschen Auslandsvertretung. Vor Ablauf der Geltungsdauer des Visums ist der Antrag auf Verlängerung des Aufenthaltstitels zu stellen. Wird über den Verlängerungsantrag nicht innerhalb der Geltungsdauer des im Ausland erworbenen Visums entschieden, gilt das Visum mit den darin enthaltenen Berechtigungen fort (§ 81 Abs. 4 S. 1 AufenthG). Da das Visum zwar zum Zweck der Ausübung einer Beschäftigung erteilt wurde, selbst aber noch nicht zur Ausübung berechtigt, ist die Bekanntgabe der Entscheidung über den Verlängerungsantrag abzuwarten. Entsprechend dem öffentlichen Interesse an der zügigen Aufnahme einer Beschäftigung als Fachkraft ist unverzüglich, also ohne schuldhaftes Verzögern (§ 121 Abs. 1 BGB), über den Verlängerungsantrag zu entscheiden. Andernfalls würde der Sinn der oben geschilderten kurzen Bearbeitungsfristen verfehlt bzw. unterlaufen.

14 Da der Zugang zu einer Beschäftigung nach den §§ 18 ff. AufenthG angestrebt wird, ist der Aufenthaltszweck die begehrte **Beschäftigungserlaubnis**. Daher ist bereits im Aufenthaltstitel nach vorheriger Zustimmung der Arbeitsverwaltung (§ 39 AufenthG) die Erlaubnis zur Ausübung einer Beschäftigung zu regeln (§ 4 a Abs. 3 S. 1 AufenthG). Die Zustimmung wurde bereits im Visumverfahren erteilt und mit einer Geltungsfrist versehen (§ 34 Abs. 2 BeschV). Der Aufenthaltstitel muss die Erlaubnis zur Erwerbstätigkeit erkennen lassen (§ 4 a Abs. 3 S. 1 AufenthG). Er regelt konstitutiv den Zugang zum Arbeitsmarkt. In diesen Fällen ist der ausdrückliche Zweck des Aufenthaltstitels die Ausübung einer Beschäftigung. Im Aufenthaltstitel finden mithin nach § 4 a Abs. 3 S. 1 AufenthG die Entscheidung über die Erwerbstätigkeit und ihre näheren Maßgaben ihren Niederschlag.[484] Die Erlaubnis zur Erwerbstätigkeit ist immanenter inhaltlicher Bestandteil des Aufenthaltstitels und bildet mit diesem rechtlich eine nicht auflösbare Einheit.

15 Nach der positiven Entscheidung über den Verlängerungsantrag erteilt die Ausländerbehörde den Aufenthaltstitel „**Aufenthaltserlaubnis**" (§ 4 Abs. 1 S. 1 Nr. 2 AufenthG) zu dem jeweils in Betracht kommenden Zweck, wie er in § 81 a Abs. 1 AufenthG festgelegt ist. Das Visum wie die Aufenthaltserlaubnis sind je für sich rechtlich selbstständige Aufenthaltstitel. Erst mit Erteilung des Aufenthaltstitels Aufenthaltserlaubnis darf aber die im

484 Vgl. BVerwGE 79, 290 (295) = EZAR 222 Nr. 7 = NVwZ 1988, 941 = InfAuslR 1988, 251.

vorangegangenen Verfahren geprüfte und positiv entschiedene Beschäftigung ausgeübt werden. Streng genommen handelt es sich bei der Entscheidung über den Verlängerungsantrag um die erstmalige Erteilung einer Aufenthaltserlaubnis. Der Übergang vom Visum zur Aufenthaltserlaubnis wird aber nicht als erstmalige Erteilung, sondern als Verlängerung eines Aufenthaltstitels, hier in Form der Aufenthaltserlaubnis zu einem der in § 81 a Abs. 1 AufenthG bezeichneten Zwecke, angesehen. Die Aufenthaltserlaubnis wird entsprechend der jeweils in Betracht kommenden Vorschrift nach Maßgabe der dort geregelten Fristen und vorgesehenen Bedingungen erteilt. Für das weitere Verfahren treffen insbesondere den Arbeitgeber bestimmte Mitwirkungs- und Benachrichtigungspflichten.

IV. Prüfungs- und Benachrichtigungspflichten des Arbeitgebers

Der im konkreten Einzelfall jeweils in Betracht kommende Arbeitgeber muss prüfen, ob 16
die tatbestandlichen Voraussetzungen für die Erteilung der Aufenthaltserlaubnis vorliegen (§ 4 a Abs. 3 S. 2 Nr. 1 AufenthG). Da aber zwischen dem Arbeitgeber und der zuständigen Ausländerbehörde nach § 81 a Abs. 2 AufenthG eine Vereinbarung getroffen wurde, darf er im konkreten Einzelfall davon ausgehen, dass diese im Regelfall sämtlich erfüllt sind und muss nicht, ohne dass aufgrund belastbarer Hinweise konkreter Anlass zur erneuten Prüfung besteht, eine Wiederholung der Prüfung vornehmen. Nach § 4 a Abs. 5 S. 2 Nr. 3 AufenthG muss der im konkreten Einzelfall maßgebende Arbeitgeber der zuständigen Ausländerbehörde innerhalb von zwei Wochen ab Kenntnis aber mitteilen, wenn die Beschäftigung, für die der Aufenthaltstitel erteilt wurde, vorzeitig beendet wurde. Verletzungen dieser Verpflichtung können mit einem **Bußgeld bis zu fünfhunderttausend Euro** geahndet werden (§ 98 Abs. 2 a Nr. 1, Abs. 5 iVm § 4 a Abs. 5 S. 1 AufenthG). Diese bußgeldbewehrte Verpflichtung wird kritisiert und – wohl nicht unzutreffend – für kleine und mittlere Unternehmen eine abschreckende Wirkung befürchtet.[485]

Umgekehrt muss der drittstaatsangehörige Arbeitnehmer der zuständigen Ausländerbehör- 17
de Mitteilung machen, wenn die Ausbildung oder die Erwerbstätigkeit, für die der Aufenthaltstitel nach Maßgabe von §§ 16, 18 ff. AufenthG erteilt wurde, vorzeitig beendet wurde (§ 82 Abs. 6 AufenthG). Anders als im Fall des Arbeitgebers ist die Verletzung dieser Verpflichtung durch den Arbeitnehmer nicht bußgeldbewehrt (vgl. § 8 AufenthG). Verletzt in einem derartigen Fall auch der Arbeitgeber seine Benachrichtigungspflicht, bleibt der Ausländerbehörde der Wegfall der Erteilungsvoraussetzung unbekannt. Je nach Dauer der bereits ausgeübten Berufsausbildung oder der Ausübung einer Tätigkeit als Fachkraft wird die Ausländerbehörde im Fall des Bekanntwerdens der vorzeitigen Beendigung der Ausbildung oder Erwerbstätigkeit die Aufenthaltserlaubnis **nachträglich befristen** (§ 7 Abs. 2 S. 2 AufenthG) und diese mit einer Abschiebungsandrohung verbinden.

B. Rechtsschutz

I. Klageverfahren

Der Rechtsschutz richtet sich nach § 40 VwGO. Den Verwaltungsgerichten obliegt damit 18
auch die sachliche Zuständigkeit für die Überprüfung der Beschäftigungserlaubnis. Gegen die Versagung der Beschäftigungserlaubnis kann – in den Bundesländern, die das Widerspruchsverfahren nicht abgeschafft haben, nach Durchführung des Vorverfahrens (§ 68 VwGO) – **Verpflichtungsklage** erhoben werden. Der Widerspruch muss nicht jeweils wiederholt werden, wenn die beantragte Geltungsdauer des Aufenthaltstitels während des gerichtlichen Verfahrens abläuft und der Antrag unverändert auf Erteilung eines Aufent-

485 *DGB*, Stellungnahme zum Entwurf für ein FKEG v. 29. Mai 2019, S. 4.

haltstitels zur Ausübung einer Beschäftigung gerichtet bleibt.[486] Maßgebend ist die **Sach- und Rechtslage im Zeitpunkt der gerichtlichen Entscheidung.**[487] Bei fehlerhaftem Verwaltungshandeln hat der Antragsteller einen **Folgenbeseitigungsanspruch.**[488] Der vom Antragsteller mit seinem Antrag angestrebte konkrete Aufenthaltszweck bestimmt und begrenzt den Verfahrensgegenstand und konkretisiert damit den ausländerbehördlichen wie auch den nachfolgenden gerichtlichen Prüfungs- und Entscheidungsbereich. Hat die Ausländerbehörde den Antrag auf Erteilung einer Aufenthaltserlaubnis zum Zweck der Ausübung einer Beschäftigung abgelehnt, kann der Antragsteller daher im Gerichtsverfahren nicht mit Erfolg darauf verweisen, ihm stehe ein Anspruch auf Erteilung der Aufenthaltserlaubnis wegen Ausübung einer Beschäftigung[489] als Fachkraft zu. Ebenso wenig ist es zulässig, während des gerichtlichen Verfahrens das Arbeitsplatzangebot auszuwechseln, da nach § 18 Abs. 2 Nr. 1 AufenthG ein ganz **konkretes Arbeitsplatzangebot** den Verfahrensgegenstand bestimmt.

19 Da die Arbeitsverwaltung nach außen nicht in Erscheinung tritt, sondern nach § 18 Abs. 2 Nr. 2 iVm § 39 Abs. 1 AufenthG nur im verwaltungsinternen Zustimmungsverfahren beteiligt ist (→ Rn 8), können gegen die Arbeitsverwaltung keine Rechtsmittel eingelegt werden. Das Verwaltungsgericht muss deshalb inzidenter auch die Materie des Beschäftigungsrechts mit behandeln. Da die Ausländerbehörde bei der Erteilung des Aufenthaltstitels an die Zustimmung sowie die mit der Zustimmung verbundenen Vorgaben, wie etwa Befristung und bestimmter Betrieb, gebunden ist (§ 39 Abs. 1 S. 1, § 34 BeschV), die Ausländerbehörde zur abweichenden Entscheidung mithin nicht gerichtlich verpflichtet werden kann, ist die **Bundesagentur für Arbeit** notwendig **beizuladen** (§ 65 Abs. 2 VwGO) und auf Antrag durch das Verwaltungsgericht zur Erteilung der Zustimmung zu verpflichten.[490] Mit der Beiladung wird die Bindung der Arbeitsagentur an die gerichtliche Entscheidung erreicht. Die Beiladung entfällt in den zustimmungsfreien Fällen, nicht jedoch in den Fällen, in denen lediglich die Vorrangprüfung entfällt, da insoweit das Zustimmungsverfahren wegen der Prüfung der Arbeitsbedingungen (§ 39 Abs. 2 S. 1 letzter Hs. AufenthG), also die Arbeitsplatzprüfung, durchzuführen ist.

20 Die **Form des Rechtsschutzes** ist abhängig von dem Verhältnis zwischen dem Aufenthaltstitel und der Beschäftigung. Zu unterscheiden ist in die Fälle, in denen der Aufenthaltstitel kraft Gesetzes die Beschäftigung erlaubt (§ 4 a Abs. 1 S. 1 Hs. 1 AufenthG), und in die Fälle, in denen der Aufenthaltstitel zum Zwecke der Beschäftigung beantragt wird (§ 4 a Abs. 2 S. 1 AufenthG). Beim beschleunigten Fachkräfteeinwanderungsverfahren handelt es sich in aller Regel um Verfahren nach § 4 a Abs. 2 S. 1 AufenthG. Insoweit ist der Rechtsschutz jeweils unterschiedlich gestaltet. Bei den im beschleunigten Fachkräfteeinwanderungsverfahren in aller Regel in Betracht kommenden Verfahren nach § 4 a Abs. 2 S. 1 AufenthG zielt der Rechtsschutz auf die **Verpflichtung zur Erteilung des Aufenthaltstitels** nach §§ 16 ff., §§ 18 a ff. AufenthG mit gleichzeitiger Festlegung von Art und Umfang der Erwerbstätigkeit. Daher ist **Verpflichtungsklage** auf Erteilung der Aufenthaltserlaubnis zum Zweck der Ausübung der konkret beantragten Beschäftigungserlaubnis zu erheben. Eine davon losgelöste Verpflichtung zum Erlass einer die Beschäftigung regelnden Auflage ist nicht möglich, weil der Aufenthaltstitel nach §§ 18 a ff. AufenthG ohne die inhaltlich konkretisierte Erlaubnis zur Ausübung der Beschäftigung nicht ergehen kann. In der Verwaltungspraxis wird der Aufenthaltstitel in seiner Rechtswirksamkeit häufig unmittelbar

486 BSG, EZAR 310 Nr. 1; BSG, EZAR 310 Nr. 2.
487 BSG, EZAR 310 Nr. 1; BSG, InfAuslR 1982, 27.
488 Hess.LSG, InfAuslR 1988, 7 (8) für fehlerhaftes Handeln des Arbeitsamtes; VGH BW, InfAuslR 1999, 27 (32) für fehlerhaftes Handeln der Ausländerbehörde; siehe auch *Geiger*, InfAuslR 1999, 356 (358).
489 Hess.VGH, NVwZ-RR 2004, 535; so auch Hess.VGH, AuAS 1998, 95, Wechsel der Ehefrau im Rechtsschutzverfahren.
490 *Funke-Kaiser*, in: GK-AufenthG II – § 4 AufenthG Rn. 133.

von der Befolgung einer Nebenbestimmung abhängig gemacht. In diesem Fall führt der gewillkürte Wechsel des Arbeitgebers, die unanfechtbare Kündigung durch diesen, der Aufhebungsvertrag oder das anderweitig beendete Arbeitsverhältnis unmittelbar zur Beendigung des Aufenthaltstitels mit der Folge des Eintritts der Ausreisepflicht.[491] Eine derartige Bedingung, welche die Rechtswirksamkeit des erteilten Aufenthaltstitels von dem Fortbestand des einmal eingegangenen Arbeitsverhältnisses abhängig macht, ist eine **auflösende Bedingung** iSd § 36 Abs. 2 Nr. 2 VwVfG. Die den Verwaltungsakt auflösende Bedingung ist in diesem Fall die Auflösung des Arbeitsverhältnisses. Ist diese einmal eingetreten, ist der Verwaltungsakt unwirksam geworden (§ 158 Abs. 2 BGB) und kann später nicht mehr, auch nicht aufgrund eines Rechtsbehelfs, wiederaufleben.[492] Eine derartige Verwaltungspraxis wird bei der Fachkräfteeinwanderung aber nicht geübt, weil dies dem Sinn des FKEG zuwiderlaufen würde.

21 Die Beschäftigungserlaubnis wird als **rechtlich selbstständiger „begünstigender Verwaltungsakt“** in Form eines **präventiven Erwerbstätigkeitsverbotes mit ausländerrechtlichem Erlaubnisvorbehalt** angesehen.[493] Der Gesetzgeber des FKEG hat aber den Erlaubnisvorbehalt mit § 4 a Abs. 1 S. 1 AufenthG umgedreht und zu einer Erlaubnis mit Verbotsvorbehalt umgestaltet, so dass grundsätzlich jeder Drittstaatsangehörige, der einen Aufenthaltstitel besitzt, eine Erwerbstätigkeit ausüben kann.[494] In diesem Fall kann der Rechtsschutz sich nicht gegen die Versagung oder Rücknahme einer Beschäftigungserlaubnis richten, es sei denn, die Ausländerbehörde beruft sich auf ein Verbot der Erwerbstätigkeit kraft Gesetzes (§ 4 a Abs. 1 S. 1 Hs. 2 AufenthG). Das Verbot hat damit Feststellungscharakter, so dass Feststellungsklage erhoben und Eilrechtsschutz gemäß § 123 VwGO erlangt werden kann. Geht die Ausländerbehörde in diesem Fall nach § 4 a Abs. 2 S. 1 AufenthG vor, erlaubt sie die Beschäftigung oder erlässt ein Beschäftigungsverbot. In diesem Fall ist die prozessuale Situation wie früher: Die Beschäftigungserlaubnis nach § 4 a Abs. 2 S. 1 AufenthG und die Erlaubnis nach § 21 Abs. 6 AufenthG wie auch umgekehrt das Beschäftigungsverbot passen nicht in das herkömmliche System der Nebenbestimmung. Umfang, Inhalt und Fortbestand der Beschäftigungserlaubnis werden an den Fortbestand des Aufenthaltstitels gebunden (§§ 4 a Abs. 3 S. 1, 34 Abs. 2 BeschV), so dass der Rechtsschutz einheitlich gestaltet wird. Die Beschäftigungserlaubnis ist in Form von **Verpflichtungsklage**[495] **und Eilrechtsschutz** im Wege des § 123 VwGO zu erlangen (→ Rn. 22 ff.).[496] Im Falle der beantragten Beschäftigungserlaubnis ist die Bundesagentur für Arbeit notwendig beizuladen. Wird die Versagung der Beschäftigungserlaubnis auf die fehlende Zustimmung gestützt, beruft sich die Ausländerbehörde auf Rechtsgründe, so dass maßgeblicher Zeitpunkt für die Beurteilung der Sach- und Rechtslage der Zeitpunkt der letzten mündlichen Verhandlung in der Tatsacheninstanz ist.[497] Hat die Bundesagentur für Arbeit bereits ihre Zustimmung erteilt und wird die Beschäftigungserlaubnis ausschließlich auf ausländerrechtliche Gesichtspunkte gestützt, entfällt die Beiladung. Die Ausländerbehörde darf die begehrte Beschäftigungserlaubnis nicht mit der Begründung ablehnen, die Arbeitsverwaltung habe zu Unrecht ihre Zustimmung erteilt.[498] Liegt die Zustimmung der Arbeitsver-

491 OVG Frankfurt/O., NVwZ-RR 1999, 146; siehe auch BAG, InfAuslR 2000, 296.

492 BVerwGE 89, 357 (359) = NVwZ 1992, 570.

493 OVG NW, InfAuslR 2006, 222 (223); OVG Rh-Pf, NVwZ-RR 2007, 494; VG Karlsruhe, AuAS 2005, 194 (195) = InfAuslR 2005, 320; VG Koblenz, NVwZ 2005, 724; VG Sigmaringen, Beschl. v. 25.8.2005 – 8 K 1285/05; ebenso VG Sigmaringen, Beschl. v. 14.6.2005 – 4 K 468/05; *Bartelheim*, InfAuslR 2005, 458 (462).

494 BT-Drs. 19/8285, S. 82.

495 VG Karlsruhe, AuAS 2005, 194 (195) = InfAuslR 2005, 320; VG Stuttgart, InfAuslR 2007, 388 (389) = AuAS 2007, 232.

496 VG Karlsruhe, AuAS 2005, 194 (195) = InfAuslR 2005, 320; VG Stuttgart, InfAuslR 2007, 388 (389) = AuAS 2007, 232.

497 VG Karlsruhe, Beschl. v. 4.1.2006 – 4 K 2142/05.

498 VG Karlsruhe, Beschl. v. 4.1.2006 – 4 K 2142/05.

waltung vor, hat die Behörde nach pflichtgemäßem Ermessen über die Beschäftigungserlaubnis zu entscheiden. Es liegt grundsätzlich im öffentlichen Interesse, denjenigen, denen der Aufenthalt nach dem FKEG erlaubt worden ist, die rechtlichen Möglichkeiten zur Führung eines eigenverantwortlichen Lebens zu gewährleisten.

II. Eilrechtsschutz

22 In allen Fallgestaltungen kann Eilrechtsschutz gegen die Versagung der beantragten Erlaubnis zur Erwerbstätigkeit gem. § 123 VwGO beim örtlich zuständigen Verwaltungsgericht beantragt werden. Anordnungsgrund wie auch Anordnungsanspruch sind glaubhaft zu machen. § 123 Abs. 5 VwGO hindert nicht den Eilrechtsschutz nach § 123 VwGO bezogen auf die Beschäftigungserlaubnis, wenn zugleich im aufenthaltsrechtlichen Verfahren der Eilrechtsschutz nach § 80 Abs. 5 VwGO zu beantragen ist.[499] Der **Anordnungsgrund** ist dahin glaubhaft zu machen, dass der Antragsteller aus Zeit- und Gründen des effektiven Rechtsschutzes (Art. 19 Abs. 4 GG) nicht auf den Weg der Verpflichtungsklage verwiesen werden kann. Dazu ist erforderlich, dass dargetan und glaubhaft gemacht wird, dass der Beginn des vom Antragsteller angestrebten Arbeitsverhältnisses unmittelbar bevorsteht. Für die Glaubhaftmachung des Anordnungsanspruchs wird grundsätzlich eine Ermessensreduzierung auf Null vorausgesetzt. Ist das nicht der Fall, kann im Eilrechtsschutzverfahren ein Anspruch auf ermessensfehlerfreie Entscheidung gegeben sein.[500] Wird nicht glaubhaft gemacht, dass der Arbeitsplatz noch zur Verfügung steht, fehlt es am Anordnungsgrund.[501] Ein schutzwürdiges Interesse besteht auch bei einer drohenden Kündigung infolge des Ablaufs der Beschäftigungserlaubnis.[502] Führt die Ausreise mit hoher Wahrscheinlichkeit dazu, dass der geltend gemachte Anspruch vom Ausland aus nicht mehr mit Erfolg geltend gemacht werden kann, besteht ein besonders dringliches Interesse an einer vorläufigen Regelung.[503]

23 An der Frage des **Anordnungsanspruchs** scheitert im Eilrechtsschutzverfahren die Mehrzahl der Anträge, weil die Erlaubnis der Erwerbstätigkeit regelmäßig im behördlichen Ermessen liegt. Allerdings gewähren §§ 18 b Abs. 2, 18 d Abs. 1, 18 f Abs. 1, 19, 19 b Abs. 2, 19 d Abs. 1 a AufenthG Rechtsansprüche. Leidet die behördliche Entscheidung am Ermessensmangel, kann im Eilrechtsschutzverfahren erreicht werden, dass zumindest eine erneute Entscheidung im Ermessenswege getroffen werden muss.[504] Voraussetzung für eine den Anspruch auf eine ermessensfehlerhafte Entscheidung sichernde einstweilige Anordnung ist die Glaubhaftmachung eines Ermessensfehlers bei Ablehnung oder Unterlassung der begehrten Behördenentscheidung und die gerichtliche Prognose anhand der vorgebrachten oder sonst wie ersichtlichen Tatsachen, dass die ermessensfehlerfreie (Neu-)Bescheidung der Behörde mit überwiegender Wahrscheinlichkeit zur Erteilung der Beschäftigungserlaubnis führen wird.[505] Mit der einstweiligen Anordnung kann allerdings nur eine vorübergehende Regelung getroffen werden. Eine **Vorwegnahme der Hauptsache**[506] ist daher grundsätzlich unzulässig.[507] Eine Ausnahme von diesem Grundsatz ist dann zu machen, wenn der geltend gemachte Anspruch hinreichend wahrscheinlich ist (Anordnungsanspruch) und dem Antragsteller im Falle der Nichterfüllung des geltend gemachten Anspruchs bis zum Ergehen einer Entscheidung in der Hauptsache unzumutbare Nachteile

---

499 VGH BW, InfAuslR 2007, 59 (61).
500 OVG NW, AuAS 2006, 143.
501 OVG NW, InfAuslR 2006, 222 (224).
502 VG Koblenz, NVwZ 2005, 724 (725).
503 VGH BW, InfAuslR 2000, 378 (379).
504 VGH BW, InfAuslR 2000, 378 (380); VG Koblenz, NVwZ 2005, 724.
505 Vgl. VGH BW, InfAuslR 2000, 378 (380).
506 Generell zu diesem Verbot BVerwGE 109, 258 (262).
507 OVG NW, InfAuslR 2006, 222 (223); BayVGH, Beschl. v. 10.3.2006 – 24 CE 05.2685, 24 C 05.2686.

drohen (Anordnungsgrund).[508] Eine lediglich auf die vorläufige Beschäftigung gerichtete einstweilige Anordnung bis zur Entscheidung in der Hauptsache äußert keine auch im Hauptsacheverfahren irreversiblen Wirkungen für die Zukunft und ist deshalb zulässig.[509] Vielmehr kann die Ausländerbehörde mit einer rechts- und ermessensfehlerfreien Hauptsachentscheidung den status quo ante wiederherstellen.[510]

Anders ist die prozessuale Situation, wenn der Antragsteller sich gegen die **Änderung oder Aufhebung der bestehenden Erlaubnis zur Erwerbstätigkeit** wenden will. In diesen Fällen hat der Rechtsbehelf gegen die behördliche Verfügung nach § 84 Abs. 1 Nr. 3 AufenthG keine aufschiebende Wirkung. Die Anordnung des Suspensiveffekts kann mit einem **Antrag nach § 80 Abs. 5 VwGO** beantragt werden. Die Änderung oder Aufhebung der Beschäftigungserlaubnis setzt indes deren wirksamen Bestand voraus. Ist eine Beschäftigungserlaubnis noch nie erteilt worden oder ist sie aufgrund der ihr innewohnenden zeitlichen oder sachlichen Begrenzung erloschen, kann der Rechtsschutz nicht über § 80 Abs. 5 VwGO, sondern nur über § 123 VwGO erlangt werden.[511] Zwar regelt § 84 Abs. 1 Nr. 3 AufenthG unmittelbar nur den Rechtsschutz gegen die Änderung oder Aufhebung einer Nebenbestimmung zur Ausübung einer Beschäftigung. Allgemein wird aber davon ausgegangen, dass der Gesetzgeber die Konsequenzen der Regelungen in § 4 Abs. 2 und 3 AufenthG aF, der Vorläuferregelung von § 4 a Abs. 2 S. 1 AufenthG nF, bei der erst im Vermittlungsverfahren eingefügten Regelung des § 84 Abs. 1 Nr. 3 AufenthG nicht ausreichend bedacht habe. Da eine Beschäftigungserlaubnis als selbstständiger Verwaltungsakt und nicht als Nebenbestimmung ergeht, wird teilweise eine erweiternde oder analoge Anwendung des § 84 Abs. 3 Nr. 3 AufenthG auf die selbstständige Beschäftigungserlaubnis vorgeschlagen.[512] Teilweise wird von einem redaktionellen Versehen des Gesetzgebers ausgegangen und die Vorschrift unmittelbar auf den Entzug oder die Rücknahme der Beschäftigungserlaubnis angewandt.[513] 24

Auch der Widerruf und die Rücknahme der einer Duldung nach §§ 60 b, 60 c AufenthG beigefügten (selbstständigen) Beschäftigungserlaubnis unterfällt nach dieser Ansicht § 84 Abs. 1 Nr. 3 AufenthG. In der Konsequenz dieser Ansicht liegt es, dass in der Hauptsache Widerspruch und Klage gegen den Widerruf oder die Rücknahme der Beschäftigungserlaubnis einzulegen bzw. zu erheben und im Eilrechtsschutzverfahren der Antrag auf Anordnung der aufschiebenden Wirkung des Rechtsbehelfs gegen den Widerruf bzw. die Rücknahme der Beschäftigungserlaubnis zu stellen ist. Die Glaubhaftmachung eines Anordnungsgrundes entfällt. Das Verbot der Vorwegnahme der Hauptsache stellt sich nicht. Es findet lediglich eine summarisch ausgerichtete Interessenabwägung statt. Wer diesen Weg nicht gehen und § 84 Abs. 1 S. 1 Nr. 3 AufenthG auf den Widerruf bzw. die Rücknahme der Beschäftigungserlaubnis nicht anwenden will, muss im Eilrechtsschutzverfahren nach § 123 VwGO vorgehen. 25

Nach § 84 Abs. 2 S. 2 AufenthG gilt der Aufenthaltstitel für Zwecke der Aufnahme oder Ausübung einer Erwerbstätigkeit als fortbestehend, solange die Frist zur Erhebung des Widerspruchs oder der Klage noch nicht abgelaufen ist, während eines gerichtlichen Verfahrens über einen zulässigen Antrag auf Anordnung oder Wiederherstellung der aufschiebenden Wirkung oder solange der eingelegte Rechtsbehelf aufschiebende Wirkung hat. Die **Erwerbstätigkeitsfortgeltungsfiktion** stellt sicher, dass bis zum Eintritt der Vollziehbarkeit der Abschiebungsandrohung nach Bekanntgabe etwa einer Versagungs- oder Ausweisungsverfügung die Erlaubnis zur Erwerbstätigkeit fortgilt. Die Berechtigung, einer Er- 26

508 VG Koblenz, NVwZ 2005, 724.
509 OVG NW, InfAuslR 2006, 222 (223); VG Sigmaringen, Beschl. v. 25.8.2005 – 8 K 1285/05.
510 VG Sigmaringen, Beschl. v. 25.8.2005 – 8 K 1285/05.
511 *Zühlcke*, ZAR 2006, 317 (322).
512 *Funke-Kaiser*, in: GK-AufenthG II – § 84 AufenthG Rn. 20.
513 *Bartelheim*, InfAuslR 2005, 458 (461 f.).

werbstätigkeit nachzugehen, ist dem Berechtigten zu bescheinigen.[514] Zwar enthält das Gesetz hierzu keine ausdrückliche Regelung. Doch ergibt sich dieser Anspruch mittelbar aus § 4 a Abs. 2 S. 1 AufenthG. Wegen der in § 4 a Abs. 3 S. 1 AufenthG geregelten Nachweispflicht besteht ein anzuerkennendes Bedürfnis des Betroffenen, dass ihm die Ausländerbehörde gegebenenfalls die Berechtigung zur Ausübung einer Beschäftigung in geeigneter Form bescheinigt. Zur Vermeidung von Verwechselungen mit der Fortgeltungsfiktion nach § 81 Abs. 4 AufenthG besteht keine Verpflichtung, den Vordruck D3 zur AufenthV zu verwenden.[515] Die Ausländerbehörde wird ihrer Verpflichtung, das Recht aus § 84 Abs. 2 S. 2 AufenthG zu bescheinigen, mit der Ausstellung der Duldungsbescheinigung nach § 60 a Abs. 4 AufenthG nicht gerecht, da diese dieses Recht gerade nicht bescheinigt.[516] Bei einer nur vorübergehenden Ausreise entfällt die Fiktionswirkung nicht.[517]

27 Die Bescheinigung nach § 84 Abs. 2 S. 2 AufenthG regelt die Rechtslage nicht, sondern dokumentiert nur den bestehenden Rechtszustand. Im Rahmen einer derartigen Bescheinigung können daher aufenthaltsrechtliche Regelungen in Gestalt von Nebenbestimmungen nach § 12 Abs. 2 AufenthG nicht getroffen werden.[518] Eine Befristung der Bescheinigung auf drei Monate ist nicht unverhältnismäßig.[519] Ohnehin besteht kraft Gesetzes Anspruch auf Aushändigung und Verlängerung der Bescheinigung nach Maßgabe der in § 84 Abs. 2 S. 2 AufenthG jeweils geregelten Zeiträume. Dadurch, dass für die jeweils dort bezeichneten Zeiträume das Fortbestehen des Aufenthaltstitels (nur) zum Zwecke der Ausübung einer Erwerbstätigkeit fingiert wird, wird der nach § 4 a Abs. 2 und 3 AufenthG erforderliche Zusammenhang zwischen Aufenthaltstitel und Beschäftigungserlaubnis gewahrt.[520] Die Anwendung des § 84 Abs. 2 S. 2 AufenthG ist nicht auf solche Fälle beschränkt, in denen nach Versagung des Verlängerungsantrags die Fortgeltungsfiktion des § 81 Abs. 4 AufenthG entfallen ist. Vielmehr kommt die – auf Zwecke der Beschäftigung eingeschränkte – Regelung über die Fortbestehensfiktion des § 84 Abs. 2 S. 2 AufenthG nach ihrem systematischen Zusammenhang sowie ihrem Sinn und Zweck auch in Ausweisungsfällen in Betracht, in denen die aufschiebende Wirkung eines Rechtsbehelfs durch eine gerichtliche Entscheidung wiederhergestellt worden ist.[521] Das Recht auf Aushändigung der Bescheinigung kann gegebenenfalls mit dem einstweiligen Anordnungsantrag (§ 123 VwGO) durchgesetzt werden.[522]

514 OVG Hamburg, InfAuslR 2006, 60 (62); OVG NW, AuAS 2007, 158 (159); VGH BW, InfAuslR 2008, 355 (356); BayVGH, InfAuslR 2012, 14 (15); VG Magdeburg, InfAuslR 2008, 259.
515 BVerwG, NVwZ-RR 2010, 330 (331) = InfAuslR 2010, 150 = EZAR NF 93 Nr. 13; OVG NW, AuAS 2007, 158 (159); BayVGH, InfAuslR 2012, 14 (15).
516 OVG NW, AuAS 2007, 158 (159 f.).
517 BayVGH, InfAuslR 2012, 14 (15).
518 BVerwG, NVwZ-RR 2010, 330 (331) = InfAuslR 2010, 150 = EZAR NF 93 Nr. 13.
519 BVerwG, NVwZ-RR 2010, 330 (331) = InfAuslR 2010, 150 = EZAR NF 93 Nr. 13.
520 OVG Hamburg, InfAuslR 2006, 60 (62).
521 VGH BW, AuAS 2003, 232 (234).
522 OVG Hamburg, InfAuslR 2006, 60 (62); VG Aachen, InfAuslR 2006, 456 (457).

Anhang

Gesetz über den Aufenthalt, die Erwerbstätigkeit und die Integration von Ausländern im Bundesgebiet (Aufenthaltsgesetz – AufenthG)[1]

In der Fassung der Bekanntmachung vom 25. Februar 2008[2]
(BGBl. I S. 162)
(FNA 26-12)
zuletzt geändert durch Art. 1, 54 Abs. 2 FachkräfteeinwanderungsG[3]
vom 15. August 2019 (BGBl. I S. 1307)
– Auszug –

1 **Amtl. Anm.:** Dieses Gesetz dient der Umsetzung folgender Richtlinien:
1. Richtlinie 2001/40/EG des Rates vom 28. Mai 2001 über die gegenseitige Anerkennung von Entscheidungen über die Rückführung von Drittstaatsangehörigen (ABl. EG Nr. L 149 S. 34),
2. Richtlinie 2001/51/EG des Rates vom 28. Juni 2001 zur Ergänzung der Regelungen nach Artikel 26 des Übereinkommens zur Durchführung des Übereinkommens von Schengen vom 14. Juni 1985 (ABl. EG Nr. L 187 S. 45),
3. Richtlinie 2001/55/EG des Rates vom 20. Juli 2001 über Mindestnormen für die Gewährung vorübergehenden Schutzes im Falle eines Massenzustroms von Vertriebenen und Maßnahmen zur Förderung einer ausgewogenen Verteilung der Belastungen, die mit der Aufnahme dieser Personen und den Folgen dieser Aufnahme verbunden sind, auf die Mitgliedstaaten (ABl. EG Nr. L 212 S. 12),
4. Richtlinie 2002/90/EG des Rates vom 28. November 2002 zur Definition der Beihilfe zur unerlaubten Ein- und Durchreise und zum unerlaubten Aufenthalt (ABl. EG Nr. L 328 S. 17),
5. Richtlinie 2003/86/EG des Rates vom 22. September 2003 betreffend das Recht auf Familienzusammenführung (ABl. EU Nr. L 251 S. 12),
6. Richtlinie 2003/110/EG des Rates vom 25. November 2003 über die Unterstützung bei der Durchbeförderung im Rahmen von Rückführungsmaßnahmen auf dem Luftweg (ABl. EU Nr. L 321 S. 26),
7. Richtlinie 2003/109/EG des Rates vom 25. November 2003 betreffend die Rechtsstellung der langfristig aufenthaltsberechtigten Drittstaatsangehörigen (ABl. EU 2004 Nr. L 16 S. 44),
8. Richtlinie 2004/81/EG vom 29. April 2004 über die Erteilung von Aufenthaltstiteln für Drittstaatsangehörige, die Opfer des Menschenhandels sind oder denen Beihilfe zur illegalen Einwanderung geleistet wurde und die mit den zuständigen Behörden kooperieren (ABl. EU Nr. L 261 S. 19),
9. Richtlinie 2004/83/EG des Rates vom 29. April 2004 über Mindestnormen für die Anerkennung und den Status von Drittstaatsangehörigen oder Staatenlosen als Flüchtlinge oder als Personen, die anderweitig internationalen Schutz benötigen, und über den Inhalt des zu gewährenden Schutzes (ABl. EU Nr. L 304 S. 12),
10. Richtlinie 2004/114/EG des Rates vom 13. Dezember 2004 über die Bedingungen für die Zulassung von Drittstaatsangehörigen zwecks Absolvierung eines Studiums oder Teilnahme an einem Schüleraustausch, einer unbezahlten Ausbildungsmaßnahme oder einem Freiwilligendienst (ABl. EU Nr. L 375 S. 12),
11. Richtlinie 2005/71/EG des Rates vom 12. Oktober 2005 über ein besonderes Zulassungsverfahren für Drittstaatsangehörige zum Zwecke der wissenschaftlichen Forschung (ABl. EU Nr. L 289 S. 15).

2 Neubekanntmachung des AufenthaltsG v. 30.7.2004 (BGBl. I S. 1950) in der ab 28.8.2007 geltenden Fassung.

3 **Amtl. Anm.:** Dieses Gesetz dient der Umsetzung der Richtlinie 2009/50/EG des Rates vom 25. Mai 2009 über die Bedingungen für die Einreise und den Aufenthalt von Drittstaatsangehörigen zur Ausübung einer hochqualifizierten Beschäftigung (ABl. L 155 vom 18.6.2009, S. 17), der Richtlinie 2014/36/EU des Europäischen Parlaments und des Rates vom 26. Februar 2014 über die Bedingungen für die Einreise und den Aufenthalt von Drittstaatsangehörigen zwecks Beschäftigung als Saisonarbeitnehmer (ABl. L 94 vom 28.3.2014, S. 375), der Richtlinie 2014/66/EU des Europäischen Parlaments und des Rates vom 15. Mai 2014 über die Bedingungen für die Einreise und den Aufenthalt von Drittstaatsangehörigen im Rahmen eines unternehmensinternen Transfers (ABl. L 157 vom 27.5.2014, S. 1), der Richtlinie (EU) 2016/801 des Europäischen Parlaments und des Rates vom 11. Mai 2016 über die Bedingungen für die Einreise und den Aufenthalt von Drittstaatsangehörigen zu Forschungs- oder Studienzwecken, zur Absolvierung eines Praktikums, zur Teilnahme an einem Freiwilligendienst, Schüleraustauschprogrammen oder Bildungsvorhaben und zur Ausübung einer Au-pair-Tätigkeit (ABl. L 132 vom 21.5.2016, S. 21).

Kapitel 2
Einreise und Aufenthalt im Bundesgebiet

Abschnitt 3 Aufenthalt zum Zweck der Ausbildung

§ 16 Grundsatz des Aufenthalts zum Zweck der Ausbildung

[1]Der Zugang von Ausländern zur Ausbildung dient der allgemeinen Bildung und der internationalen Verständigung ebenso wie der Sicherung des Bedarfs des deutschen Arbeitsmarktes an Fachkräften. [2]Neben der Stärkung der wissenschaftlichen Beziehungen Deutschlands in der Welt trägt er auch zu internationaler Entwicklung bei. [3]Die Ausgestaltung erfolgt so, dass die Interessen der öffentlichen Sicherheit beachtet werden.

§ 16 a Berufsausbildung; berufliche Weiterbildung

(1) [1]Eine Aufenthaltserlaubnis zum Zweck der betrieblichen Aus- und Weiterbildung kann erteilt werden, wenn die Bundesagentur für Arbeit nach § 39 zugestimmt hat oder durch die Beschäftigungsverordnung oder zwischenstaatliche Vereinbarung bestimmt ist, dass die Aus- und Weiterbildung ohne Zustimmung der Bundesagentur für Arbeit zulässig ist. [2]Während des Aufenthalts nach Satz 1 darf eine Aufenthaltserlaubnis zu einem anderen Aufenthaltszweck nur zum Zweck einer qualifizierten Berufsausbildung, der Ausübung einer Beschäftigung als Fachkraft, der Ausübung einer Beschäftigung mit ausgeprägten berufspraktischen Kenntnissen nach § 19 c Absatz 2 oder in Fällen eines gesetzlichen Anspruchs erteilt werden. [3]Der Aufenthaltszweck der betrieblichen qualifizierten Berufsausbildung nach Satz 1 umfasst auch den Besuch eines Deutschsprachkurses zur Vorbereitung auf die Berufsausbildung, insbesondere den Besuch eines berufsbezogenen Deutschsprachkurses nach der Deutschsprachförderverordnung.

(2) [1]Eine Aufenthaltserlaubnis zum Zweck der schulischen Berufsausbildung kann erteilt werden, wenn sie nach bundes- oder landesrechtlichen Regelungen zu einem staatlich anerkannten Berufsabschluss führt und sich der Bildungsgang nicht überwiegend an Staatsangehörige eines Staates richtet. [2]Bilaterale oder multilaterale Vereinbarungen der Länder mit öffentlichen Stellen in einem anderen Staat über den Besuch inländischer Schulen durch ausländische Schüler bleiben unberührt. [3]Aufenthaltserlaubnisse zur Teilnahme am Schulbesuch können auf Grund solcher Vereinbarungen nur erteilt werden, wenn die für das Aufenthaltsrecht zuständige oberste Landesbehörde der Vereinbarung zugestimmt hat.

(3) [1]Handelt es sich um eine qualifizierte Berufsausbildung, berechtigt die Aufenthaltserlaubnis zur Ausübung einer von der Berufsausbildung unabhängigen Beschäftigung bis zu zehn Stunden je Woche. [2]Bei einer qualifizierten Berufsausbildung wird ein Nachweis über ausreichende deutsche Sprachkenntnisse verlangt, wenn die für die konkrete qualifizierte Berufsausbildung erforderlichen Sprachkenntnisse weder durch die Bildungseinrichtung geprüft worden sind noch durch einen vorbereitenden Deutschsprachkurs erworben werden sollen.

(4) Bevor die Aufenthaltserlaubnis zum Zweck einer qualifizierten Berufsausbildung aus Gründen, die der Ausländer nicht zu vertreten hat, zurückgenommen, widerrufen oder gemäß § 7 Absatz 2 Satz 2 nachträglich verkürzt wird, ist dem Ausländer für die Dauer von bis zu sechs Monaten die Möglichkeit zu geben, einen anderen Ausbildungsplatz zu suchen.

§ 16 b Studium

(1) [1]Einem Ausländer wird zum Zweck des Vollzeitstudiums an einer staatlichen Hochschule, an einer staatlich anerkannten Hochschule oder an einer vergleichbaren Bildungseinrichtung eine Aufenthaltserlaubnis erteilt, wenn er von der Bildungseinrichtung zugelassen worden ist. [2]Der Aufenthaltszweck des Studiums umfasst auch studienvorbereitende Maßnahmen und das Absolvieren eines Pflichtpraktikums. [3]Studienvorbereitende Maßnahmen sind

1. der Besuch eines studienvorbereitenden Sprachkurses, wenn der Ausländer zu einem Vollzeitstudium zugelassen worden ist und die Zulassung an den Besuch eines studienvorbereitenden Sprachkurses gebunden ist, und
2. der Besuch eines Studienkollegs oder einer vergleichbaren Einrichtung, wenn die Annahme zu einem Studienkolleg oder einer vergleichbaren Einrichtung nachgewiesen ist.

[4]Ein Nachweis über die für den konkreten Studiengang erforderlichen Kenntnisse der Ausbildungssprache wird nur verlangt, wenn diese Sprachkenntnisse weder bei der Zulassungsentscheidung geprüft worden sind noch durch die studienvorbereitende Maßnahme erworben werden sollen.

(2) [1]Die Geltungsdauer der Aufenthaltserlaubnis beträgt bei der Ersterteilung und bei der Verlängerung mindestens ein Jahr und soll zwei Jahre nicht überschreiten. [2]Sie beträgt mindestens zwei Jahre, wenn der Ausländer an einem Unions- oder multilateralen Programm mit Mobilitätsmaßnahmen teilnimmt oder wenn für ihn eine Vereinbarung zwischen zwei oder mehr Hochschuleinrichtungen gilt. [3]Dauert das Studium weniger als zwei Jahre, so wird die Aufenthaltserlaubnis nur für die Dauer des Studiums erteilt. [4]Die Aufenthaltserlaubnis wird verlängert, wenn der Aufenthaltszweck noch nicht erreicht ist und in einem angemessenen Zeitraum noch erreicht werden kann. [5]Zur Beurteilung der Frage, ob der Aufenthaltszweck noch erreicht werden kann, kann die aufnehmende Bildungseinrichtung beteiligt werden.

(3) [1]Die Aufenthaltserlaubnis berechtigt zur Ausübung einer Beschäftigung, die insgesamt 120 Tage oder 240 halbe Tage im Jahr nicht überschreiten darf, sowie zur Ausübung studentischer Nebentätigkeiten. [2]Dies gilt nicht während des Aufenthalts zu studienvorbereitenden Maßnahmen im ersten Jahr des Aufenthalts, ausgenommen in der Ferienzeit.

(4) [1]Während eines Aufenthalts nach Absatz 1 darf eine Aufenthaltserlaubnis für einen anderen Aufenthaltszweck nur zum Zweck einer qualifizierten Berufsausbildung, der Ausübung einer Beschäftigung als Fachkraft, der Ausübung einer Beschäftigung mit ausgeprägten berufspraktischen Kenntnissen nach § 19 c Absatz 2 oder in Fällen eines gesetzlichen Anspruchs erteilt werden. [2]§ 9 findet keine Anwendung.

(5) [1]Einem Ausländer kann eine Aufenthaltserlaubnis erteilt werden, wenn

1. er von einer staatlichen Hochschule, einer staatlich anerkannten Hochschule oder einer vergleichbaren Bildungseinrichtung
   a) zum Zweck des Vollzeitstudiums zugelassen worden ist und die Zulassung mit einer Bedingung verbunden ist, die nicht auf den Besuch einer studienvorbereitenden Maßnahme gerichtet ist,
   b) zum Zweck des Vollzeitstudiums zugelassen worden ist und die Zulassung mit der Bedingung des Besuchs eines Studienkollegs oder einer vergleichbaren Einrichtung verbunden ist, der Ausländer aber den Nachweis über die Annahme zu einem Studienkolleg oder einer vergleichbaren Einrichtung nach Absatz 1 Satz 3 Nummer 2 nicht erbringen kann oder
   c) zum Zweck des Teilzeitstudiums zugelassen worden ist,
2. er zur Teilnahme an einem studienvorbereitenden Sprachkurs angenommen worden ist, ohne dass eine Zulassung zum Zweck eines Studiums an einer staatlichen Hoch-

schule, einer staatlich anerkannten Hochschule oder einer vergleichbaren Bildungseinrichtung vorliegt, oder
3. ihm die Zusage eines Betriebs für das Absolvieren eines studienvorbereitenden Praktikums vorliegt.

[2]In den Fällen des Satzes 1 Nummer 1 sind Absatz 1 Satz 2 bis 4 und die Absätze 2 bis 4 entsprechend anzuwenden. [3]In den Fällen des Satzes 1 Nummer 2 und 3 sind die Absätze 2 und 4 entsprechend anzuwenden; die Aufenthaltserlaubnis berechtigt zur Beschäftigung nur in der Ferienzeit sowie zur Ausübung des Praktikums.

(6) Bevor die Aufenthaltserlaubnis nach Absatz 1 oder Absatz 5 aus Gründen, die der Ausländer nicht zu vertreten hat, zurückgenommen, widerrufen oder gemäß § 7 Absatz 2 Satz 2 nachträglich verkürzt wird, ist dem Ausländer für bis zu neun Monate die Möglichkeit zu geben, die Zulassung bei einer anderen Bildungseinrichtung zu beantragen.

(7) [1]Einem Ausländer, der in einem anderen Mitgliedstaat der Europäischen Union international Schutzberechtigter ist, kann eine Aufenthaltserlaubnis zum Zweck des Studiums erteilt werden, wenn der Ausländer in einem anderen Mitgliedstaat der Europäischen Union seit mindestens zwei Jahren ein Studium betrieben hat und die Voraussetzungen des § 16 c Absatz 1 Satz 1 Nummer 2 und 3 vorliegen. [2]Die Aufenthaltserlaubnis wird für die Dauer des Studienteils, der in Deutschland durchgeführt wird, erteilt. [3]Absatz 3 gilt entsprechend. [4]§ 9 findet keine Anwendung.

(8) Die Absätze 1 bis 4 und 6 dienen der Umsetzung der Richtlinie (EU) 2016/801 des Europäischen Parlaments und des Rates vom 11. Mai 2016 über die Bedingungen für die Einreise und den Aufenthalt von Drittstaatsangehörigen zu Forschungs- oder Studienzwecken, zur Absolvierung eines Praktikums, zur Teilnahme an einem Freiwilligendienst, Schüleraustauschprogrammen oder Bildungsvorhaben und zur Ausübung einer Au-pair-Tätigkeit (ABl. L 132 vom 21.5.2016, S. 21).

§ 16 c Mobilität im Rahmen des Studiums

(1) [1]Für einen Aufenthalt zum Zweck des Studiums, der 360 Tage nicht überschreitet, bedarf ein Ausländer abweichend von § 4 Absatz 1 keines Aufenthaltstitels, wenn die aufnehmende Bildungseinrichtung im Bundesgebiet dem Bundesamt für Migration und Flüchtlinge und der zuständigen Behörde des anderen Mitgliedstaates mitgeteilt hat, dass der Ausländer beabsichtigt, einen Teil seines Studiums im Bundesgebiet durchzuführen, und dem Bundesamt für Migration und Flüchtlinge mit der Mitteilung vorlegt:

1. den Nachweis, dass der Ausländer einen von einem anderen Mitgliedstaat der Europäischen Union für die Dauer des geplanten Aufenthalts gültigen Aufenthaltstitel zum Zweck des Studiums besitzt, der in den Anwendungsbereich der Richtlinie (EU) 2016/801 fällt,
2. den Nachweis, dass der Ausländer einen Teil seines Studiums an einer Bildungseinrichtung im Bundesgebiet durchführen möchte, weil er an einem Unions- oder multilateralen Programm mit Mobilitätsmaßnahmen teilnimmt oder für ihn eine Vereinbarung zwischen zwei oder mehr Hochschulen gilt,
3. den Nachweis, dass der Ausländer von der aufnehmenden Bildungseinrichtung zugelassen wurde,
4. die Kopie eines anerkannten und gültigen Passes oder Passersatzes des Ausländers und
5. den Nachweis, dass der Lebensunterhalt des Ausländers gesichert ist.

[2]Die aufnehmende Bildungseinrichtung hat die Mitteilung zu dem Zeitpunkt zu machen, zu dem der Ausländer in einem anderen Mitgliedstaat der Europäischen Union den Antrag auf Erteilung eines Aufenthaltstitels im Anwendungsbereich der Richtlinie (EU) 2016/801

stellt. [3]Ist der aufnehmenden Bildungseinrichtung zu diesem Zeitpunkt die Absicht des Ausländers, einen Teil des Studiums im Bundesgebiet durchzuführen, noch nicht bekannt, so hat sie die Mitteilung zu dem Zeitpunkt zu machen, zu dem ihr die Absicht bekannt wird. [4]Bei der Erteilung des Aufenthaltstitels nach Satz 1 Nummer 1 durch einen Staat, der nicht Schengen-Staat ist, und bei der Einreise über einen Staat, der nicht Schengen-Staat ist, hat der Ausländer eine Kopie der Mitteilung mitzuführen und den zuständigen Behörden auf deren Verlangen vorzulegen.

(2) [1]Erfolgt die Mitteilung zu dem in Absatz 1 Satz 2 genannten Zeitpunkt und wurden die Einreise und der Aufenthalt nicht nach § 19 f Absatz 5 abgelehnt, so darf der Ausländer jederzeit innerhalb der Gültigkeitsdauer des in Absatz 1 Satz 1 Nummer 1 genannten Aufenthaltstitels des anderen Mitgliedstaates in das Bundesgebiet einreisen und sich dort zum Zweck des Studiums aufhalten. [2]Erfolgt die Mitteilung zu dem in Absatz 1 Satz 3 genannten Zeitpunkt und wurden die Einreise und der Aufenthalt nicht nach § 19 f Absatz 5 abgelehnt, so darf der Ausländer in das Bundesgebiet einreisen und sich dort zum Zweck des Studiums aufhalten. [3]Der Ausländer ist zur Ausübung einer Beschäftigung, die insgesamt ein Drittel der Aufenthaltsdauer nicht überschreiten darf, sowie zur Ausübung studentischer Nebentätigkeiten berechtigt.

(3) [1]Werden die Einreise und der Aufenthalt nach § 19 f Absatz 5 abgelehnt, so hat der Ausländer das Studium unverzüglich einzustellen. [2]Die bis dahin nach Absatz 1 Satz 1 bestehende Befreiung vom Erfordernis eines Aufenthaltstitels entfällt.

(4) Sofern innerhalb von 30 Tagen nach Zugang der in Absatz 1 Satz 1 genannten Mitteilung keine Ablehnung der Einreise und des Aufenthalts des Ausländers nach § 19 f Absatz 5 erfolgt, ist dem Ausländer durch das Bundesamt für Migration und Flüchtlinge eine Bescheinigung über die Berechtigung zur Einreise und zum Aufenthalt zum Zweck des Studiums im Rahmen der kurzfristigen Mobilität auszustellen.

(5) [1]Nach der Ablehnung gemäß § 19 f Absatz 5 oder der Ausstellung der Bescheinigung im Sinne von Absatz 5 durch das Bundesamt für Migration und Flüchtlinge ist die Ausländerbehörde gemäß § 71 Absatz 1 für weitere aufenthaltsrechtliche Maßnahmen und Entscheidungen zuständig. [2]Der Ausländer und die aufnehmende Bildungseinrichtung sind verpflichtet, der Ausländerbehörde Änderungen in Bezug auf die in Absatz 1 genannten Voraussetzungen anzuzeigen.

§ 16 d Maßnahmen zur Anerkennung ausländischer Berufsqualifikationen

(1) [1]Einem Ausländer soll zum Zweck der Anerkennung seiner im Ausland erworbenen Berufsqualifikation eine Aufenthaltserlaubnis für die Durchführung einer Qualifizierungsmaßnahme einschließlich sich daran anschließender Prüfungen erteilt werden, wenn von einer nach den Regelungen des Bundes oder der Länder für die berufliche Anerkennung zuständigen Stelle festgestellt wurde, dass Anpassungs- oder Ausgleichsmaßnahmen oder weitere Qualifikationen

1. für die Feststellung der Gleichwertigkeit der Berufsqualifikation mit einer inländischen Berufsqualifikation oder
2. in einem im Inland reglementierten Beruf für die Erteilung der Berufsausübungserlaubnis

erforderlich sind. [2]Die Erteilung der Aufenthaltserlaubnis setzt voraus, dass

1. der Ausländer über der Qualifizierungsmaßnahme entsprechende deutsche Sprachkenntnisse, in der Regel mindestens über hinreichende deutsche Sprachkenntnisse, verfügt,

2. die Qualifizierungsmaßnahme geeignet ist, dem Ausländer die Anerkennung der Berufsqualifikation oder den Berufszugang zu ermöglichen, und
3. bei einer überwiegend betrieblichen Qualifizierungsmaßnahme die Bundesagentur für Arbeit nach § 39 zugestimmt hat oder durch die Beschäftigungsverordnung oder zwischenstaatliche Vereinbarung bestimmt ist, dass die Teilnahme an der Qualifizierungsmaßnahme ohne Zustimmung der Bundesagentur für Arbeit zulässig ist.

[3]Die Aufenthaltserlaubnis wird für bis zu 18 Monate erteilt und um längstens sechs Monate bis zu einer Höchstaufenthaltsdauer von zwei Jahren verlängert. [4]Sie berechtigt zur Ausübung einer von der Qualifizierungsmaßnahme unabhängigen Beschäftigung bis zu zehn Stunden je Woche.

(2) [1]Die Aufenthaltserlaubnis nach Absatz 1 berechtigt zur Ausübung einer zeitlich nicht eingeschränkten Beschäftigung, deren Anforderungen in einem Zusammenhang mit den in der späteren Beschäftigung verlangten berufsfachlichen Kenntnissen stehen, wenn ein konkretes Arbeitsplatzangebot für eine spätere Beschäftigung in dem anzuerkennenden oder von der beantragten Berufsausübungserlaubnis erfassten Beruf vorliegt und die Bundesagentur für Arbeit nach § 39 zugestimmt hat oder durch die Beschäftigungsverordnung bestimmt ist, dass die Beschäftigung ohne Zustimmung der Bundesagentur für Arbeit zulässig ist. [2]§ 18 Absatz 2 Nummer 3 gilt entsprechend.

(3) Einem Ausländer soll zum Zweck der Anerkennung seiner im Ausland erworbenen Berufsqualifikation eine Aufenthaltserlaubnis für zwei Jahre erteilt und die Ausübung einer qualifizierten Beschäftigung in einem im Inland nicht reglementierten Beruf, zu dem seine Qualifikation befähigt, erlaubt werden, wenn

1. der Ausländer über der Tätigkeit entsprechende deutsche Sprachkenntnisse, in der Regel mindestens über hinreichende deutsche Sprachkenntnisse, verfügt,
2. von einer nach den Regelungen des Bundes oder der Länder für die berufliche Anerkennung zuständigen Stelle festgestellt wurde, dass schwerpunktmäßig Fertigkeiten, Kenntnisse und Fähigkeiten in der betrieblichen Praxis fehlen,
3. ein konkretes Arbeitsplatzangebot vorliegt,
4. sich der Arbeitgeber verpflichtet hat, den Ausgleich der von der zuständigen Stelle festgestellten Unterschiede innerhalb dieser Zeit zu ermöglichen und
5. die Bundesagentur für Arbeit nach § 39 zugestimmt hat oder durch die Beschäftigungsverordnung oder zwischenstaatliche Vereinbarung bestimmt ist, dass die Beschäftigung ohne Zustimmung der Bundesagentur für Arbeit zulässig ist.

(4) [1]Einem Ausländer kann zum Zweck der Anerkennung seiner im Ausland erworbenen Berufsqualifikation eine Aufenthaltserlaubnis für ein Jahr erteilt und um jeweils ein Jahr bis zu einer Höchstaufenthaltsdauer von drei Jahren verlängert werden, wenn der Ausländer auf Grund einer Absprache der Bundesagentur für Arbeit mit der Arbeitsverwaltung des Herkunftslandes

1. über das Verfahren, die Auswahl, die Vermittlung und die Durchführung des Verfahrens zur Feststellung der Gleichwertigkeit der ausländischen Berufsqualifikation und zur Erteilung der Berufsausübungserlaubnis bei durch Bundes- oder Landesgesetz reglementierten Berufen im Gesundheits- und Pflegebereich oder
2. über das Verfahren, die Auswahl, die Vermittlung und die Durchführung des Verfahrens zur Feststellung der Gleichwertigkeit der ausländischen Berufsqualifikation und, soweit erforderlich, zur Erteilung der Berufsausübungserlaubnis für sonstige ausgewählte Berufsqualifikationen unter Berücksichtigung der Angemessenheit der Ausbildungsstrukturen des Herkunftslandes

in eine Beschäftigung vermittelt worden ist und die Bundesagentur für Arbeit nach § 39 zugestimmt hat oder durch die Beschäftigungsverordnung oder zwischenstaatliche Vereinbarung bestimmt ist, dass die Erteilung der Aufenthaltserlaubnis ohne Zustimmung der

Bundesagentur für Arbeit zulässig ist. [2]Voraussetzung ist zudem, dass der Ausländer über die in der Absprache festgelegten deutschen Sprachkenntnisse, in der Regel mindestens hinreichende deutsche Sprachkenntnisse, verfügt. [3]Die Aufenthaltserlaubnis berechtigt zur Ausübung einer von der anzuerkennenden Berufsqualifikation unabhängigen Beschäftigung bis zu zehn Stunden je Woche.

(5) [1]Einem Ausländer kann zum Ablegen von Prüfungen zur Anerkennung seiner ausländischen Berufsqualifikation eine Aufenthaltserlaubnis erteilt werden, wenn er über deutsche Sprachkenntnisse, die der abzulegenden Prüfung entsprechen, in der Regel jedoch mindestens über hinreichende deutsche Sprachkenntnisse, verfügt, sofern diese nicht durch die Prüfung nachgewiesen werden sollen. [2]Absatz 1 Satz 4 findet keine Anwendung.

(6) [1]Nach zeitlichem Ablauf des Höchstzeitraumes der Aufenthaltserlaubnis nach den Absätzen 1, 3 und 4 darf eine Aufenthaltserlaubnis für einen anderen Aufenthaltszweck nur nach den §§ 16 a, 16 b, 18 a, 18 b oder 19 c oder in Fällen eines gesetzlichen Anspruchs erteilt werden. [2]§ 20 Absatz 3 Nummer 4 bleibt unberührt.

§ 16 e Studienbezogenes Praktikum EU

(1) Einem Ausländer wird eine Aufenthaltserlaubnis zum Zweck eines Praktikums nach der Richtlinie (EU) 2016/801 erteilt, wenn die Bundesagentur für Arbeit nach § 39 zugestimmt hat oder durch die Beschäftigungsverordnung oder durch zwischenstaatliche Vereinbarung bestimmt ist, dass das Praktikum ohne Zustimmung der Bundesagentur für Arbeit zulässig ist, und

1. das Praktikum dazu dient, dass sich der Ausländer Wissen, praktische Kenntnisse und Erfahrungen in einem beruflichen Umfeld aneignet,
2. der Ausländer eine Vereinbarung mit einer aufnehmenden Einrichtung über die Teilnahme an einem Praktikum vorlegt, die theoretische und praktische Schulungsmaßnahmen vorsieht, und Folgendes enthält:
   a) eine Beschreibung des Programms für das Praktikum einschließlich des Bildungsziels oder der Lernkomponenten,
   b) die Angabe der Dauer des Praktikums,
   c) die Bedingungen der Tätigkeit und der Betreuung des Ausländers,
   d) die Arbeitszeiten des Ausländers und
   e) das Rechtsverhältnis zwischen dem Ausländer und der aufnehmenden Einrichtung,
3. der Ausländer nachweist, dass er in den letzten zwei Jahren vor der Antragstellung einen Hochschulabschluss erlangt hat, oder nachweist, dass er ein Studium absolviert, das zu einem Hochschulabschluss führt,
4. das Praktikum fachlich und im Niveau dem in Nummer 3 genannten Hochschulabschluss oder Studium entspricht und
5. die aufnehmende Einrichtung sich schriftlich zur Übernahme der Kosten verpflichtet hat, die öffentlichen Stellen bis zu sechs Monate nach der Beendigung der Praktikumsvereinbarung entstehen für
   a) den Lebensunterhalt des Ausländers während eines unerlaubten Aufenthalts im Bundesgebiet und
   b) eine Abschiebung des Ausländers.

(2) Die Aufenthaltserlaubnis wird für die vereinbarte Dauer des Praktikums, höchstens jedoch für sechs Monate erteilt.

§ 16 f Sprachkurse und Schulbesuch

(1) [1]Einem Ausländer kann eine Aufenthaltserlaubnis zur Teilnahme an Sprachkursen, die nicht der Studienvorbereitung dienen, oder zur Teilnahme an einem Schüleraustausch erteilt werden. [2]Eine Aufenthaltserlaubnis zur Teilnahme an einem Schüleraustausch kann auch erteilt werden, wenn kein unmittelbarer Austausch erfolgt.

(2) Einem Ausländer kann eine Aufenthaltserlaubnis zum Zweck des Schulbesuchs in der Regel ab der neunten Klassenstufe erteilt werden, wenn in der Schulklasse eine Zusammensetzung aus Schülern verschiedener Staatsangehörigkeiten gewährleistet ist und es sich handelt

1. um eine öffentliche oder staatlich anerkannte Schule mit internationaler Ausrichtung oder
2. um eine Schule, die nicht oder nicht überwiegend aus öffentlichen Mitteln finanziert wird und die Schüler auf internationale Abschlüsse, Abschlüsse anderer Staaten oder staatlich anerkannte Abschlüsse vorbereitet.

(3) [1]Während eines Aufenthalts zur Teilnahme an einem Sprachkurs nach Absatz 1 oder zum Schulbesuch nach Absatz 2 soll in der Regel eine Aufenthaltserlaubnis zu einem anderen Aufenthaltszweck nur in Fällen eines gesetzlichen Anspruchs erteilt werden. [2]Im Anschluss an einen Aufenthalt zur Teilnahme an einem Schüleraustausch darf eine Aufenthaltserlaubnis für einen anderen Zweck nur in den Fällen eines gesetzlichen Anspruchs erteilt werden. [3]§ 9 findet keine Anwendung. [4]Die Aufenthaltserlaubnis nach den Absätzen 1 und 2 berechtigt nicht zur Ausübung einer Erwerbstätigkeit.

(4) [1]Bilaterale oder multilaterale Vereinbarungen der Länder mit öffentlichen Stellen in einem anderen Staat über den Besuch inländischer Schulen durch ausländische Schüler bleiben unberührt. [2]Aufenthaltserlaubnisse zur Teilnahme am Schulbesuch können auf Grund solcher Vereinbarungen nur erteilt werden, wenn die für das Aufenthaltsrecht zuständige oberste Landesbehörde der Vereinbarung zugestimmt hat.

§ 17 Suche eines Ausbildungs- oder Studienplatzes

(1) [1]Einem Ausländer kann zum Zweck der Suche nach einem Ausbildungsplatz zur Durchführung einer qualifizierten Berufsausbildung eine Aufenthaltserlaubnis erteilt werden, wenn

1. er das 25. Lebensjahr noch nicht vollendet hat,
2. der Lebensunterhalt gesichert ist,
3. er über einen Abschluss einer deutschen Auslandsschule oder über einen Schulabschluss verfügt, der zum Hochschulzugang im Bundesgebiet oder in dem Staat berechtigt, in dem der Schulabschluss erworben wurde, und
4. er über gute deutsche Sprachkenntnisse verfügt.

[2]Die Aufenthaltserlaubnis wird für bis zu sechs Monate erteilt. [3]Sie kann erneut nur erteilt werden, wenn sich der Ausländer nach seiner Ausreise mindestens so lange im Ausland aufgehalten hat, wie er sich zuvor auf der Grundlage einer Aufenthaltserlaubnis nach Satz 1 im Bundesgebiet aufgehalten hat.

(2) [1]Einem Ausländer kann zum Zweck der Studienbewerbung eine Aufenthaltserlaubnis erteilt werden, wenn

1. er über die schulischen und sprachlichen Voraussetzungen zur Aufnahme eines Studiums verfügt oder diese innerhalb der Aufenthaltsdauer nach Satz 2 erworben werden sollen und
2. der Lebensunterhalt gesichert ist.

[2]Die Aufenthaltserlaubnis wird für bis zu neun Monate erteilt.

(3) [1]Die Aufenthaltserlaubnis nach den Absätzen 1 und 2 berechtigt nicht zur Erwerbstätigkeit und nicht zur Ausübung studentischer Nebentätigkeiten. [2]Während des Aufenthalts nach Absatz 1 soll in der Regel eine Aufenthaltserlaubnis zu einem anderen Aufenthaltszweck nur nach den §§ 18 a oder 18 b oder in Fällen eines gesetzlichen Anspruchs erteilt werden. [3]Während des Aufenthalts nach Absatz 2 soll in der Regel eine Aufenthaltserlaubnis zu einem anderen Aufenthaltszweck nur nach den §§ 16 a, 16 b, 18 a oder 18 b oder in Fällen eines gesetzlichen Anspruchs erteilt werden.

Abschnitt 4 Aufenthalt zum Zweck der Erwerbstätigkeit

§ 18 Grundsatz der Fachkräfteeinwanderung; allgemeine Bestimmungen

(1) [1]Die Zulassung ausländischer Beschäftigter orientiert sich an den Erfordernissen des Wirtschafts- und Wissenschaftsstandortes Deutschland unter Berücksichtigung der Verhältnisse auf dem Arbeitsmarkt. [2]Die besonderen Möglichkeiten für ausländische Fachkräfte dienen der Sicherung der Fachkräftebasis und der Stärkung der sozialen Sicherungssysteme. [3]Sie sind ausgerichtet auf die nachhaltige Integration von Fachkräften in den Arbeitsmarkt und die Gesellschaft unter Beachtung der Interessen der öffentlichen Sicherheit.

(2) Die Erteilung eines Aufenthaltstitels zur Ausübung einer Beschäftigung nach diesem Abschnitt setzt voraus, dass

1. ein konkretes Arbeitsplatzangebot vorliegt,
2. die Bundesagentur für Arbeit nach § 39 zugestimmt hat; dies gilt nicht, wenn durch Gesetz, zwischenstaatliche Vereinbarung oder durch die Beschäftigungsverordnung bestimmt ist, dass die Ausübung der Beschäftigung ohne Zustimmung der Bundesagentur für Arbeit zulässig ist; in diesem Fall kann die Erteilung des Aufenthaltstitels auch versagt werden, wenn einer der Tatbestände des § 40 Absatz 2 oder 3 vorliegt,
3. eine Berufsausübungserlaubnis erteilt wurde oder zugesagt ist, soweit diese erforderlich ist,
4. die Gleichwertigkeit der Qualifikation festgestellt wurde oder ein anerkannter ausländischer oder ein einem deutschen Hochschulabschluss vergleichbarer ausländischer Hochschulabschluss vorliegt, soweit dies eine Voraussetzung für die Erteilung des Aufenthaltstitels ist, und
5. in den Fällen der erstmaligen Erteilung eines Aufenthaltstitels nach § 18 a oder § 18 b Absatz 1 nach Vollendung des 45. Lebensjahres des Ausländers die Höhe des Gehalts mindestens 55 Prozent der jährlichen Beitragsbemessungsgrenze in der allgemeinen Rentenversicherung entspricht, es sei denn, der Ausländer kann den Nachweis über eine angemessene Altersversorgung erbringen. Von den Voraussetzungen nach Satz 1 kann nur in begründeten Ausnahmefällen, in denen ein öffentliches, insbesondere ein regionales, wirtschaftliches oder arbeitsmarktpolitisches Interesse an der Beschäftigung des Ausländers besteht, abgesehen werden. Das Bundesministerium des Innern, für Bau und Heimat gibt das Mindestgehalt für jedes Kalenderjahr jeweils bis zum 31. Dezember des Vorjahres im Bundesanzeiger bekannt.

(3) Fachkraft im Sinne dieses Gesetzes ist ein Ausländer, der

1. eine inländische qualifizierte Berufsausbildung oder eine mit einer inländischen qualifizierten Berufsausbildung gleichwertige ausländische Berufsqualifikation besitzt (Fachkraft mit Berufsausbildung) oder
2. einen deutschen, einen anerkannten ausländischen oder einen einem deutschen Hochschulabschluss vergleichbaren ausländischen Hochschulabschluss besitzt (Fachkraft mit akademischer Ausbildung).

(4) [1]Aufenthaltstitel für Fachkräfte gemäß den §§ 18 a und 18 b werden für die Dauer von vier Jahren oder, wenn das Arbeitsverhältnis oder die Zustimmung der Bundesagentur für Arbeit auf einen kürzeren Zeitraum befristet sind, für diesen kürzeren Zeitraum erteilt. [2]Die Blaue Karte EU wird für die Dauer des Arbeitsvertrages zuzüglich dreier Monate ausgestellt oder verlängert, wenn die Dauer des Arbeitsvertrages weniger als vier Jahre beträgt.

§ 18 a Fachkräfte mit Berufsausbildung

Einer Fachkraft mit Berufsausbildung kann eine Aufenthaltserlaubnis zur Ausübung einer qualifizierten Beschäftigung erteilt werden, zu der ihre erworbene Qualifikation sie befähigt.

§ 18 b Fachkräfte mit akademischer Ausbildung

(1) Einer Fachkraft mit akademischer Ausbildung kann eine Aufenthaltserlaubnis zur Ausübung einer qualifizierten Beschäftigung erteilt werden, zu der ihre Qualifikation sie befähigt.

(2) [1]Einer Fachkraft mit akademischer Ausbildung wird ohne Zustimmung der Bundesagentur für Arbeit eine Blaue Karte EU zum Zweck einer ihrer Qualifikation angemessenen Beschäftigung erteilt, wenn sie ein Gehalt in Höhe von mindestens zwei Dritteln der jährlichen Bemessungsgrenze in der allgemeinen Rentenversicherung erhält und keiner der in § 19 f Absatz 1 und 2 geregelten Ablehnungsgründe vorliegt. [2]Fachkräften mit akademischer Ausbildung, die einen Beruf ausüben, der zu den Gruppen 21, 221 oder 25 nach der Empfehlung der Kommission vom 29. Oktober 2009 über die Verwendung der Internationalen Standardklassifikation der Berufe (ISCO-08) (ABl. L 292 vom 10.11.2009, S. 31) gehört, wird die Blaue Karte EU abweichend von Satz 1 mit Zustimmung der Bundesagentur für Arbeit erteilt, wenn die Höhe des Gehalts mindestens 52 Prozent der jährlichen Beitragsbemessungsgrenze in der allgemeinen Rentenversicherung beträgt. [3]Das Bundesministerium des Innern gibt die Mindestgehälter für jedes Kalenderjahr jeweils bis zum 31. Dezember des Vorjahres im Bundesanzeiger bekannt. [4]Abweichend von § 4 a Absatz 3 Satz 3 ist bei einem Arbeitsplatzwechsel eines Inhabers einer Blauen Karte EU nur in den ersten zwei Jahren der Beschäftigung die Erlaubnis durch die Ausländerbehörde erforderlich; sie wird erteilt, wenn die Voraussetzungen der Erteilung einer Blauen Karte EU vorliegen.

§ 18 c Niederlassungserlaubnis für Fachkräfte

(1) [1]Einer Fachkraft ist ohne Zustimmung der Bundesagentur für Arbeit eine Niederlassungserlaubnis zu erteilen, wenn

1. sie seit vier Jahren im Besitz eines Aufenthaltstitels nach den §§ 18 a, 18 b oder 18 d ist,
2. sie einen Arbeitsplatz innehat, der nach den Voraussetzungen der §§ 18 a, 18 b oder § 18 d von ihr besetzt werden darf,
3. sie mindestens 48 Monate Pflichtbeiträge oder freiwillige Beiträge zur gesetzlichen Rentenversicherung geleistet hat oder Aufwendungen für einen Anspruch auf vergleichbare Leistungen einer Versicherungs- oder Versorgungseinrichtung oder eines Versicherungsunternehmens nachweist,
4. sie über ausreichende Kenntnisse der deutschen Sprache verfügt und
5. die Voraussetzungen des § 9 Absatz 2 Satz 1 Nummer 2 und 4 bis 6, 8 und 9 vorliegen; § 9 Absatz 2 Satz 2 bis 4 und 6 gilt entsprechend.

[2]Die Frist nach Satz 1 Nummer 1 verkürzt sich auf zwei Jahre und die Frist nach Satz 1 Nummer 3 verkürzt sich auf 24 Monate, wenn die Fachkraft eine inländische Berufsausbildung oder ein inländisches Studium erfolgreich abgeschlossen hat.

(2) [1]Abweichend von Absatz 1 ist dem Inhaber einer Blauen Karte EU eine Niederlassungserlaubnis zu erteilen, wenn er mindestens 33 Monate eine Beschäftigung nach § 18 b Absatz 2 ausgeübt hat und für diesen Zeitraum Pflichtbeiträge oder freiwillige Beiträge zur gesetzlichen Rentenversicherung geleistet hat oder Aufwendungen für einen Anspruch auf vergleichbare Leistungen einer Versicherungs- oder Versorgungseinrichtung oder eines Versicherungsunternehmens nachweist und die Voraussetzungen des § 9 Absatz 2 Satz 1 Nummer 2 und 4 bis 6, 8 und 9 vorliegen und er über einfache Kenntnisse der deutschen Sprache verfügt. [2]§ 9 Absatz 2 Satz 2 bis 4 und 6 gilt entsprechend. [3]Die Frist nach Satz 1 verkürzt sich auf 21 Monate, wenn der Ausländer über ausreichende Kenntnisse der deutschen Sprache verfügt.

(3) [1]Einer hoch qualifizierten Fachkraft mit akademischer Ausbildung kann ohne Zustimmung der Bundesagentur für Arbeit in besonderen Fällen eine Niederlassungserlaubnis erteilt werden, wenn die Annahme gerechtfertigt ist, dass die Integration in die Lebensverhältnisse der Bundesrepublik Deutschland und die Sicherung des Lebensunterhalts ohne staatliche Hilfe gewährleistet sind sowie die Voraussetzung des § 9 Absatz 2 Satz 1 Nummer 4 vorliegt. [2]Die Landesregierung kann bestimmen, dass die Erteilung der Niederlassungserlaubnis nach Satz 1 der Zustimmung der obersten Landesbehörde oder einer von ihr bestimmten Stelle bedarf. [3]Hoch qualifiziert nach Satz 1 sind bei mehrjähriger Berufserfahrung insbesondere

1. Wissenschaftler mit besonderen fachlichen Kenntnissen oder
2. Lehrpersonen in herausgehobener Funktion oder wissenschaftliche Mitarbeiter in herausgehobener Funktion.

§ 18 d Forschung

(1) [1]Einem Ausländer wird ohne Zustimmung der Bundesagentur für Arbeit eine Aufenthaltserlaubnis nach der Richtlinie (EU) 2016/801 zum Zweck der Forschung erteilt, wenn

1. er
   a) eine wirksame Aufnahmevereinbarung oder einen entsprechenden Vertrag zur Durchführung eines Forschungsvorhabens mit einer Forschungseinrichtung abgeschlossen hat, die für die Durchführung des besonderen Zulassungsverfahrens für Forscher im Bundesgebiet anerkannt ist, oder
   b) eine wirksame Aufnahmevereinbarung oder einen entsprechenden Vertrag mit einer Forschungseinrichtung abgeschlossen hat, die Forschung betreibt, und

2. die Forschungseinrichtung sich schriftlich zur Übernahme der Kosten verpflichtet hat, die öffentlichen Stellen bis zu sechs Monate nach der Beendigung der Aufnahmevereinbarung entstehen für
   a) den Lebensunterhalt des Ausländers während eines unerlaubten Aufenthalts in einem Mitgliedstaat der Europäischen Union und
   b) eine Abschiebung des Ausländers.

[2]In den Fällen des Satzes 1 Nummer 1 Buchstabe a ist die Aufenthaltserlaubnis innerhalb von 60 Tagen nach Antragstellung zu erteilen.

(2) [1]Von dem Erfordernis des Absatzes 1 Nummer 2 soll abgesehen werden, wenn die Tätigkeit der Forschungseinrichtung überwiegend aus öffentlichen Mitteln finanziert wird. [2]Es kann davon abgesehen werden, wenn an dem Forschungsvorhaben ein besonderes öffentliches Interesse besteht. [3]Auf die nach Absatz 1 Nummer 2 abgegebenen Erklärungen sind § 66 Absatz 5, § 67 Absatz 3 sowie § 68 Absatz 2 Satz 2 und 3 und Absatz 4 entsprechend anzuwenden.

(3) Die Forschungseinrichtung kann die Erklärung nach Absatz 1 Nummer 2 auch gegenüber der für ihre Anerkennung zuständigen Stelle allgemein für sämtliche Ausländer abgeben, denen auf Grund einer mit ihr geschlossenen Aufnahmevereinbarung eine Aufenthaltserlaubnis erteilt wird.

(4) [1]Die Aufenthaltserlaubnis wird für mindestens ein Jahr erteilt. [2]Nimmt der Ausländer an einem Unions- oder multilateralen Programm mit Mobilitätsmaßnahmen teil, so wird die Aufenthaltserlaubnis für mindestens zwei Jahre erteilt. [3]Wenn das Forschungsvorhaben in einem kürzeren Zeitraum durchgeführt wird, wird die Aufenthaltserlaubnis abweichend von den Sätzen 1 und 2 auf die Dauer des Forschungsvorhabens befristet; die Frist beträgt in den Fällen des Satzes 2 mindestens ein Jahr.

(5) [1]Eine Aufenthaltserlaubnis nach Absatz 1 berechtigt zur Aufnahme der Forschungstätigkeit bei der in der Aufnahmevereinbarung bezeichneten Forschungseinrichtung und zur Aufnahme von Tätigkeiten in der Lehre. [2]Änderungen des Forschungsvorhabens während des Aufenthalts führen nicht zum Wegfall dieser Berechtigung.

(6) [1]Einem Ausländer, der in einem Mitgliedstaat der Europäischen Union international Schutzberechtigter ist, kann eine Aufenthaltserlaubnis zum Zweck der Forschung erteilt werden, wenn die Voraussetzungen des Absatzes 1 erfüllt sind und er sich mindestens zwei Jahre nach Erteilung der Schutzberechtigung in diesem Mitgliedstaat aufgehalten hat. [2]Absatz 5 gilt entsprechend.

§ 18 e Kurzfristige Mobilität für Forscher

(1) [1]Für einen Aufenthalt zum Zweck der Forschung, der eine Dauer von 180 Tagen innerhalb eines Zeitraums von 360 Tagen nicht überschreitet, bedarf ein Ausländer abweichend von § 4 Absatz 1 keines Aufenthaltstitels, wenn die aufnehmende Forschungseinrichtung im Bundesgebiet dem Bundesamt für Migration und Flüchtlinge und der zuständigen Behörde des anderen Mitgliedstaates mitgeteilt hat, dass der Ausländer beabsichtigt, einen Teil seiner Forschungstätigkeit im Bundesgebiet durchzuführen, und dem Bundesamt für Migration und Flüchtlinge mit der Mitteilung vorlegt

1. den Nachweis, dass der Ausländer einen gültigen nach der Richtlinie (EU) 2016/801 erteilten Aufenthaltstitel eines anderen Mitgliedstaates zum Zweck der Forschung besitzt,
2. die Aufnahmevereinbarung oder den entsprechenden Vertrag, die oder der mit der aufnehmenden Forschungseinrichtung im Bundesgebiet geschlossen wurde,

3. die Kopie eines anerkannten und gültigen Passes oder Passersatzes des Ausländers und
4. den Nachweis, dass der Lebensunterhalt des Ausländers gesichert ist.

[2]Die aufnehmende Forschungseinrichtung hat die Mitteilung zu dem Zeitpunkt zu machen, zu dem der Ausländer in einem anderen Mitgliedstaat der Europäischen Union den Antrag auf Erteilung eines Aufenthaltstitels im Anwendungsbereich der Richtlinie (EU) 2016/801 stellt. [3]Ist der aufnehmenden Forschungseinrichtung zu diesem Zeitpunkt die Absicht des Ausländers, einen Teil der Forschungstätigkeit im Bundesgebiet durchzuführen, noch nicht bekannt, so hat sie die Mitteilung zu dem Zeitpunkt zu machen, zu dem ihr die Absicht bekannt wird. [4]Bei der Erteilung des Aufenthaltstitels nach Satz 1 Nummer 1 durch einen Staat, der nicht Schengen-Staat ist, und bei der Einreise über einen Staat, der nicht Schengen-Staat ist, hat der Ausländer eine Kopie der Mitteilung mitzuführen und den zuständigen Behörden auf deren Verlangen vorzulegen.

(2) [1]Erfolgt die Mitteilung zu dem in Absatz 1 Satz 2 genannten Zeitpunkt und wurden die Einreise und der Aufenthalt nicht nach § 19f Absatz 5 abgelehnt, so darf der Ausländer jederzeit innerhalb der Gültigkeitsdauer des Aufenthaltstitels in das Bundesgebiet einreisen und sich dort zum Zweck der Forschung aufhalten. [2]Erfolgt die Mitteilung zu dem in Absatz 1 Satz 3 genannten Zeitpunkt, so darf der Ausländer nach Zugang der Mitteilung innerhalb der Gültigkeitsdauer des in Absatz 1 Satz 1 Nummer 1 genannten Aufenthaltstitels des anderen Mitgliedstaates in das Bundesgebiet einreisen und sich dort zum Zweck der Forschung aufhalten.

(3) Ein Ausländer, der die Voraussetzungen nach Absatz 1 erfüllt, ist berechtigt, in der aufnehmenden Forschungseinrichtung die Forschungstätigkeit aufzunehmen und Tätigkeiten in der Lehre aufzunehmen.

(4) [1]Werden die Einreise und der Aufenthalt nach § 19f Absatz 5 abgelehnt, so hat der Ausländer die Forschungsstätigkeit unverzüglich einzustellen. [2]Die bis dahin nach Absatz 1 Satz 1 bestehende Befreiung vom Erfordernis eines Aufenthaltstitels entfällt.

(5) Sofern keine Ablehnung der Einreise und des Aufenthalts nach § 19f Absatz 5 erfolgt, wird dem Ausländer durch das Bundesamt für Migration und Flüchtlinge eine Bescheinigung über die Berechtigung zur Einreise und zum Aufenthalt zum Zweck der Forschung im Rahmen der kurzfristigen Mobilität ausgestellt.

(6) [1]Nach der Ablehnung gemäß § 19f Absatz 5 oder der Ausstellung der Bescheinigung im Sinne von Absatz 5 durch das Bundesamt für Migration und Flüchtlinge ist die Ausländerbehörde gemäß § 71 Absatz 1 für weitere aufenthaltsrechtliche Maßnahmen und Entscheidungen zuständig. [2]Der Ausländer und die aufnehmende Forschungseinrichtung sind verpflichtet, der Ausländerbehörde Änderungen in Bezug auf die in Absatz 1 genannten Voraussetzungen anzuzeigen.

§ 18f Aufenthaltserlaubnis für mobile Forscher

(1) Für einen Aufenthalt zum Zweck der Forschung, der mehr als 180 Tage und höchstens ein Jahr dauert, wird einem Ausländer ohne Zustimmung der Bundesagentur für Arbeit eine Aufenthaltserlaubnis erteilt, wenn

1. er einen für die Dauer des Verfahrens gültigen nach der Richtlinie (EU) 2016/801 erteilten Aufenthaltstitel eines anderen Mitgliedstaates besitzt,
2. die Kopie eines anerkannten und gültigen Passes oder Passersatzes vorgelegt wird und
3. die Aufnahmevereinbarung oder der entsprechende Vertrag, die oder der mit der aufnehmenden Forschungseinrichtung im Bundesgebiet geschlossen wurde, vorgelegt wird.

(2) Wird der Antrag auf Erteilung der Aufenthaltserlaubnis mindestens 30 Tage vor Beginn des Aufenthalts im Bundesgebiet gestellt und ist der Aufenthaltstitel des anderen Mitgliedstaates weiterhin gültig, so gelten, bevor über den Antrag entschieden wird, der Aufenthalt und die Erwerbstätigkeit des Ausländers für bis zu 180 Tage innerhalb eines Zeitraums von 360 Tagen als erlaubt.

(3) Für die Berechtigung zur Ausübung der Forschungstätigkeit und einer Tätigkeit in der Lehre gilt § 18 d Absatz 5 entsprechend.

(4) Der Ausländer und die aufnehmende Forschungseinrichtung sind verpflichtet, der Ausländerbehörde Änderungen in Bezug auf die in Absatz 1 genannten Voraussetzungen anzuzeigen.

(5) [1]Der Antrag wird abgelehnt, wenn er parallel zu einer Mitteilung nach § 18 e Absatz 1 Satz 1 gestellt wurde. [2]Abgelehnt wird ein Antrag auch, wenn er zwar während eines Aufenthalts nach § 18 e Absatz 1, aber nicht mindestens 30 Tage vor Ablauf dieses Aufenthalts vollständig gestellt wurde.

§ 19 ICT-Karte für unternehmensintern transferierte Arbeitnehmer

(1) [1]Eine ICT-Karte ist ein Aufenthaltstitel zum Zweck eines unternehmensinternen Transfers eines Ausländers. [2]Ein unternehmensinterner Transfer ist die vorübergehende Abordnung eines Ausländers

1. in eine inländische Niederlassung des Unternehmens, dem der Ausländer angehört, wenn das Unternehmen seinen Sitz außerhalb der Europäischen Union hat, oder
2. in eine inländische Niederlassung eines anderen Unternehmens der Unternehmensgruppe, zu der auch dasjenige Unternehmen mit Sitz außerhalb der Europäischen Union gehört, dem der Ausländer angehört.

(2) [1]Einem Ausländer wird die ICT-Karte erteilt, wenn

1. er in der aufnehmenden Niederlassung als Führungskraft oder Spezialist tätig wird,
2. er dem Unternehmen oder der Unternehmensgruppe unmittelbar vor Beginn des unternehmensinternen Transfers seit mindestens sechs Monaten und für die Zeit des Transfers ununterbrochen angehört,
3. der unternehmensinterne Transfer mehr als 90 Tage dauert,
4. der Ausländer einen für die Dauer des unternehmensinternen Transfers gültigen Arbeitsvertrag und erforderlichenfalls ein Abordnungsschreiben vorweist, worin enthalten sind:
   a) Einzelheiten zu Ort, Art, Entgelt und zu sonstigen Arbeitsbedingungen für die Dauer des unternehmensinternen Transfers sowie
   b) der Nachweis, dass der Ausländer nach Beendigung des unternehmensinternen Transfers in eine außerhalb der Europäischen Union ansässige Niederlassung des gleichen Unternehmens oder der gleichen Unternehmensgruppe zurückkehren kann, und
5. er seine berufliche Qualifikation nachweist.

[2]Führungskraft im Sinne dieses Gesetzes ist eine in einer Schlüsselposition beschäftigte Person, die in erster Linie die aufnehmende Niederlassung leitet und die hauptsächlich unter der allgemeinen Aufsicht des Leitungsorgans oder der Anteilseigner oder gleichwertiger Personen steht oder von ihnen allgemeine Weisungen erhält. [3]Diese Position schließt die Leitung der aufnehmenden Niederlassung oder einer Abteilung oder Unterabteilung der aufnehmenden Niederlassung, die Überwachung und Kontrolle der Arbeit des sonstigen Aufsicht führenden Personals und der Fach- und Führungskräfte sowie die Befugnis zur Empfehlung einer Anstellung, Entlassung oder sonstigen personellen Maßnahme ein. [4]Spe-

zialist im Sinne dieses Gesetzes ist, wer über unerlässliche Spezialkenntnisse über die Tätigkeitsbereiche, die Verfahren oder die Verwaltung der aufnehmenden Niederlassung, ein hohes Qualifikationsniveau sowie angemessene Berufserfahrung verfügt.

(3) [1]Die ICT-Karte wird einem Ausländer auch erteilt, wenn

1. er als Trainee im Rahmen eines unternehmensinternen Transfers tätig wird und
2. die in Absatz 2 Satz 1 Nummer 2 bis 4 genannten Voraussetzungen vorliegen.

[2]Trainee im Sinne dieses Gesetzes ist, wer über einen Hochschulabschluss verfügt, ein Traineeprogramm absolviert, das der beruflichen Entwicklung oder der Fortbildung in Bezug auf Geschäftstechniken und -methoden dient, und entlohnt wird.

(4) [1]Die ICT-Karte wird erteilt

1. bei Führungskräften und bei Spezialisten für die Dauer des Transfers, höchstens jedoch für drei Jahre und
2. bei Trainees für die Dauer des Transfers, höchstens jedoch für ein Jahr.

[2]Durch eine Verlängerung der ICT-Karte dürfen die in Satz 1 genannten Höchstfristen nicht überschritten werden.

(5) Die ICT-Karte wird nicht erteilt, wenn der Ausländer

1. auf Grund von Übereinkommen zwischen der Europäischen Union und ihren Mitgliedstaaten einerseits und Drittstaaten andererseits ein Recht auf freien Personenverkehr genießt, das dem der Unionsbürger gleichwertig ist,
2. in einem Unternehmen mit Sitz in einem dieser Drittstaaten beschäftigt ist oder
3. im Rahmen seines Studiums ein Praktikum absolviert.

(6) Die ICT-Karte wird darüber hinaus nicht erteilt, wenn

1. sich der Ausländer im Rahmen der Möglichkeiten der Einreise und des Aufenthalts in mehreren Mitgliedstaaten der Europäischen Union zu Zwecken des unternehmensinternen Transfers im Rahmen des Transfers länger in einem anderen Mitgliedstaat aufhalten wird als im Bundesgebiet oder
2. der Antrag vor Ablauf von sechs Monaten seit dem Ende des letzten Aufenthalts des Ausländers zum Zweck des unternehmensinternen Transfers im Bundesgebiet gestellt wird.

(7) Diese Vorschrift dient der Umsetzung der Richtlinie 2014/66/EU des Europäischen Parlaments und des Rates vom 15. Mai 2014 über die Bedingungen für die Einreise und den Aufenthalt von Drittstaatsangehörigen im Rahmen eines unternehmensinternen Transfers (ABl. L 157 vom 27.5.2014, S. 1).

§ 19 a Kurzfristige Mobilität für unternehmensintern transferierte Arbeitnehmer

(1) [1]Für einen Aufenthalt zum Zweck eines unternehmensinternen Transfers, der eine Dauer von bis zu 90 Tagen innerhalb eines Zeitraums von 180 Tagen nicht überschreitet, bedarf ein Ausländer abweichend von § 4 Absatz 1 keines Aufenthaltstitels, wenn die ihn aufnehmende Niederlassung in dem anderen Mitgliedstaat dem Bundesamt für Migration und Flüchtlinge und der zuständigen Behörde des anderen Mitgliedstaates mitgeteilt hat, dass der Ausländer die Ausübung einer Beschäftigung im Bundesgebiet beabsichtigt, und dem Bundesamt für Migration und Flüchtlinge mit der Mitteilung vorlegt

1. den Nachweis, dass der Ausländer einen gültigen nach der Richtlinie (EU) 2014/66 erteilten Aufenthaltstitel eines anderen Mitgliedstaates der Europäischen Union besitzt,

2. den Nachweis, dass die inländische aufnehmende Niederlassung demselben Unternehmen oder derselben Unternehmensgruppe angehört wie dasjenige Unternehmen mit Sitz außerhalb der Europäischen Union, dem der Ausländer angehört,
3. einen Arbeitsvertrag und erforderlichenfalls ein Abordnungsschreiben gemäß den Vorgaben in § 19 Absatz 2 Satz 1 Nummer 4, der oder das bereits den zuständigen Behörden des anderen Mitgliedstaates vorgelegt wurde,
4. die Kopie eines anerkannten und gültigen Passes oder Passersatzes des Ausländers,
5. den Nachweis, dass eine Berufsausübungserlaubnis erteilt wurde oder ihre Erteilung zugesagt ist, soweit diese erforderlich ist.

[2]Die aufnehmende Niederlassung in dem anderen Mitgliedstaat hat die Mitteilung zu dem Zeitpunkt zu machen, zu dem der Ausländer in dem anderen Mitgliedstaat der Europäischen Union den Antrag auf Erteilung eines Aufenthaltstitels im Anwendungsbereich der Richtlinie (EU) 2014/66 stellt. [3]Ist der aufnehmenden Niederlassung in dem anderen Mitgliedstaat zu diesem Zeitpunkt die Absicht des Transfers in eine Niederlassung im Bundesgebiet noch nicht bekannt, so hat sie die Mitteilung zu dem Zeitpunkt zu machen, zu dem ihr die Absicht bekannt wird. [4]Bei der Erteilung des Aufenthaltstitels nach Satz 1 Nummer 1 durch einen Staat, der nicht Schengen-Staat ist, und bei der Einreise über einen Staat, der nicht Schengen-Staat ist, hat der Ausländer eine Kopie der Mitteilung mitzuführen und den zuständigen Behörden auf deren Verlangen vorzulegen.

(2) [1]Erfolgt die Mitteilung zu dem in Absatz 1 Satz 2 genannten Zeitpunkt und wurden die Einreise und der Aufenthalt nicht nach Absatz 4 abgelehnt, so darf der Ausländer jederzeit innerhalb der Gültigkeitsdauer des in Absatz 1 Satz 1 Nummer 1 genannten Aufenthaltstitels des anderen Mitgliedstaates in das Bundesgebiet einreisen und sich dort zum Zweck des unternehmensinternen Transfers aufhalten. [2]Erfolgt die Mitteilung zu dem in Absatz 1 Satz 3 genannten Zeitpunkt, so darf der Ausländer nach Zugang der Mitteilung innerhalb der Gültigkeitsdauer des in Absatz 1 Satz 1 Nummer 1 genannten Aufenthaltstitels des anderen Mitgliedstaates in das Bundesgebiet einreisen und sich dort zum Zweck des unternehmensinternen Transfers aufhalten.

(3) [1]Die Einreise und der Aufenthalt werden durch das Bundesamt für Migration und Flüchtlinge abgelehnt, wenn

1. das Arbeitsentgelt, das dem Ausländer während des unternehmensinternen Transfers im Bundesgebiet gewährt wird, ungünstiger ist als das Arbeitsentgelt vergleichbarer deutscher Arbeitnehmer,
2. die Voraussetzungen des Absatzes 1 Satz 1 Nummer 1, 2, 4 und 5 nicht vorliegen,
3. die nach Absatz 1 vorgelegten Unterlagen in betrügerischer Weise erworben oder gefälscht oder manipuliert wurden,
4. der Ausländer sich schon länger als drei Jahre in der Europäischen Union aufhält oder, falls es sich um einen Trainee handelt, länger als ein Jahr in der Europäischen Union aufhält oder
5. ein Ausweisungsinteresse besteht.

[2]Eine Ablehnung hat in den Fällen des Satzes 1 Nummer 1 bis 4 spätestens 20 Tage nach Zugang der vollständigen Mitteilung nach Absatz 1 Satz 1 beim Bundesamt für Migration und Flüchtlinge zu erfolgen. [3]Im Fall des Satzes 1 Nummer 5 ist eine Ablehnung durch die Ausländerbehörde jederzeit während des Aufenthalts des Ausländers möglich; § 73 Absatz 3 c ist entsprechend anwendbar. [4]Die Ablehnung ist neben dem Ausländer auch der zuständigen Behörde des anderen Mitgliedstaates sowie der aufnehmenden Niederlassung in dem anderen Mitgliedstaat bekannt zu geben. [5]Bei fristgerechter Ablehnung hat der Ausländer die Erwerbstätigkeit unverzüglich einzustellen; die bis dahin nach Absatz 1 Satz 1 bestehende Befreiung vom Erfordernis eines Aufenthaltstitels entfällt.

(4) Sofern innerhalb von 20 Tagen nach Zugang der in Absatz 1 Satz 1 genannten Mitteilung keine Ablehnung der Einreise und des Aufenthalts des Ausländers nach Absatz 3 erfolgt, ist dem Ausländer durch das Bundesamt für Migration und Flüchtlinge eine Bescheinigung über die Berechtigung zur Einreise und zum Aufenthalt zum Zweck des unternehmensinternen Transfers im Rahmen der kurzfristigen Mobilität auszustellen.

(5) [1]Nach der Ablehnung gemäß Absatz 3 oder der Ausstellung der Bescheinigung im Sinne von Absatz 4 durch das Bundesamt für Migration und Flüchtlinge ist die Ausländerbehörde gemäß § 71 Absatz 1 für weitere aufenthaltsrechtliche Maßnahmen und Entscheidungen zuständig. [2]Der Ausländer hat der Ausländerbehörde unverzüglich mitzuteilen, wenn der Aufenthaltstitel nach Absatz 1 Satz 1 Nummer 1 durch den anderen Mitgliedstaat verlängert wurde.

§ 19 b Mobiler-ICT-Karte

(1) Eine Mobiler-ICT-Karte ist ein Aufenthaltstitel nach der Richtlinie (EU) 2014/66 zum Zweck eines unternehmensinternen Transfers im Sinne des § 19 Absatz 1 Satz 2, wenn der Ausländer einen für die Dauer des Antragsverfahrens gültigen nach der Richtlinie (EU) 2014/66 erteilten Aufenthaltstitel eines anderen Mitgliedstaates besitzt.

(2) Einem Ausländer wird die Mobiler-ICT-Karte erteilt, wenn

1. er als Führungskraft, Spezialist oder Trainee tätig wird,
2. der unternehmensinterne Transfer mehr als 90 Tage dauert und
3. er einen für die Dauer des Transfers gültigen Arbeitsvertrag und erforderlichenfalls ein Abordnungsschreiben vorweist, worin enthalten sind:
   a) Einzelheiten zu Ort, Art, Entgelt und zu sonstigen Arbeitsbedingungen für die Dauer des Transfers sowie
   b) der Nachweis, dass der Ausländer nach Beendigung des Transfers in eine außerhalb der Europäischen Union ansässige Niederlassung des gleichen Unternehmens oder der gleichen Unternehmensgruppe zurückkehren kann.

(3) Wird der Antrag auf Erteilung der Mobiler-ICT-Karte mindestens 20 Tage vor Beginn des Aufenthalts im Bundesgebiet gestellt und ist der Aufenthaltstitel des anderen Mitgliedstaates weiterhin gültig, so gelten bis zur Entscheidung der Ausländerbehörde der Aufenthalt und die Beschäftigung des Ausländers für bis zu 90 Tage innerhalb eines Zeitraums von 180 Tagen als erlaubt.

(4) [1]Der Antrag wird abgelehnt, wenn er parallel zu einer Mitteilung nach § 19 a Absatz 1 Satz 1 gestellt wurde. [2]Abgelehnt wird ein Antrag auch, wenn er zwar während des Aufenthalts nach § 19 a, aber nicht mindestens 20 Tage vor Ablauf dieses Aufenthalts vollständig gestellt wurde.

(5) Die Mobiler-ICT-Karte wird nicht erteilt, wenn sich der Ausländer im Rahmen des unternehmensinternen Transfers im Bundesgebiet länger aufhalten wird als in anderen Mitgliedstaaten.

(6) Der Antrag kann abgelehnt werden, wenn

1. die Höchstdauer des unternehmensinternen Transfers nach § 19 Absatz 4 erreicht wurde oder
2. der in § 19 Absatz 6 Nummer 2 genannte Ablehnungsgrund vorliegt.

(7) Die inländische aufnehmende Niederlassung ist verpflichtet, der zuständigen Ausländerbehörde Änderungen in Bezug auf die in Absatz 2 genannten Voraussetzungen unverzüglich, in der Regel innerhalb einer Woche, anzuzeigen.

§ 19 c Sonstige Beschäftigungszwecke; Beamte

(1) Einem Ausländer kann unabhängig von einer Qualifikation als Fachkraft eine Aufenthaltserlaubnis zur Ausübung einer Beschäftigung erteilt werden, wenn die Beschäftigungsverordnung oder eine zwischenstaatliche Vereinbarung bestimmt, dass der Ausländer zur Ausübung dieser Beschäftigung zugelassen werden kann.

(2) Einem Ausländer mit ausgeprägten berufspraktischen Kenntnissen kann eine Aufenthaltserlaubnis zur Ausübung einer qualifizierten Beschäftigung erteilt werden, wenn die Beschäftigungsverordnung bestimmt, dass der Ausländer zur Ausübung dieser Beschäftigung zugelassen werden kann.

(3) Einem Ausländer kann im begründeten Einzelfall eine Aufenthaltserlaubnis erteilt werden, wenn an seiner Beschäftigung ein öffentliches, insbesondere ein regionales, wirtschaftliches oder arbeitsmarktpolitisches Interesse besteht.

(4) [1]Einem Ausländer, der in einem Beamtenverhältnis zu einem deutschen Dienstherrn steht, wird ohne Zustimmung der Bundesagentur für Arbeit eine Aufenthaltserlaubnis zur Erfüllung seiner Dienstpflichten im Bundesgebiet erteilt. [2]Die Aufenthaltserlaubnis wird für die Dauer von drei Jahren erteilt, wenn das Dienstverhältnis nicht auf einen kürzeren Zeitraum befristet ist. [3]Nach drei Jahren wird eine Niederlassungserlaubnis abweichend von § 9 Absatz 2 Satz 1 Nummer 1 und 3 erteilt.

§ 19 d Aufenthaltserlaubnis für qualifizierte Geduldete zum Zweck der Beschäftigung

(1) Einem geduldeten Ausländer kann eine Aufenthaltserlaubnis zur Ausübung einer der beruflichen Qualifikation entsprechenden Beschäftigung erteilt werden, wenn der Ausländer

1. im Bundesgebiet
   a) eine qualifizierte Berufsausbildung in einem staatlich anerkannten oder vergleichbar geregelten Ausbildungsberuf oder ein Hochschulstudium abgeschlossen hat, oder
   b) mit einem anerkannten oder einem deutschen Hochschulabschluss vergleichbaren ausländischen Hochschulabschluss seit zwei Jahren ununterbrochen eine dem Abschluss angemessene Beschäftigung ausgeübt hat, oder
   c) seit drei Jahren ununterbrochen eine qualifizierte Beschäftigung ausgeübt hat und innerhalb des letzten Jahres vor Beantragung der Aufenthaltserlaubnis für seinen Lebensunterhalt und den seiner Familienangehörigen oder anderen Haushaltsangehörigen nicht auf öffentliche Mittel mit Ausnahme von Leistungen zur Deckung der notwendigen Kosten für Unterkunft und Heizung angewiesen war, und
2. über ausreichenden Wohnraum verfügt,
3. über ausreichende Kenntnisse der deutschen Sprache verfügt,
4. die Ausländerbehörde nicht vorsätzlich über aufenthaltsrechtlich relevante Umstände getäuscht hat,
5. behördliche Maßnahmen zur Aufenthaltsbeendigung nicht vorsätzlich hinausgezögert oder behindert hat,
6. keine Bezüge zu extremistischen oder terroristischen Organisationen hat und diese auch nicht unterstützt und
7. nicht wegen einer im Bundesgebiet begangenen vorsätzlichen Straftat verurteilt wurde, wobei Geldstrafen von insgesamt bis zu 50 Tagessätzen oder bis zu 90 Tagessätzen

wegen Straftaten, die nach dem Aufenthaltsgesetz oder dem Asylgesetz nur von Ausländern begangen werden können, grundsätzlich außer Betracht bleiben.

(1 a) Wurde die Duldung nach § 60 a Absatz 2 Satz 3 in Verbindung mit § 60 c erteilt, ist nach erfolgreichem Abschluss dieser Berufsausbildung für eine der erworbenen beruflichen Qualifikation entsprechenden Beschäftigung eine Aufenthaltserlaubnis für die Dauer von zwei Jahren zu erteilen, wenn die Voraussetzungen des Absatzes 1 Nummer 2 bis 3 und 6 bis 7 vorliegen.

(1 b) Eine Aufenthaltserlaubnis nach Absatz 1 a wird widerrufen, wenn das der Erteilung dieser Aufenthaltserlaubnis zugrunde liegende Arbeitsverhältnis aus Gründen, die in der Person des Ausländers liegen, aufgelöst wird oder der Ausländer wegen einer im Bundesgebiet begangenen vorsätzlichen Straftat verurteilt wurde, wobei Geldstrafen von insgesamt bis zu 50 Tagessätzen oder bis zu 90 Tagessätzen wegen Straftaten, die nach dem Aufenthaltsgesetz oder dem Asylgesetz nur von Ausländern begangen werden können, grundsätzlich außer Betracht bleiben.

(2) Die Aufenthaltserlaubnis berechtigt nach Ausübung einer zweijährigen der beruflichen Qualifikation entsprechenden Beschäftigung zu jeder Beschäftigung.

(3) Die Aufenthaltserlaubnis kann abweichend von § 5 Absatz 2 und § 10 Absatz 3 Satz 1 erteilt werden.

§ 19 e Teilnahme am europäischen Freiwilligendienst

(1) Einem Ausländer wird eine Aufenthaltserlaubnis zum Zweck der Teilnahme an einem europäischen Freiwilligendienst nach der Richtlinie (EU) 2016/801 erteilt, wenn die Bundesagentur für Arbeit nach § 39 zugestimmt hat oder durch die Beschäftigungsverordnung oder durch zwischenstaatliche Vereinbarung bestimmt ist, dass die Teilnahme an einem europäischen Freiwilligendienst ohne Zustimmung der Bundesagentur für Arbeit zulässig ist und der Ausländer eine Vereinbarung mit der aufnehmenden Einrichtung vorlegt, die Folgendes enthält:

1. eine Beschreibung des Freiwilligendienstes,
2. Angaben über die Dauer des Freiwilligendienstes und über die Dienstzeiten des Ausländers,
3. Angaben über die Bedingungen der Tätigkeit und der Betreuung des Ausländers,
4. Angaben über die dem Ausländer zur Verfügung stehenden Mittel für Lebensunterhalt und Unterkunft sowie Angaben über Taschengeld, das ihm für die Dauer des Aufenthalts mindestens zur Verfügung steht, und
5. Angaben über die Ausbildung, die der Ausländer gegebenenfalls erhält, damit er die Aufgaben des Freiwilligendienstes ordnungsgemäß durchführen kann.

(2) Der Aufenthaltstitel für den Ausländer wird für die vereinbarte Dauer der Teilnahme am europäischen Freiwilligendienst, höchstens jedoch für ein Jahr erteilt.

§ 19 f Ablehnungsgründe bei Aufenthaltstiteln nach den §§ 16 b, 16 c, 16 e, 16 f, 17, 18 b Absatz 2, den §§ 18 d, 18 e, 18 f und 19 e

(1) Ein Aufenthaltstitel nach § 16 b Absatz 1 und 5, den §§ 16 e, 17 Absatz 2, § 18 b Absatz 2, den §§ 18 d und 19 e wird nicht erteilt an Ausländer,

1. die sich in einem Mitgliedstaat der Europäischen Union aufhalten, weil sie einen Antrag auf Zuerkennung der Flüchtlingseigenschaft oder auf Gewährung subsidiären Schutzes im Sinne der Richtlinie (EG) 2004/83 oder auf Zuerkennung internationalen

Schutzes im Sinne der Richtlinie (EU) 2011/95 gestellt haben, oder die in einem Mitgliedstaat internationalen Schutz im Sinne der Richtlinie (EU) 2011/95 genießen,
2. die sich im Rahmen einer Regelung zum vorübergehenden Schutz in einem Mitgliedstaat der Europäischen Union aufhalten oder die in einem Mitgliedstaat einen Antrag auf Zuerkennung vorübergehenden Schutzes gestellt haben,
3. deren Abschiebung in einem Mitgliedstaat der Europäischen Union aus tatsächlichen oder rechtlichen Gründen ausgesetzt wurde,
4. die eine Erlaubnis zum Daueraufenthalt – EU oder einen Aufenthaltstitel, der durch einen anderen Mitgliedstaat der Europäischen Union auf der Grundlage der Richtlinie (EG) 2003/109 erteilt wurde, besitzen,
5. die auf Grund von Übereinkommen zwischen der Europäischen Union und ihren Mitgliedstaaten einerseits und Drittstaaten andererseits ein Recht auf freien Personenverkehr genießen, das dem der Unionsbürger gleichwertig ist.

(2) Eine Blaue Karte EU nach § 18 b Absatz 2 wird über die in Absatz 1 genannten Ausschlussgründe hinaus nicht erteilt an Ausländer,
1. die einen Aufenthaltstitel nach Abschnitt 5 besitzen, der nicht auf Grund des § 23 Absatz 2 oder 4 erteilt wurde, oder eine vergleichbare Rechtsstellung in einem anderen Mitgliedstaat der Europäischen Union innehaben; Gleiches gilt, wenn sie einen solchen Titel oder eine solche Rechtsstellung beantragt haben und über den Antrag noch nicht abschließend entschieden worden ist,
2. deren Einreise in einen Mitgliedstaat der Europäischen Union Verpflichtungen unterliegt, die sich aus internationalen Abkommen zur Erleichterung der Einreise und des vorübergehenden Aufenthalts bestimmter Kategorien von natürlichen Personen, die handels- und investitionsbezogene Tätigkeiten ausüben, herleiten,
3. die in einem Mitgliedstaat der Europäischen Union als Saisonarbeitnehmer zugelassen wurden, oder
4. die unter die Richtlinie 96/71/EG des Europäischen Parlaments und des Rates vom 16. Dezember 1996 über die Entsendung von Arbeitnehmern im Rahmen der Erbringung von Dienstleistungen (ABl. L 18 vom 21.1.1997, S. 1) in der Fassung der Richtlinie (EU) 2018/957 des Europäischen Parlaments und des Rates vom 28. Juni 2018 zur Änderung der Richtlinie 96/71/EG über die Entsendung von Arbeitnehmern im Rahmen der Erbringung von Dienstleistungen (ABl. L 173 vom 9.7.2018, S. 16) fallen, für die Dauer ihrer Entsendung nach Deutschland.

(3) [1]Eine Aufenthaltserlaubnis nach den §§ 16 b, 16 e, 17 Absatz 2, den §§ 18 d und 19 e wird über die in Absatz 1 genannten Ausschlussgründe hinaus nicht erteilt an Ausländer, die eine Blaue Karte EU nach § 18 b Absatz 2 oder einen Aufenthaltstitel, der durch einen anderen Mitgliedstaat der Europäischen Union auf Grundlage der Richtlinie 2009/50/EG des Rates vom 25. Mai 2009 über die Bedingungen für die Einreise und den Aufenthalt von Drittstaatsangehörigen zur Ausübung einer hochqualifizierten Beschäftigung (ABl. L 155 vom 18.6.2009, S. 17) erteilt wurde, besitzen. [2]Eine Aufenthaltserlaubnis nach § 18 d wird darüber hinaus nicht erteilt, wenn die Forschungstätigkeit Bestandteil eines Promotionsstudiums als Vollzeitstudienprogramm ist.

(4) Der Antrag auf Erteilung einer Aufenthaltserlaubnis nach den §§ 16 b, 16 e, 16 f, 17, 18 d, 18 f und 19 e kann abgelehnt werden, wenn
1. die aufnehmende Einrichtung hauptsächlich zu dem Zweck gegründet wurde, die Einreise und den Aufenthalt von Ausländern zu dem in der jeweiligen Vorschrift genannten Zweck zu erleichtern,
2. über das Vermögen der aufnehmenden Einrichtung ein Insolvenzverfahren eröffnet wurde, das auf Auflösung der Einrichtung und Abwicklung des Geschäftsbetriebs gerichtet ist,

3. die aufnehmende Einrichtung im Rahmen der Durchführung eines Insolvenzverfahrens aufgelöst wurde und der Geschäftsbetrieb abgewickelt wurde,
4. die Eröffnung eines Insolvenzverfahrens über das Vermögen der aufnehmenden Einrichtung mangels Masse abgelehnt wurde und der Geschäftsbetrieb eingestellt wurde,
5. die aufnehmende Einrichtung keine Geschäftstätigkeit ausübt oder
6. Beweise oder konkrete Anhaltspunkte dafür bestehen, dass der Ausländer den Aufenthalt zu anderen Zwecken nutzen wird als zu jenen, für die er die Erteilung der Aufenthaltserlaubnis beantragt.

(5) [1]Die Einreise und der Aufenthalt nach § 16c oder § 18e werden durch das Bundesamt für Migration und Flüchtlinge abgelehnt, wenn
1. die jeweiligen Voraussetzungen von § 16c Absatz 1 oder § 18e Absatz 1 nicht vorliegen,
2. die nach § 16c Absatz 1 oder § 18e Absatz 1 vorgelegten Unterlagen in betrügerischer Weise erworben, gefälscht oder manipuliert wurden,
3. einer der Ablehnungsgründe des Absatzes 4 vorliegt oder
4. ein Ausweisungsinteresse besteht.

[2]Eine Ablehnung nach Satz 1 Nummer 1 und 2 hat innerhalb von 30 Tagen nach Zugang der vollständigen Mitteilung nach § 16c Absatz 1 Satz 1 oder § 18e Absatz 1 Satz 1 beim Bundesamt für Migration und Flüchtlinge zu erfolgen. [3]Im Fall des Satzes 1 Nummer 4 ist eine Ablehnung durch die Ausländerbehörde jederzeit während des Aufenthalts des Ausländers möglich; § 73 Absatz 3c ist entsprechend anwendbar. [4]Die Ablehnung ist neben dem Ausländer auch der zuständigen Behörde des anderen Mitgliedstaates und der mitteilenden Einrichtung schriftlich bekannt zu geben.

§ 20 Arbeitsplatzsuche für Fachkräfte

(1) [1]Einer Fachkraft mit Berufsausbildung kann eine Aufenthaltserlaubnis für bis zu sechs Monate zur Suche nach einem Arbeitsplatz, zu dessen Ausübung ihre Qualifikation befähigt, erteilt werden, wenn die Fachkraft über der angestrebten Tätigkeit entsprechende deutsche Sprachkenntnisse verfügt. [2]Auf Ausländer, die sich bereits im Bundesgebiet aufhalten, findet Satz 1 nur Anwendung, wenn diese unmittelbar vor der Erteilung der Aufenthaltserlaubnis nach Satz 1 im Besitz eines Aufenthaltstitels zum Zweck der Erwerbstätigkeit oder nach § 16e waren. [3]Das Bundesministerium für Arbeit und Soziales kann durch Rechtsverordnung mit Zustimmung des Bundesrates Berufsgruppen bestimmen, in denen Fachkräften keine Aufenthaltserlaubnis nach Satz 1 erteilt werden darf. [4]Die Aufenthaltserlaubnis berechtigt nur zur Ausübung von Probebeschäftigungen bis zu zehn Stunden je Woche, zu deren Ausübung die erworbene Qualifikation die Fachkraft befähigt.

(2) [1]Einer Fachkraft mit akademischer Ausbildung kann eine Aufenthaltserlaubnis für bis zu sechs Monate zur Suche nach einem Arbeitsplatz, zu dessen Ausübung ihre Qualifikation befähigt, erteilt werden. [2]Absatz 1 Satz 2 und 4 gilt entsprechend.

(3) Zur Suche nach einem Arbeitsplatz, zu dessen Ausübung seine Qualifikation befähigt,
1. wird einem Ausländer nach erfolgreichem Abschluss eines Studiums im Bundesgebiet im Rahmen eines Aufenthalts nach § 16b oder § 16c eine Aufenthaltserlaubnis für bis zu 18 Monate erteilt,
2. wird einem Ausländer nach Abschluss der Forschungstätigkeit im Rahmen eines Aufenthalts nach § 18d oder § 18f eine Aufenthaltserlaubnis für bis zu neun Monate erteilt,

3. kann einem Ausländer nach erfolgreichem Abschluss einer qualifizierten Berufsausbildung im Bundesgebiet im Rahmen eines Aufenthalts nach § 16 a eine Aufenthaltserlaubnis für bis zu zwölf Monate erteilt werden, oder
4. kann einem Ausländer nach der Feststellung der Gleichwertigkeit der Berufsqualifikation oder der Erteilung der Berufsausübungserlaubnis im Bundesgebiet im Rahmen eines Aufenthalts nach § 16 d eine Aufenthaltserlaubnis für bis zu zwölf Monate erteilt werden,

sofern der Arbeitsplatz nach den Bestimmungen der §§ 18 a, 18 b, 18 d, 19 c und 21 von Ausländern besetzt werden darf.

(4) [1]Die Erteilung der Aufenthaltserlaubnis nach den Absätzen 1 bis 3 setzt die Lebensunterhaltssicherung voraus. [2]Die Verlängerung der Aufenthaltserlaubnis über die in den Absätzen 1 bis 3 genannten Höchstzeiträume hinaus ist ausgeschlossen. [3]Eine Aufenthaltserlaubnis nach den Absätzen 1 und 2 kann erneut nur erteilt werden, wenn sich der Ausländer nach seiner Ausreise mindestens so lange im Ausland aufgehalten hat, wie er sich zuvor auf der Grundlage einer Aufenthaltserlaubnis nach Absatz 1 oder 2 im Bundesgebiet aufgehalten hat. [4]§ 9 findet keine Anwendung.

Kapitel 5
Beendigung des Aufenthalts

Abschnitt 2 Durchsetzung der Ausreisepflicht

...

§ 60 a Vorübergehende Aussetzung der Abschiebung (Duldung)

(1) [1]Die oberste Landesbehörde kann aus völkerrechtlichen oder humanitären Gründen oder zur Wahrung politischer Interessen der Bundesrepublik Deutschland anordnen, dass die Abschiebung von Ausländern aus bestimmten Staaten oder von in sonstiger Weise bestimmten Ausländergruppen allgemein oder in bestimmte Staaten für längstens drei Monate ausgesetzt wird. [2]Für einen Zeitraum von länger als sechs Monaten gilt § 23 Abs. 1.

(2) [1]Die Abschiebung eines Ausländers ist auszusetzen, solange die Abschiebung aus tatsächlichen oder rechtlichen Gründen unmöglich ist und keine Aufenthaltserlaubnis erteilt wird. [2]Die Abschiebung eines Ausländers ist auch auszusetzen, wenn seine vorübergehende Anwesenheit im Bundesgebiet für ein Strafverfahren wegen eines Verbrechens von der Staatsanwaltschaft oder dem Strafgericht für sachgerecht erachtet wird, weil ohne seine Angaben die Erforschung des Sachverhalts erschwert wäre. [3]Einem Ausländer kann eine Duldung erteilt werden, wenn dringende humanitäre oder persönliche Gründe oder erhebliche öffentliche Interessen seine vorübergehende weitere Anwesenheit im Bundesgebiet erfordern. [4]Soweit die Beurkundung der Anerkennung einer Vaterschaft oder der Zustimmung der Mutter für die Durchführung eines Verfahrens nach § 85 a ausgesetzt wird, wird die Abschiebung des ausländischen Anerkennenden, der ausländischen Mutter oder des ausländischen Kindes ausgesetzt, solange das Verfahren nach § 85 a nicht durch vollziehbare Entscheidung abgeschlossen ist.

(2 a) [1]Die Abschiebung eines Ausländers wird für eine Woche ausgesetzt, wenn seine Zurückschiebung oder Abschiebung gescheitert ist, Abschiebungshaft nicht angeordnet wird und die Bundesrepublik Deutschland auf Grund einer Rechtsvorschrift, insbesondere des Artikels 6 Abs. 1 der Richtlinie 2003/110/EG des Rates vom 25. November 2003 über die

Unterstützung bei der Durchbeförderung im Rahmen von Rückführungsmaßnahmen auf dem Luftweg (ABl. EU Nr. L 321 S. 26), zu seiner Rückübernahme verpflichtet ist. [2]Die Aussetzung darf nicht nach Satz 1 verlängert werden. [3]Die Einreise des Ausländers ist zuzulassen.

(2 b) Solange ein Ausländer, der eine Aufenthaltserlaubnis nach § 25 a Absatz 1 besitzt, minderjährig ist, soll die Abschiebung seiner Eltern oder eines allein personensorgeberechtigten Elternteils sowie der minderjährigen Kinder, die mit den Eltern oder dem allein personensorgeberechtigten Elternteil in familiärer Lebensgemeinschaft leben, ausgesetzt werden.

(2 c) [1]Es wird vermutet, dass der Abschiebung gesundheitliche Gründe nicht entgegenstehen. [2]Der Ausländer muss eine Erkrankung, die die Abschiebung beeinträchtigen kann, durch eine qualifizierte ärztliche Bescheinigung glaubhaft machen. [3]Diese ärztliche Bescheinigung soll insbesondere die tatsächlichen Umstände, auf deren Grundlage eine fachliche Beurteilung erfolgt ist, die Methode der Tatsachenerhebung, die fachlich-medizinische Beurteilung des Krankheitsbildes (Diagnose), den Schweregrad der Erkrankung, den lateinischen Namen oder die Klassifizierung der Erkrankung nach ICD 10 sowie die Folgen, die sich nach ärztlicher Beurteilung aus der krankheitsbedingten Situation voraussichtlich ergeben, enthalten. [4]Zur Behandlung der Erkrankung erforderliche Medikamente müssen mit der Angabe ihrer Wirkstoffe und diese mit ihrer international gebräuchlichen Bezeichnung aufgeführt sein.

(2 d) [1]Der Ausländer ist verpflichtet, der zuständigen Behörde die ärztliche Bescheinigung nach Absatz 2 c unverzüglich vorzulegen. [2]Verletzt der Ausländer die Pflicht zur unverzüglichen Vorlage einer solchen ärztlichen Bescheinigung, darf die zuständige Behörde das Vorbringen des Ausländers zu seiner Erkrankung nicht berücksichtigen, es sei denn, der Ausländer war unverschuldet an der Einholung einer solchen Bescheinigung gehindert oder es liegen anderweitig tatsächliche Anhaltspunkte für das Vorliegen einer lebensbedrohlichen oder schwerwiegenden Erkrankung, die sich durch die Abschiebung wesentlich verschlechtern würde, vor. [3]Legt der Ausländer eine Bescheinigung vor und ordnet die Behörde daraufhin eine ärztliche Untersuchung an, ist die Behörde berechtigt, die vorgetragene Erkrankung nicht zu berücksichtigen, wenn der Ausländer der Anordnung ohne zureichenden Grund nicht Folge leistet. [4]Der Ausländer ist auf die Verpflichtungen und auf die Rechtsfolgen einer Verletzung dieser Verpflichtungen nach diesem Absatz hinzuweisen.

(3) Die Ausreisepflicht eines Ausländers, dessen Abschiebung ausgesetzt ist, bleibt unberührt.

(4) Über die Aussetzung der Abschiebung ist dem Ausländer eine Bescheinigung auszustellen.

(5) [1]Die Aussetzung der Abschiebung erlischt mit der Ausreise des Ausländers. [2]Sie wird widerrufen, wenn die der Abschiebung entgegenstehenden Gründe entfallen. [3]Der Ausländer wird unverzüglich nach dem Erlöschen ohne erneute Androhung und Fristsetzung abgeschoben, es sei denn, die Aussetzung wird erneuert. [4]Ist die Abschiebung länger als ein Jahr ausgesetzt, ist die durch Widerruf vorgesehene Abschiebung mindestens einen Monat vorher anzukündigen; die Ankündigung ist zu wiederholen, wenn die Aussetzung für mehr als ein Jahr erneuert wurde. [5]Satz 4 findet keine Anwendung, wenn der Ausländer die der Abschiebung entgegenstehenden Gründe durch vorsätzlich falsche Angaben oder durch eigene Täuschung über seine Identität oder Staatsangehörigkeit selbst herbeiführt oder zumutbare Anforderungen an die Mitwirkung bei der Beseitigung von Ausreisehindernissen nicht erfüllt.

(6) [1]Einem Ausländer, der eine Duldung besitzt, darf die Ausübung einer Erwerbstätigkeit nicht erlaubt werden, wenn

1. er sich in das Inland begeben hat, um Leistungen nach dem Asylbewerberleistungsgesetz zu erlangen,
2. aufenthaltsbeendende Maßnahmen bei ihm aus Gründen, die er selbst zu vertreten hat, nicht vollzogen werden können oder
3. er Staatsangehöriger eines sicheren Herkunftsstaates nach § 29 a des Asylgesetzes ist und sein nach dem 31. August 2015 gestellter Asylantrag abgelehnt oder zurückgenommen wurde, es sei denn, die Rücknahme erfolgte auf Grund einer Beratung nach § 24 Absatz 1 des Asylgesetzes beim Bundesamt für Migration und Flüchtlinge, oder ein Asylantrag nicht gestellt wurde.

[2]Zu vertreten hat ein Ausländer die Gründe nach Satz 1 Nummer 2 insbesondere, wenn er das Abschiebungshindernis durch eigene Täuschung über seine Identität oder Staatsangehörigkeit oder durch eigene falsche Angaben selbst herbeiführt. [3]Satz 1 Nummer 3 gilt bei unbegleiteten minderjährigen Ausländern nicht für die Rücknahme des Asylantrags oder den Verzicht auf die Antragstellung, wenn die Rücknahme oder der Verzicht auf das Stellen eines Asylantrags im Interesse des Kindeswohls erfolgte.

...

§ 60 c Ausbildungsduldung

(1) [1]Eine Duldung im Sinne von § 60 a Absatz 2 Satz 3 ist zu erteilen, wenn der Ausländer in Deutschland

1. als Asylbewerber eine
   a) qualifizierte Berufsausbildung in einem staatlich anerkannten oder vergleichbar geregelten Ausbildungsberuf aufgenommen hat oder
   b) Assistenz- oder Helferausbildung in einem staatlich anerkannten oder vergleichbar geregelten Ausbildungsberuf aufgenommen hat, an die eine qualifizierte Berufsausbildung in einem staatlich anerkannten oder vergleichbar geregelten Ausbildungsberuf, für den die Bundesagentur für Arbeit einen Engpass festgestellt hat, anschlussfähig ist und dazu eine Ausbildungsplatzzusage vorliegt,

   und nach Ablehnung des Asylantrags diese Berufsausbildung fortsetzen möchte oder
2. im Besitz einer Duldung nach § 60 a ist und eine in Nummer 1 genannte Berufsausbildung aufnimmt.

[2]In Fällen offensichtlichen Missbrauchs kann die Ausbildungsduldung versagt werden. [3]Im Fall des Satzes 1 ist die Beschäftigungserlaubnis zu erteilen.

(2) Die Ausbildungsduldung wird nicht erteilt, wenn

1. ein Ausschlussgrund nach § 60 a Absatz 6 vorliegt,
2. im Fall von Absatz 1 Satz 1 Nummer 2 der Ausländer bei Antragstellung noch nicht drei Monate im Besitz einer Duldung ist,
3. die Identität nicht geklärt ist
   a) bei Einreise in das Bundesgebiet bis zum 31. Dezember 2016 bis zur Beantragung der Ausbildungsduldung, oder
   b) bei Einreise in das Bundesgebiet ab dem 1. Januar 2017 und vor dem 1. Januar 2020 bis zur Beantragung der Ausbildungsduldung, spätestens jedoch bis zum 30. Juni 2020 oder
   c) bei Einreise in das Bundesgebiet nach dem 31. Dezember 2019 innerhalb der ersten sechs Monate nach der Einreise;

   die Frist gilt als gewahrt, wenn der Ausländer innerhalb der in den Buchstaben a bis c genannten Frist alle erforderlichen und ihm zumutbaren Maßnahmen für die Identitätsklärung ergriffen hat und die Identität erst nach dieser Frist geklärt werden kann, ohne dass der Ausländer dies zu vertreten hat,

4. ein Ausschlussgrund nach § 19 d Absatz 1 Nummer 6 oder 7 vorliegt oder gegen den Ausländer eine Ausweisungsverfügung oder eine Abschiebungsanordnung nach § 58 a besteht, oder
5. im Fall von Absatz 1 Satz 1 Nummer 2 zum Zeitpunkt der Antragstellung konkrete Maßnahmen zur Aufenthaltsbeendigung, die in einem hinreichenden sachlichen und zeitlichen Zusammenhang zur Aufenthaltsbeendigung stehen, bevorstehen; diese konkreten Maßnahmen zur Aufenthaltsbeendigung stehen bevor, wenn
   a) eine ärztliche Untersuchung zur Feststellung der Reisefähigkeit veranlasst wurde,
   b) der Ausländer einen Antrag zur Förderung mit staatlichen Mitteln einer freiwilligen Ausreise gestellt hat,
   c) die Buchung von Transportmitteln für die Abschiebung eingeleitet wurde,
   d) vergleichbar konkrete Vorbereitungsmaßnahmen zur Abschiebung des Ausländers eingeleitet wurden, es sei denn, es ist von vornherein absehbar, dass diese nicht zum Erfolg führen, oder
   e) ein Verfahren zur Bestimmung des zuständigen Mitgliedstaates gemäß Artikel 20 Absatz 1 der Verordnung (EU) Nr. 604/2013 des Europäischen Parlaments und des Rates vom 26. Juni 2013 eingeleitet wurde.

(3) [1]Der Antrag auf Erteilung der Ausbildungsduldung kann frühestens sieben Monate vor Beginn der Berufsausbildung gestellt werden. [2]Die Ausbildungsduldung nach Absatz 1 Satz 1 Nummer 2 wird frühestens sechs Monate vor Beginn der Berufsausbildung erteilt. [3]Sie wird erteilt, wenn zum Zeitpunkt der Antragstellung auf Erteilung der Ausbildungsduldung die Eintragung des Ausbildungsvertrages in das Verzeichnis der Berufsausbildungsverhältnisse bei der zuständigen Stelle bereits beantragt wurde oder die Eintragung erfolgt ist oder, soweit eine solche Eintragung nicht erforderlich ist, der Ausbildungsvertrag mit einer Bildungseinrichtung geschlossen wurde oder die Zustimmung einer staatlichen oder staatlich anerkannten Bildungseinrichtung zu dem Ausbildungsvertrag vorliegt. [4]Die Ausbildungsduldung wird für die im Ausbildungsvertrag bestimmte Dauer der Berufsausbildung erteilt.

(4) Die Ausbildungsduldung erlischt, wenn ein Ausschlussgrund nach Absatz 2 Nummer 4 eintritt oder die Ausbildung vorzeitig beendet oder abgebrochen wird.

(5) [1]Wird die Ausbildung vorzeitig beendet oder abgebrochen, ist die Bildungseinrichtung verpflichtet, dies unverzüglich, in der Regel innerhalb von zwei Wochen, der zuständigen Ausländerbehörde schriftlich oder elektronisch mitzuteilen. [2]In der Mitteilung sind neben den mitzuteilenden Tatsachen und dem Zeitpunkt ihres Eintritts die Namen, Vornamen und die Staatsangehörigkeit des Ausländers anzugeben.

(6) [1]Wird das Ausbildungsverhältnis vorzeitig beendet oder abgebrochen, wird dem Ausländer einmalig eine Duldung für sechs Monate zum Zweck der Suche nach einem weiteren Ausbildungsplatz zur Aufnahme einer Berufsausbildung nach Absatz 1 erteilt. [2]Die Duldung wird für sechs Monate zum Zweck der Suche nach einer der erworbenen beruflichen Qualifikation entsprechenden Beschäftigung verlängert, wenn nach erfolgreichem Abschluss der Berufsausbildung, für die die Duldung erteilt wurde, eine Weiterbeschäftigung im Ausbildungsbetrieb nicht erfolgt; die zur Arbeitsplatzsuche erteilte Duldung darf für diesen Zweck nicht verlängert werden.

(7) Eine Duldung nach Absatz 1 Satz 1 kann unbeachtlich des Absatzes 2 Nummer 3 erteilt werden, wenn der Ausländer die erforderlichen und ihm zumutbaren Maßnahmen für die Identitätsklärung ergriffen hat.

(8) § 60 a bleibt im Übrigen unberührt.

§ 60 d Beschäftigungsduldung

(1) Einem ausreisepflichtigen Ausländer und seinem Ehegatten oder seinem Lebenspartner, die bis zum 1. August 2018 in das Bundesgebiet eingereist sind, ist in der Regel eine Duldung nach § 60 a Absatz 2 Satz 3 für 30 Monate zu erteilen, wenn

1. ihre Identitäten geklärt sind
   a) bei Einreise in das Bundesgebiet bis zum 31. Dezember 2016 und am 1. Januar 2020 vorliegenden Beschäftigungsverhältnis nach Absatz 1 Nummer 3 bis zur Beantragung der Beschäftigungsduldung oder
   b) bei Einreise in das Bundesgebiet bis zum 31. Dezember 2016 und am 1. Januar 2020 nicht vorliegenden Beschäftigungsverhältnis nach Absatz 1 Nummer 3 bis zum 30. Juni 2020 oder
   c) bei Einreise in das Bundesgebiet zwischen dem 1. Januar 2017 und dem 1. August 2018 spätestens bis zum 30. Juni 2020;

   die Frist gilt als gewahrt, wenn der Ausländer und sein Ehegatte oder sein Lebenspartner innerhalb der in den Buchstaben a bis c genannten Frist alle erforderlichen und ihnen zumutbaren Maßnahmen für die Identitätsklärung ergriffen haben und die Identitäten erst nach dieser Frist geklärt werden können, ohne dass sie dies zu vertreten haben,
2. der ausreisepflichtige Ausländer seit mindestens zwölf Monaten im Besitz einer Duldung ist,
3. der ausreisepflichtige Ausländer seit mindestens 18 Monaten eine sozialversicherungspflichtige Beschäftigung mit einer regelmäßigen Arbeitszeit von mindestens 35 Stunden pro Woche ausübt; bei Alleinerziehenden gilt eine regelmäßige Arbeitszeit von mindestens 20 Stunden pro Woche,
4. der Lebensunterhalt des ausreisepflichtigen Ausländers innerhalb der letzten zwölf Monate vor Beantragung der Beschäftigungsduldung durch seine Beschäftigung gesichert war,
5. der Lebensunterhalt des ausreisepflichtigen Ausländers durch seine Beschäftigung gesichert ist,
6. der ausreisepflichtige Ausländer über hinreichende mündliche Kenntnisse der deutschen Sprache verfügt,
7. der ausreisepflichtige Ausländer und sein Ehegatte oder sein Lebenspartner nicht wegen einer im Bundesgebiet begangenen vorsätzlichen Straftat verurteilt wurde, wobei Verurteilungen im Sinne von § 32 Absatz 2 Nummer 5 Buchstabe a des Bundeszentralregistergesetzes wegen Straftaten, die nach dem Aufenthaltsgesetz oder dem Asylgesetz nur von Ausländern begangen werden können, grundsätzlich außer Betracht bleiben,
8. der ausreisepflichtige Ausländer und sein Ehegatte oder sein Lebenspartner keine Bezüge zu extremistischen oder terroristischen Organisationen haben und diese auch nicht unterstützen,
9. gegen den Ausländer keine Ausweisungsverfügung und keine Abschiebungsanordnung nach § 58 a besteht,
10. für die in familiärer Lebensgemeinschaft lebenden minderjährigen ledigen Kinder im schulpflichtigen Alter deren tatsächlicher Schulbesuch nachgewiesen wird und bei den Kindern keiner der in § 54 Absatz 2 Nummer 1 bis 2 genannten Fälle vorliegt und die Kinder nicht wegen einer vorsätzlichen Straftat nach § 29 Absatz 1 Satz 1 Nummer 1 des Betäubungsmittelgesetzes rechtskräftig verurteilt worden sind, und
11. der ausreisepflichtige Ausländer und sein Ehegatte oder sein Lebenspartner einen Integrationskurs, soweit sie zu einer Teilnahme verpflichtet wurden, erfolgreich abgeschlossen haben oder den Abbruch nicht zu vertreten haben.

(2) Den in familiärer Lebensgemeinschaft lebenden minderjährigen ledigen Kindern des Ausländers ist die Duldung für den gleichen Aufenthaltszeitraum zu erteilen.

(3) [1]Die nach Absatz 1 erteilte Duldung wird widerrufen, wenn eine der in Absatz 1 Nummer 1 bis 10 genannten Voraussetzungen nicht mehr erfüllt ist. [2]Bei Absatz 1 Nummer 3 und 4 bleiben kurzfristige Unterbrechungen, die der Ausländer nicht zu vertreten hat, unberücksichtigt. [3]Wird das Beschäftigungsverhältnis beendet, ist der Arbeitgeber verpflichtet, dies unter Angabe des Zeitpunkts der Beendigung des Beschäftigungsverhältnisses, des Namens, Vornamens und der Staatsangehörigkeit des Ausländers innerhalb von zwei Wochen ab Kenntnis der zuständigen Ausländerbehörde schriftlich oder elektronisch mitzuteilen. [4]§ 82 Absatz 6 gilt entsprechend.

(4) Eine Duldung nach Absatz 1 kann unbeachtlich des Absatzes 1 Nummer 1 erteilt werden, wenn der Ausländer die erforderlichen und ihm zumutbaren Maßnahmen für die Identitätsklärung ergriffen hat.

(5) § 60 a bleibt im Übrigen unberührt.

Kapitel 7
Verfahrensvorschriften

Abschnitt 3 Verwaltungsverfahren

...

§ 81 a Beschleunigtes Fachkräfteverfahren

(1) Arbeitgeber können bei der zuständigen Ausländerbehörde in Vollmacht des Ausländers, der zu einem Aufenthaltszweck nach den §§ 16 a, 16 d, 18 a, 18 b und 18 c Absatz 3 einreisen will, ein beschleunigtes Fachkräfteverfahren beantragen.

(2) Arbeitgeber und zuständige Ausländerbehörde schließen dazu eine Vereinbarung, die insbesondere umfasst

1. Kontaktdaten des Ausländers, des Arbeitgebers und der Behörde,
2. Bevollmächtigung des Arbeitgebers durch den Ausländer,
3. Bevollmächtigung der zuständigen Ausländerbehörde durch den Arbeitgeber, das Verfahren zur Feststellung der Gleichwertigkeit der im Ausland erworbenen Berufsqualifikation einleiten und betreiben zu können,
4. Verpflichtung des Arbeitgebers, auf die Einhaltung der Mitwirkungspflicht des Ausländers nach § 82 Absatz 1 Satz 1 durch diesen hinzuwirken,
5. vorzulegende Nachweise,
6. Beschreibung der Abläufe einschließlich Beteiligter und Erledigungsfristen,
7. Mitwirkungspflicht des Arbeitgebers nach § 4 a Absatz 5 Satz 3 Nummer 3 und
8. Folgen bei Nichteinhalten der Vereinbarung.

(3) [1]Im Rahmen des beschleunigten Fachkräfteverfahrens ist es Aufgabe der zuständigen Ausländerbehörde,

1. den Arbeitgeber zum Verfahren und den einzureichenden Nachweisen zu beraten,
2. soweit erforderlich, das Verfahren zur Feststellung der Gleichwertigkeit der im Ausland erworbenen Berufsqualifikation oder zur Zeugnisbewertung des ausländischen Hochschulabschlusses bei der jeweils zuständigen Stelle unter Hinweis auf das beschleunigte Fachkräfteverfahren einzuleiten; soll der Ausländer in einem im Inland reglementierten Beruf beschäftigt werden, ist die Berufsausübungserlaubnis einzuholen,

3. die Eingangs- und Vollständigkeitsbestätigungen der zuständigen Stellen dem Arbeitgeber unverzüglich zur Kenntnis zu übersenden, wenn ein Verfahren nach Nummer 2 eingeleitet wurde; bei Anforderung weiterer Nachweise durch die zuständige Stelle und bei Eingang der von der zuständigen Stelle getroffenen Feststellungen ist der Arbeitgeber innerhalb von drei Werktagen ab Eingang zur Aushändigung und Besprechung des weiteren Ablaufs einzuladen,
4. soweit erforderlich, unter Hinweis auf das beschleunigte Fachkräfteverfahren die Zustimmung der Bundesagentur für Arbeit einzuholen,
5. die zuständige Auslandsvertretung über die bevorstehende Visumantragstellung durch den Ausländer zu informieren und
6. bei Vorliegen der erforderlichen Voraussetzungen, einschließlich der Feststellung der Gleichwertigkeit oder Vorliegen der Vergleichbarkeit der Berufsqualifikation sowie der Zustimmung der Bundesagentur für Arbeit, der Visumerteilung unverzüglich vorab zuzustimmen.

[2]Stellt die zuständige Stelle durch Bescheid fest, dass die im Ausland erworbene Berufsqualifikation nicht gleichwertig ist, die Gleichwertigkeit aber durch eine Qualifizierungsmaßnahme erreicht werden kann, kann das Verfahren nach § 81 a mit dem Ziel der Einreise zum Zweck des § 16 d fortgeführt werden.

(4) Dieses Verfahren umfasst auch den Familiennachzug des Ehegatten und minderjähriger lediger Kinder, deren Visumanträge in zeitlichem Zusammenhang gestellt werden.

(5) Die Absätze 1 bis 4 gelten auch für sonstige qualifizierte Beschäftigte.

Verordnung über die Beschäftigung von Ausländerinnen und Ausländern (Beschäftigungsverordnung – BeschV)

Vom 6. Juni 2013 (BGBl. I S. 1499)
(FNA 26-12-7)
zuletzt geändert durch Art. 51 FachkräfteeinwanderungsG[1] vom 15. August 2019
(BGBl. I S. 1307)

Teil 1 Allgemeine Bestimmungen

§ 1 Anwendungsbereich der Verordnung

(1) [1]Die Verordnung steuert die Zuwanderung ausländischer Arbeitnehmerinnen und Arbeitnehmer und bestimmt, unter welchen Voraussetzungen sie und die bereits in Deutschland lebenden Ausländerinnen und Ausländer zum Arbeitsmarkt zugelassen werden können. [2]Sie regelt, in welchen Fällen

1. ein Aufenthaltstitel, der einer Ausländerin oder einem Ausländer die Ausübung einer Beschäftigung erlaubt, nach § 39 Absatz 1 Satz 1 des Aufenthaltsgesetzes ohne Zustimmung der Bundesagentur für Arbeit erteilt werden kann,
2. die Bundesagentur für Arbeit nach § 39 Absatz 1 Satz 2 des Aufenthaltsgesetzes einem Aufenthaltstitel, der einer Ausländerin oder einem Ausländer die Ausübung einer Beschäftigung erlaubt, zustimmen kann,
3. einer Ausländerin oder einem Ausländer, die oder der im Besitz einer Duldung ist, oder anderen Ausländerinnen und Ausländern, die keinen Aufenthaltstitel besitzen, nach § 4 a Absatz 4 des Aufenthaltsgesetzes die Ausübung einer Beschäftigung mit oder ohne Zustimmung der Bundesagentur für Arbeit erlaubt werden kann und
4. die Zustimmung der Bundesagentur für Arbeit abweichend von § 39 Absatz 3 des Aufenthaltsgesetzes erteilt werden darf.

(2) [1]Die erstmalige Erteilung der Zustimmung der Bundesagentur für Arbeit setzt in den Fällen des § 26 Absatz 2, in denen die Aufnahme der Beschäftigung nach Vollendung des 45. Lebensjahres des Ausländers erfolgt, eine Höhe des Gehalts von mindestens 55 Prozent der jährlichen Beitragsbemessungsgrenze in der allgemeinen Rentenversicherung voraus, es sei denn, der Ausländer kann den Nachweis über eine angemessene Altersversorgung erbringen. [2]Von den Voraussetzungen nach Satz 1 kann nur in begründeten Ausnahmefällen, in denen ein öffentliches, insbesondere ein regionales, wirtschaftliches oder arbeitsmarktpolitisches Interesse an der Beschäftigung des Ausländers besteht, abgesehen

1 Amtl. Anm.: Dieses Gesetz dient der Umsetzung der Richtlinie 2009/50/EG des Rates vom 25. Mai 2009 über die Bedingungen für die Einreise und den Aufenthalt von Drittstaatsangehörigen zur Ausübung einer hochqualifizierten Beschäftigung (ABl. L 155 vom 18.6.2009, S. 17), der Richtlinie 2014/36/EU des Europäischen Parlaments und des Rates vom 26. Februar 2014 über die Bedingungen für die Einreise und den Aufenthalt von Drittstaatsangehörigen zwecks Beschäftigung als Saisonarbeitnehmer (ABl. L 94 vom 28.3.2014, S. 375), der Richtlinie 2014/66/EU des Europäischen Parlaments und des Rates vom 15. Mai 2014 über die Bedingungen für die Einreise und den Aufenthalt von Drittstaatsangehörigen im Rahmen eines unternehmensinternen Transfers (ABl. L 157 vom 27.5.2014, S. 1), der Richtlinie (EU) 2016/801 des Europäischen Parlaments und des Rates vom 11. Mai 2016 über die Bedingungen für die Einreise und den Aufenthalt von Drittstaatsangehörigen zu Forschungs- oder Studienzwecken, zur Absolvierung eines Praktikums, zur Teilnahme an einem Freiwilligendienst, Schüleraustauschprogrammen oder Bildungsvorhaben und zur Ausübung einer Au-pair-Tätigkeit (ABl. L 132 vom 21.5.2016, S. 21).

werden. [3]Das Bundesministerium des Innern, für Bau und Heimat gibt das Mindestgehalt für jedes Kalenderjahr jeweils bis zum 31. Dezember des Vorjahres im Bundesanzeiger bekannt.

Teil 2 Qualifizierte Beschäftigungen

§ 2 Vermittlungsabsprachen

(1) [1]Für die Erteilung einer Aufenthaltserlaubnis nach § 16 d Absatz 4 Nummer 1 des Aufenthaltsgesetzes kann Ausländerinnen und Ausländern die Zustimmung zur Ausübung einer Beschäftigung erteilt werden, deren Anforderungen in einem engen Zusammenhang mit den berufsfachlichen Kenntnissen stehen, die in dem nach der Anerkennung ausgeübten Beruf verlangt werden, wenn

1. ihnen ein konkretes Arbeitsplatzangebot für eine qualifizierte Beschäftigung in dem nach der Einreise anzuerkennenden Beruf im Gesundheits- und Pflegebereich vermittelt worden ist,
2. soweit erforderlich, für diese Beschäftigung eine Berufsausübungserlaubnis erteilt wurde und
3. sie erklären, nach der Einreise im Inland bei der nach den Regelungen des Bundes oder der Länder für die berufliche Anerkennung zuständigen Stelle das Verfahren zur Feststellung der Gleichwertigkeit ihrer ausländischen Berufsqualifikation und, soweit erforderlich, zur Erteilung der Berufsausübungserlaubnis durchzuführen.

[2]Satz 1 gilt in den Fällen von § 16 d Absatz 4 Nummer 2 des Aufenthaltsgesetzes auch für weitere im Inland reglementierte Berufe.

(2) Für die Erteilung einer Aufenthaltserlaubnis bei nicht reglementierten Berufen nach § 16 d Absatz 4 Nummer 2 des Aufenthaltsgesetzes kann Ausländerinnen und Ausländern die Zustimmung zur Ausübung einer qualifizierten Beschäftigung in ihrem anzuerkennenden Beruf erteilt werden, wenn sie erklären, dass sie nach der Einreise im Inland bei der nach den Regelungen des Bundes oder der Länder für die berufliche Anerkennung zuständigen Stelle das Verfahren zur Feststellung der Gleichwertigkeit ihrer Berufsqualifikation durchführen werden.

(3) [1]Die Zustimmung nach den Absätzen 1 und 2 wird für ein Jahr erteilt. [2]Eine erneute Zustimmung kann nur erteilt werden, wenn das Verfahren zur Feststellung der Gleichwertigkeit der ausländischen Berufsqualifikation oder, soweit erforderlich, zur Erteilung der Berufsausübungserlaubnis bei der nach den Regelungen des Bundes oder der Länder für die berufliche Anerkennung zuständigen Stelle betrieben wird. [3]Das Verfahren umfasst die Teilnahme an Qualifizierungsmaßnahmen einschließlich sich daran anschließender Prüfungen, die für die Feststellung der Gleichwertigkeit oder die Erteilung der Berufsausübungserlaubnis erforderlich sind.

§ 3 Führungskräfte

Keiner Zustimmung bedarf die Erteilung eines Aufenthaltstitels an

1. leitende Angestellte mit Generalvollmacht oder Prokura,
2. Mitglieder des Organs einer juristischen Person, die zur gesetzlichen Vertretung berechtigt sind,

3. Gesellschafterinnen und Gesellschafter einer offenen Handelsgesellschaft oder Mitglieder einer anderen Personengesamtheit, soweit sie durch Gesetz, Satzung oder Gesellschaftsvertrag zur Vertretung der Personengesamtheit oder zur Geschäftsführung berufen sind, oder
4. leitende Angestellte eines auch außerhalb Deutschlands tätigen Unternehmens für eine Beschäftigung auf Vorstands-, Direktions- oder Geschäftsleitungsebene oder für eine Tätigkeit in sonstiger leitender Position, die für die Entwicklung des Unternehmens von entscheidender Bedeutung ist.

§ 4 Leitende Angestellte und Spezialisten

Die Zustimmung kann erteilt werden für
1. leitende Angestellte und andere Personen, die zur Ausübung ihrer Beschäftigung über besondere, vor allem unternehmensspezifische Spezialkenntnisse verfügen, eines im Inland ansässigen Unternehmens für eine qualifizierte Beschäftigung in diesem Unternehmen oder
2. leitende Angestellte für eine Beschäftigung in einem auf der Grundlage zwischenstaatlicher Vereinbarungen gegründeten deutsch-ausländischen Gemeinschaftsunternehmen.

§ 5 Wissenschaft, Forschung und Entwicklung

Keiner Zustimmung bedarf die Erteilung eines Aufenthaltstitels an
1. wissenschaftliches Personal von Hochschulen und von Forschungs- und Entwicklungseinrichtungen, das nicht bereits in den Anwendungsbereich der §§ 18 d und 18 f des Aufenthaltsgesetzes fällt,
2. Gastwissenschaftlerinnen und Gastwissenschaftler an einer Hochschule oder an einer öffentlich-rechtlichen oder überwiegend aus öffentlichen Mitteln finanzierten oder als öffentliches Unternehmen in privater Rechtsform geführten Forschungseinrichtung, die nicht bereits in den Anwendungsbereich der §§ 18 d und 18 f des Aufenthaltsgesetzes fallen,
3. Ingenieurinnen und Ingenieure sowie Technikerinnen und Techniker als technische Mitarbeiterinnen und Mitarbeiter im Forschungsteam einer Gastwissenschaftlerin oder eines Gastwissenschaftlers,
4. Lehrkräfte öffentlicher Schulen oder staatlich genehmigter privater Ersatzschulen oder anerkannter privater Ergänzungsschulen oder
5. Lehrkräfte zur Sprachvermittlung an Hochschulen.

§ 6 Beschäftigung in ausgewählten Berufen bei ausgeprägter berufspraktischer Erfahrung

[1]Die Zustimmung kann Ausländerinnen und Ausländern für eine qualifizierte Beschäftigung in Berufen auf dem Gebiet der Informations- und Kommunikationstechnologie unabhängig von einer Qualifikation als Fachkraft erteilt werden, wenn die Ausländerin oder der Ausländer eine durch in den letzten sieben Jahren erworbene, mindestens dreijährige Berufserfahrung nachgewiesene vergleichbare Qualifikation besitzt, die Höhe des Gehalts mindestens 60 Prozent der jährlichen Beitragsbemessungsgrenze in der allgemeinen Ren-

tenversicherung beträgt und die Ausländerin oder der Ausländer über ausreichende deutsche Sprachkenntnisse verfügt. [2]§ 9 Absatz 1 findet keine Anwendung. [3]Im begründeten Einzelfall kann auf den Nachweis deutscher Sprachkenntnisse verzichtet werden. [4]Das Bundesministerium des Innern, für Bau und Heimat gibt das Mindestgehalt nach Satz 1 für jedes Kalenderjahr jeweils bis zum 31. Dezember des Vorjahres im Bundesanzeiger bekannt.

§ 7 *[aufgehoben]*

§ 8 Betriebliche Aus- und Weiterbildung; Anerkennung ausländischer Berufsqualifikationen

(1) Die Zustimmung kann mit Vorrangprüfung für die Erteilung eines Aufenthaltstitels nach § 16 a Absatz 1 des Aufenthaltsgesetzes erteilt werden.

(2) Die Zustimmung kann für die Erteilung einer Aufenthaltserlaubnis nach § 16 d Absatz 1 Satz 2 Nummer 3, Absatz 2 und 3 des Aufenthaltsgesetzes erteilt werden.

(3) Ist für eine qualifizierte Beschäftigung

1. die Feststellung der Gleichwertigkeit eines im Ausland erworbenen Berufsabschlusses im Sinne des § 18 a des Aufenthaltsgesetzes oder
2. in einem im Inland reglementierten Beruf die Befugnis zur Berufsausübung notwendig

und ist hierfür eine vorherige befristete praktische Tätigkeit im Inland erforderlich, kann der Erteilung des Aufenthaltstitels für die Ausübung dieser befristeten Beschäftigung zugestimmt werden.

§ 9 Beschäftigung bei Vorbeschäftigungszeiten oder längerem Voraufenthalt

(1) Keiner Zustimmung bedarf die Ausübung einer Beschäftigung bei Ausländerinnen und Ausländern, die eine Blaue Karte EU oder eine Aufenthaltserlaubnis besitzen und

1. zwei Jahre rechtmäßig eine versicherungspflichtige Beschäftigung im Bundesgebiet ausgeübt haben oder
2. sich seit drei Jahren ununterbrochen erlaubt, geduldet oder mit einer Aufenthaltsgestattung im Bundesgebiet aufhalten; Unterbrechungszeiten werden entsprechend § 51 Absatz 1 Nummer 7 des Aufenthaltsgesetzes berücksichtigt.

(2) Auf die Beschäftigungszeit nach Absatz 1 Nummer 1 werden nicht angerechnet Zeiten

1. von Beschäftigungen, die vor dem Zeitpunkt liegen, an dem die Ausländerin oder der Ausländer unter Aufgabe ihres oder seines gewöhnlichen Aufenthaltes ausgereist war,
2. einer nach dem Aufenthaltsgesetz oder dieser Verordnung zeitlich begrenzten Beschäftigung und
3. einer Beschäftigung, für die die Ausländerin oder der Ausländer auf Grund einer zwischenstaatlichen Vereinbarung von der Zustimmungspflicht für eine Beschäftigung befreit war.

(3) [1]Auf die Aufenthaltszeit nach Absatz 1 Nummer 2 werden Zeiten eines Aufenthaltes nach § 16 b des Aufenthaltsgesetzes nur zur Hälfte und nur bis zu zwei Jahren angerechnet. [2]Zeiten einer Beschäftigung, die nach dem Aufenthaltsgesetz oder dieser Verordnung zeitlich begrenzt ist, werden auf die Aufenthaltszeit angerechnet, wenn der Ausländerin oder dem Ausländer ein Aufenthaltstitel für einen anderen Zweck als den der Beschäftigung erteilt wird.

Teil 3 Vorübergehende Beschäftigung

§ 10 Internationaler Personalaustausch, Auslandsprojekte

(1) Die Zustimmung kann erteilt werden zur Ausübung einer Beschäftigung von bis zu drei Jahren

1. Ausländerinnen und Ausländern, die eine Hochschulausbildung oder eine vergleichbare Qualifikation besitzen, im Rahmen des Personalaustausches innerhalb eines international tätigen Unternehmens oder Konzerns,
2. für im Ausland beschäftigte Arbeitnehmerinnen und Arbeitnehmer eines international tätigen Konzerns oder Unternehmens im inländischen Konzern- oder Unternehmensteil, wenn die Tätigkeit zur Vorbereitung von Auslandsprojekten unabdingbar erforderlich ist, die Arbeitnehmerin oder der Arbeitnehmer bei der Durchführung des Projektes im Ausland tätig wird und über eine mit deutschen Facharbeitern vergleichbare Qualifikation und darüber hinaus über besondere, vor allem unternehmensspezifische Spezialkenntnisse verfügt.

(2) [1]In den Fällen des Absatzes 1 Satz 1 Nummer 2 kann die Zustimmung auch für Arbeitnehmerinnen und Arbeitnehmer des Auftraggebers des Auslandsprojektes erteilt werden, wenn sie im Zusammenhang mit den vorbereitenden Arbeiten vorübergehend vom Auftragnehmer beschäftigt werden, der Auftrag eine entsprechende Verpflichtung für den Auftragnehmer enthält und die Beschäftigung für die spätere Tätigkeit im Rahmen des fertig gestellten Projektes notwendig ist. [2]Satz 1 wird auch angewendet, wenn der Auftragnehmer weder eine Zweigstelle noch einen Betrieb im Ausland hat.

§ 10 a Unternehmensintern transferierte Arbeitnehmer

Die Zustimmung zur Erteilung einer ICT-Karte nach § 19 des Aufenthaltsgesetzes und zur Erteilung einer Mobiler-ICT-Karte nach § 19 b des Aufenthaltsgesetzes kann erteilt werden, wenn

1. die Beschäftigung in der aufnehmenden Niederlassung als Führungskraft, als Spezialistin oder Spezialist oder als Trainee erfolgt,
2. das Arbeitsentgelt nicht ungünstiger ist als das vergleichbarer deutscher Arbeitnehmerinnen und Arbeitnehmer und
3. die Beschäftigung nicht zu ungünstigeren Arbeitsbedingungen erfolgt als die vergleichbarer entsandter Arbeitnehmerinnen und Arbeitnehmer.

§ 11 Sprachlehrerinnen und Sprachlehrer, Spezialitätenköchinnen und Spezialitätenköche

(1) Die Zustimmung kann für Lehrkräfte zur Erteilung muttersprachlichen Unterrichts in Schulen unter Aufsicht der jeweils zuständigen berufskonsularischen Vertretung mit einer Geltungsdauer von bis zu fünf Jahren erteilt werden.

(2) [1]Die Zustimmung kann mit Vorrangprüfung für Spezialitätenköchinnen und Spezialitätenköche für die Ausübung einer Vollzeitbeschäftigung in Spezialitätenrestaurants mit einer Geltungsdauer von bis zu vier Jahren erteilt werden. [2]Die erstmalige Zustimmung wird längstens für ein Jahr erteilt.

(3) Für eine erneute Beschäftigung nach den Absätzen 1 und 2 darf die Zustimmung nicht vor Ablauf von drei Jahren nach Ablauf des früheren Aufenthaltstitels erteilt werden.

§ 12 Au-pair-Beschäftigungen

[1]Die Zustimmung kann für Personen mit Grundkenntnissen der deutschen Sprache erteilt werden, die unter 27 Jahre alt sind und in einer Familie, in der Deutsch als Muttersprache gesprochen wird, bis zu einem Jahr als Au-pair beschäftigt werden. [2]Wird in der Familie Deutsch als Familiensprache gesprochen, kann die Zustimmung erteilt werden, wenn der oder die Beschäftigte nicht aus einem Heimatland der Gasteltern stammt.

§ 13 Hausangestellte von Entsandten

[1]Die Zustimmung zur Ausübung einer Beschäftigung als Hausangestellte oder Hausangestellter bei Personen, die

1. für ihren Arbeitgeber oder im Auftrag eines Unternehmens mit Sitz im Ausland vorübergehend im Inland tätig werden oder
2. die Hausangestellte oder den Hausangestellten auf der Grundlage der Wiener Übereinkommen über diplomatische Beziehungen oder über konsularische Beziehungen eingestellt haben,

kann erteilt werden, wenn diese Personen vor ihrer Einreise die Hausangestellte oder den Hausangestellten seit mindestens einem Jahr in ihrem Haushalt zur Betreuung eines Kindes unter 16 Jahren oder eines pflegebedürftigen Haushaltsmitgliedes beschäftigt haben. [2]Die Zustimmung wird für die Dauer des Aufenthaltes der Person, bei der die Hausangestellten beschäftigt sind, längstens für fünf Jahre erteilt.

§ 14 Sonstige Beschäftigungen

(1) Keiner Zustimmung bedarf die Erteilung eines Aufenthaltstitels an

1. Personen, die im Rahmen eines gesetzlich geregelten oder auf einem Programm der Europäischen Union beruhenden Freiwilligendienstes beschäftigt werden, oder
2. vorwiegend aus karitativen oder religiösen Gründen Beschäftigte.

(2) Keiner Zustimmung bedarf die Erteilung eines Aufenthaltstitels an Studierende sowie Schülerinnen und Schüler ausländischer Hochschulen und Fachschulen zur Ausübung einer Ferienbeschäftigung von bis zu 90 Tagen innerhalb eines Zeitraums von zwölf Monaten, die von der Bundesagentur für Arbeit vermittelt worden ist.

§ 15 Praktika zu Weiterbildungszwecken

Keiner Zustimmung bedarf die Erteilung eines Aufenthaltstitels für ein Praktikum

1. nach § 16 e des Aufenthaltsgesetzes,
2. während eines Aufenthaltes zum Zweck der schulischen Ausbildung oder des Studiums, das vorgeschriebener Bestandteil der Ausbildung ist oder zur Erreichung des Ausbildungszieles nachweislich erforderlich ist,
3. im Rahmen eines von der Europäischen Union oder der bilateralen Entwicklungszusammenarbeit finanziell geförderten Programms,

4. mit einer Dauer von bis zu einem Jahr im Rahmen eines internationalen Austauschprogramms von Verbänden, öffentlich-rechtlichen Einrichtungen oder studentischen Organisationen an Studierende oder Absolventen ausländischer Hochschulen im Einvernehmen mit der Bundesagentur für Arbeit,
5. an Fach- und Führungskräfte, die ein Stipendium aus öffentlichen deutschen Mitteln, Mitteln der Europäischen Union oder Mitteln internationaler zwischenstaatlicher Organisationen erhalten, oder
6. mit einer Dauer von bis zu einem Jahr während eines Studiums an einer ausländischen Hochschule, das nach dem vierten Semester studienfachbezogen im Einvernehmen mit der Bundesagentur für Arbeit ausgeübt wird.

§ 15 a Saisonabhängige Beschäftigung

(1) [1]Ausländerinnen und Ausländern, die auf Grund einer Absprache der Bundesagentur für Arbeit mit der Arbeitsverwaltung des Herkunftslandes über das Verfahren und die Auswahl zum Zweck der Saisonbeschäftigung nach der Richtlinie 2014/36/EU des Europäischen Parlaments und des Rates vom 26. Februar 2014 über die Bedingungen für die Einreise und den Aufenthalt von Drittstaatsangehörigen zwecks Beschäftigung als Saisonarbeitnehmer (ABl. L 94 vom 28.3.2014, S. 375) vermittelt worden sind, kann die Bundesagentur für Arbeit zur Ausübung einer saisonabhängigen Beschäftigung von regelmäßig mindestens 30 Stunden wöchentlich in der Land- und Forstwirtschaft, im Gartenbau, im Hotel- und Gaststättengewerbe, in der Obst- und Gemüseverarbeitung sowie in Sägewerken

1. eine Arbeitserlaubnis für die Dauer von bis zu 90 Tagen je Zeitraum von 180 Tagen mit Vorrangprüfung erteilen, wenn es sich um Staatsangehörige eines in Anhang II der Verordnung (EG) Nr. 539/2001 genannten Staates handelt, oder
2. eine Zustimmung mit Vorrangprüfung erteilen, wenn
   a) die Aufenthaltsdauer mehr als 90 Tage je Zeitraum von 180 Tagen beträgt oder
   b) es sich um Staatsangehörige eines in Anhang I der Verordnung (EG) Nr. 539/2001 genannten Staates handelt.

[2]Die saisonabhängige Beschäftigung eines Ausländers oder einer Ausländerin darf sechs Monate innerhalb eines Zeitraums von zwölf Monaten nicht überschreiten. [3]Die Dauer der saisonabhängigen Beschäftigung darf den Gültigkeitszeitraum des Reisedokuments nicht überschreiten. [4]Im Fall des § 39 Nummer 11 der Aufenthaltsverordnung gilt die Zustimmung als erteilt, bis über sie entschieden ist. Ausländerinnen und Ausländern, die in den letzten fünf Jahren mindestens einmal als Saisonbeschäftigte im Bundesgebiet tätig waren, sind im Rahmen der durch die Bundesagentur für Arbeit festgelegten Zahl der Arbeitserlaubnisse und Zustimmungen bevorrechtigt zu berücksichtigen. [5]Der Zeitraum für die Beschäftigung von Saisonbeschäftigten ist für einen Betrieb auf acht Monate innerhalb eines Zeitraums von zwölf Monaten begrenzt. [6]Satz 5 gilt nicht für Betriebe des Obst-, Gemüse-, Wein-, Hopfen- und Tabakanbaus.

(2) [1]Die Erteilung einer Arbeitserlaubnis oder der Zustimmung setzt voraus, dass

1. der Nachweis über ausreichenden Krankenversicherungsschutz erbracht wird,
2. der oder dem Saisonbeschäftigten eine angemessene Unterkunft zur Verfügung steht und
3. ein konkretes Arbeitsplatzangebot oder ein gültiger Arbeitsvertrag vorliegt, in dem insbesondere festgelegt sind
   a) der Ort und die Art der Arbeit,
   b) die Dauer der Beschäftigung,

c) die Vergütung,
d) die Arbeitszeit pro Woche oder Monat,
e) die Dauer des bezahlten Urlaubs,
f) gegebenenfalls andere einschlägige Arbeitsbedingungen und
g) falls möglich, der Zeitpunkt des Beginns der Beschäftigung.

[2]Stellt der Arbeitgeber der oder dem Saisonbeschäftigten eine Unterkunft zur Verfügung, so muss der Mietzins angemessen sein und darf nicht vom Lohn einbehalten werden. [3]In diesem Fall muss der oder die Saisonbeschäftigte einen Mietvertrag erhalten, in dem die Mietbedingungen festgelegt sind. [4]Der Arbeitgeber hat der Bundesagentur für Arbeit jeden Wechsel der Unterkunft des oder der Saisonbeschäftigten unverzüglich anzuzeigen.

(3) [1]Die Arbeitserlaubnis oder die Zustimmung ist zu versagen oder zu entziehen, wenn

1. sich die Ausländerin oder der Ausländer bereits im Bundesgebiet aufhält, es sei denn, die Einreise ist zur Aufnahme der Saisonbeschäftigung erfolgt oder die Arbeitserlaubnis oder die Zustimmung wird für eine an eine Saisonbeschäftigung anschließende weitere Saisonbeschäftigung beantragt,
2. der oder die Saisonbeschäftigte einen Antrag nach Artikel 16 a des Grundgesetzes gestellt hat oder um internationalen Schutz gemäß der Richtlinie 2011/95/EU nachsucht; § 55 Absatz 2 des Asylgesetzes bleibt unberührt,
3. der oder die Saisonbeschäftigte den aus einer früheren Entscheidung über die Zulassung zur Saisonbeschäftigung erwachsenen Verpflichtungen nicht nachgekommen ist,
4. über das Unternehmen des Arbeitgebers ein Insolvenzverfahren eröffnet wurde, das auf Auflösung des Unternehmens und Abwicklung des Geschäftsbetriebs gerichtet ist,
5. das Unternehmen des Arbeitgebers im Rahmen der Durchführung eines Insolvenzverfahrens aufgelöst wurde und der Geschäftsbetrieb abgewickelt wurde,
6. die Eröffnung eines Insolvenzverfahrens über das Vermögen des Unternehmens des Arbeitgebers mangels Masse abgelehnt wurde und der Geschäftsbetrieb eingestellt wurde oder
7. das Unternehmen des Arbeitgebers keine Geschäftstätigkeit ausübt.

[2]Die Arbeitserlaubnis oder die Zustimmung ist zu versagen, wenn die durch die Bundesagentur für Arbeit festgelegte Zahl der Arbeitserlaubnisse und Zustimmungen für den maßgeblichen Zeitraum erreicht ist. [3]§ 39 Absatz 3 des Aufenthaltsgesetzes bleibt unberührt.

(4) Die Arbeitserlaubnis ist vom Arbeitgeber bei der Bundesagentur für Arbeit zu beantragen.

(5) Bei einer ein- oder mehrmaligen Verlängerung des Beschäftigungsverhältnisses bei demselben oder einem anderen Arbeitgeber kann eine weitere Arbeitserlaubnis erteilt werden, soweit die in Absatz 1 Satz 1 Nummer 1 genannte Höchstdauer nicht überschritten wird.

(6) Die Arbeitserlaubnis und die Zustimmung werden ohne Vorrangprüfung erteilt, soweit die Bundesagentur für Arbeit eine am Bedarf orientierte Zulassungszahl nach § 39 Absatz 6 Satz 3 des Aufenthaltsgesetzes festgelegt hat.

§ 15 b Schaustellergehilfen

Die Zustimmung zu einem Aufenthaltstitel zur Ausübung einer Beschäftigung im Schaustellergewerbe kann bis zu insgesamt neun Monaten im Kalenderjahr mit Vorrangprüfung erteilt werden, wenn die betreffenden Personen auf Grund einer Absprache der Bundesagentur für Arbeit mit der Arbeitsverwaltung des Herkunftslandes über das Verfahren und die Auswahl vermittelt worden sind.

§ 15c Haushaltshilfen

[1]Die Zustimmung zu einem Aufenthaltstitel zur Ausübung einer versicherungspflichtigen Vollzeitbeschäftigung bis zu drei Jahren für hauswirtschaftliche Arbeiten und notwendige pflegerische Alltagshilfen in Haushalten mit Pflegebedürftigen im Sinne des Elften Buches Sozialgesetzbuch kann mit Vorrangprüfung erteilt werden, wenn die betreffenden Personen auf Grund einer Absprache der Bundesagentur für Arbeit mit der Arbeitsverwaltung des Herkunftslandes über das Verfahren und die Auswahl vermittelt worden sind. [2]Innerhalb des Zulassungszeitraums von drei Jahren kann die Zustimmung zum Wechsel des Arbeitgebers erteilt werden. [3]Für eine erneute Beschäftigung nach der Ausreise darf die Zustimmung nach Satz 1 nur erteilt werden, wenn sich die betreffende Person nach der Ausreise mindestens so lange im Ausland aufgehalten hat, wie sie zuvor im Inland beschäftigt war.

Teil 4 Entsandte Arbeitnehmerinnen und Arbeitnehmer

§ 16 Geschäftsreisende

Keiner Zustimmung bedarf die Erteilung eines Aufenthaltstitels an Personen, die

1. bei einem Arbeitgeber mit Sitz im Inland im kaufmännischen Bereich im Ausland beschäftigt werden,
2. für einen Arbeitgeber mit Sitz im Ausland Besprechungen oder Verhandlungen im Inland führen, Vertragsangebote erstellen, Verträge schließen oder die Durchführung eines Vertrages überwachen oder
3. für einen Arbeitgeber mit Sitz im Ausland einen inländischen Unternehmensteil gründen, überwachen oder steuern,

und die sich im Rahmen ihrer Beschäftigung unter Beibehaltung ihres gewöhnlichen Aufenthaltes im Ausland insgesamt nicht länger als 90 Tage innerhalb eines Zeitraums von 180 Tagen im Inland aufhalten.

§ 17 Betriebliche Weiterbildung

Keiner Zustimmung bedarf die Erteilung eines Aufenthaltstitels an im Ausland beschäftigte Fachkräfte eines international tätigen Konzerns oder Unternehmens zum Zweck einer betrieblichen Weiterbildung im inländischen Konzern- oder Unternehmensteil für bis zu 90 Tage innerhalb eines Zeitraums von zwölf Monaten.

§ 18 Journalistinnen und Journalisten

Keiner Zustimmung bedarf die Erteilung eines Aufenthaltstitels an Beschäftigte eines Arbeitgebers mit Sitz im Ausland,

1. deren Tätigkeit vom Presse- und Informationsamt der Bundesregierung anerkannt ist oder
2. die unter Beibehaltung ihres gewöhnlichen Aufenthaltes im Ausland im Inland journalistisch tätig werden, wenn die Dauer der Tätigkeit 90 Tage innerhalb eines Zeitraums von zwölf Monaten nicht übersteigt.

§ 19 Werklieferungsverträge

(1) [1]Keiner Zustimmung bedarf die Erteilung eines Aufenthaltstitels an Personen, die von ihrem Arbeitgeber mit Sitz im Ausland für bis zu 90 Tage innerhalb eines Zeitraums von zwölf Monaten in das Inland entsandt werden, um

1. gewerblichen Zwecken dienende Maschinen, Anlagen und Programme der elektronischen Datenverarbeitung, die bei dem Arbeitgeber bestellt worden sind, aufzustellen und zu montieren, zu warten oder zu reparieren oder um in die Bedienung dieser Maschinen, Anlagen und Programme einzuweisen,
2. erworbene Maschinen, Anlagen und sonstige Sachen abzunehmen oder in ihre Bedienung eingewiesen zu werden,
3. erworbene, gebrauchte Anlagen zum Zweck des Wiederaufbaus im Sitzstaat des Arbeitgebers zu demontieren,
4. unternehmenseigene Messestände oder Messestände für ein ausländisches Unternehmen, das im Sitzstaat des Arbeitgebers ansässig ist, auf- und abzubauen und zu betreuen oder
5. im Rahmen von Exportlieferungs- und Lizenzverträgen einen Betriebslehrgang zu absolvieren.

[2]In den Fällen des Satzes 1 Nummer 1 und 3 setzt die Befreiung von der Zustimmung voraus, dass der Arbeitgeber der Bundesagentur für Arbeit die Beschäftigungen vor ihrer Aufnahme angezeigt hat.

(2) Die Zustimmung kann für Personen erteilt werden, die von ihrem Arbeitgeber mit Sitz im Ausland länger als 90 Tage und bis zu einer Dauer von drei Jahren in das Inland entsandt werden, um

1. gewerblichen Zwecken dienende Maschinen, Anlagen und Programme der elektronischen Datenverarbeitung, die bei dem Arbeitgeber bestellt worden sind, aufzustellen und zu montieren, zu warten oder zu reparieren oder um in die Bedienung dieser Maschinen, Anlagen und Programme einzuweisen oder
2. erworbene, gebrauchte Anlagen zum Zweck des Wiederaufbaus im Sitzstaat des Arbeitgebers zu demontieren.

§ 20 Internationaler Straßen- und Schienenverkehr

(1) Keiner Zustimmung bedarf die Erteilung eines Aufenthaltstitels an das Fahrpersonal, das

1. im Güterkraftverkehr für einen Arbeitgeber mit Sitz
   a) im Hoheitsgebiet eines anderen Mitgliedstaates der Europäischen Union oder eines anderen Vertragsstaates des Abkommens über den Europäischen Wirtschaftsraum Beförderungen im grenzüberschreitenden Verkehr nach Artikel 2 Nummer 2 oder Kabotagebeförderungen nach Artikel 8 Absatz 2 der Verordnung (EG) Nr. 1072/2009 des Europäischen Parlaments und des Rates vom 21. Oktober 2009 über gemeinsame Regeln für den Zugang zum Markt des grenzüberschreitenden Güterverkehrs (ABl. L 300 vom 14.11.2009, S. 72) durchführt und für das dem Arbeitgeber eine Fahrerbescheinigung ausgestellt worden ist,
   b) außerhalb des Hoheitsgebietes eines Mitgliedstaates der Europäischen Union oder eines anderen Vertragsstaates des Abkommens über den Europäischen Wirtschaftsraum Beförderungen im grenzüberschreitenden Güterverkehr mit einem im Sitzstaat des Arbeitgebers zugelassenen Fahrzeug durchführt, für einen Aufenthalt von höchstens 90 Tagen innerhalb eines Zeitraums von zwölf Monaten, oder ein in

Deutschland zugelassenes Fahrzeug in einen Staat außerhalb dieses Gebietes überführt,
2. im grenzüberschreitenden Personenverkehr auf der Straße für einen Arbeitgeber mit Sitz im Ausland grenzüberschreitende Fahrten mit einem im Sitzstaat des Arbeitgebers zugelassenen Fahrzeug durchführt. Dies gilt im grenzüberschreitenden Linienverkehr mit Omnibussen auch dann, wenn das Fahrzeug im Inland zugelassen ist.

(2) Keiner Zustimmung bedarf die Erteilung eines Aufenthaltstitels an das Fahrpersonal im grenzüberschreitenden Schienenverkehr, wenn das Beförderungsunternehmen seinen Sitz im Ausland hat.

§ 21 Dienstleistungserbringung

Keiner Zustimmung bedarf die Erteilung eines Aufenthaltstitels an Personen, die von einem Unternehmen mit Sitz in einem Mitgliedstaat der Europäischen Union oder einem Vertragsstaat des Abkommens über den Europäischen Wirtschaftsraum in dem Sitzstaat des Unternehmens ordnungsgemäß beschäftigt sind und zur Erbringung einer Dienstleistung vorübergehend in das Bundesgebiet entsandt werden.

Teil 5 Besondere Berufs- oder Personengruppen

§ 22 Besondere Berufsgruppen

Keiner Zustimmung bedarf die Erteilung eines Aufenthaltstitels an

1. Personen einschließlich ihres Hilfspersonals, die unter Beibehaltung ihres gewöhnlichen Wohnsitzes im Ausland in Vorträgen oder in Darbietungen von besonderem wissenschaftlichen oder künstlerischen Wert oder bei Darbietungen sportlichen Charakters im Inland tätig werden, wenn die Dauer der Tätigkeit 90 Tage innerhalb eines Zeitraums von zwölf Monaten nicht übersteigt,
2. Personen, die im Rahmen von Festspielen oder Musik- und Kulturtagen beschäftigt oder im Rahmen von Gastspielen oder ausländischen Film- und Fernsehproduktionen entsandt werden, wenn die Dauer der Tätigkeit 90 Tage innerhalb eines Zeitraums von zwölf Monaten nicht übersteigt,
3. Personen, die in Tagesdarbietungen bis zu 15 Tage im Jahr auftreten,
4. Berufssportlerinnen und Berufssportler oder Berufstrainerinnen und Berufstrainer, deren Einsatz in deutschen Sportvereinen oder vergleichbaren am Wettkampfsport teilnehmenden sportlichen Einrichtungen vorgesehen ist, wenn sie
   a) das 16. Lebensjahr vollendet haben,
   b) der Verein oder die Einrichtung ein Bruttogehalt zahlt, das mindestens 50 Prozent der Beitragsbemessungsgrenze für die gesetzliche Rentenversicherung beträgt, und
   c) der für die Sportart zuständige deutsche Spitzenverband im Einvernehmen mit dem Deutschen Olympischen Sportbund die sportliche Qualifikation als Berufssportlerin oder Berufssportler oder die fachliche Eignung als Trainerin oder Trainer bestätigt,
5. Fotomodelle, Werbetypen, Mannequins oder Dressmen,
6. Reiseleiterinnen und Reiseleiter, die unter Beibehaltung ihres gewöhnlichen Aufenthaltes im Ausland ausländische Touristengruppen in das Inland begleiten, wenn die Dauer der Tätigkeit 90 Tage innerhalb von zwölf Monaten nicht übersteigt, oder

7. Dolmetscherinnen und Dolmetscher, die unter Beibehaltung ihres gewöhnlichen Aufenthaltes im Ausland für ein Unternehmen mit Sitz im Ausland an Besprechungen oder Verhandlungen im Inland teilnehmen, wenn die Dauer der Tätigkeit 90 Tage innerhalb eines Zeitraums von zwölf Monaten nicht übersteigt.

§ 23 Internationale Sportveranstaltungen

Keiner Zustimmung bedarf die Erteilung eines Aufenthaltstitels an Personen, die zur Vorbereitung, Teilnahme, Durchführung und Nachbereitung internationaler Sportveranstaltungen durch das jeweilige Organisationskomitee akkreditiert werden, soweit die Bundesregierung Durchführungsgarantien übernommen hat; dies sind insbesondere folgende Personen:

1. die Repräsentantinnen und Repräsentanten, Mitarbeiterinnen und Mitarbeiter und Beauftragten von Verbänden oder Organisationen einschließlich Schiedsrichterinnen und Schiedsrichter sowie Schiedsrichterassistentinnen und Schiedsrichterassistenten,
2. die Sportlerinnen und Sportler sowie bezahltes Personal der teilnehmenden Mannschaften,
3. die Vertreterinnen und Vertreter der offiziellen Verbandspartner und der offiziellen Lizenzpartner,
4. die Vertreterinnen und Vertreter der Medien einschließlich des technischen Personals sowie die Mitarbeiterinnen und Mitarbeiter der Medienpartner.

§ 24 Schifffahrt- und Luftverkehr

Keiner Zustimmung bedarf die Erteilung eines Aufenthaltstitels an

1. die Mitglieder der Besatzungen von Seeschiffen im internationalen Verkehr,
2. die nach dem Seelotsgesetz für den Seelotsendienst zugelassenen Personen,
3. das technische Personal auf Binnenschiffen und im grenzüberschreitenden Verkehr das für die Gästebetreuung erforderliche Bedienungs- und Servicepersonal auf Personenfahrgastschiffen oder
4. die Besatzungen von Luftfahrzeugen mit Ausnahme der Luftfahrzeugführerinnen und Luftfahrzeugführer, Flugingenieurinnen und Flugingenieure sowie Flugnavigatorinnen und Flugnavigatoren bei Unternehmen mit Sitz im Inland.

§ 25 Kultur und Unterhaltung

Die Zustimmung kann mit Vorrangprüfung für Personen erteilt werden, die

1. eine künstlerische oder artistische Beschäftigung oder eine Beschäftigung als Hilfspersonal, das für die Darbietung erforderlich ist, ausüben oder
2. zu einer länger als 90 Tage dauernden Beschäftigung im Rahmen von Gastspielen oder ausländischen Film- oder Fernsehproduktionen entsandt werden.

§ 26 Beschäftigung bestimmter Staatsangehöriger

(1) Für Staatsangehörige von Andorra, Australien, Israel, Japan, Kanada, der Republik Korea, von Monaco, Neuseeland, San Marino sowie den Vereinigten Staaten von Amerika

kann die Zustimmung mit Vorrangprüfung zur Ausübung jeder Beschäftigung unabhängig vom Sitz des Arbeitgebers erteilt werden.

(2) [1]Für Staatsangehörige von Albanien, Bosnien und Herzegowina, Kosovo, Mazedonien, Montenegro und Serbien können in den Jahren 2016 bis einschließlich 2020 Zustimmungen mit Vorrangprüfung zur Ausübung jeder Beschäftigung erteilt werden. [2]Die Zustimmung darf nur erteilt werden, wenn der Antrag auf Erteilung des Aufenthaltstitels bei der jeweils zuständigen deutschen Auslandsvertretung im Herkunftsstaat gestellt wurde. [3]Die Zustimmung darf nicht erteilt werden, wenn der Antragsteller in den letzten 24 Monaten vor Antragstellung Leistungen nach dem Asylbewerberleistungsgesetz bezogen hat. [4]Satz 3 gilt nicht für Antragsteller, die nach dem 1. Januar 2015 und vor dem 24. Oktober 2015 einen Asylantrag gestellt haben, sich am 24. Oktober 2015 gestattet, mit einer Duldung oder als Ausreisepflichtige im Bundesgebiet aufgehalten haben und unverzüglich ausreisen.

§ 27 Grenzgängerbeschäftigung

Zur Erteilung einer Grenzgängerkarte nach § 12 Absatz 1 der Aufenthaltsverordnung kann die Zustimmung mit Vorrangprüfung erteilt werden.

§ 28 Deutsche Volkszugehörige

Deutschen Volkszugehörigen, die einen Aufnahmebescheid nach dem Bundesvertriebenengesetz besitzen, kann die Zustimmung mit Vorrangprüfung zu einem Aufenthaltstitel zur Ausübung einer vorübergehenden Beschäftigung erteilt werden.

Teil 6 Sonstiges

§ 29 Internationale Abkommen

(1) [1]Für Beschäftigungen im Rahmen der mit den Staaten Türkei, Serbien, Bosnien-Herzegowina und Mazedonien bestehenden Werkvertragsarbeitnehmerabkommen kann die Zustimmung erteilt werden. [2]Dies gilt auch für das zur Durchführung der Werkvertragstätigkeit erforderliche leitende Personal oder Verwaltungspersonal mit betriebsspezifischen Kenntnissen für die Dauer von bis zu vier Jahren. [3]Das Bundesministerium für Arbeit und Soziales kann die Erteilung der Zustimmung durch die Bundesagentur für Arbeit an Beschäftigte der Bauwirtschaft im Rahmen von Werkverträgen im Verhältnis zu den beschäftigten gewerblichen Personen des im Inland ansässigen Unternehmens zahlenmäßig beschränken. [4]Dabei ist darauf zu achten, dass auch kleine und mittelständische im Inland ansässige Unternehmen angemessen berücksichtigt werden.

(2) Die Zustimmung zur Ausübung einer Beschäftigung von bis zu 18 Monaten kann erteilt werden, wenn die betreffenden Personen auf der Grundlage einer zwischenstaatlichen Vereinbarung über die Beschäftigung von Arbeitnehmerinnen und Arbeitnehmern zur beruflichen und sprachlichen Fortbildung (Gastarbeitnehmer-Vereinbarung) mit dem Staat, dessen Staatsangehörigkeit sie besitzen, beschäftigt werden.

(3) [1]Für Beschäftigungen nach zwischenstaatlichen Vereinbarungen, in denen bestimmt ist, dass jemand für eine Beschäftigung keiner Arbeitsgenehmigung oder Arbeitserlaubnis bedarf, bedarf es keiner Zustimmung. [2]Bei Beschäftigungen nach Vereinbarungen, in denen

bestimmt ist, dass eine Arbeitsgenehmigung oder Arbeitserlaubnis erteilt werden kann, kann die Zustimmung erteilt werden.

(4) Für Fach- oder Weltausstellungen, die nach dem am 22. November 1928 in Paris unterzeichneten Abkommen über Internationale Ausstellungen registriert sind, kann für Angehörige der ausstellenden Staaten die Zustimmung mit Vorrangprüfung erteilt werden, wenn sie für den ausstellenden Staat zur Vorbereitung, Durchführung oder Beendigung des nationalen Ausstellungsbeitrages tätig werden.

(5) Die Zustimmung kann für Personen erteilt werden, die von einem Unternehmen mit Sitz im Ausland ordnungsgemäß beschäftigt werden und auf der Grundlage des Übereinkommens zur Errichtung der Welthandelsorganisation vom 15. April 1994 (BGBl. 1994 II S. 1438, 1441) oder anderer für die Bundesrepublik Deutschland völkerrechtlich verbindlicher Freihandelsabkommen der Europäischen Union oder der Europäischen Union und ihrer Mitgliedstaaten vorübergehend in das Bundesgebiet entsandt werden.

§ 30 Beschäftigungsaufenthalte ohne Aufenthaltstitel

Nicht als Beschäftigung im Sinne des Aufenthaltsgesetzes gelten

1. Tätigkeiten nach den §§ 3 und 16, die bis zu 90 Tage innerhalb eines Zeitraums von 180 Tagen ausgeübt werden,
2. Tätigkeiten nach den §§ 5, 14, 15, 17, 18, 19 Absatz 1 sowie den §§ 20, 22 und 23, die bis zu 90 Tage innerhalb eines Zeitraums von zwölf Monaten ausgeübt werden,
3. Tätigkeiten nach § 21, die von Ausländerinnen und Ausländern, die in einem anderen Mitgliedstaat der Europäischen Union die Rechtsstellung eines langfristig Aufenthaltsberechtigten innehaben, bis zu 90 Tage innerhalb eines Zeitraums von zwölf Monaten ausgeübt werden, und
4. Tätigkeiten von Personen, die nach den §§ 23 bis 30 der Aufenthaltsverordnung vom Erfordernis eines Aufenthaltstitels befreit sind.

Teil 7 Beschäftigung bei Aufenthalt aus völkerrechtlichen, humanitären oder politischen Gründen sowie von Personen mit Duldung und Asylbewerbern

§ 31 Beschäftigung bei Aufenthalt aus völkerrechtlichen, humanitären oder politischen Gründen

Die Erteilung der Erlaubnis zur Beschäftigung an Ausländerinnen und Ausländer mit einer Aufenthaltserlaubnis, die nach Abschnitt 5 des Aufenthaltsgesetzes erteilt worden ist, bedarf keiner Zustimmung der Bundesagentur für Arbeit.

§ 32 Beschäftigung von Personen mit Duldung oder Aufenthaltsgestattung

(1) [1]Ausländerinnen und Ausländern, die eine Duldung besitzen, kann eine Zustimmung mit Vorrangprüfung zur Ausübung einer Beschäftigung erteilt werden, wenn sie sich seit drei Monaten erlaubt, geduldet oder mit einer Aufenthaltsgestattung im Bundesgebiet aufhalten. [2]Die §§ 39, 40 Absatz 1 Nummer 1 und Absatz 2 sowie § 41 des Aufenthaltsgesetzes gelten entsprechend.

(2) Keiner Zustimmung bedarf die Erteilung einer Erlaubnis zur Ausübung
1. eines Praktikums nach § 22 Absatz 1 Satz 2 Nummer 1 bis 4 des Mindestlohngesetzes,
2. einer Berufsausbildung in einem staatlich anerkannten oder vergleichbar geregelten Ausbildungsberuf,
3. einer Beschäftigung nach § 18 b Absatz 2 Satz 1 und § 18 c Absatz 3 des Aufenthaltsgesetzes, § 3 Nummer 1 bis 3, § 5, § 14 Absatz 1, § 15 Nummer 2, § 22 Nummer 3 bis 5 und § 23,
4. einer Beschäftigung von Ehegatten, Lebenspartnern, Verwandten und Verschwägerten ersten Grades eines Arbeitgebers in dessen Betrieb, wenn der Arbeitgeber mit diesen in häuslicher Gemeinschaft lebt, oder
5. jeder Beschäftigung nach einem ununterbrochen vierjährigen erlaubten, geduldeten oder gestatteten Aufenthalt im Bundesgebiet.

(3) Die Zustimmung zur Ausübung einer Beschäftigung wird ohne Vorrangprüfung erteilt.

(4) Die Absätze 2 und 3 finden auch Anwendung auf Ausländerinnen und Ausländer mit einer Aufenthaltsgestattung.

§ 33 *[aufgehoben]*

Teil 8 Verfahrensregelungen

§ 34 Beschränkung der Zustimmung

(1) Die Bundesagentur für Arbeit kann die Zustimmung zur Ausübung einer Beschäftigung beschränken hinsichtlich
1. der Geltungsdauer,
2. des Betriebs,
3. der beruflichen Tätigkeit,
4. des Arbeitgebers,
5. der Region, in der die Beschäftigung ausgeübt werden kann, und
6. der Lage und Verteilung der Arbeitszeit.

(2) Die Zustimmung wird längstens für vier Jahre erteilt.

(3) Bei Beschäftigungen zur beruflichen Aus- und Weiterbildung nach § 16 a Absatz 1 und § 16 d Absatz 1 Satz 2 Nummer 3 des Aufenthaltsgesetzes ist die Zustimmung wie folgt zu erteilen:
1. bei der Ausbildung für die nach der Ausbildungsordnung festgelegte Ausbildungsdauer und
2. bei der Weiterbildung für die Dauer, die ausweislich eines von der Bundesagentur für Arbeit geprüften Weiterbildungsplanes zur Erreichung des Weiterbildungszieles erforderlich ist.

§ 35 Reichweite der Zustimmung

(1) Die Zustimmung zur Ausübung einer Beschäftigung wird jeweils zu einem bestimmten Aufenthaltstitel erteilt.

(2) Ist die Zustimmung zu einem Aufenthaltstitel erteilt worden, so gilt die Zustimmung im Rahmen ihrer zeitlichen Begrenzung auch für jeden weiteren Aufenthaltstitel fort.

(3) Die Absätze 1 und 2 gelten entsprechend für die Zustimmung zur Ausübung einer Beschäftigung an Personen, die eine Aufenthaltsgestattung oder Duldung besitzen.

(4) [1]Ist die Zustimmung für ein bestimmtes Beschäftigungsverhältnis erteilt worden, so erlischt sie mit der Beendigung dieses Beschäftigungsverhältnisses. [2]Dies gilt nicht, wenn sich der Arbeitgeber auf Grund eines Betriebsübergangs nach § 613 a des Bürgerlichen Gesetzbuchs ändert oder auf Grund eines Formwechsels eine andere Rechtsform erhält.

(5) [1]Die Zustimmung zur Ausübung einer Beschäftigung kann ohne Vorrangprüfung erteilt werden, wenn die Beschäftigung nach Ablauf der Geltungsdauer einer für mindestens ein Jahr erteilten Zustimmung bei demselben Arbeitgeber fortgesetzt wird. [2]Dies gilt nicht für Beschäftigungen, die nach dieser Verordnung oder einer zwischenstaatlichen Vereinbarung zeitlich begrenzt sind.

§ 36 Erteilung der Zustimmung

(1) Die Bundesagentur für Arbeit teilt der zuständigen Stelle die Zustimmung zur Erteilung eines Aufenthaltstitels nach § 39 des Aufenthaltsgesetzes oder einer Grenzgängerkarte, deren Versagung nach § 40 des Aufenthaltsgesetzes, den Widerruf nach § 41 des Aufenthaltsgesetzes und die Rücknahme einer Zustimmung mit.

(2) [1]Die Zustimmung zur Ausübung einer Beschäftigung gilt als erteilt, wenn die Bundesagentur für Arbeit der zuständigen Stelle nicht innerhalb von zwei Wochen nach Übermittlung der Zustimmungsanfrage mitteilt, dass die übermittelten Informationen für die Entscheidung über die Zustimmung nicht ausreichen oder dass der Arbeitgeber die erforderlichen Auskünfte nicht oder nicht rechtzeitig erteilt hat. [2]Im Fall des § 81 a des Aufenthaltsgesetzes verkürzt sich die Frist nach Satz 1 auf eine Woche.

(3) Die Bundesagentur für Arbeit soll bereits vor der Übermittlung der Zustimmungsanfrage der Ausübung der Beschäftigung gegenüber der zuständigen Stelle zustimmen oder prüfen, ob die arbeitsmarktbezogenen Voraussetzungen für eine spätere Zustimmung vorliegen, wenn der Arbeitgeber die hierzu erforderlichen Auskünfte erteilt hat und das Verfahren dadurch beschleunigt wird.

§ 37 Härtefallregelung

Ausländerinnen und Ausländern kann die Zustimmung zur Ausübung einer Beschäftigung ohne Vorrangprüfung erteilt werden, wenn deren Versagung eine besondere Härte bedeuten würde.

9. Teil Anwerbung und Arbeitsvermittlung aus dem Ausland

§ 38 Anwerbung und Vermittlung

Die Anwerbung in Staaten und die Arbeitsvermittlung aus Staaten, die in der Anlage zu dieser Verordnung aufgeführt sind, darf für eine Beschäftigung in Gesundheits- und Pflegeberufen nur von der Bundesagentur für Arbeit durchgeführt werden.

§ 39 Ordnungswidrigkeiten

Ordnungswidrig im Sinne des § 404 Absatz 2 Nummer 9 des Dritten Buches Sozialgesetzbuch handelt, wer vorsätzlich oder fahrlässig entgegen § 38 eine Anwerbung oder Arbeitsvermittlung durchführt.

Anlage *[aufgehoben]*

Anlage

(zu § 38)

1. Afghanistan (Islamische Republik Afghanistan),
2. Angola (Republik),
3. Äquatorialguinea (Republik),
4. Äthiopien (Demokratische Bundesrepublik),
5. Bangladesch (Volksrepublik),
6. Benin (Republik),
7. Bhutan (Königreich Bhutan),
8. Burkina Faso,
9. Burundi (Republik),
10. Dschibuti (Republik),
11. El Salvador (Republik),
12. Elfenbeinküste (Republik Côte d'Ivoire),
13. Eritrea (Staat Eritrea),
14. Gambia (Republik),
15. Ghana (Republik),
16. Guinea (Republik),
17. Guinea-Bissau (Republik),
18. Haiti (Republik),
19. Honduras (Republik),
20. Indien (Republik),
21. Indonesien (Republik),
22. Irak (Republik),
23. Jemen (Republik),
24. Kambodscha (Königreich Kambodscha),
25. Kamerun (Republik),
26. Kenia (Republik),
27. Komoren (Union der Komoren),
28. Kongo (Demokratische Republik),
29. Kongo (Republik),
30. Laos (Demokratische Volksrepublik Laos),
31. Lesotho (Königreich Lesotho),
32. Liberia (Republik),
33. Madagaskar (Republik),
34. Malawi (Republik),
35. Mali (Republik),
36. Marokko (Königreich Marokko),
37. Mauretanien (Islamische Republik Mauretanien),
38. Mozambik (Republik),
39. Myanmar (Union Myanmar),

40. Nepal (Königreich Nepal),
41. Nicaragua (Republik),
42. Niger (Republik),
43. Nigeria (Bundesrepublik),
44. Pakistan (Islamische Republik Pakistan),
45. Papua-Neuguinea (Unabhängiger Staat Papua-Neuguinea),
46. Peru (Republik),
47. Ruanda (Republik),
48. Sambia (Republik),
49. Senegal (Republik),
50. Sierra Leone (Republik),
51. Simbabwe (Republik),
52. Somalia (Demokratische Republik Somalia),
53. Tansania (Vereinigte Republik Tansania),
54. Togo (Togolesische Republik),
55. Tschad (Republik),
56. Uganda (Republik),
57. Zentralafrikanische Republik.

Stichwortverzeichnis

Fette Zahlen bezeichnen die Kapitel, magere die Randnummern.

Kolibri 360 GmbH
Ferdinand-Jühlke-Straße 7
99095 Erfurt, Deutschland
produktsicherheit@kolibri360.de